陕西师范大学历史文化学院　陕西历史博物馆　编

JOURNAL OF THE SILK ROAD STUDIES
丝绸之路研究集刊

| 第二辑 |

2018年·北京

图书在版编目(CIP)数据

丝绸之路研究集刊. 第2辑/陕西师范大学历史文化学院,陕西历史博物馆编. —北京:商务印书馆,2018
ISBN 978-7-100-15709-4

Ⅰ.①丝… Ⅱ.①陕…②陕… Ⅲ.①丝绸之路—丛刊 Ⅳ.①K928.6-55

中国版本图书馆CIP数据核字(2017)第324007号

权利保留,侵权必究。

丝绸之路研究集刊
第二辑
陕西师范大学历史文化学院　陕西历史博物馆　编

商　务　印　书　馆　出　版
(北京王府井大街36号　邮政编码100710)
商　务　印　书　馆　发　行
北京新华印刷有限公司印刷
ISBN 978-7-100-15709-4

2018年5月第1版　　开本880×1230　1/16
2018年5月北京第1次印刷　印张26½
定价:148.00元

《丝绸之路研究集刊》编委会

主办单位： 陕西师范大学历史文化学院
　　　　　陕西历史博物馆

本期主编： 沙武田　陕西师范大学丝绸之路历史文化研究中心

编　　委：（以姓氏字母排序）
　　　　　程　旭　陕西历史博物馆
　　　　　Daniel C. Waugh　美国华盛顿大学西雅图分校 The Silk Road 杂志编辑部
　　　　　肥田路美　日本早稻田大学文学学术院
　　　　　葛承雍　中国文化遗产研究院
　　　　　何志龙　陕西师范大学历史文化学院
　　　　　霍　巍　四川大学历史文化学院
　　　　　刘进宝　浙江大学历史系
　　　　　罗　丰　宁夏文物考古研究所
　　　　　梁桂林　陕西历史博物馆
　　　　　Matteo Compareti（康马泰）　意大利威尼斯大学东方系
　　　　　ПАВЕЛ ЛУРЬЕ（Pavel Lurje）　俄罗斯冬宫博物馆东方馆中亚与高加索部
　　　　　荣新江　北京大学中古史研究中心
　　　　　沙武田　陕西师范大学丝绸之路历史文化研究中心
　　　　　松井太　日本大阪大学大学院文学研究科
　　　　　王　辉　甘肃省文物考古研究所
　　　　　王建新　西北大学文化遗产学院
　　　　　王子今　中国人民大学国学院
　　　　　王炜林　陕西历史博物馆
　　　　　杨　瑾　陕西师范大学历史文化学院
　　　　　伊林娜·波波娃　俄罗斯科学院东方文献研究所　陕西师范大学
　　　　　于志勇　新疆维吾尔自治区博物馆
　　　　　张建林　陕西省考古研究院
　　　　　张先堂　敦煌研究院
　　　　　郑炳林　兰州大学敦煌学研究所
　　　　　周伟洲　陕西师范大学中国西部边疆研究院

编辑成员： 郭　静　刘人铭　房子超　赵沈亭　袁頔　杨冰华　杨效俊　石建刚　翟战胜

本期执行编辑： 杨冰华

目 录

丝绸之路研究永远在路上 ………………………………………………………………… 葛承雍　1

太原金胜村唐墓再研究 …………………………………………………………………… 沈睿文　7

森木鹿：一种有翼兽头神禽传播、流变与融合轨迹与文化蕴意再探讨 ……………… 杨　瑾　33

西安碑林博物馆藏"石雕释迦牟尼降服外道造像"再探讨 ……………………………… 翟战胜　52

入华粟特人墓葬所见人首鸟身形象述论 ………………………………………………… 孙武军　63

唐西州银钱的使用与流通 ………………………………………………………………… 裴成国　72

"五胡"时期西北地区汉人族群之传播与迁徙
　　——以出土资料为中心 ……………………………………………〔日〕关尾史郎　著　田卫卫　译　81

唐京兆府属县乡里考 ……………………………………………………………………… 陈晓捷　93

瓜州榆林窟题记所见大理国与西夏关系研究 …………………………………………… 陈　玮　127

汉传净土信仰在龟兹地区的流传
　　——以龟兹石窟为中心 ……………………………………………………………… 苗利辉　140

麦积山石窟西魏时期维摩诘图像研究 …………………………………………………… 孙晓峰　156

米罗：贵霜钱币所见的密特拉 ………………………………………………… 张小贵　毛宝艳　173

祆教美术中的火坛 ………………………………………………………………………… 陈文彬　189

唐代官方写经及其传播
　　——以《宝雨经》为线索 ………………………………………〔日〕大西磨希子　著　祝世洁　译　205

敦煌莫高窟五百强盗成佛故事画再研究 ………………………………………………… 顾淑彦　217

| 甘肃境内的元代墓葬 | 郭永利 230 |

| 新疆切木尔切克墓地出土双联器初步研究 | 鲁礼鹏 241 |

延安宋金石窟工匠及其开窟造像活动考察
——以题记所见工匠题名为核心 .... 石建刚　袁继民 250

青海海西新发现彩绘木棺板画初步观察与研究 .... 孙　杰　索南吉　高　斐 280

从长安到原州
——丝路东段北线初唐、盛唐佛教遗迹考察札记 .... 于　春 291

何正璜、王子云1941—1943年莫高窟考察成果校勘与评述
——莫高窟考察历史文献解读 .... 张宝洲 303

丽象开图　三光不掩
——从西安地区出土文物看魏晋南北朝的长安乐象 .... 贾　嫚 326

吐鲁番柏孜克里克石窟新发现汉文写本《大藏经》残卷探析 .... 彭　杰 339

莫高窟第217窟壁画中的唐长安因素 .... 朱生云 348

敦煌建筑画卷中的大唐长安影像
——以慈恩寺大雁塔为例 .... 王　雨 363

向达先生给"罗、顾二先生"信札释实 .... 何　鸿 376

阿克·贝希姆遗址考古学的研究历史 .... 〔俄〕Г. Л. 谢苗诺夫 著　张宝洲 译 387

英文摘要 400

英文目录 411

《丝绸之路研究集刊》征稿启事 413

《丝绸之路研究集刊》稿件格式规范 414

丝绸之路研究永远在路上*

葛承雍

（首都师范大学历史学院）

丝绸之路是一条沧桑之路，在古代交通条件艰苦卓绝的状况下，来回去往都非常不容易，除了恶劣的自然地理环境外，还有战争拦截强盗抢掠，一段一段的廊道需要以时间"年月"来度量，而不是以"里程"来衡量，丝绸之路并不是飘逸的丝带和迷人的曲线，更不是驼铃声声、牧歌回响的浪漫之旅，而是一条人类涉足生命禁区的跋涉之路。对两千多年来的丝绸之路同样需要重新回溯，用坚实的积累进行一系列挑战性问题的研究。

一

自从国家提出"一带一路"国际合作的倡议后，丝绸之路成为最热门的话题，各地纷纷召开丝绸之路学术会议，群贤毕至，蓬荜生辉，不仅吸纳了国内名家，还聘任了外国名家，带动了整个学科的建设和迅猛发展，"考古与艺术、文本与历史、诗歌与边塞"均以丝绸之路为主题做了新视野的研究与探讨，不同专业各展优势、联合协同，这是非常值得肯定和鼓励的方向，因为这条道路再次促使我们以文明交融史的眼光看待世界。

这几年各地、各个学校、各个研究机构纷纷推出"一带一路"的丝绸之路研究，成立了不少机构，召开了不少会议，但挂牌隆重，后续无声，虎头蛇尾，声大势小，真正能推动研究和学术发展的不多，因为丝绸之路是一个综合体的研究，涉及考古、文物、历史、艺术、宗教、科技、文学诸方面，未晓的知识和未知的领域很多，因之，丝绸之路是一个读万卷书、走万里路的研究领域，是一个观万幅画、看万件物的实践领域，谁都不敢说自己穷尽了史料、挖完了文物，如果说学术永远在路上，那么丝绸之路研究同样永远在路上。

国际上普遍公认全球文明中心诞生地位于底格里斯河和幼发拉底河之间的肥沃田野上，将近五千年前，伟大的城市被陆续建了起来，如巴比伦、尼尼微、美索不达米亚的乌鲁克和阿卡德以建筑的金碧辉煌而著称，印度河流域的城市哈拉帕和摩亨佐达罗成为古代世界的奇迹。在东亚中国大地上，夏商的古城也一个个冒出地面，崛起于世界地图上。只是当时人们并不互相认识，极少往来。现在人们推测史前丝绸之路的交流，也不应过分夸大。

在这个地区，世界上一个个伟大的宗教也如雨后春笋般地诞生了，犹太教、基督教、印度教、袄教、佛教、摩尼教和伊斯兰教纷纷如百花齐放。正是在各个语系相互竞争的大熔炉中，一个个大帝国

---

* 本文为作者2017年9月6日在《丝绸之路与汉唐文化国际高端论坛》上的发言稿。

图1 甘肃灵台县康家沟汉代窖藏出土安息铅币（币面文字至今未解）

相继兴盛与衰亡，一个个王朝轮流登台与下台，但是展现的是相互连接的世界影响。过去我们往往忽视世界各国的密切往来，漠视欧亚大陆之间的竞争，并不了解西亚阿拉伯帝国与波斯帝国争夺的余震会影响到东亚中国，不清楚拜占庭帝国与中华帝国之间通过西突厥往来的模式，也不清楚中亚粟特人入华的移民所起到的聚落和连环作用，也不知道中亚草原上厮杀直接带来了中国北方游牧民族的激荡，更不了解西域中亚胡商入华对双方贸易的物价变化以及导致市场上需求的激增。我们的眼光一直局限在自己的疆域内，收缩在东亚一小块土地上。

欧亚之间互相影响的展开，正如沿着中西古道形成交通网络一样，不仅有商人、僧侣、使者、武士、牧民、工匠、画师等参与拓展，还有他们携带的买卖商品与运输的货物，以及思想的交流、文化的借鉴、宗教的传播，但是人们并不知道他们走的这条路是东西方沟通的要道，清朝统治下的中国闭关锁国，甚至不知道几千年来自己的祖先一直活跃在亚欧大陆上，直到19世纪末，这个延续了几千年的庞大的交通网路，才被德国地质学家、东方学家费迪南·冯·李希霍芬冠名为："丝绸之路"。

近代以来西方学术界的权威们对丝绸之路并不重视。他们认为落后的亚洲和劣等的民族无法与欧洲文明的摇篮相比，更不相信东亚的崛起和亚洲地区的重要。1895年，当斯文·赫定第一次探访塔克拉玛干时，就进入了一个欧洲人全然无知的偏远世界。多亏这一地区的干燥气候，赫定、斯坦因等人才能发现伊斯兰教到来之前的各种文书和文物。随着一个世纪的考古文物不断被发现，他们才意识到丝绸之路沿线地区的重要地位，认识到西亚、中亚、东亚这条文明传播道路的活跃，这是世界中心所在地的真正大熔炉，如果说中亚和新疆是四大文明交汇的十字路口，涉及印度、阿富汗、巴基斯坦、伊朗、土耳其、叙利亚等国家，那么东亚广袤地区构成的交通道路网络状布局，更是将中国、蒙古、朝鲜、日本诸国连接在一起，直到今天，我们才开始意识到西方文明中心诞生地与东方文明中心有着千丝万缕的联系，并拓展了新的世界史课题的视野。

图2 内蒙古锡林郭勒出土罗马银碗（圆圈中人物是希腊哲人还是四季神人，至今未解）

图3 1970年山西大同出土5世纪肖像奖章形鎏金银碗底部（肖像人物究竟是谁，未见解读）

二

历史是一个民族集体记忆的源头，了解历史是每个人的基本素质。但是部分中国人包括一些学者的历史知识素养并不高，历史常识匮乏，专业知识狭窄，获取的信息来自影视或互联网文学作品，应付差事写一些与史实有偏离的文章，名曰是多元化解读，实际上是不知历史研究的严肃度和真实度，目前一些虚构历史挑战了历史真实的底线。

过去我们是"半截子"丝绸之路研究，现在又出现不分时代的纷纷乱象，值得我们反思：

2013年12月3日《西安日报》刊登的《加快打造丝绸之路经济带新起点》一文，为了吹嘘夸耀自己是承载区，说"唐代西市作为丝绸之路起点，占地1600多亩，建筑面积100万平米，涉及酒肆、铁铺、衣行等220多个行业，有固定商铺4万多家，每日客流量高达15万人，是当时世界上最重要的商品流通和货物集散中心，是中国与世界沟通的窗口"。这些数据不知是谁编出来的，史书记载还是考古解读，都不清楚。

2014年7月21日《光明日报》文化新闻9版《沿着张骞的足迹感受"新丝路"》一文说："丝绸、茶叶、瓷器曾代表了汉唐时期的先进制造业，中国商人用它们来交换胡椒、胡萝卜等产品。"实际上，茶叶是在中唐以后才逐渐发展起来的一种产业，当时喝茶主要是泛白沫的煮茶，用盐"点茶"，从南方到北方也是在贵族世家、官僚士人家中饮用，民间百姓谈不上普遍喝茶，法门寺作为皇家寺院，发现茶碾子就是明证。茶叶作为对外贸易的商品在当时还见不到确切的记载，茶叶贸易到了宋元时才开始广泛起来。唐代与回鹘的绢马贸易并不是后世西南地区的茶马贸易。

2014年11月15日《西安晚报》刊登《范曾50年后回归诗词故乡》一文，范曾对记者感叹道："西安是座不得了的城市，当年中亚、西亚一直到罗马，在西安的外籍商人有三四十万人，绝对是国际化大都市。"史实本末，这外商数字不知是怎么统计出来的？

图4　洛阳出土神龙二年安国相王孺人唐氏墓壁画（骆驼携带的是丝绸还是羊皮纸？）

倪方六《隋唐时外国人以留学中国为荣》一文中说："中国大规模接受来华学习的外国学生出现在唐朝，日本、高丽、百济、新罗、安南（越南）、琉球以及拂菻（东罗马）、大食（伊朗）等国家纷纷向中国派出留学生或带有留学性质的使臣、僧人。"拂菻什么时候派过留学生？史书哪条史料有记载？

故宫举办《紫禁城与丝绸之路》展览，将明清时代为皇家采购或进贡的西洋玩意作为丝绸之路的珍宝，令人啼笑皆非。先不说明清严格的海禁政策，即便是陆路交通，也是时常被阻塞切断，在这种背景下无论是陆上、海上都不可能有大规模的贸易往来活动。故宫钟表馆展出的西洋钟、八音盒等统统属于供皇帝玩赏之物，并不是真正的民间实用之物，将皇家采购、外使进献的奢侈玩意与民间正常贸易的实用之具这两类物品混为一谈，不能区分"贸易品"与"奢侈品"，连丝绸之路的本意是贸易之路都搞不清楚，确实让人大跌眼镜。

广州的清代十三行、厦门的鼓浪屿、宁波、烟台、大连等因为19世纪中叶后被辟为对外通商口岸，统统列入海上丝绸之路，明清时期形成的茶马古道也被列入高原丝绸之路，早已有之的"唐蕃古道"也变成了丝绸之路高原段、青藏段，北京也成了元代丝绸之路"无与伦比的商都"，深圳举办的中俄《丝绸之路历史档案展》将18—19世纪的俄国派遣商队来函、恰克图双方贸易价值清单等都算作丝绸之路"纽带两端"的交流历史，号称"锦瑟万里虹贯东西"，似乎不挂上"丝绸之路"的名号就不是新的研究。还有许许多多信口开河的奇谈怪论，甚至胡诌乱讲，脱离历史实际和正常逻辑，引起很多学界人士的反感，包括许多画展书法展都打着丝绸之路的名义，实际与之毫无关系，被讥讽为成套路的跟风追捧剧。

2010年陕西历史博物馆举办《丝绸之路——大西北遗珍展》时，我请著名文物学家孙机先生为展览图录写序言，他在感言中就指出："强加给这条道路的某些说法与史实未能尽合，许多无稽之谈有时也会有市场，未免令人啼笑皆非。"尽管孙机先生的某些观点不一定会得到现代某些人完全同意，但是他的批评一直回响在我耳畔，提醒我们对丝绸之路一定要认真研究，作为人类共同的知识谱系需要慢慢解读，这也是我们的共勉、共助、共享。

三

丝绸之路研究不是一个单纯的历史概念或符号，不是经济学急功近利的利益获得，而是实实在在的文化遗产的真实再现，需要必备的功课铺垫，需要多年的学养积累，一些奇葩的概念混入严肃的课题之中，只会败坏学术的名声，授人以口实与笑柄，带来无穷的贻害。

虽然历史研究可以存在各种解读，但应该在基本公认的史实上保持客观真实，要注意一些带有引申性的过度解读，甚至是想当然的曲解和随意的穿越，只会带来负面的作用。我们对历史的尊重要逐步恢复，再不能在基本史实错误的情况下随意乱说。不管是"二重证据法"还是新近提倡的图像史学，都要注意丝绸之路是任重道远的课题，还是那句话"丝绸之路研究永远在路上"。

目前丝绸之路作为一个热词不仅响彻中国，而且远播世界，自然引起了各国的关注，有的心存疑虑，有的冷眼旁观，国际上反对中国"一带一路"的杂音、噪音、乱音也此起彼伏，印度为对抗抵消中国的强大影响力，将其20世纪90年代的"东望政策"（Look East Policy）在2014年改为"东进行动政策"（Act East Policy），还模仿"丝绸之路"构思推出所谓的"香料之路计划"和"季风计划"，从"东望"到"东进"，体现了一个对冲目的：抗衡中国"一带一路"合作倡议。

中亚2015年后由哈萨克斯坦、吉尔吉斯斯坦、乌兹别克斯坦和塔吉克斯坦共同组成"费尔干纳—锡尔河廊道"申报丝绸之路世界遗产工作组，正在积极运作。塔吉克斯坦和乌兹别克斯坦在"泽拉夫尚廊道"（片治肯特—撒马尔罕—颇肯特）开展申遗工作，特别是他们在费尔干纳—锡尔河廊道未来丝绸之路跨国系列申遗工作"以恢复友好关系为核心"令人瞩目。这不仅涉及中国粟特移民入华的研究，还联系到十几个世纪来中亚与中国的连锁互动，我们的丝绸之路研究对这片土地的了解还远远不够，亟需补课、补脑、补视野。

我举一个最近国际学术界的例子，美国耶鲁大学历史系一名教授多次到中国学术考察，她推出的《丝绸之路新史》使用了许多原始出土文书和考古材料，这本书的基本观点就是从来没有一条丝绸之路，这个名字是由一个德国人在1877年发明的，在那之

图5 陕西历史博物馆藏西安出土"都管七国"六瓣银盒
("昆仑国"与"白柘羯国"考释至今未有结果)

前没有人使用"丝绸之路"。丝绸之路的商队从来不大,通常只有几个人和几匹马。沿着这条道路走的贩卖是地方性的,不是区域性或国际性的。中国从来没有与罗马帝国贸易,在中国从来没有找到一个单一的罗马硬币。尼雅佉卢文文书近千件只有一件提到商人,而且商人都被严密监视。中原生产的各种纺织品被运到西北,这是因唐朝政府把海量纺织品作为军饷发放给士兵,这是755年之前盛唐时期丝绸之路贸易繁荣的原因。安史之乱一爆发,唐朝被切断了供应,丝绸之路经济随之崩溃。因丝绸之路艺术而闻名的古都长安,出土的何家村遗宝有100多件金银器,仔细研究之后发现,几乎没有进口物品,都是本地制造的或出自客居中国的粟特人之手。进口的珠宝很容易通过陆路送进来。如此种种,不再赘述。总之,她提供的史料说明丝绸之路就是一个编造的迷人故事,是贸易有限、论据不足而被夸大的浪漫之路。

这本书在国际上引起很大反响,被列为高校必读的亚洲教材,北京联合出版社出版了译本,我们对这类有影响的图书居然无人反驳,还有人叫好吹捧,蒙在小圈子里自娱自乐、自说自话,根本不知道国际话语权有多重要,更不知道要用扎实可靠的史实回应世界的质疑。我在2017年第2期《西域研究》专门发了一篇文章纠正这位教授的谬误。

国内有个知名教授在2017年4月14日演讲中说:历史上开通和维护丝绸之路的动力是来自外界,而不是来自中国内部。这条路主要不是由汉朝人,而是中亚、西亚,甚至是欧洲人建立的,动力来自他们。亚历山大的希腊文化和其他文化早都传入新疆,新疆阿斯塔纳古墓中有不少两千多年前的干尸,其中很多欧洲白种人。张骞通西域本身是出于军事、政治目的,而不是出于贸易目的,历史上中国没有动力进行丝绸贸易,中国没有向外开拓的动力,没有主动利用过丝绸之路,从丝绸之路贸易获利。这和国外教授异曲同调,匆忙结论,完全不了解丝绸之路沿线的考古,不清楚西域的研究成果。片面的曲解着实让人难解。

最近西安与《人民日报》海外版、中国出版集团公司等联合举办的"丝绸之路文化行"大型活动,提出"将丝绸之路火种播撒到世界每个角落",口号颇令人惊讶。目前丝绸之路方面出版著作和发表论文数量猛增,但东拼西凑、粗制滥造、低水平重复和抄袭剽窃现象也层出不穷。如果说丝绸之路研究永远在路上,那么与国际对话的顶尖学者也亟需蓬勃而出。我们需要熄灭学术浮躁之虚火,摒除急功近利之欲望,丝绸之路研究需要求真求实、创新开拓、不断升华的成果,不说无边际的空话,不做无谓的超越,为民族学术尽责,为人类进步担当,丝绸之路研究不仅要"大处着眼,小处入手",更要"学术底气,大国视野",这是我们衷心的期望。

太原金胜村唐墓再研究

沈睿文

（北京大学中国考古学研究中心　北京大学考古文博学院）

目前山西地区发现的唐墓主要集中在长治、太原、大同和侯马等地，已公布壁画墓11座，其中10座集中见于太原西南郊晋源区的金胜村、董茹村等地[1]，尤以金胜村为多（表1）。太原市金胜村是目前山西地区所见唐代壁画墓最为集中的地区，墓葬年代集中于武周时期。这批墓葬的发掘集中于19世纪50年代和80年代，已有研究聚焦于墓葬年代和墓室树下老人屏风画内容的判定[2]，对这批墓葬的其他内涵则重视不足。本文拟对此略作讨论。

一 几点初步认识

太原金胜村唐墓屏风画的内容及题材大体相同，表现出强烈的共性。已有定谳，此不赘述。从表1所列情况，我们还可以得出如下几点初步认识：

第一，从墓葬形制和规模来看，太原金胜村这批墓葬墓主的品级为正五品、从五品及其下。

太原金胜村这批墓葬的形制为方形或弧方形单室砖墓，墓室多在4平方米，少数在9平方米左右，如金胜村第三号唐墓和太原金胜村337号唐代壁画墓（编号TD1988M337）。这批墓葬中，以三号墓的墓室最大。

有唐一代，弧方形或方形单室砖墓为一品至五品官员的墓制，其中一至三品官员墓室尺寸约为4米多见方，四五品官员墓室尺寸就多下降至3.5米见方以下。方形单室土洞墓大约是五品以下品官的墓制。这类墓室尺寸多在3.4米见方，更多的是在3米见方左右；庶人墓多用不规整的斜方形土洞墓，墓室尺寸大都不超过3米（见方）[3]。进而言之，高宗武周时期，正五品、从五品官员墓室多为3米多见方，正六品官员墓室为2米见方，但从九品官员墓室间或也有3米多见方的，庶民墓墓室则为2—5平方米。

山西地区墓室边长在3—4米之间多为五品以下的散、勋官墓。如朝散大夫（从五品下文散官）辛

1　另有一座为山西运城万荣的薛儆墓，详山西省考古研究所编著《唐薛儆墓发掘报告》，科学出版社，2000年。
2　赵超：《"树下老人"与唐代的屏风式墓中壁画》，《文物》2003年第2期，第69—81页；赵超：《从太原金胜村唐墓看唐代的屏风式壁画墓》，陕西历史博物馆编：《唐墓壁画国际学术研讨会论文集》，第199—208页；商彤流：《太原唐墓壁画之"树下老人"》，《上海文博论丛》2006年第9期，第20—23页；沈睿文：《唐墓壁画中的渊明嗅菊和望云思亲》，上海博物馆主编：《壁上观——山西的墓葬和寺观壁画》，北京大学出版社，2017年，第416—433页。
3　宿白：《西安地区的唐墓形制》，《文物》1995年第12期，第41—50页；后收入所撰《魏晋南北朝唐宋元考古文稿辑丛》，文物出版社，2011年，第148—159页。

表1 山西太原金胜村唐墓情况一览表[1]

墓葬	位置	形制	墓室	葬式	随葬品及壁画	备注
太原南郊金胜村第三号唐墓	太原南郊金胜村西南约0.5公里	带墓道,甬道的方形单室砖墓	东西长3.25米,南北宽3.05米,墓底距地表最深处为6.5米,墓顶塌毁。墓室北部为砖砌棺床,西壁下有一砖砌长方形小台,北连墓壁,长1.7米,宽0.6米。墓顶塌毁。	清理时墓室内人骨已被扰乱,棺床上原有人骨架两具,已腐朽,北壁下发现两个人头骨。葬具已腐朽,仅见数枚铁棺钉。	随葬器物共91件,其分布情况是:棺床东西两壁下,依壁各立男女陶俑一排,武士俑立放在墓门东西两侧,镇墓兽放在墓室的中间,面对着墓门,其他车、马、驼、牛及生活用具等,散布在墓室的西部小台上与东壁下。	[2]
太原南郊金胜村第四号唐墓	太原南郊金胜村西南约0.5公里	方形单室砖墓	墓室东西长2.2米,南北宽2.13米,高2.1米。北端砌有棺床,长2.2米,宽1.25米,高0.23米。墓顶塌毁	棺床上葬一人,葬式为直肢,头向西,骨骼已朽。棺床上无木棺痕迹,骨骼已朽。	棺床下靠西壁处放置灰陶罐2件,棺床上四角各放一小陶碟(灯)。墓室顶部绘四神,四壁绘人物、树下老人图12幅。墓门东西两侧各绘一佩剑持笏侍卫,西壁南端、东壁南端各绘侍女图1幅,余8幅为树下老人图。	[3]

---

1. 本表仅收集有正式考古简报发表的墓葬,其他仅发表图版的墓葬则不在其列。
2. 山西省文物管理委员会:《太原南郊金胜村三号唐墓》,《考古》1960年第1期,第37页。
3. 山西省文物管理委员会:《太原南郊金胜村唐墓》,《考古》1959年第9期,第473页。

（续表）

墓葬	位置	形制	墓室	葬式	随葬品及壁画	备注
太原南郊金胜村第五号唐墓	在四号墓北10米左右	方形单室砖墓	墓室东西长2.07米，南北宽2.0米，高2.1米。北端砌有棺床，西南角砌一小砖台，长0.85米，宽0.65米，高0.15米。墓顶为方锥形。	棺床上面并排置人骨两架，东西向，直肢仰身。北边一具为男性，骨架长1.65米；南边一具为女性，骨架长1.52米，未发现棺椁痕迹。	漆盘、瓷罐、陶灯、长方铁片置于西南角砖台上，圆形未漆盘12件，南北排列成3行，每行4件，摆于小砖台上。陶灯和陶罗马高足杯等多件，驼马残俑在墓室东南角，棺床上女性人架头前有陶罐和男女对坐俑，腰部有海兽葡萄镜1面，漆盒已朽，瓶部有圆形漆盒（？）1件，其内盛有：不同材质的珠饰31件、玉石筷各1件，直径约33厘米，铜饰件4件，萨珊波斯银币开元通宝白石钵及五铢钱13枚及方铢线1枚。墓室西壁南端绘牛车图一幅，东壁南端绘马夫，其背后绘有两匹半身的马和骆驼。自西壁中部至东壁中部皆绘树下老人图，共8幅。出土墓志1合，用两块绳纹砖制成，志文用白粉书写。	1
太原金胜村第六号唐墓	太原南郊金胜村西约0.5公里	弧形单室砖墓	东西长2.2米，南北宽2.18米，墓室北边有砖砌棺床，宽1.26米，高0.18米。	棺床上有两具人骨架，为仰身直肢，已腐朽。²	墓顶绘有红色莲花及彩云图案。墓室壁画保存完整，计有人物和四神画共16幅。墓室顶部绘红色莲花及彩云图案，下绘人字形拱及四神，东西两壁顶部人字形拱空隙各绘日（西）月（东）星辰，人物画12幅分绘于下边四壁上³。墓门东西两侧各绘一执笏持剑侍卫。东壁由南而北绘侍女和树下老人3幅。文吏的上边有墨书榜题，有"奴兴仓、奴多口、奴盖口、奴金枝、奴兴钳、奴有相"等字。在棺床的前面，靠近墓室西壁处放置灰黑色陶罐1件，放置陶罐5件，棺床上有直径6厘米的素面小铜镜1件，开元通宝6枚，墙角下有铜质马饰5个，残马身1块，残有残棺头1个，残马身1块，墙角下有铜质马饰5个。	至于头向以及是否有关棺木痕迹，考古简报没有言及。⁴

---

1 山西省文物管理委员会：《太原南郊金胜村唐墓》，《考古》1959年第9期，第474页。
2 山西省文物管理委员会：《太原市金胜村第六号唐代壁画墓》，《文物》1959年第8期，第19页。
3 简报称墓室西壁月亮里"绘人像（像）两个"，此两个人像应为吴刚和嫦娥。（唐）段成式《酉阳杂俎》便记载有吴刚伐桂的故事。
4 详山西省文物管理委员会：《太原市金胜村第六号唐代壁画墓》，《文物》1959年第8期，第22页。

（续表）

墓葬	位置	形制	墓室	葬式	随葬品及壁画	备注
太原金胜村337号唐代壁画墓（编号TD1988M337）	太原第一电热厂	带甬道的弧方形单室砖墓	墓室内长2.9米，宽2.8米，从高1.3米处叠涩内收。在墓室北部有砖砌长方形棺床，墓顶破坏严重。	棺床上有骨架残骸，葬式不明，经鉴定为一成年男性。	墓顶绘星象，四神；墓室壁面每壁各绘壁画2幅，共8幅，其中佩剑侍卫、仕女童各2幅，树下老人图4幅，破损比较严重，可以辨认器形的彩色有红、褐色彩。随葬器物共11件，多为陶器，彩绘陶镇墓兽1件，施浅黄、形的彩色彩，三彩罐2件，小兽1件，陶豆2件；铜丝1段，莲花纹瓦当2件；"开元通宝"钱1枚。	1
太原金胜村555号唐代壁画墓（编号TD1989M555）	太原第一电热厂区东部	带墓道甬道的弧方形单室砖墓	墓室南北长2.39米，东西宽2.35米。覆斗形墓顶，已遭破坏。墓室北部有一砖砌棺床，长2.39米，宽1.2米，高0.25米。	由于墓室内长期被水浸泡，死者骨架已凌乱不堪，无法辨其葬式。通过初步鉴定，墓内所葬者系一成年男性和一成年女性，估计是夫妇合葬。	墓室顶的南部残留部分有花及挽结的花幔，颜色有红、黄、绿三色。推测墓顶为星象图。四神图，墓室四壁共绘壁画10—11幅（北壁已毁，参照南壁推测为2—3幅）。其中南壁西壁各3幅。东、西、南三壁中唯有南壁保存最多。南壁墓门两侧各绘侍卫1人。墓北壁随葬器物共有数十件，均为彩釉陶制品。由于机械施工致北壁砸碎而无法修复。可复原者有仕女俑，女童俑各1件。	2
太原化工焦化厂唐墓	太原化工焦化厂	带墓道甬道的弧方形砖室墓	墓室内长2.28米，宽2.18米，从高1.2米处逐层叠涩内收。墓室东西两侧各有一砖砌长方形棺床，长1.77米，宽约0.85米，高约0.25米。墓室内壁和棺床的边缘部抹有一层厚约1厘米的石灰泥皮，上施彩绘。	在东西二棺床上，分别发现男性、女性的若干朽骨，年龄不详，估计为夫妻合葬。	墓顶正中为星象图，星象之下用红、黄、绿三色色画出挽结的花幔，其间以弧形连珠纹相接。墓室壁画绘有四神和树下老人图2，侍女2以及佩剑侍卫共27幅，牵马牵驼、执笏佩剑侍人图。随葬品共27件，其中西侧棺床上放陶三彩罐3件，三彩鸡、鸭各2件，铜钱2枚，棺床底前放三彩女俑3件，釉陶牛1件，东侧棺床前有三彩男俑3件，三彩马、三彩骆驼、陶猪、釉陶羊各1件，陶罐3件，还有陶仓、陶灶、陶碓、陶瓶异形器等生活用具或明器。墓志1合，用两块青灰色方砖制成。	3

1 山西省考古研究所，太原市文物管理委员会：《太原金胜村337号唐代壁画墓》，《文物》1990年第12期，第11页。
2 山西省考古研究所：《太原金胜村555号唐墓》，《文物季刊》1992年第1期，第24—26页。
3 山西省考古研究所：《太原市南郊唐代壁画墓清理简报》，《文物》1988年第12期，第53页。

谦、崔孥墓的规模便是如此。几位带勋官的墓主情况也有些类似，这些人的职事官都是五品之下，是当时的下层官员，仅从随葬品无法将其与平民区分，但墓室规模似乎要稍微大一些。3米见方及以下似多为庶人规制[1]。

20世纪80年代河北鸡泽县北关发现的5座唐墓（编号BM1—5）[2]可为判断太原金胜村唐墓墓主身份提供辅证。这5座唐墓皆为弧方形单室砖室结构，坐北朝南，由墓道、甬道和墓室三部分组成。墓道多竖穴土坑式，甬道为砖券结构。这批墓葬不见棺椁等葬具。

河北鸡泽县北关墓群5座墓葬墓室为2.5米左右见方，发掘者认为北关墓群5座墓葬所在墓地为武周时期的郭进、郭行家族墓地。根据郭进（BM1）、郭行（BM4）墓志文所载，知郭家祖籍太原，因第十三代祖凯公任县侯，子孙因官而成为广平县（即今鸡泽县）人。郭氏家族自到广平县以来，世代为官，家族兴旺，仅曾祖郭曹之后，祖孙四代历齐、隋、唐、周四朝而不绝于仕。郭家祖籍太原，恐是该墓地葬制与葬俗呈现出跟太原金胜村唐墓相同的原因。这应是郭氏家族的地域认同和族群记忆使然。郭行为云骑尉武安令，其墓葬规模与太原市金胜村者相近。

此前，根据金胜村第五号唐墓所出砖墓志所载，赵超认为该墓墓主可能只是个下级军官，而太原金胜村唐墓可能只是一些低级官员或者富裕平民的墓葬。[3]确实，根据墓葬形制和规模来看，太原金胜村这批墓葬墓主的品级为五品、从五品及其下。

第二，从随葬品和墓室壁画内容来看，这批墓葬墓主的品级则多在三品以上。

根据《通典》卷一〇七"开元礼纂类二·群官卤簿"的规定：三品以下官员卤簿中有诞马，但无骆驼和犊车。[4]该记载的可靠性也得到考古工作的证实。三品是在唐朝墓葬壁画出现骆驼图像与否的界限，三品以上允准使用骆驼壁画及骆驼俑，而三品则只能使用骆驼俑。当然，三品以上的墓葬壁画中也可不用骆驼，如减等下葬的愍王李承乾墓便是。[5]

在金胜村唐墓中，以第三号墓墓室最大，达到9平方米之多，该墓无树下老人屏风画，随葬驼马犊车出行俑以及不包括十二生肖的神煞俑类。随葬品中有鞍马、骆驼和犊车，说明随葬品组合中有驼马/犊车出行。

金胜村第五号墓为夫妻合葬墓，墓室壁画绘有鞍马和犊车出行图。

太原金胜村第六号唐墓墓门东西两侧各绘一个执笏持剑侍卫。靠近墓的东壁有残木俑头一个，残马身一块，墙角下有铜质马饰五个。可知该墓随葬有木质的鞍马出行仪仗。一般说来，以木明器随葬的唐墓主人其品级多在三品及以上[6]。

---

1 李雨生：《山西隋唐五代墓葬析论》，《西部考古》第6辑，三秦出版社，2012年，第117—118页。
2 邯郸市文物保护研究所：《河北鸡泽县唐代墓葬发掘简报》，《文物春秋》2004年第6期，第103—113页。案，根据简报提供的信息，可知BM3、BM4以及YM1（鸡泽县尹村唐墓）各随葬了一套茶事。
3 赵超："树下老人"与唐代的屏风式墓中壁画》，《文物》2003年第2期，第74页。
4 （唐）杜佑撰，王文锦等点校：《通典》，中华书局，1988年，第2788—2789页。
5 沈睿文：《阿史那忠墓辨正》，载朱玉麒主编《西域文史》第8辑，科学出版社，2013年，第166—167页。
6 卢亚辉：《唐代木明器初步研究》，《两个世界的徘徊：中古时期丧葬观念风俗与礼仪制度会议论文集》，科学出版社，2016年，第97—135页。

图1 太原焦化厂唐墓驼马人物图

图2 太原焦化厂唐墓侍奉图

太原化工焦化厂唐墓为夫妻合葬墓,夫妇分置在东、西二棺床上。墓室壁画绘有四神和树下老人图、牵马牵驼(图1)、执笏佩剑的侍卫2(图2)以及侍女。随葬品共27件,其中釉陶牛在西侧,而三彩马、三彩骆驼在东侧。可知,牵驼图和驼马/犊车出行陶俑在该墓的共存。

如此看来,太原金胜村这批唐墓墓主的品级又多在三品以上。显然,这个结论与上文所得自相矛盾。那么,为何在这批墓葬中根据不同的元素对墓主政治身份判断迥异?究竟是什么原因使得这种矛盾的现象集中于这批墓葬之中?这跟这批墓葬的墓主有何关联?他们的具体身份究竟为何?

第三,墓室顶部帐幔式新布局的出现。太原金胜村6号墓墓室覆斗形顶绘有红色莲花和彩云图案,太原金胜村555号唐墓墓室顶部的南部残留部分有花及挽结的花幔,颜色有红、黄、绿三色。金胜村焦化厂墓墓顶正中为星象图,已残,星象之下用红、黄、绿三色画出挽结花幔,其间以弧形连珠纹相接。这种现象也见于太原晋源镇景龙二年(708)温神智墓,该墓穹窿顶四周亦绘挽结幔帐[1]。

墓室顶部出现帐幔式布局,是进入唐代以后墓葬新出现的现象。为何此时墓室装饰会出现这样的转变?

第四,太原金胜村唐墓都有棺床设施。除了太原化工焦化厂唐墓外,包括夫妻合葬墓在内的其他太原金胜村唐墓棺床基本上位于墓室北侧,呈东西走向。

---

[1] 常一民、裴静蓉:《太原市晋源镇果树场唐温神智墓》,陕西历史博物馆编:《唐墓壁画国际学术研讨会论文集》,三秦出版社,2006年,第209—213页。温神智卒于唐中宗景龙二年,其墓室西侧棺床上有三具人骨残骸,亦不见棺木痕迹,有残存的腿骨和一些碎骨分析,西侧两具被扰乱过,葬式不明,由墓志文可知西侧为温神智的夫人王氏及其继室杨氏,这是开元十八年重启温神智墓室夫妻三人合祔所为。换言之,该墓建制应视为景龙二年温神智卒后下葬时所营构,而不宜待之以开元时期墓葬。

在墓室中如此规划棺床在当地北朝墓葬中也可见。现有研究表明，唐墓墓型结构有无棺床设施应代表当时两种具有本质区别的墓葬等级或规制，至于随葬品种类及数量多寡，除与各墓保存状况有关外，可能与墓主身份地位及贫富状况也不无关系[1]。

值得注意的是，太原化工焦化厂唐墓为双棺床东西并置于墓室。在墓室东西两壁下砌筑并列的双棺床，在已知唐墓中也是一种比较罕见的做法。从刊布的资料来看，这种建制另见于前述河北鸡泽北关BM5[2]和洛阳龙门的安菩墓[3]等两座唐墓[4]。

河北鸡泽北关BM5为郭家墓地成员，郭家迁自太原。这很可能表明墓室双棺东西并置的建制与太原地区存在着某种关联。

安菩墓墓主为信奉祆教的粟特裔，该墓为景龙三年十月廿六日（709年12月1日）安菩夫妇洛州合葬时所建，采用双棺床东西并置，不知是否喻示着这种建制跟墓主的胡裔文化属性有关？

第五，太原金胜村唐墓，除了金胜村第三号唐墓发现有腐朽的棺木灰与数枚铁棺钉之外，余者皆不见葬具，只有骨骸。即，径将尸体安放在尸床上，不用棺木收殓，为无棺葬。

在长治、太原、大同和侯马等地发现的唐墓，虽位于同一大区中，但是这几个地方的葬具使用情况却不尽相同。太原地区唐墓多未发现葬具痕迹，人骨架散置于棺床之上；而山西其他地区唐墓则使用木棺为葬具，且多置于棺床之上[5]。

在北朝的各个时期，在多个政治中心区域包括太原地区在内，都发现有无棺葬现象。如1987年8月，在太原南郊金胜村太原第一电热厂发现的北齐壁画墓[6]等。但这种葬俗显然并非太原地区固有，亦非汉文化传统葬制[7]，此毋庸置疑。不过，入唐以后，山西地区的无棺葬葬俗却集中于太原地区，显得比较特殊，这表明太原金胜村这批墓主的宗教信仰或丧葬观念跟山西其他地区不同。那么这批墓主人秉持的是何种文化？他们从何而来？又是如何出现的？

前已述及，河北鸡泽县北关唐墓保留了其祖籍地太原地区的葬俗，该墓地有两座墓葬墓主清楚。其中郭进（BM1）墓室北侧并列人骨三具，扰乱较甚，可能系冲刷或盗扰所致。从残迹可知均为仰身直肢，头向西，一男二女，男性居中，其中北侧一具人骨最为零乱，可能系迁葬。墓志载万岁登封元年（696）郭进殁后与夫人张氏、继室高氏合葬。同样地，根据墓志所载，BM4为如意元年（692）郭行殁后与夫人焦氏的合葬墓。BM5夫妇则分置东、西两侧棺床，该墓未见葬具痕迹，男性头骨及女性尸骨似经人为扰动，整体移位。这表明该墓为迁葬墓。

综上，或可推断河北鸡泽县北关的五座唐墓出

1　邯郸市文物保护研究所：《河北鸡泽县唐代墓葬发掘简报》，《文物春秋》2004年第6期，第112页。
2　邯郸市文物保护研究所：《河北鸡泽县唐代墓葬发掘简报》，《文物春秋》2004年第6期，第104页。
3　洛阳市文物工作队：《洛阳龙门唐安菩夫妇墓》，《中原文物》1982年第3期，第21—26、14页，图版三—九；洛阳市文物考古研究院：《洛阳龙门唐安菩夫妇墓》，科学出版社，2017年。
4　西北大学校区也发现一座双棺东西并置的初唐墓葬，两骨架分置其上，发现有木棺痕迹。2016年7月22日，承陕西省考古研究院刘呆运研究员告知，谨致谢忱。
5　华阳：《浅议山西唐墓的葬俗》，《湘潮》2011年第12期，第18页。
6　山西省考古研究所、太原市文物管理委员会：《太原南郊北齐壁画墓》，《文物》1990年第12期，第1—10页。
7　刘振东：《论北朝时期无棺葬》，《考古与文物》2014年第5期，第84—94页。

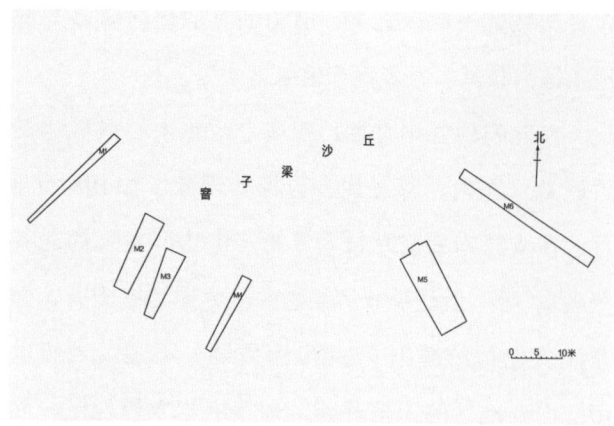

图 3　盐池窨子梁墓地平面图

图 5　盐池县窨子梁 M3 墓门

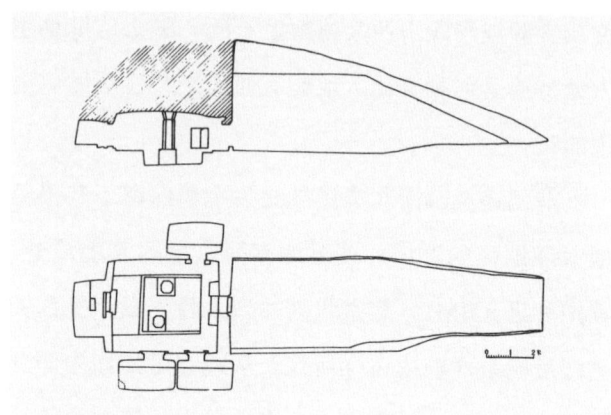

图 4　盐池窨子梁 M3 平剖面图

图 6　盐池县窨子梁 M3 墓室

现无棺葬的形式跟迁葬合祔有关。那么，太原金胜村唐墓的无棺葬现象是否也是由此造成的？

二　入唐粟特裔祆教徒墓葬

上述太原金胜村唐墓无棺葬的习俗，在隋唐时期还见于宁夏盐池窨子梁墓地。

窨子梁墓地六座唐墓皆为依山开凿的平底墓道石室墓，皆为石棺床，被盗严重。这六座墓的墓葬形制、墓室结构基本一致，它们排列有序（图3），显然是同一族属的墓葬[1]。

宁夏盐池窨子梁墓地 M3（图4—6）所出墓志载，"大周……都尉何府君墓志之铭并序""君□□□□□□大夏月氏人也。……粤以久视元年九月七日，终于鲁州□鲁县□□里私第，君春秋八十有五。以其月廿八日，迁窆于□城东石窟原，礼也"[2]。可知该墓墓主何府君为昭武九姓之一的何国人后裔[3]，即粟特裔。换言之，窨子梁墓地为粟特何国人后裔的家族墓地。这六座墓中有单人葬、双人

1　宁夏回族自治区博物馆：《宁夏盐池唐墓发掘简报》，《文物》1988 年第 9 期，第 43—56 页。
2　《何府君墓志》，见《全唐文补遗》第 6 辑，三秦出版社，1999 年，第 349 页。
3　罗丰：《隋唐间中亚流传中国之胡旋舞——以新获宁夏盐池唐墓石门胡舞图为中心》，《传统文化与现代化》1994 年第 2 期，第 50 页；后收入所撰《胡汉之间——"丝绸之路"与西北历史考古》，文物出版社，2004 年，第 280 页。

葬，还有多人聚葬于一室的现象，其中M4葬尸骨四具，M5尸骨多达十余具，应是一种聚族而葬的现象。在葬俗方面，6座墓中有的石棺床上有使用木棺的痕迹。M1墓室北部石棺床上置一梯形木棺，棺内有人骨一具，已基本腐蚀成粉状。M2墓室北部石棺床上有腐朽的棺木和尸骨痕迹。除此之外，其余各墓均未发现葬具。其中M4、M5、M6内的尸骨直接陈放在石棺床上或壁龛内，M6后龛头西脚东并置二尸骨。

窑子梁墓地地处唐代六胡州之一的鲁州辖境，墓地的实际环境及"石窟原"的地名表明该粟特裔有意选择岩穴式的石制坟墓为其最后归宿，这除了避免天葬后的遗骸与兽类接触、不沾污雨不带水[1]之外，恐还与沿袭了古代伊朗王族和贵族的丧葬传统[2]有关。正如玛丽·博伊斯指出的那样，从居鲁士开始，阿契美尼德王朝及其后的安息、萨珊王朝，国王以下的显贵所筑石室主要是为曝尸之后的瘗骨之用[3]。

事实上，关于琐罗亚斯德教徒的葬俗，内部也有不同。即使同为琐罗亚斯德教徒，王族和祭司、普通教徒的葬俗在具体做法上也并非完全一致。就考古资料显示，波斯帝国的君主虽然大都笃信琐罗亚斯德教，但他们并非全部实行天葬，即使在该教普遍流行的萨珊时期，情况也不见改变。这倒并非只是由于"传统习惯的改变，要比宗教信仰的改变困难得多"[4]。阿契美尼朝的君主们遵循着古代伊朗王族和贵族的传统，把尸体涂香防腐，安放在石制坟墓里，这种做法表现了其"渴望升入天堂，来日再生的愿望，这是贵族等级特有的权利"[5]。开国君主居鲁士一世（Cyrus Ⅰ）就没有根据正统的仪式曝尸，表面看来似乎违背了琐罗亚斯德教的教义，然而他的陵墓经过仔细营造，使熏香的尸体与活着的生物之间不会发生联系，从而遵守了琐罗亚斯德教的教义[6]。实际上，不仅阿契美尼德人，而且继起的帕提亚人（Arsacids，即安息人）和萨珊人（Sasanians）也坚持固有传统，他们把国王的尸体涂香，放在石制坟墓里[7]。由此，我们可以相信，在琐罗亚斯德教流行的时代，王族在不违背教义的情况下，为了维持其尊贵的地位，可以不曝弃尸体。通过上述的粗略分析，可以肯定"弃尸于山"是琐罗亚斯德教的独特葬俗，而且主要为祭司和下层百姓所遵循[8]。

在阿塞拜疆迄今还有一处阿特拉帕达时代的祆教古迹，此即法赫里卡（Fakhrika）的岩墓，其地在乌鲁米亚湖东南，该处有座小山，岩墓高出平地五米许，有前室和墓室，墓室内有四个石龛，其长度不足以安放一个成人尸体，估计应当是置放骨壶（意即纳骨器）之处，是死者裸葬（意即裸尸天葬）以后取其骨骸予以安置，这是祆教葬仪习惯。史称阿塞拜疆是小米底，而与之相对的还有一大米底，则指包括哈马丹、赖加等城市在内的地区，该

---

1 龚方震、晏可佳：《祆教史》，上海社会科学院出版社，1998年，第8页。
2 对该传统的梳理，详张小贵《中古华化祆教考述》，文物出版社，2010年，第162—163页。
3 M. Boyce, *Zoroastrians, Their Religious Beliefs and Practices*, Routledge & Kegan Paul Ltd., London and New York, 1979, pp.59-60.
4 林悟殊：《中古琐罗亚斯德教葬俗及其在中亚的遗痕》，《波斯拜火教与古代中国》，新文丰出版公司，1995年，第87页。
5 Mary Boyce, *A History of Zoroastrianism*, ol. Ⅰ, Leiden/köln: Brill, 1975, p.325.
6 Mary Boyce, *Zoroastrians: Their Religious Beliefs and Practices*, p.52；Mary Boyce, *A History of Zoroastrianism*, Vol. Ⅱ, pp.54-57.
7 Mary Boyce, *Zoroastrians: Their Religious Beliefs and Practices*, p.121.
8 张小贵：《中古华化祆教考述》，第163页。

地也发现有许多属塞琉古王朝时代的岩墓，计有：吉斯卡本岩墓（Ishkewt-i, Qizqapan, 在今伊拉克库尔德斯坦）、库尔刻赤岩墓（Ishkewt-i Kuru-u-Kich, 在今伊拉克库尔德斯坦）、达乌德岩墓（Dukkan-I Daud, 在呼罗珊大道的扎格罗斯山脉的隘路处）、拉文萨岩墓（Ravansar, 在起尔漫沙西北）、沙赫那岩墓（Sakhna, 在起尔漫沙与哈马丹之间）、贝希斯顿（Behistun）以南一组岩墓。这些岩墓的构筑样式并不一致，但其共同的功能是为死者的骸骨提供一个安全置放场所，使其不受玷污[1]。其原因便是祆教教义要求入葬必须与泥土隔绝。《闻迪达德》第3章第35—39节规定，如有人把狗或人的尸体埋于地里，半年不挖出者，罚抽一千鞭，一年不挖出者，抽二千鞭；二年不挖出者，其罪过无可补偿[2]。

可见，窨子梁墓地无棺葬于崖墓的方式为一种琐罗亚斯德教信徒传统的丧葬形式，为入唐粟特裔祆教徒所承继。

另一个与祆教相关联的无棺葬墓例为固原九龙山M33。该墓位于九龙山汉唐墓葬区南侧，为单室土洞墓，西南向东北，呈"丁"字形结构，由墓道、过洞、天井、甬道及墓室组成。斜坡式墓道位于墓室北端，拱顶甬道北接墓道，有残存的土坯封门。墓室平面呈不规则梯形，平底，四壁略向上内收，顶部已坍塌，可能原为穹窿顶。该墓为夫妻合葬墓，没有发现葬具，两具人骨头东足西，分别安置在墓室南北两侧，北侧为男性，年龄约在35—40岁之间，南侧为女性，年龄约25—35岁。该墓随葬品金币、金饰及少量陶器等。北侧墓主头戴金冠饰，下颚处有金颌托（图7），左侧骨盆上下有一金带扣和一金带饰，南侧墓主夫人头部有一穿孔东罗马金币[3]，墓室东壁偏南有一残陶罐、一残陶盆。

该墓虽没有出土带有明确纪年的器物，但根据出土遗物及墓葬形制，可将墓葬年代定在隋末唐初。[4] 墓主夫妇两具人骨的头骨皆有鼻骨隆起明显、鼻棘发达、面部水平方向突出和矢向突度弱等特征，属于西方欧罗巴人种。墓主所戴金冠饰为模仿自隋虞弘墓石椁椁壁第五幅中的那种帐幕，意在表达墓主灵魂升入中界的祈愿，而顶部日月饰两侧的对鹅表示墓主为祖尔万教派的信徒[5]。九龙山M33墓道口朝北便跟琐罗亚斯德教信徒对北方方位的看法，特别是教徒死尸头部不能朝北的习俗有关[6]。因另文已具，此不赘述。

该墓墓主夫人使用东罗马金币为胸前挂饰。隋唐时期，中原地区的汉族贵族并没有接受贴身随葬外国金银币的习俗，这种葬俗与入华粟特人有关[7]。在两京地区墓葬中出土的萨珊银币很显然是作为一种珍宝而随葬的，并且这些银币中有很多被穿孔，原本就是佩戴之饰物，这也是见于河中地区粟特人的生活习俗。它经常与女性联系在一起。这说明九

1　龚方震、晏可佳：《祆教史》，第136—137页。引文"骨壶""裸葬"后括弧中的说明为笔者所加。
2　林悟殊：《波斯拜火教与古代中国》，第88页。
3　宁夏文物考古研究所：《宁夏固原九龙山隋墓发掘简报》，《文物》2012年第10期，第60—65页。该东罗马金币的位置，在《简报》（第61页）中认为是北侧墓主人口含。《固原九龙山汉唐墓葬》则作"南侧人骨头部"。从该金币有穿孔来看，后者应是。详宁夏文物考古研究所编著《固原九龙山汉唐墓葬》，科学出版社，2012年，第127页。
4　宁夏文物考古研究所编著：《固原九龙山汉唐墓葬》，第131页。
5　陈婧修：《固原九龙山M33出土下颌托研究》，北京大学考古文博学院学士学位论文，2016年。
6　详沈睿文《重读安菩墓》，《故宫博物院院刊》2009年第4期，第15页。
7　林英：《唐代拂菻丛说》，中华书局，2006年，第76—78页。

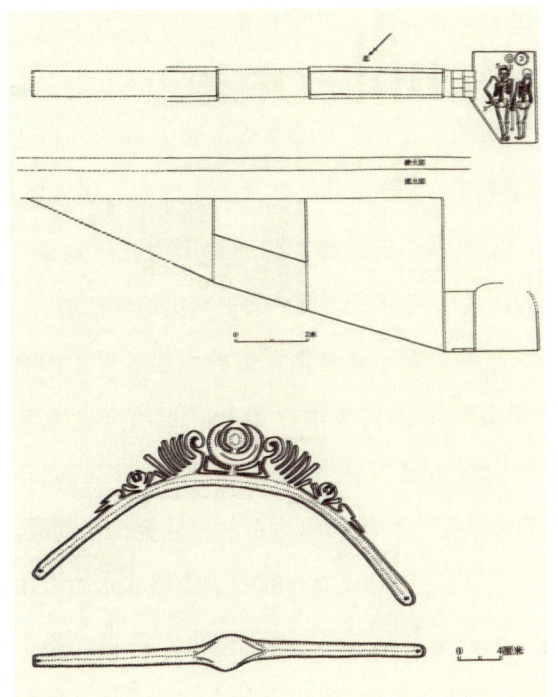

图7　固原九龙山M33平剖面图及下颌托的出土情况与线描图

龙山M33墓主夫人很可能为粟特裔[1]。

从4世纪初到8世纪上半叶，在中亚到中国北方的陆上丝绸之路沿线，粟特人建立起了完善的商业贩运和贸易的网络。北朝隋唐时期，来华的波斯人主要是肩负外交和政治使命的使者，而不是严格意义上的商人，很难插足粟特人所建立的商贸网络，来争夺中亚和中国本土的商业利益了[2]。亦即，当时奔波于东西方之间的商团，其核心人物是粟特人[3]。如此，若再从唐代前期粟特内婚的习俗[4]来看，则九龙山M33墓主应为粟特裔[5]。

1　同样地，固原南塬M15墓主为15—18岁的女性，其骨架中部出一穿孔的波斯萨珊银币，可以判断墓主为粟特裔。详宁夏文物考古研究所《固原南塬汉唐墓地》，文物出版社，2009年，第57—58页。
2　荣新江：《丝路钱币与粟特商人》，原载上海博物馆编《丝绸之路古国钱币暨丝路文化国际学术研讨会论文集》，上海书画出版社，2011年，第1—7页；此据所撰《丝绸之路与东西文化交流》，北京大学出版社，2015年，第241页。详细的论证，请参荣新江《波斯与中国：两种文化在唐朝的交融》，原载刘东主编《中国学术》2002年第4辑，第56—76页；后收入所撰《丝绸之路与东西文化交流》，第61—80页。
3　罗丰：《丝绸之路与北朝隋唐原州古墓》，《固原师专学报》1998年第5期，第84页。
4　卢兆荫：《何文哲墓志考释——兼谈隋唐时期在中国的中亚何国人》，《考古》1986年第9期，第841—848页；程越：《从石刻石料看入华粟特人的汉化》，《史学月刊》1994年第1期，第24页；刘慧琴、陈海涛：《从通婚的变化看唐代入华粟特人的汉化——以墓志材料为中心》，《华夏考古》2003年第4期，第55—61页；荣新江：《中古中国与外来文明》（修订版），三联书店，2014年，第127页。
5　固原九龙山M4未见葬具，墓主为一35—45岁的成年女性，该墓发现一穿孔的东罗马金币（《固原九龙山汉唐墓葬》，第114页），可知墓主很可能为粟特裔。

另一采用无棺葬的墓地为新疆吐鲁番地区交河故城沟西墓地康氏家族茔院，这是沟西墓地最大的茔院墓地之一。茔院坐西向东，长方形，东部有长方形门道，康氏家族茔院内有33座墓葬，其中30座为斜坡道洞室墓，另3座为竖穴偏室墓。墓的方向与茔院方向一致，墓冢南北成行，东西成排，排列有序，这批墓葬的年代为麴氏高昌国晚期至唐西州早期。康氏家族是当年交河故城内的一个大家族。从墓志志文分析，康氏是有一定政治地位的官宦家族，为粟特地区昭武九姓中康国人的后裔，而且已入籍汉化，成为高昌国及唐西州属民。竖穴偏室墓为当地春秋战国到车师国时期的车师人墓葬形制，康氏茔院内有3座墓葬采用该墓制，而随葬品的时代和康氏墓地一致。所以这支康姓家族和车师人后裔联姻通婚。康氏家族茔院内的墓葬皆采用无棺葬于棺床上的方式，另可见骨灰罐附葬于墓葬中的现象，此应是粟特人固有丧葬习俗的遗留[1]。沟西墓地康氏家族茔院的种族与无棺葬的方式，是无棺葬与粟特裔相关的直接证据。

窖子梁和固原九龙山M33以及交河故城沟西康氏家族茔院的墓例都证明，无棺葬的葬俗跟中古中国粟特裔及其祆教徒有关。显然，这有助于太原金胜村唐墓墓主种族与文化的判断。

但是，无棺葬并非入唐粟特裔祆教徒的唯一埋葬形式，如固原南郊史氏家族便采用李唐政府单室砖墓的埋葬方式（图8）。固原南郊史氏家族墓墓主是来自中亚史国的粟特裔，墓志称其是入仕北朝而落户于原州的。在6座史氏家族成员墓葬中，以史诃耽官品最高，官至三品；其次为史射勿与史索岩，为四品；史道洛、史铁棒、史道德则为五至六品[2]。事实表明，使用隋唐王朝墓制的史家仍信奉祆教。

固原南郊史氏家族墓地发掘的六座墓葬中，有五座墓葬出土了仿制金币，其中葬于隋大业六年（610）的史射勿墓为萨珊银币[3]、葬于唐乾封元年（666）的史铁棒为萨珊阿尔达希尔三世金币仿制品，而唐显庆三年（658）夫妻合葬的史道洛（永徽六年薨，655）、葬于显庆三年（658）的史索岩、葬于咸亨元年（690）的史诃耽以及葬于仪凤三年（678）的史道德墓则分别随葬东罗马金币仿制品[4]。这五枚仿制金属币都有穿孔，为墓主身前挂饰。将银币、金币穿孔作为项饰挂于胸前，是源自中亚的风俗。可见，固原史氏仍保留着粟特本土的生活习俗。

不仅如此，固原史诃耽墓出土蓝宝石戒面印章上的文字是三次重复的词，意思是"虔诚、敬神、可嘉、尽责的"。印章上的狮子和植物纹样可能和墓主对阿娜希塔女神和阿什（Ashi）女神的信奉有关。文字和图案很可能与史诃耽本人的祆教信仰以及负责掌管初唐马政、参加玄武门事变经历有关，反映了他对特别保佑马群繁盛的阿什女神的崇拜[5]。史道德墓出土的鎏金铜覆面（1组11件）配件包括一

---

1 吐鲁番地区文物局：《新疆吐鲁番地区交河故城沟西墓地康氏家族墓》，《考古》2006年第12期，第12—26页。
2 罗丰：《固原南郊隋唐墓地》，文物出版社，1996年，第143页。
3 宁夏文物考古研究所、宁夏固原博物馆：《宁夏固原隋史射勿墓发掘简报》，《文物》1992年第10期，第15—22页；同作者《宁夏固原出土波斯银币、拜占廷金币》，《中国钱币》1990年第2期，第72页。罗丰：《固原南郊隋唐墓地》，第16页。
4 史铁棒、史索岩、史诃耽以及史道德墓金属币，详罗丰《固原南郊隋唐墓地》，第82、37、59—61、92页。史道洛墓金属币，详原州联合考古队《唐史道洛墓》，文物出版社，2014年，第136—138页。
5 郭物：《固原史诃耽夫妻合葬墓所出宝石印章图案考》，《考古与文物》2015年第5期，第96—101页。

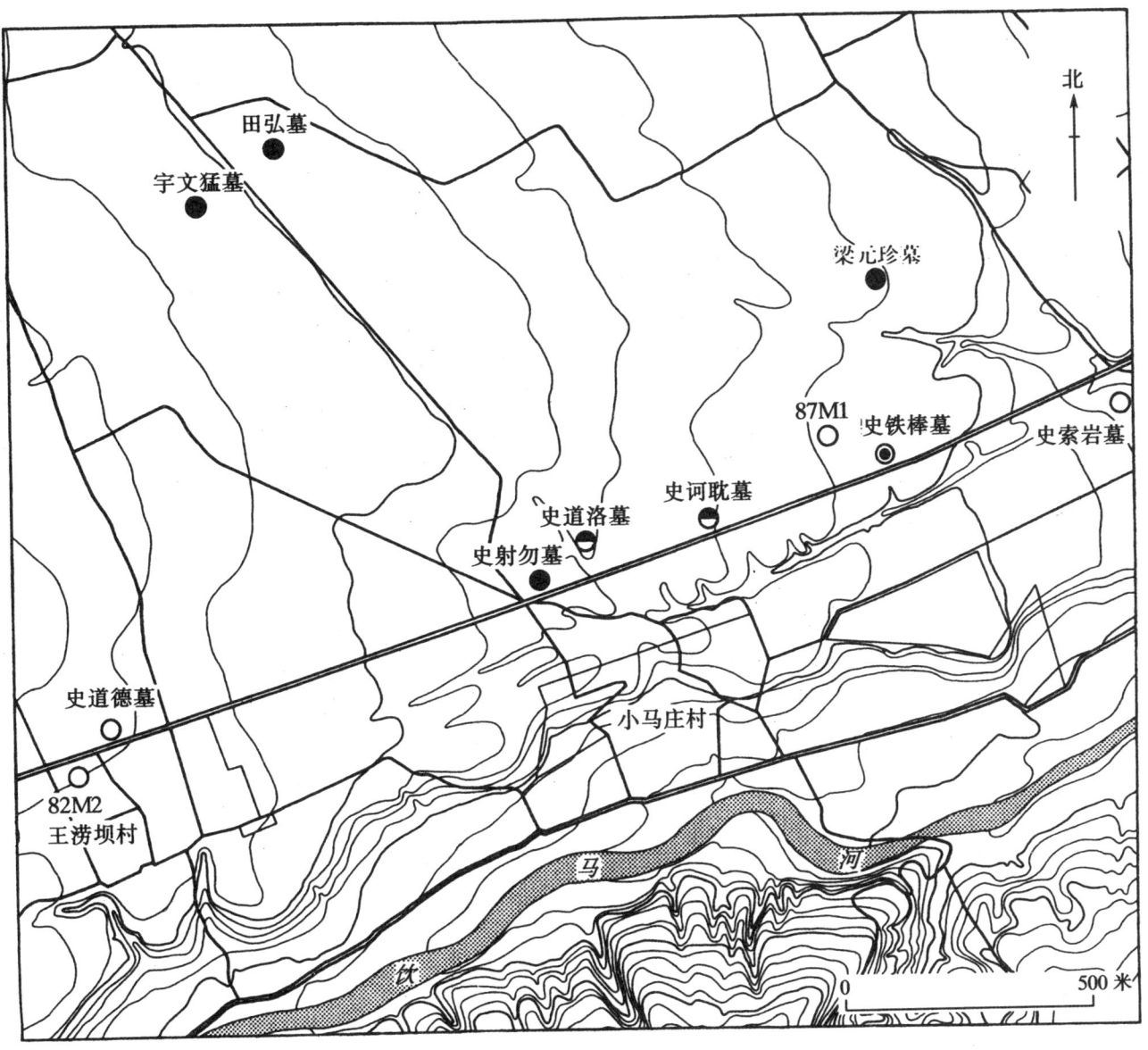

图 8　固原史氏家族墓地

套金下颌托，冠饰部分出现与九龙山 M33 下颌托类似的日月形图案，亦可为史道德信奉祆教的辅证。1963年，西安东南郊沙坡村出土一件鹿纹十二瓣银碗，其口沿下錾刻的一行粟特文铭文，辛姆斯·威廉姆斯（Nicholas Sims-Williams）释读为"祖尔万神的奴仆"。林梅村认为作器者一定是位祆教祖尔万教派的粟特教徒[1]。史氏家族成员史射勿名射勿，字槃陀，粟特文中"射勿槃陀"意为"祖尔万神之奴仆"，则这也说明固原史射勿家族很可能信奉祖尔万教派。从史索岩、史道德分葬于史射勿家族墓地两

1　林梅村：《中国境内出土带铭文的波斯和中亚银器》，原载《文物》1997年第9期；此据所撰《汉唐西域与中国文明》，文物出版社，1998年，第158—159页。

侧来看，史索岩家族同样信奉祖尔万教派。史诃耽曾祖史尼为魏摩诃大萨宝、张掖县令，祖史思为周京师萨宝、酒泉县令，史射勿为隋左领军、骠骑将军[1]，后史家又掌握唐代原州地区马政，可谓北朝隋唐原州粟特种落之政教首脑，其所辖及下属应也信仰同一教派为最大可能。可见，中古时期原州存在祖尔万神的信仰。

实际上，种种迹象表明，祖尔万教派是中古中国粟特裔信奉的一个主要教派。祖尔万教派曾在中亚传播，在印度河上有丝路古道摩崖，也见有粟特文祖尔万神的名字Zrwm[2]。敦煌吐鲁番文书中粟特胡名字中也多有与"槃陀"同音的。结合西安东南郊沙坡村出土的錾刻粟特文铭文"祖尔万神的奴仆"的粟特银碗以及前述固原史氏家族，这些地点基本上分布在从中亚到丝绸之路主干和东路北段上，可以架构起一条祖尔万教派东传中古中国的路线。上述西安沙坡村发现的粟特银碗，很可能便是反映唐时京城长安祆教徒信仰的主要倾向。也许信奉祆教中的异端祖尔万教派，是这批信徒东迁中古中国的一个主要原因。

可见，使用单室砖墓下葬的固原史氏其宗教信仰为祆教，而且很可能是祖尔万教派教徒。那么，他们使用这种埋葬方式是否与其宗教信仰相悖？

实际上，琐罗亚斯德教（祆教）信徒可使用墓葬的形式。葛乐耐（Frantz Grenet）曾指出与古代伊朗宗教密切相关的葬俗的相关程式：

人死后"去除尸肉的仪式"分为三段时间进行。在该过程的第一段时间内——这只是在天气恶劣或时辰过晚而不能在人亡后立即将尸体运往尸肉处理场的情况下所做的规定——可以把尸体放在屋内挖成的坑穴中，或暂厝于专为这种用途而建造的室内。在第二阶段内，尸体被运到应暴露给食肉禽兽的地点。总的原则是，尸体被放置到尽可能高处，以确保有狗和噬腐肉的猛禽的光顾。……尸殓的最后阶段为处理去除肌肉之后的骨骸。当时有两种并行不悖的做法：一是骨骸留置原地，暴露于光天化日之下，因为尸肉已去，引起病疫的危险已被消除；二是加以收殓，安置到一个封闭的构筑物中，或放到一个叫做"骨瓮"的器皿之内。[3]

而如果没有条件提供安息塔，可把尸体置于地上，放在毛毯和枕头上，让死者披着天宇的光芒，目朝太阳（*Vendîdâd Fargard V*）[4]。据信，太阳之光成为亡者灵魂飞升天宇的途径。

巴托尔德认为火祆教葬礼分三个阶段进行：一、人死后，将尸体暂时搁在专门的地点——喀塌（kata）；二、将尸体搬进"寂静之塔"（Dakhma），

---

1 罗丰：《固原南郊隋唐墓地》，第69、82页。
2 林梅村：《中国境内出土带铭文的波斯和中亚银器》，《汉唐西域与中国文明》，第158—159页。
3 Frantz Grenet, *Les pratiques funéraires dans l'Asie centrale sédentaire de la conquête grecque à l'islamisation*, CNRS, 1984, pp.34-37; Frantz Grenet, *Les pratiques funéraires dans l'Asie centrale préislamique*, Grand atlas de l'archologie, *Encyclopaedia universalis*, 1985, pp.236-237. 转引自张广达《祆教对唐代中国之影响三例》，所撰《张广达文集·文本、图像与文化流传》，广西师范大学出版社，2008年，第241页。
4 *The Zend-Avesta*, Part I, in *Sacred Books of the East*, Vol. IV, Translated by James Darmesteter, The Oxford University Press, 1887, pp.73-74.

安放在"曝尸台"上,以便让狗和鸟吃肉体;三、从"寂静塔楼"取出尸骨,将其洗干净后,放入地表墓室——纳吾斯(naus)里[1]。

可见,祆教信徒的骨骸除了放到骨瓮(纳骨器)之内,尚可安置到一个封闭的构筑物中。此"构筑物"在中亚便是一种名叫"纳吾斯"的建筑,实与墓葬同。当然,前述波斯崖墓也可视作纳吾斯。

在片治肯特的沙赫里斯坦(Shahristan)以南有许多小丘,约15个,小丘之下有坟墓,属6—8世纪,墓呈方形或长方形,就像一个小屋,内部面积多数是四五平方米,壁厚约1米,入口处原有木门,后被毁,三面墓壁筑有长凳状安放骨壶(即纳骨器),较大的墓约有十个骨壶,无疑这些骨壶都属于某一家族[2](图9、图10)。

阿克·贝西姆3号发掘点是祆教徒墓葬,大陶罐里装进死者去掉肉的尸骨,将灵器放进建立在地面上的墓室naus里,墓室是夯筑的或用砖坯砌成的[3]。

这种情况跟《通典》所载有似。《通典》卷一九三引韦节《西蕃记》载康国:

俗事天神,崇敬甚重。云神儿七月死,失骸骨,事神之人每至其月,俱著黑迭衣,徒跣抚胸号哭,涕泪交流。丈夫、妇女三五百人散在草野,求天儿骸骨,七日便止。国城外别有二百余户,专知丧事。别筑一院,院内养狗。每有人死,即往取尸,置此院内,令狗食之,肉尽收骸骨埋殡,无棺椁。[4]

狗食尸肉,不见于传统的琐罗亚斯德教葬仪,应是琐罗亚斯德教进入中亚地区受到当地葬俗影响(即内亚化)所致。

从前引宁夏盐池窨子梁墓地M3所出墓志知,粟特裔何府君"殁"后仅11天便迁窆,则此处的"迁窆"应可说明在此举之前有天葬的行为。

又如,康杴,"以显庆元年二月十八日先天而逝,春秋六十有五。夫人曹氏……以永隆二年六月一日终于私第,春秋七十有五。还以其年八月六日改祔于邙山"[5]。"改祔"二字似可说明曹氏殁后起初并不葬于北邙夫君康杴墓穴,而其殁时距改祔康杴墓穴仅两个月零五天。这种状况很可能说明曹氏殁后首先是采用了天葬的形式处理尸骸。

《龙润墓志》载,永徽四年九月十日,龙润薨于安仁坊之第后,"潜灵殡室,待吉邀时。永徽六年二月廿日,附身附椁,必诚必信,送终礼备,与夫人何氏,合葬于并州城北廿里井谷村东义井村北"[6]。中土虽有将尸体暂厝的习俗,但龙润身为萨宝府长史,自当崇信祆教。由此种族文化视之,所谓"潜

1　V. V. Bartold, "Istorija kulturnoj žizni Turkestana", *Akademik V.V. Bartold Sočinenija*, T. Ⅱ, čast 1, Moskva, 1963, p.212; 译文采自努尔兰·肯加哈买提《碎叶》,上海古籍出版社,2017年,第264页。

2　龚方震、晏可佳:《祆教史》,第158—159页。本文图9、图10,分别出自B. Ja. Staviskij, O. G. Bolšakov, E. A. Močadskaja, Pjandzikentskij Nekropol, *Tadzikskaja Arheologičeskaja Ekspedicija, Materily I issledovanija po Arheologii SSSR 37*, Moskva-Leningrad, 1953, pp.66, 71。

3　努尔兰·肯加哈买提:《碎叶》,第226—237页。

4　《通典》,第5256页。案,跟该问题相关的还有关于太原地区"黄坑"为佛教尸陀林的辨正。详悉蔡鸿生《唐代"黄坑"辨》,原载《欧亚学刊》第3辑,中华书局,2001年,第244—250页;此据所撰《中外交流史事考述》,大象出版社,2007年,第60—67页。崔岩:《也谈唐代太原"黄坑"葬俗的宗教属性》,《洛阳大学学报》2003年第3期,第22—24页。

5　《康杴墓志》,《全唐文补遗》第3辑,三秦出版社,1996年,第452—453页。

6　《全唐文补遗》第5辑,三秦出版社,1998年,第111页。

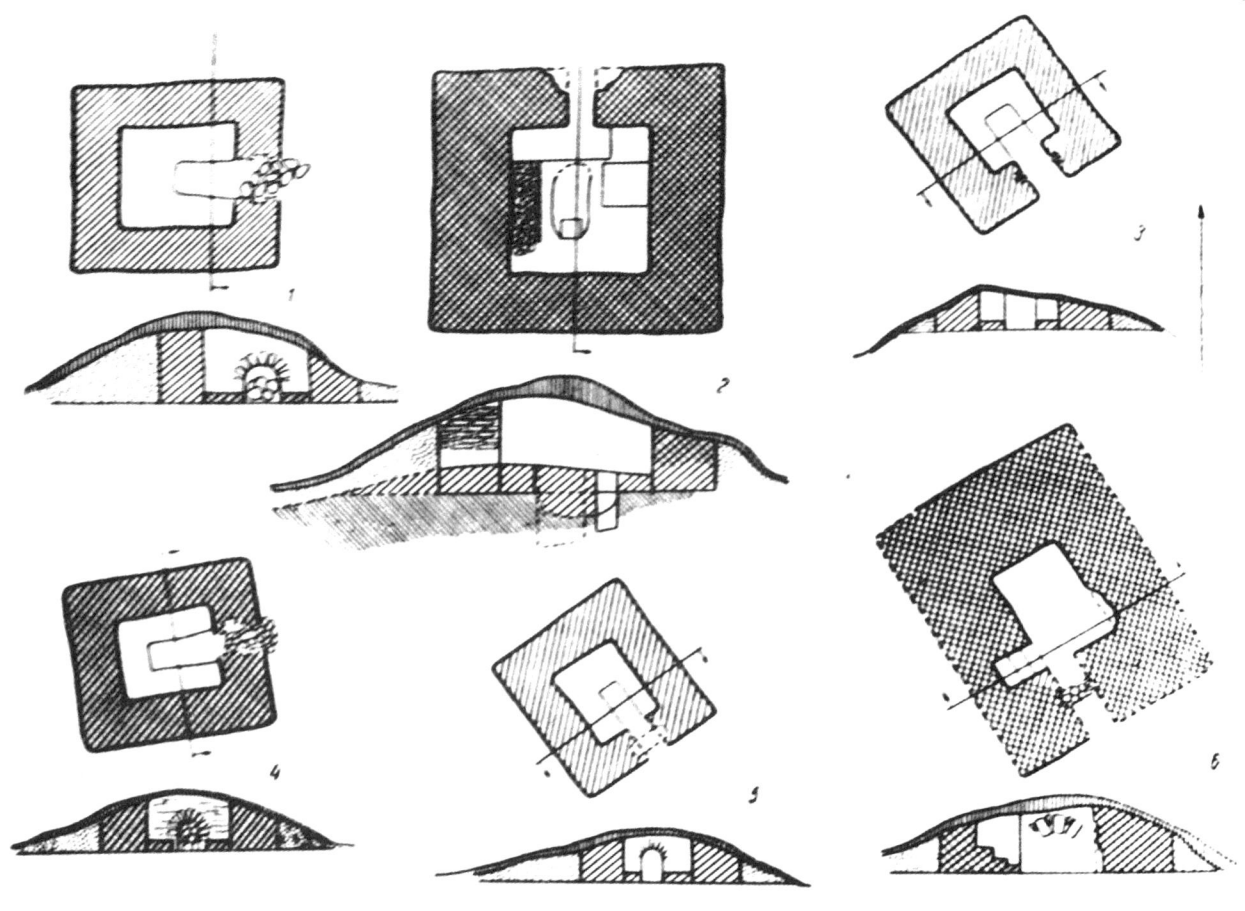

图9　1948年发掘片治肯特1—6号纳吾斯平剖面图

灵殡室"很可能便是为龙润举行天葬葬仪之后，再收其骨殖暂厝一处、择时合葬（二次葬）。于此，亦可知入唐祆教徒暂厝天葬所剩骨殖之处亦可称作"殡室"。

2007年4月，山西汾阳市胜利西街发掘了一座唐永徽六年（655）曹怡墓（图11）。曹怡墓为弧方形单室砖墓，墓道未作清理，墓室为3米见方，未发现墓主人骨骸。残存器物15件，散置于墓室四壁之下。其中高领陶罐3件，青瓷梅瓶1件，青瓷龙柄鸡首壶1件，陶俑9件以及墓志一合。陶俑有官帽俑、武士俑及男女侍俑。简报推测为火葬墓[1]。曹怡为入唐粟特裔，其父曹遵为唐朝介州萨宝府车骑骑都尉（从五品勋官），则曹遵应信奉祆教，如此同为骑都尉的曹怡应也信奉祆教[2]。从简报提供的信来

---

[1] 山西省考古研究所、汾阳市博物馆：《山西汾阳唐曹怡墓发掘简报》，《文物》2014年第11期，第28—32页。

[2] 根据《元和姓纂》"安姓"下"姑臧凉州"条所记"后魏安难陀至孙盘婆罗，代居凉州，为萨宝"，荣新江认为萨保是一种世袭担任的官职（详荣新江《北朝隋唐胡人聚落的宗教信仰与祆祠的社会功能》，原载荣新江主编《唐代宗教信仰与社会》，上海辞书出版社，2003年；此据所撰《中古中国与粟特文明》，三联书店，2014年，第258页）。曹遵父子任职的情况跟龙润父子的情形相同，这种现象或可说明萨宝府官职也具有一定的世袭性。

图10　片治肯特17—19号纳吾斯（由南而北）

看，该墓此前并未遭受盗掘，墓室中也没有发现骨灰存放的迹象，而尸骸或骨灰置于墓道的可能性应无。综合考虑这些因素，该墓之所以没能发现曹怡骨骸，其原因只能是信奉祆教的曹怡在他处举行了天葬的仪式，骨骸全无，因此在墓室中未能收殓其骨骸。而天葬后骨骸全无的曹怡后人之所以仍为他修建了墓葬，则意在展现曹怡所应享受的政治待遇而已。

固原南塬M30为一平面呈刀字形的单室土洞墓，墓室内未见人骨及葬具遗迹，只有两具完整的山羊骨架，一具位于墓室中部，另一具位于墓室西南侧，从墓室内羊骨架的位置来看，它们占据了墓室大部分空间，墓内葬人或迁窆的可能性不大。此外，墓室内未发现其他随葬品[1]。固原南塬M39墓室形制与固原南塬M30相同，墓室内同样未发现人骨架及棺木痕迹，仅在墓室东壁中部发现一卵石和一

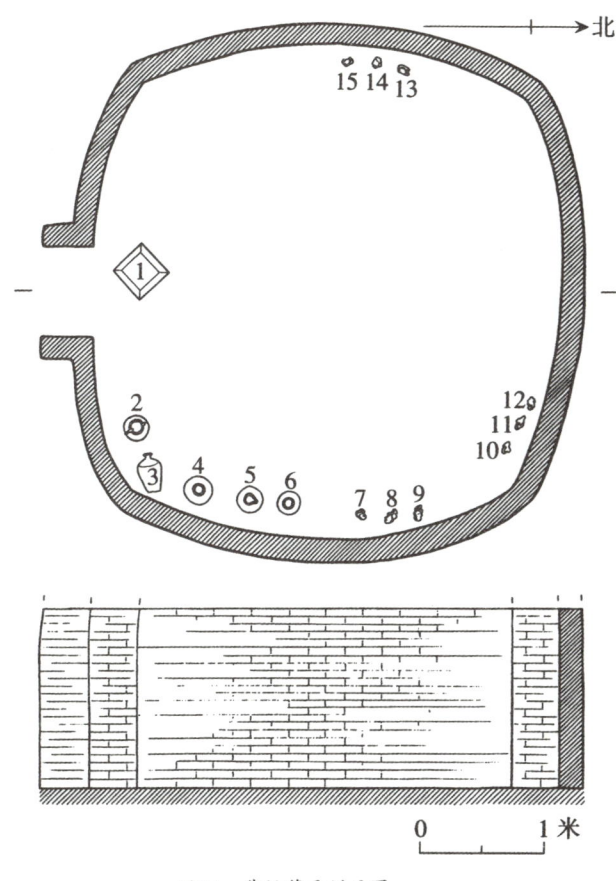

图11　曹怡墓平剖面图

---

[1] 宁夏文物考古研究所：《固原南塬汉唐墓地》，第77—78页。

枚猪犬齿[1]。固原南塬隋唐墓地与固原南郊史氏墓地接壤，结合北朝隋唐时期粟特人在陆路丝绸之路的优势地位，颇疑这两座墓葬出现这种状况的原因与上述曹怡墓同。

由曹怡墓葬的状况，我们多少也能理解缘何北周安伽等粟特裔墓葬唯有墓主尸骸，而缺失墓主夫人尸骸，尽管在墓葬的丧葬图像中也着意表现了墓主夫妇二人的元素。

因此，盐池窨子梁墓地应是天葬后的骨殖藏纳处。该墓地与固原九龙山M33都为琐罗亚斯德教传统的埋葬形式[2]。而固原史氏家族墓地，在对所辖隋唐王朝国家认同的前提下，亦不悖其种族文化。太原金胜村唐墓的埋葬形式则介乎上述二者之间，因此可初步把金胜村唐墓推定为入唐粟特裔墓葬。这些中古中国粟特裔采用的埋葬形式与其原本之种族文化并不违背。

三 同一政治身份和文化

上述太原晋源区金胜村唐墓相距很近，其中太原南郊金胜村第三号、四号、五号以及六号唐墓等四座集中位于金胜村西南约0.5公里处。这表明这些墓葬相对集中，遗憾的是，几次简报并没有提供一张整个墓地的平面布局图。

太原金胜村唐墓在葬俗上表现出极大的文化共性，自是墓主相同政治身份和文化属性在墓葬中的集中反映，但亦非简单地用"地方性特点"便可解释清楚。太原金胜村这批唐墓大多没有墓志，所幸其中第五号墓出土一合墓志给我们提供了某些线索。该墓志用两块单面绳纹方砖做成，志盖磨成盝顶，用白粉篆写四字，篆法不规正，志盖四坡以白粉绘卷草纹。志盖纵宽33.4厘米，横宽34.5厘米，厚6.7厘米。砖志面上浅刻成方格子，志文亦用白粉书写，多已模糊不清，或已全湮灭。共11行，行11字，直书左行。砖志文曰：

君讳祖字仁 乐平郡人也
缘家之　　里道　至
启运之期　投节从戎
（指）麾万里　机改　殉
故敏　德　足将　精
之宝　并详诸史　可言
曾祖　杨公祖　史父
任京师司户学穷义理文
词宗骧足驰驰嗣方奄
　铭曰寰寰　路杳杳
万　　　勒此铭[3]

可知，该墓主为乐平郡人（今山西昔阳县境内），其父任京州司户，京州为京都或陪都所在地，后改称府。墓主父亲曾任京州司户，即在太原担任司户。

---

1 宁夏文物考古研究所：《固原南塬汉唐墓地》，第98—99页。
2 固原九龙山M33北侧墓主左手指骨与南侧墓主夫人右手指骨相扣（《固原九龙山汉唐墓葬》，第127页），但并不能据此就判断墓主夫妇殁后即同时下葬于该墓葬中。如，固原南塬隋唐墓葬M3亦为夫妻合葬墓，墓主夫人骨架呈仰身直肢状，面南稍右倾；墓主骨架则面北左倾，呈侧身直肢状，右臂、右腿搭在前者骨架上。两具骨架呈相拥搂抱状。但是，在墓主脑颅骨右上方发现一穿孔，从颅内清理出铁镞一枚，表明墓主可能死于箭伤（《固原南塬汉唐墓地》，第30页）。据此，应可推断墓主因伤先殁，而待其妻死后，后人人为地将二者摆置成相拥搂抱状使然。因此，并不能遽断固原九龙山M33墓主夫妇二人同时下葬。
3 山西省文物管理委员会：《太原南郊金胜村唐墓》，《考古》1959年第9期，第475—476页。

狄仁杰为并州人氏，亦曾任并州都督府法曹。这可能也是金胜村第五号墓中出现狄公望云思亲屏风的原因，盖以此图像自勉。可见，这是一幅地域性特点浓厚的图像。由此亦可反衬出太原金胜村唐墓的文化渊源相同，其墓葬形制、规模、建制大同，表明这批墓主人的政治身份，亦即政治经历相当、文化指向相同。当然，也不排除其中存在家族墓地的可能。

金胜村第五号唐墓墓主夫人头骨前漆盒内的珠饰、饰件共同构成女性项饰。漆盒中的萨珊波斯银币，不清楚是否穿孔作为佩戴之饰物，但从隋唐时期贴身随葬外国金银币的葬俗与中古中国粟特人有关来看，金胜村第五号唐墓墓主夫人很可能为粟特裔，而从唐代前期粟特裔内婚的特点来看，则该墓主亦为粟特裔。

在墓志文的书写方式上，金胜村第五号唐墓跟太原化工焦化厂唐墓在墓志文体现出某种共性。太原化工焦化厂唐墓墓志1合（标本27）用两块青灰色方砖制成，平面正方形，志盖盝顶，墓志砖背面饰绳纹。边长44厘米，通高15厘米。墓志置于墓道接近甬道封门砖处，周围堆放河卵石。据施工时目击者称原有朱书文字，但清理时已受到破坏，字迹全无[1]。而这种书写的共性恰恰亦多见于中古中国粟特裔墓葬中。

同为武周时期的粟特裔处士康文通墓的天王俑描金处还用朱砂勾勒出纹饰，且随葬的马、骆驼俑，鼻、嘴部也残留朱砂痕迹[2]。

新疆吐鲁番地区交河故城沟西墓地康氏家族茔院内的M4、M5、M6、M11、M20各出砖墓志一方，除了M11志文为墨书之外，其余四方皆以朱砂题写志文[3]。

根据墓葬建制、石棺床以及随葬品等方面综合分析，若与康业等粟特裔墓葬进行比较，则可知天水石马坪石棺床墓主人的种族文化应与康业、安伽等粟特裔同[4]，很可能也担任萨宝之类的官职[5]。该墓随葬的墓志以朱砂书写，清理墓葬时志文已不清。

北周史君墓石堂门楣石上有汉文、粟特文双语题铭，其中的汉文题铭便是以朱砂写就的[6]。此外，史君石堂内顶部仿木的建筑结构同样是使用朱砂绘画。

西安地区所出天宝三载（744）《米萨宝墓志》并非刻字，而是朱书[7]，是砖非石的可能性很大。此与《唐安万通墓志》朱书、墨书的情况相同。安万通墓

1　山西省考古研究所：《太原市南郊唐代壁画墓清理简报》，《文物》1988年第12期，第53页。
2　西安市文物保护考古所：《唐康文通墓发掘简报》，《文物》2004年第1期，第30页。
3　吐鲁番地区文物局：《新疆吐鲁番地区交河故城沟西墓地康氏家族墓》，《考古》2006年第12期，第21—23页。
4　姜伯勤：《隋天水"酒如绳"祆祭画像石图像研究》，原载《敦煌研究》2003年第1期，第13—21页；此据所撰《中国祆教艺术史研究》，三联书店，2004年，第155—172页。
5　详沈睿文《重读安菩墓》，《故宫博物院院刊》2009年第4期，第16页。
6　西安市文物保护考古所：《西安市北周史君石椁墓》，《考古》2004年第7期，第39—40页；西安市文物保护考古所：《西安北周凉州萨保史君墓发掘简报》，《文物》2005年第3期，第9页。西安市文物保护考古研究院：《北周史君墓》，文物出版社，2014年。
7　向达：《唐代长安与西域文明》，三联书店，1957年，第91页。
8　安万通墓志文一些字句出土时亦不清晰。贺梓诚：《唐王朝与边疆民族和邻国的友好关系》，《文博》1984年创刊号，第59页；武伯伦：《读唐墓志随笔》，《古城集》，三秦出版社，1987年，第260页。上述两文均有引述，字句稍有不同，后罗丰据原陕西省博物馆保管复制部藏墓志抄本原件录文。罗丰：《萨宝：一个唐朝唯一外来官职的再考察》，原载荣新江主编《唐研究》第4卷，第223页；此据所撰《胡汉之间——"丝绸之路"与西北历史考古》，第260页。

图 12　陕西西安长安县南里王村唐墓西壁树下仕女屏风画

志原为朱书一块、墨书二块，共有三块拼合而成[8]。

上述情况或说明境内粟特裔在丧葬中对朱砂情有独钟。如果考虑中古中国粟特裔使用朱砂的丧葬行为，那么山西汾阳曹怡墓红砂岩质地墓志石的选择恐也有颜色方面的考虑[1]。

2015年，西安长安区发掘出土了一座北朝时期吐谷浑晖华公主库罗伏和柔然骠骑大将军乞伏孝达的合葬墓，该墓出土了两合石墓志，其中晖华公主墓志用楷书刻制而成，而柔然骠骑大将军乞伏孝达墓志用朱砂书写，文字脱落严重，已无法辨识[2]。

在墓葬中放置墓志为中古中国之丧葬传统，因受制于所辖中古中国王朝之丧葬体制，粟特裔贵族墓葬亦需配置。但是，囿于其自身之丧葬传统和对汉文化的熟谙程度，恐怕是上述粟特裔贵族墓葬中出现石灰、朱砂书写墓志的原因。不知石灰、朱砂书写墓志是否是内亚民族流寓中古中国后新形成的丧葬传统？

无论如何，该现象正是早期粟特裔贵族与中古中国丧葬传统碰撞初期的忠实写照。显然，这种特性又再次将金胜村唐墓墓主指向入唐粟特裔。换言之，太原金胜村唐墓很可能为某粟特裔的家族墓地。

四　忠孝屏风画的选择

初唐墓葬屏风画分布的地域性，基本上可分作长安地区和太原地区。前者为仕女屏风画（图12），此与初唐太宗提倡汉代《列女传》有关，该题材分布于都城有其独特的政治意义，在某种意义上也是都城的政治意义所决定的。后者则为树下老人（高士）屏风画，集中见于太原晋源区金胜村唐墓（图13）。此为唐代墓葬屏风画中两大类别之分野，但在长安地区唐墓间或也能见到树下老人屏风画。此为学界之共识。我们认为树下老人（高士）屏风画在太原

1　山西省考古研究所、汾阳市博物馆：《山西汾阳唐曹怡墓发掘简报》，《文物》2014年第11期，第29页。
2　张佳：《西安长安区发现吐谷浑公主与丈夫合葬墓出土青铜制药器具》，中国社会科学院考古研究所中国考古网，2015年12月17日。

图13　太原金胜村M337随侯受珠

地区唐墓的出现跟这批墓主的种族文化及其在初唐政治中的作用和态度有关。正是这个原因，才造成了唐墓屏风画分野的局面。

李唐仗群才登皇极，经纶天下。李唐取代杨隋依靠的是出身各异的人，"凡在朝士，皆功效显著或忠孝可称，或学艺通博所以擢用"，对唐太祖、唐太宗起事支持的粟特人亦不在少数。如，安胡安元寿曾独立帐内侍卫唐太宗，足见唐太宗对安元寿的倚重与信任。中古中国的统治者重视对胡人的利用，而胡人也很注意对统治者的支持，特别是在政权嬗代交替之际，他们多能凭借敏锐的嗅觉而给新生的政治力量支持，包括财力、武力等方面。到了武周时期仍是如此，著名的洛阳建天枢事件便是一典型案例。

并州地区（太原）原本就是胡人聚居之地[1]。洛阳发现的隋《翟突娑墓志》说其父是大萨保，并径称自己是并州太原人[2]，可见这些人已把晋阳当老家了。

隋唐之际，太原有一批粟特裔辅佐李渊起事，成为太原元从。

1　渠传福、周健：《晋阳与"并州胡"》，《中国文化遗产》2008年第1期，第73—77页。
2　《隋翟突娑墓志》云："君（翟突娑）讳突娑，字薄贺比多，并州太原人也。父娑，摩诃大萨保，薄贺比多。日月以见勋效，右改宣惠尉。不出其年，右可除奋武尉，拟通守。"赵万里：《汉魏南北朝墓志集释》卷九，科学出版社，1956年，第323页，图版四八四；赵力光、吴钢编：《鸳鸯七志斋藏石》，三秦出版社，1995年，第218页。

如，龙润墓志称其"并州晋阳人也。……君属隋德道消，嘉遁贞利，资业温厚，用免驱驰。唐基缔构，草昧区夏，义旗西指，首授朝散大夫，又署萨宝府长史。贞观廿年，春秋廖廓，已八十有余，驾幸晋阳，亲问耆老，诏板授辽州刺史。于时须鬓皓白，若园绮之重生；服饰朱紫，似齐人之独出。盛修第宇，□俙南阳樊重之家；子孙就养，仿像西晋安仁之孝。妍歌妙舞之乐，常在闻见之中；肥醲甘臛之馔，不离左右之侧。颜色怡怡，尝无疾苦，百年上寿，匠欲及之，有始必终，夫复何患。永徽四年九月十日，薨于安仁坊之第，春秋九十有三。潜灵殡室，待吉邀时，永徽六年二月廿日附身附椁，必诚必信，送终礼备，与夫人何氏，合葬于并城北廿里井谷村东义井村北，刊石志事，置诸泉户"。[1] 太原是他最初的寓居地，故夫妻合葬于此。

龙润儿子骑都尉龙义墓志文便自称"晋阳人也……属大君豹变，早预□龙。□□隆恩，授公骑都尉。方当陪祠日观，聆万岁之声；扈从游汾，泳秋风之□。……以大唐龙朔三年岁次癸亥二月乙酉朔十二日景申，合葬于晋阳城北□（廿）里堀山之原，礼也"[2]。

唐介州（今汾阳）骑都尉曹遵及其子曹怡便是如此。曹怡墓志称，曹怡"秉灵海岳，感气星辰，家著孝慈，国彰忠烈。起家元从，陪翊义旗；后殿前锋，殊功必致，于是授公（曹怡）骑都尉，用旌厥善"[3]。

上述龙润父子、曹遵父子都是追随李渊起事的太原元从。

太原金胜村第五号墓所出砖志文所言："启运之期，投节从戎，（指）麾万里"，便道尽了墓主跟随李渊起事的显赫经历。换言之，墓主应为武职，是并州起兵的元老，且为李唐的"太原元从"。

那么墓主人有可能是谁呢？

太原金胜村第五号唐墓墓志盖铭文摹本（图14）给我们提示了墓主姓氏的重要线索，但是因是白粉书就，此字厘定不易，难以找到与之完全对应者。比较太原隋虞弘墓志盖之"虞"（图15），有可能前者便是此字。颇疑二者不能完全吻合，很可能是墓志书写者汉文水平较低或是描摹过程中出现的偏差。

前面已经论及，太原金胜村这批唐墓墓主为粟特裔。太原金胜村第五号唐墓所出银币既非口含，亦非手握，不清楚是否是墓主夫人佩戴之饰物。该银币背部中间饰有祆教火坛及祭司图像，则墓主或以此方式来表示自己的宗教信仰也未可知。若此，则此可成为判断该墓主是信奉祆教的粟特裔的一个证据[4]。此外，该墓还出土有一件东罗马高足杯式陶灯，似也在喻示着墓主的种族。

虞弘墓志云："春秋五十九，薨于并（州）第。

---

[1] 《全唐文补遗》第5辑，第111页。
[2] 《大唐故骑都尉龙君（义）墓志铭》，《全唐文补遗》第6辑，第293页。"晋阳城北□（廿）里堀山之原"之"廿"，乃据龙义父亲龙润墓志文"合葬于并城北廿里井谷村东义井村北"补。
[3] 王仲璋主编：《汾阳市博物馆藏墓志选编》，山西出版传媒集团·三晋出版社，2010年，第3页；山西省考古研究所、汾阳市博物馆：《山西汾阳唐曹怡墓发掘简报》，《文物》2014年第11期，第29页；王俊：《唐曹怡墓相关问题研究》，《文物》2014年第11期，第60—65、73页；张庆捷：《唐代〈曹怡墓志〉有关入华胡人的几个问题》，载荣新江、罗丰主编《粟特人在中国：考古发现与出土文献的新印证》，科学出版社，2016年，第644—652页。
[4] 若此，前述固原南塬M15墓主应也信仰祆教。

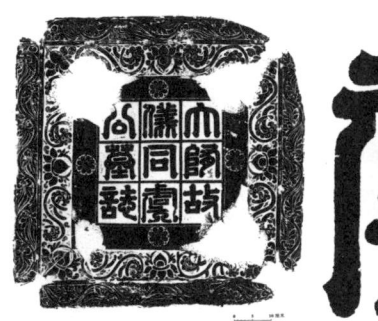

图14　太原金胜村第五号唐墓墓志盖铭文摹本及细部　　　　图15　太原隋虞弘墓墓志盖拓片及"虞"字细部

以开皇十二年（592）十一月十八日葬于唐叔虞坟东三里。"[1] 明万历《太原府志》记载：唐叔虞墓在县西南十五里[2]。即，今太原市晋源区王郭村西[3]。虞弘墓位于太原市晋源区王郭村村南。综上可知，开皇十二年虞弘所葬墓穴便是今之虞弘墓。即信奉祆教的虞弘生活于并州，死后葬于太原市晋源区一带。如果该推论成立，那么这批太原金胜村唐墓墓主便很可能与虞弘所辖种落有着千丝万缕的关系。

前已述及，除太原焦化厂唐墓外，太原金胜村唐墓墓室北部皆为东西向棺床。同时，墓室顶部装饰也相应发生变化，绘制莲花和幔帐流苏或挽结花幔。这种墓葬装饰转变恰恰跟这批墓葬墓主粟特裔的身份紧密相契。在北朝隋时，中古中国的粟特裔贵族在墓室中东西横置石质的围屏石榻（石重床）或石堂，其上雕绘"墓主夫妇宴乐＋两侧驼马/犊车出行"的丧葬图像，其中墓主夫妇多对坐于衬以联屏的坐榻上，其头顶绘有华盖或帷帐。

时代风尚、政治氛围变了，作为使用者的他们最能切身感受到，并及时地转换表现形式。在唐代禁止石椁等石葬具的新时期，他们能及时地将原来围屏石榻上内容的配置分解到墓葬中去。墓室北部东西向的棺床，可视作此前中古中国粟特裔贵族墓室东西横置的围屏石榻的石床。而墓室顶部的幔帐流苏，则为此前中古中国粟特裔贵族围屏石榻背屏中对坐的墓主夫妇头顶之帷帐的转换。换言之，正是太原金胜村唐墓墓主粟特裔的身份使得这批唐墓墓室壁画建制能及时地反映墓主人坐在衬以联屏的坐榻上、其上有华盖的壁画建制的变化。

通过统计长安地区使用高士屏风画的墓主身份[4]，可知，在树下人物主题被替换之前（即山水花鸟出现之前），除了应和初唐统治者的汉魏情结而追求汉晋之风外，使用高士屏风画的多为大臣，如苏思勖[5]等；而使用仕女屏风画的则是皇亲贵戚。此缘于高士屏风画表示忠孝以及对政权的忠诚有关；而仕女屏风画则

1　山西省考古研究所、太原市考古研究所、太原市晋源区文物旅游局：《太原隋虞弘墓》，文物出版社，2005年，第91页。
2　（明）关廷访撰，张慎言修，杨淮点校：《太原府志》卷二四，山西人民出版社，1991年，第399页。
3　张庆捷：《隋虞弘墓志考释》，《太原隋虞弘墓》，第225页。
4　安婷：《唐代屏风画墓分期与相关问题》，北京大学学士学位论文，2012年，第23页表1。
5　陕西考古所唐墓工作组：《西安东郊唐苏思勖墓清理简报》，《考古》1960年第1期，第30—36页。
6　沈睿文：《中国古代物质文化史·隋唐五代》，开明出版社，2015年，第217—220页。

源自李唐统治者对汉代《列女传》的倡导[6]，意在警醒皇室外戚不干政事，由此也成为皇室贵戚自省及身份的政治标签。

初唐以后，归隐和对李唐政权的忠诚是粟特胡的两个共同主题。如前述龙润便是如此，康文通亦应即此中人物。根据墓志文知，康文通祖和为隋上柱国，父鸾为唐朝散大夫。康文通出身豪门望族，却身为处士，其三子玄植也只是庆州乐蟠主簿而已。其墓志文称："修身践言，非礼不动，温厚谦让，唯义而行。于是，晦迹丘园，留心坟籍。以为于陵子仲辞禄而灌园，汉阴丈人忘机而抱。瓮白无玷，庶几三怀之言；黄金满赢，不如一经之业。讲习诗礼，敦劝子孙。松乔之术未成，灵化之期俄远。"[1] 这是隋唐禅代之际，众多入唐粟特胡功成身退的一例而已。如果把它置于整个时代氛围中来理解，我们甚而还能依稀感受到康文通父祖辈在隋唐禅代之际所起的作用。

到了玄宗时期，安金藏的故事传颂的还是他忠孝的故事，即他当初（武周时）对睿宗皇帝的忠心和对双亲的孝心。

太原金胜村墓主为初唐追随李渊起事的粟特裔。所以，其墓葬壁画绘制树下老人屏风画，展示忠义礼智信——忠孝，实际上是再次表达忠于李唐政府的政治立场，故跟长安地区的墓葬屏风画的主流内容不同。宁夏固原梁元珍墓绘有树下老人屏风画[2]，墓主崇尚魏晋玄学，曾是一位隐士，其墓葬壁画采用高士图恰是他自况之举。此可为辅证。同在太原晋源区的温神智墓，其墓室屏风画中的树下老人内容便与金胜村者不同[3]。这似乎也可以说明金胜村唐墓墓主种族及其政治经历的特殊性。

从墓葬建制来看，对于建立功勋的粟特裔，李唐政府采取褒奖的方式。如，以史索岩夫妇为代表的一批粟特人与隋末唐初的政治紧密相连[4]，于隋唐易代之时，不仅仅能归附李唐，初唐时更是引进蕃马，改良马种，为"初唐盛唐时期辉煌的马政奠定了基础"[5]。因此，即便是官居四品，也得以准允使用唯有三品以上官员方可随葬的木明器。随葬木明器便是李唐王室对史索岩的褒奖。

太原金胜村这批唐墓墓主曾追随李渊起事，我们也就不难理解这批墓葬的墓制（规模）与随葬品和壁画的自相矛盾之处，缘于初唐政府的特别恩赐。这种恩赐在粟特裔处士康文通墓葬[6]中同样得以体现。抑或这是初唐政府在这批追随起事的胡裔的丧葬中所采取的优遇的政治行为？

如上所述，在北朝的各个时期，在多个政治中心区域都发现有无棺葬现象。北朝时期采用无棺葬

1　详西安市文物保护考古所《唐康文通墓发掘简报》，《文物》2004年第1期，第17—30、61页。

2　宁夏固原博物馆：《宁夏固原唐梁元珍墓》，《文物》1993年第6期，第1—9页；罗丰：《固原南郊隋唐墓地》，第117—120页。

3　常一民、裴静蓉：《太原市晋源镇果木场唐温神智墓》，陕西历史博物馆编：《唐墓壁画国际学术研讨会论文集》，第209—213页。

4　李锦绣：《史诃耽与隋末唐初政治——固原出土史诃耽墓志研究之一》，宁夏文物考古研究所编：《丝绸之路上的考古、宗教与历史》，文物出版社，2011年，第49—60页；李锦绣：《史诃耽与唐初马政——固原出土史诃耽墓志研究之二》，《亚欧学刊》第10辑，中华书局，2012年，第261—276页。

5　李锦绣：《史诃耽与唐初马政——固原出土史诃耽墓志研究之二》，《亚欧学刊》第10辑，第261—276页。

6　武周万岁通天元年（696）康文通墓为带长斜坡墓道的大型前后弧方形双室砖墓，随葬三彩文、武官俑，以及表示出行仪仗的三彩马、驼俑，这远不是康文通处士的身份所能使用的。康文通得以使用这个葬制很可能跟他祖父辈追随李唐起事建立功勋有关，一如太原金胜村唐墓墓主。详西安市文物保护考古所《唐康文通墓发掘简报》，《文物》2004年第1期，第17—30、61页。

的墓主大部分应是粟特裔，但不排除其他民族受到这种葬俗影响而采用无棺葬的可能性，如宋绍祖墓和安阳固岸M57。同时，粟特裔中肯定也存在受中土葬俗影响而使用棺木的情况[1]。固原南塬隋唐时期墓葬M21、M25、M29、M48的六具人骨架具有西方人种特征，其中前两座墓葬为无棺葬，后两座墓葬使用木棺[2]，可能便是这种状况的反映。使用木棺的情况也见于盐池窨子梁墓地M2以及固原史氏家族墓葬。显然，无棺葬在北朝的分布范围要远大于初唐所见。初唐时期，无棺葬的葬俗集中见于太原地区，很可能便跟该时期太原胡裔追随李唐的突出表现有关。而固原地区出现无棺葬的现象，则除了隋唐时期该地区处于丝绸之路东段北道的枢纽地位以外，恐还跟该地区马政在朝政中的重要地位有关[3]。马政具体是由粟特胡掌管的，如此应也吸引大批粟特胡至此盘桓。固原南郊史氏家族墓地中的史射勿子史道洛墓发现有殉狗龛，出土的动物尚有鸟、鼠、兔、马鹿、黄牛、马、绵羊等，《报告》认为其中鼠可能是后来自行潜入的，其他各种动物大概都与当时人的生活有一定的关系[4]。不过，这应是北方游牧民源于丧葬宴的殉牲习俗有关[5]，此类现象表明掌管唐朝马政的史家仍然保留着内亚的丧葬习俗。

固原南塬M4、M40皆殉狗，M8墓室发现牛肢骨，M16墓室发现马头骨，M30墓室发现羊骨架，M39墓室发现一枚猪犬齿[6]。这些墓葬表现出跟上述掌管唐朝马政的史家相同的葬俗，表明这些墓主种族文化的内亚属性，亦即他们跟掌管马政的史家的种族相同。显然，它们的墓葬等级要比固原史氏家族墓葬低得多，这应可说明他们的社会地位比固原史氏家族低得多，或许便是马政中的下层人员？

小　结

太原金胜村唐墓为信仰祆教的粟特胡墓地，墓主人的品位多在从五品以下。隋唐嬗代之际，他们追随李渊起事，建立功勋。他们可能为虞姓粟特胡，结合隋虞弘墓的发掘，可进一步勾勒出虞姓粟特胡在隋唐嬗代之际的政治立场和行为。他们选择树下老人（高士）屏风画便是这种立场和行为的结果，表示对新生的唐政府的忠诚和功成身退、无意政治（归隐）之意。而金胜村一带应是初唐政府特意安葬太原地区粟特贵族首领的一个墓地。其规划恐跟隋时虞弘夫妇安葬于此存有某种关联。

从墓志来看，入唐粟特裔确实存在天葬的行为。就目前情况而言，隋、初唐粟特裔祆教徒的墓葬表现有如下四种形式：第一种，如，盐池窨子梁墓地以及固原九龙山M33，此为传统的方式。第二种，如固原史氏家族墓地，对所辖王朝的国家认同，但亦不悖其种族文化。第三种，如，太原金胜村唐墓

1　刘振东：《论北朝时期无棺葬》，《考古与文物》2014年第5期，第84—94页。
2　宁夏文物考古研究所：《固原南塬隋唐墓地》，第67—68、71—73、75—76、114—115页。
3　在陕西省华县发现一座土洞墓，墓口有封门砖，墓室横置一须弥座石棺床，床上置一骨架，未发现有木棺痕迹及墓志。该墓初步判断为初唐时期。2016年7月22日，承陕西省考古研究院刘呆运研究员告知，谨致谢忱。
4　原州联合考古队：《唐史道洛墓》，第28、173页。
5　罗丰：《北方青铜器墓中的殉牲习俗》，《第三届丝绸之路国际学术研讨会：早期丝绸之路与东西文化交流》，第101—135页。
6　宁夏文物考古研究所：《固原南塬汉唐墓地》，第32、41、59、78、98、100页。

的形式，介乎上述二者之间。第四种，如，曹怡墓。天葬后，仍营建虚冢，展示其享受的政府待遇。这批墓葬的年代为初唐，集中于武周时期。

粟特裔无棺葬的葬俗影响了该地区被胡化的其他民族，包括汉族。在埋葬、迁葬以及合葬仪中，他们也采用了相同的无棺葬方式。同时，这种习俗也经由移民的迁徙而出现在其他地区。如，河北南和郭祥墓[1]、前述河北鸡泽县北关发现的郭氏家族墓以及山西长治调露元年（679）王深墓[2]等，此不赘举。

---

1 辛明伟、李振奇：《河北南和唐代郭祥墓》，《文物》1993年第6期，第20—27、64页。
2 山西省文物管理委员会：《山西长治唐墓清理简报》，《考古通讯》1957年第5期，第53—57页。王深为并州太原人，随宦播迁，其墓葬同样采用无棺葬的方式。

森木鹿[1]：一种有翼兽头神禽传播、流变与融合轨迹与文化蕴意再探讨

杨 瑾

（陕西师范大学历史文化学院）

在古代东西方叙事传统中，有翼神兽（禽）图像占有重要地位，其"图像版本"在长时段、远距离的传承、迁移、流变、融合过程中，与多种文化或艺术元素结合，产生出各种变体，形成越来越复杂的内在或外在逻辑关系。本文讨论的森木鹿纹饰作为古老的波斯祆教的神祇或神性符号出现，后来在其源生及存在文化环境中不断丰富，内涵或外延也逐渐发生变化，并在与不同文化环境、信仰习俗、社会精神的接触过程中，逐渐演化为一种典型的图像文本和装饰纹样，最初所附着的宗教属性、语言描述和图像形式等相应地发生变化。西亚、中亚、中国等地考古资料发现不同造型的森木鹿图像，大致勾勒出了这种图像自西而东的传播轨迹及变化的大致脉络。

目前学术界对森木鹿图像的认识因解读方式不同而产生诸多歧义。俄罗斯学者翠佛女士、马尔沙克、Schmidt、日本学者影山悦子、意大利学者康马泰等在梳理西方学者研究成果的基础上，提出森木鹿出现时间的上限和下限，以及造型和象征意义的演变。[2] 姜伯勤、施安昌等学者提出其独有的祆教特性，孙机、李零等则强调其文化融合的气质。[3] 笔者在此基础上，结合国外学者研究前史，以及墓葬环境、墓主人背景等，尝试从多视角重新认识这种图像或因某些宗教属性（原本的、其他宗教借用的）而作为独立纹样，或与中国传统装饰母题相融合，变成纯粹的装饰纹样。

一 出现与本义：祆教语境中的森木鹿形象

森木鹿（Saena-mereyô-Simurg）一词最早出现在祆教经典《阿维斯塔》（亚什特第12、14章），但

---

1 Senmurv是伊朗神话中虚构神鸟，婆罗钵语（Pahlavi，即中古波斯语）称Simurgh/Simorgh，帕拉维语称森木鹿、森木鹿senmurv，阿维斯塔称saena maregha，又称"峨姿"（Amrzs）、"纳木夫"（Slnamurv）或"思摩夫"（Simurgh/Senmurv）。其名称源出自波斯古经《阿维斯塔》（Avesta）中的maragho saeno，意为塞依娜鸟（Saena），原本指鹰雕一类的猛禽。这一神鸟在伊朗艺术中被描绘成鸟形的巨型有翼动物，能够抓起大象或骆驼，类似孔雀，长着一个狗头和一副狮爪。研究史见康马泰著，毛民译：《鲜卑粟特墓葬中的波斯神兽解读》，《内蒙古大学艺术学院学报》2007年第3期，第52—59页。
2 〔意〕康马泰著，毛铭译：《唐风吹拂撒马尔罕：粟特艺术与中国、波斯、拜占庭》，漓江出版社，2016年。
3 单海澜：《祆教祭祀鸟神与千秋、万岁图像之比较研究》，西安美术学院硕士学位论文，2007年。张小贵：《中古祆教半人半鸟形象考源》，《世界历史》2016年第1期，第313—143页。

仅有名称，并无释义。萨珊晚期编撰的Mênôk-ê-xrat对森木鹿记载较多，并强调它在伊朗神话中的重要地位：森木鹿坐在圣树上，播撒种子，治愈大地上的疾痛与邪恶。但并未描述其身体外形和鸟性。而《创世纪》（Bundahis、Bundahishn）中把森木鹿称作"萨珊神龙"，一种由狗、鸟和麋三种标本产生的混合体兽类，具有三种特性，但对特性的界定非常模糊而且相互矛盾。

最早关注森木鹿的是翠佛女士，她把考古资料中的森木鹿称作带有孔雀尾巴的"萨珊龙"，最初含有某些天文概念。她认为，《阿维斯塔》中的森木鹿包含天国的上、中、下三者的关系，表现出与天文观念有关的特性，即天庭之子的三重性。外形上与狗、鸟相似，天性上与麋类动物相似，神性上包含宇宙之广渺和神力之无边。她还认为，《阿维斯塔》出现的"塞依娜"从词源上可以找到雅弗语（19世纪时对印欧语系的称谓，与闪米特语族和含米特语族［即亚非语系］并列）的元素，与"塞依娜"对应的是连体字母Paskudj-，意为"鸟形狗"，因此"塞依娜"具有"狗""狗形鸟"的含义。[1]可以说，"森木鹿"概念的形成时间远远早于艺术表现形式，也并不限于伊朗或高加索文明。比如，它既是袄教赫瓦雷纳（Xvarnah/Khvarenah）神的一种表现形式[2]，佛教《吠陀经》提到塞依娜鸟也具有相似的神话功能，毗湿奴神（Visnu）的坐驾迦楼罗（Garuda，华言金翅大鹏）也是它的变体。在粟特语里，"神鸟"（synmrgh）对应的是"迦楼罗"；在中古波斯语原本《卡里来和笛木乃》的古叙利亚文译本中，"迦楼罗"也被译成"神鸟"（Simorgh）。可见，作为神鸟的森木鹿在不同的文化中有着不同的形态，既指真实的鸟类，也用于神话中的复合物，甚至同时表示善良的和邪恶的动物，后者为被勇士埃斯凡迪亚尔（Esfandiar）杀死的邪灵，表现善恶二重性。

早期文献对伊朗神话中塞依娜的最初概念与这种兽类的复合属性未做说明，唯一的证据是翠佛女士"塞依娜意为狗"的假设。后萨珊时期编撰的《创世纪》完全混淆了这些概念，比如森木鹿作为鸟类中最早出现且三性合一的Sen，属于夜行类动物，像鸟一样飞行，像狗一样有很多牙齿，像麋鹿一样住在洞里。这种描述更像蝙蝠，而非森木鹿。Mênôk-ê-xrat中描述的Sahna并非住在洞里，而是栖息在湖心岛的圣树（Hom，知识树）上，每至果实成熟，将其摇下，播于大地山川，化为世间万种草木，且能够催风化雨，使大地丰饶，减少世间痛苦。因此，《创世纪》明显地保持了古代神话的宇宙论痕迹，并将这种宇宙概念彻底理性化。该书虽然将森木鹿与蝙蝠相联系，但并非要澄清塞依娜的概念，而是对萨珊龙与森木鹿进行辨识，解释二者的形象与功能。

在袄教经典《阿维斯塔》中，塞依娜被称作"伟大的鸟"，但记载很少，或为森木鹿。对这种神物唯

---

[1] Kamilla Trever, *THE DOG-BIRD SENMURV-PASKUDJ*, Leningrad, The Hermitage Museum, 1938年，第14页。该书的俄文版早在1933年就已经问世。

[2] 姜伯勤先生认为安伽墓门额所见"人头鹰身"图像为袄教赫瓦雷纳神。王小甫认为蒙古国后杭爱省哈沙特县和硕柴达木（Hoshoo Tsaydam）的阙特勤碑和毗伽可汗碑文物陈列室的一块出土于阙特勤墓地的红色花岗岩巨形石板，其表面阴刻线雕图案类似虞弘墓等出土葬具上两个鸟身祭司相对护持圣火，遂认为此鸟身祭司为突厥斗战神形象，本为拜火教神祇Verethraghna（Warāhrn/Bahrām）的化身之一。

一真实的描述来自于萨珊帝国灭亡后数世纪之后编撰的一部帕列维文祆教神话文集。[1] 史诗《列王书》有多处描述希姆夫。[2] 它在波斯、亚美尼亚、库尔德等地流传过程中融入了地方文化元素，融合了其他神秘鸟类的特征，增加了新的概念元素与含义，成为保护鲁斯塔姆家族的希姆夫神鸟。[3] 在文学典籍和伊斯兰书注中，森木鹿始终是一只鸟，片治肯特（第六部分第41号房间）出土的一幅8世纪早期粟特壁画中，穿豹子皮衣的鲁斯塔姆身后就是希姆夫鸟。片治肯特2号庙宇的北礼拜堂的东墙上一幅6世纪的粟特壁画中也有类似形象。阿夫拉西阿卜大使厅西壁年代为660年的一幅粟特壁画中也有完全相同的有翼生物（巴卡特里亚—吐火罗斯坦一位外国使臣的袍服上）。翠佛女士提出这种神秘的有翼生物就是伊朗神话中的森木鹿，这种观点一直未受质疑，最近才有学者在伊朗人物类艺术和文学典籍语境下对之重新进行解释。

二 图像渊源：森木鹿造型的模糊性、复杂性

森木鹿形象源于何处？有学者认为，它源于草原原始工艺、希腊、斯基泰"野兽风格纹样"的影响。在古代近东艺术中，虚幻世界被表现得淋漓尽致，特别是兽头鸟、蝎子身体的动物或生物、斯芬克斯和蛇型龙等，甚至比自然界的动物更多、更充分。这些臆想中的生物多不见于史载，但实物证据的出现充分说明其重要性和变化性。它们最初仅作为一种神性出现，数世纪以后则变成神灵的附属或"陪伴者"，有时还会从仁慈的力量转变为神灵或英雄的邪恶敌手。3世纪初，萨珊人成为近东王国的主人，萨珊艺术中有多种神兽造型，但鲜有证据证明有哪一种邪灵在萨珊统治的三百年中是最受欢迎的。

从纯粹的图像角度看，狗脸有翼生物根植于希腊—伊特鲁利亚艺术。在马其顿征服波斯帝国期间传入东方，特别是巴卡特里亚和印度西北部。其原型在希腊语中通常被称作ketos野兽，造型上结合了狗的特征，即冥界主宰之神哈德斯及水生动物，具有跨越河流与海洋的神奇力量。因此，其在古典艺术中多与丧葬有关，是一个非常称职的"普绪科蓬波斯"（赫尔墨斯的祭祀用别名之一），它负责把死者灵魂带到冥国。

Ketos神兽在前基督教和基督教时期地中海盆地备受青睐，并与很多其他古典主题一起，成为犍陀罗器物的典型纹饰，即所谓的"toilet-trays"。有学者认为，这种图像在印度被表现为当地一种与海洋息息相关的野兽——摩羯（makara）。随着佛教和印度教在中亚传播，东伊朗人吸收摩羯母题并对其予以改造。因此，粟特艺术中的印度成分不可低估。在粟特的佛教文献《大涅槃经》中，印度神话中毗湿奴的坐具——金翅鸟与希姆夫形象相结合。例如，印度中部Bharhut（约公元前1世纪）一件皇家标识（毗湿奴标识，*Garuda-dhvaja*）上即有最早的毗湿奴图像。有学者认为该造型并非"西亚"舶来品，无法从图像角度来说明印度—伊朗之间的交流互鉴。

---

1 Prudence Oliver Harper, "Senmurv, The Metropolitan Museum of Art Bulletin", *New Series*, Vol. 20, No. 3（Nov., 1961）, pp. 95-101.
2 又称《诸王书》（*Shahnama*，或 *Shah Nameh*），伊朗诗人菲尔道西（Firdausi）写于11世纪。
3 鲁斯塔姆和他的父亲扎尔是伊朗东部的英雄，该家族兴起于Zabulistan。中国史籍称兴咎跋他那国、难陀婆怛那等，其地属摩揭国。

尽管粟特和巴克特里亚都与印度有密切关系，但萨珊波斯与之交往的情况尚待深入探讨。[1]另一个例子是印度与伊朗边境地带的巴克特里亚出土的鎏金银盘上的印度装饰母题，片治肯特第一区23号房间出土的另一8世纪早期残损壁画上绘有一鸟，喙衔类蛇状物，与毗湿奴的印度图像非常相似。

康马泰指出，8世纪粟特绘画中常见一种具有复合特征的神祇、鸟和丘比特裸像图像，也在萨珊沙普尔二世和沙普尔三世时期的岩石浅浮雕中多次出现，特别是飞翔状丘比特裸像（或尼克）。[2]此外，森木鹿与伊朗的"法尔"（帕拉维语xwarrah，阿维斯塔中的khwarenah）概念，即"荣光"或"魅力"也有关系。而前伊斯兰时期粟特绘画和伊斯兰书籍插图中的希姆夫也为鸟形。从图像学角度看，伊斯兰书籍插图中的鸟应该源于中国艺术，很可能是由蒙古人传入波斯。14世纪早期美索不达米亚或法尔斯的《列王记》书籍插图中，森木鹿并非中国风格，而与片治肯特鲁斯塔姆绘画中的鸟有更多联系。

森木鹿还有格里芬的一些特征。狮形格里芬前肢为狮鸟结合体，与萨珊森木鹿狗鸟结合体关系密切。在帕拉维文献翻译中，森木鹿有时亦称狮形鸟，也可能与苏美尔公元前2500年左右的Anzu神鸟有关。Anzu状如尖耳母狮，鹰状翅膀、爪和尾，张口吼叫，有时吐舌。后来，还出现狗首鹰身形象。阿卡德时期（公元前2340—前2180）一枚印章印面纹饰为两只狮形格里芬，鸟尾，带足，有翼，狮状头低垂，咆哮着，正被一位头戴角状皇冠的人物驯服（皇冠向来就是神性的标志）。而在公元前1000年的亚述浅浮雕上，狮形格里芬在气候之神进攻下成为他的俘虏。后来常作为英雄、神灵或其他幻想动物的敌对者出现。巴比伦早期（公元前8世纪或前7世纪）一枚印章印面纹饰为一位箭手大步向前，全力进攻一只正在逃走的狮形格里芬。它的双耳类牛，高高耸立，这也是森木鹿的特点。两者相似之处还有鬃、翅膀和带爪的前掌。

不同之处在于，狮形格里芬还被认为：一是冥间之神Nergal[3]或一种狮鸟结合体；二是美索不达米亚创世纪史诗中母亲之神——提亚马特创造的一种怪兽，让它消灭她吵闹的、老惹麻烦的后代。[4]据巴比伦史载，提亚马特和她的所有恶最后都被马杜克神（太阳神Marduk）消灭。可见，狮形格里芬是人类永远的敌对邪灵。三是森木鹿身体末端为鸟尾状，这种造型与狮形格里芬和蛇龙不同，也不见于古代近东、伊拉克或伊朗腹地。此外，森木鹿与狮形格里芬还有一些细部差别，不同之处，比如，虽然鼻子上半部表面水平分布数道像狮子一样的皱纹或突脊，但表示皱纹的线条从顶部呈水平状或倾斜状曲折回，然后从眼部上面或下面穿过，这种传统一直延续到萨珊时期，尤其是蛇龙最常见和最持久的特征之一。同样，森木鹿鼻子上沿鼻梁来回勾划的数

---

[1] Matteo Compareti, "Ancient Iranian Decorative Textiles: New Evidence from Archaeological Investigations and Private Collections", *Silk Road*, 2014, 12.

[2] Matteo Compareti, "Ancient Iranian Decorative Textiles: New Evidence from Archaeological Investigations and Private Collections", *Silk Road*, 2014, 12.

[3] 中文译作涅伽尔、奈格尔、尼尔加等，古老苏美尔信仰中的神祇，象征炽热可怕的太阳，高热与火焰，掌管瘟疫与战争，也管理冥界。

[4] 她制造了毒蛇、龙和斯芬克斯、大狮子、疯龙和蝎子人、伟大的狮子魔怪、飞龙、马人，拿着武器，在战场上无所畏惧。

道短竖线状皱纹也并非近东艺术表现手法，例如，Kasr-i-abu Nasr遗址考古发掘的一块萨珊石浮雕残块上有狗追山羊场景，狗的鼻子并无这些特征。

在公元前2000年巴比伦的加喜特国王们建造的边境界石上，森木鹿与其他保护盟约的神祇的象征符号一起出现。[1]比如，巴比伦伊斯塔尔门（Ishtar Gate，公元前7—前6世纪）装饰着mushrushshu龙与水牛纹饰。龙的鼻子上布满皱纹，末端为卷曲尖状，口吐分叉的长舌头。森木鹿也有突脊状的鼻子和分叉的舌头，鳞片系在颈部和臀部雕刻或捶揲而成，显然融合了爬行动物、水生动物和鸟的诸多特征。

可以这么说，森木鹿的第一个真正原型可能来自游牧民族艺术，他们在公元前1000年初开始向西跨过俄罗斯草原，渗透到这些古代文明北部边境地区的土地上。公元前7世纪，西徐亚人出现在黑海沿岸和黑海与里海之间的高加索地区，他们的艺术中有丰富的虚幻动物结合体，包括当地艺术家在吸收近东元素基础上的再创造，并对装饰风格特征中的想象、虚幻与独特品位情有独钟。公元前5世纪以后，这一地区出现了与森木鹿最接近的模仿物。萨珊帝国时期，森木鹿早期例子中动物和鸟的特征已经消失，形式变得相对标准化。此外，与森木鹿有关的还有印度—欧罗巴艺术中的光头神鸟"希玛高"（Simargl）神，深受东部斯拉夫人崇拜，12世纪的俄罗斯教堂（Borisog leb at Chernigov）顶上就有这种造型。

传说：据说森木鹿神鸟能浴火重生，并成为不朽之物。在古波斯神话中，森木鹿历经天地生灭三大劫，故洞晓过去、现在、未来三世之事。其貌为鸟身犬首或人面，两翼伸展可遮蔽日月群星。萨珊波斯（226—651）时期，人们认为森木鹿栖息在生命树（汇集所有植物的生命精华）上，将干种子撒到水里，这些种子随着雨一起降临大地，给大地带来丰收与和谐。据菲尔多西的《列王纪》记载，Simorgh神鸟是扎尔（Zal）和鲁斯塔姆（Rostam）父子的保护者，它把一根羽毛作为自己法力（farr=Xvarnah）的象征交给扎尔（英雄鲁斯塔姆之父），让他在需要之时点燃羽毛，自己就会现身。据《列王记》记载，Sam国王将儿子扎尔遗弃于荒山野岭，森木鹿收留他并细心呵护。后来国王回心转意，费尽周折找回儿子时，森木鹿载着他从云端飞下，使父子团圆，并赠以羽毛，以燃烧羽毛为信号，随时帮助他。这个传说中没提到万灵之树或到处飞行，向大地各处播撒这些种子。但它借此（对人类儿童的仁慈）留在了萨珊波斯历史中，也不再有古代格里芬和蛇龙的特征。

造型：森木鹿四个爪子只有三趾，而大多数鸟类都是四趾。近年来中国境内出土的祆教石葬具上鸟身祭司多为四趾鸟爪（有向后突出的距趾），因此，它们与森木鹿差别较大。有些学者从字面上将森木鹿翻译为"狗状鸟"，这种释义肯定符合森木鹿的艺术形象。作为一种古老的神祇造型，这在广袤的中亚地区流传了很长时间，以新的形式与含义出现在信奉祆教的地区。

森木鹿出现在萨珊早期、晚期和后萨珊艺术的器物上，特别是金属细工、纺织品和雕像。翠佛女

---

[1] 西亚两河流域古代王朝，公元前16世纪由加喜特人（凯喜特人），克喜特人，喀西特人（Kassites）建立。又称加喜特巴比伦、巴比伦第三王朝。

士认为森木鹿最早于公元前6或5世纪出现在艺术作品中，比如Elisavetovskaya剑鞘上表现的兽类。它是一种有翼鹰状格里芬头像，鱼尾，而非鸟尾。既无狗头元素，也无鸟尾，应该不是森木鹿。它是巴比伦和希腊元素有趣的混合物。第二个例子时间大致同前，约为前5世纪Semi-bratny坟墓出土的金饰牌上饰龙头、西徐亚鸟状翼怪兽。巴比伦是所有复合型兽类的主要渊源，三种特性的鸟也很可能是在巴比伦影响下开始成型的。此外，贝诺苏残片可见公元前3世纪继续存在的巴比伦兽类图像。[1] 其中，一只狗包括四种动物特征，鱼尾。乌茨堡出土的象牙盒子也有森木鹿形象，克拉克夫的札托里斯基博物馆也有类似图像。萨珊龙比Elisavetovskaya格里芬和Semibratny龙晚一千年出现。狗头鸟身、骆驼头鸟身。

萨珊时期的森木鹿分为两类，被称为萨珊龙—森木鹿：一类是鸟尾状（非孔雀尾巴）神兽。艾米塔什博物馆藏一件萨珊银盘和一件2世纪银碗纹饰中的神兽便是森木鹿的最早例子：它是结婚仪式上必不可少的部分，喙中衔着国王头上的皇冠，似乎代替伊朗另一种神怪Hvarenah（"王者的灵光""荣光"或"辉煌"）[2]。有学者认为，在Taq-e Bustan花园拱门的君权神授浮雕里，森木鹿并未出现，说明它并非专门的王者象征，而是一个常见的幸运符号。但国王罗斯塔姆锦袍上的森木鹿图像却说明它与王权关系密切。第二类是孔雀尾巴状神兽，可能与印度揭路荼（印度神话中鹰头人身的金翅鸟，今印度尼西亚的国徽图案）、阿拉伯的鲁赫（Rukh）和安卡（Anka）鸟有关，它们履行着和森木鹿一样的功能。比如，伊朗西部Tak-i-Bostan库思老二世（590—698）石刻雕像所穿袍服即有森木鹿纹饰（狗头鸟或萨珊龙），具有官方神圣性或王权的合法性。

三 考古发现：造型、风格和释义的多样性

作为植物种子播撒者而造福人类的仁慈形象，森木鹿广泛出现在萨珊钱币、金属品、石窟、纺织品、岩石雕刻等多种艺术类别中，特别是很多精美纺织品或服饰或用作皇室宫廷的悬挂之物，多为"徽章式"纹饰，每个"几何形（圆形、椭圆形、菱形等）"内含一个森木鹿，通常为狗头、鸟身（翅膀张开）、麋类前肢（或相似动物Pericsodacty1），口吐长舌（有的分叉，有的为花叶状），大羽毛尾巴像汉代艺术中的凤凰、孔雀或狐狸，常喙衔瑞草，仿佛吐出舌头一般。奇怪的是，萨珊时期常见的小型石质印章中未见类似图像，原因不明。

（一）金属类

（1）森木鹿铜雕像（图1），维多利亚与阿尔伯特博物馆藏。狗头，三趾爪，肩生翼，鸟状尾巴翻卷至背部分叉，分别于头顶和颈部相连。整体造型与公元前5世纪斯基泰艺术中神话生物有密切关系。这种兽类造型在萨珊艺术中尤其流行，一直延续到整个伊斯兰时期。

（2）银盘（图2）。萨珊晚期或伊斯兰早期（7—8世纪）。列宁格勒艾尔米塔什国立博物馆藏。森木

---

[1] 贝诺苏：马杜克神的祭司，公元前2世纪（或前3世纪中期）用希腊文编写《巴比伦·迦勒底史》，记有巴比伦关于创世和洪水的神话。原书共3卷，已佚，仅于约瑟福斯和尤西比乌的史书中保存片段。后世发现的一些署其名的著作多系伪托。
[2] Hvarenah或Vereerayna.Vereerayn的第十七种变身为与Saena鸟相同的Varegna。

图 1　维多利亚与阿尔伯特博物馆藏森木鹿铜雕像

图 2　列宁格勒艾尔米塔什国立博物馆藏银盘上的森木鹿图像

鹿前半部分为犬（怪兽）类，后半部分为羽毛状大尾巴。前肢为动物状，其中一个刻满毛发，另一个则无（可能工匠一时大意）。短而平的鬃毛（而非狮子般鬃毛，环绕着下颌背面）卷发成一排，一直延续到颈部背后。颈部有鱼鳞状装饰，翅膀下半部为短而尖的羽毛，外面为波浪状卷须（发）。后者通常朝颈部向前翻卷，而非朝尾部向后翻卷。尾部阔状羽毛成对向上弯曲到左右两侧。末端是单个尖状羽毛，更像鸵鸟羽毛，而非孔雀羽毛。长长的羽毛呈椭圆状，从鱼鳞状身体向外、向上呈波浪状伸展开来。单从风格看，时间应在萨珊晚期或伊斯兰初期。将颈部下边分界出来的半棕叶状纹饰即是时代较晚的现象。

（3）银盘（图3）。5世纪。直径36.1厘米。原为Fletcher Fund藏品，1960年入藏美国大都会博物馆。银盘造型非常华丽，中间有一弦纹圆形，内有一森木鹿图像。头部类狗，嘴大张，鼻子布满皱纹，分叉的舌头长长伸出，露出一排尖尖的牙齿。前腿

图 3　美国大都会博物馆藏萨珊晚期或伊斯兰早期银盘

和爪子像狗或尖爪猫科动物，鬃毛卷发成一排，一直延续到颈部背后。动物前部突然中断，后半部像鸟。肩部生翼，头上部升起细长的羽毛。双羽毛状大尾巴从后面弯曲地伸出来。

图2与图3森木鹿边框类似。两者制作风格大不

森木鹿：一种有翼兽头神禽传播、流变与融合轨迹与文化蕴意再探讨　|　39

相同，但也有诸多细节都很相似。翅膀上高而明显向后卷曲的羽毛更细长，更精细。图2森木鹿尾巴同样不是孔雀的尾巴。长长的羽毛是椭圆状，从鱼鳞状身体向外、向上呈波浪状伸展开来。单从风格背景上看，其时代应在萨珊晚期或伊斯兰早期。将颈部下边分界出来的半棕叶状纹饰即是时代较晚的迹象。

萨珊晚期或后萨珊时代金属制品上这种本质上非真实性的细节变得越来越普遍。舌头、尾巴或各个关节变成花叶状装饰，工匠更多地关注制作一种精细的装饰布局，而非在动物或植物形式中获得任何现实主义或甚至是自然主义的效果。这些后来的作品中，表现形式的紧凑、身体不同羽毛的夸张增强了非真实感。图2森木鹿的相对自然主义风格使之成为一件萨珊艺术品，而非后萨珊艺术品，时代可能在中期，而非这一时代末期。

上文提到的Taq-i-Bostan 7世纪的一幅画面上，国王身穿的一件精致的袍服上面有花卉状纹饰和森木鹿图像。它们属于传统的萨珊晚期类型，孔雀尾巴，颈部有一道棕叶饰。头部形状、扩大状鼻梁、带突脊的鼻子全都与图2森木鹿非常相似，但没有带叉的舌头，下颌背面环绕的那圈熟悉的环状领也被省略掉了。这种爪子向外伸到它们身前的生物似乎在飞行，而图2森木鹿似乎是呈静止状。图3森木鹿纹银盘的光泽、极度脆性、铸造和錾刻技术，据说来自伊朗的Mazanderan，德黑兰西北的一个省，与里海西南边接壤。这里是萨珊时期一个富庶而繁荣的地区，在萨珊之前很长一段时间里，生产金属器物的作坊曾一度非常活跃。7世纪，阿拉伯人征服这一地区后，森木鹿改变了其属性。袄教逐渐被新的阿拉伯穆罕默德教吞没，很多古老的传说和神话丢失了，被取代或混合在一起。日本人近年来在这些地区的考古发掘以及无数盗掘，出土了很多萨珊陶器、金属器和玻璃器。尽管盘子为再普通不过的铜质材料，但合金的特性非同寻常，其中20%—25%为锡，还有一些铁。

（4）鎏金银壶（图4）。大英博物馆西亚文物部藏。萨珊时期（8—9世纪早期）。高29.2厘米，腹径12.9厘米。腹部正、背面圆形框内各有一半鸟半兽形森木鹿，与其他器物所见形象不同的是，它有一对弯角。舌头分叉，从大张的嘴巴中伸出，厚厚的鬃毛从口鼻部上面，汇入环绕颈部的一圈鬃发。颈部和胸部光滑处饰三个一组的小圆形戳纹（鱼子纹）。一双翅膀紧贴肩膀，孔雀尾巴上的心形羽毛

图4　大英博物馆西亚文物部藏萨珊时期鎏金银壶及其局部

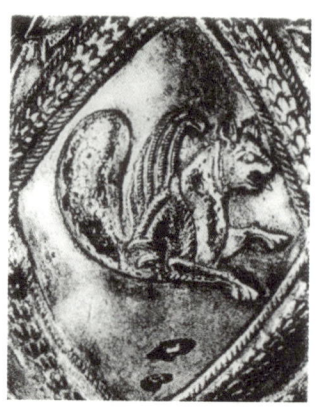 

图5　列宁格勒艾尔米塔什博物馆藏银瓶（局部）　　图6　列宁格勒艾尔米塔什博物馆藏银瓶

很壮观地横扫向头部。爪形足一前一后，呈伏卧状。肩部接合方式颇具特色。[1]

（5）萨珊银瓶。腹部菱形框内饰森木鹿纹（图5）。阿塞拜疆共和国首都巴库出土，列宁格勒艾尔米塔什博物馆藏。犬首，口吐舌头，肩生双翼，松鼠状尾巴上翘，前肢坐上右下排列，未表现后肢，整个造型似在振翅飞翔。

（6）萨珊银瓶。腹部为女性头部，颈部有凸起的四个森木鹿纹（图6）。列宁格勒艾尔米塔什博物馆藏。Andrew Alfoldi和Erica Cruikshank认为该女性是新娘装扮，也说明上文中提到的森木鹿在婚礼中的庇佑作用。[2] 与图5造型相似。

（7）银盆。盆底纹饰（图7）。阿尤布和马穆鲁克早期，密西根大学科尔西考古博物馆藏。盆高20厘米，直径为46厘米。徽章形纹饰为一组动物和人物图案，以动物纹样居多。中心构图为一立姿鸟头怪兽，两个前肢，一个长尾巴卷曲向上，外圈为两组人物纹样。这种母题可以追溯至萨珊时代的森木鹿。

（8）银壶，柄部为森木鹿（图8），西伯利亚出土，莫斯科国立历史博物馆藏（1943年入藏）。壶高30.5厘米，腹径18厘米。

（9）粟特银壶（图9）。7世纪，列宁格勒艾尔米塔什博物馆藏。[3] 壶腹部圆形框中有一兽头鸟身的神祇。骆驼头，口衔花枝，呈曲卧状。

图7　密西根大学科尔西考古博物馆藏银盆

1　ID. E. Barrett, *Islamic Metalwork in the British Museum*（London, 1949）, pp. v, xxi, pl. I. R. H. Pinder-Wilson, "An Islamic Ewer in Sassanian Style", *The British Museum Quarterly*, Vol. 22, No. 3/4（1960）, pp. 89-94, Published by: British Museum.

2　Andrew Alföldi and Erica Cruikshank, "A Sassanian Silver Phalera at Dumbarton Oaks", *Dumbarton Oaks Papers*, Vol. 11（1957）, pp. 237-245.

3　1878年出土于俄罗斯彼尔姆州。孙机先生认为翼驼代表粟特的胜利之神韦雷特拉格纳，鱼子底纹衬托忍冬纹应该仿效唐朝纹样，制作时间不早于7世纪后期，不应该是萨珊器物，参见《建国以来西方古器物在我国的发现与研究》，《文物》1999年第10期，第74页。

图8 莫斯科国立历史博物馆藏银壶及其柄部

图9-1 大英博物馆藏萨珊银壶

图9-2 列宁格勒艾尔米塔什博物馆藏粟特银壶

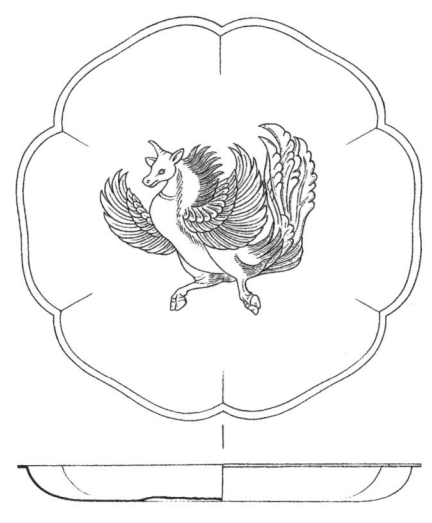

图 10　西安何家村窖藏出土鎏金银盘

图 11　西安何家村窖藏出土金盒盒面

此外，还有一件大英博物馆藏萨珊银盘上有錾刻和雕刻的森木鹿图像，表现出典型的后萨珊时代特征。

（10）"飞廉纹"银盘（图10）。西安何家村窖藏出土，陕西历史博物馆藏。牛头鸟身，呈奔走状，双翼张开，与一组动物纹饰鎏金器物一起分析，造型、纹饰构图与母体、加工技术等与萨珊波斯有关联。孙机认为是飞廉在唐代的新发展。

（11）金盒（图11）。西安何家村窖藏出土，陕西历史博物馆藏。马头鸟身，颈有鬃毛，呈奔走状，鸟状双翼张开，长长的羽毛状尾巴飞卷，向上飘扬至马头上方。双翼、尾巴与图十在长度、形状上略有差异。

（二）纺织品类

彩色织锦（图12—16）。阿兰地区的北高加索西部的尤拉恰尤博·丘尔克兹斯自治州的库班河上游莫谢瓦亚·巴尔卡墓群出土联珠塞穆鲁纹锦袍（图14）局部纹饰，9世纪早期，粟特风格，现藏冬宫博物馆。8至9世纪之间，有一条通道自西突厥、粟特，越阿拉尔海、里海北岸，过伏尔加河，至北高加索，至阿兰、可萨突厥一带，由此沿外高加索达林道，越黑海至君士坦丁堡。封闭的圆圈中有神兽森木鹿纹饰，这是萨珊时期最典型的纹样（图15、图16）。

（三）石刻类

（1）建筑饰件（图17）。1978年伊朗 Qal'eh-i Yazdigird 遗址出土。时代为2世纪帕提亚时代。浅浮雕森木鹿—格里芬。鬃毛、羽毛、颈部环状饰，翅膀尖部呈卷曲的漩涡状，小而抬起的爪，颈部环状饰有带齿的边，辫状鬃毛。抬起的前肢与喙部碰撞在一起。其他两块浅浮雕分别为森木鹿头部和尾部。[1]

（2）库思老二世袍服上的森木鹿图案（图18）。伊朗克尔曼沙赫附近塔克伊·布斯坦（Taq-i-Bustan）

1　Edward J. Keall, Margaret A. Leveque and Nancy Willson, *Qal'eh-i Yazdigird: Its Architectural Decorations*, Iran, Vol. 18 (1980), pp. 1-41, British Institute of Persian Studies.

图12 巴黎时尚与纺织博物馆藏巴黎Saint-Leu-Saint-Gilles教堂用品，600—800年的拜占庭产品

图13 维多利亚与阿尔伯特博物馆藏丝织品残片　　图14 俄罗斯冬宫博物馆藏锦袍所饰森木鹿

图15 萨珊波斯时期丝织品　　图16 萨珊波斯时期带丝线的棉织品

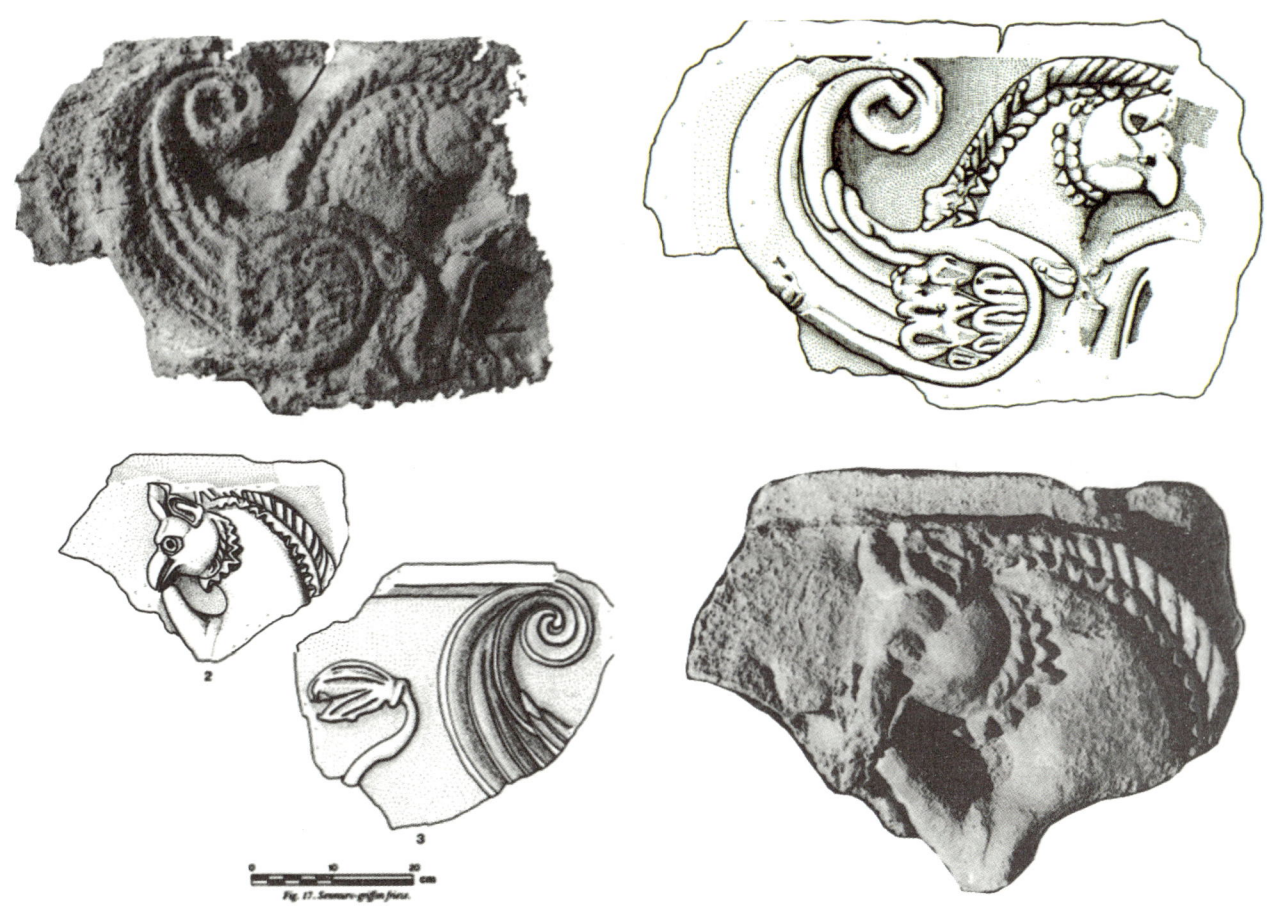

图17 伊朗 Qal'eh-i Yazdigird 遗址出土2世纪帕提亚时代石雕残块

大石窟中库思老二世巨大的具甲戎装骑马雕像，头戴盔，身穿链甲（锁子甲），内穿裤子上有森木鹿纹样。手持盾牌，右手举矛，厚重的铠甲和祆教符号从身体和精神上赋予国王真正的领土保卫者形象。

（3）石椁彩绘浮雕（图19）。虞弘墓石椁外壁有翼神兽。马身，鱼尾。与粟特片治肯特壁画中鲁斯塔姆所伴的有翼神兽具有同样的功能，代表的是"神的荣光"。图像中还有衔绶鸟等，被认为是其变体。

（4）苟景墓志（图20）。西安碑林博物馆藏。盖下左、右两边各有一长角的牛首和犬首鸟身神祇，双翼孔雀尾和鹰的足爪，二神禽拱卫着一个方形祭坛升腾着火焰。施安昌称之为 Farn（波斯语），象征"优雅的女神"或富贵之意，还是天神、英雄和帝王的使者。[1] 该墓志盖侧还有人面鸟身的迦陵频伽和畏兽形象。

此外，吉美石屏、洛阳北魏晚期元谧石棺（葬于524年，图21）、北魏冯邕妻元氏墓志（图22）、河南沁阳北魏石棺床、娄睿墓、徐显秀墓、山东青州益都北齐石棺等都有类似形象。

（5）唐徐孝墓志（开元二十二年，735年），晋中市考古研究所藏（图23）。志盖盝顶下斜刹面所

---

[1] 施安昌：《北魏苟景墓志及纹饰考》，《故宫博物院院刊》1998年第2期，第24页。

图18　伊朗克尔曼沙赫附近塔克伊·希斯坦（Taq-i-Bustan）石窟雕像

图20　西安碑林博物馆藏苟景墓志盖下侧纹饰

图19　山西太原虞弘墓石椁外壁浮雕马头怪兽

图21　洛阳北魏元谧墓志纹饰

图22　北魏冯邕妻元氏墓石椁线刻

刻纹饰为两"飞廉"形象。左侧兽头牛耳独角,细长颈,鸟身凤尾,偶蹄双足。作侧身展翼向前腾飞状。右侧马首,细长颈,鸟身凤尾,奇蹄双足。作侧身展翅起飞状。二者长颈后均有类似云纹图案。

此外,该墓志上斜刹、左斜刹、右斜刹各有两个人头鸟身的佛教妙音鸟迦陵频伽。[1]该墓与武惠妃时代相近,飞廉和迦陵频迦造型和风格应属同一时期。

(6)武惠妃石椁外椁板三幅森木鹿图像(图24)。

牛头(有角)或马头,鸟身,兽蹄,双翅大张,翻卷的大尾巴上扬,口衔花枝。与何家村银盘和金盒所饰手头鸟身神灵有比照性。

(7)晚唐郭燧墓墓志(葬于唐文宗大和二年,828年),安阳刘家庄北地出土(图25)。志盖四刹浮雕四个铺首,铺首下再浮雕四神,四角浮雕飞马、飞牛正面像。[2]由于飞马、飞牛呈正面状,尾部情况不明。

图23　唐徐孝墓志志盖下斜刹面飞廉形象

图24　陕西历史博物馆藏武惠妃石椁板外壁线刻纹饰

1　李晨、崔晓东:《唐代徐孝墓志纹饰考》,《文物世界》2015年第6期,第31—33页。
2　中国社会科学院考古研究所安阳工作队:《河南安阳刘家庄北地唐宋墓发掘报告》,《考古学报》2015年1期,第111页。

图25 安阳刘家庄北地出土晚唐郭燧墓墓志盖纹饰　　　　图26 纽约康宁玻璃博物馆藏金丝夹心玻璃残片纹饰

图27 撒马尔罕阿芙拉西卜大使厅西壁粟特国王拂呼缦锦袍前摆纹饰

（四）玻璃类

金丝夹心玻璃器（瓶或杯）底残块（图26），直径6.4厘米，纽约康宁玻璃博物馆藏。3—6世纪萨珊制品，又一说为9—10世纪伊斯兰统治时期叙利亚制作，是伊斯兰早期沿用萨珊母题的例子。[1]底部中心饰一怪兽侧面图像，面朝右边，狗头，尖耳，前肢类狮子，双翼顶部呈尖状，孔雀状尾巴尤为突出。

1　Charles H. Sawyer, Oleg Grabar, *Sasanian Silver*, *Late Antique and Early Mediaeval Arts of Luxury from Iran*（Exhibition catalogue, The University of Michigan Museum of Art）Ann Arbor, 1967, pp. 152-153, no. 75.

图28　山西博物院藏北齐徐显秀墓壁画纹饰

图29　太原北齐娄睿墓壁画纹饰

图30　辽宁朝阳袁台子后燕墓壁画纹饰

身体下半部分像蛇一样盘曲。森木鹿代表Kayanids，萨珊王朝传说中3—7世纪统治伊朗和周边地区的祖先的"荣光""福运"。森木鹿偶尔也出现在早期伊斯兰艺术中，例如，Al-Sabah藏品中浅浮雕玻璃碗即有此纹饰。

（五）壁画类

（1）撒马尔罕阿芙拉西卜大使厅西壁壁画中的森木鹿形象（图27）。时间为公元7—8世纪。它们出现在粟特国王拂呼缦所穿锦袍前襟纹饰（660年）中。片治肯特寺庙北部穹顶东壁壁画中亦有森木鹿形象，似乎是一位神祇御座的足部。

（2）徐显秀墓壁画中的森木鹿形象（图28），山西博物院藏。墓中石门东西门扇上部各刻一口衔花草的鸟身兽头蹄足兽。太原北齐娄叡墓壁画（图29）、辽宁朝阳袁台子后燕墓壁画（图30）也有类似图像。它们与何家村头部、足部很像，口衔花枝则与中国传统装饰母题中鸟衔瑞草等构图和意趣相似。

（3）河北磁县湾漳北齐大墓墓道壁画中的兽头鸟身图像（图31—1至图31—3）。何京认为，这种兽头鸟身神祇既非中国传统神话传说中的"獬豸""枭羊""飞廉"，也非外来宗教文化观念中的塞穆鲁，应该是多种动物混搭出来的双翼神兽，是广袤的欧亚大陆上各类文化交织互动的融合产物，成为贯穿这一时期的艺术主题。[1] 郑滦明认为湾漳北齐大墓墓道东西壁有飞廉和枭羊，同时还有两人面鸟身的迦陵频伽纹，以及鸾凤鸟和长尾鸟等，与道教羽化成仙观念有关。[2] 但笔者认为，该墓壁画中畏兽形象以及其他神禽瑞兽等应与娄叡墓、徐显秀墓类似图像进行比对，在多种宗教语境下进行分析。

（六）其他类

安徽马鞍山吴朱然墓漆㮇（图32）和日本奈良正仓院藏唐螺钿紫檀琵琶红牙拨楼拨子也有类似图像，但造型与何家村印盒马头鸟身的神禽更相似（图33）。

1　何京：《太原北齐徐显秀墓"羽翼兽"试析》，《文物春秋》2009年第2期，第27页。
2　郑滦明：《湾漳北齐皇陵壁画墓神禽瑞兽分析》，《文物春秋》2002年第2期，第46页。

四 自西向东：造型与意义的流变与重构

森木鹿或"伪希姆夫"从公元前7世纪最早出现在文献记载中，最晚至公元前6世纪作为图像符号出现在艺术表现中，作为祆教犬神崇拜的一种重要形式，后来成为王权的庇护者或标识。造型属于半兽半鸟状系统，从最初的犬+鸟+麋类动物结合体，后来掺杂狮子、猪类动物特征，被称作"萨珊龙""神禽塞依娜"[1]，不仅是伊斯兰时期纺织物、倭马亚王朝和阿拔斯王朝装饰艺术中最受欢迎的题材，也是基督教喜欢的母题。[2]希姆夫形象在伊朗文化环境中流传甚久，但在佛教语境中似乎并不受欢迎，比如中亚和塔里木盆地。这些地区曾有大量粟特移民或伊朗人从事多文化风格纺织品的生产与出口，典型装饰为联珠纹圆框，内含野猪头、翼马或喙衔项链的鸟等伊朗母题。这类纺织物主要发现于吐鲁番、蒙古的Jargalant、都兰（青海或Amdo，西藏东部）等墓地或遗址，甚至巴卡特里亚—Tokharistan和巴米扬王国，这些地区对这种母题知之甚少，也未见森木鹿装饰图案。

耐人寻味的是，突厥文化以及更东地区却有不同形式的森木鹿形象或概念出现，突厥语"萨姆乌勒克"（samureq，凤凰）可能与波斯语"森木鹿"（Sermuv）有关。突厥语族民间文学作品中的神鹰形象大都称"阿勒甫·卡拉·库斯"（alep qara qus，巨大的黑鸟）或"萨姆乌勒克"（samureq，凤凰）。而在中国考古资料中发现的衔绶鸟或得胜鸟则被看做是森木鹿变体赫瓦雷纳（Hvarenah，中古波斯福寿之鸟，"福运""财富"之意），有学者认为中国古老的鸟神崇拜，特别是周"凤鸣岐山"、秦"句芒"、楚"凤鸟"等鸟崇拜，以及喙衔花枝（绶带）的吉

图31-1 湾漳北齐墓道东壁神兽

图31-2 湾漳北齐墓道西壁神兽

图31-3 湾漳北齐墓道东壁神兽

图32 安徽马鞍山吴朱然墓漆㪷纹饰

图33 日本正仓院藏唐螺钿紫檀琵琶槽拨子纹饰

---

[1] 第一个取得祭祀头衔，有"鹰"的意思。后成为人面鹰神，帮助死者灵魂进入天堂。
[2] 比如Ani一座13世纪早期亚美尼亚教堂绘画中就有这种仿森木鹿的形象（这是它最晚出现的时间，可能仅仅是模仿珍贵的纺织物）。

祥鸟与之有关。[1]

考古资料证实，至迟从北魏到唐代安史之乱前，森木鹿和类似神兽的母题在中国艺术中流行，特别是在北齐墓葬（粟特人、鲜卑、汉人）雕塑或绘画中频频出现，说明多种文化交流与融合，胡风浸漫，但纺织品似乎例外[2]。尽管隋晚期（7世纪早期），粟特人何稠曾负责装饰波斯母题的纺织品生产和其他外来物品。森木鹿作为伊朗文化系统中的宗教性图像也被纳入以龙凤、飞廉等祥禽瑞兽为代表的中国传统的图像系统中，在有胡人渊源且兴于"胡汉交浸甚久"的山西地区的李唐王朝被长久地沿用。

飞廉是一个与森木鹿有关的、被泛化了的概念与纹饰。学界对其渊源、造型和意义说法不一。除了作为人物的传说外，其造型有两种说法：一说是鹿首鸟身。《文选》卷八《上林赋》引郭璞曰："飞廉，龙雀也，鸟身，鹿头。"[3]另一说是鸟首鹿身，《三辅黄图》载："飞廉神禽，能致风气者。身似鹿，头如雀，有角而蛇尾，文如豹。"[4]其实，古人所说的飞廉，其具体形象并不一定有统一的定式，但其基本形象应为生双翼的鸟兽合体形象，是一种融合了北方草原文化造型和欧亚草原斯基泰艺术装饰风格的复杂的文化符号。[5]目前考古资料所见的飞廉基本为兽首鸟身形象，其头部有鹿、牛、马等多种形式，身部均类鸟，生双翼，可以称"神禽"[6]。而"有翼神兽""怪兽""风神（伯）"等尾部为兽腿状的复合型神怪则不应该称"飞廉"。林通雁讨论的"饰跌以飞廉"和长安铜飞廉与本文讨论的森木鹿不同，二者最明显的差别在于尾部，前者为明显的兽尾，而后者则是禽鸟状羽毛大尾巴，有凤凰、龙虎、蝙蝠等元素。至于讨论甚多的羽人、迦陵频伽等人鸟结合体则应属具有某些类似背景的另一种图像符号的诠释系统。

在造型上，森木鹿神鸟具有类似凤凰的很多特征，以至于ALICIA WALKER认为拜占庭艺术吸收了中国古老的凤凰造型元素[7]，并勾勒出了一条从长安到君士坦丁堡的传播路线图。有人提出中国发现的森木鹿造型已经脱离波斯传统，改成骆驼头加中国"飞廉纹"，它们在萨珊波斯或粟特地区原有的袄教象征已经淡化，成为寄托北朝至隋唐人们生死两世美好情怀的象征符号，进入蕴含飞翔与穿越功能的有翼瑞禽神兽序列，口衔象征生命的瑞草，被定格为永恒，就像含绶鸟和凤凰一样。

---

1 公元前18世纪和前1450年印欧人大迁移之后，青铜制作技术、小麦、马车、绵羊、铁器等文化元素进入中原地区，这种影响一直到春秋战国时期。燕赵文化、楚文化、蜀文化、秦文化、滇文化等所含的一些外来元素大致勾勒了自北方到南方的由草原向农耕地区的传播路线，具体说，欧亚草原地区经蒙古、甘肃、陕西、四川、云南等考古资料中斯基泰文化因素勾画的一条半月形传播带。
2 康马泰认为，那些联珠团窠中绣有动物图案的锦袍，被称为"番客锦袍"，主要是用来赏赐给外国使臣穿，或者作为商品出口西域各国。
3 （梁）萧统编，（唐）李善注：《文选》，商务印书馆，1959年，第166页。
4 何清谷校注：《〈三辅黄图〉校证》，三秦出版社，1995年，第314页。
5 飞廉造型受古代西亚、欧亚草原、斯基泰和中亚文明等多种艺术风格影响，姜伯勤认为与袄教经典《阿维斯塔》有关。朱学渊研究秦人祖先飞廉及其后人的名字，如"飞廉""恶来""太几""大骆""百里奚"等皆胡名，证明了飞廉族的祖先曾与胡人通婚，而其族裔具有胡人血统。据孙新周考证，飞廉族与商族一样，原本崇拜鸟图腾，在北迁过程中与鹿图腾的斯基泰人联姻，并且崇拜太阳神少昊和颛顼。
6 张平一：《飞廉与双翼神兽》，《文物春秋》2000年第1期，第26—27页。
7 Alicia Walker, "Patterns of Flight: Middle Byzantine Adoptions of the Chinese Feng Huang Bird", *Ars Orientalis*, Vol. 38,《飞行的纹样：中世纪拜占庭对中国凤凰鸟的吸收》，佛利尔艺术馆、斯米森协会和密西根大学艺术史合编：《古代和中世纪早期地中海、近东和亚洲跨文化交流理论化》，2010年，第188—216页。

西安碑林博物馆藏"石雕释迦牟尼降服外道造像"再探讨

翟战胜

（陕西历史博物馆）

西安碑林博物馆藏有一件石雕佛造像，因下部刻有题记"释迦牟尼佛降服外道时"而被称为"石雕释迦牟尼降服外道造像""释迦降服外道像"，年代被确定为唐。该造像是西安碑林博物馆一件重要藏品，现陈列于其石刻艺术馆，命名为"石雕释迦牟尼降服外道造像"[1]，还被多次外借，参与相关的展览[2]。同时在学术界也受到一定关注，在研究敦煌壁画和绢画瑞像图时都要提到，但是专门的研究很少，笔者所见，目前仅有两篇文章专门探讨，一是荣新江先生《〈释迦降服外道像〉中的祆神密斯拉与祖尔万》[3]，一是冉万里先生《西安碑林博物馆收藏"释迦降服外道造像"新解》[4]。对于造像中左上和右下两个图案性质的认识相左，前者认为是外道，指出是祆教的密斯拉和祖尔万；后者认为是拟人化的日天和月天，并与古印度、新疆龟兹地区及敦煌莫高窟等雕刻、壁画绢画中的同类形象存在渊源关系。还有不少文章中涉及或部分讨论了这件造像，详见下文。笔者在学习过程中，利用地利之便，多次观摩[5]，并参阅文献，感觉还有进一步探讨的必要，不揣浅陋，求教于诸位方家。

一 对该造像时代特征和题记的再观察

该造像系在一块竖长方形整石上高浮雕而成，下方约三分之一高度留作台座，释迦牟尼佛像为于台上偏左，螺发，高肉髻，面部浑圆丰满，颈有三道蚕节纹。有桃形头光，分为三匝，外匝雕刻火焰纹，内匝光素。身着袒右式袈裟，系结于右胁后面，跣足站立于覆莲座上。佛右臂向右侧斜上举，右手掌心向上作托举状，右手上方，于造像右上角浮雕一圆轮；左手下按，左手下方莲座之上亦浮雕一圆轮。两个圆轮构图相似，均为一男子手握飘扬于圆轮上部内侧的飘带，胡坐于动物背部圆垫之上，所不同者，右上角圆轮内的坐骑为两匹反向的马，而左下角为两只反向的鹅。长方形台座前部靠左边刻

1　本文在讨论中使用西安碑林博物馆给予的命名。
2　1998年日本东京国立博物馆"宫廷の荣华——唐の女帝・则天武后とその时代展"，2014年中国国家博物馆"丝绸之路展"，2015年陕西历史博物馆"取经归来展"等。
3　荣新江：《〈释迦降服外道像〉中的祆神密斯拉与祖尔万》，《中古中国与外来文明》，三联书店，2014年，第293—308页。
4　冉万里：《西安碑林博物馆收藏"释迦降服外道造像"新解》，《文博》2012年第5期，第37—42页。
5　尽管对于造像年代有不同的认识，杨效俊博士专门与作者一起到西安碑林博物馆展室现场观摩，特此致谢！

图1 石雕释迦牟尼降服外道造像及局部（全图采自《丝绸之路》，局部为杨效俊摄）

有十个字："释迦牟尼佛降伏外道时。"（图1）

李域铮先生在《陕西石刻艺术》中，定名"释迦降服外道像"，将造像的时间确定为唐代。该造像通高71厘米，宽42厘米，系1955年由西安市文管会送交。并认为"雕刻衣纹流畅，臂胸圆润丰满，虽系小型雕作，但却也表现出了唐代写实的风格，仍不失为较好的作品之一"[1]。没有介绍出土时间和地点，应该不是正式考古发掘品。

通过观察，还有两点值得讨论：一是造像的年代，二是题记是否后刻。

关于造像的年代目前学界观点基本一致，均将其定位为唐代。韦陀（R.Whitefield）教授认为，它可能是7世纪的作品，至少不晚于8世纪。[2]索珀先生将其与日本奈良法华堂一件8世纪中期不空羂索

---

1 李域铮编著：《陕西石刻艺术》，三秦出版社，1995年，第94—95页。
2 转引自荣新江《〈释迦降服外道像〉中的祆神密斯拉与祖尔万》，《中古中国与外来文明》，第297页。

图2 韩小华造弥勒像（采自《丝绸之路》）

图3 石雕释迦牟尼降服外道造像题刻（杨效俊摄）

观音像头顶的银佛像比较，也认为该造像是8世纪的作品。[1]附带补充一下，该观音像两侧有日光菩萨和月光菩萨随侍。

该造像的一些特征显示其年代可能比唐代更早，应该是北周时期。

首先是造像的形式，这种造像形式类似于北朝时期普遍流行的背屏式造像，青州出土的韩小华造弥勒像（图2），也是在方形石材的上部高浮雕，下部留出台座；三尊像也立于覆莲座之上。不同的是，韩小华造像是三尊像，舟形背光与石材同宽，上部收尖于石材顶部中央，台座正面左右两侧分别刻"乐丑儿供养""韩小华供养"，中央刻双手托香炉的化生童子，香炉左右各为狮子和持莲华跪姿供养人；发愿文题于左侧面中部。更为重要的是在造像的左右上角分别刻手托日、月的天神，仅露出头部和托圆轮的一臂，两天神都为男相，相貌相像，发式类似佛的肉髻。[2]本文讨论的造像中两个所谓的外道也很相似，除坐骑外，仅衣着和坐姿略有不同。同时可以看到，两件造像代表了北齐和北周不同的风格。

其次是佛像的身材特征，都已经注意到了该造像中释迦牟尼佛圆脸、臂胸圆润丰满，具有唐代特征。不过，佛像变胖是从北周开始的，敦煌佛像即是这样，赵声良先生研究认为，"北周以后的佛像身体不再清瘦，而变得丰满富有肉感，头部较大，五官集中，有的佛像头部近于方形，上身较长下身较短"[3]。同时它的另一个特征，即头部与身高的比例更符合北周时期的特征。王敏庆总结北周佛像头与身体的比例约在1:5至1:4.5，青州龙兴寺北齐佛像的

---

1 A.C.Soper, "Representation of Famous Images at Tun-Huang", *Artbus Asiae*, Vol.27, No.4（1964—1965）, pp.362-363. 感谢"敦煌与西北民族读书班群"群友李翎先生惠赐索珀先生的英文原作。
2 国家文物局编：《丝绸之路》，文物出版社，2014年，第282页。
3 赵声良：《敦煌石窟早期佛像样式及源流》，南华大学敦煌学研究中心编：《敦煌学》第二十七辑，2008年，第241页。

比例是1:6.5左右[1]，在判定造像年代的时候，虽然不能机械地用这个比例作为标准去套，但它的确反映了北周造像的特点。

从以上两方面看，该造像的年代应该是北周时期，而且其右袒式袈裟非常少见。

如果将造像的年代定在北周，那么题记一定是后刻的。李域铮先生已经注意到题记是后刻，但没有说明原因。索珀先生认为，如果将造像解释为表现释迦牟尼在打败魔军后获得超自然力时的情景，那么题记就是错的。他还注意到题记字体较大，跟其他唐代雕像比显得有些不精心，可能题记是在一段时间后刻的，刻字的人已经不清楚造像的含义。[2]

笔者觉得两位先生的目光是敏锐的，仔细观察题记的笔体，它更像是行楷。整个题记行笔流畅，前两列字体端正，后一列两个字的上方均稍向左边倾斜，而且"时"的最后两笔，弯钩和点连写，向左下穿过弯钩，像是打了一个结（图3）。从笔迹分析，题记是书者直接书写于台座，站在造像的左侧，写到第三列的时候身体略有倾斜。从字体看已接近行楷，也显然不是北朝时期的字体。

二 对"外道"的再探讨

对于熟悉敦煌壁画的人来说，看到西安碑林博物馆这件造像一定会想到见于莫高窟231、236、237、72等窟的指日月像（图4），索珀在研究出自敦煌、现藏大英博物馆的瑞像图时（图5），同样联系到敦煌壁画，二者画面构图如此相似，只是在敦煌壁画和绢画中的日月是用圆轮中画三足乌和兔子来表示，将这件造像比定为指日月像是理所当然的事情。

不管怎么认识题记中所谓的外道，首先我们可以认为这件造像的性质为瑞像，关于瑞像，张广达和荣新江先生已经指出，"瑞像具有护持佛法的作用，因此每个瑞像都有固定的来历、特征，表现该像显示灵瑞的那一刻的状态。因此，各个地方的同一瑞像大体上是一致的。这就是我们所见敦煌绢画和壁画瑞像图几乎相同的原因"[3]。

目前对于该雕像的认识一般都受到题记的影响，一种认为它就是日天和月天，索珀先生推测这两个人物分别指佛教的Surya（日天）和Candra（月天），日天坐骑一般认为是多匹马拉的双轮战车，月天的坐骑是两只像是天鹅的鸟。[4]冉万里先生认为所谓"外道"应该是拟人化的日天和月天。

荣新江先生则从图像特征、祆神与动物对应关系以及唐代宗教形势诸方面，论证该造像中的外道是指祆教的密斯拉和祖尔万，造像表现的就是释迦降服外道的情形。

王建平等认为该造像与舍卫城大神变有关，该像应该称为指日月瑞像，题刻为造像时所刻，表现的

---

1. 王敏庆：《北周佛教美术研究——以长安造像为中心》，社会科学文献出版社，2013年，第33、151页。参见〔韩〕梁银景《隋代佛教窟龛研究》相关章节，文物出版社，2004年；中国社会科学院考古研究所编：《古都遗珍——长安城出土的北周佛教造像》，文物出版社，2010年。
2. A.C.Soper, "Representation of Famous Images at Tun-Huang", *Artibus Asiae*, Vol.27, No.4（1964—1965），pp.362-363.
3. 荣新江：《〈释迦降服外道像〉中的祆神密斯拉与祖尔万》，《中古中国与外来文明》，第297—298页。关于瑞像的讨论，参见张广达、荣新江《敦煌"瑞像记"、瑞像图及其反映的于阗》，《于阗史丛》，上海书店，1993年，第239—242页。该文原载《敦煌吐鲁番文献研究》第3辑，1986年，第69—147页。
4. A.C.Soper, "Representation of Famous Images at Tun-Huang", *Artibus Asiae*, Vol.27, No.4（1964—1965），p.351.

图4　敦煌莫高窟第231窟指日月像（采自《敦煌吐蕃时期阴嘉政窟〈瑞像图〉研究》）

图5　大英博物馆藏敦煌瑞像图局部（采自《西安碑林博物馆收藏"释迦降服外道造像"新解》）

是释迦在降服外道时身处地上能够以手扪摩日月或使日月光明隐蔽的神通；"应是中国的佛教信徒综合佛经的记载，在公元7世纪创造的一种瑞像"，并指出，"在敦煌流行时间很长的指日月瑞像，其来源应是两京地区，所要表达的意义与两京也是相同的"[1]。

吕德廷先生总结了学界对于该雕像的讨论，结合泰国舍卫城神变的图像资料，认为该造像反映的是佛为降服外道于舍卫城现手扪日月的神通。[2]

既然题记中提到外道，还是先从外道谈起。

关于外道，季羡林先生说，佛教以"契合真理"

---

[1] 王剑平、张建荣、雷玉华：《中国内地舍卫城大神变造像遗存探索》，《石窟寺研究》第一辑，文物出版社，2010年，第152—160页。参见王剑平、雷玉华《四川唐代摩崖造像中部分瑞像的辨识》，《敦煌学辑刊》2009年第1期，第81—92页。
[2] 吕德廷：《敦煌佛教艺术中的外道形象》，第171—174页。

自居，称为"内学"；又认为其他宗教或学派均"心游道外"，名为"外道"。释迦牟尼时代，异说繁多，主要有外道六师或称六师外道。[1] 佛教艺术中常见释迦牟尼降服六师外道的经变画题材。荣新江先生还统计《大日经》中有30种外道，《涅槃经》有95种外道，《华严经》有96种外道，认为这些佛典中的外道主要以印度的婆罗门为原型。[2]

可以说，佛教产生于婆罗门教占主要地位、所谓"外道"众多的时代，在与外道的论争乃至斗争中成长壮大，最后，佛陀成为印度教的神，佛教又亡于外道。

这是一尊佛造像，探讨其内涵，首先在佛经和佛传故事中探寻其显示灵瑞的那一刻，方向无疑是正确的。

其实，释迦牟尼虽然有神通，在本生故事中多次以神通降服外道，但更主张"静默思道"。关于"手扪日月"之类的神通，佛经中多有记载，《长阿含经》卷十三第三分阿摩昼经第一，（佛告摩纳）"……一心修习神通智证。能种种变法，变化一身为无数身，以无数身还合为一。身能飞行，石壁无碍，游空如鸟，履水无地，身出烟焰，如大火䔕，手扪日月，立至梵天。"又说"比丘如是，定心清净，住天动地，随意变化，乃至手扪日月，立至梵天，此是比丘第三胜法"。但是，在卷十六中坚固经第五，（坚固长者子请佛）"若有婆罗门、长者子、居士来，当为现神足、显上人法"，佛告坚固，"我终不教比丘为婆罗门、长者、居士而显神足上人法也，我但教弟子于空闲处静默思道，若有功德，当自覆藏，若有过失，当自发露"。[3]

更有甚者，佛经认为所谓的神通是"卑贱下劣"，《佛说长阿含经卷第十二》"佛说长阿含第二分自欢喜经第十四"中，佛告舍利弗：

如来说法复有上者，谓神足证。神足证者，诸沙门、婆罗门以种种方便，入定意三昧。随三昧心，作无数神力。能变一身为无数身，以无数身合为一身；石壁无碍；于虚空中结加趺坐，犹如飞鸟；出入于地，犹如在水，履水如地，身出烟火，如火积燃；以手扪日月，立至梵天。若沙门、婆罗门称是神足者，当报彼言：有此神足，非为不有。此神足者，卑贱下劣。凡夫所行，非是贤圣之所修习。若比丘于诸世间爱色不染，舍离此已，如所应行。斯乃名为贤圣神足。

下面一则故事也可印证，《大唐西域记》卷六"室罗伐悉底国"记"舍利弗与目连试神通处及诸佛迹"，没特伽罗（目犍连）在佛陀十大弟子中号称"神通第一"，舍利弗号称"智慧第一"，两人比试神通，没特伽罗竟然连舍利弗的衣带都举不动，感叹道"乃今以知神通之力不如智慧之力"。[4]

不仅释迦牟尼有手扪日月的神通，外道也有此神通，《法句譬喻经》卷一"无常品第一"："昔佛在王舍城竹园中说法，时有梵志兄弟四人，各得五通，却后七日皆当命尽。自共议言五通之力，反覆天地，手扪

---

1 （唐）玄奘、辩机撰，季羡林等校注：《〈大唐西域记〉校注》，中华书局，2007年，第499—500页。
2 荣新江《〈释迦降服外道像〉中的祆神密斯拉与祖尔万》，《中古中国与外来文明》，第300页。
3 （后秦）佛陀耶舍、竺法念译：《长阿含经》，《大正新修大藏经》第1册，第86页。
4 （唐）玄奘、辩机撰，季羡林等校注：《〈大唐西域记〉校注》，第491页。

日月，移山住流，靡所不能，宁当不能避此死。"[1]

《根本说一切有部毗奈耶破僧事》卷一三：

> 是时提婆达多，于初夜后夜修习善业而住，依止初禅得获神通。即以神力，一身变作多身，多身合为一身。或现或隐，以智见力故，能如是现。复于山石墙壁，通过无碍如于虚空。于大地出没，犹如水中。在于虚空中结跏趺坐，犹如在地。或腾虚空犹如飞鸟，或在地手扪日月。[2]

关于释迦牟尼佛神通的图像表现，法国巴黎集美美术馆藏有一幅出自敦煌的绢画降魔图，在画面左右两侧各有一列反映释迦牟尼佛各种神通的画面，其中左上方第一幅画中就是佛手举日月的图像，李静杰先生援引西安碑林博物馆的这件雕像，认为手指日月与降服外道有关，进而指出，唐五代时期手指日月或手举日月，成为强调释迦佛神通变化的表现形式。[3] 应当看到，一方面，双手托举日月与右手上托、左手下按在表现形式有明显的不同，另一方面，绢画降魔图中这种双手托举日月的形式出现在唐代以后。

三 文献和图像中日天和月天

从以上讨论可以看出，该造像表现未必是降服外道时手扪摩日月的神通。那么再讨论日天和月天的问题。

在佛教产生的印度，佛教产生、发展及其以前的时代，一直是多种信仰并存，包括日天和月天信仰。

《大唐西域记》关于日天的记载：

卷一〇"伊烂拏钵伐多国"二，"二百亿比丘故事"中，有长者豪贵巨富，"世尊知其善根将发也，命没特伽罗子而往化焉。既至门下，莫由自通。长者家祠日天，每晨朝时，东向以拜。是时尊者以神通力，从日轮中降立于前。长者子疑日天也，因施香饭而归，其饭香气遍王舍城"。

卷一一"茂罗三部卢国"，"有日天祠，庄严甚丽。其日天像铸以黄金，饰以奇宝，灵鉴幽通，神功潜被，女乐递奏，明炬继日，香花供养，初无废绝。五印度国诸王，莫不于此舍施珍宝，建立福舍，以饮食医药给济贫病"。

卷一二"朅盘陀国"建国传说，有波利剌斯国王取妇汉土，归途遇战乱，新娘被安置在峭壁山顶，每日正中有一男子从日轮中乘马前来相会，因而有孕，生其先祖，自立国家，"以其先祖之世，母则汉土之人，父乃日天之种，故其自称汉日天种"[4]。

季羡林《玄奘与〈大唐西域记〉——校注〈大唐西域记〉前言》中引述玄奘参加在钵罗耶伽国大会场的情况，"初一日于施场草殿内安佛像，布施上宝上衣及美馔，作乐散花，至日晚归营。第二日，安日天像，施宝及衣半于初日。第三日安自在天像，施如日天。第四日施僧……"[5]

---

[1] （晋）法炬、法立译：《法句譬喻经》，《大正新修大藏经》第4册，第576页。
[2] （唐）义净译：《根本说一切有部毗奈耶破僧事》，《大正新修大藏经》第24册，第168页。
[3] 李静杰：《五代前后降魔图像的新发展——以巴黎集美美术馆所藏敦煌出土绢画降魔图为例》，《故宫博物院院刊》2002年第6期，第55页。敦煌研究院张元林先生惠示此条资料，谨致谢忱！
[4] （唐）玄奘、辩机撰，季羡林等校注：《〈大唐西域记〉校注》，第781—782、932、984—985页。
[5] （唐）玄奘、辩机撰，季羡林等校注：《〈大唐西域记〉校注》，第62—63页；（唐）慧立、彦悰撰，孙毓棠、谢方点校：《大慈恩寺三藏法师传》，第110—112页。

图6　印度菩提伽耶苏利耶浮雕（采自《西安碑林博物馆收藏"释迦降服外道造像"新解》）

图7　印度马吐拉博物馆苏利耶雕塑（采自《世界美术大全集》印度卷）

敦煌文书中记载婆罗门事日月天："在婆罗门，除其我慢。婆罗门者，是净行之种，世祖已来，修闲净行，自有坚志，劝人无厌，求离世间，希生天果。或遍缘卧棘，五热炙身，持鸡狗戒，事日月天。"[1]

日月天是印度古老的信仰，后来被佛教吸收，日光菩萨和月光菩萨为药师佛的胁侍，日天和月天成为密宗十二天和二十天中的天神。从印度到中国，日月天或日月图像在佛教美术中多有表现。主要的发现有：

印度菩提伽耶有公元前1世纪左右太阳神苏利耶浮雕（图6），马吐拉博物馆藏有一件贵霜时期的太阳神雕刻（图7）。

在阿富汗，巴米扬第111窟、第155窟和第330窟中，也绘有乘马或乘鹅的日天、月天图像，在第111窟北壁龛外两侧上角分别绘有乘驷马车的太阳神和乘天鹅车的月天形象。[2]

龟兹地区克孜尔石窟、库木吐喇石窟及森木塞姆石窟中多绘有天象图，其中日月天三种形式：克孜尔38窟的圆日和弯月（图8）；库木吐拉窟群区23窟等坐在两轮车的人物，没有表现马匹（图9）；

1　潘重规编著：《敦煌变文集新书》卷二第十一《维摩诘经讲经文》（二），文津出版社有限公司，1984年，第284页。
2　张元林：《敦煌乘马"日天"和乘鹅"月天"图像研究》，载樊锦诗、荣新江、林世田主编《敦煌文献·考古·艺术综合研究——纪念向达先生诞辰110周年国际学术研讨会论文集》，中华书局，2011年，第238页。

图 8　克孜尔 38 窟天象图（采自《丝绸之路·新疆佛教艺术》）

图 9　库木吐拉窟群区 23 窟日天
（采自《库木吐喇石窟内容总录》）

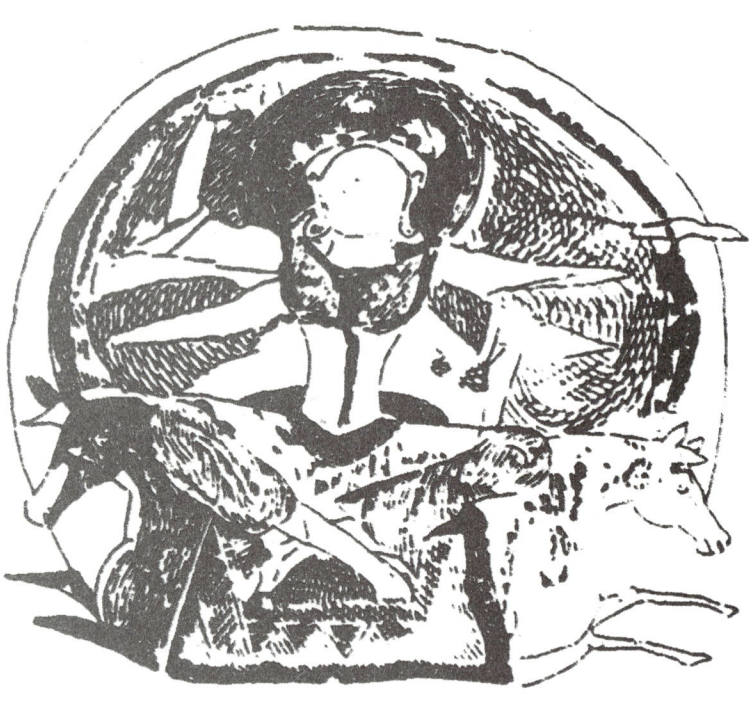

图 10　克孜尔 17 窟日天（采自《西安碑林博物馆收藏"释迦降服外道造像"新解》）

图11 敦煌莫高窟第285窟日天

图12 敦煌莫高窟第144窟日天和月天

克孜尔17窟坐在两匹马上的人物（图10）。[1]

敦煌西魏时期285窟西壁上方南北两端分别绘有类似的日天和月天形象，其中月天图案漫漶不清，日天坐在两轮马车上，车为侧视图，两匹马分别朝向南北方向，日光菩萨正面坐在车舆中（图11）。

可以看出，西安碑林博物馆这件造像中所谓"外道"，其图案要素与马吐拉博物馆藏有一件贵霜时期的太阳神雕刻、库木吐拉窟群区23窟日天、克孜尔17窟日天以及敦煌西魏时期285窟日天图案或多或少有相似性，可以认为有相同或相近的来源。张元林先生认为，"敦煌艺术中乘马日天、乘鹅月天形象，其图像上既有印度艺术、中亚粟特艺术的元素，又有希腊艺术、波斯艺术的影响，甚至于中国传统神话图像的印迹……日天、月天作为自成组合的佛教神祇出现，其最直接的图像既不是印度，也不是龟兹，而是与巴米扬石窟中的日、月图像一样，经过中亚粟特地区艺术的改造而传入敦煌"[2]。

作为佛教艺术中的日月天图案正是在经历传播、吸收、变化、传承中在不同时期、不同地区有所表现，但是其性质不变，始终是日天和月天。

---

[1] 参见新疆龟兹研究所编著《克孜尔石窟内容总录》，新疆美术出版社，2009年；新疆龟兹石窟研究所编：《库木吐喇石窟内容总录》，《森木塞姆石窟内容总录》，文物出版社，2008年。

[2] 张元林：《敦煌乘马"日天"和乘鹅"月天"图像研究》，载樊锦诗、荣新江、林世田主编《敦煌文献·考古·艺术综合研究——纪念向达先生诞辰110周年国际学术研讨会论文集》，第246页。

西安碑林博物馆这件雕像中的日天、月天，以及龟兹石窟壁画、敦煌285窟壁画中的日天、月天，都属于我国早期佛教艺术中的日天和月天形象。到敦煌石窟中唐144窟、361窟、384窟等壁画中，图像相对固定为坐于5匹马、5只鹅背上的日月光菩萨，一般作为眷属位于千手千眼观音、千手千钵文殊和不空绢索观音像的上方左右（图12），而日月的图像则用中国传统的圆圈内画三足乌、桂树等图案来表示。

至于该件造像的制作，如索珀已经提到法显、宋云都曾携归经像，《续高僧传》还记载，"逮太祖平梁荆后，益州大德五十余人，各怀经部送像至京"[1]。还有众多来自西方的传法高僧也可能携带样稿，其中也许就有该造像的原型。不知何种原因，可能仅雕造此一件，没有流传开来。而且这件造像还可能是一件未完成的作品，其顶部和两个侧面打平磨光，不像是要镶嵌进墙壁中，或许它应该像韩小华造像那样，在台座正面雕刻香炉、狮子一类的图案，在侧面刻发愿文。这种单尊的造像，无论是金属铸造的，还是石刻的，乃至洞窟造像，一般都是造像主的功德，都是为了一定的目的，雕刻发愿文。而这件未完成的雕像，后人不知其所指，补刻"释迦牟尼佛降服外道时"。

目前尚未发现与这件雕塑相类似的作品，可能是因为其表现形式在传入之初没有获得当时社会的认可，到中唐时期再度出现在敦煌时，其日月的表现形式已经完全是中国传统的图像。总之，该件石雕像应该命名为"石雕指日月像"，年代可能早到北周时期。

---

[1] （唐）道宣撰，郭绍林点校：《续高僧传》卷一六《周京师大追远寺释僧实传》，中华书局，2014年，第592页。

入华粟特人墓葬所见人首鸟身形象述论

孙武军

(西安建筑科技大学)

一 入华粟特人墓葬中的人首鸟身形象

入华粟特人墓葬中的人首鸟身形象根据位置、职能可以分为两类。第一类位于火坛两侧，应为祭司[1]，数量较多；第二类位于屏风上侧，应为紧那罗，仅见一处。

祭司类型的人首鸟身形象出现在维多利亚和阿尔伯特博物馆藏北齐入华粟特人葬具底座[2]（图1）、北齐美秀围屏石榻底座[3]（图2）、北齐纽约未展出底座[4]（图3）、隋代安备围屏石榻底座[5]（图4）、隋代虞弘石椁底座[6]（图5）、北周安伽墓墓门门额[7]（图6）、北周史君石堂南壁[8]（图7）。

笔者曾推测吉美围屏石榻第2块屏风上部[9]（图8）"人头鸟和森莫夫同时相对出现在一幅画面中，这种布局和有些千秋、万岁一致，这幅图的布局和表现有可能受到千秋、万岁的影响。具体而言，左边人头鸟有可能借鉴千秋，右侧森莫夫有可能借鉴的是万岁，如河南邓县南朝彩色画像砖墓所表现的那

---

* 基金项目：中国博士后科学基金特别资助项目"祆教神祇图像的起源与演变"（2015T80387）。

1 笔者曾对入华粟特人墓葬中的火坛与祭司图像做过初步的统计、梳理与分类："根据火坛形制和祭司、供养人形象的区别，可将入华粟特人墓葬火坛、祭司或供养人图像分为两种。第一种，火坛形制比较简单，火坛旁边站立、跽坐的祭司或供养人长相与人相同，表现的应该是现实生活中的圣火祭祀场面。包括安阳双阙侧面，美秀石板F，康业正面第五块屏风，安伽墓门额左、右下角和吉美底座正面中央壸门，共五处。第二种，火坛形制大多相当复杂，装饰奢华，祭司均为人身鹰足，戴口罩，有的还表现有伎乐飞天，这种场景可能属于天界而非人间。包括美秀、纽约未展出底座，安备、虞弘底座正面中央位置图像，还包括安伽墓门额中央和史君石堂正面左、右两再次间，共六处。"孙武军：《入华粟特人墓葬图像的丧葬与宗教文化》，中国社会科学出版社，2014年，第178页。

2 http://media.vam.ac.uk/media/thira/collection_images/2013GL/2013GL9007.jpg.

3 孙武军：《入华粟特人墓葬图像的丧葬与宗教文化》，第183页，图3—2第一排左。

4 Martha Carter, "Notes on Two Chinese Stone Funerary Bed Bases with Zoroastrian Symbolism", In Philip Huyse（éds.）, *Iran: Questions et connaissances. Actes du IVe congrès européen des études iraniennes, organisé par la Societas Iranologica Europaea*, Paris, 6-10 septembre 1999, Vol. I: La Periode ancienne, Paris: Association pour l'avancement des études iraniennes, 2002, p. 284, Fig. 9.

5 葛承雍：《祆教圣火艺术的新发现——隋代安备墓文物初探》，《美术研究》2009年第3期，图2。

6 山西省考古研究所、太原市考古研究所、太原市晋源区文物旅游局：《太原隋虞弘墓》，文物出版社，2005年，第134页，图181。

7 陕西省考古研究所：《西安北周安伽墓》，文物出版社，2003年，第16—17页图十三。

8 西安市文物保护考古研究院编著，杨军凯：《北周史君墓》，文物出版社，2014年，第98页，图99，第89页，图87。

9 〔法〕德凯琳（Catherine Delacour）、〔法〕黎北岚（Pénélope Riboud）著，施纯琳译：《巴黎吉美博物馆展围屏石榻上刻绘的宴饮和宗教题材》，张庆捷、李书吉、李钢主编：《4～6世纪的北中国与欧亚大陆》，科学出版社，2006年，第111页，图四。

图 1　维多利亚和阿尔伯特博物馆藏北齐入华粟特人葬具底座

图 2　北齐美秀围屏石榻底座

图 3　北齐纽约未展出底座

图 4　隋代安备围屏石榻底座

图 5　隋代虞弘石椁底座线描图

图6　北周安伽墓墓门门额线描图

图7　北周史君石堂南壁线描图

样"[1]。当时笔者未对印度宗教艺术中的人首鸟身形象进行梳理研究，仅将吉美人首鸟身形象与中国墓葬相关图像比较，今天看来，结论有进一步探讨的余地。从位置（画面上侧）、身态（飞翔）、造型（"U"形）、左手所持物（植物果实与枝叶）、右手手势（祈祷）等来看，左侧的人首鸟身形象与印度的紧那罗很相似，它很可能就是从印度宗教传入中国的紧那罗。如果此论不误，那么它就是目前我们所知唯一的中国所见的紧那罗形象，当然，关于紧那罗传入中国的细节，如传播路径、传播主体等，

---

[1]　孙武军：《入华粟特人墓葬图像的丧葬与宗教文化》，第191页。关于画面右侧森莫夫的研究，详见该著第218—225页。

图8　吉美围屏石榻第2块屏风上部的紧那罗与森莫夫

我们还需要进一步探索。吉美屏风紧那罗形象的出现，进一步证明了入华粟特人墓葬图像的复杂化与多元化，告诫我们不能仅从祆教角度来解读入华粟特人墓葬图像。[1]

二　众说纷纭的名称比定——学术史梳理

纽约大都会博物馆收藏有两件入华粟特人葬具底座，据笔者考证，其中展出的一件与日本美秀博物馆所藏葬具围屏原本为一个整体，未展出底座的围屏至今下落不明。[2]美国学者卡特首先对这两件底座进行了研究，认为人首鹰身祭司可能是弗拉瓦希（Fravashis）[3]的相似表达，亦有可能与赫瓦雷纳（Khvarenah）有密切关系[4]。

美国学者朱利安诺与乐仲迪不认同学者将半人半鸟形象作为墓主信奉祆教的证据，理由是粟特故地盛骨瓮、雕塑等与祆教有关的艺术品中并不认可这种形象，而粟特壁画中与祆教有关的写实或想象

1　法国学者德凯琳、黎北岚认为吉美围屏石榻的图像题材"出人意料地源自于印度而不是伊朗的文化传统。"〔法〕德凯琳（Catherine Delacour）、〔法〕黎北岚（Pénélope Riboud）著，施纯琳译：《巴黎吉美博物馆展围屏石榻上刻绘的宴饮和宗教题材》，张庆捷、李书吉、李钢主编：《4～6世纪的北中国与欧亚大陆》，第125页。

2　孙武军：《入华粟特人墓葬图像的丧葬与宗教文化》，第36—39页。

3　弗拉瓦希是古伊朗神话和叙事诗中灵魂的体现，西部伊朗称之为"弗拉瓦尔提"。因而，弗拉瓦希与祖先之灵的观念相关联；据说，亡故祖先之灵仍续存于冥世。据琐罗亚斯德教之说，所谓"弗拉瓦希"，乃是与人之本体紧密相关的成分。对弗拉瓦希的崇拜，见诸米底亚人以及阿契美尼德王朝和帕提亚王朝。魏庆征编：《古代伊朗神话》，北岳文艺出版社、山西人民出版社，1999年，第430页。元文琪将弗拉瓦希意译为"灵体"，词义为"原始的精灵""天国里永恒的精神体""自然万物在天国的原型"。元文琪：《二元神论：古波斯宗教神话研究》，中国社会科学出版社，1997年，第252页。

4　Martha Carter, "Notes on Two Chinese Stone Funerary Bed Bases with Zoroastrian Symbolism", In Philip Huyse（éds.）, *Iran: Questions et connaissances. Actes du IVe congrès européen des études iraniennes, organisé par la Societas Iranologica Europaea*, Paris, 6-10 septembre 1999, Vol. I: La Periode ancienne, p. 267.

的鸟与动物形象没有一例似鸟形人般戴着口罩。两位学者推测入华粟特人墓葬中鸟身祭司的创作灵感并非来自粟特或祆教,很有可能来自汉代或者更早的中国墓葬与佛教石窟表达死后生活的组合动物形象,纽约底座与虞弘石椁上的半人半鸟形象可以追溯到印度笈多王朝的紧那罗,紧那罗作为天界的音乐神在印度和中亚的佛教遗迹中均有出现。[1]

法国学者葛乐耐早先考证巴米扬石窟壁画、撒马尔罕盛骨瓮、入华粟特人葬具上的半人半鸟形象为达赫玛·阿弗里蒂(Dahma Āfriti,巴列维语为Dahmān Āfrīn)。[2]俄罗斯学者马尔沙克接受了葛乐耐的观点,并认为纽约大都会博物馆1996年所展出入华粟特人葬具底座上的半人半鸟形象是神化了的祭司,即达赫玛·阿弗里蒂。[3]值得注意的是,在分别发表于2004年[4]、2007年[5]、2013[6]年的三篇论文中,葛乐耐接受了美国学者肖沃(Prods Oktor Skjærvø)的观点,将半人半鸟形象比定为斯鲁什神(Srōsh),论据是入华粟特人墓葬特别是史君墓中的鸟身祭司的尾羽、腿与斯鲁什神的化身之一公鸡很相像。

姜伯勤先生在研究虞弘、安伽墓人首鹰身祭司图像时指出:"中国墓葬中祆教画像石上火坛两边的人首鹰身'祭司'型图像,也有帮助死者超升天堂的喻意。"[7]关于入华粟特人墓葬人首鹰身祭司的名称来源及图像比定,姜伯勤先生提到了萨珊波斯象牙盒人首鹰身图像、贵霜苏赫·考塔尔神庙火坛残存鸟下半身图像、片治肯特出土人头鸟身"Sirenen(塞壬)"雕塑、巴米扬佛龛壁画人头鸟身图像、《阿维斯塔》相关记载(赫瓦雷纳Khvarenah、塞伊纳Saêna、森莫夫Senmurv)、《抱朴子》"千秋""万岁"记载,试图在以上诸多图像、文献记载之间建立联系,认为千秋万岁与Xvarenah均具有福运、福寿等相似含义。[8]

韩伟[9]、施安昌[10]、荣新江[11]等先生的论著亦涉

---

1 Annette L.Juliano, Judith A.Lerner, "The Miho Couch Revisited in Light of Recent Discoveries", *Orientations*, Oct. 2001. 中译本:〔美〕安尼塔·朱里安诺,朱迪斯·勒内著,陈永耘译:《根据新近的发现对美穗(Miho)石榻的再认识》,周伟洲主编:《西北民族论丛》第一辑,中国社会科学出版社,2002年,第290—291页。

2 Grenet Frantz, *Mithra dieu iranien: nouvelles données*, Topoi, Vol. 11/1, 2001. pp. 38-40.

3 Marshak Boris, *La thématique sogdienne dans l'art de la Chine de la seconde moitié du VIe siècle*, Comptes-rendus des séances de l'Académie des Inscriptions et Belles-Lettres, 145e année, N. 1, 2001. pp. 227-264.〔俄〕马尔沙克著,马健译:《公元6世纪下半叶中国艺术所见粟特主题》,《考古与文物》2007年增刊《汉唐考古》,第332—333页。

4 Frantz GRENET, Pénélope RIBOUD, et YANG Junkai, "Zoroastrian Scenes on a newly Discovered Sogdian Tomb in Xi'an, Northern China", *Studia Iranica*, Vol. 33/2, 2004, pp. 278-279.

5 Frantz Grenet, "Religious Diversity among Sogdian Merchants in Sixth-Century China: Zoroastrianism, Buddhism, Manichaeism, and Hinduism", *Comparative Studies of South Asia, Africa and the Middle East*, Vol. 27, No. 2, 2007, pp. 470-471.

6 Frantz Grenet, *Some hitherto Unrecognized Mythological Figures on Sasanian Seals: Proposed Identifications*, In: Под редакцией С.Р. Тохтасьева и П.Б. Лурье, *Commentationes Iranicae*, Сборник статей к 90-летию Владимира Ароновича Лившица, Санкт-Петербург: Нестор-История, 2013, p. 204.

7 姜伯勤:《中国祆教艺术史研究》,三联书店,2004年,第146页。

8 姜伯勤:《中国祆教艺术史研究》,第124—125、101—104页。

9 韩伟:《磨砚书稿:韩伟考古文集》,科学出版社,2001年,第106—109页。

10 施安昌:《火坛与祭司鸟神:中国古代祆教美术考古手记》,紫禁城出版社,2004年,第130—133页。

11 荣新江:《中古中国与外来文明》,三联书店,2001年,第160—166页。

及虞弘、安伽墓葬图像中的人首鹰身祭司，但未展开论述。

张广达指出："安伽墓甬道尽头的石门的上部门额呈圆拱形，正面减地刻绘覆莲三驼座，莲座之上的圆盘供养火坛，火坛两侧各有一位祆教司祭，虞弘墓石椁上也有类似形象，祆教祭司的形象虽然在伊朗地区出土的印章纹刻中时有所见，但似乎也借用了中国神话中与火相关的阳燧鸟身和羲和人首以强调其宗教内涵。"[1]

任平山对粟特故地人首鸟身图像搜罗较细，认为"传入中国的中亚拜火教人头鸟与中亚尸骨瓮上的人头鸟在形象和身份上都存在很大差别。后者为女性，而前者——男性、被特意强调的胡须和鹰类特征、成对出现、拜火——有一系列自己的特征……拜火教人头鸟的文化属性和紧那罗、迦陵频伽都距离甚远"[2]。

王小甫在研究突厥祆教信仰文章中，对入华粟特人墓葬人首鹰身祭司图像作了较为详细的论述，认为肖沃的比定不可取，"葬具上的鸟身祭司就是古代突厥斗战神的形象，原本为拜火教神祇Verethraghna（Warahrān/Bahrām）的化身之一"[3]。作者还认为鸟身祭司上半身的拟人造型来自"王者灵光"，鸟身人形反映了拜火教里斗战神与灵光神特殊的密切关系。[4]作者根据波斯波利斯大流士陵墓石刻上贵族以袖掩口的哀悼手势，推断虞弘墓石椁人首鹰身祭司以手掩口的动作也是哀悼行为，并认为入华粟特人墓葬上的祭司形象原本应是哀悼形式，只是由于特殊的需要，才被改造成了鸟身人形（斗战神+灵光神）。[5]

张小贵不同意姜伯勤、韩伟、施安昌、王小甫先生的观点，认为虞弘、安伽、史君葬具上的人首鸟身鹰足祭司形象可能受到佛教影响，根据其引述的文献，可推定作者所谓的佛教影响应该指的是迦陵频伽。[6]

单海澜对入华粟特人墓葬人首鹰身祭司与中土千秋万岁作了比较，归纳出了四点差异："一、祭司鸟神深目高鼻多须，多粟特人相貌，着粟特人服饰，也就是说祭司鸟神多以粟特人为人型参照；而千秋、万岁则为汉人面貌，穿汉人服饰。二、祭司鸟神戴口罩或用戴手套之手捂嘴；千秋、万岁则没有这样。三、祭司鸟神与火坛形成一固定组合，祭司鸟神总照看守护着神圣的火坛，所以祭司鸟神多与火坛同时出现；千秋、万岁则独立存在。四、火坛祭司多位于重要位置，体现出祆教信仰者对于圣火的崇拜；千秋、万岁则位于画像石、画像砖、墓室壁画的不同位置，比较随意。"[7]作者推测入华粟特人墓葬的

1　张广达：《唐代长安的波斯人和粟特人——他们各方面的活动》，《唐代史研究》第6号，2003年。收入张广达《文本、图像与文化流传》，广西师范大学出版社，2008年，第54页。
2　任平山：《迦陵频伽及其相关问题》，四川大学硕士学位论文，2004年，第95页。
3　王小甫：《拜火宗教与突厥兴衰——以古代突厥斗战神研究为中心》，《历史研究》2007年第1期。以《突厥与拜火教》为题收入王小甫《中古中国的族群凝聚》，中华书局，2012年，第12页。
4　王小甫：《中古中国的族群凝聚》，第24页。
5　王小甫：《中古中国的族群凝聚》，第26页。
6　张小贵：《中古华化祆教考述》，文物出版社，2010年，第126—131页。
7　单海澜：《祆教祭司鸟神与千秋、万岁图像之比较研究》，西安美术学院硕士学位论文，2007年，第9—10页。

人首鹰身祭司图像一定程度上应是作为入华粟特人的画工，受到汉代以来大量人面鸟（主要为千秋、万岁）形象影响而制作的图像。[1]

赵晶关于入华粟特人"人首鹰身"图像的考证多承袭姜伯勤先生所使用过的材料，观点上稍有发明，认为"尽管'人首鹰身'形象在某些方面与'千秋'、'万岁'存在着相似之处，但他们是按照各自民族的传统习惯发展的；在表示福寿的意思上两者是互相接近的，但在具体性质上，'人首鹰身'祭司是宗教文化中的一种形象，而'千秋'、'万岁'是中国传统文化信仰的一种表现形式，这也是两者是以不同的组合方式出现的原因"。"将祭司的首部形象与鹰的下部形象相接合而成的'人首鹰身'祭司神，无疑是将祆教中主持葬礼仪式的祭司神圣化，而且也具有帮助死者超升天堂的寓意。"[2]

法国学者黎北岚认为入华粟特人墓葬中的鸟身祭司与印度艺术中的紧那罗、迦陵频伽虽然同为半人半鸟造型，且均在6世纪末至8世纪中期传入中国，二者却来自对来世不同的传统和观念。鸟身祭司与紧那罗、迦陵频伽均得益于中国古代朱雀和引魂使者的悠久传统。[3]入华粟特人墓葬中的鸟身祭司来自中国与中亚的图像语言，鸟身祭司很显然作为中亚人末世观念的独特标志出现在墓葬空间中，但其同时与中国死亡观念中的朱雀相似，即有意识地进行选择以符合中国墓葬礼制。[4]

湛璐琳的观点与单海澜、赵晶接近，认为入华粟特人墓葬中的人首鹰身祭司受到中国墓葬美术中的朱雀神鸟以及"千秋万岁"等人首鸟身形象的启发，并与粟特自身文化传统中固有的人首鸟身形象相联系，从而将人首鸟身与祆教祭司合二为一，最大化地发挥了它在墓葬中的神圣作用。[5]

以色列学者申卡尔受到葛乐耐、黎北岚影响，首先认为从《阿维斯塔·温迪达德》第18章14节记载斯鲁什神的化身之一公鸡及其祭司职能来看，入华粟特人墓葬中的人首鹰身形象应为斯鲁什神。虽然从形象来看，他们与印度紧那罗、紧那丽和希腊塞壬、哈尔皮埃相似，但前者为男性，后者为女性（紧那罗为男性），从性别来看，前者与后者没有传播关系。正如黎北岚所认为的，入华粟特人墓葬中的人首鸟身形象融合了中国墓葬中的两只鸟和粟特盛骨瓮上的两个祭司，入华粟特人混淆了他们所熟知的哈尔皮埃－塞壬与中国的鸟意象（朱雀），所以才产生了入华粟特人墓葬中的人首鸟身造型。8世纪的叙利亚作家西奥多·巴尔·库尼（Theodore bar Koni）在其《评注之书》（*Book of the Scholion*）第11章13条中记载，豪麻神也以公鸡的形象出现。[6]在

1　单海澜：《祆教祭司鸟神与千秋、万岁图像之比较研究》，第21、22、30页。
2　赵晶：《中国境内发现的石质葬具"人首鹰身"图像剖论》，罗宏才主编：《从中亚到长安》，上海大学出版社，2011年，第357页。
3　Pénélopé Riboud, "Bird-Priests in Central Asian Tombs of 6th-Century China and Their Significance in the Funerary Realm", *Bulletin of the Asia Institute*, New Series/Volume 21, 2012, p. 11.
4　Pénélopé Riboud, "Bird-Priests in Central Asian Tombs of 6th-Century China and Their Significance in the Funerary Realm", *Bulletin of the Asia Institute*, p. 18.
5　湛璐琳：《从人到鸟神——北朝粟特人祆教祭司形象试析》，《西域研究》2013年第4期，第90—95页。
6　Theodore bar Konai, *Livre des scolies : recension de Séert*, Robert Hespel & René Draguet（ed.）, Lovanii: E. Peeters, 1982. 转引自Michael Shenkar, *Intangible Spirits and Graven Images: The Iconography of Deities in the Pre-Islamic Iranian World*, Leiden: Brill, 2014, p. 27.

《阿维斯塔》所载神祇中，豪麻最与祭司职能相匹配，被认为是出类拔萃的祭司，所以入华粟特人墓葬中的人首鸟身形象也有可能是豪麻。[1]

张小贵最近的一篇文章否定了学界将人首鹰身形象视为达曼·阿芙琳与斯罗什神的观点，并认为该形象应为护持火坛的祭司，是典型的琐罗亚斯德教象征，其创作意匠乃受古波斯"神赐灵光"的影响，意为将信众对火的崇拜传禀上神，这一形象比较真实地表达了琐罗亚斯德教礼仪中拜火这一重要特征，反映了古波斯政教合一的文化传统。[2]

总之，关于入华粟特人墓葬中火坛两侧人首鸟身形象的功能，学者基本达成共识，即认为是主持祆教圣火祭祀仪式的祭司。关于人首鸟身形象的称呼，分为三种情况：明确定名；未有明确定名、仅从文化渊源与图像影响出发；明确提出并非某种文化中人首鸟身形象（表1）。另外，值得注意的是，张小贵认为人首鸟身形象（有翼形象）表达了古伊朗神话中的"神赐灵光"即赫瓦雷纳的概念。

表1 入华粟特人墓葬图像所见人首鸟身形象的称呼

有明确定名		无明确定名，仅从文化渊源与图像影响出发		明确提出并非某种文化中人首鸟身形象	
形象名称	学者姓名	形象名称	学者姓名	形象名称	学者姓名
赫瓦雷纳	卡特、姜伯勤	紧那罗	朱利安诺、乐仲迪	紧那罗	任平山
弗拉瓦希	卡特	千秋万岁	姜伯勤、单海澜、谌璐琳	迦陵频伽	任平山
达赫玛·阿弗里蒂	葛乐耐、马尔沙克	阳燧鸟身和羲和人首	张广达		
斯鲁什	肖沃、葛乐耐、申卡尔	迦陵频伽	张小贵		
突厥斗战神+灵光神	王小甫	朱雀	黎北岚、谌璐琳		
豪麻	申卡尔	引魂使者	黎北岚		

三 诸说简析及最有可能的比定——斯鲁什

综上所述，学者关于入华粟特人墓葬所见人首鸟身形象的研究进行得比较深入，但众说纷呈，值得进一步分析考辨，得出相对而言接近实际的观点。

关于赫瓦雷纳、弗拉瓦希、达赫玛·阿弗里蒂、突厥斗战神+灵光神诸观点，张小贵已予以反驳，论据充分，富有说服力，此不赘述。[3]豪麻是古伊朗神话中的圣饮，又是这种圣饮之神，以及赖以制造圣饮的植物的称谓，圣饮、神祇、植物三者成为统一体。[4]豪麻的固定修饰语为"祛除死亡的"或"延年益寿

---

1 Michael Shenkar, *Intangible Spirits and Graven Images: The Iconography of Deities in the Pre-Islamic Iranian World*, Leiden: Brill, 2014, p. 148.
2 张小贵：《中古祆教半人半鸟形象考源》，《世界历史》2016年第1期，第131—143页。
3 张小贵：《中古祆教半人半鸟形象考源》，第131—143页。
4 魏庆征编：《古代伊朗神话》，北岳文艺出版社、山西人民出版社，1999年，第432页。

的",在琐罗亚斯德跟前曾经显现为俊美的男子。[1]豪麻以公鸡形式出现的记载为8世纪,晚于入华粟特人墓葬人首鸟身形象,所以申卡尔的比定不可取。

从文化渊源与图像影响出发的观点,如紧那罗、千秋万岁、阳燧鸟身和羲和人首、迦陵频伽诸说,包括希腊塞壬与哈尔皮埃,学者多从其形象的相似性出发,关于功能等亦有涉及,但毕竟并非对入华粟特人墓葬人首鸟身形象的实际定名。而任平山所坚持的入华粟特人墓葬人首鸟身形象断非紧那罗、迦陵频伽,当在情理之中。另外,朱雀的影响与引魂使者之说不能成立,源于前者虽在墓葬语境中,但其形象与人首鸟身相去甚远;后者虽也强调其墓葬语境,但引魂使者与圣火祭司之间并非必然相同。

入华粟特人墓葬中的人首鸟身形象(吉美围屏石榻第2块屏风上部的紧那罗除外)为祭司,其基本特征是手持巴尔斯曼(阿维斯塔语Barəsman,中古波斯语Barsom)[2],口戴派提达纳。同时,这些人首鸟身祭司具有禽鸟形式、祭司职能、死亡语境等三个特征,琐罗亚斯德教文献记载中满足这三个特征或条件的,只有斯鲁什神。克莱耶布洛克在论述"仪式与日常纪念活动中的斯鲁什"时,将该论题分为十三个层面,其中两个层面即"丧葬仪式与实践中斯鲁什的地位"与"多种圣火的供奉"显得较为重要。死者亡后的三天内,时刻处于斯鲁什的护佑之下,其间的各种仪式都是奉献给斯鲁什的。[3]作为奥尔马兹达(Ohrmazd,即阿胡拉·马兹达)在这个世界上的副使,斯鲁什不仅涉及恶力量玷污、威胁洁净的恢复和守卫职能,而且涉及护佑和提高世界自身的洁净——作为善恶混沌世界中善良的象征和体现。在不同等级特别是较低等级的圣火奉献仪式中,向斯鲁什的奉献仪式扮演着重要的角色。[4]根据《斯鲁什·亚什特》[5]记载,斯鲁什是第一个散开"巴尔斯曼"的神祇,是第一个吟诵琐罗亚斯德的五篇《伽萨》的神祇,也是第一个崇拜散开"巴尔斯曼"的神祇,显然,斯鲁什具有祭司的职能。[6]

入华粟特人墓葬图像中有神界(彼岸)和现世(此岸)两种祭司,其共同特征是手持巴尔斯曼,口戴派提达纳;不同特征是神界祭司为人首鸟身,现世祭司为完全人样。值得注意的是,粟特故地也有两种祭司的表现传统,只是神界祭司图像存留不够完整,且数量较少。据俄罗斯学者卢拜沙(Pavel Lurje)告知线索[7],笔者向澳大利亚学者贝兹(Alison Betts)请教,得知在1世纪,花剌子模即有与入华粟特人墓葬图像相似的人首鸟身祭司造型。如果贝兹所论不误,那么我们就可以得出,入华粟特人墓葬图像中的人首鸟身祭司图像传统来自于中亚。

---

1 〔伊朗〕贾利尔·杜斯特哈赫选编,元文琪译:《阿维斯塔——琐罗亚斯德教圣书》,商务印书馆,2005年,第84页。
2 巴尔斯曼是琐罗亚斯德教特定宗教仪式中祭司手持的豪麻或石榴树枝。枝条的数量根据宗教仪式与典籍记载的不同而发生变化,《亚斯纳》祭仪为23支,《温迪达德》祭仪为35支,其他仪式中还有15支、7支、5支之别。所有枝条首先被摊开放置,然后取出其中两支,其余则捆绑成一束。M. F. Kanga, *BARSOM*, Encyclopædia Iranica, Originally Published: December 15, 1988. Last Updated: December 15, 1988. http://www.iranicaonline.org/articles/barsom-av. 入华粟特人墓葬人首鸟身祭司所持当为单独取出的两支巴尔斯曼。
3 G. Kreyenbroek, *Sraoša in the Zoroastrian Tradition*, Leiden: E. J. Brill, 1985, pp. 143, 150.
4 G. Kreyenbroek, *Sraoša in the Zoroastrian Tradition*, pp. 158-159.
5 即《亚斯纳》第57章。L. H. Mills (trans.), *The Zend-Avesta, Part III, The Yasna, Visparad, Afrînagân, Gâhs, and miscellaneous fragments*, Oxford: The Clarendon Press, 1887, pp. 297-306.
6 William W. Malandra, *SRAOŠA*, Encyclopædia Iranica, Originally Published: August 29, 2014. Last Updated: August 29, 2014. http://www.iranicaonline.org/articles/sraosa
7 2016年4月5日至7日,卢拜沙先生主讲由陕西师范大学丝绸之路历史文化研究中心承办的"丝绸之路与中亚考古"系列讲座,笔者得以向卢先生当面请教,在此向卢拜沙先生、毛铭博士及讲座组织者沙武田先生表示感谢。

唐西州银钱的使用与流通

裴成国

(西北大学历史学院)

贞观十四年(640)唐西州建立,高昌国时期的萨珊银币继续行用了半个多世纪之久。卢向前先生把561—680年称为银钱本位阶段,其中640—680年是绢帛介入时期,之后唐西州进入铜钱本位阶段,而680—710年是铜钱取代银钱的过渡时期。卢先生认为绢帛介入时期是银钱、铜钱、绢帛并为货币的时期。笔者曾对高昌国时代的货币流通情况作过专门研究,高昌国时期适应萨珊银币只有一种面值币值过高的缺陷,在计量时采用了"半文"的单位。[1] 唐西州在绢帛、铜钱同时介入流通领域的情况下,"半文"等计量单位有无继续使用的必要呢?粮食在高昌国时期作为小额交易货币而被使用,到唐西州时代粮食是否仍然是货币呢?由于唐王朝开拓西域,中原的绢帛源源不断地涌入西州,成为银钱以外的重要的辅助等价物。[2] 唐西州时期银钱的使用与高昌国时期有无区别,银钱和绢帛在流通领域是如何分工的,这些是目前尚未解决的问题。吐鲁番出土文书为我们提供了许多重要的材料,让我们探察到唐西州时期银钱流通的具体情况。

一 银钱使用的背景

萨珊银币在高昌国时期作为主要货币流通是因为萨珊银币是当时丝绸之路上的通用货币(图1),而高昌国虽地当丝路枢纽却只是一个绿洲小国,无须自铸货币。贞观十四年之后,西州是唐帝国的边州,但也是正州。在帝国范围内"钱帛兼行"的背景下,西州为何能够继续沿用萨珊银币,其背景值得探究。

卢向前在讨论西州的银钱本位阶段时略云"唐朝的政策法令得以在西州实施而一如内地,但是银钱的本位地位,却因其地理位置、经济地位之特殊,并未动摇而维持了四十年之久"[3]。其中所谓"经济地位之特殊"具体是指什么,却语焉不详。

唐朝以绢帛作为货币,一个重要原因是钱币不足,是一种不得已的办法。[4] 铜钱的流通在唐代并不普及,在唐代前期只局限于中原地区。[5] 至于边疆地区,唐代在货币政策上并不追求统一,岭南地区自东晋南朝以来就以金银作为流通货币,唐代时也仍

---

[1] 裴成国:《麹氏高昌国流通货币研究》,《中国史研究》2018年第1期,第57—67页。
[2] 卢向前:《高昌西州四百年货币关系演变述略》,氏著《敦煌吐鲁番文书论稿》,江西人民出版社,1992年,第239—260页。
[3] 卢向前:《高昌西州四百年货币关系演变述略》,第239页。
[4] 彭信威:《中国货币史》,1954年,群联出版社;此据上海人民出版社,2007年,第234页。
[5] 李埏:《略论唐代的"钱帛兼行"》,《历史研究》1964年第1期,第173页。

图 1　萨珊王朝库思老二世（590—628）银币（《上海博物馆藏丝绸之路古代国家钱币》，上海书画出版社，2006年，第116页）

然以白银作为称量货币，唐中期以后因为"钱荒"，中央则正式开始禁止铜钱流入岭南。[1]基于以上背景，唐朝在新设立的西州限制银钱流通以强力推行唐朝的铜钱既无必要也无此能力。唐朝对内附蕃胡的赋税征收就明确规定要缴纳银钱。如《都支奏抄》记"雍州诸县及诸州投化胡家。富者（丁别）每年请税银钱拾文，次者丁别伍文，全贫者请免。其所税银钱，每年九月一日以后，十月卅日以前，各请于大州输纳"。[2]内附蕃胡赋役令武德七年既已颁布，可以说从此时开始唐朝就有针对蕃胡的银钱征收法令。王义康认为，贞观四年以后，突厥等北方民族归降，主要聚居于河东道太原以北地区、关内道北部及雍州、陇右道。向这些民族征收银钱，显然是考虑到西北地区固有的货币流通实际情况及他们的民族特点，但由于这些民族的内迁，银钱的流通相应地东扩到雍州、太原地区。[3]萨珊银币的出土地点分布也确实涵盖以上区域。[4]当时，在西北、北方、东北城傍游牧部落都是以银钱作为支付手段。[5]由此

1　王承文：《晋唐时代岭南地区金银的生产与流通》，收入荣新江主编《唐研究》第13卷，北京大学出版社，2007年，第522—530页。
2　《唐六典》卷三《户部》也记载诸国蕃胡内附者分户等纳银钱，中华书局，1992年，第77页。
3　王义康：《唐代边疆民族与对外交流》第六章《东罗马金币、波斯萨珊银币在中国的流布》，黑龙江教育出版社，2013年，第264页。
4　孙莉：《萨珊银币在中国的分布及其功能》，《考古学报》2004年第1期，第35—54页。
5　李锦绣：《银币与银铤：西安出土波斯胡伊娑郝银铤再研究》，《丝瓷之路——古代中外关系史研究》Ⅴ，商务印书馆，2016年，第210—214页。

可知，唐初官府凭借内附蕃胡赋役令实际上可以获得稳定的银钱来源。

唐朝前期银钱的使用范围并不局限于西州，我们在吐鲁番出土唐代文书中可以看到银钱在西州之外的洛州和西域其他地区流通的情况。阿斯塔那5号墓出土《唐李贺子上阿郎、阿婆书》四通，年代为贞观二十一年（647）之后，总章元年（668）之前。[1]根据第二通家书可知与西州家人通过家书互通信息的李贺子、李举仁兄弟身在洛州（图2）。其中第三封书信第9、10行内容有"麹绍贞将信金钱二文银□□□问语阿兄"，中间所缺大约三字，内容可能是钱若干文。其中提到的"阿兄"在其他几封书信中多次出现，是与阿郎、阿婆一起生活在西州的李贺子家人，麹绍贞则应该是从洛州到西州的"使人"[2]，李贺子兄弟请他把金钱二文和银钱若干文带给西州的家人。李贺子兄弟应当是高昌亡国之后被徙居洛州的青壮年，银钱是他们在高昌国时代使用的通行货币，可能当时已经知道在西州银钱也仍在流通，所以尽管他所在的洛州主要流通"开元通宝"钱[3]，但也仍然有机会获得金、银钱并捎给西州家人[4]，这证明当时银钱在洛州很可能也是流通的。另外，阿斯塔那4号墓所出的《唐支用钱练帐》两件，所用货币兼有银钱、铜钱和练，其中第二件提到用钱若干文在安西、据史德城买醋等[5]，虽然两处没有明确写明是"银钱"，但使用铜钱的都已

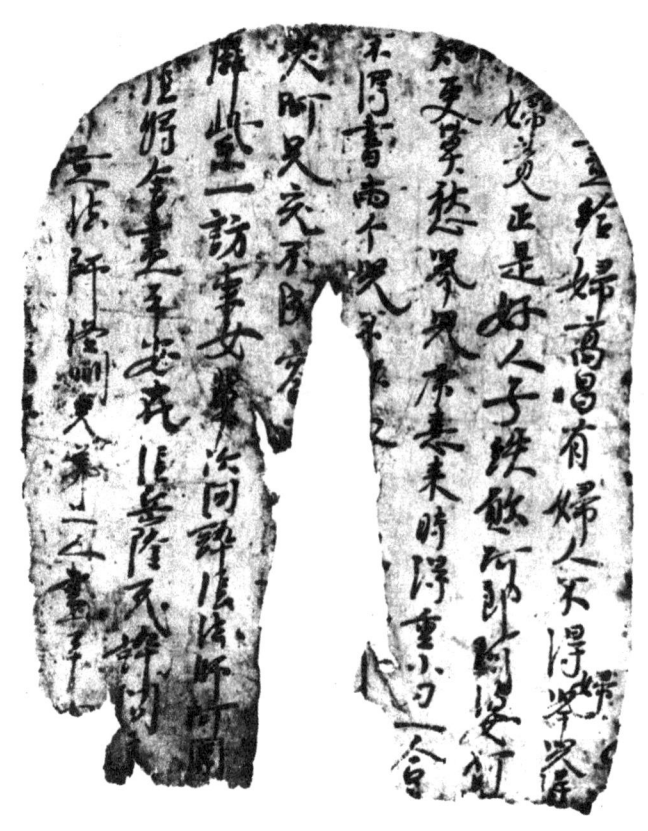

图2　新疆吐鲁番阿斯塔那M5出土《唐李贺子上阿郎、阿婆书》

明确注明，不注明的必定是指银钱。这证明在安西和据史德两地银钱也是流通货币。西州是当时从西北、北方、东北沿边地区、中原经河西走廊到西域的银钱流通区域中的一个地区，而并非孤岛一座。

需要指出的是，西州建立之后绢帛开始介入流通领域（图3），这确实是高昌国时期未见的一个新情况。高昌国时期银钱和粮食组成的货币体系演变为银钱、绢帛、铜钱、粮食共同流通的新局面。高

1　唐长孺主编：《吐鲁番出土文书》（叁），文物出版社，1996年，第201—205页。
2　此封书信的第7、8行有记载"若后有使人来□□□报来"。关于此封家书的研究参见拙文《唐西州初年西州人与洛州亲属间的几通家书》，荣新江主编：《唐研究》第22卷，北京大学出版社，2016年，第338—339页。
3　第1封家书中写道李贺子在"廿年七月内，用七千五百文买胡婢一人"，李贺子在洛州买胡奴婢使用的必定是"开元通宝"铜钱。
4　第1封家书中李贺子在报告自己的重要的两笔开销之后说"手里更无物作信，共阿郎、阿婆作信，贺子大惭愧在"。证明彼时李贺子还没有获得信物。
5　唐长孺主编：《吐鲁番出土文书》（叁），第225—227页。

昌国时期银钱和粮食作为货币有明确的分工，银钱因为币值高，在大额交易中使用，并且和粮食相比，银钱发挥着基准货币的作用；粮食则在小额交易的场合使用，弥补银钱币值高、面值单一的缺陷，两者相互配合，有序流通。唐朝的"钱帛兼行"体系中也有各自的分工，史卫认为，在价值尺度方面，最终发挥价值尺度的是钱；在流通领域，表现为钱帛两级体制；作为支付手段，绢帛主要作大数额的货币表示，铜钱则被挤到小额贸易领域。[1]既然如此，在唐西州的市场上，银钱与绢帛，粮食与铜钱具体是如何分工的呢？

二　银钱的新单位

从出土文书来看，高昌国的灭亡丝毫没有影响银钱在当地的流通。哈拉和卓1号墓所出的氾欢□赁舍契约贞观十四年（640）十月卅日订立，其中就明确写明租赁价格以银钱支付。[2]不仅民间继续使用银钱，官府也认可银钱作为流通货币的地位。阿斯塔那19号墓所出的《唐永徽二年（651）牒为徵索送冰井苽银钱事》[3]涉及官府向百姓有偿征调冰井苽，征调标准是苽每车准银钱二文。晚至垂拱年间（685—688），《唐西州高昌县李操领钱抄》[4]显示西州官府在差科中征收的仍然是银钱。[5]官府既向百姓征收银钱，也在有偿征调时给百姓支付银钱，银钱

1　史卫：《从货币职能看唐代"钱帛兼行"》，《唐都学刊》2006年第3期，第1—5页。
2　唐长孺主编：《吐鲁番出土文书》（贰），第5—6页。
3　唐长孺主编：《吐鲁番出土文书》（叁），第264页。
4　荣新江、李肖、孟宪实主编：《新获吐鲁番出土文献》，中华书局，2008年，第2页。
5　文欣：《吐鲁番新出唐西州征钱文书与垂拱年间的西域形势》，《敦煌吐鲁番研究》第10卷，上海古籍出版社，第141—147页。

图3　新疆吐鲁番阿斯塔那墓出土唐西州绢帛

的有序流通得以维持。

高昌国时期"半文"的单位唐西州前期也继续存在。如阿斯塔那137号墓所出《唐张洛丰等纳钱帐》中记"赵欢亮二文半，张枻秃半文，张海□半文"[1]，阿斯塔那140号墓所出的《唐张隆伯雇人上烽契》中的违约罚规定是"若不，钱一日谪钱半文"[2]，绢帛、铜钱介入流通领域也没能取代高昌国以来为方便计量而采用的虚拟单位"半文"。值得指出的是，"半文"这一单位到唐西州时期又出现了新的表述方式，即"伍分"。《唐仪凤二年（677）十月至十二月西州都督府案卷为北馆厨于坊市得蒯柴、酱等请酬价直事》中记载"蒯柴壹车准次估直银钱壹文伍分"。阿斯塔那208号墓出土的《唐典高信贞申报供使人食料帐历牒》中也记载"驴脚壹节用钱叁文伍分"[3]，两处的"伍分"自然都是"半文"的另一种表记方式而已。

在西州建立之初的半个世纪，尽管绢帛、铜钱、粮食都在一些场合发挥着货币的职能，但银钱仍然是主要货币，是基准货币。由于铜钱和粮食的使用频率不高，我们在唐西州前期的文书中还发现了银钱的新单位"分"，这是高昌国的银钱本位阶段也不曾出现过的新情况。阿斯塔那208号墓出土《唐典高信贞申报供使人食料帐历牒》[4]（以下简称"《帐历牒》"）文书残无纪年，同墓出唐永徽四年（653）张元峻墓志一方，文书年代当不晚于653年。文书内容是某馆三月间供食帐历，按日由典高信贞具牒申报，存三月十八、三月廿日，有一段月日已缺。内容留存较为完整的是三月廿日的供应情况。

供应使人王九言及其典、乌骆子的项目有酱、杂菜、韭、剌柴等，在供应物品的信息之后用双行小字标注了用钱数，如用钱贰分、用钱叁文伍分。文书没有标明钱是银钱还是铜钱，应当即为银钱。高昌国时期的文书有"半文"的资料，但是未见更小的单位，《帐历牒》中出现的"贰分"是非常重要的信息。这说明唐西州前期虽然仍旧使用银钱，但鉴于只有壹文和半文两种单位不敷使用的情况，又采用了更小的"分"的单位。

阿斯塔那二一四号墓出文书多件，都无纪年。其中一件《唐折估帐》也提供了重要的信息，先逐录文书如下再作分析。

1 ☐☐☐☐ 冯拔 ☐
2 ☐☐☐☐
3 ☐☐☐☐ 前准别□□上件人 ☐
4 ☐☐☐☐ 五午（斗）五升（升）准估斩（料）
☐
5 ☐☐☐☐ 三文六分五厘，斩 ☐
6 ☐☐☐☐ 匹一丈一尺七分三厘 ☐
7 ☐☐☐☐ 粟八石七午 ☐ [5]

文书残缺较甚，其中涉及的织物以匹计量者可能为练，以石斗计量者为粮食如粟。粮食的计量涉及石、斗、升三级单位，织物则有匹、丈、尺、分、厘五级单位，庶为罕见。其中以文计量者无疑当是钱币，铜钱币值小，未见有"文"以下更小的

---

1 唐长孺主编：《吐鲁番出土文书》（叁），第88页。
2 唐长孺主编：《吐鲁番出土文书》（贰），第200页。
3 唐长孺主编：《吐鲁番出土文书》（叁），第95页。
4 唐长孺主编：《吐鲁番出土文书》（叁），第95—98页。
5 唐长孺主编：《吐鲁番出土文书》（叁），第164页。

单位。此处文书中"三文六分五厘"应当为银钱。银钱出现"分"之下更小的"厘"这一单位在高昌国时期未见，西州时期的文书此件也似为仅见。要之，银钱壹文币值颇高，根据《高昌乙酉、丙戌岁某寺条列月用斛斗帐历》的信息，625、626年一文银钱可买小麦一斛[1]，则"一分"银钱可买小麦一斗，犹是当时成年人一天的食粮用量，可以说仍然是不小的单位。为精确计量计，采用更小的单位"厘"，也就仍有必要。《唐折估帐》中出现的粮食和织物的计量都非常精细，因而银钱使用了更小的单位"厘"也是一种现实的需要。既然"分"这种面值的银钱都不存在，"厘"当然更是虚拟。在实际支付中，银钱"一厘"可以用小麦三合三勺折换。值得注意的是，这种"分""厘"的单位出现在官府的账簿中，很可能最早采用这些单位的也是官府。

需要指出的是，尽管出现了"分""厘"这样的新单位，就目前出土文书反映的情况来看，这些新单位使用的频率并不高。在铜钱和粮食可以满足小额交易需求的情况下，民众自然可以有更多的选择。尽管是虚拟的单位，"分"和"厘"被创造出来，本身就是银钱基础货币地位的体现。

三 银钱、绢帛、铜钱、粮食的并行流通

唐西州前期银钱的使用仍然很普及。如《雇人上烽契》这种契约高昌国时代没有，是唐西州才出现的新的契约类型，我们目前能见到的约16件雇人上烽契约，信息留存较完整者全都要求用银钱支付雇佣价格。银钱作为基准货币还表现在银钱比绢帛流通范围更广，接受程度更高。阿斯塔那二〇九号墓出土《唐贞观年间西州高昌县勘问梁延台、雷陇贵婚娶纠纷案卷》，据墓葬解题称，案卷文书拆自男尸纸帽，同墓出土《唐显庆三年（658）张善和墓志》，此件文书残缺无纪年，文书整理组将其定为贞观年间似无明确的依据，但下限则必不晚于显庆三年。在这件婚娶纠纷案卷的第二片文书上记载雷陇贵婚娶纠纷细节时提到雷陇贵用绢五匹将充聘财，但女方赵氏因无亲眷，其绢无人领受，因而采取变通措施，"于时卖绢得钱，赵自回买衣物"[2]。以绢作为聘礼，可能是当时的风俗，尽管贞观十四年之后绢帛已经在西州成为流通货币，但赵氏购买衣物之前，先卖绢以换回银钱，仍然可以看出至少当时银钱确实比绢帛流通更广。阿斯塔那二一四号墓出土了《唐和籴青稞帐》两件，从目前所存部分来看，当年和此前一年都有和籴青稞的记录，两年的价格有别，前一年六月中旬银钱壹文籴得青稞一斗三升，当年的价格似为银钱壹文得青稞一斗。除了以银钱和籴之外，还有用练的情况，价格是练一匹籴得青稞一石三斗。据同墓所出另一件文书当时还有以绵抵充青稞的做法，在本件文书中则有专门的说明，"绵壹屯，准次沽直银钱伍文，两屯当练壹匹"[3]。实际上当时和籴使用练的情况应当是不少的，用绵抵充者，因为都是丝绸，似乎给出与练的比价即可，但文书中首先给出的是单位数量的绵与

---

1. 唐长孺主编：《吐鲁番出土文书》（壹），第400—405页。参见吴震《吐鲁番出土高昌某寺月用斛斗帐历浅说》，《文物》1989年第11期，收入《吴震敦煌吐鲁番文书研究论集》，上海古籍出版社，2009年，第568—582页。
2. 唐长孺主编：《吐鲁番出土文书》（叁），第320页。
3. 唐长孺主编：《吐鲁番出土文书》（叁），第163页。

银钱的比价。并且就用词而言，与银钱的比价用的是"直"，而与练的比价用的是"当"，差别不言而喻，银钱是真正发挥价值尺度功能的基准货币。这说明尽管此时银钱和练同时流通，但执行价值尺度这一功能时，银钱比练更具权威性。

银钱和练、粮食在一笔交易中配合使用共同充当支付手段，这是唐西州时期银钱使用的新情况。如阿斯塔那4号墓出土的《唐龙朔元年（661）左憧憙买奴契》显示左憧憙在此年五月买奴一人，支付的价格是水练陆匹，钱伍文。[1]在高昌国时代也有这种买奴契约，买价则是全部用银钱支付的。左憧憙的契约中写明他的身份是前庭府卫士，当时的府兵卫士有机会获得赐练，因而在支付中使用练可能是一种更加方便的选择。同墓还出土了九年后的总章三年（670）左憧憙从张善憙处夏张渠菜园的契约，租期应是两年。菜园大小未有说明，规定当年的租价是大麦十六斛，麦秋十六斛，次年的租价则是银钱三十文，菜园租佃契约高昌国时期也有，但租佃价格要求以银钱和粮食共同支付的，高昌国时期未见。这一方面说明此时粮食也发挥着货币的职能，另一方面说明银钱作为支付手段的职能已经被其他形式的货币分割。

绢帛作为货币被使用自唐西州建立之后应当即已开始。麹氏高昌时期当地宜蚕，绢、绵也是赋税征纳物，但后期出现了折成银钱缴纳的情况。通观高昌国时期的文书，目前未见以绢帛为货币的情况。唐西州时期以绢帛作为流通货币的情况值得特别关注。阿斯塔那三三八号墓出土的《唐贞观二十三年（649）西州高昌县范欢进买马契》显示卫士范欢进买马一匹就是以练支付价钱。[2]永徽元年（650）严慈仁将一块常田四亩出租给安横延，租价是练八匹[3]，普通百姓之间的土地租佃也以练支付租价，说明练是当时普遍接受的货币。唐代西州的调根据贞观户籍是征收㲲布，而不是绢或麻布，相比较种植白叠和织造叠布，西州的养蚕织锦、绢的手工业已经衰落。[4]笔者认为之所以唐西州初年绢练开始成为重要的货币，与军资练的输入有很大的关系。[5]如阿斯塔那九一号墓出土的《唐贞观十九年安西都护府下军府牒为速报应请赐物见行兵姓名事》，可能就是贞观十八年九月安西都护郭孝恪以西州道行军总管率兵讨击焉耆获胜后唐中央支给赐物的情况。阿斯塔那二一〇号墓出土的《唐贞观二十三年杜崇礼等辩辞为绫价钱事》《唐君安辩辞为领军资练事》，以及《唐西州高昌县译语人康某辩辞为领军资练事》涉及的则很可能是贞观二十三年昆丘道行军平龟兹后唐中央的赏赐。赐练在当时的西州虽然并不固定，但似有相当的频率，遇有征行即可能会有赐练。如阿斯塔那四号墓所出的《唐麟德二年赵丑胡贷练契》显示西域道征人赵丑胡从同行人左憧憙边贷取帛练叁匹，约定"其练到安西得赐物，只还练两匹"，如果赐物没有相当的可能，在契约中专门注明这样的条款似乎也就没有必要。唐中央军

---

1 唐长孺主编：《吐鲁番出土文书》（叁），第212页。
2 唐长孺主编：《吐鲁番出土文书》（贰），第223页。
3 唐长孺主编：《吐鲁番出土文书》（叁），第117页。
4 唐长孺：《吐鲁番文书中所见丝织手工业技术在西域各地的传播》，《出土文献研究》第1辑，文物出版社，1985年；此据《唐长孺文集·山居存稿》，中华书局，2011年，第411页。
5 相关讨论参见李锦绣《唐代财政史稿》，北京大学出版社，1995年；此据社会科学文献出版社，2007年，第384—404页。

资练的大量流入是当时西州得以绢练作为货币的重要背景。

对于普通百姓而言，也还有军资练之外的途径可以获得绢练。如阿斯塔那二一四号墓出土的《唐西州下高昌县牒为和籴事》记载"酬练壹拾贰匹"，表明官府的和籴支出是百姓绢帛来源之一。阿斯塔那二一〇号墓出土的《唐贞观二十三年（649）安西都护府户曹官为车脚价练事》从内容看应当是安西都护府因百姓提供车脚而向百姓酬练，这也是百姓绢帛的来源之一。如果说银钱的流通是高昌国时代的继续，绢练在西州的流通则完全是唐朝统治介入的结果。

铜钱在高昌国时代就已经开始流通。高昌国后期铸造的"高昌吉利钱"是一种纪念币，所以当时流通的铜钱应当是唐朝武德四年开始铸造的"开元通宝"钱。对于高昌这样的绿洲小国，流通外来货币是平常之事，既然萨珊银币可以，"开元通宝"钱也可以。唐西州建立之后，与练迅速出现在流通市场不同的是，铜钱的介入要迟缓得多。中原地区的铜钱流通尚不足，西州这样的边州自然更不必论。阿斯塔那八九号墓所出的《唐永淳元年（682）坊正赵思艺牒为勘当失盗事》记麹仲行家遇盗，从家婢僧香的口供中得知丢失财物包括铜钱。说明至晚到永淳年间普通百姓家中也已有铜钱储备。而此时已经是西州建立之后42年，当地已经进入了卢向前先生定义的"铜钱本位阶段"。此前文书中明确反映铜钱使用情况的是阿斯塔那四号墓所出的《唐支用钱练帐一》和《唐支用钱练帐二》[1]，两件文书内容原应相同，第二件为第一件的另一抄本。文书所出的阿斯塔那四号墓还出土了左憧憙的十余件契约，以及咸亨四年（673）左憧憙的墓志一方。因此，《唐支用钱练帐》的时间不晚于咸亨四年。就内容而言，文书应当是一级地方机构的仓曹货币支用记录。从保存内容较多的第一件来看，首先登录的是练和银钱的支用情况，随后登录的是铜钱的支用情况。就铜钱部分的记录来看，支出铜钱购买的物品并无特别之处，亦为粮食和苜蓿等。从残存部分内容来看，与银钱和练的支出相比，铜钱支用的记录最少，仅有三行左右，也反映出铜钱的流通尚不普及。

高昌国时期粮食作为流通货币使用仅限于小额交易的场合。唐西州前期与银钱、练和铜钱相比，粮食作为货币的重要性要低一些。阿斯塔那三五号墓出土的《唐垂拱三年（687）西州高昌县杨大智租田契》显示宁戎乡人杨大智交用小麦四斛租得口分田贰亩，不过这种租田以粮食偿付租价在高昌国时代就很常见。阿斯塔那七八号墓出土的《唐令狐婆元等十一家买柴供冰井事》显示十一户合出青稞叁胜三合用买柴一车供冰井，平均一户出青稞三合，这是银钱和绢练都很难实现的交易，粮食此时则是最为方便的选择。

唐前期粟特地区的商胡继续光顾吐鲁番绿洲，并进行着他们的交易。高昌国时代粟特商人在高昌的市场上出售他们的商品时要求用高纯度的萨珊银币来支付，如阿斯塔那一三五号墓出土的粟特文买婢契约提示的那样。[2] 到唐西州时期，类似的交易却是用练支付的。如阿斯塔那三五号墓出土的《唐咸

---

[1] 唐长孺主编：《吐鲁番出土文书》（叁），第225—227页。
[2] 〔日〕吉田豊、森安孝夫、新疆ウイグル自治区博物館：《麹氏高昌国時代ソグド文女奴隷売買文書》，《内陸アジア言語の研究》Ⅳ，1989年，第15页。柳洪亮汉译文载《新疆文物》1993年第4期，第108—115页。

亨四年（673）西州前庭府杜队正买驼契》显示前庭府队正杜某从康国兴生胡康乌破延边买黄敦驼一头，交用的货币是练十四匹。[3]此时的西州银钱仍然广泛流通，但兴生胡接收的货币是练。笔者认为这很可能是兴生胡的主动要求。前文论及的阿斯塔那四号墓出土《唐支用钱练帐一》与杜队正买驼契约年代接近，其中的第1行的前半部分内容是"▢▢▢三将去五匹，校尉买去二匹，用买何堌马"。上文已经介绍文书的开始部分登录的是练和银钱的支用情况。在此笔交易中，校尉买练二匹以买何堌马。校尉买练使用的很可能就是银钱，为何费此周折非要以练支付呢？很可能是应卖方的要求，也就是说马的主人要求用练交易。两件大体同时的牲畜买卖都用练交易而不用银钱，这与高昌国时代形成鲜明的对比。对于商胡而言，追求的一定是利益的最大化，获得练之后即可直接转手卖出，减少了以银钱购练的中间环节，可以赚取更大的商业利益。

1　唐长孺主编：《吐鲁番出土文书》（叁），第485页。

"五胡"时期西北地区汉人族群之传播与迁徙*

——以出土资料为中心

〔日〕关尾史郎 著　　　　　　　　　　田卫卫 译
（日本新潟大学）　　　　　　　　　　（北京大学历史学系）

前　言

根据镇墓瓶、随葬衣物疏、墓志、柩铭乃至砖画、壁画等各类出土丧葬文物，可以对"五胡十六国"时期（以下简称"五胡"）西北地区丧葬文化传播与媒介的汉人族群之迁徙做一试论。

本文"地区社会的视角"这一理论受到了以古代日本列岛东北地方太平洋沿岸地区为对象的平川南氏研究成果的很大启发。[1] 对被编入行政地位平等的陆奥国的这一地区，平川熟练运用编纂史料和出土史料，对于低其一级的郡的级别上各自拥有丰富独立性这一事实进行了描述。本文所叙述的河西地区，也如《汉书》卷二八《地理志》"自武威以西"条记述的那样，从其自然、历史条件出发，将历代为政者及华北知识分子囊括其中，极为寻常。但如果说是被编入地位平等的凉州，那么或许可以认为，武威、张掖、酒泉、敦煌所谓的每个郡的级别，籍贯为本地的人口的动向及意识可能是具有多样性的。这一想法是本文的起点，同时是本文的终点。

一　问题之所在

事实证明，魏晋至"五胡"时期，凉州治下的河西地区营造了众多的砖画墓及壁画墓。尤其是河西区域内位于西部的酒泉、敦煌两郡，已确认存在合计近百座之多的砖画墓及壁画墓[2]，还出版了集有主要砖画和壁画照片的大型图录《甘肃出土魏晋唐墓壁画》[3]。

但与酒泉郡地区的砖画墓和壁画主要是在墓室的壁面上描绘以生活图像为中心的画面相对，敦煌郡区域的墓室画像主要是以在墓门照墙描绘神兽

---

* 本文为2016年度日本学术振兴会科学研究费补助金·基盘研究（B）"域圏论の视点による中国古代地域社会像の构筑"（研究代表者：关尾／课题番号：16H05678）的研究成果之一。
1　〔日〕平川南：《东北〈海道〉的古代史》（东北〈海道〉の古代史），岩波书店，2012年。
2　〔日〕关尾史郎：《甘肃出土魏晋时代画像砖以及画像砖墓的基础的整理》（甘肃出土魏晋时代画像砖および画像砖墓の基础の整理），《西北出土文献研究》第3号，2006年，第5—26页。
3　俄军、郑炳林、高国祥主编：《甘肃出土魏晋唐墓壁画》（全三册），兰州大学出版社，2009年。关于此书，笔者亦有书评，参见拙著《批评と介绍：俄军、郑炳林、高国祥主编〈甘肃出土魏晋唐墓壁画〉（全三册）》，《东洋学报》第94卷第2号，2012年，第91—97页；《河西砖画墓、壁画墓的空间与时间——读〈甘肃出土魏晋唐墓壁画〉一书后》，饶宗颐主编：《敦煌吐鲁番研究》第13卷，上海古籍出版社，2013年，第549—562页。

（祥瑞）为中心（图1），而且在墓内画像位置与主题图案的两面有对照性。酒泉郡地区砖画墓之一的嘉峪关新城一号墓，修筑于曹魏王朝末期的257年[1]，与此相对，因为敦煌郡地区的砖画墓没有追溯到西晋时期以前者[2]，故而，砖画墓、壁画墓的营造始于酒泉郡，然后再普及到邻接的敦煌郡，这一对照性也反映出两郡生死观的不同[3]。

关于敦煌郡地区人们的生死观，也有必要注意新店台、佛爷庙湾以及祁家湾等郊外古墓群出土的镇墓瓶。在墓中埋葬镇墓瓶这一风俗始于汉代的长安、洛阳两都及周边的华北地区，自东汉末以降包括河西在内的西北地区得到了普及。各地有出土若干镇墓瓶事例[4]，敦煌郡地区已出土三百余个镇墓瓶（包括整理及未整理材料）[5]，一座墓中出土2—3个镇墓瓶者也并不稀奇（图2）[6]。敦煌的镇墓瓶都高不足10厘米，器形粗糙，多放置于墓主尸体上或附近地方，此两点极其特殊。[7] 若要考虑敦煌的生死观，是不能忽视这些镇墓瓶材料的。

自汉代至魏晋时期，敦煌郡一直是位于中国最西端的郡。其位置让于吐鲁番的高昌郡始于"五胡"时期的327年。可以认为，从华北到河西地区的汉

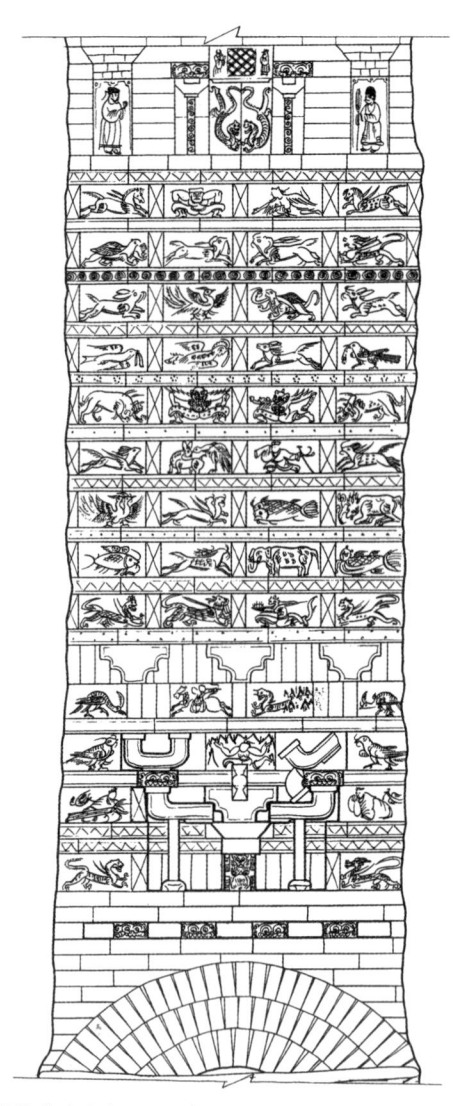

图1　敦煌佛爷庙湾133号墓照墙砖画模写图（甘肃省文物考古研究所编：《敦煌佛爷庙湾西晋画像砖墓》，第37页，图23）

1　其依据是同墓出土的"魏甘（露）二（257）年段清？镇墓瓶"。参看〔日〕关尾史郎编《中国西北地域出土镇墓文集成（稿）》，新潟大学超域研究机构、大域プロジェクト研究资料丛刊Ⅶ，2005年，第9页。
2　〔日〕关尾史郎：《河西砖画墓、壁画墓的空间与时间——读〈甘肃出土魏晋唐墓壁画〉一书后》，第557页。
3　〔日〕关尾史郎：《另一个敦煌——镇墓瓶与画像砖的世界》（もうひとつの敦煌－镇墓瓶と画像砖の世界－），第125页。
4　王素、李方：《魏晋南北朝敦煌文献编年》，台北新文丰出版社、补资治通鉴史料长编稿系列，1997年；〔日〕关尾史郎编：《中国西北地域出土镇墓文集成（稿）》。
5　〔日〕市来弘志：《兰州、武威、张掖、高台、酒泉、嘉峪关调查日志（2008年12月23—29日）》，《西北出土文献研究》2008年度特刊，2009年，第6—7页。
6　〔日〕关尾史郎：《敦煌的古墓群与出土镇墓文（上）》（敦煌の古墓群と出土镇墓文［上］），《资料学研究》第4号，2007年，第15—31页；〔日〕关尾史郎：《敦煌的古墓群与出土镇墓文（下）》（敦煌の古墓群と出土镇墓文［下］），《资料学研究》第5号，2008年，第1—16页。
7　关于华北出土汉代镇墓瓶的情况，详参〔日〕江优子《关于汉墓出土的镇墓瓶——在铭文与墓内配置方面所能见到的死生观》（汉墓出土の镇墓瓶について－铭文と墓内配置に见える死生观），《鹰陵史学》第29号，2003年，第1—45页；〔日〕铃木雅隆：《后汉镇墓瓶集成》，《早稻田大学长江流域文化研究所年报》第5号，2007年，第196—288页。

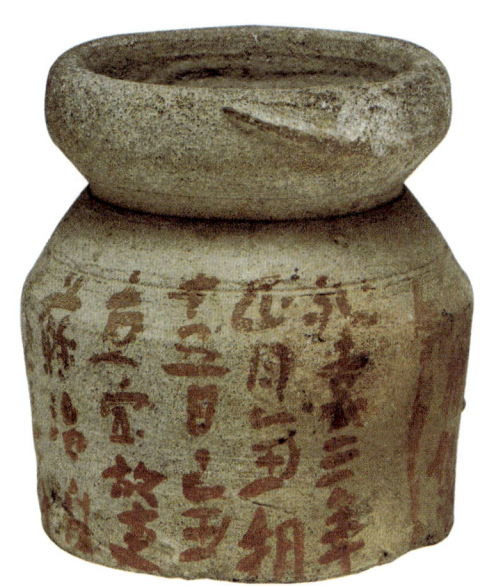

图 2　西晋永嘉三年（309）正月苏治镇墓瓶
（敦煌市博物馆编：《敦煌文物》，第 46 页）

人移民族群向更远的西方迁徙是高昌郡成立的前提。[1] 根据近年考古发现可知，来自河西地区的迁徙不仅在吐鲁番，甚至还波及更西的库车、尼雅等地。[2]

不难想象，从河西地区向西方迁徙的汉人族群，将原住地的丧葬文化带至迁徙目的地。另外，从迁徙目的地出土文物来看，也有推测出定居该处的汉人之原住地的可能。本文将以设置高昌郡的吐鲁番古墓群出土丧葬文物为线索，尝试挑战这一问题。

二　吐鲁番丧葬文化的特质

在吐鲁番（今新疆维吾尔自治区的吐鲁番市与托克逊、鄯善两县），以阿斯塔那、哈拉和卓两个古墓群为代表，散布着众多的古墓群。其中，虽然也有如阿斯塔那 53 号墓那样营造于 3 世纪末西晋末期、属于高昌郡之前的墓，但大多数墓营造于 4 世纪中期以后[3]。而且，据报告可知十余座出土壁画和纸画的墓也集中于 4 至 5 世纪[4]。不言而喻，壁画墓指墙壁上绘制壁画的墓室；所谓纸画墓的纸画，则是指在吐鲁番普及壁画墓之前，在墓室上装饰的绘画[5]。虽然这些纸画以及壁画大都以生活场景为中心（图3），但也有很多绘制了天象图。近年来，也有学者将天象图当做《来迎图》《升天图》[6]，暂且不论其是否得当，如以酒泉丁家闸 5 号墓壁画（图 4）为线索，应该可以理解其全体的构成[7]。至少，其与敦煌郡地区神兽（祥瑞）图为中心的情况大有不同，这

1　〔日〕关尾史郎：《古代中国的移动与东亚》（古代中国における移動と東アジア），《岩波讲座·世界历史》第 19 卷《移动与移民——连接地区的活力》（移動と移民——地域を結ぶダイナミズム），岩波书店，1999 年，第 225—253 页。

2　〔日〕关尾史郎：《另一个敦煌——镇墓瓶与画像砖的世界》（もうひとつの敦煌－鎮墓瓶と画像磚の世界－），第 146—150 页。

3　王素：《吐鲁番出土高昌文献编年》，台北新文丰出版社、补资治通鉴史料长编稿系列，1997 年。

4　〔日〕町田隆吉：《关于 4—5 世纪吐鲁番古墓的壁画、纸画的基础的检讨》（4—5 世纪吐鲁番古墓の壁画、纸画に関する基础的検讨），《西北出土文献研究》第 5 号，2007 年，第 27—58 页；〔日〕町田隆吉：《4—5 世纪吐鲁番古墓壁画、纸画再论》，《西北出土文献研究》第 8 号，2010 年，第 21—40 页。

5　〔日〕町田隆吉：《关于 4—5 世纪吐鲁番古墓的壁画、纸画基础的检讨》（4—5 世纪吐鲁番古墓の壁画、纸画に関する基础的検讨），第 29—35 页。

6　〔日〕白须净真：《丝路古墓壁画的大交响曲——四世纪后半期 吐鲁番地域的〈来迎、升天〉壁画》（シルクロード古墓壁画の大シンフォニー——四世纪后半期 トゥルファン地域の〈来迎、升天〉壁画），白须编：《シルクロードの来世観》（丝绸之路的来世观），勉诚出版、アジア游学 192，2015 年，第 55—88 页。

7　将其视为"来迎、升天"图的白须净真也言及了酒泉丁家闸 5 号墓，参看〔日〕《丝路古墓壁画的大交响曲——四世纪后半期吐鲁番地域的"来迎、升天"壁画》（シルクロード古墓壁画の大シンフォニー——四世纪后半期トゥルファン地域の"来迎、升天"壁画），第 81 页注（4），但并未触及壁画的构成问题。

图3 吐鲁番阿斯塔那13号墓出土纸画地主生活图（新疆维吾尔自治区博物馆编：《新疆出土文物》，第29页，图47）

一点应是不容置疑的。

另外，从4世纪以降的古墓中出土了很多以随葬品（包含虚构元素）清单为中心的纸质的随葬衣物疏[1]。其中，也有从哈拉和卓96号墓、阿斯塔那408号墓以及605号壁画墓出土的事例（图5）。在河西地区，以酒泉郡为首，从武威、张掖等郡古墓里也出土了木板材质的随葬衣物疏（图6）[2]。只有敦煌郡古墓没有出土的事例。因为镇墓瓶也部分代替着随葬衣物疏的功能，因此，在敦煌选择镇墓瓶使随葬衣物疏基本没能普及。[3] 敦煌出土的随葬衣物疏的时代大致到隋唐交替的7世纪。[4]

此外，出土于吐鲁番的"北凉承平十三年（455）四月大且渠封戴墓表"（72TAM177:1），圆首碑形墓志在河西武威郡及酒泉郡等地区也有发现[5]（图7），又如《前凉建兴卅六（348）年九月某人柩铭》（64TKM3:53）棺铭（图8），在武威郡和酒泉郡地区也有发现[6]，分别

---

1 〔日〕关尾史郎：《随葬衣物疏与镇墓文——以新敦煌吐鲁番学为目的》（随葬衣物疏と镇墓文－新たな敦煌トゥルファン学のために－），《西北出土文献研究》第6号，2008年，第5—25页。
2 吴浩军：《河西衣物疏丛考——敦煌墓葬文献研究系列之三》，张德芳主编：《甘肃省第二届简牍学国际学术研讨会论文集》，上海古籍出版社，第301—329页。
3 〔日〕关尾史郎：《随葬衣物疏与镇墓文——以新敦煌吐鲁番学为目的》（随葬衣物疏と镇墓文－新たな敦煌トゥルファン学のために－），第13—14页；〔日〕关尾史郎：《另一个敦煌——镇墓瓶与画像砖的世界》（もうひとつの敦煌－镇墓瓶と画像砖の世界－），第84—87页。
4 〔日〕关尾史郎：《莫高窟北区出土〈大凉安乐三年（619）二月郭方随葬衣物疏〉的两三个问题》，季羡林、饶宗颐主编：《敦煌吐鲁番研究》第9卷，中华书局，2006年，第111—122页。
5 张铭心：《十六国时期碑形墓志源流考》，《文史》2008年第2期，第37—54页。
6 武威郡域出土的绢质柩铭是东汉时期的产物。对此有马怡的研究成果，参看马怡《武威汉墓之旐——墓葬幡物的名称、特征与沿革》，《中国史研究》2011年第4期，第61—82页；马怡：《武威汉墓幡物释考》，张德芳、孙家洲主编：《居延敦煌汉简出土遗址实地考察论文集》，上海古籍出版社，2012年，第91—98页。另外，吴浩军介绍了一件高台县骆驼城址近郊古墓群出土的柩铭。吴浩军：《河西墓葬杂文丛考——敦煌墓葬文献研究系列之五》，《2016敦煌论坛：交融与创新——纪念莫高窟创建1650周年国际学术研讨会论文集》（下册），敦煌研究院，2016年，第849—872页。2016年8月笔者没能去高台县博物馆阅览调查。除此之外，从同一墓群还出土了4件柩铭。

图 4 酒泉丁家闸 5 号墓前室西壁壁画模写图（甘肃省文物考古研究所编：《酒泉十六国墓壁画》，第 14 页，图 19）

有出土实例可以确认。但另一方面，在敦煌郡地区出土的实例也并非一管之见。[1] 另外，虽然墓券在酒泉郡地区的出土实例在两件以上，但并不是在华北及江南这样的耕地一隅及山林沼泽，由此可知，或许在西北地区并没有怎么普及，显然这里有大可以设置墓地的无主的戈壁滩。[2]

---

[1] 在敦煌郡地区，从祁家湾 371 号墓出土了刻有"魏昌"或"魏"的土块（85DQM371:12，13），因为该墓的墓主是魏得昌，所以或许可以认为是其名字，但能否定名为墓志，笔者还有些犹豫，详见〔日〕关尾史郎《"五胡"时代的墓志及其周边》（"五胡"时代の墓志とその周边，《环日本海研究年报》第 16 号，2009 年，第 3—4 页。

[2] 〔日〕关尾史郎：《中国古代墓券的展开（稿）——附，中国古代墓券一览（汉—五代）》（中国古代における墓券の展开［稿］—附，中国古代墓券一览［汉—五代］），〔日〕伊藤敏雄编：《通过墓志进行魏晋南北朝史研究的新可能性》（墓志を通した魏晋南北朝史研究の新たな可能性）（平成 22—26 年度科学研究费补助金・基盘研究（A）《石刻史料と史料批判による魏晋南北朝史の基本问题の再检讨》中间成果报告书），大阪教育大学，2013 年，第 90—111 页。

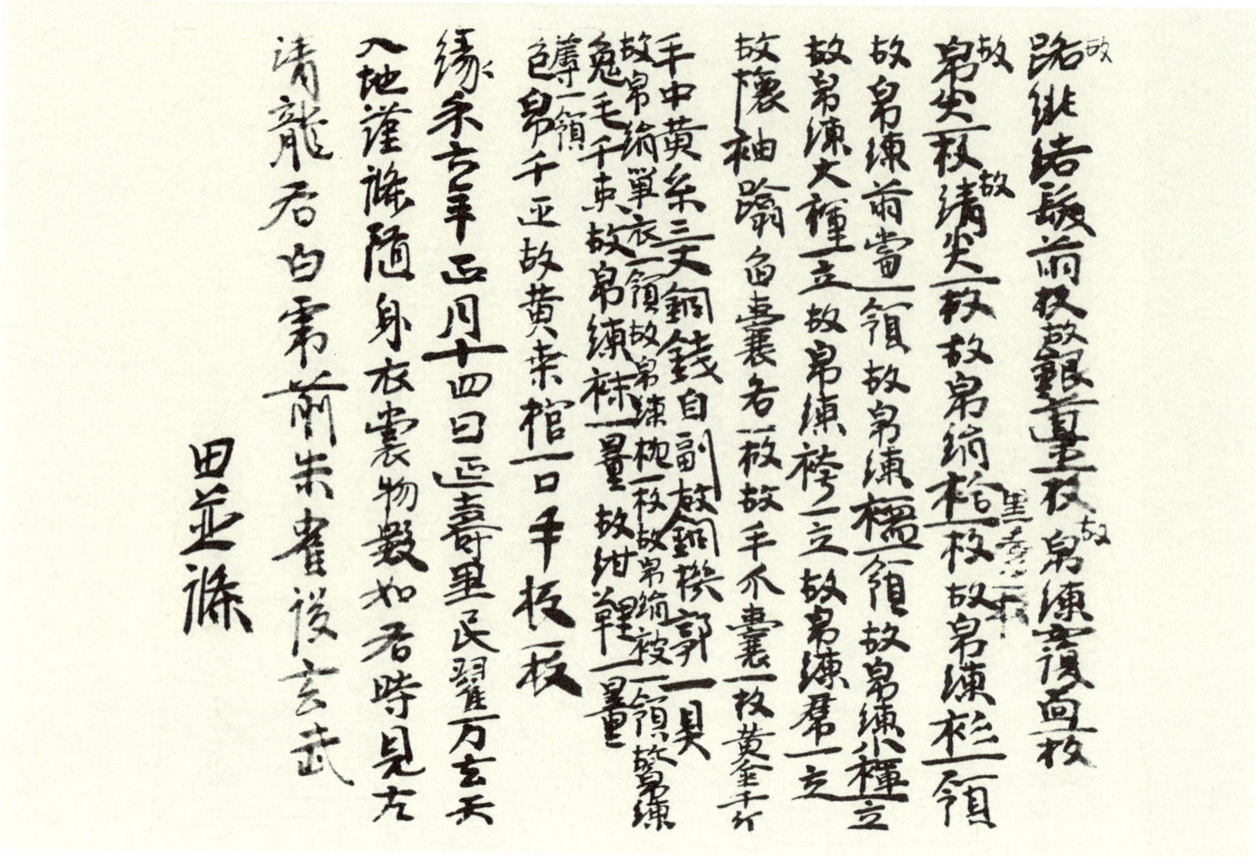

图5　北凉缘禾六年（437）正月翟万随葬衣物疏（新疆维吾尔自治区博物馆编：《新疆出土文物》，第32页，图51）

对以上内容进行概括，不论是根据所谓的砖画、壁画等图像史料，还是根据镇墓瓶、随葬衣物疏、墓志、柩铭等文字史料，都可以说，吐鲁番的丧葬文化，受到了河西区域内酒泉郡的很大影响。简单来看，大量酒泉郡移民的到来，使高昌郡的丧葬文化受到了影响。但事实情形如何？可以根据吐鲁番各地古墓群出土墓志材料，尝试对此问题进行考察。

三　从墓志的本贯记载来看原住地

从327年设立高昌郡，到640年被唐王朝灭掉的麹氏高昌国时期，已有230方以上的墓志得到了确认（高昌郡时期［？—443］为零）[1]。如果再加上唐西州时期的墓志，总计达到360余方。这其中，明确记载移居吐鲁番之前原住地（大致相当于籍贯）者绝对不多，倒不如说存在着入唐后有所增加这样有趣的现象[2]，在此即以止于麹氏高昌国时期为主要对象。

这一时期的墓志，记有本贯和看似原住地者有33方38例可数。此中"敦煌"（含"燉煌"）占18例，远较他郡为多。其他河西地区的事例，大约还有张

1　〔日〕关尾史郎、清水はるか编：《吐鲁番出土汉文墓志集成（稿）——高昌郡·高昌国篇》（トゥルファン出土汉文墓志集成（稿）—高昌郡·高昌国篇—），新潟大学超域研究机构、大域プロジェクト研究资料丛刊XIV，2009年，第7页。
2　〔日〕关尾史郎：《本贯的记忆与记录——敦煌张氏的情况》（本贯の记忆と记录—敦煌张氏の场合—），关尾（编）：《环东亚地域的历史与"信息"》（环アジア地域の历史と"情报"），知泉书馆·新潟大学人文学部研究丛书11，2014年，第5—26页。

图6 年次未详（4世纪前期）都中赵双随葬衣物疏（寇克红：《高台骆驼城前凉墓葬出土衣物疏考释》，《考古与文物》2011年第2期，第89页，图1、图2）

图7 北凉承平十三年（455）四月大且渠封戴墓表（新疆维吾尔自治区博物馆编：《新疆出土文物》，第33页，图52）

掖3例，建康2例，晋昌、武威各1例。与河西相邻的金城郡也有5例。[1] 这其中，建康是"五胡"时期以表是县为首的酒泉郡东部诸县改编之郡[2]。晋昌是以西晋时期敦煌郡东部的县为中心改编之郡。[3] 因此，如果把这两个郡也包含进原本的郡的话，就变成了敦煌19例，张掖3例，酒泉2例，以及武威1例。不管怎么，敦煌占压倒性多数都是不变的。

虽然记载籍贯的墓志从整体上来看，不过15%弱（230方中的33方），但不能不说，上述数值大概说明至少到麹氏高昌国时期为止，吐鲁番居住者多有从敦煌移居此地的情况。如此一来，与前节的说明相比较来看，两者几乎完全相反的数据之间的矛盾如何解释？

四　吐鲁番与敦煌张氏

前节所见墓志的籍贯记载中，敦煌18例中张氏

---

1 〔日〕关尾史郎：《关于吐鲁番出土墓志的本贯记载——〈本贯的记忆与记录〉拾遗》（トゥルファン出土墓誌の本貫記載について—〈本貫の記憶と記録〉拾遺一），《资料学研究》第11号，2014年，第1—15页。
2 据《晋书》卷一四《地理志上》"凉州条"可知，最晚在前凉张骏统治时期（324—346）即设置了建康郡，在骆驼城遗址近郊的古墓群出土的"前凉建兴廿四（336）年三月周振妻孙阿惠墓券"（高台县博物馆藏，2016年8月考察了实物）中，载有"凉州建康郡表是县"，可知336年之时已经设立。另外，洪亮吉《十六国疆域志》卷七记载前凉属县有表是、乐涫两县。
3 《晋书》卷一四地理志上凉州条："元康五（295）年，惠帝分敦煌郡之宜禾、伊吾、冥安、渊泉、广至等五县，分酒泉之沙头县，又别立会稽、新乡，凡八县为晋昌郡。"

占了16例。与其说"敦煌压倒性居多",不如说"敦煌张氏压倒性居多"的说法更为正确。敦煌张氏不仅建立了张氏高昌国(488—496)[1],还在麹氏高昌国时期(501—640)与代代麹氏王室联姻,以外戚身份手握重权。事实上,外戚张忠、张端(鼻儿)父子的墓志"高昌延和六十五年(607)五月张忠墓表"(69TAM114:1)、"高昌重光元年二月张鼻儿墓表"(73TAM503:2)都是端正的阴刻(图9),明确记载了籍贯"敦(燉)煌张氏"[2]。那么,敦煌张氏的源头在哪里?

提及敦煌张氏出身者,首先想到东汉、曹魏交替期的敦煌郡功曹张恭。由于敦煌太守职任长期空缺,张恭以行长史事身份负责郡政。由于张恭、张就父子的努力,敦煌避免了陷入临近酒泉、张掖两郡的混乱,很早就与曹操建立紧密联系。[3]曹魏王朝成立后,张恭、张就父子因功得任西域戊己校尉,驻留高昌壁。[4]张就后来转任金城太守(《三国志》卷一八《阎温传》),长期担任校尉之职。[5]可能在

图8　前凉建兴卅年(348)九月某人柩铭(模本)(新疆社会科学院考古研究所编:《新疆考古三十年》,第83页,图15)

图9　高昌重光元年(620)二月张鼻儿墓表(侯灿、吴美琳:《吐鲁番出土砖志集注》[上册],第320页)

1　关于张氏高昌国,请参照王素《〈高昌史稿〉统治编》,文物出版社,1998年,第282—298页。

2　侯灿、吴美琳:《吐鲁番出土砖志集注》(全二册),巴蜀书社,2003年,第320—322页。麹氏高昌国时期的墓志大多是墨书或者朱书,只有一部分是如这两方一样刻字,填朱。另外,张忠(也叫张务忠、张武忠)的女儿是高昌王麹伯雅的妻子,文泰的母亲,端(鼻儿)的妻子是麹阿瓷。详见吴震《麹氏高昌国史索隐——从张雄夫妇墓志谈起》,《文物》1981年第1期,第38—46页;吴震:《吴震敦煌吐鲁番文书研究论集》,上海古籍出版社,2009年,第208—219页。

3　[日]关尾史郎:《汉魏交替期的河西》(汉魏交替期の河西),《关于中国世界中的地域社会与地域文化之研究》(中国世界における地域社会と地域文化に关する研究)第2辑,2003年,第1—14页。

4　王素:《〈高昌史稿〉统治编》,文物出版社,1998年。

5　唐长孺:《魏晋时期有关高昌的一些资料》,《中国史研究》1979年第1期,第77—81页;唐长孺:《山居存稿》,中华书局,1989年,第333—343页。

张氏父子任西域戊己校尉期间，敦煌张氏移居到了吐鲁番。饶有兴趣的是，在《高昌延昌十二（572）年望舒（12月）张阿□墓表》（1930年雅尔湖出土）中也记载了"原出敦煌，功曹后也"的说法[1]。不用说，功曹就是张恭。这个生活于6世纪的张阿□是3世纪的张恭的直系、旁系，还是仅仅是同姓，都无从知晓，但即使在经过三百多年后，却还宣称是在吐鲁番的张恭的后裔。这一情况，表明张恭一族从敦煌移居到吐鲁番（即当时的高昌）的人群确实存在，即使到了6世纪，这一事实也被后人铭记。假如这样的话，张恭一族从敦煌移居到吐鲁番，是在4世纪的"五胡"时代伴随着张恭、张就父子赴任校尉的事实，可以说颇为自然。3世纪前半，紧接在曹魏王朝成立之后。正如前文所述，唐长孺曾指出吐鲁番设置高昌郡的时间是327年，此前逐渐实现了从军事前线阵地到生活空间的转变，应该就可以理解了。[2]

假如以上想法没有较大错误，那么就可推论早早移居吐鲁番的敦煌张氏，由于与家族的结合及发展壮大，逐渐成为当地豪族，并最终建立张氏高昌国，还在麹氏高昌国取得外戚的地位。虽然张氏高昌国之王——张孟明及麹氏高昌国的外戚张忠、张端（鼻儿）父子如何维系与张恭、张就父子系谱的问题一直存在，但或许可以姑且承认其作为一种假设的价值。只是这样无法解决敦煌的丧葬文化为何未能在吐鲁番普及的问题。

五　迁徙时期和丧葬文化

虽然推测在张恭、张就父子就任西域戊己校尉期间就有张氏族人从敦煌移居吐鲁番者，不过那是3世纪前半曹魏王朝刚成立不久的事情。虽然敦煌的新店台、佛爷庙湾以及祁家湾等地古墓群营造于魏晋、"五胡"时期，但正如前文所述，砖画墓回溯不到西晋时期之前。而且镇墓瓶最早的例子是"西晋咸宁二（276）年八月吕阿征镇墓瓶（一）"（85DQM320:18），依然不能回溯至西晋以前[3]。也就是说，仅根据已出丧葬文物来看，曹魏王朝成立后不久的3世纪前半，砖画墓及镇墓瓶等还未作为一种丧葬文化的必备之物在敦煌地区传播。

随之，从中原移民到河西地区的汉族人群毅然向更西方向移动。"五胡"以降，成立于河西的前凉等诸政权，为了容纳从中原地区流入的汉族人群，设置了新的郡县。虽然这样的郡县最初设置于黄河、湟水流域以及乌鞘岭以南[4]，但不久即在乌鞘岭以北的河西地区也新设了郡县。前文所述的建康郡可以说是这样的一个地方。[5] 不难想象，来自中原的移民，从武威、张掖等河西地区的东部，向酒泉、敦煌等西部的移动，其反向则绝不可能。如果说以河西地区为原住地的汉族人民，是被来自中原的移民触发而毅然西移的话，那么可以认为，这样的现象是首先在河西东部萌芽，

1　黄文弼采集品，出土地点做"沟西附麹茔张1"，黄文弼：《高昌砖集》（增订本），中国科学院考古学特刊第2号，1951年，第46页。
2　唐长孺：《魏晋时期有关高昌的一些资料》，第77—81页；唐长孺：《山居存稿》，第333—343页。
3　〔日〕关尾史郎编：《中国西北地域出土镇墓文集成（稿）》，第10页。
4　〔日〕关尾史郎：《南凉政权（三九七—四一四）与徙民政策》，《史学杂志》第89编第1号，1980年，第42—63页。
5　白须净真认为建康郡的设置是335年（最早期）至345年（完成期）。因为该观点难以理解，本文不予采用。详见〔日〕白须净真《前凉・张骏的行政区画改编与凉州・建康郡的设置——系于改编年次的司马光之见解与考古资料所见之新见解》（前凉・张骏の行政区画改编と凉州・建康郡の设置——改编年次に係わる司马光の见解と考古资料による新见解），《敦煌写本研究年报》第8号，2014年，第1—18页。

然后逐渐波及西部。从河西的最西端敦煌向西的移动则成为最终阶段。

不过，在向西移动过程中按照武威—张掖—酒泉—敦煌顺序进行，这与河西四郡的地理位置有关，而且移动人口的规模也必然不同。可以说，各郡的社会环境也对移动的时间以及人口规模等有很大影响。仅就敦煌而言，处于河西走廊最西端的地理位置和避免了270年代混乱期的社会自治能力，[1]使其最晚发生向西小规模迁徙的事件。

如果上述思考成立话，那么在吐鲁番设置高昌郡以前，以酒泉郡为中心的丧葬文化在吐鲁番已经普及也就可以理解了。的确，酒泉的地理位置比武威、张掖更靠西，砖画墓、壁画墓在河西地区也更加普及，其治下的表是县即后来的建康郡也出土了很多仅有文字的随葬衣物疏木板。[2]也就是说，正是因为木板和纸媒介的不同，可知作为丧葬用文物的随葬衣物疏是拥有显著共通性的东西。而且最晚在麴氏高昌国时期，现在的鄯善县洋海附近也设置了以酒泉为名的县。[3]虽然关于这个酒泉县，其设置时期及原因众说纷纭[4]，但肯定与河西酒泉郡有关系，从而也不难想象该地居民有很多是以酒泉郡为籍贯的人（或后裔）。

六　来自敦煌的西方迁徙

那么，"五胡"时期来自敦煌的西方迁徙又如何呢？

前文曾提及敦煌郡因其"避免了270年混乱期的社会自治能力"，在鲜卑族秃发树机能的起兵而与首都洛阳的联系完全中断，主导敦煌政治的是张氏和同为敦煌名族令狐氏出身的令狐丰、令狐宏兄弟（《晋书》卷3《武帝纪》"咸宁二（276）年二月条"）[5]。他们连续两代连任太守，使敦煌维持了安定。而且，出身令狐氏的族群也移居到了吐鲁番。阿斯塔那墓524号墓的墓主令狐孝忠即其后裔。其妻随葬衣物疏《高昌章和五年（535）正月令狐孝忠妻随葬衣物疏》（73TAM524:34[b]）上书孝忠"元出敦煌，今来高昌"一语，特意记载了敦煌是其原住地一事（图10）[6]。通常，随葬衣物疏使用新纸张，但其使用了废弃世俗文书的背面。另外，该葬品清单也

---

1. 〔日〕佐藤智水：《五胡十六国到南北朝时代》（五胡十六国から南北朝時代），《讲座敦煌》第2卷《敦煌的历史》，大东出版社，1980年，第42—44页；〔日〕关尾史郎：《另一个敦煌——镇墓瓶与画像砖的世界》（もうひとつの敦煌－鎮墓瓶と画像磚の世界一），第9—28页。
2. 吴浩军：《河西衣物疏丛考——敦煌墓葬文献研究系列之三》，第301—329页；〔日〕关尾史郎著，裴成国译：《〈后秦白雀元年九月某人随葬衣物疏〉补说》，荣新江、朱玉麒主编：《西域考古·史地·语言研究新视野：黄文弼与中瑞西北科学考查团国际学术研讨会论文集》，科学出版社、新疆师范大学黄文弼中心丛刊，2014年，第288—296页。
3. 〔日〕荒川正晴：《围绕麴氏高昌国中郡县制的性质——主要以吐鲁番出土资料为中心》（麴氏高昌国における郡県制の性格をめぐって－主としてトゥルファン出土資料による－），《史学杂志》第95编第3号，1986年，第38—41页。
4. 荣新江：《吐鲁番新出送使文书与阚氏高昌王国的郡县城镇》，季羡林、饶宗颐主编：《敦煌吐鲁番研究》第10卷，上海古籍出版社，2007年，第21—41页；荣新江、李肖、孟宪实主编：《新获吐鲁番出土文献研究论集》，中国人民大学出版社、西域历史语言研究丛书，2010年，第133—157页。
5. 关于这一件，《资治通鉴》有详细记载。据此来看的话，关于尹璩去世后的继任敦煌太守，相对于杨欣希望让敦煌令梁澄领任，郡功曹宋质（可能是敦煌宋氏出身）废梁澄而拥立了议郎令狐丰为太守（卷七九泰始八年[272]十月条），丰死后，其弟令狐宏继立，讨伐了杨欣（卷八〇咸宁二年[276]春条）。
6. 令狐孝忠自己的随葬衣物疏《高昌建昌三（557）年某月令狐孝忠随葬衣物疏》（73TAM524:28）中，也记载有一致的文字："原出（中缺）民。"

极其简略。[1] 对于来自敦煌的移居者来说，还不习惯随葬衣物疏之类的丧葬用品可能也是原因之一。[2] 但是，与此墓相邻的525号和526号墓是另外两座令狐氏墓，各自出土了《高昌年次未详令狐法奴妻赵氏墓记》（73TAM525:19）和《高昌年次未详令狐氏墓记》（73TAM526:1）墓志[3]，前者材质是土块，文字仅仅只有11字；后者虽然是砖，但因为质地极差，几乎不能释读[4]。虽说理论上墓室的营建必然尽可能维持墓主人的社会地位，但从这些丧葬用文物可以看出，移居吐鲁番的敦煌令狐氏低下的社会地位和经济地位。[5]

虽然令狐氏只是一个个案，但因为从敦煌向西方的迁徙发生时间较晚且规模小，所以作为一种推测，除了最初移居的张氏一族外，恐怕其他移民在吐鲁番难以维持其政治和社会上的影响力。作为此

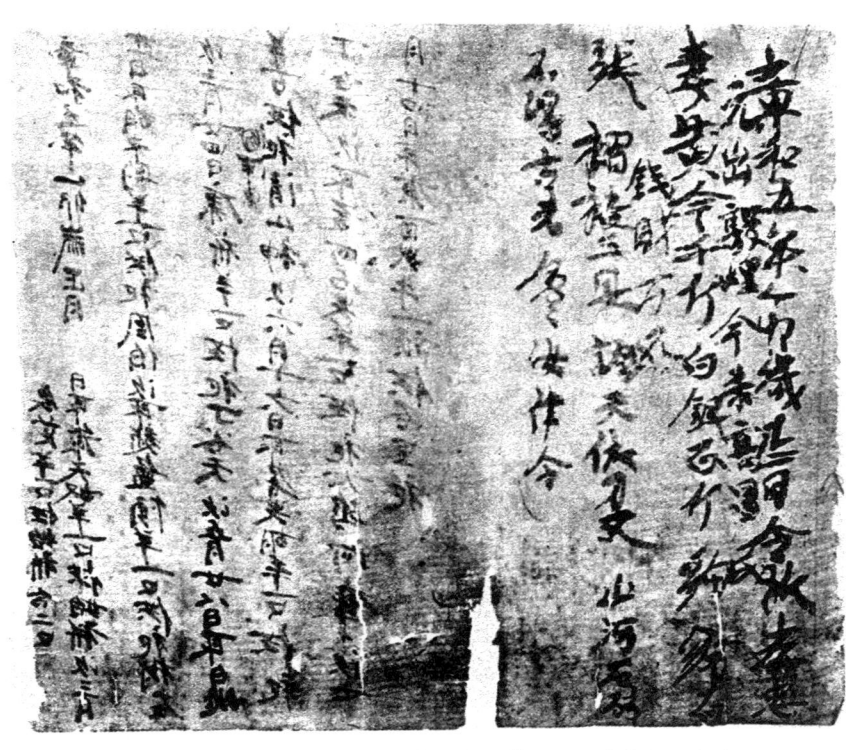

图10　高昌章和五年（535）正月令狐孝忠妻随葬衣物疏（唐长孺主编：《吐鲁番出土文书》[壹]，第130页）

推测的旁证，先叙述一下汉族向库车和尼雅的迁徙。根据近年考古调查可知，在库车也能看到像河西地区这样营造砖画墓的例子[6]。这是河西向西方迁徙也涉及库车的有力证据，其砖画墓在照墙上镶嵌以神兽（祥瑞）为主题的砖雕[7]。另外，尼雅也出土了镇

1　〔日〕关尾史郎：《〈章和五年（535）取牛羊供祀账〉之正体——〈吐鲁番出土文书〉札记（七）》（〈章和五年（535）取牛羊供祀账〉の正体—〈吐鲁番出土文书〉札记（七）—）（III），《史信》第10号，1989年，第1—4页。
2　令狐孝忠妻子的随葬衣物疏是现存麴氏高昌国时期最早的衣物疏，由此以降，向着7世纪一路增加下去。
3　侯灿、吴美琳：《吐鲁番出土砖志集注》（全二册），巴蜀书社，2003年，第400页。
4　〔日〕关尾史郎：《觉书：关于令狐氏一族的墓志》（觉书：令狐氏一族の墓志について），《吐鲁番出土文物研究会会报》第88号，1993年，第6页。
5　在令狐氏相关的墓志中，除此之外，还有《高昌延昌十一年（571）三月令狐天恩墓表》（1930年雅尔湖出土）。其为交河郡户曹参军令狐天恩之物，具备麴氏高昌国时期墓志的一般形状和志文，或许应该与居住于都城高昌的一派以及居住于交河郡的一派进行区别考察。侯灿、吴美琳：《吐鲁番出土砖志集注》，第113页以下；王素：《高昌令狐氏的由来》，《学林漫录》第9集，1984年，第184—188页。
6　于志勇、吴勇、傅明方：《新疆库车县晋十六国时期砖室墓发掘》，国家文物局主编：《2007中国重要考古发现》，文物出版社，2008年，第96页。
7　砖雕似乎是含有以玄武为首的四神的描述，与2000年8月敦煌佛爷庙湾古墓群古墓（编号不明）出土的雕砖极其相似。详见于志勇、吴勇、傅明方《新疆库车县晋十六国时期砖室墓发掘》，第96页；敦煌市博物馆编：《敦煌文物》，甘肃人民美术出版社，2002年，第200页。

墓瓶[1]。这也是迁徙的痕迹，遗憾的是，此镇墓瓶器物腹部书写的文字还无法释读，但其器形及大小都酷似敦煌古墓群的出土物[2]。总而言之，库车及尼雅流传的丧葬文化，不论砖画（墓）也好，还是镇墓瓶也好，可以说都是敦煌样式的东西。[3]

也就是说，将吐鲁番的高昌郡作为最终定居地的敦煌人，可能直接或间接地将更加靠西的地方作为迁徙目标。在库车及尼雅，有可能是没有与来自河西地区其他郡的移居者进行竞争，从而能够保持敦煌自己的丧葬文化。原本这些出土实例不能称之为多，其文化未能扎根就已结束也似乎属实。

结　语

本文根据包括笔者在内的诸多前人研究成果，于行文中始终进行了反复的假设和推测。对于吐鲁番壁画（纸画）墓墓主的原住地，以及来自敦煌移居者的墓志及其随葬衣物疏等丧葬用文物的最终接受经过等问题的探讨，多少有些不够深入。对直接把所谓丧葬用文物的物品分布与人群移动直接联系起来这样历史把握的妥当性，也或许有人会抱有怀疑。虽然进一步证实存在巨大困难，但笔者依然希望今后能尽力解决这一以批评为基础的研究课题。

1　日中共同ニヤ遗迹学术调查队（ニヤ队）编：《日中／中日共同尼雅遗迹学术调查报告书》第3卷，仏教大学アジア宗教文化情报研究所／仏教大学ニヤ遗迹学术研究机构，2007年。译者注：ニヤ，尼雅。
2　关于该镇墓瓶（97MNIM1:4）出土的尼雅I区1号墓，只能进行年代是"汉晋"时期这样粗略的比定是难题之所在，日中共同ニヤ遗迹学术调查队（ニヤ队）编：《日中／中日共同尼雅遗迹学术调查报告书》第3卷，第59页。
3　〔日〕关尾史郎：《另一个敦煌——镇墓瓶与画像砖的世界》（もうひとつの敦煌－镇墓瓶と画像砖の世界－），第146—150页。

唐京兆府属县乡里考

陈晓捷

（铜川市考古研究所）

《旧唐书·地理志》：京兆府"旧领县十八……天宝领县二十三"[1]。这23县即万年、长安、蓝田、渭南、昭应、三原、富平、栎阳、咸阳、高陵、泾阳、醴泉、云阳、兴平、鄠、武功、好畤、盩厔、奉先、奉天、华原、美原、同官。《新唐书·地理志》载，京兆府领县20，较《旧唐书》少3县。这3县中，栎阳于天祐三年（906）属华州，奉先于天祐三年属同州，盩厔于天复元年（901）属凤翔府（图1）[2]。

唐代的县下设乡，乡下为里、村。《通典·食货·乡党》载："大唐令：诸户以百户为里，五里为乡，四家为邻，五家为保。每里置正一人（若山谷阻险，地远人稀之处，听随便量置），掌按比户口，课植农桑，检察非违，催驱赋役。在邑居者为坊，别置正一人，掌坊门管钥，督察奸非，并免其课役。在田野者为村，别置村正一人。其村满百家，增置一人，掌同坊正。其村居如满十家者，隶入大村，不须别置村正。"[3]《旧唐书·太宗本纪下》载：贞观九年（635）三月规定"每乡置长一人，佐二人"，贞观十五年（641）"十一月壬戌，废乡长"[4]。

京兆府辖县依傍西京长安，人口稠密，经济发达，是京城最重要的屏障。这些县下划分有大量的乡里。研究这些乡里，对于理解隋唐两代为何定都于关中有着极为重要的意义。通过了解这些乡里，同样可以从微观的角度来理解丝绸之路沿线经济人口等方面的情况。对于唐京兆府各县下乡里之名及数量，宋敏求《长安志》中所记最为详尽，但其所记基本为乡的数量，具体到乡名则极为有限。然其中所记之宋代乡里名，应为延续唐代之旧置。

大量的唐代碑刻文献资料的发现，为研究京兆府属县的乡里提供了可能。20世纪60年代，武伯伦先生首先对长安万年两县的乡里进行了考证[5]，后来杜文玉[6]、尚民杰[7]、程义[8]、户崎哲彦[9]、高铁泰[10]等先生

---

1 （后晋）刘昫等撰：《旧唐书》卷三，中华书局，1975年，第1396页。
2 （宋）欧阳修、宋祁撰：《新唐书》卷三七《地理志一》，中华书局，1975年，第964、965、967页。
3 （唐）杜佑撰，王文锦等点校：《通典》卷三，中华书局，1988年，第63—64页。
4 《旧唐书》卷三，第44页。
5 武伯伦：《唐万年、长安县乡里考》，《考古学报》1963年第2期，第87—99页。
6 杜文玉：《唐长安万年县乡里补》，《汉唐长安与关中平原》，《中国历史地理论丛》1999年增刊。
7 尚民杰：《唐长安县、万年县乡村续考》，《西安文物考古研究——西安市文物保护考古所成立十周年纪念》，陕西人民出版社，2004年，第365—390页。
8 程义：《隋唐长安辖县乡里考新补》，《中国历史地理论丛》2006年第4辑，第93—105页。
9 〔日〕户崎哲彦：《唐京兆府万年县乡里补考》，《中国历史地理论丛》2010年第2期，第46—55页。
10 高铁泰：《对〈唐京兆府万年县乡里补考〉的异议》，《唐都学刊》2011年第4期，第128页。

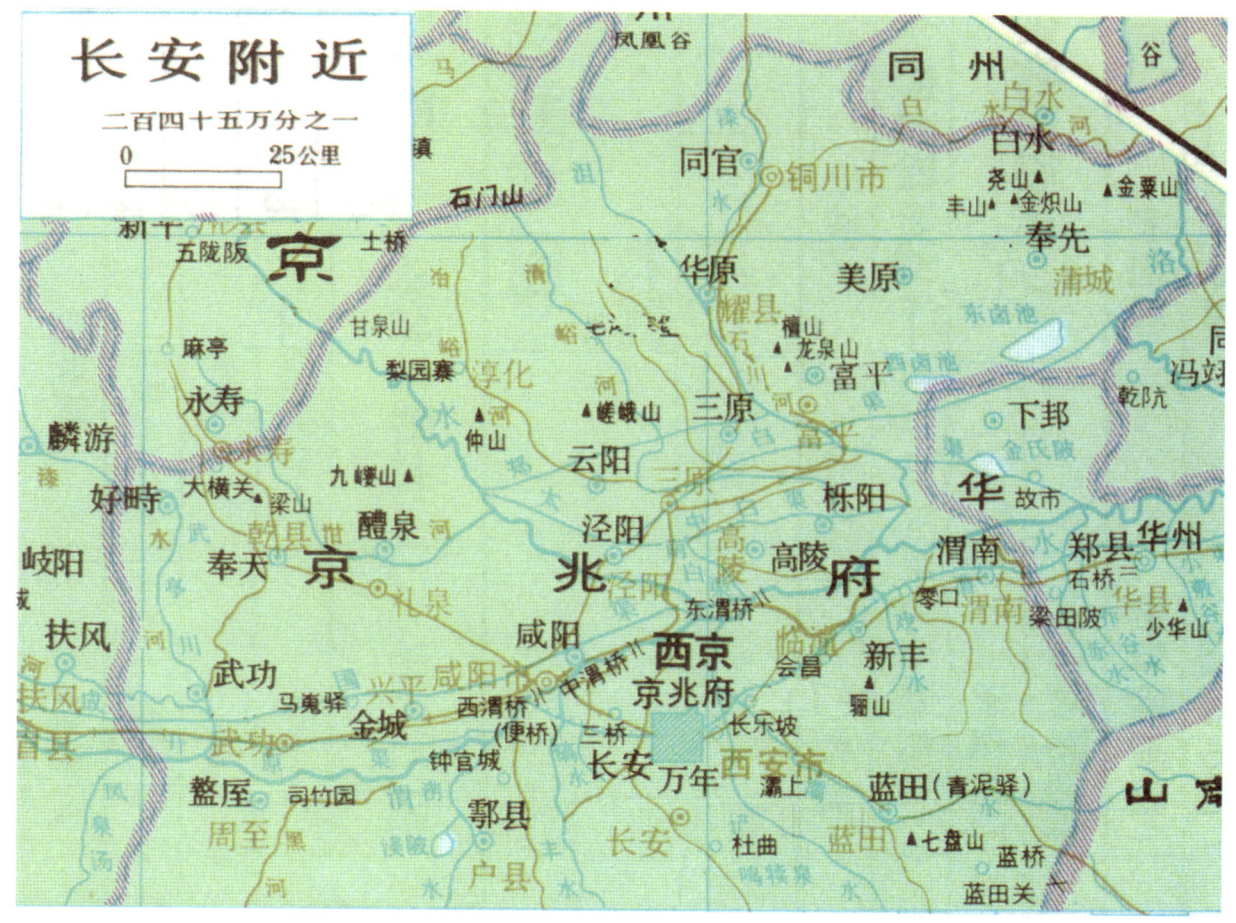

图1 唐京兆府图（底图采自谭其骧主编《中国历史地图集》第五册）

在此基础上又做了进一步的补充，所得成果蔚为大观。对于其余县乡里的研究，受到资料分散性的局限，研究者较少。笔者所知，最早的为日本学者爱宕元[1]，随后史念海先生主编的《西安历史地图集》中也标注了部分唐代乡名[2]（图2）。近年来，陕西尤其是关中地区各市县出土的碑刻文献资料得到大量的公布，为我们研究京兆府赤县之外各县的乡里提供了可能。笔者不揣谫陋，对京兆府万年长安两县之外的21县乡里做一辑考，囿于所见，脱漏良多，尚祈方家正焉。

一、咸阳县

《长安志》卷一三《咸阳县》："五乡，管五里。（注：唐二十乡。有五云乡、长陵乡，余不传。）河南乡，在县南，管资川里。平原乡，在县北，管平城里。安业乡，在县北，管介公里。龙首乡，在县北，管庆云里。奉贤乡，在县东，管奉城里。"[3]

敦煌县博物馆藏地志[4]（下简称《敦煌地志》）载，

---

1 〔日〕爱宕元：《唐代两京乡·里·村考》，《中国聚落史の研究》，刀水书房，1980年，第156—176页。
2 史念海主编：《西安历史地图集》，西安地图出版社，1996年。
3 《长安志》，第402页。
4 郑炳林：《敦煌地理文书汇集校注》，甘肃教育出版社，1989年，第152—153页。

图2　唐京兆府乡里图（采自史念海主编《西安历史地图集》）

咸阳县有乡"二□"。今辑得17乡。计五云乡、长陵乡、河南乡、平原乡、安业乡、龙首乡、奉贤乡、延陵乡、义陵乡、渭城乡、平城乡、杜尤乡、渭阳乡、五陵乡、茂道乡、龙泉乡，另有洪渡乡存疑。

1. 五云乡

五云乡在今咸阳市渭城区正阳乡。

《长安志》卷一三《咸阳县》："唐代祖元皇帝兴宁陵在县东三十五里五云乡。"[1]

《唐故潮州刺史上柱国李府君（李少赞）夫人会稽郡夫人合祔墓志铭》（开成三年，838）："以开成三年五月廿八日，合祔于京兆府咸阳县五云乡咸阳原。"[2]

2. 长陵乡

长陵乡在汉高祖长陵[3]周围，今咸阳市渭城区正阳乡、韩家湾乡一带。

《长安志》卷一三《咸阳县》："承天皇帝顺陵在县东北二十五里长陵乡。"[4]

3. 河南乡

4. 平原乡

5. 安业乡

6. 龙首乡

7. 奉贤乡

奉贤乡在今咸阳市渭城区周陵乡一带。

《陕西省咸阳市地名志》（下简称《咸阳地名志》）《唐独孤开远墓志铭》："贞观十六年三月七日，迁厝于雍州咸阳县洪渎原奉贤乡。"[5]

---

[1] 《长安志》，第416页。
[2] 胡戟、荣欣江主编：《大唐西市博物馆藏墓志》，北京大学出版社，2012年，第874—875页。
[3] 国家文物局主编：《中国文物地图集·陕西分册》（下），西安地图出版社，1998年，第605页。
[4] 《长安志》，第416页。
[5] 咸阳市地名工作办公室编：《陕西省咸阳市地名志》（内部资料），1984年，第8页。

图 3　怀道镇墓石（采自《咸阳碑石》，三秦出版社，1990 年）

《唐贺兰敏之墓志铭》（景龙三年，709）："以景龙三年八月十八日，葬于雍州咸阳县奉贤乡洪渎原。"[1] 咸阳市周陵乡出土。

白居易《元稹墓志》："以（大和）六年七月十二日祔葬于咸阳县奉贤乡洪渎原，从先宅兆也。"[2]

8. 延陵乡

延陵乡在汉成帝延陵[3]周围，今咸阳市渭城区周陵乡一带。

《唐赵孝颙墓志》（上元二年，675）："大唐雍州咸阳县延陵乡故人建节尉赵孝颙墓志一合。"[4] 咸阳市周陵乡陈老虎寨出土。

《唐怀道镇墓石》："今有太上清信弟子怀道，灭度五仙，托尸太阴，今于延陵乡安立宫室，庇形后土。"[5]（图3）

许志雍《唐故江南西道观察判官监察御史里行太原王公墓志铭》："公讳叔雅，字元宏。""以元和四年正月七日，告终于洪州南昌县之官舍。春秋五十有五。以其年十月十三日，归窆京兆府咸阳县之延陵乡。"[6]

9. 义陵乡

义陵乡当在汉哀帝义陵[7]附近，今咸阳市渭城区周陵乡一带。

《唐张府君墓志铭》：天宝七载（748）九月十七日"迁窆于咸阳县之北原义陵乡"[8]。

10. 渭城乡

《唐故朝请大夫汉州长史王公（王处俊）墓志铭》："以开元廿二年七月廿四日终于汉州之官舍，春秋五十七，粤以廿七年十月十四日，迁窆于雍州咸阳县渭城乡之北原"[9]。

11. 平城乡

平城乡在今秦都区双照乡、平陵乡之间。

《唐孟孝立墓志铭》（开元十五年，727）："粤以其年岁次丁卯八月辛丑朔二十庚申，迁祔于咸阳县平城乡之原。"咸阳市庞村出土[10]。

1　张鸿杰编：《咸阳碑石》，三秦出版社，1990年，第63页。
2　（清）董诰等编：《全唐文》卷六七九，中华书局，1983年，第6946页。
3　国家文物局主编：《中国文物地图集·陕西分册》（下），第355页。
4　马先登、李朝阳：《咸阳市渭城区出土的唐墓志》，《文博》1993年第2期，第80—81页。
5　张鸿杰编：《咸阳碑石》，第60页。
6　《全唐文》卷七一三，第7322页。
7　国家文物局主编：《中国文物地图集·陕西分册》（下），第355页。
8　中国文物研究所、陕西省古籍整理办公室：《新中国出土墓志》（陕西二下），文物出版社，2003年，第98页。
9　胡戟、荣欣江主编：《大唐西市博物馆藏墓志》，第510—511页。
10　张鸿杰编：《咸阳碑石》，第71页。

《唐大和七年佛顶尊胜陀罗尼经幢》："维大唐京兆府咸阳县平城乡龙池里张白龙村，仁勇校尉守左金卫晋州神山府折冲、上柱国、赐紫金鱼袋、左神武军宿卫彭城郡刘文朝奉为先亡于坟茔处创造，建立尊胜影幢一所。"咸阳市秦都区平陵乡白良村出土[1]。

12. 杜尤乡

杜尤当为杜邮之讹，其地在今咸阳市渭阳镇周围。

《史记·白起王翦列传》："武安君既行，出咸阳西门十里，至杜邮。"《索隐》："故咸阳城在渭北。杜邮，今在咸阳城中。"《正义》："今咸阳县城，本秦之邮也，在雍州西北三十五里。"[2]

《唐王恭墓志铭》（永徽五年，654）："粤以永徽五年岁次甲寅二月丁丑朔廿六日壬寅，合葬于雍州咸阳县杜尤乡。"[3]咸阳市渭城区出土。

13. 渭阳乡

《段世弘墓志》："粤以大唐贞观五年岁次辛卯十月丁亥朔十四日庚子归葬于雍州咸阳县渭阳乡。"[4]

14. 五陵乡

《姚贞谅墓志铭》（永泰二年，766）："天宝十三年正月十三日卒于敷化里第"，"即以永泰二年十月三日于五陵乡原祔王父旧茔合葬"[5]。案：此志文未明言五陵乡属何县，以名称含义度之，当在咸阳县。白居易《琵琶行》云："五陵年少争缠头"是也（或在栎阳县，见后）。

15. 茂道乡

茂道乡在西安咸阳机场周围。

《上官婉儿墓志》："大唐景云元年八月二十四日，窆于雍州咸阳县茂道乡洪渎原。"[6]西咸新区空港新城园区南大道项目建设用地出土。

16. 龙泉乡

《安宜令王晋妻刘氏合葬志》："以唐开元十五年十月五日随于所天旋祔葬于龙泉故里矩阴山北平原。"陆增祥案："《元和郡县志》，咸阳有短阴原，在县西南二十里。《陕西通志》云，短一作矩……短矩形似相淆，以志证之，作矩为是。"（《陶斋藏石》卷三六谓龙泉为关内道绥州属县）[7]

17. 洪渡乡（存疑）

《唐兰辅墓志铭》（永徽五年，654）："粤以永徽五年七月廿九日葬于雍州咸阳县洪渡北里之平原。"[8]

二、兴平县

兴平县唐代曾名始平县、金城县。《长安志》卷一四《兴平县》："六乡，管二百二十村。（注：唐二十乡。有扶风乡、汤祠乡，余不传。）被化乡，在郭下，管村四十。耿祠乡，在县西三里，管村四十。零保乡，在县东三里，管村四十。文渭乡，在县南五里，管村三十六。保安乡，在县东北五里，管村三十六。崇节乡，在县北三里，管村二十八。"[9]

---

[1] 张鸿杰编：《咸阳碑石》，第81页。
[2] （汉）司马迁撰，（宋）裴骃集解，（唐）张守节正义：《史记》，中华书局，1999年缩印本，第2337—2338页。
[3] 李慧、曹发展注考：《咸阳碑刻》，三秦出版社，2003年，第401页。
[4] 周绍良、赵超主编：《唐代墓志汇编续集》，上海古籍出版社，2001年，第10页。
[5] 武树善：《陕西金石志补遗》（上），三秦出版社，2016年，第21页。
[6] 《考古与文物》编辑部："'〈唐昭容上官氏墓志〉及其相关问题'学术研讨会纪要"，《考古与文物》2014年第1期，第116—120页。
[7] 陆增祥：《八琼室金石补正》卷五三，新文丰出版有限公司，1982年，第4857页。
[8] 李慧、曹发展注考：《咸阳碑刻》，第402页。
[9] 《长安志》，第425页。

《敦煌地志》载，金城县有乡24。今辑得15乡。计扶风乡、汤祠乡、被化乡、耿祠乡、零保乡、文渭乡、保安乡、崇节乡、成国乡、凤台乡、槐里乡、汤台乡、龙泉乡、茂陵乡、三陂乡。

1. 扶风乡

《长安志》卷一四《兴平县》灵宝泉条："旧图经曰：'醴泉在扶风乡，唐贞观十二年自然涌出。'"[1]

2. 汤祠乡

汤祠乡在今兴平市马嵬镇与南市镇之间。

《长安志》卷一四《兴平县》："商汤祠在县西北二十里汤祠乡。"[2]

3. 被化乡

4. 耿祠乡

5. 零保乡

6. 文渭乡

7. 保安乡

8. 崇节乡

9. 成国乡

成国乡在今兴平市西吴乡一带。

《唐郭英奇墓志铭》（天宝十三载，754）："即以十三载七月廿七日厝于金城县成国乡之原。"[3] 兴平西吴砖场出土。

10. 凤台乡

凤台乡在今兴平市马嵬镇一带。

《唐会要》卷六《和蕃公主·杂录》景龙四年（710）："二月一日，改始平县为金城县，又改地为凤台乡怆别里。"[4]

《陕西金石志补遗上》《唐贺兰誉墓志铭》："以开元十八年二月十四日遘疾终于唐安之官舍"，"即以其年十月四日葬于京兆府金城县凤台乡马嵬北原"[5]。

凤台乡，又做凤池乡。《旧唐书·吐蕃传上》：景龙四年（710）金城公主下嫁吐蕃赞普，"帝幸始平县以送公主，设帐殿于百顷泊侧，引王公宰相及吐蕃使入宴，中坐酒阑，命吐蕃使进前，谕以公主孩幼，割慈远嫁之旨，上悲泣歔欷久之。因命从臣赋诗钱别，曲赦始平县大辟罪已下，百姓给复一年，改始平县为金城县，又改其地为凤池乡怆别里"[6]。百顷泊，《长安志》载在兴平县西二十五里，即今马嵬镇。

11. 槐里乡

槐里为秦代县名，故址在今兴平市阜寨乡南佐村[7]。槐里乡得名当与之有关，则乡在此处。

《兴平县地志》："连槐树，右武德元年生槐里乡。"[8]

12. 汤台乡

汤台乡在今兴平市冉庄乡周围。

《兴平县地志》："芝草，右总章元年生汤台乡。"[9]

汤台乡最早见隋《常丑奴墓志铭》："大业元年十一月十九日终于神皇乡宅……以今三年岁次丁卯八月丁丑朔廿六日壬寅合葬于本县汤台乡之始平原。"[10]

---

1 《长安志》，第427页。
2 《长安志》，第431页。
3 韩若春：《陕西兴平发现唐郭英奇墓志》，《文博》1998年第3期，第72—73页。
4 （宋）王溥撰：《唐会要》卷六，中华书局，1955年，第76页。
5 武树善：《陕西金石志补遗》，三秦出版社，2016年，第18页。
6 《旧唐书》卷一九六上，第5227—5228页。
7 国家文物局主编：《中国文物地图集·陕西分册》（下），第454页。
8 郑炳林：《敦煌地理文书汇辑校注》，第199页。
9 汤台乡，郑炳林《敦煌地志》中作泻台乡，张沛先生说：泻台乡当为汤台乡之讹。经沙武田先生核对原文胶片，知作汤台是。
10 （清）张埧：《兴平县志》卷七，成文出版有限公司，1969年，第508页。

《史记·秦本纪》：秦宁公二年"遣兵伐荡社"。《正义》引《括地志》云："雍州三原县有汤陵。又有汤台，在始平县西北八里。"[1] 由此可知汤台乡当在唐兴平县西北八里许。另冉庄乡有汤台村，则汤台乡在此。

13. 龙泉乡

龙泉乡在今兴平市南卫乡以东。

《兴平县地志》："芝草，右武德口年生龙泉乡。"[2] 按龙泉乡之得名当与汉武帝龙渊宫有关。《汉书·武帝纪》：元光三年（前132）"起龙渊宫"[3]。《水经注·渭水》："（成国）故渠又东径茂陵县故城南。武帝建元二年置。《地理志》曰：宜帝县焉，王莽之宣成也。故渠又东径龙泉北，今人谓之温泉，非也。渠北故坂北即龙渊庙。"[4]《元和郡县图志》卷一："汉龙泉庙在兴平县东北二十四里。"[5] 由此可知龙泉乡当在唐兴平县东北二十四里许、汉武帝茂陵之东。

14. 茂陵乡

茂陵乡在今兴平市南卫乡一带。

《唐故河中府永乐县丞韦府君妻陇西李夫人墓志铭》（开成四年，839）："没于京兆府云阳县龙云乡之旧第，享年六十六。邻里乡党，恸若已属。用会昌五年正月廿四日，葬于兴平县茂陵乡肺浮原。"[6] 茂陵在今兴平市南卫乡茂陵村[7]。

15. 三陂乡

《大唐清河张府君（璬）墓志之铭》："并以天宝十二载二月十二日同归祔于京兆府金城县三陂乡旧茔东北卅二步。"[8]

三、云阳县

《长安志》卷二〇《云阳县》："五乡。管七十四村。（注：唐二十乡。金龟、平泉、古鼎三乡，今析置淳化县，有谷口乡，余不传。）流金乡，在县东南，管村一十二。嵯峨乡，在县北，管村一十八。万善乡，在县东，管村一十二。武康乡，在县西，管村一十八。青龙乡，在县南，管村一十四。""梨园店，在金龟乡。""皇朝淳化四年，建为淳化县。以云阳金龟、平泉、古鼎三乡，仍析山后甘延、温丰、威远三乡属焉。"[9]

《敦煌地志》载，云阳县有乡24。今辑得14乡1里。计金龟乡、平泉乡、古鼎乡、谷口乡、流金乡、嵯峨乡、万善乡、武康乡、青龙乡、甘延乡、温丰乡、威远乡、龙云乡、宜阳乡，青龙里。

1. 金龟乡

金龟乡在今淳化县车坞乡至城关镇一带。

《唐道广荼毗遗记》（元和五年，810）："京兆府云阳县金龟乡石洪里集阳村神塠兰若。"[10] 淳化县车坞

---

1 《史记》，第181页。
2 郑炳林：《敦煌地理文书汇辑校注》，第199页。
3 （汉）班固撰，（唐）颜师古注：《汉书》卷六，中华书局，1962年，第163页。
4 （北魏）郦道元撰，陈桥驿校证：《〈水经注〉校证》卷一九，中华书局，第459页。
5 （唐）李吉甫撰，贺次君点校：《元和郡县图志》卷二，中华书局，1983年，第26页。
6 陆增祥：《八琼室金石补正》卷七四，第5681页。
7 国家文物局主编：《中国文物地图集·陕西分册》（下），第455页。
8 毛凤枝：《关中石刻文字新编》卷四，新文丰出版有限公司，1982年，第17067页。
9 《长安志》，第596页。
10 姚生民：《淳化县文物志》第四章《石刻》，陕西人民教育出版社，1991年，第34页。

图4 道广荼毗记（采自《淳化县文物志》，陕西人民教育出版社，1991年）

乡神圪垯村出土（图4）。

《永乐大典》卷八〇八九《城》淳化故城条引《元一统志》："淳化故城，本云阳县金龟乡。"[1]

《唐宪超塔铭》（元和十三年，818）："唐元和十三年岁次戊戌十月辛亥（朔）二十日庚午崇建，金龟乡卧龙里纪也。"[2] 淳化县政府驻地出土（图5）。

2. 平泉乡

在今淳化县南部。

3. 古鼎乡

古鼎乡得名当与汉武帝得汾阴宝鼎有关。《史记·封禅书》："汾阴巫锦为民祠魏脽后土营旁，见地如钩状，掊视得鼎。鼎大异于众鼎，文镂无款识，怪之，言吏。吏告河东太守胜，胜以闻。天子使使验问巫得鼎无奸诈，乃以礼祠，迎鼎至甘泉，从行，上荐之。至中山，曣㬈，有黄云盖焉。有麃过，上自射之，因以祭云。至长安，公卿大夫皆议请尊宝鼎。"[3] 古鼎乡当在仲山周围，即今泾阳县白王乡与淳化县石桥乡之间。

4. 谷口乡

谷口乡在今泾阳县白王镇与淳化县石桥乡之间。

---

1 《永乐大典》卷八〇八九"城"，中华书局，1986年，第9039页。
2 姚生民：《淳化县文物志》第四章《石刻》，第34页。
3 《史记》，第1392页。

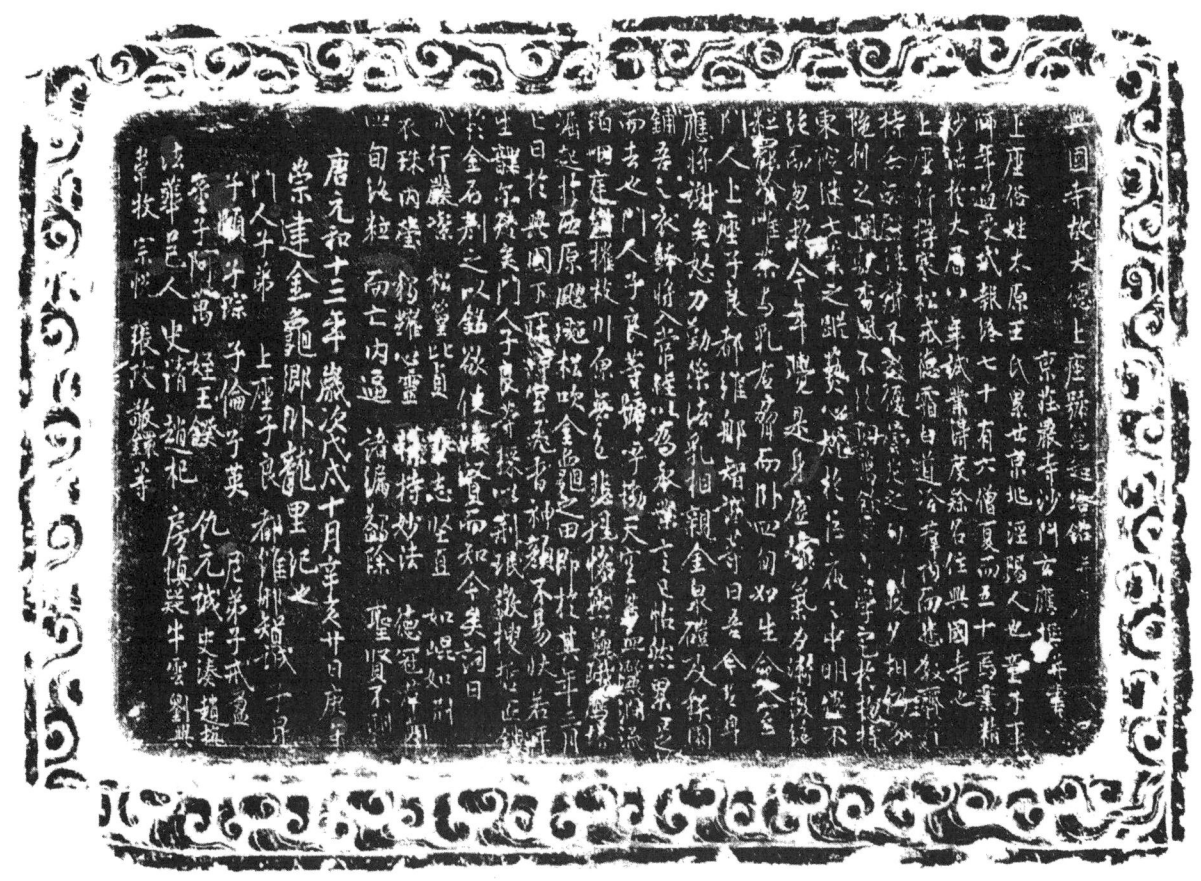

图 5　宪超塔铭（采自姚生民等《淳化金石文存》）

《长安志》卷二〇《云阳县》："宣宗贞陵，在县西北四十里小王山谷口乡邓村。"[1] 贞陵在今泾阳县白王乡唐王村。

5. 流金乡

6. 嵯峨乡

嵯峨乡在今泾阳县蒋路乡、龙泉乡以及三原县嵯峨乡一带。

开元二十一年（733）《西州都督府案卷为勘给过所事》："蒋化明年廿六。化明辨：被问先是何州县人，得共郭林驱驴，仰答，但化明先是京兆府云阳县嵯峨乡人。"[2]

《长安志》卷二〇《云阳县》："唐德宗崇陵，在县北一十五里嵯峨乡化青村。"[3] 崇陵在今泾阳县蒋路乡与嵯峨乡之间。

《大周故绛州龙门县丞仇府君墓志铭》："粤以大周久视元年岁次庚子闰七月乙酉朔六日壬午，葬于鼎州云阳县山嵯峨乡北平原。"[4]

7. 万善乡

---

[1] 《长安志》，第601页。

[2] 国家文物局古文献研究室等编：《吐鲁番出土文书》第九册，文物出版社，1990年，第61页。

[3] 《长安志》，第601页。

[4] 胡戟、荣新江主编：《大唐西市博物馆藏墓志》，第322—323页。

8. 武康乡

9. 青龙乡

10. 甘延乡

甘延乡在今淳化县北部。

11. 温丰乡

温丰乡在今淳化县北部。

12. 威远乡

威远乡在今淳化县北部。

13. 龙云乡

《唐故河中府永乐县丞韦府君妻陇西李夫人墓志铭》（开成四年，839）："没于京兆府云阳县龙云乡韦之旧第，享年六十六。邻里乡党，恸若己属。用会昌五年正月廿四日，葬于兴平县茂陵乡肺浮原。"[1]

《代宗朝赠司空大辨正广智三藏和上表制集》卷二："大历二年三月二十六日，请度扫洒先师龙门塔所僧制一首：'当院行者赵元及年三十五，贯京兆府云阳县龙云乡修德里。'"[2]

14. 宜阳乡

宜阳乡在今泾阳县兴隆乡一带。

《唐庞廓碑》（贞观二十年，646）："以贞观廿年闰三月廿九日寝疾，卒于申州馆舍，春秋（下残）亡客商兴罢市之恸，即以其年十月廿六日迁厝于云阳县宜阳乡黄龙原。"[3] 泾阳县兴隆乡徐庄村出土。

青龙里

《陕西金石志补遗上》中《唐故京兆真化府折冲都尉鲁国车府君（益）墓志铭》（大和七年，833）："公讳□字益，其先京兆云阳青龙里之人也。"[4]

四、泾阳县

《长安志》卷一七泾阳县："六乡。管六里。（注：唐十八乡。）瑞宁乡，管神狐里。永顺乡，在县东，管耦南里。会仙乡，在县东，管仙洞里。广吉乡，在县东，管张良里。河池乡，管养生里。宜善乡，在县外，管辅政里。"[5]

《敦煌地志》载，泾阳县有乡24。今辑得16乡。计瑞宁乡、永顺乡、会仙乡、广吉乡、河池乡、宜善乡、众善乡、仙同乡、仙圃乡、善明乡、谷口乡、杜原乡、慈□乡、善化乡、尝乐乡、録泽乡。

1. 瑞宁乡

2. 永顺乡

3. 会仙乡

4. 广吉乡

5. 河池乡

6. 宜善乡

7. 众善乡

《唐龙门清明寺苏伏宝造像题记》："雍州泾阳县众善乡苏伏宝为七世父母见存父母合家大小及一切众生造一佛二菩萨花［化］生供养垂拱三年二月十六日成。"[6]

8. 仙同乡

---

1 陆增祥：《八琼室金石补正》卷七四，第5681页。
2 （唐）释圆照集：《代宗朝赠司空大辨正广智三藏和上表制集》，《大藏经·史传部》第2120部。转引自〔日〕爱宕元：《唐代两京乡·里·村考》，《中国聚落史的研究》，第174页。
3 李雪芳：《新见唐代〈庞廓碑〉考释》，《文博》2011年第6期，第54页。
4 武树善：《陕西金石志补遗》，第26页。
5 《长安志》，第521—522页。
6 张全有：《唐代雍州人与龙门清明寺造像》，魏全瑞主编：《隋唐史论——牛致功教授八十华诞祝寿文集》，三秦出版社，2007年，第314页。

《泾阳县经幢》："泾阳县观□□□像□□□□□于仙同乡先代和尚塔院先□□□□□尊胜陀罗尼幢一所，弟子僧义肃、义伦、义端等三人。长庆元年十月廿八日建造。"[1]

9. 仙圃乡

《泾阳县经幢》："秦都绮甸，神皋奥区，有县曰泾之阳，乡曰仙之圃，圃有店曰六渠。"王昶按："仙圃其迹约略在郑白二渠之间。"[2]

10. 善明乡

《唐刘初墓志铭》（垂拱元年，685）："粤以垂拱元年岁次乙酉七月乙巳朔五日己酉，于泾阳县善明乡白渠北之原同所。"[3]泾阳县出土。

《大唐故正议大夫行夔州长史兼侍御史雁门郡田夫人墓志铭》："以开成五祀十一月卅日，以葬于泾阳县苗圃乡张保村"。[4]

11. 谷口乡

谷口乡之得名当与谷口县有关。《战国策·秦策三》："范雎曰：'大王之国，北有甘泉、谷口。'"[5]《汉书·郊祀志上》："其后黄帝接万灵明庭。明庭者，甘泉也。所谓寒门者，谷口也。"[6]《雍录》卷七："谷口，在云阳县西四十里，郑子真隐于此……即郑白渠出山之处。"[7]《汉书·地理志》左冯翊有谷口县，本注："九嵕山在西。有天齐公、五床山、仙人、五帝祠四所。莽曰谷喙。"[8]谷口在今泾阳县口镇一带。

《唐任智才墓志铭》（载初元年，689）："载初元年七月八日合葬于谷口乡之原。"[9]泾阳县出土。

12. 杜原乡

《唐刘府君妻李娘墓志铭》（证圣元年，695）："粤以证圣元年正月廿九日，迁祔于鼎州泾阳县杜原乡之旧茔。"[10]出土地不详，现存泾阳县文庙。

13. 慈□乡

《泾阳宋思忠题记》："雍州泾阳县慈□乡宋思忠造□佛垂拱三年三月□□日。"[11]案：泾阳为泾阳之讹。

14. 善化乡

《册府元龟》卷三〇《帝王部·奉先第三》大和元年（827）："五月京兆府奏：庄陵准穆宗陵例，割邻近县乡奉陵供应。今高陵县万福乡、富平县从化乡、泾阳县善化乡、泾阳县尝乐乡，其界并不隔越，伏准穆宗陵例合割前件四乡属三原县添奉陵寝。"[12]

15. 尝乐乡

见《册府元龟》卷三〇《帝王部·奉先第三》大和元年（827）："五月京兆府奏"条[13]。

16. 録泽乡

《大唐太原郡郭府君墓志铭》："会昌三年癸亥岁

---

1 （清）王昶：《金石萃编》卷六六，新文丰出版有限公司，1982年，第1133页。
2 （清）王昶：《金石萃编》，第1150页。
3 李慧、曹发展注考：《咸阳碑刻》，第429页。
4 胡戟、荣新江主编：《大唐西市博物馆藏墓志》，第892—893页。
5 （汉）刘向集录：《战国策》卷五，中华书局，1985年，第189页。
6 《汉书》，第1228页。
7 （宋）程大昌撰，黄永年点校：《雍录》，中华书局，2002年，第141页。
8 《汉书》卷二八上，第1545页。
9 李慧、曹发展注考：《咸阳碑刻》，第433页。
10 李慧、曹发展注考：《咸阳碑刻》，第433页。
11 陆增祥：《八琼室金石补正》卷三二，第4505页。
12 （宋）王钦若等编纂，周勋初等校订：《册府元龟》卷三〇，凤凰出版社，2006年，第309页。
13 《册府元龟》，第309页。

二月庚申朔七日丙寅，窆于泾阳县西北五里録泽乡五袴村南一里原。"[1]

五、三原县

《长安志》卷二〇《三原县》："一十二乡。管一百三十四村。（注：唐二十乡。开成五年析仁化乡隶富平县奉章陵。会昌元年，以高陵县清平乡来属，奉庄陵。有太平乡。余不传。）丰元乡，在县北，管村一十。万寿乡，在县北，管村八。清水乡，在县西北，管村一十九。常平乡，在县西南，管村一十八。万福乡，在县南，管村一十八。从化乡，在县西南，管村一十三。修真乡，在县西南，管村一十四。务高乡，在县东南，管村七。神泉乡，在县东，管村七。龙池乡，在县东，管村六。新乐乡，在县东，管村九。奉节乡，在县南，管村五。"[2]

《敦煌地志》载，三原县有乡24。今辑得22乡。计仁化乡、太平乡、丰元乡、万寿乡、清水乡、常平乡、万福乡、从化乡、修真乡、务高乡、神泉乡、龙池乡、新乐乡、奉节乡、古鼎乡、宏化乡、长坳乡、洪寿乡、落泉乡、淳化乡、柏台乡，另清谷乡存疑。

1. 仁化乡
2. 太平乡

太平乡在今三原县陵前乡。

《长安志》卷二〇《三原县》："敬宗庄陵，在县西北五里太平乡胡村。"[3]庄陵在今三原县陵前乡柴家窑村[4]。

3. 丰元乡

丰元乡当为丰原乡之讹，在今三原县陵前乡。

《唐李广业碑》（贞元廿年，804）："以开元十八年八月二日终于剑州官舍，春秋五十有一。以其年十二月迁祔于京兆府三原县丰原乡之北原。"[5]今存三原县陵前乡焦村李广业墓前。

《长安志》卷二〇《三原县》："唐景皇帝永康陵，在县西北十八里丰原、万寿两乡大澹村。"[6]永康陵在今三原县陵前乡侯家堡村[7]。

4. 万寿乡

万寿乡在今三原县陵前乡。

《唐于志宁碑》（乾封元年，666）："以□封元年岁次景寅十一月癸亥朔□二日甲申葬于雍州三原县万寿乡清池里。"[8]碑存三原县北五十里三家店，今三原县陵前乡兴隆村于志宁墓前。

《唐于大猷碑》（圣历三年，700）："以其年岁次庚子十一月乙亥朔十二日□戌合葬于雍州三原县万寿乡□坳□先茔。"[9]碑存三原县北五十里三家店。今三原县陵前乡陵前村于大猷墓前。

《唐于知微碑》："以开元二年十一月十八日迁祔

---

[1] 胡戟、荣新江主编：《大唐西市博物馆藏墓志》，第890—891页。
[2] 《长安志》，第591页。
[3] 《长安志》，第594页。
[4] 国家文物局主编：《中国文物地图集·陕西分册》（下），第447页。
[5] 《金石萃编》卷一〇四，第1756页。
[6] 《长安志》，第593页。
[7] 国家文物局主编：《中国文物地图集·陕西分册》（下），第446页。
[8] 《金石萃编》卷五六，第533页。
[9] 《金石萃编》卷六三，第1080页。

于京兆府三原县万寿乡长坳原旧茔。"[1]

《唐于德芳碑》（龙朔三年，663）："其年五月癸丑朔二十日壬申葬于三原县万寿乡。"[2]今存三原县陵前乡陵前村东北于德芳墓前。

《唐于遂古墓志铭》（圣历二年，699）："粤以圣历二年四月一日，合葬于鼎州三原县万寿之乡原。"[3]三原县出土。

《大唐秘书郎魏州贵乡县令东海县开国子于君（于立本）妻卢氏墓志铭》："永隆二年岁次辛巳五月己巳朔五日癸酉，迁窆于雍州三原县万寿乡长坳之原。"[4]

5. 清水乡

清水乡当在三原县北清峪河一带。

6. 常平乡

7. 万福乡

8. 从化乡

9. 修真乡

10. 务高乡

11. 神泉乡

神泉乡在今三原县徐木乡。

《长安志》卷二〇《三原县》："武宗端陵，在县东一十里神泉乡腾张村。"[5]端陵在今三原县徐木乡桃沟村[6]。

《太史丞袁神墓志》（永徽五年，654）："五年正月十日移葬于三原县神泉乡之原。"[7]

12. 龙池乡

龙池乡在今三原县徐木乡、富平县吕村乡之间。

《长安志》卷二〇《三原县》："高祖献陵，在县东一十八里龙池乡唐朱村。"[8]献陵在今三原县徐木乡永和村，陪葬墓在三原县嵯峨乡、富平县吕村乡[9]。

案：龙池乡辖吕村、任村、王村、刘村、朱村、唐禄村、房村、袁吕村、谢村等村。见献陵（贞观十三年，639）《齐士员造像记》[10]。

13. 新乐乡

14. 奉节乡

15. 古鼎乡

《唐龙门清明寺薛福造像题记》："雍州三原县古鼎乡高池里弟子薛福妻□什柱男□女□为亡□父母□□合家大小平安愿造一佛二菩萨垂拱三年二月十六日成。"[11]

《唐龙门清明寺戴婆造像题记》："雍州三原县古鼎乡高池里弟子戴婆周修福妻赵慈善男周元静普为

---

[1] 《金石萃编》卷七一，第1223页。
[2] 李慧、曹发展注考：《咸阳碑刻》，第405页。
[3] 李慧、曹发展注考：《咸阳碑刻》，第442页。
[4] 胡戟、荣新江主编：《大唐西市博物馆藏墓志》，第237—238页。
[5] 《长安志》，第594页。
[6] 国家文物局主编：《中国文物地图集·陕西分册》（下），第448页。
[7] 刘莲芳：《唐〈太史丞袁神墓志〉考释》，《碑林集刊》（八），陕西人民美术出版社，2002年，第183—186页。
[8] 《长安志》，第594页。
[9] 国家文物局主编：《中国文物地图集·陕西分册》（下），第477页。
[10] 《齐士员造像记》："陵寝二所宿卫人吕村、任村、王村、刘村、朱村、唐禄村、房村、袁吕村、谢村宿老等。"毛凤枝：《关中石刻文字新编》卷一，民国二十四年（1935）刊本。
[11] 张全有：《唐代雍州人与龙门清明寺造像》，第315页。

法界众生七世父母见存父母合家大小愿平安垂拱三年二月十六日造一佛二菩萨。"[1]

16. 宏化乡

宏化乡在今富平县淡村镇。

《唐韩仲良碑》（贞观十二年，638）："其年十一月五日迁厝于雍州三原县宏化乡。"[2]注：碑存三原县淡村，淡村今属富平县。

17. 长坳乡

长坳乡在今三原县陵前乡。

《唐臧怀亮墓志铭》（天宝十年，751）："开元十八年十月廿四日，礼厝于三原县之长坳。"[3]三原县陵前乡三合村西300米处出土。

《唐臧希晏碑》（大历五年，770）："有唐广德二年八月五日朔左金吾卫将军臧公薨于□□安邑里之第，享年五十有三，大历五年十月十五日葬于三原县长坳乡。"[4]臧希晏为臧怀恪子，今存三原县陵前乡西三店村臧希晏墓前。

18. 洪寿乡

洪寿乡在今三原县陵前乡。

《唐濮阳令于孝显碑》："爰以贞观十四年岁次庚子十一月壬寅朔十日戊子迁窆于雍州三原县洪寿乡之原。"[5]碑在三原县淡村。

19. 落泉乡

《元复业墓志铭》："广德元年八月十四日于三原县落泉乡长平原祔先茔。"[6]

20. 淳化乡

《让皇帝第十一男瑁母夫人韦氏墓志铭》："以天宝元年七月七日，迁归于京兆府三原县淳化乡之北原。"[7]

21. 柏台乡

《大唐故朝议郎太子通事舍人上柱国天水赵府君（赵昇朝）墓志铭》："元和二年十一月廿五日，终于柏台乡马公里之私第，享龄七十有一……即以元和六年正月十日卜宅于丰原之岗。"[8]

案：墓志未记柏台乡所属之县，而丰原在三原县，则柏台乡亦在此。

22. 清谷乡（存疑）

《唐第五玄昱墓志铭》（大历十二年，777）："是岁十月廿八日，筮地于渭北清谷之东原。"[9]

六、渭南县

《长安志》卷一七《渭南县》："四乡。管八里。（注：唐十九乡。）神德乡，在县郭下，管里二：仁和里、丰阴里。石泉乡，在县西南，管里二：曹刘里、崛泉里。神川乡，在县南，管里二：清化里、乐坊里。广阳乡，在县东，管里二：临渭里、金泉里。"[10]

《敦煌地志》载，渭南县有乡26。今辑得5乡。计神德乡、石泉乡、神川乡、广阳乡、长源乡。

1. 神德乡

---

[1] 张全有：《唐代雍州人与龙门清明寺造像》，第315—316页。
[2] 《金石萃编》卷五〇，第849页。
[3] 李慧、曹发展注考：《咸阳碑刻》，第462页。
[4] 《金石萃编》卷九五，第1592页。
[5] （清）陆耀遹：《金石续编》卷四，新文丰出版有限公司，1982年，第3075页。
[6] 武树善：《陕西金石志》卷一四，第13页。
[7] 胡戟、荣新江主编：《大唐西市博物馆藏墓志》，第524—525页。
[8] 胡戟、荣新江主编：《大唐西市博物馆藏墓志》，第758—759页。
[9] 李慧、曹发展注考：《咸阳碑刻》，第474页。
[10] 《长安志》，第532—533页。

神德乡在今渭南市临渭区老县城周围。

2. 石泉乡

3. 神川乡

4. 广阳乡

5. 长源乡

《旧唐书·李渤传》："时皇甫镈作相，剥下希旨。会泽潞节度使郗士美卒，渤充吊祭使，路次陕西，渤上疏曰：'臣出使经行，历求利病。窃知渭南县长源乡本有四百户，今才一百余户。'"[1]

七、昭应县

昭应、庆山、新丰三县，宋代为临潼县。《长安志》卷一五《临潼县》："三乡。管一百一十六村。（注：唐十八乡。）旌儒乡，在县西南，管村三十九。会德乡，县东南一十里，管村三十六。润渭乡，在县东四十五里，管村四十一。"[2]

《敦煌地志》载，新丰县有乡11。今辑得6乡。计旌儒乡（坑儒乡）、会德乡、润渭乡、仪凤乡、露台乡、故叠乡。

1. 旌儒乡（坑儒乡）

旌儒乡在今西安市临潼区韩峪乡。

《新唐书·地理志一》：昭应县"有旌儒乡，有庙，故坑儒，玄宗更名"[3]。

《长安志》卷一五《昭应县》："坑儒谷在县西南五里，秦始皇坑儒于骊山下，故名坑儒乡。""唐天宝中改为旌儒乡。"[4]

《宋重刊旌儒庙碑》："天子在骊山之宫，登集灵之台，考图验地，周览原隰，见乡名坑儒，颓堑犹在，慨然感亡秦之败德，哀先儒之道丧，殭死千载，游魂无依，乃诏有司是作新庙，牲币有数，以时飨祀。因祠命乡，号曰旌儒。"[5]《旌儒庙碑》原在西安市临潼区韩峪乡洪庆堡村，"文革"时期被毁[6]。

2. 会德乡

3. 润渭乡

4. 仪凤乡

仪凤乡在今西安市临潼区斜口乡。

《唐董务忠墓志铭》："以大周天授二年十月十二日，葬于鸿州庆山县仪凤乡（简报无乡字，拓片此处不清，但有痕迹）之凤凰原。"[7]临潼斜口乡地窑村出土。

5. 露台乡

露台乡在今西安市临潼区秦陵街道办事处。

《括地志辑校》卷一《新丰县》："新丰县南骊山上犹有露台之旧址，其处名露台乡。"[8]

《旧唐书·五行志》："则天时，新丰县东南露台乡，因大风雨雹震，有山踊出，高二百尺，有池周三顷，池中有龙凤之形、禾麦之异。则天以为休征，名为庆山。"[9]

6. 故叠乡

《代宗朝赠司空大辨正广智三藏和上表制集》卷

---

[1] 《旧唐书》卷一七一，第4438页。
[2] 《长安志》，第449页。
[3] 《新唐书》卷三七，第963页。
[4] 《长安志》，第451页。
[5] 《金石萃编》卷一二九，第2394页。
[6] 国家文物局主编：《中国文物地图集·陕西分册》（下），第76页。
[7] 程学华、程蕊萍：《唐遂州司马董务忠墓清理简报》，《文博》1996年第2期，第95页。
[8] （唐）李泰等著，贺次君辑校：《〈括地志〉辑校》，中华书局，1980年，第20页。
[9] 《旧唐书》卷三七，第1350页。

二，大历二年（767）三月二十六日"童子李宝达年十三（贯京兆府昭应县故叠乡修文里）"。[1]

八、高陵县

《长安志》卷一七《高陵县》："五乡。管一百一十九村。（注：唐七乡。会昌元年析清平乡隶三原奉庄陵。余不传。）仁义乡，在县西七里，管村二十。奉君乡，在县北八里，管村一十五。修真乡，在县东一里，管村二十五。上原乡，在县西南一十里，管村二十八。润国乡，在县南一十八里，管村二十一。"[2]《敦煌地志》载，高陵县有乡26。今辑得10乡。计仁义乡、奉君乡、修真乡、上原乡、润国乡、清平乡、鹿台乡、麓苑乡、乐安乡、万福乡。

1. 仁义乡

2. 奉君乡

3. 修真乡

4. 上原乡

5. 润国乡

6. 清平乡

《宋运妻王氏墓志铭》："以永淳二年二月二十八日卒于高陵清平归义里私第。"[3]

7. 鹿台乡

《陕西金石志》卷一〇引《关中金石记》云，《河间公李晦碑》（永昌元年，689），碑原在高陵县鹿台乡[4]。

8. 麓苑乡

案：今高陵县有鹿苑镇，或唐麓苑乡即在此处。《唐冯师训碑》："粤以长寿三年五月十九日，迁窆于麓苑之西原，礼也。"[5]高陵县梁原村出土。

9. 乐安乡

《唐故魏州昌乐县令孙君（义普）墓志铭》："即以文明元年五月廿一日卜葬于高陵县之西南乐安乡之偶原。"[6]

《大周郑州中牟县令孙府君（孙知节）墓志铭》："长安二年十一月十九日合葬于雍州高陵县乐安乡平原。"[7]

10. 万福乡

《册府元龟》卷三〇《帝王部·奉先第三》：大和元年（827）"五月京兆府奏：庄陵准穆宗陵例，割邻近县乡奉陵供应。今高陵县万福乡、富平县从化乡、泾阳县善化乡、泾阳县尝乐乡，其界并不隔越，伏准穆宗陵例合割前件四乡属三原县添奉陵寝。"[8]

九、同官县

《长安志》卷二〇《同官县》："四乡。管二百三村。（注：唐六乡。）丹青乡，在县东，管村六十二。神水乡，在县北，管村六十三。永宁乡，在县南，管村四十一。喜化乡，在县西南，管村三十七。"[9]

《敦煌地志》载，同官县有乡11。今辑得4乡。

---

[1] （唐）释圆照集：《代宗朝赠司空大辨正广智三藏和上表制集》，《大藏经·史传部》第2120部。转引自〔日〕爱宕元：《唐代两京乡·里·村考》，《中国聚落史の研究》，第58—68页。

[2] 《长安志》，第527—528页。

[3] （清）端方：《匋斋藏石记》卷二二，新文丰出版有限公司，1982年，第8203页。

[4] 武树善：《陕西金石志》卷一〇，第4页。

[5] 董国柱编著：《高陵碑石》，三秦出版社，1993年，第109页。

[6] （清）毛凤枝：《关中石刻文字新编》卷三，第17038页。

[7] 胡戟、荣新江主编：《大唐西市博物馆藏墓志》，第328—329页。

[8] 《册府元龟》卷三〇，凤凰出版社，2006年，第309页。

[9] 《长安志》，第602页。

计丹青乡、神水乡、永宁乡、善化乡。而《长安志》所载之喜化乡为善化乡形近之讹。

1. 丹青乡

2. 神水乡

今铜川市印台区金锁关镇有神水峡，北魏时有关山，明代在此置金锁关。则神水乡在今金锁关镇周围。

3. 永宁乡

永宁乡在今铜川市耀州区董家河镇。

《郄震买地券》（明昌四年，1193）："耀州同官县永宁乡丰择村南原，工告厝宅兆。"[1] 铜川市耀州区董家河镇出土。

4. 善化乡

其地在今铜川市耀州区石柱镇周围。

《唐善化乡石柱顶尊胜陀罗尼经幢》（元和十一年，816）："今于本管同官县善化乡石柱佛堂，建立宝幢。"[2] 原存铜川市耀州区石柱镇石柱村。

一〇、富平县

《长安志》卷一九《富平县》："一十一乡。管二百七十九村。（注：唐四十四乡。元和元年以栎阳县大泽乡、奉先县神泉乡来属，奉丰陵。十五年析万年乡隶奉先县，奉景陵。长庆四年析丰水乡隶奉先县，奉先陵。开成五年，以三原县仁少乡来属，奉章陵。又有周文、通开、会善三乡。余不传。）招福乡积善里，在县东北，管村二十八。义亭乡龙门里，在县南，管村三十二。薄台乡怀仁里，在县西南，管村三十二。安丰乡进善里，在县东南，管村二十八。永闰乡京阳原义里，在县西北，管村二十八。大泽乡龙西里，在县西南，管村一十一。丰闰乡保济里，在县东南，管村一十七。义林乡神地里，在县西，管村一十六。脾阳乡龙游里，在县南，管村二十二。临原乡大秦里，在县东南，管村二十九。平皋乡昌仁里，在县北，管村三十九。"[3]

《敦煌地志》载，富平县有乡29。今辑得19乡。计万年乡、周文乡、通关乡、会善乡、丰水乡、招福乡、义亭乡、薄台乡、安丰乡、永闰乡、大泽乡、丰闰乡、义林乡、脾阳乡、临原乡、平皋乡、从化乡、淳化乡、赤阳乡。

1. 万年乡

2. 周文乡

周文乡在今富平县宫里镇。

《长安志》卷十九《富平县》："唐中宗定陵，在县西北一十五里龙泉山周文乡郭门村。"[4] 定陵在今富平县宫里乡狮子窝村[5]。

3. 通关乡

通关乡在今富平县曹村乡。

《长安志》卷一九《富平县》："顺宗丰陵，在县东北三十五里金瓮山通关乡修善、义周、公孙三村。"[6] 丰陵在今富平县曹村乡前北堡村[7]。

---

[1] 铜川市考古研究所：《陕西铜川耀县董家河金墓清理简报》，《文博》1998年第1期。
[2] 曹永彬：《药王山碑刻》，三秦出版社，2013年，第288页。
[3] 《长安志》，第576—577页。
[4] 《长安志》，第584页。
[5] 国家文物局主编：《中国文物地图集·陕西分册》（下），第605页。
[6] 《长安志》，第584页。
[7] 国家文物局主编：《中国文物地图集·陕西分册》（下），第607页。

4. 会善乡

会善乡在今富平县长春乡、铜川市耀州区孙塬镇之间。

《长安志》卷一九《富平县》："懿宗简陵，在县西北四十里紫金山会善、永闰两乡范村。"[1] 简陵在今富平县长春乡东窑里村[2]。

5. 丰水乡

《旧唐书·敬宗本纪》："（长庆四年五月）己未，割富平县之丰水乡、下邽县之翟公乡、澄城县之抚道乡、白水县之会宾乡，以奉景陵。"[3]

6. 招福乡

7. 义亭乡

义亭乡得名当与魏晋时期义亭故城有关。万历《富平县志》载："唐开元年间徙富平于义亭城。"[4] 唐富平县即今富平县华朱乡银沟村，则义亭乡当在今华朱乡。

8. 薄台乡

李宗闵《辅国大将军行左神策军将军知军事检校右散骑常侍兼御史大夫义阳郡王食实封二百户赠越州都督刑部尚书苻公神道碑铭（并序）》："以贞元十四年七月二十四日，终于靖恭里赐第，享年六十有五。赠越州都督。其年黄钟月庚申日，葬于京兆富平之薄台，从先仆射之兆也。"[5]

《杨隐墓志》（开元廿七年）："以开元廿七年八月廿四日葬于薄台乡伏龙原。"[6]

薄台乡有薄台村。

《太平广记》卷三〇一《神十一·仇嘉福》："唐仇嘉福者，京兆富平人，家在薄台村。"[7]

9. 安丰乡

10. 永闰乡

永闰乡在今富平县庄里镇、雷村乡、齐村乡之间。

《长安志》卷一九《富平县》："代宗元陵，在县西北三十里檀山永闰乡管村。"[8] 元陵在今富平县庄里镇黄窑村[9]。

又"文宗章陵，在县西北二十里天乳山永闰乡洪波"[10]。章陵在今富平县雷村乡箭杆岭村。

11. 大泽乡

案：《汉书·宣帝纪》："数上下诸陵，周遍三辅，常困于莲勺卤中。"如淳曰："莲勺县有盐池，纵广十余里，其乡人名为卤中。"师古曰："今在栎阳县东。其乡人谓此中为卤盐池也。"[11] 大泽乡之名当来源于此。其地在今富平县东南。

12. 丰闰乡

---

1 《长安志》，第584页。
2 国家文物局主编：《中国文物地图集·陕西分册》（下），第607页。
3 《旧唐书》卷一七上，第510页。
4 （明）孙丕扬撰：《富平县志》卷二《地形》，乾隆四十三年（1775）刊本。
5 《全唐文》卷七一四，第7340页。
6 李阳：《唐〈杨隐墓志〉考释》，《碑林集刊》（十一），陕西人民美术出版社，2005年，第115页。
7 （宋）李昉等编：《太平广记》卷三〇一，中华书局，1961年，第2390页。
8 《长安志》，第584页。
9 《长安志》，第584页。
10 《长安志》，第584页。
11 《汉书》卷二八上，第237页。

13. 义林乡

义林乡在今富平县梅家坪镇至铜川新区南部之间。

《任台买地券》(熙宁六年,1073):"大宋国耀州界富平县义林乡亡过人任台。"[1] 铜川新区出土(图6)。

14. 脾阳乡

《大唐故郭君妻师夫人墓志铭》:"夫人讳晖,雍州高陵人也……武德六年二月十七日终于五陵乡里舍……永徽三年十一月甲寅朔二十日癸酉迁窆于脾阳乡永固里荆原之茔。"[2]

15. 临原乡

16. 平皋乡

17. 从化乡

《册府元龟》卷三〇《帝王部·奉先第三》大和元年(827):"五月京兆府奏:庄陵准穆宗陵例,割邻近县乡奉陵供应。今高陵县万福乡、富平县从化乡、泾阳县善化乡、泾阳县尝乐乡,其界并不隔越,伏准穆宗陵例合割前件四乡属三原县添奉陵寝。"[3]

18. 淳化乡

白居易《唐扬州仓曹参军王府君墓志铭》:"以永贞元年十月二十五日,迁窆于京兆府富平县淳化乡之某原,从吉兆也。"[4]

19. 赤阳乡

《代宗朝赠司空大辨正广智三藏和上表制集》卷一,广德二年(764)二月六日降诞日请度七僧祠部

图6 任台买地券

敕牒一首:"僧法雄年廿八(京兆府富平县赤阳乡毗山里,无籍,请住静法寺)。"[5]

一一、蓝田县

《长安志》卷一六《蓝田县》:"四乡。管四里。(注:唐二十三乡。有节妇乡,余不传。)奉道乡,连县郭,管安仁里。玉山乡,在县东一十里,管严朱里。白鹿乡,在县西南二十里,管安道里。卢珍乡,在县西北一十里,管康和里。"[6]

---

1. 实物存铜川市考古研究所,资料待刊。
2. 胡戟、荣新江主编:《大唐西市博物馆藏墓志》,第100—101页。
3. 《册府元龟》卷三〇,第309页。
4. 《全唐文》卷六九七,第6941页。
5. (唐)释圆照集:《代宗朝赠司空大辨正广智三藏和上表制集》,载《大藏经·史传部》第2120部。转引自〔日〕爱宕元:《唐代両京郷·里·村考》,《中国聚落史の研究》,第172页。
6. 《长安志》,第480页。

《敦煌地志》载，蓝田县有乡28。今辑得5乡。计节妇乡、奉道乡、玉山乡、白鹿乡、卢珍乡。

1. 节妇乡

《长安志》卷一六《蓝田县》："贺若妇冢在县西南一十五里。妇县人也，姑有疾，刲股肉奉姑，疾遂愈。府县以闻，敕旌表门闾，名其乡为节妇乡。（注：志未载岁月，疑唐事。）"[1]

2. 奉道乡

3. 玉山乡

4. 白鹿乡

5. 卢珍乡

一二、鄠县

《长安志》卷一五《鄠县》："五乡。管五里。（注：唐二十四乡。汉有长水乡，余不传。）宜善乡，连县郭，管陈平里。扈亭乡，在县西北一十二里，管甘泉里。太平乡，在县东一十五里，管仁让里。负阳乡，在县西一十三里，管五萯里。珍藏乡，在县北一十二里，管货泉里。"[2]

《敦煌地志》载，鄠县有乡34。今辑得10乡。计宜善乡、扈亭乡、太平乡、负阳乡、珍藏乡、□福乡、灌钟乡、平原乡、长乐乡，另灵岩乡疑似。

1. 宜善乡

《唐翟府君夫人高氏墓志铭》："大中三年十一月十一日殁于京兆府鄠县宜善乡庞保村庄舍，春秋五十有八……以四年冬十月五日营窆于当乡中庞村。"[3]

2. 扈亭乡

《唐王昇墓志铭》："元和七年十月二十四日合祔于鄠县西北十五里扈亭之原义川里之形胜，礼也。"[4]

3. 太平乡

4. 负阳乡

负阳当是萯阳之讹。秦汉时鄠县有萯阳宫，遗址位于今户县蒋村镇曹村[5]，则负阳乡在今户县蒋村镇一带。

5. 珍藏乡

6. □福乡

《唐丰义令郑温球墓志铭》："以开元十五年七月廿七日权窆于京兆府鄠县□福乡原。"[6]

7. 灌钟乡

灌钟乡在今户县大王镇。

《唐王求古墓志铭》："贞元十五年岁在单阏十月十五日，合祔于鄠县北灌钟乡漕南之原。"[7]1996年户县大王镇王守村东砖厂出土。

《唐王求舄墓志铭》："贞元十五年岁在单阏十月十五日，合祔于鄠县北灌钟乡漕南之原，礼也。"[8]

《唐挚行基墓志铭》（乾封二年，667）："处士讳行基，雍州鄠县灌锺乡之人也。""粤以乾封二年五月廿四日终于长寿里之私第。"[9]西安市长安区出土（图7）。

案：《太平寰宇记》卷二六《鄠县》："钟官故城，

---

[1]《长安志》，第491页。
[2]《长安志》，第465—466页。
[3] 武树善：《陕西金石志》卷一八，第12页。
[4] 吴敏霞、刘兆鹤：《户县碑刻》，三秦出版社，2005年，第299页。
[5] 国家文物局主编：《中国文物地图集·陕西分册》（下），第141页。
[6]《金石续编》卷七，第3137页。
[7] 吴敏霞、刘兆鹤：《户县碑刻》，第296页。
[8] 吴敏霞、刘兆鹤：《户县碑刻》，第297页。
[9] 吴敏霞主编：《长安碑刻》，陕西人民出版社，2014年，第389页。

一名灌钟城,在县东北二十五里,盖始皇收天下兵器消为钟鐻,此或其处。"[1]

8. 平原乡

《册府元龟·邦计·河渠二》:"宝历二年七月敕:鄠县渼陂宜令尚食使收管,不得令杂人探补,其水任百姓溉灌平原等三乡稻田。仍勿夺碾硙之用。"[2]

9. 长乐乡

长乐乡在今户县大王镇。

龙朔三年(663)《冯孝约墓志》归葬于户县长乐乡祖坟。户县兆伦遗址出土[3]。

10. 灵岩乡(疑似)

《太平广记》卷三七九《崔明达》:"初明达至王门,见数吏持一老姥,至明达所居,云是鄠县灵岩人。及入,王怒云:'何物老婢,持菩萨戒,乃尔不洁。令放还,可清洁也。'及出,与明达相随行,可百余步,然后各去。明达疾愈,往诣灵岩,见姥如旧识也。"[4]

一三、奉天县

《长安志》卷一九《奉天县》:"四乡。管四里。(注:唐十九乡。元和元年析神泉乡隶富平奉丰陵,有梁山、岑阳二乡。余不传。)节孝乡,在县东南,管文川里。仙仁乡,在县南,管批桂里。乾陵乡,在县西,管金井里。节义乡,在县北,管恭和里。"[5]《太平寰宇记》卷三一《奉天县》:"旧十九乡,今六乡。"[6]

《敦煌地志》载,奉天县有乡23。今辑得10乡。计神泉乡、梁山乡、岑阳乡、节孝乡、仙仁乡、乾陵乡、节义乡、恭和乡、新息乡,另秦川乡存疑。

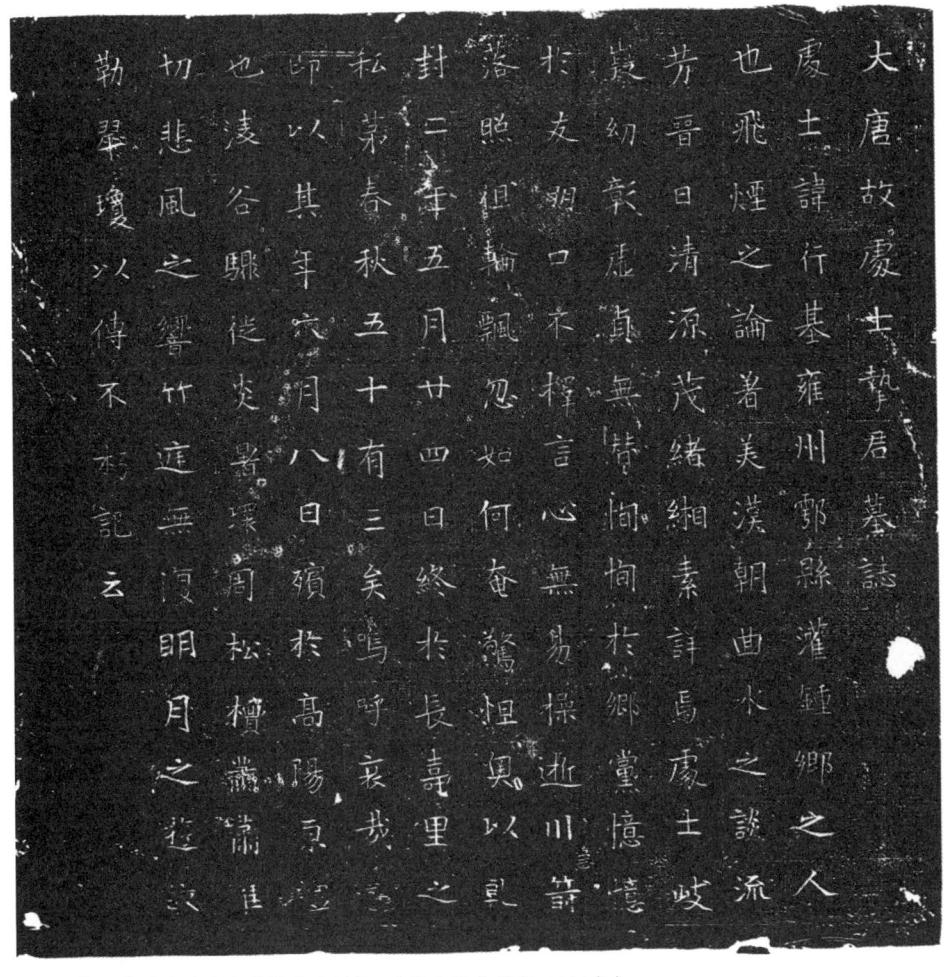

图7 挚行基墓志(采自《长安碑刻》,陕西人民出版社,2014年)

---

1 (宋)乐史撰,王文楚等点校:《太平寰宇记》,第554页。
2 《册府元龟》卷四九七,第5649页。
3 《户县李世民长子一高级侍卫墓葬揭示其子政变史实》,《华商网》2015年4月29日。
4 《太平寰宇记》,第3018页。
5 《长安志》,第563页。
6 《太平寰宇记》卷三〇,第671页。

1. 神泉乡

2. 梁山乡

梁山乡在今乾县乾陵乡。

《长安志》卷十八《奉天县》："唐高宗乾陵与武皇后合葬在县西北五里梁山乡丈八、青仁、垤子三村界。"[1] 乾陵在今乾县乾陵乡[2]。

3. 岑阳乡

岑阳乡在今乾县铁佛乡、阳洪乡一带。

《长安志》卷一八《奉天县》："汉好畤故城，在县东北七里岑阳乡。"[3] 好畤县故城在今乾县阳洪乡好畤村[4]。

又"僖宗靖陵，在县东北一十五里岑阳乡鸡子堆。"[5] 靖陵在今乾县铁佛乡南陵村[6]。

4. 节孝乡

5. 仙仁乡

6. 乾陵乡

乾陵乡应在今乾县乾陵乡。

7. 节义乡

8. 恭和乡

恭和乡在今乾县阳洪镇。

《唐庞同本墓志铭》（万岁通天二年，697）："即以万岁通天二年九月九日合葬于恭和乡旌义里。"[7] 乾县阳洪镇西北154号信箱东南出土。

9. 新息乡

新息乡在今乾县大墙乡。

《乾县西村陀罗尼经幢》（开成四年，839）："大唐开成四年岁次己未京兆府奉天县新息乡付村。"[8] 经幢原存乾县大墙乡扶村西村小学，现存乾陵懿德太子陵。

10. 秦川乡（存疑）

《唐空寂师墓志铭》："以开元廿七年八月廿四日葬于奉天县秦川下原。"[9]

一四、好畤县

《长安志》卷一九《好畤县》："二乡。管二里。（注：唐三十乡。）武都乡，在县东，管教本里。美川乡，在县西，管绣川里。"[10]

《敦煌地志》载，好畤县有乡10。今辑得2乡。

1. 武都乡

2. 美川乡

一五、武功县

《长安志》卷一四《武功县》："四乡，管四里。（注：唐一十四乡。有中水乡，余不传。）高望乡，在县东，管望乡里。周源乡，在县南，管怀德里。节妇乡，在县东南，管显阳里。义门乡，在县北，管顺义里。"[11]

---

[1] 《长安志》，第565页。
[2] 国家文物局主编：《中国文物地图集·陕西分册》（下），第467页。
[3] 《长安志》，第565页。
[4] 国家文物局主编：《中国文物地图集·陕西分册》（下），第465页。
[5] 《长安志》，第565页。
[6] 国家文物局主编：《中国文物地图集·陕西分册》（下），第471页。
[7] 李慧、曹发展注考：《咸阳碑刻》，第440页。
[8] 乾陵博物馆穆兴平先生提供资料。
[9] 李慧、曹发展注考：《咸阳碑刻》，第464页。
[10] 《长安志》，第567页。
[11] 《长安志》，第436页。

《敦煌地志》载，武功县有乡20。今辑得12乡。计中水乡、高望乡、周源乡、节妇乡、义门乡、邰城乡、立节乡、三畤乡、丰义乡、守节乡、壤乡、仙游乡。

1. 中水乡

《长安志》卷一四《武功县》："周城在美阳城西北中水乡。"[1]

2. 高望乡

3. 周源乡

4. 节妇乡

5. 义门乡

6. 邰城乡

《册府元龟》卷八〇《帝王部·庆赐第二》贞观十六年十一月："幸庆善宫。召武功之邰城、立节、三畤、丰义四乡士女七十以上及居宫侧数百人赐宴毕赐帛各有差。"[2]

7. 立节乡

立节乡在今杨凌区杨村乡周围。

《册府元龟》卷八〇《帝王部·庆赐第二》贞观十六年（642）十一月"幸庆善宫"条[3]。

《唐樊方墓志铭》(贞观二年，649)："粤以贞观廿三年九月八日窆于雍州武功县立节乡丰义里。"[4]

《唐殷恪妻熊氏墓志铭》（会昌元年，841）："以会昌元年辛酉正月廿五日丁酉，始奠我夫人府曰京兆县曰武功乡曰立节原曰三畤。"[5]

案：《李无亏墓志铭》："即以万岁登封元年岁次景申壹月甲辰朔十八日辛酉葬于稷州武功县三畤原。"[6] 李无亏墓在杨陵区杨村乡张家岗村北，则立节乡当在此周围。

8. 三畤乡

《唐朝请大夫陈护墓志铭》："即以垂拱四年正月廿三日合葬于三畤乡。"[7] 石存武功县。

《册府元龟》卷八〇《帝王部·庆赐第二》贞观十六年（642）十一月"幸庆善宫"条[8]。

9. 丰义乡

《册府元龟》卷八〇《帝王部·庆赐第二》贞观十六年（642）十一月"幸庆善宫"条[9]。

10. 守节乡

守节乡在今武功县武功镇。

《长安志》卷一四《武功县》："按《郡国志》：苏武冢在好畤县东三十里，里名守节乡。"[10]

11. 壤乡

壤乡在今武功县南仁乡。

《史记·樊郦滕灌列传》：樊哙"从击秦军骑壤东"。正义："壤乡，在武功县东南二十里。"[11]

---

[1] 《长安志》，第441页。
[2] 《册府元龟》，第869页。
[3] 《册府元龟》，第869页。
[4] 出土地不详，现藏杨陵区文管会。王团战：《大周沙州刺史李无亏墓及征集到的三方唐代墓志》，《考古与文物》2004年第1期，第26页。
[5] 出土地不详，现藏杨陵区文管会。王团战：《大周沙州刺史李无亏墓及征集到的三方唐代墓志》，第26页。
[6] 王团战：《大周沙州刺史李无亏墓及征集到的三方唐代墓志》，第26页。
[7] 《金石续编》卷五，第3110页。
[8] 《册府元龟》，第869页。
[9] 《册府元龟》，第869页。
[10] 《长安志》，第442页。
[11] 《史记》，第2655—2656页。

12. 仙游乡

仙游乡在今武功县普集镇一带。

《大周故始州司马襄城县开国男苏君（苏瑜）墓志铭》："以长寿二年二月七日薨于武功县之官舍……即以其年八月朔十五日窆于仙游乡之原。"墓志2010年于武功县南仁乡（后并入普集镇）宣村出土。[1]

一六、醴泉县

《长安志》卷十六醴泉县："六乡。管二百五十村。（注：唐十六乡。有白鹿、长乐、瑶台、修文四乡，余不传。）美华乡，在郭下，管村四十。通時乡，在县西北六里，管村二十四。新望乡，在县西一十二里，管村三十。崇孝乡，在县东北一十五里，管村四十九。神安乡，在县西北三十里，管村五十四。白泾乡，在县北五十里，管村四十九。"[2]

《敦煌地志》载，醴泉县有乡23，今辑得14乡。计白鹿乡、长乐乡、瑶台乡、修文乡、美华乡、通時乡、新望乡、崇孝乡、神安乡、白泾乡、神迹乡、安乐乡、美泉乡、丰谷乡。

1. 白鹿乡

白鹿乡在今礼泉县叱干镇。

《唐乙速孤行俨碑》："维景龙二年岁次景申二月辛卯朔十六日景午合葬于雍州醴泉县白鹿乡李中川先府君之茔次。"[3]碑存醴泉县叱干村。

《唐常乐县君贺若氏墓志铭》："（上缺）日迁窆于醴泉县白鹿乡履中川。"[4]

《全唐文》卷七五七，有石文素《白鹿乡井谷村佛堂碑铭》[5]。

2. 长乐乡

3. 瑶台乡

瑶台乡在今礼泉县叱干镇、烟霞镇之间。

《长安志》卷一六《醴泉县》："太宗昭陵，在县西北五十里九嵕山白鹿、长乐、瑶台三乡界古逢南村。"[6]昭陵在今礼泉县昭陵、烟霞、赵镇、北屯乡[7]。

4. 修文乡

修文乡在今礼泉县建陵乡。

《长安志》卷一六《醴泉县》："肃宗建陵在县东北一十八里武将山修文乡刘村。"[8]建陵在今礼泉县建陵乡凉马村[9]。

5. 美华乡

在宋代醴泉县郭下，其地在今礼泉县骏马乡。

6. 通時乡

7. 新望乡

8. 崇孝乡

9. 神安乡

10. 白泾乡

11. 神迹乡

---

[1] 咸阳市文物考古研究所：《陕西武功唐代苏瑜墓发掘简报》，《考古与文物》2017年第6期，第43页。
[2] 《长安志》，第493—494页。
[3] 《金石萃编》卷七五，第1288页。
[4] 杨娟、王菁：《新见〈乙速孤行俨夫人贺若氏墓志〉考略》，《文博》2011年第1期，第64页。
[5] 《全唐文》，第7863—7864页。
[6] 《长安志》，第498页。
[7] 国家文物局主编：《中国文物地图集·陕西分册》（下），第525页。
[8] 《长安志》，第502页。
[9] 国家文物局主编：《中国文物地图集·陕西分册》（下），第381页。

神迹乡在今礼泉县昭陵镇。

《唐义丰县夫人张廉穆墓志铭》（永徽六年，655）："以六年岁次乙卯二月辛丑朔九日己酉合葬于雍州醴泉县神迹乡常丰里昭陵之旧茔。"[1]

《唐姜遐碑》："即以天授二年十月十日同合葬于昭陵神迹乡之旧茔。"[2] 姜遐墓位于礼泉县昭陵乡庄河村[3]。

《程家村经幢》："大唐京兆醴泉县神□乡小白村。"[4]

12. 安乐乡

安乐乡在今礼泉县烟霞乡。

《唐崔敦礼碑》："以其年十月壬辰朔十八日己酉窆于昭陵之南安乐乡平美里。"[5] 崔敦礼墓位于今礼泉县烟霞乡官亭村[6]。

《唐鄂国夫人苏斌墓志铭》："粤以显庆四年岁次己未四月丁未十四日庚申合葬于昭陵东南十三里安乐乡普济里之所。"[7] 鄂国夫人苏斌墓位于今礼泉县烟霞乡烟霞新村[8]。

《唐许洛仁碑》（龙朔二年，662）："即以其年十一月十七日葬于昭陵安乐乡之原。"[9] 许洛仁墓位于今礼泉县赵镇新寨村[10]。

《唐吴黑闼碑》："粤以总章二年岁次己巳五月庚午朔廿五日壬寅，合葬陪于昭陵醴泉县安乐乡青山之原。"[11] 吴黑闼墓位于礼泉县烟霞乡西周新村[12]。

《唐斛斯政则墓志铭》："粤以咸亨元年龙集庚午十一月庚子朔十日己酉合葬于醴泉县安乐乡。"[13]

《唐恒山愍王李承乾墓志铭》："开元廿五年十二月八日奉敕官供陪葬昭陵柏城内京兆府醴泉县安乐乡普济里东赵村。"[14] 李承乾墓位于今礼泉县烟霞乡东周新村（图8）[15]。

《唐开元二十三年佛座》："以开元廿有三祀，春正月十五日建立于法界安乐之原，平美里之宅。"[16] 礼泉县烟霞镇老西周、东周村之出土。

13. 美泉乡

《新修科分六学僧传》卷二四："唐遗俗，不知何许人，清净寡欲，惟日以法华自课。其数之多，不啻数千过。隋季之乱，雍之醴泉县美泉乡汤六者，邀于其家供养。贞观初，将以疾终。"[17]

---

1 张沛编著：《昭陵碑石》，三秦出版社，1993年，第124页。
2 张沛编著：《昭陵碑石》，第212页。
3 国家文物局主编：《中国文物地图集·陕西分册》（下），第377页。
4 国家文物局主编：《中国文物地图集·陕西分册》（下），第383页。
5 张沛编著：《昭陵碑石》，第206页。
6 国家文物局主编：《中国文物地图集·陕西分册》（下），第379页。
7 张沛编著：《昭陵碑石》，第144页。
8 国家文物局主编：《中国文物地图集·陕西分册》（下），第377页。
9 张沛编著：《昭陵碑石》，第152页。
10 国家文物局主编：《中国文物地图集·陕西分册》（下），第379页。
11 张沛编著：《昭陵碑石》，第171页。
12 国家文物局主编：《中国文物地图集·陕西分册》（下），第379页。
13 张沛编著：《昭陵碑石》，第177页。
14 张沛编著：《昭陵碑石》，第219页。
15 国家文物局主编：《中国文物地图集·陕西分册》（下），第379页。
16 李浪涛：《礼泉县烟霞乡出土的两件释迦、药师纪年像座》，《考古与文物》2005年第5期，第95页。
17 《大正新修大藏经》第52册，转引自〔日〕爱宕元：《唐代两京乡·里·村考》，《中国聚落史的研究》，第167页。

图8　李承乾墓志（采自《昭陵碑石》，三秦出版社，1993年）

14. 丰谷乡

《新修科分六学僧传》卷二四："唐遗俗"条："唐遗俗，不知何许人，清净寡欲，惟日以法华自课。其数之多，不啻数千过。隋季之乱，雍之醴泉县美泉乡汤六者，邀于其家供养。贞观初，将以疾终。又丰谷乡史呵檐者，省令史也。谦虚下士，平生不骑乘。"[1]

一七、华原县

《长安志》卷一九《华原县》："四乡。管一百七十二村。（注：唐四十乡。）流惠乡，在县西北一里，管村二十七。石门乡，在县西三十五里，管村二十五。孝义乡，在县西北二十里，管村二十八。凤游乡，在县北，管村二十二。"[2]

《敦煌地志》载，华原县有乡14。今辑得7乡。计流惠乡、石门乡、孝义乡、凤游乡、观相乡、宜川乡、待贤乡。

另据《敦煌地志》华原县40乡或为14乡之讹。

1. 流惠乡

流惠乡当在今铜川市耀州区孙塬镇与寺沟镇之间。

《大唐故将作监文林郎赵府君墓志铭》（天宝十一年，752）："以天宝□一载九月三日，葬于本华

---

[1]　《大正新修大藏经》第52册，转引自〔日〕爱宕元：《唐代两京乡·里·村考》，《中国聚落史の研究》，第167页。
[2]　《长安志》，第570—571页。

原县北五里流惠乡原之境。"¹

2. 石门乡

《长安志》载，清水谷，在华原县西三十五里石门乡²。清水谷今名清峪河，流经铜川市耀州区小丘镇。石门山在今耀州区照金镇，则石门县在今小丘镇与照金镇之间。

3. 孝义乡

4. 凤游乡

《王遂墓志铭》："长庆二年八月八日，终于华原里之私第，阳秋五十有一。即以其年十月廿二日，归窆于唐家原。"³此志虽未知出土地，然其中有华原里之名，或与唐华原县有关。而其葬地为唐家原，据铜川新区出土的大定二十四年（1184）《党明买地券》中有"华原县流凤乡西原上唐家堰"⁴之记载。另外，原位于铜川新区西南部延昌寺的明昌七年（1196）《延昌寺三门记》也记载，延昌寺"居（耀）州之西偏，右临涧谷，左据唐原。"⁵又嘉靖乔世宁《耀州志》卷二《建置志》载："后魏文帝庙在州西唐家原"⁶，则唐家原与唐家堰当为同一地的不同称谓，唐家原当在今铜川新区南半部。故将此墓志定为今铜川新区出土。

又据《党明买地券》有流凤乡，则《长安志》所记之凤游乡当为流凤乡之讹。其地在今铜川新区。

5. 观相乡

观相乡在今铜川市耀州区城关镇、孙塬镇之间。

《唐支茂墓志铭》："以永徽二年岁次辛亥正月乙未朔十一日乙巳薨于私第，即以其月十五日己酉葬于本县观相乡通洛里鹳雀之北原。"⁷原耀县孙塬镇五台村坡头组出土（图9）。

《唐王小小造像题记》："京兆府华原县□相乡大树里第（弟）子吏部常随王小小敬造阿弥陀像一铺。"⁸

6. 宜川乡

宜川乡在今铜川新区。

《唐咸亨四年墓志罐》："维咸亨四年雍州华原县宜川乡故人侯本陜年十九，其年□月十六日夜五更故。"⁹（图10）

《唐史献墓志铭》："以开元廿四年正月七日终于私第，春秋六十六，以其月廿三日窆于邑西七里宜川乡崇善里白草原。"¹⁰铜川新区华阳小区出土（图11）。

7. 待贤乡

待贤乡在今铜川新区。

《折娄惠墓志》（永隆元年，680）："大唐永隆元年岁次庚辰十二月壬寅朔廿日辛酉，葬于雍州华原县待贤乡弘善里白草之原。"¹¹此墓志铜川新区出土（图12）。

1　黄卫平：《铜川史遗》，三秦出版社，2013年，第191页。
2　《长安志》，第572页。
3　胡戟、荣新江主编：《大唐西市博物馆藏墓志》，第807页。
4　实物存铜川市考古研究所，资料待刊。
5　武树善：《陕西金石志》卷二四，第19页。
6　（明）李廷宝修，乔世宁纂：《耀州志》卷二，乾隆二十七年（1762）刻本。
7　曹永斌：《药王山碑刻》，第286页。
8　曹永斌：《药王山碑刻》，第288页。
9　实物现存铜川市耀州区博物馆，资料待刊。
10　陈晓捷、杨敏侠：《唐史献墓志读考》，《乾陵文化研究》，三秦出版社，2012年。
11　潘萍、王菁：《耀县出土唐永隆元年〈折娄惠墓志〉小考——兼析北朝胡姓"折娄"氏的渊源递嬗》，《文博》2013年第6期，第77页。

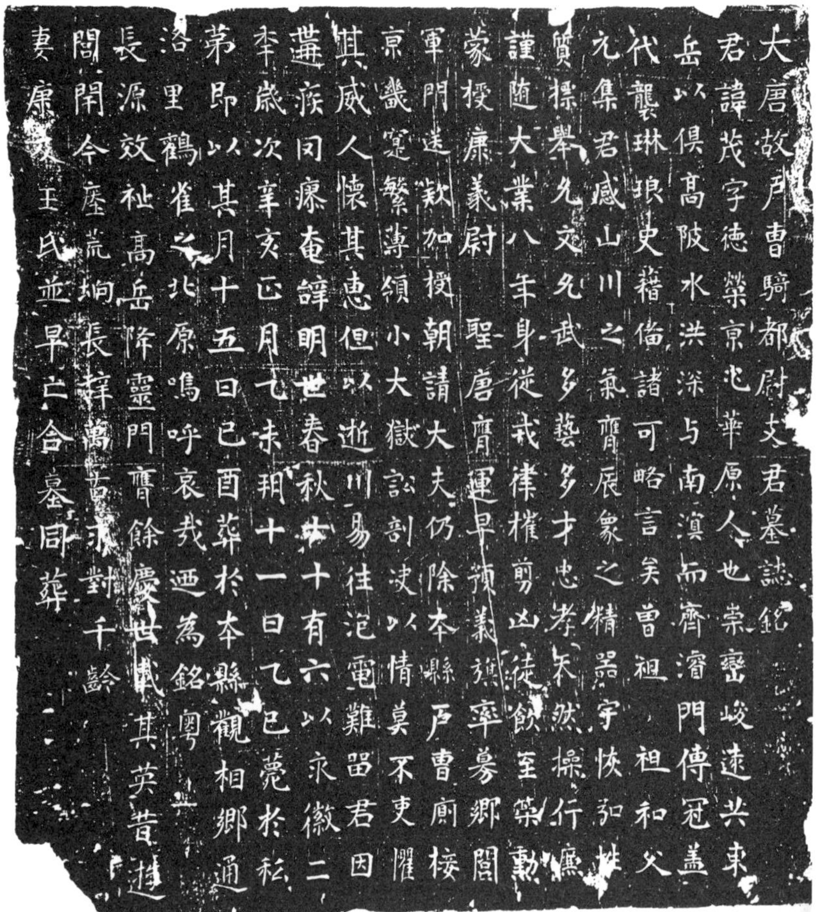

图9 支茂墓志铭（采自《药王山碑刻》，三秦出版社，2013年）

《敦煌地志》载，美原县有乡15。今辑得10乡1里。计义林乡、旌义乡、龙原乡、永定乡、通关乡、勾龙乡、频阳乡、永宁乡、频阴乡、永寿乡，另有常乐里。

1. 义林乡

义林乡在今富平县梅家坪镇至铜川新区南部。

2. 旌义乡

3. 龙原乡

4. 永定乡

永定乡在今富平县美原镇。

5. 通关乡

6. 勾龙乡

7. 频阳乡

频阳乡得名当与秦汉频阳县有关。频阳县故城在今富平县美原镇西南方之古城村[2]，则频阳乡当亦在此。

8. 永宁乡

永宁乡在今富平县美原镇。

《陕西金石志》卷一五《永仙观碑文》：永仙观在唐京兆府美原镇即今富平县，观主田名德同令柳升奉天宝二年诏书葺治永宁乡古庙，至大历六年三月落成建碑也[3]。

9. 频阴乡

频阴乡当在富平县美原镇与薛镇之间。

《大唐故登仕郎前守随州司功参军上柱国阎府君

一八、美原县

《长安志》卷二〇《美原县》："四乡。管一七十一村。（注：唐十二乡。元和元年析义林、旌义二乡隶富平县奉丰陵，十五年析龙原乡隶奉先县景陵，余不传。）永定乡，在郭下，管村二十一。通关乡，在县西二十里，管村一十一。勾龙乡，在县西北一十里，管村一十六。频阳乡，在县西南一十五里，管村二十三。"[1]

---

1 《长安志》，第605—606页。
2 国家文物局主编：《中国文物地图集·陕西分册》（下），第601页。
3 武树善：《陕西金石志》卷一四，第25页。

（阎彪）墓志》："大和二年十二月十一日，寝疾长安而终，扶护归美原县频阴乡黄崖里之私第。以大和三年八月廿五日与先夫人李氏合祔于永寿乡太平坊北一里。"

案富平县薛镇与美原镇之间有赵老峪河，此河即秦汉时期的频水。频阴乡之得名应与频水有关，其大致位置当在频水之东。[1]

10. 永寿乡

见前《大唐故登仕郎前守随州司功参军上柱国阎府君（阎彪）墓志》。

常乐里

《元复业墓志铭》："天宝十四载五月十八日终于美原常乐里私第。"[2]

一九、栎阳县

《长安志》卷一七《栎阳县》："四乡。管四里。（注：唐二十五乡。元和元年析大泽乡隶富平县奉丰陵，十五年析万年乡隶奉先县奉景陵。余不传。）五陵乡，在县东，管平定里。清州乡（州应为川之讹，见下），在县西北，管奉尊里。永丰乡，在县东北，管芬芳里。宁远乡，在县西南，管高唐里。"[1]

《敦煌地志》载，栎阳县有乡28。今辑得7乡。计大泽乡、万年乡、五陵乡、清州乡、永丰乡、宁远乡、修善乡。

1. 大泽乡

大泽乡当在今西安市阎良区东北。

图10　咸亨四年墓志罐

2. 万年乡

万年乡之得名或与汉太上皇（刘邦之父）的陵邑有关。《汉书·高帝纪》："十年秋七月癸卯，太上皇崩，葬万年。"师古曰："《三辅黄图》云高祖初居栎阳，故太上皇因在栎阳。十年太上皇崩，葬其北原，起万年邑，置长丞也。"[2]万年陵在今富平县吕村乡姚村[3]，则万年乡亦在其周围。

3. 五陵乡

4. 清州乡

5. 永丰乡

1　胡戟、荣新江主编：《大唐西市博物馆藏墓志》，第828—829页。
2　武树善：《陕西金石志》卷一四，第13页。
3　《长安志》，第517—518页。
4　《汉书》卷一下，第67—68页。
5　国家文物局主编：《中国文物地图集·陕西分册》（下），第602页。

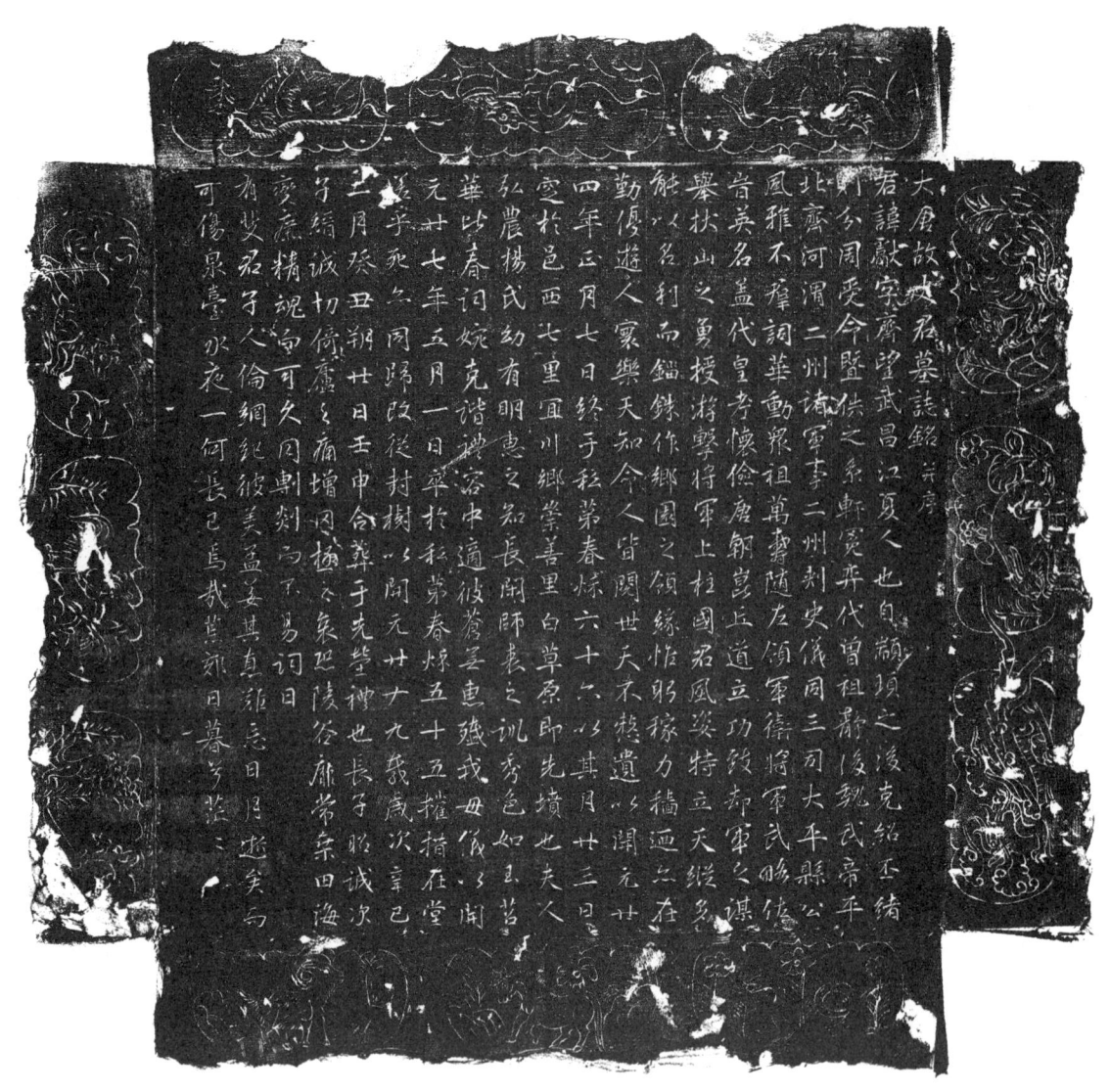

图 11　史献墓志铭

6. 宁远乡

7. 修善乡

《法界寺尼正性墓志铭》："贞元六年八月十日现灭于栎阳县修善乡之别墅。"[1]

二〇、盩厔县

《长安志》卷一八《盩厔县》："一十七乡。管三百二十五社。（注：唐十七乡。）望仙乡，在县东四十里，管社一十四。书台乡，在县东三十里，管社一十七。仙檀乡，在县东二十五里，管社一十四。五柞乡，在县东南三十五里，管社一十四。长城乡，在县东南七十里，管社一十八。仙果乡，在县南五十里，管社一十五。神就乡，在县西南三十里，管社二十四。睦教乡，在县东北三十里，管社一十七。永泉乡，在县东北二十里，管社一十八。凤泉乡，在县东南一十五里，管社一十八。阳化乡，在县北四里，管社二十七。丰邑乡，在县西北三十里，管社一十八。仙游乡，在县南二十里，管社二十六。□□乡，在县西北一十五里，管社二十一。迁

1　武树善：《陕西金石志》卷一四，第12页。

图12　折娄惠墓志（采自《文博》2013年第6期）

善乡，在县西南一十三里，管社一十四。长阳乡，在县西二十里，管社一十八。司竹乡，在县东南二十里，管社二十七。"[1]

《敦煌地志》载，盩厔县有乡17。今辑得18乡。计望仙乡、书台乡、仙檀乡、五柞乡、长城乡、仙果乡、神就乡、睦教乡、永泉乡、凤泉乡、阳化乡、丰邑乡、仙游乡、迁善乡、长阳乡、司竹乡、德义乡、龙岸乡。

1. 望仙乡

望仙乡当与望仙宫有关。《水经注·渭水》："漏水又北历苇圃西，亦谓之仙泽。又北径望仙宫。又东北，耿谷水注之，水发南山耿谷，北流与柳泉合。""其水北径仙泽东，又北径望仙宫东。"[2]《长安志》载："望仙泽，在盩厔县东南。"[3] 望仙宫遗址在今周至县竹园镇，则望仙乡当亦在此。

2. 书台乡

---

[1] 《长安志》，第551—552页。
[2] 《〈水经注〉校证》，第448页。
[3] 《长安志》，第556页。

书台乡当与马融读书台有关。《长安志》："读书台，在（盩厔）县东北二十七里。"[1]《太平寰宇记》卷三十盩厔县："读书台，在县东北三十七里，后汉马融读书之所。"[2] 马融读书台位于今盩厔县马召乡金盆村[3]，则书台乡当亦在马召乡。

3. 仙檀乡

4. 五柞乡

五柞乡当与汉五柞宫有关。五柞宫遗址位于今周至县九峰乡与户县蒋村乡交界处的千户村一带，则五柞乡亦当在其周围[4]。

5. 长城乡

6. 仙果乡

7. 神就乡

8. 睦教乡

9. 永泉乡

10. 凤泉乡

11. 阳化乡

《唐殷恪妻熊氏墓志铭》（会昌元年，841）："以开成四年十二月三日没于京兆盩厔县阳化乡之别业。"[5]

12. 丰邑乡

13. 仙游乡

仙游乡当与隋仙游宫（后之仙游寺）有关。仙游寺故址位于周至县马召乡金盆村[6]，则仙游乡亦当在马召乡。

14. 迁善乡

15. 长阳乡

16. 司竹乡

司竹乡当与唐代司竹园有关。司竹园位于今周至县司竹乡，则唐司竹乡亦在此地。

17. 德义乡

《唐范阳张氏墓志》（咸通十年，869）："以其年十一月一日窆于盩厔县德义乡苏城里祔先茔。"[7]

18. 龙岸乡

《续高僧传》卷二〇《释道哲》载，释道哲贞观九年（635）正月"葬于京之西郊。长城故人慕仰声范，遂发冢迎柩还归盩厔，行道设斋以从火葬，收其余烬为起塔于城西二里端正树侧龙岸乡中"[8]。

二一、奉先县

奉先县，宋代改称蒲城县。《长安志》卷一八《蒲城县》："十乡。管十里。（注：唐二十二乡。元和元年析神泉乡隶富平县奉丰陵，十五年以栎阳县万年乡来属奉景陵，又有宣化、丰阳、宁康三乡。余不传。）吕宁乡，管宜安里。善化乡，管仁孝里。崇德乡，管怀化里。龙乐乡，管丰山里。翔鸾乡，管怀仁里。普济乡，管伍龙里。怀仁乡，管圣母里。蒲城乡，管温泉里。原阳乡，管积善里。贤相乡，管勋贵里。"[9]

---

1 《长安志》，第556页。
2 《太平寰宇记》卷三〇，第646页。
3 国家文物局主编：《中国文物地图集·陕西分册》（下），第155页。
4 王李娜：《长杨、五柞宫考辨》，《考古与文物》2007年第1期，第68页。
5 王团战：《大周沙州刺史李无亏墓及征集到的三方唐代墓志》，第26页。
6 国家文物局主编：《中国文物地图集·陕西分册》（下），第157页。
7 武树善：《陕西金石志补遗上》，第32页。
8 转引自〔日〕爱宕元：《唐代两京乡·里·村考》，《中国聚落史の研究》，第175页。
9 《长安志》，第542—543页。

《敦煌地志》载，奉先县有乡20。今辑得14乡。计神泉乡、宣化乡、丰阳乡、宁康乡、吕宁乡、善化乡、崇德乡、龙乐乡、翔鸾乡、普济乡、怀仁乡、蒲城乡、原阳乡、贤相乡。

1. 神泉乡

2. 宣化乡

宣化乡在今蒲城县坡头乡。

《长安志》卷一八《蒲城县》："唐睿宗桥陵，在县西北二十里丰山宣化乡积善村。"[1]桥陵在今蒲城县坡头乡安王村[7]。

3. 丰阳乡

丰阳乡在今蒲城县三合乡。

《长安志》卷一八《蒲城县》："宪宗景陵，在县东北一十三里金炽山丰阳乡胡村。"[2]景陵在今蒲城县三合乡义龙村[3]。

"让皇帝惠陵，在县西北一十里丰阳乡胡村。"[4]惠陵在今蒲城县三合乡三合村[5]。

4. 宁康乡

宁康乡在今蒲城县翔村乡。

《长安志》卷一八《蒲城县》："穆宗光陵，在县北二十里尧山西案岭宁康乡普济、延兴二村。"[6]光陵在今蒲城县翔村乡新至坡村[7]。

5. 吕宁乡

6. 善化乡

7. 崇德乡

此乡隋代就有，为莲芍县所属，莲芍县废后，归入奉先县。《隋苏慈墓志铭》（仁寿三年，603）："粤以三年岁次癸亥三月癸卯朔七日己酉归葬于同州莲芍县崇德乡乐邑里之山。"[8]此志光绪戊子（光绪十四年，1888）出于蒲城县。

8. 龙乐乡

龙乐乡在今蒲城县保南乡。

《长安志》卷一八《蒲城县》："蟠龙神原，在县西三十里。旧图经曰：唐明皇游幸，见原上云雾中有黄龙之状，于下得石，状似蟠龙。以其地为龙乐乡。"[9]

9. 翔鸾乡

10. 普济乡

11. 怀仁乡

怀仁乡在今蒲城县保南乡、椿林镇、蔡邓镇之间。

《长安志》卷一八《蒲城县》："玄宗泰陵，在县东北三十里金粟山怀仁乡敬母村。"[10]桥陵在今蒲城县保南乡敬母山村[11]。

《唐奉先县怀仁乡敬母村经幢》（贞元五年，

1　《长安志》，第548页。
2　国家文物局主编：《中国文物地图集·陕西分册》（下），第525页。
2　《长安志》，第548页。
4　国家文物局主编：《中国文物地图集·陕西分册》（下），第526页。
5　《长安志》，第549页。
6　国家文物局主编：《中国文物地图集·陕西分册》（下），第525页。
7　《长安志》，第549页。
8　国家文物局主编：《中国文物地图集·陕西分册》（下），第527页。
9　武树善：《陕西金石志》卷七，第10页。
10　《长安志》，第545页。
11　国家文物局主编：《中国文物地图集·陕西分册》（下），第525页。

789）："大唐奉先县怀仁乡敬母村宿老郭令什等奉为国王太子下为文武百官群品等建造尊胜陀罗尼幢。"（图13）

《宋蒲城县怀仁乡寿昌村寿圣寺敕额碑》，熙宁二年（1069）立。1985年于椿林村发现，原碑就地保存。以下均见《蒲城县志》[1]。

《怀仁乡圣母村王怀玉等造像碑》，立于熙宁三年（1070）。原在椿林乡护难村，今存县博物馆石刻室。

《宋华州蒲城县怀仁乡嘉德村东社寿圣寺记》，熙宁四年（1071）立于蔡邓乡。李务滋撰文。已佚。

12. 蒲城乡

蒲城乡得名与故蒲城有关。《太平寰宇记·关西道四》"同州蒲城县"："西魏废帝三年改白水县为蒲城，以县东故蒲城为称。"[2] 蒲城乡有温泉。《封氏闻见记》载："海内温汤甚众，有新丰骊山汤，蓝田石门汤，岐州凤泉汤，同州北山汤。"[3] 是故乡属有温泉里。北山汤在今蒲城县永丰镇温汤村，则蒲城乡在今永丰镇一带。

13. 原阳乡

14. 贤相乡

（附记：本文在撰写过程中承蒙张沛、张应征、杨金玮先生核对相关碑刻资料，在此表示感谢。另外，部分乡里名称由于缺少材料佐证，只能罗列条目，不能展开。）

图13　敬母寺经幢

1　蒲城县志编纂委员会编：《蒲城县志》卷二三《文物古迹》第五章《碑石》，中国人事出版社，1993年，第629—634页。
2　《太平寰宇记》卷二八《关西道四》，第603页。
3　（唐）封演撰，赵贞信校注：《〈封氏闻见记〉校注》，中华书局，2005年，第70页。

瓜州榆林窟题记所见大理国与西夏关系研究*

陈 玮

（陕西师范大学历史文化学院）

苍山洱海边的大理国与贺兰山下的西夏王朝同为闻名丝路的妙香佛国，两国统治者均以佛王传统治国。[1]元朝帝师八思巴在《彰所知论》中写道："广兴佛教：梵天竺国、迦湿弥罗国、勒国、龟兹、捏巴辣国、震旦国、大理国、西夏国等，诸法王众，各于本国兴隆教法。"[2]两国长期与宋、辽、金鼎立，积极抗击蒙古入侵，分别居于南方丝绸之路和西北丝绸之路的枢纽区域，陆上边境并不相邻。从现存史籍来看，两国官方并无正式交往，但瓜州榆林窟的一则题记表明大理国的僧俗人士曾在西夏后期来到西夏，巡礼瓜州的佛教胜迹。该墨书题记位于瓜州榆林窟第19窟后甬道北壁第二身女像上部（图1），计40字，排列两行。题记录文见于《瓜州榆林窟》及《瓜沙史事丛考》。[3]笔者在参考《瓜州榆林窟》《瓜沙史事丛

图1 榆林窟第19窟后甬道北壁供养像及题记

---

* 本文系国家社科基金重大项目"敦煌西夏石窟研究"（项目编号：16ZDA116）及教育部人文社会科学研究青年基金项目"西夏王朝正统性的政治塑造研究"（项目编号17XJC850001）阶段性成果。

1 陈玮：《西夏佛王传统研究》，《中央民族大学学报》2016年第4期，第90—97页；〔新〕古正美：《从天王传统到佛王传统——中国中世佛教治国意识形态研究》，商周出版社，2003年，第425—456页；侯冲：《南诏观音佛王信仰的确立及其影响》，《云南与巴蜀佛教研究论稿》，宗教文化出版社，2006年，第2—67页；李玉珍：《巡弋失乐园：云南白族的转轮王观音》，王邦维等主编：《佛教神话研究——文本、图像、传说与历史》，中西书局，2013年，第340—356页。

2 王启龙：《彰所知论补订》，《西北民族研究》2002年第3期，第67页。

3 张伯元：《瓜州榆林窟》，四川教育出版社，1995年，第214页；苏莹辉：《榆林窟壁画供养者题名考略》，《瓜沙史事丛考》，台湾商务印书馆，1983年，第13页；《瓜州榆林窟》录为"大礼平定四年四月初八日清信重佛弟子四人巡礼诸贤圣迎僧康光白惠登男弟子刘添敬刘克敬"。苏莹辉先生录为"大礼平定四年四月八日，清信重佛弟子四人巡礼诸贤圣迎 僧康惠光、康白登。男弟子刘添敬、刘克敬"。他认为大礼平定四年或为西夏年号天安礼定。

考》录文的基础上，经实地考察，重新录文标点如下："大礼平定四年四月八日，清信重佛弟子四人巡礼诸贤圣迎，僧康惠光、白惠登、男弟子刘添敬、刘克敬。"陆离先生对题记进行了初步研究，率先指出题记作者为大理国僧俗，并考证了大理国僧俗前往西夏的交通路线。[1]笔者不避揣陋，拟在陆离先生研究的基础上，考证题记中大理国僧人的族属，并进一步研究大理国与西夏之间的交通路线，现分述如下。

一 题记所见大理国正统观及佛教礼俗

题记落款"大礼平定四年四月初八日"，大礼为国号，平定为年号。大礼作为国号最早出现于南诏。《新唐书·南蛮传》云南诏王蒙世隆即位后"遂僭称皇帝，建元建极，自号大礼国"[2]。《资治通鉴》亦云："酋龙乃自称皇帝，国号大礼，改元建极。"[3]南诏灭亡后，历大长和国、大天兴国、大义宁国，最终由通海节度使段思平建立大理国。在宋人眼中，大理国乃大礼国的延续。《桂海虞衡志》云："唐书称大礼国，今其国止用理字。"[4]《资治通鉴》胡注蒙世隆改南诏国号为大礼云："至今云南国号大理。"[5]实际上礼、理二字同音异形，经常混用。《景泰云南图经志书》云：

"汉武帝置叶榆县，隶益州郡，唐高祖改隶巂州，蒙氏皮罗阁即其地为太和城，至阁罗凤又城苴咩，其后世隆又城大礼，段氏改礼为理，而因其城焉。"[6]《滇略》卷七《事略》云："哲宗绍圣元年，升泰僭号大中国，升泰死，子泰明以父命求正明弟正淳立之，号后礼国。"[7]《滇略》卷九《夷略》亦云："高升泰以宋哲宗元符二年立，改国号曰大中国……及卒，其子泰明遵遗言求段氏子正淳立之，号曰后礼国。"[8]可见在大理国后期，理与礼均可作为国号。李家瑞先生亦指出："南诏及大理国的纪元，往往以同音字通用，因为起初这些纪元，可能只是口耳相传，或是用汉字标白族音，所以只求音对，不限字形。如见龙作建龙，真明作贞明，明政作明正，都不能算错误。"[9]

王树五先生指出："大礼或大理名称，皆系汉语命名地名，其着眼点在于政治改革，有积极推行'礼治'，大治大理，达到强国安民目的之含义。"[10]施立卓先生认为"'大理'即是'大治'的意思"[11]。大理国的国号蕴含着天下治平的政治含义，而大礼比大理更具有文明开化之义。大理国僧俗在瓜州榆林窟的题记落款为大礼而非大理，既是由于礼、理同音异形，亦是受大理国的正统观所影响。作为少数民族独立政权的大理国，在统治中后期自认为是正统王朝。《护

---

1 陆离：《安西榆林窟第19窟大礼平定四年题记考》，《敦煌研究》2011年第1期，第53—57页。
2 （北宋）宋祁、欧阳修等撰：《新唐书》卷二二二《南蛮传中》，中华书局，1975年，第6282页。
3 （北宋）司马光撰：《资治通鉴》卷二四九"唐宣宗大中十三年十二月"条，中华书局，1956年，第8078页。
4 （宋）范成大：《范成大笔记六种》，中华书局，2004年，第130页。
5 《资治通鉴》卷二四九"唐宣宗大中十三年十二月"条，第8078页。
6 （明）陈文修撰，李春龙、刘景毛校注：《〈景泰云南图经志书〉校注》卷五，云南民族出版社，2002年，第75页。
7 《滇略》卷七《事略》，方国瑜主编：《云南史料丛刊》第六卷，云南大学出版社，2000年，第734页。
8 《滇略》卷九《夷略》，第775页。
9 李家瑞：《用文物补正南诏及大理国的纪年》，《历史研究》1958年第7期，第55—74页。
10 王树五：《大理名号由来考释》，《研究集刊》1983年第1期。
11 施立卓：《"大理"的由来》，《大理文化》1979年第2期。

法明公德运碑赞》云："俄然，四夷八蛮叛逆中国，途路如蝟毛，百姓离散，天不早命公，斯民坠矣。……公之居处，仲尼有云仁智者也，四夷八蛮累会于次，八方群牧□□于此，虽夷狄之深仇，部曲之怨恨，到此，善归方寸，恶竟冰释，袖刃怀刀，一时捐弃"[1]。大理国被称为中国，大理国的统治阶层白人贵族视其他少数民族为蛮夷。《高生福墓志铭》云："至于公甚□兹居蛮貊，以适时变，而死生契阔，共禄穷人，迢递汉川穷头，发如雪变，漂泊夷山之外。"[2]《大理国渊公塔之碑铭》称护法公高量成"□武定天下，仁政法乾坤，威行如秋，仁行如考，戎夷□□□远遁，朝庭高枕而无虞，中国蒙其惠，异俗震其声"[3]。据大理崇圣寺主塔出土的大理国写经题记以及《护法明公德运碑》《兴宝寺德化碑》《南诏野史》，世袭大理国相国的高氏家族封爵亦为中国公。

由于自视为独立政权，大理国人认为宋朝与本国地位相等，称宋朝为大宋国，宋朝皇帝为宋王。纽约大都会博物馆藏大理国《维摩诘经》卷尾题记云："大理国相国公高泰明致心为大宋国奉使钟□□□造此维摩经一部。"[4]《大理国佛弟子议事布燮袁豆光敬造佛顶尊胜宝幢记》称袁豆光"至忠不可以无主，至孝不可以无亲，求救术于宋王"[5]。蒙元统治大理时，大理的白人仍视已灭亡的大理国为独立王朝。元《正直温良恭谦和尚墓志》及《追为亡人大师李珠庆神道》皆追忆大理国为理朝。正是由于大理国正统观的影响，来到榆林窟的大理国僧俗在题记落款中将本国写为大礼。

题记中的"平定"年号在史籍及金石铭文中并未出现。陆离先生指出"平定"或为"安定"，抑或为其他不为人知的大理国年号。[6]李家瑞先生指出史籍及金石铭文中的大理国年号大本、钟元、隆德皆不知属于大理国何代帝王，大理国世袭相国的高氏一族亦自有其年号。他认为南诏与大理国的纪元"又有因字形相近而误写的，如建极作建枢，光圣作克圣，永嘉作文嘉，其例甚多。也有因记忆而颠倒的，如明启作启明，开明作明开"[7]。以字形相近而误写而言，"平定"亦有可能为大理国末帝段兴智年号"天定"。但据李家瑞先生考证，段兴智"计在位四年，利正、兴正、天定各有一年"[8]。如此天定仅有一年，而题记落款为平定四年，此平定应为安定，安定四年即公元1198年，大理国时由功极帝段智兴统治。

从题记来看，大理国僧俗四人于四月初八日来到榆林窟巡礼。四月初八日为佛诞日。《太子瑞应本起经》卷一云："菩萨初下，化乘白象，冠日之精。因母昼寝，而示梦焉，从右胁入。……到四月八日夜明星出时，化从右胁生，堕地即行七步，举右手住而言：天上天下，唯我为尊。三界皆苦，何可乐者？"[9]《魏书》卷一一四《释老志》云："初，释迦于四月八日夜，

---

[1] 张方玉等：《楚雄历代碑刻》，云南民族出版社，2005年，第3—4页。
[2] 张方玉等：《楚雄历代碑刻》，第22页。
[3] 张方玉等：《楚雄历代碑刻》，第16页。
[4] 李霖灿：《南诏大理国新资料的综合研究》，"中央研究院"民族学研究所，1967年，第3页。
[5] 张树芳主编：《大理丛书·金石编》第10册，中国社会科学出版社，1993年，第6页。
[6] 陆离：《安西榆林窟第19窟大礼平定四年题记考》，《敦煌研究》2011年第1期，第54—55页。
[7] 李家瑞：《用文物补正南诏及大理国的纪年》，《历史研究》1958年第7期，第69页。
[8] 李家瑞：《用文物补正南诏及大理国的纪年》，第69页。
[9] 《佛说太子瑞应本起经》卷一，《大正新修大藏经》第三册。

从母右胁而生。"[1]历代僧俗多于四月初八日以浴佛来纪念佛陀诞生。《醉翁谈录》云："诸经说佛生日不同，其指言四月八日生者为多。《宿愿果报经》云我佛世尊生是此日，故用四月八日灌佛也。南方多用此日，北人专用腊八。"[2]浴佛须念诵专门佛经并举行法事活动。义净译有《浴佛功德经》，慧琳著有《新集浴像仪轨》一卷。大理国人对佛诞日非常重视，大理凤仪北汤天藏经中即有大理国杨义隆造《光显启请散食浴像口嘱白金刚小稽请》一卷。该卷写经"系大理国时杨义隆为'追荐先亡'，而据《浴佛功德经》及《新集浴像仪轨》之内容编写，于经名稍有变更。经文每行数字不等，卷末钤有'僧杨义隆造'、'大理国□□□'朱印，抄写时汉、白、梵文间杂，有朱笔圈点，载体为鹤庆白棉纸，经过'人璜'加工，经名用赭黄色印花笺，墨书"[3]。可见中原地区有关浴佛的佛经流入了大理国，并被大理国僧人改编。

西夏早在定难军时期即以二月初八日为佛诞日进行隆重纪念。《大宋僧史略》卷上云："东夏尚腊八或二月、四月八日乃是为佛生日也……今夏台、灵武每年二月八日，僧戴夹苎佛像，侍从围绕，幡盖歌乐引导，谓之巡城。以城市行市为限，百姓赖其消灾也。"[4]这种行像活动"就是用装饰华丽的宝车载着释迦牟尼佛像巡行城市街衢的一种礼佛仪式"[5]。行像不仅是佛诞日的礼佛仪式，还是一种佛教圣像崇拜行为。西夏和大理国僧俗对佛像都极为崇拜。西夏《圣观自在大悲心总持依经录并胜相顶尊总持功能依经录后序发愿文》云："应千国内之圣像，悉令恳上于金妆。"[6]大理国《故溪氏谥曰襄行宜德履戒大师》云："今圣像贤安，群生蒙福者，职是之力也。"[7]

榆林窟在西夏乃佛教圣地。西夏僧人惠聪称"初回见此山谷是圣境之地……端严山谷内，甘水常流，树木稠林，白日圣香烟起，夜后明灯出现，本是修行之界"[8]。西夏番人称榆林窟为"世界圣宫"[9]。从榆林窟西夏文题记来看，西夏皇帝直接训诫皇子、大臣为榆林窟修福。西夏国师及瓜州监军司、你合饿州监军司、沙州监军司、内宿御史司的官员均为榆林窟的供养人。西夏僧俗在榆林窟内大造佛像。惠聪称西夏人在榆林窟内以"石墙镌就寺堂，瑞容弥勒大像一尊，高一百余尺，三十二相，八十种好"[10]。该弥勒佛像至今尚存。瓜州监军司官员赵氏家族在榆林25窟以瑞玉造释迦牟尼佛，又造诸菩萨像。西夏文题记云："古佛已饰，菩萨缘毕，缘毕乐集□院。后，菩萨宝像，朝夕加礼，□□恼心，以善此方。"[11]榆林窟西夏石窟中，第2窟、第3窟、10窟、第29窟均设

---

1 （北宋）魏收撰：《魏书》卷一四四《释老传》，中华书局，1974年，第3027页。
2 （宋）金盈之撰，周晓薇点校：《醉翁谈录》卷四，辽宁教育出版社，1998年，第98页。
3 肇予：《南诏大理写本佛经题录》，《云南文史丛刊》1990年第4期，第68—74页。
4 （宋）赞宁撰，富世平校注：《〈大宋僧史略〉校注》卷上，中华书局，2015年，第29页。
5 罗华庆：《9至11世纪敦煌的行像和浴佛活动》，《敦煌研究》1988年第4期，第98页。
6 俄罗斯科学院东方研究所圣彼得堡分所、中国社会科学院民族研究所、上海古籍出版社编：《俄藏黑水城文献》第四册，上海古籍出版社，1997年，第50页。
7 张树芳主编：《大理丛书·金石编》（第10册），第12页。
8 陈炳应：《西夏文物研究》，宁夏人民出版社，1985年，第6页。
9 陈炳应：《西夏文物研究》，第10页。
10 陈炳应：《西夏文物研究》，第10页。
11 陈炳应：《西夏文物研究》，第11页。

中心佛坛，其中第3窟中心佛坛为八角形。题记提到大理国僧俗在榆林窟巡礼诸贤圣，礼拜诸佛及诸菩萨像当为巡礼活动中的重要一项。

大理国僧俗四人在题记中自称清信重佛弟子。佛弟子在大理国写经中经常出现，如《释道常荐举七代先亡写疏》残卷卷尾题记称："保安八年佛弟子比丘释道常"[1]；《诸佛菩萨金刚等启请仪轨》卷尾题记云："爱有佛弟子，持明沙门释照明，俗讳杨义隆。"[2]《佛说长命经》卷尾题记云："谨具奉佛祈祥弟子董圆通鼎。"[3]在榆林窟西夏汉文题记中，也出现了清信弟子。榆林窟第39窟西夏供养人榜题为"清信弟子李福满一心供养"[4]。

二　题记所见大理国僧人族属

题记落款排列首位的是大理国僧人康惠光。张锡禄先生指出："白族的姓有数十种。主要有杨、赵、李、董、段、高、张、王、尹、何、杜、苏等，其中前四姓最多。千余年大体如此，十分稳定。"[5]康惠光所出之康氏明显为大理国外来姓氏。现今大理凤仪芝华村仍有一支康姓家族。该家族之《康氏门中历代宗亲灵位》称本家族"始祖原籍陕西巩昌府人氏，已详明于序之内矣。元赐地八百里宣慰司，康公讳旻，元授儒职教授。康公讳伯仁，元授广甸县主簿。康公讳伯惠，元授任腾冲路事。康公讳仲义，元授军职万户"[6]。该家族另一《康氏牒谱世系纪略碑记》云："目前，康氏合族欲于佛殿南文昌殿厢房，建宗祠，立石碣，镌先代之名，使之不朽，命香火僧，朝夕奉侍也。征序于余，余茫然无从落笔。有表弟出其手折，始知其鼻祖本陕西人，奉命来平段氏，其功绩授宣慰司之职。"[7]从《康氏门中历代宗亲灵位》《康氏牒谱世系纪略碑记》来看，大理凤仪康氏始祖为金末巩昌人，元初随军平定大理国后落户大理。另外《滇释纪》卷二《明释上》云："大巍净伦禅师，昆明人，姓康氏，生宣德丁未。"[8]由此可知，元末明初昆明也有一支康姓家族。

大理凤仪康氏、昆明康氏与榆林窟题记中的康惠光应非同一家族。但康姓为中古入华粟特人之大姓。荣新江先生指出"康氏不是中国固有的姓氏，其祖先必然来自粟特"[9]。毛阳光先生认为："而学术界普遍认为：中古时期的康姓本身是中亚康国人及其后裔。"[10]大理凤仪康氏与榆林窟题记中的大理国僧人康惠光均应为中古时期入华粟特人后裔。

早在南诏时期，云南即有粟特人活动。《旧唐书·南蛮传》记唐玄宗天宝十年，剑南西川节度使鲜于仲通率军进击南诏时，南诏王阁罗凤"遣使谢罪，仍与云南录事参军姜如芝俱来，请还其所虏

1　杨延福：《凤仪北汤天古经卷清理杂忆》，《大理文化》1985年第4期。
2　郭惠青主编：《大理丛书·大藏经编》第二卷，民族出版社，2008年，第262页。
3　郭惠青主编：《大理丛书·大藏经编》第二卷，第330页。
4　陈炳应：《西夏文物研究》，第6页。
5　张锡禄：《白族姓名探源》，杨仲录等主编：《南诏文化论》，云南人民出版社，1991年，第485页。
6　张锡禄：《元代大理段氏总管史》，云南民族出版社，2006年，第104页。
7　张锡禄：《元代大理段氏总管史》，第105页。
8　（清）圆鼎撰：《滇释纪》卷二《明释上》，方国瑜主编：《云南史料丛刊》第八卷，第93页。
9　荣新江：《新获吐鲁番文书所见的粟特人》，《中古中国与粟特文明》，三联书店，2014年，第123页。
10　毛阳光：《洛阳新出土唐代粟特人墓志研究》，《考古与文物》2009年第5期，第77页。

掠"[1]。但《雍正云南通志》将姜如芝记为安如芝。《光绪云南县志》《民国弥渡县志稿》亦记为安如芝。大理国的康姓粟特人后裔极有可能为唐德宗贞元十七年（801）唐与南诏联军俘获的粟特康国武士后代。《新唐书·南蛮传上》云："悉摄，吐蕃险要也。蛮酋潜导南诏与泉部将杜毗罗狙击。十七年春，夜经泸破房屯，斩五百级。房保鹿危山，毗罗伏以待，又战，房大奔。于时，康、黑衣大食等兵及吐蕃大酋皆降，获甲二万首。"[2] 从"获甲二万首"来看，在唐南边境投降唐与南诏联军的粟特康国、阿拉伯帝国阿拔斯王朝、吐蕃联军人数众多，康国军队被记于首位，当为联军主力。张云先生认为："这些属于康国的粟特士兵如何千里迢迢来到四川西部？原来吐蕃在向中亚的发展过程中，从8世纪初到后半叶，因与大食为争夺西域而交恶，在与大食的战争中，俘获了其军队中的粟特人，然后将其充兵东调，用作进攻唐朝，这就是上述四川西部康国士兵的由来。"[3] 从南诏将对外战争的俘虏大批迁回本国来看，这批康国军队除一部分被唐军带回西川外，大部分都进入了南诏。中古时期入华的康国粟特人大都以康为姓，大理国的康姓人士极有可能为这批进入南诏的康国武士之后。

粟特人是以擅长经商而闻名于丝路东西的商业民族，在唐代文献和唐时各国人观念中一般被称作"胡"。[4] 在南诏文献中也出现了胡。《南诏图传·文字卷》所录舜化贞中兴二年敕文云："大封民国圣教兴行，其来有上，或从胡、梵而来，或于蕃、汉而来，奕代相传，敬仰无异。"[5] 侯冲先生指出该敕文"在表明佛教传入南诏的路线有西域、印度、西藏和汉地四条的时候，将汉地放在最末，有意淡化汉地的影响"[6]。相反，敕文将胡地列为佛教传入南诏的首要之地，可见胡地对于南诏佛教的重要影响，而胡地既包括西域诸国也包含中亚粟特诸国。唐人还提到南诏军队中的胡僧。《蛮书》记南诏军围攻唐安南城时，"咸通四年正月六日寅时，有一胡僧，裸形，手持一仗，束白绢，进退为步，在安南罗城南面。本使蔡袭当时以弓飞箭当胸，中此设法胡僧，众蛮扶舁归营幕"[7]。

安姓为粟特人显姓，大理国的一些乌蛮贵族也以安为姓。《正德云南志》记有武定元代名宦安慈，官武德将军。《正德云南志》记武定"法明寺在府治东，元至元二十八年土官总管安慈建"[8]。《雍正云南通志》则记安慈为元云南行省参政。《土官底簿》记安慈后裔金甸为罗罗人。《土官底簿》记马龙州知州安崇为"本州罗罗人，前代世袭土官知州，洪武四年故"[9]。安慈与安崇的祖先均为大理国乌蛮贵族，其是否为安姓粟特人后裔流入乌蛮有待考证。

米姓为粟特人显姓。《元和姓纂》卷六称米姓"出

---

[1] （后晋）刘昫撰：《旧唐书》卷一九七《南蛮传》，中华书局，1975年，第5281页。
[2] 《新唐书》卷二二二上《南蛮传上》，中华书局，1975年，第6277页。
[3] 张云：《唐代吐蕃与粟特关系考述》，《西藏研究》2008年第2期，第7页。
[4] 荣新江：《何谓胡人》，樊英峰主编：《乾陵文化研究》第四辑（《丝路胡人与唐代文化交流学术讨论会论文集》），三秦出版社，2008年，第7页。〔日〕森部丰：《唐代における胡と仏教の世界地理》，《东洋史研究》第66卷第3号，2007年，第506—538页。
[5] 李霖灿：《南诏大理国新资料的综合研究》，第43页。
[6] 侯冲：《南诏观音佛王信仰的确立及其影响》，《云南与巴蜀佛教研究论稿》，宗教文化出版社，2006年，第64页。
[7] （唐）樊绰撰，向达校注：《〈蛮书〉校注》卷一〇，中华书局，1956年，第238页。
[8] （明）周季凤纂修：《正德云南志》卷三四《外志一·寺观》，方国瑜主编：《云南史料丛刊》第六卷，第438页。
[9] 郑敏芝：《〈土官底簿〉校注》，广西师范大学硕士学位论文，2012年，第112页。

西域米国"¹。《古今姓氏书辩证》云："西域米国胡人入中国者，因以为姓。"²《资治通鉴》胡注云："米姓出于西域，康居支庶分为米国，复入中国，子孙遂以为姓。"³南诏大理国存在一些米姓粟特人后裔。南诏大理国都城阳苴咩城遗址出土的一片有字板瓦，凸面模印阳文"西井米永"。田怀清先生指出米永"可能是制作砖瓦工匠的名字"⁴。南诏邓川城遗址出土的有字板瓦，凸面模印阳文"米官"，田怀清先生亦认为米官"可能是制瓦工匠的名字"⁵。

史姓既为汉姓，亦为粟特人姓氏。南诏大理国有许多史姓官民。《僰古通纪浅述》记南诏保和十年（833），南诏王劝丰祐"令博士修崇圣寺并三塔。……砌塔博士乃徐正，碌博士史端，木匠娇奴、和苴、李宜"⁶。崇圣寺千寻塔出土的大理国铜质刻纹片记有"明治四年庚子岁六'月十三日换（？）通天人当'寺博士史真在（？）智'焉左奴永富六斤智□惠□药师惠坦八人记之'"⁷明治四年为大理国昭明帝段素英统治时期。温玉成先生指出该铜片铭文"内容是授予八人'通天人、当寺博士'称号，应是婆罗门教徒所为。'博士'即'班的达'之谓也。'通天人'，沟通梵天者也。佛教中无此称谓，但此件铜板纳入佛塔，可知大理佛寺内亦兼弘婆罗门教"⁸。腾冲来凤山宋元火葬墓地出土的《大理国烈女史梅风墓幢》记有"大理圀宫家太保□□……于苍□□□致荣，粹于□□……天佳□□迄□□□父孰第……□□□□□成买民之地者，彰烈女史梅风，吊埋促其人"⁹。史梅风在服孝期间因悲痛过度而早逝，大理国国公段昇延特赐田建墓以表彰义烈。《康熙大理府志》称大理国时有"子正和尚，住洱弥寺，民史子虞，礼调敬之"¹⁰。南诏大理国都城阳苴咩城遗址采集到的一片有字板瓦，凸面模印阳文"史"。田怀清先生认为"瓦文'史'字，可能是史姓窑户烧制的瓦，故在瓦上模印'史'字"¹¹。阳苴咩城遗址还出土有一片有字板瓦，凸面模印阳文"史官"。田怀清先生认为"瓦文'史官'可能制作砖瓦工匠的名字。"¹²南诏大理国龙口城遗址采集到的一片板瓦，凸面模印阳文"史官□"。田怀清先生认为史官□"可能是制作砖瓦工匠的姓名"¹³。

石姓亦为汉人与粟特人均采用的姓氏。南诏大理国的石姓人士见于《南诏德化碑》与出土有字瓦。《南诏德化碑》记南诏王阁罗凤麾下有"大总管兼押衙小

1　（唐）林宝撰，岑仲勉校证：《元和姓纂》卷六（附四校记），中华书局，1994年，第963页。
2　（宋）邓名世撰，王力平点校：《古今姓氏书辩证》卷二四，江西人民出版社，2006年，第368页。
3　《资治通鉴》卷二四八"唐武宗会昌六年二月庚辰"条，中华书局，1956年，第8021页。
4　田怀青：《南诏大理国瓦文》，云南人民出版社，2011年，第118页。
5　田怀清：《南诏大理国瓦文》，第386页。
6　尤中校注：《〈僰古通纪浅述〉校注》，《尤中文集》第四卷，云南大学出版社，2009年，第306页。
7　邱宣充：《大理崇圣寺三塔主塔的实测和清理》，《考古学报》1981年第2期，第254页。
8　温玉成：《〈南诏图传〉文字卷考释——南诏国宗教史上的几个问题》，《世界宗教研究》2001年第1期，第1—10页。
9　保山市文化广电新闻出版局编：《保山碑刻》，云南美术出版社，2008年，第12页。
10　（清）黄元治、张泰交纂修：《康熙大理府志》卷二六《仙释》，北京图书馆古籍珍本丛刊影印本。
11　田怀清：《南诏大理国瓦文》，第99页。
12　田怀清：《南诏大理国瓦文》，第110页。
13　田怀清：《南诏大理国瓦文》，第147页。

石告身赏二色绫袍金带石复苴"[1]。阳苴咩城遗址出土的一片有字板瓦，凸面模印阳文"石顿"。田怀清先生认为石顿"可能是制瓦工匠的姓名"[2]。南诏大理国天井山瓦窑遗址出土的一片有字板瓦，凸面模印阳文"石永井"。田怀清先生认为"瓦文'石永井'是制瓦工匠的名字"[3]。

三　题记所见大理国与西夏之交通

从题记（图2）来看，大理国僧俗四人是巡礼佛教诸贤圣而来到榆林窟。陆离先生指出题记说明了"大理国僧俗四人巡礼天下佛教圣迹，应请佛祖、菩萨落户本国"[4]。早在南诏时期，就有大批云南僧人外出云游。据《滇释纪》，南诏买顺禅师曾向唐天皇寺道悟禅师参禅问法。《滇释纪》又称："是时百丈、南泉诸祖法席颇盛，师遍历参承，咸蒙印可，六祖之道传云南，自师为始。"[5]南诏僧人觉印"遂游大方，学禅于五台，返锡滇地，结庵以居，名曰乐道"[6]。出身南诏王室的北院通禅师"遂辞王出家，遍游天下。初参夹山和尚，次谒洞山价祖。有省乃为法嗣，开法于西川"[7]。据《水目山初祖缘起碑记》，南诏普济庆光禅师曾学法于唐洪州禅祖师马祖道一，"后诣南岳马祖石头，法席颇盛，师皆亲承印可。……嗣马祖师礼辞，遍游中国十有余年，后归云南，道德日隆，名誉益远"[8]。

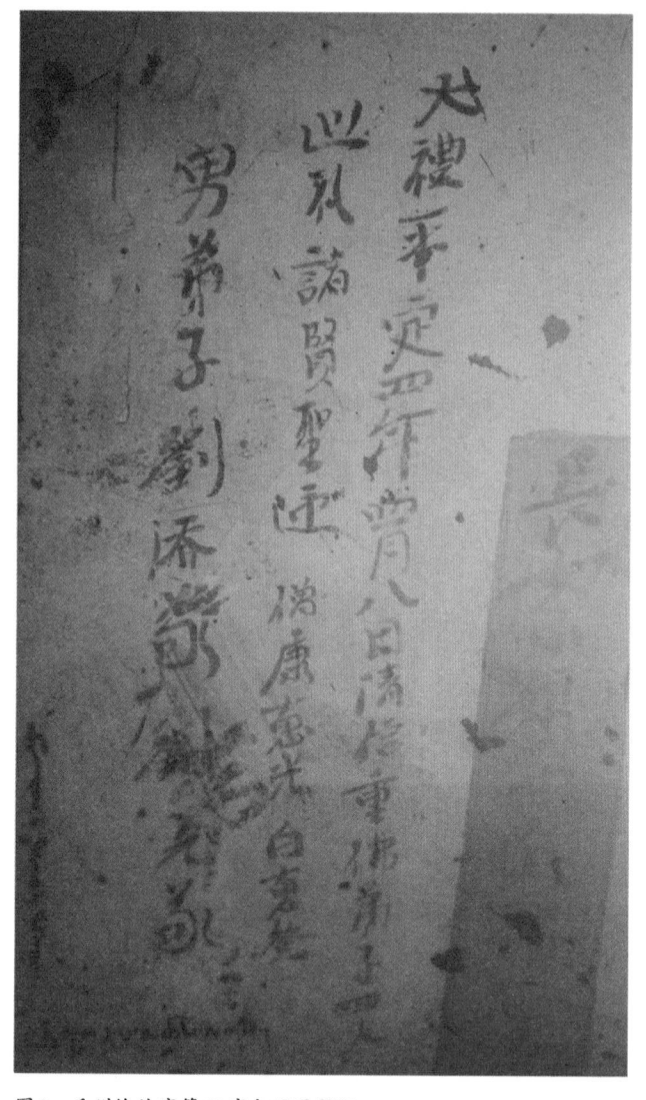

图2　瓜州榆林窟第19窟大理国题记

南诏灭亡后，大长和国、大天兴国、大义宁国相继而立。大义宁国、大理国鼎革之际，大义宁国第一代国主杨干贞被大理国太祖段思平废为僧人。《淮

---

[1] 张树芳主编：《大理丛书·金石编》第10册，第5页。
[2] 田怀清：《南诏大理国瓦文》，第135页。
[3] 田怀清：《南诏大理国瓦文》，第323页。
[4] 陆离：《安西榆林窟第19窟大礼平定四年题记考》，《敦煌研究》2011年第1期，第56页。
[5] （清）圆鼎：《滇释纪》卷一，方国瑜主编：《云南史料丛刊》第八卷，第83页。
[6] （清）圆鼎：《滇释纪》卷一，第83页。
[7] （清）圆鼎：《滇释纪》卷一，第83页。
[8] 张树芳主编：《大理丛书·金石编》第10册，第141页。

城夜语》记杨干贞"后为慧光寺住持,后游巴蜀,坐化于峨眉山"[1]。大理国建立后,有多位帝王退位出家。这些出于王室的僧人也积极远游。《三迤随笔》记大理国圣德帝段素贞于崇圣寺出家后,"又入南海普陀梵音洞,居一年。转峨眉,居三载"[2]。孝德帝段思廉于无为寺出家后,转入水目山,"号本源大法师,后入中原未归"[3]。保定帝段正明"出家三十余载,常携诸前妃游于宋朝诸名山,有游记《名山胜览》十二卷"[4]。文经帝段思英为僧后,"五游中原"[5]。还有一些非王室出身的僧人赴印度求法。《淮城夜语》记宣仁帝段和誉在位时,大理国京畿地区地震,崇圣寺僧光明向段和誉警报时谈道:"曾于西天竺遇如是境而地大动,望戒之。"[6]可见光明曾前往印度。

陆离先生认为题记中的大理国僧俗四人先由本国北上蜀地,自蜀地抵达秦州,再向西行,经过临洮、兰州等地,最后抵达河西走廊来到瓜州。但他又指出大理国僧俗四人有可能从本国向西进入吐蕃,自吐蕃北上进入河西走廊。大理国僧俗四人究竟是由哪条路线来到榆林窟值得深入讨论。南诏与吐蕃政治关系密切时,云南与吐蕃之间的交通往来比较畅达。据《敦煌本吐蕃历史文书》,吐蕃赞普赤都松、赤德祖赞均曾到过云南。南诏王阁罗凤曾前往吐蕃面见赤德祖赞,南诏大臣段忠国作为使臣觐见赤德祖赞。据《汉藏史集》《贤者喜宴》《西藏王统记》,赤德祖赞还娶南诏女子赤尊为妻。《南诏野史》又记南诏王阁罗凤战胜唐军后,"遣弟阁陂和尚及子铎传、酋望赵佺邓、杨传磨侔等,并子弟六十人献凯吐蕃"[7]。在南诏与吐蕃政治关系破裂后,双方的官方交往基本中断,但民间还有一些经济、宗教往来。《蛮书》云:"大雪山在永昌西北。从腾充过宝山城,又过金宝城以北大赕……往往有吐蕃至赕贸易,云此山有路,去赞普牙帐不远。"[8]《僰古通纪浅述》则记摩迦陀国僧人赞陀崛多由吐蕃前往南诏,被南诏王劝丰祐遣人在南诏与吐蕃边界迎接。

但大理国建立后,云南与吐蕃之间的政治、经济、宗教往来在传世史籍中几乎没有留下任何记录。藏传佛教后弘期藏文史籍基本没有记载大理国,但对与大理国同时期的西夏则有颇多描写。直到蒙古攻灭大理国后,八思巴才在《彰所知论》中轻描淡写地提到大理国,一笔带过。大理凤仪北汤天藏经中,《吉祥喜乐金刚自受主戒仪》一册卷尾题记云:"大理国弘福律院下月泉房内抄写,帝师堂下住持辣麻贡噶巴,受主万代恩耳。"[9]从题记来看,吐蕃僧人辣麻贡噶巴曾在大理抄经,但他来到大理的时间是在大理国时期还是在元代呢?题记提到辣麻贡噶巴为帝师堂下住持,传世史籍和出土金石铭

---

1 (明)玉笛山人:《淮城夜语》,大理州文联编:《大理古佚书钞》,云南人民出版社,第285页。
2 (明)李浩:《三迤随笔》,大理州文联编:《大理古佚书钞》,第102页。
3 (明)李浩:《三迤随笔》,第103页。
4 (明)李浩:《三迤随笔》,第105页。
5 (明)玉笛山人:《淮城夜语》,第287页。
6 (明)玉笛山人:《淮城夜语》,第380页。
7 (明)倪辂辑,(清)王崧校理,(清)胡蔚增订,木芹会证:《〈南诏野史〉会证》,云南人民出版社,1990年,第77页。
8 (唐)樊绰撰:《〈蛮书〉校注》卷二,第43页。
9 周泳先:《凤仪县北汤天南诏大理国以来古本经卷整理记》,李家瑞等编著:《大理白族自治州历史文物调查资料》,云南人民出版社,1958年,第18页。

刻都没有记载大理国有帝师一职，仅有国师。西夏、蒙元设有帝师，蒙元的帝师制度直接传承自西夏。另一册《吉祥喜乐金刚自受主戒仪》卷首题有"大成就师发思巴辢麻传，持咒沙门达宗着思吉玲禅译"[1]。可见《吉祥喜乐金刚自受主戒仪》是由蒙元帝师八思巴所传，麻贡噶巴应为元代吐蕃僧人，在元代进入大理。侯冲先生即指出《吉祥喜乐金刚自受主戒仪》"是元代以后传入大理地区的汉译藏传佛教经典。周泳先生误以之为明代传抄大理国的写本"[2]。题记称元代大理为大理国应是由于当时段氏世袭大理总管府总管，大理地区独立性极强。元人常称当时的大理为大理国，如《句容郡王世绩碑》记载延祐四年（1317），"大理国进象牙金饰轿"[3]。《大元至元辩伪录》亦将大理僧人称为大理国僧。《滇释纪》称元代云南洪镜雄辩法师"世祖破大理之明年，师始至中国留二十五年。……而归其国，国人号雄辩法师焉"[4]。

有学者指出："大理国中后期，滇密多元汇融，受西藏艺术影响尤为深刻，并与西藏本土的艺术发展紧密关联。"[5]但李玉珉先生指出西藏的大黑天神信仰的产生、发展不仅晚于云南二百余年，而且在图像上也找不到与云南大黑天神接近之处，云南大黑天神的信仰和图像直接承继自天竺。[6]侯冲先生也认为"云南大黑天与中国大黑天造像有比较接近的图像特征，而与印度和西藏大黑天则相去甚远"[7]。他还指出大理凤仪北汤天藏经中的《大黑天神道场仪》"可能是根据从中原传入大理的、中原早已失传的大黑天神仪轨或大黑天神伪经伪轨编撰出著作"[8]。朱悦梅女士也指出"大理大黑天造像与西藏大黑天造像同是从印度引进的，但有不同的发展道路，形成了不同的发展特征，同时，二者造像风格也有很多的不同"[9]。

从以上来看，大理国时期云南与吐蕃之间的文化、经济交流甚少，榆林窟题记中的大理国僧俗四人应不是从大理国绕道吐蕃前往西夏，而是从四川前往西夏。云南与西蜀之间的交通在唐代即十分发达，《蛮书》详细记载了蜀地到云南的路线、里程及驿站。宋人、大理国人对云南到西蜀的交通都较为熟悉。李焘在《续资治通鉴长编》中谈道："苴咩城，云南国都也，自嘉州羊山江路至苴咩城凡四十九程。"[10]北宋嘉州士人辛怡显曾前往大理国出使，北宋峨眉进士杨佐曾前往大理国买马。杨佐所著《云南买马记》云大理国国都阳苴咩城"王馆佐于大云南驿，驿前有里堠，题东至戎州，西至身毒国，东南至交趾，东北至成都，北至大雪山，南至海上，悉著其道里之详，审询其里堠多有完葺者"[11]。前述大义宁国国主杨干贞、大理国

---

1 郭惠青主编：《大理丛书·大藏经编》第二卷，第325页。
2 侯冲：《中国有无"滇密"的探讨》，《云南与巴蜀佛教研究论稿》，宗教文化出版社，2006年，第256—257页。
3 （元）虞集撰，王颋点校：《虞集全集》，天津古籍出版社，2007年，第586页。
4 （清）圆鼎：《滇释纪》卷一，第87页。
5 杜鲜：《西藏艺术对南诏、大理国雕刻绘画的影响》，《思想战线》2011年第6期，第137—138页。
6 李玉珉：《南诏大理大黑天图像研究》，《故宫学术季刊》第十三卷第二期，第21—40页。
7 侯冲：《南诏大理国佛教新资料初探》，第167页。
8 侯冲：《大黑天神与白姐圣妃新资料研究》，第85页。
9 朱悦梅：《大黑天造像初探——兼论大理、西藏、敦煌等地大黑天造像之关系》，《敦煌研究》2001年第4期，第81页。
10 （宋）李焘：《续资治通鉴长编》卷十"太祖开宝二年六月"条，中华书局，2004年，第229页。
11 （宋）李焘：《续资治通鉴长编》卷二六七"神宗熙宁八年八月庚寅朔"条，第6540—6541页。

圣德帝段素贞出家后都曾前往巴蜀，于峨眉山修行。

西蜀与瓜沙之间的交通在唐末五代时即较为发达。据敦煌文书P.3718号《张清通写真赞并序》，归义军使者张清通在唐僖宗避难成都时，由敦煌前往成都，再由成都返回敦煌。陈祚龙先生指出张清通返回敦煌时，"显系由成都先赴剑阁，随奔松州，转至岷州。再由岷州，依照当年可行的两条大路，即：一、北上趋甘州转瓜州，而南下，至敦煌。二、北上抵鄯州之后，西取青海，经紫亭，再北上，至敦煌"[1]。他又指出："追至唐宋时代，由敦煌至成都，实际是以鄯州为其南北两道的会合站，再由鄯州转至成都，而真不必由鄯州，至少东行至徽、凤之后再行南下转到成都。相反，由成都到敦煌，实际亦是以先至鄯州，再由鄯州，分取经甘州或青海的路线，转趋敦煌为最便捷，而真不必至少由成都北上到达徽、凤之后，再西取鄯州，转往敦煌。"[2] 王使臻先生则认为张清通是由成都出剑门关，经兴元府，沿褒城—散关栈道抵达凤翔，"然后经由连接关中地区和河陇黄河高原的交通要道，经由陇关、萧关折向西北到达河西走廊最东端的凉州而抵达敦煌地区的"[3]。

据敦煌文书S.389《肃州防戍都状》，归义军使者宋输略等由凉州入蜀，晋见唐僖宗行在朝廷，返回时由西蜀经过邠州，绕道河州而抵达凉州。敦煌文书P.2864《白雀歌》则记有张承奉建立西汉金山国后在蜀地求取人才。据国图藏敦煌文书冬字62号《维摩经》卷中题记，后蜀善兴大寺西院法主法宗经敦煌前往印度取经。

宋朝建立后，一些蜀地宋人由于各种原因来到敦煌。敦煌莫高窟第464窟主室北壁西墙题记记有宋朝阆州阆中县宋姓人士住于西凉府贺家寺，由西凉府来到沙州。南壁西墙题记记有宋朝合州赤水县长安乡杨姓人士居于沙州某寺。

李继迁攻占灵州后，宋朝与河西走廊的往来主要通过秦州路。曹玮在秦州对战吐蕃唃厮啰时，"率军整旅，背城逆战，斩首千级，获利器杂畜三万余，追北至敦煌"[4]。曹家齐先生指出北宋"秦凤路通西夏境之道路一在东部之泾原地区，一在西北之兰会地区"。"从兰州、会州进入西夏境内，可连通凉州等地。"[5] 金人占领秦州后，南宋与西夏仍于秦州路私下往来。《金史·西夏传》云："正隆末伐宋，宋人入秦、陇，夏亦乘隙攻取荡羌、通峡、九羊、会川等城寨，宋亦侵入夏境。"[6] 南宋四川军政首脑与西夏经秦州路互相遣使往来。《宋史·夏国传》云绍兴元年（1131）"十一月，川、陕宣抚副使吴玠始遣人通夏国书"[7]。绍兴二年（1132）九月，大臣吕颐浩向宋高宗建言："闻金、夏交恶，夏国屡遣人来吴玠、关师古军中，宜令张浚通问，以撄其情。"[8] 绍兴四年（1134）十二月，吴玠上奏"夏国数通书，有不忘本朝意"[9]。金主完

---

[1] 陈祚龙：《敦煌资料考屑》下册，台湾商务印书馆，1979年，第342—343页。
[2] 陈祚龙：《敦煌资料考屑》下册，第343页。
[3] 王使臻：《晚唐五代宋初川陕甘之间的交通与文化交流——以敦煌文献为主的考察》，《成都大学学报》2014年第4期，第39—40页。
[4] （宋）宋庠撰：《元宪集》卷三四，台湾商务印书馆，影印文渊阁四库全书本，1986年，第1087册，第616页。
[5] 曹家齐：《宋境通西夏道路新考》，四川大学历史文化学院编：《吴天墀教授百年诞辰纪念文集》，四川人民出版社，2013年，第243、246页。
[6] （元）脱脱撰：《金史》卷一三四《西夏传》，中华书局，1975年，第2868页。
[7] （元）脱脱撰：《宋史》卷四八六《夏国传下》，中华书局，1985年，第14023页。
[8] 《宋史》卷四八六《夏国传下》，第14023页。
[9] 《宋史》卷四八六《夏国传下》，第14023页。

颜亮统大军进犯南宋时，四川宣抚使吴璘"檄西夏，俾合兵讨之"[1]。夏仁宗仁孝进行了积极回应，在回檄中痛斥金朝。宋孝宗乾道三年（1167）五月，西夏国相任得敬"遣间使至四川宣抚司，约共攻西蕃，虞允文报以蜡书。七月，得敬间使再至宣抚司，夏人获其帛书，传至金人"[2]。宋宁宗嘉定七年（1214）七月，西夏"左枢密使、吐蕃路都招讨使万庆义勇者，令蕃僧减波把波斋蜡书二丸至西和州之宕昌寨，欲与本朝合从犄角，恢复故疆，蕃兵总管傅翙得而上之"[3]。

金夏关系破裂后，西夏更加重视利用秦州路联合宋人攻金，宋夏使人频繁往来。《宋史·夏国传》云夏神宗遵顼"乃遣枢密使都招讨宁子宁、忠翼赴蜀阃议夹攻秦、巩；聂子述俾利西安抚丁焴答书，饬将吏严兵以待"[4]。《续宋中兴编年资治通鉴》则记"丁焴以书与夏人定约"[5]。《宋史·夏国传》又云嘉定十二年（1219）十二月，西夏"宁子宁遣使复申前说，且责我以失期，时安丙再开宣阃，许之，命利州副都制程信任其责。……十三年八月，宁子宁以师期来告，丙遂决意出师"[6]。《续编两朝纲目备要》则记"夏复以书来四川，议夹攻。……安丙遗夏人书，定议夹攻"[7]。《安丙墓志》云："夏人常以书来，约为犄角之师。"[8]《知文州主管华州云台观安君墓志铭》则记"西夏求好于我，自嘉定七年赍书者洛绎竟上，至十二年冬十月，宕昌寨以夏招讨使宁子宁忠翼书来，宣阃委安抚司报之。……嘉定十三年秋夏书再至，宣阃未敢深然之，俄遣使至巩城，以书督期。宣阃姑遣师应之。"[9]宋夏联军围攻金巩州不克后，利州副都统程信约夏军攻秦州，夏军不应，宋夏遂各自撤军。嘉定十四年十月，"夏人复以书来四川趣兵伐金"[10]。次年，"夏人复攻金人，遣百骑入凤州，邀守将求援兵"[11]。

从宋夏使人与军队利用秦州路频繁交往来看，秦州路是南宋蜀地与西夏之间最便捷的交通路线。12世纪末至13世纪初是宋夏双方利用秦州路进行外交、军事接触的高峰期。处于同一时代的榆林窟题记中的大理国僧俗四人当利用这条道路从西蜀来到西夏。当时宋夏双方均利用吐蕃僧人在秦陇地区从事对金敌对活动。南宋四川宣抚使虞允文"遵御札募巩人王嗣祖结外蕃以图金人，又得蕃僧六彪者偕往"[12]。吐蕃僧人减波、把波则携西夏蜡书来到南宋西和州。榆林窟题记中的大理国僧俗四人亦是利用了僧人身份，顺利穿过了秦州，再向西行，经过临洮、兰州等地，最后抵达河西走廊来到瓜州。从

---

1 《宋史》卷四八六《夏国传下》，第14025页。
2 《宋史》卷四八六《夏国传下》，第14026页。
3 （宋）李心传撰，徐规点校：《建炎以来朝野杂记》乙集卷一九《边防一》，中华书局，2000年，第847页。
4 《宋史》卷四八六《夏国传下》，第14027页。
6 （宋）刘时举撰，王瑞来点校：《续宋中兴编年资治通鉴》卷一五，中华书局，2014年，第596页。
6 《宋史》卷四八六《夏国传下》，第596页。
7 （宋）佚名编，汝企和点校：《续编两朝纲目备要》卷一六，中华书局，1995年，第368页。
8 四川省文物考古研究院、广安市文物管理所、华蓥市文物管理所编著：《华蓥安丙墓》，文物出版社，2008年，第160页。
9 （宋）魏了翁撰，张京华校点：《渠阳集》卷一二，岳麓书社，2012年，第186—187页。
10 （宋）刘时举撰，王瑞来点校：《续宋中兴编年资治通鉴》，第598页。
11 《宋史》卷四〇六《崔与之传》，第12260页。
12 《宋史》卷三八三《虞允文传》，第11797页。

《叶榆稗史》所记大理国宣仁帝段和誉"后游，西出玉门。三载返，途经峨眉，抄经五载，归主东寺"[1]来看，段和誉也是自本国北上西蜀，由瓜沙往返西蜀。另外大理国圣德帝段素贞也曾到过瓜沙。《三迤随笔》记段素贞于崇圣寺出家后，"后游天竺，归由西域至敦煌，转长安入五台，苦研佛学"[2]。

结　语

综上所述，瓜州榆林窟大理国僧俗题记作为保存至今的唯一反映大理国与西夏交通关系的文物资料，如吉光片羽般弥足珍贵。彩云之南的大理国与瀚海渺渺的西夏虽然不是陆地相接的邻国，但在东土佛教世界中同为法轮常转的现世佛国。大理国僧俗四人不以云树遥隔、山川相阻而长途跋涉至西夏，既体现了他们对佛教这一普世信仰的一秉虔诚，也反映了西夏作为西土庄严佛国对于大理国人的吸引。题记中的国号既是同音异写，也是大理国人坚持本国正统的书面表达。大理国僧俗四人于四月初八佛诞日于榆林窟巡礼佛教诸圣贤，不仅体现了他们对于佛教圣节的恭诚肃虔，也表明大理国的佛教礼俗同于中原南方地区，还说明榆林窟是西夏河西地区乃至西夏全境首屈一指的佛教圣地。题记中的僧俗四人，既有粟特后裔，又有汉人，表明大理国虽然由白人精英统治，但不失为一个多族群共存的统一王朝。从当时大理国与周边地区的交往情况来看，题记中的僧俗四人应是由本国北上南宋西蜀，经秦州路穿越金朝统治区来到西夏。他们在榆林窟留下的题记堪称融汇南方丝绸之路与西北丝绸之路交通史的和璧之珍。

---

[1] （明）张继白：《叶榆稗史》，大理州文联编：《大理古佚书钞》，云南人民出版社，2002年，第517页。

[2] （明）李浩：《三迤随笔》，大理州文联编：《大理古佚书钞》，第102页。

汉传净土信仰在龟兹地区的流传

——以龟兹石窟为中心

苗利辉

（中国人民大学　新疆龟兹研究院）

作为影响中国乃至世界文化的宗教，佛教从人"趋利避害"的本性，针对我们所处的这个充满了各种不圆满的世界，构建了一整套的生活方式，使我们能够保持身心的平衡，进而实现圆满的人生，达到与客观世界的和谐。为此，佛教构建了系统化的理论和实践体系。净土是其中的一个重要内容，是佛教的理想世界模式的体现。

根据学者的研究，佛教的净土有多种意义。既可以指远离我们生活的婆娑世界的他方清净之地，其特点为有佛教化、出离各种垢染，如西方净土、东方阿閦佛和药师佛净土；也指有佛教化的有垢之地，如未来的弥勒之世；以及虽然无佛教化，但是环境优美、社会和谐的天上净土，如天界净土。还有强调一切事物皆为心识所成，心净则净土现的唯心净土和灵山净土；以及综合上述各净土特点而形成的华严净土和密严净土；此外，还有以良好社会、优美环境为特征的人间净土。[1]

东汉以来，随着佛教的东传，弥勒天上净土信仰首先传入汉地，一时成为主要的净土信仰。魏晋南北朝至初唐之际，弥勒人间净土信仰、东方阿閦佛信仰、西方净土信仰纷纷出现。唐代，是各种净土竞相发展时期。除了上述各种净土信仰，随着天台、华严、禅宗等各宗派的出现和发展，先后出现了唯心净土、灵山净土、华严净土和密严净土。尽管，最终西方净土信仰成为社会的主流净土信仰。但是其他各类净土信仰，也以各种形式存在和传播着。近代以来，随着太虚大师和印顺法师的倡导，人间净土信仰也日益为信众接受。

由于本文的写作目的，旨在对龟兹地区流传的汉地净土信仰加以梳理，因而其时间范围上限定为唐西域大都护府时期至该地区伊斯兰化以前。净土信仰类型则包括这一时期传播至龟兹地区的弥勒人间净土、西方净土、东方药师佛净土、法华灵山净土和华严华藏净土信仰。对于这里没有出现的东方阿閦佛信仰、禅宗唯心净土和密教的密严净土，则不予以讨论。至于弥勒天上净土，由于基本属于龟兹本土原有信仰系统的传承，故也不予以讨论。

古代龟兹地区留下了丰富的反映汉传佛教净土信

---

[1] 方立天：《佛教哲学》，宗教文化出版社，2013年，第169页；方立天：《方立天讲谈录》，九州出版社，2014年，第167—170页；汪志强：《印度佛教净土思想研究》，巴蜀书社，2010年，第5页。

图1　库木吐喇石窟窟群区第14窟主室正壁阿弥陀经变

仰的材料，主要是这里出土的许多汉文佛经文书以及保存在龟兹石窟壁画中的净土图像。

本文研究以上述出土佛经文书和石窟壁画中的净土图像为切入点，以相关的汉文佛经作为主要研究文献，并结合中外学者的研究成果[1]，力求揭示出龟兹地区净土信仰的历史真实，不当之处，还望方家指正批评。

一

西方净土是龟兹石窟中现存图像最多的一类净土信仰。[2]龟兹石窟中现存有四处表现西方净土信仰的图像，主要保存在库木吐喇石窟窟群区第11窟、14窟、16窟以及阿艾石窟。[3]此外，库木吐喇窟群区第42

1　马世长：《库木吐拉的汉风洞窟》，载新疆维吾尔自治区文物管理委员会、库车县文物保管所、北京大学考古系编著《中国石窟·库木吐喇石窟》，文物出版社，1992年，第203—224页；霍旭初：《阿艾石窟题记考识》，《西域佛教考论》，宗教文化出版社，第468—488页；杨富学：《回鹘文献与回鹘文化》，民族出版社，2003年；祁小山、贾应逸：《印度到中国新疆的佛教艺术》，甘肃教育出版社，2002年；彭杰：《五至九世纪弥勒、弥陀净土思想流传西域管窥——兼论唐代长安佛教文化对西域的影响》，载增勤主编《首届长安佛教国际学术研讨会论文集 盛世乐章——长安佛教的多边交往与融合》，陕西师范大学出版社总社有限公司，2010年，第236—258页。

2　与石窟中保存了比较多的与西方净土有关的图像材料不同，这一地区至今没有发现有关的汉文佛经文书。但是由于德藏吐鲁番文书和大谷文书中均有一批出土地点不明的西方净土类经典，经过以后的进一步整理，有可能发现出土于库车地区的此类文书。古代龟兹的今后的考古发掘工作，也可能出土与净土信仰相关的文献。

3　新疆龟兹石窟研究所编：《库木吐喇石窟内容总录》，文物出版社，2008年。

图2　阿艾石窟主室正壁观无量寿经变

窟右甬道左侧壁有"南无阿弥□佛"的题记，右侧壁有"□□□势至菩萨"的题记。第45窟右甬道右侧壁有"南无阿弥陀佛"和"南无大势至菩萨"的题记。[1]

根据绘画内容和形式，可以分为两类，一类系依据《阿弥陀经》绘制的阿弥陀经变，保存在库木吐喇石窟窟群区第11窟、14窟的主室正壁（图1）；一类则是依据《观无量寿经》绘制的观无量寿经变，保存在库木吐喇石窟窟群区第16窟主室左侧壁和阿艾石窟主室正壁（图2）。

库木吐喇石窟窟群区第11窟和14窟的阿弥陀经变无论是绘制的人物，还是构图布局均完全相同。阿弥陀佛位于画面中央，两侧为观世音、大势至胁侍菩萨。佛和菩萨上方的华盖上摩尼珠闪烁。阿弥陀佛和

---

[1] 这些图像主要以笔者亲自田野调查收集为主，对于现已不存的图像，则参照以往学者出版的相关报告和画册中的照片。（参见〔德〕格伦威德尔著，赵崇民、巫新华译：《新疆古佛寺》，中国人民大学出版社，2007年；〔德〕阿尔伯特·冯·勒柯克、〔德〕恩斯特·瓦尔德施密特著，管平、巫新华译：《新疆佛教艺术》，新疆教育出版社，2006年；新疆维吾尔自治区文物管理委员会、库车县文物保管所、北京大学考古系编：《中国石窟·库木吐喇石窟》；中国壁画全集编辑委员会编：《中国美术分类全集·中国新疆壁画全集·库木吐拉》，辽宁美术出版社、新疆美术摄影出版社，1995年；中国壁画全集编辑委员会编：《中国美术分类全集·中国新疆壁画全集·森木塞姆·克孜尔尕哈》；新疆龟兹石窟研究所编：《库木吐喇石窟内容总录》。）除了直接与净土图像相关的图像外，库木吐喇石窟和阿艾石窟中也存在一些表现各种净土中的教主及胁侍菩萨的单尊像。鉴于他们的具体含义在不同的图像语境中往往有所不同，故而在本文中，仅列出与西方净土信仰直接有关的阿弥陀佛和大势至菩萨作为正文说明的补充材料。

图3 库木吐喇石窟窟群区第16窟右侧壁十六观一

图4 库木吐喇石窟窟群区第16窟右侧壁十六观二

观世音、大势至菩萨上方的空中，天花乱坠，各方诸佛端坐莲中前来赴会，楼阁漂浮在天空中，彩云烘托着的飞天持花盘供养，画面的左右两侧上方绘日、月。阿弥陀佛和观世音、大势至菩萨下方及周围，围绕众菩萨、天人和阿修罗、夜叉、龙王等天龙八部。

库木吐喇石窟窟群区第16窟主室左侧壁和阿艾石窟的主室正壁绘制的观无量寿经变布局和构图也完全相同。只是均有不同程度的残损。现以阿艾石窟所绘为例加以介绍。

画面为中堂式布局。画面中央为阿弥陀佛法会图。楼台上，主尊阿弥陀佛位于画面中央，结跏趺坐于莲台上，手作说法印。佛头光分出数条光芒，光芒上绘有云气，云气上绘一佛二菩萨赴会图，云气下绘有华盖，佛和菩萨上方绘有各种乐器，如筝、阮咸等，不鼓自鸣。佛两侧绘观世音菩萨和大势至菩萨，均结跏趺坐于莲台上，一手置膝上，一手作与愿印。阿弥陀佛和观世音、大势至菩萨周围绘供养天人及花树。楼台前的栏台上，伎乐翩翩起舞，仙鹤驻足。栏台两侧亭中各绘一坐佛，其旁有闻法天人。楼台、栏台间池水中有化生童子嬉戏。栏台以下画面脱落。两侧条幅仅左侧残存部分，为一唐装贵妇合十跪拜一楼阁。

库木吐喇石窟窟群区第16窟主室左侧壁中堂部分尚存各种乐器悬浮，不鼓自鸣。水榭楼台中绘菩萨、歌舞伎乐和飞天。残存立轴条幅中，可见汉式宫廷建筑和汉装人物。条幅榜题为："佛从岐阁崛山中没王宫中见韦提夫人自武时""韦提夫人观见水变成冰时"（图3、图4）。[1] 根据《阿弥陀经》和《观无量寿经变》的记载，西方净土的教主为阿弥陀佛，其胁侍为观世音和大势至菩萨。西方净土的形成是阿弥陀佛往昔为法藏比丘时，起菩提心，抉择二百一十亿诸佛国土，发二十四或四十二大愿，成就净土，化度一切众生，经过五劫的修行而成。

西方净土阿弥陀佛的报土，清净无垢，有观世

---

1 〔日〕渡边哲信：《西域旅行日记》，《新西域记》上卷，有光社，1937年，第336页。

音菩萨和大势至菩萨协助教化众生。净土内"七重栏楯、七重罗网、七重行树，皆是四宝周匝围绕，是故彼国名曰极乐。……极乐国土有七宝池，八功德水充满其中，池底纯以金沙布地。四边阶道，金、银、琉璃、颇梨合成。上有楼阁，亦以金、银、琉璃、颇梨、车璩、赤珠、马瑙而严饰之。池中莲花，大如车轮，青色青光，黄色黄光，赤色赤光，白色白光，微妙香洁。舍利弗！极乐国土成就如是功德庄严。……常作天乐，黄金为地，昼夜六时天雨曼陀罗华。其国众生，常以清旦，各以衣裓盛众妙华，供养他方十万亿佛；即以食时，还到本国，饭食经行。……彼国常有种种奇妙杂色之鸟——白鹄、孔雀、鹦鹉、舍利、迦陵频伽、共命之鸟。是诸众鸟，昼夜六时出和雅音，其音演畅五根、五力、七菩提分、八圣道分如是等法。其土众生闻是音已，皆悉念佛、念法、念僧。……彼佛国土无三恶趣。……彼佛国土，微风吹动，诸宝行树及宝罗网出微妙音，譬如百千种乐同时俱作，闻是音者皆自然生念佛、念法、念僧之心"[1]。在此土内修行的众生，分为上中下三品九生，通过修行均可最终成佛，而且不再转生到作为秽土的婆娑世界。进入阿弥陀佛的修行方式也很简单，众生只要专心念佛，死后即可来到。即使犯有逆罪之人，只要在弥留之际，产生往生西方之念，并专心念佛，亦可往生西方。

西方净土特别强调阿弥陀佛的加持的无上效力，加上修行方式简单，对于渴望摆脱世间诸苦和解脱成佛，而又畏难婆娑世界成佛之路的众生来说，无疑具有极大的吸引力。

以上表现西方净土图像的石窟均为唐代开凿。与其同一时代流行于龟兹地区的还有东方的药师净土和法华的灵山净土信仰。

库木吐喇石窟窟群区第16窟主室右侧壁绘制的药师经变反映了龟兹地区药师净土信仰的情况。[2]

经变画残损严重，情节多不辨，但保存着汉文榜题，内容为"十二大愿"。尚存可见者："第二愿者使我来世自身光明""琉璃内外明彻净无瑕秽妙""功德巍巍安住十方""如日临世""众生悉蒙开晓""第三愿者……也""……益""无饥……想……"

根据学者研究，该榜题文字系摘自东晋帛尸梨密多所译《佛说灌顶经》，而所绘壁画为药师经变。[3]

东方药师净土亦是唐代中原流行的净土信仰。据《药师琉璃光如来本愿功德经》介绍，该净土教主为药师琉璃光佛，此佛于过去世行菩萨道时，曾发十二大愿，愿为众生解除疾苦，使具足诸根，导入解脱，故依此愿而成佛，住净琉璃世界，其国庄严如极乐世界，"彼佛土纯一清净，无诸欲染，亦无女人及三恶趣苦恼之声。以净琉璃而为其地，城阙宫殿及廊宇

---

1 《大正藏》第12册，第346—347页。
2 库车地区出土了两件与药师信仰有关的汉文经本，均由大谷探险队获得。两件《药师经》抄本残件序号分别为第41、69号。第41号文书现存21行汉文，墨书竖写。除第1行上端有缺字外，其余各行均文字完整。经日本学者熊谷宣夫与诸译本对勘发现，此文书虽尾题为"药师经一卷"，现存文字却与东晋帛尸梨蜜多罗所译的《佛说灌顶拔除过罪生死得脱经》第12卷的有关章节最为接近，相当于《大正藏》第21册第536页上段第6行至中段6行。第69号文书现存15行汉文，墨书竖写。第1行首尾都有缺字，其余各行均是下端缺字。这15行文字，相当于《大正藏》第21册第535页下段第28行至536页上段第11行。见龙谷大学佛教文化研究所编《龙谷大学善本丛书一》，法藏馆，1980年，"研究册"第78—79页和第120—121页。
3 马世长：《库木吐拉的汉风洞窟》，载新疆维吾尔自治区文物管理委员会、库车县文物保管所、北京大学考古系编著《中国石窟·库木吐喇石窟》，第208页。鉴于该榜题文字的来源为东晋龟兹人所译，可能这一经本早在这一地区流传，与其相关的药师信仰可能在龟兹地区就已存在。这为我们探索汉传佛教净土在龟兹地区的传播与接受情况，提供了一个有益的视角，值得进一步发掘。

图5　库木吐喇石窟窟群区第16窟主室内景

轩窗罗网皆七宝成，亦如西方极乐世界功德庄严"[1]。日光菩萨和月光菩萨为药师佛的胁侍菩萨。该净土中的殊胜在于药师佛由愿力所生的功德对众生的益处。"愿我来世得菩提时，自身光明炽然，照耀无量世界，以三十二相、八十种好庄严，令一切有情如我无异；愿身如琉璃，内外清净无垢，光明过日月，幽冥众生悉蒙开晓；愿以智慧方便令诸有情皆得受用无尽；令行邪道者，皆安住菩提道中；行二乘之道者，亦皆以大乘之道安立之。"[2] 即住于此净土的众生可获药师佛的开示，信守大乘菩提道，最终成佛。

《药师琉璃光如来本愿功德经》中说："若有四众……愿生西方极乐世界无量寿佛所……若闻世尊药师琉璃光如来名号，临命终时，有八大菩萨……乘空而来，示其道路，即于彼界种种杂色众宝华中，自然化生。"[3] 有愿生西方弥陀净土者，由闻药师琉璃光如来名号的功德，反而能往生西方净土，可见两种净土的关系之密切。

此外，药师净土信仰与西方净土信仰一样，带有浓厚的他力加持的成分，但是即使对于净土本身描写得过于美妙，还是没有鼓励众生往生该净土的誓愿，强调对众生的现实解救，都显现出东方药师净土很大程度上只是作为药师佛身份的一个注脚。

1　《大正藏》第14册，第413页。
2　《大正藏》第14册，第405页。
3　《大正藏》第14册，第406页。

图6 库木吐喇石窟窟群区第16窟主室正壁局部

库木吐喇石窟窟群区第16窟主室正壁塑绘的法华经变则展现出另外一种净土佛国的景象（图5）。[1] 正壁上部龛中原塑有释迦牟尼像，像后影塑身光。佛像坐于两树下，佛头上方的券顶内，飞天吹箫奏乐，表现的正是世尊在灵鹫山为诸菩萨、阿罗汉等说法的情景。当此之时，"天雨曼陀罗华、摩诃曼陀罗华、曼殊沙华、摩诃曼殊沙华，而散佛上、及诸大众"[2]。佛龛外左右对称绘制文殊菩萨与普贤菩萨及胁侍人物。龛左侧绘骑狮文殊菩萨。其项饰璎珞，臂腕配钏，左足踏莲花，半结跏趺坐于狮子上。周围绘制三身胁侍菩萨。文殊菩萨及周围胁侍菩萨丰腴华美。文殊菩萨左下方绘制一身牵狮昆仑奴，昆仑奴及狮子均踏莲花（图6）。[3] 龛右侧绘制骑象普贤菩萨，其周围也绘制三身胁侍菩萨，普贤菩萨左侧绘制一身牵象奴，象奴通身黝黑与象均踏莲花。[4] 文殊和普贤周围云气环绕，飞天供养。释迦牟尼佛和文殊普贤菩萨下方绘前来闻听法华圣会的十方诸佛。

法华经变展现的是婆娑世界教主释迦牟尼的灵山净土。

释迦牟尼成佛以来，"甚大久远，寿命无量阿僧祇劫，常住不灭"[5]。"常在此娑婆世界说法教化，亦于余处百千万亿那由他阿僧祇国导利众生。"[6] 释迦牟尼佛示现涅槃，而实非涅槃。"尔来无量劫，为度众生故，方便现涅槃，而实不灭度，常住此说法。"[7] 久远劫来的释迦牟尼佛，其常住国土就在这娑婆世界，如来常在此说法，"常在灵鹫山，及余诸住处"[8]。法华净土内，由文殊和普贤两个大菩萨辅佐释迦度化。

---

1. 根据目前公布的材料，库车地区出土的法华经文本全为汉语文本。总数约有十件，内容涵盖法华经序品、譬喻品、方便品、信解品、劝持品、安乐行品、如来寿量品、妙庄严王本事品和普贤菩萨劝发品等各品，可以说法华经的主要内容都有发现。见龙谷大学佛教文化研究所编《大谷文书集成》（一），法藏馆，2009年。〔日〕香川默识编：《西域考古图谱》，学苑出版社，1999年。〔日〕上原芳太郎编：《新西域记》下卷，有光社，1937年。荣新江编：《吐鲁番文书总目·欧美收藏卷》，武汉大学出版社，2007年。写经时代从北凉一直到盛唐，说明当时法华经在此地流传之盛。
2. 《大正藏》第9册，第2页。
3. 此资料由德国柏林亚洲艺术博物馆提供。
4. 此资料由德国柏林亚洲艺术博物馆提供。
5. 《大正藏》第9册，第42页。
6. 《大正藏》第9册，第42页。
7. 《大正藏》第14册，第43页。
8. 《大正藏》第9册，第43页。

释迦牟尼过去久远,行菩萨道时,发愿度脱婆娑世界六道众生,成佛后,以清净心成就其净土。净土成就后,为使众生成佛,释迦牟尼佛于此娑婆世界示现法华净土。

法华净土,"其地琉璃,坦然平正,阎浮檀金以界八道,宝树行列,诸台楼观皆悉宝成,其菩萨众咸处其中"。"园林诸堂阁,种种宝庄严,宝树多花菓,众生所游乐。诸天击天鼓,常作众伎乐,雨曼陀罗花,散佛及大众。"[1] 此法华净土,在世界劫难来临时,安稳快乐,不受影响:"众生见劫尽,大火所烧时,我此土安隐,天人常充满。"[2]

依据《法华经》的记载,此法华净土,既无三界之秽恶,又不离三界而另存,就融含我们所在的南阎浮提,这是此净土的殊胜之处。然而众生由于心识的不同,也是释迦牟尼佛为度化众生的需要,众生所见和释迦示现的世界是不同的。六道众生所见为有漏的秽土世界,而证得智慧的菩萨所见和佛所示现的则为无量珍宝庄严的佛土。

这种差异体现了三界唯心,万法唯识,一切无非唯心所现的观念。灵山净土属唯识净土,唯识所变,故随其心净,则佛土净。众生只要敬信供养,即可得佛显现净土。"众见我灭度,广供养舍利,咸皆怀恋慕,而生渴仰心。众生既信伏,质直意柔软,一心欲见佛,不自惜身命。时我及众僧,俱出灵鹫山……余国有众生,恭敬信乐者,我复于彼中,为说无上法。"[3]

灵山净土信仰并不排斥其他净土信仰。持诵《法华经》,既可以往生法华净土,也可以往生西方净土和弥勒人间净土。

《法华经·药王菩萨本事品》说:"若如来灭后,后五百岁中,若有女人,闻是经典,如说修行,于此命终,即往安乐世界。阿弥陀佛,大菩萨众,围绕住处。"[4]"但书写,是人命终,当生忉利天上。是时,八万四千天女,作众伎乐而来迎之。其人即着七宝冠,于婇女中娱乐快乐。何况受持、读诵、正忆念、解其义趣、如说修行。若有人受持、读、诵、解其义趣,是人命终为千佛授手,令不恐怖,不堕恶趣,即往兜率天上弥勒菩萨所。弥勒菩萨有三十二相,大菩萨众所共围绕。"[5]

法华净土与西方极乐净土、东方药师佛琉璃净土、弥勒人间净土是一而多、多而一的互融互摄,是本和迹的关系。它是诸法实相意义上的究竟净土,即"所谓诸法如是相,如是性,如是体,如是力,如是作,如是因,如是缘,如是果,如是报,如是本末究竟等"[6]。诸种净土是方便施设,是为了让众生开示悟入佛之知见,为了了达诸法实相。《法华经·方便品》说,过去、现在、未来诸佛,"以无量无数方便,种种因缘、譬喻言辞,而为众生演说诸法"[7]。故此法华净土,无法不备,无机不摄,横遍十方,竖穷三际。

---

[1]《大正藏》第9册,第43页。
[2]《大正藏》第9册,第43页。
[3]《大正藏》第9册,第43页。
[4]《大正藏》第9册,第54页。
[5]《大正藏》第9册,第61页。
[6]《大正藏》第9册,第5页。
[7]《大正藏》第9册,第7页。

与同时期汉地佛教艺术尤其是敦煌佛教艺术相似。如构图形式采用中堂式布局，人物造型具有中原汉人特点，比例适度、面相丰腴、庄严沉静。人物衣纹线条，用笔洒脱，气韵贯通。壁画色彩比较淡雅，多用平涂。总体色调以石绿为主，显得素淡平和。纹饰图案以云纹、云气和卷草图案等为主（图7）。此外，绘制上述图像的龟兹石窟的窟顶均满绘千佛，也与同时期敦煌石窟相同（图8）。

唐代是中国佛教发展的一个高峰期，佛教在民众中得到了普遍的信仰；唐朝中央政府除个别时间外，对佛教在加强管理的基础上，也并不抑制，而在武则天时期，更是大力扶持。正是在这个时期，中国传统文化完成了对印度中亚佛教的改造，形成了具有中国特点的佛教宗派。天台、华严等各家根据对各自传承佛经的理解、修行的实践，纷纷建立起自己的理论和修行体系。由于在诸如佛身、佛性等基本问题上的分歧，从而形成了不同的净土观。这些不同的净土观在当时社会各阶层中都有信仰。

长寿元年（692）后，王孝杰打败吐蕃，收复四镇后[1]，唐中央政府在龟兹地区以安西大都护府总领，龟兹都督府和龟兹军镇分管民政和军事的统治体系得以确立。随后，大量的汉军驻屯龟兹，如此多的汉军长期戍屯该地，随行家眷亦有很大数量。[2]再加上随军工匠、商人，则该地居住的汉军和汉民至少当有几万人。[3]他们中必然有大量的佛教信众。

此外，当时，龟兹境内实行胡汉分治的宗教政策，因而驻屯这里的汉民可以保持自己的佛教信仰。

图7　阿艾石窟右侧壁卢舍那佛

龟兹地区上述表现西方净土信仰、东方药师净土信仰和法华灵山净土的图像均绘制于唐代的石窟中。就其中保存较好的西方净土变和灵山净土变来看，都

1　（后晋）刘昫撰：《旧唐书》，中华书局，2013年，第5304页。
2　武周以后，唐中央政权对西域政策改变，决心派汉军镇守四镇（王小甫：《唐吐蕃大食政治关系史》，北京大学出版社，1992年，第114页）。由于戍兵数量众多，更换不易，准许军人携眷赴戍（［唐］李林甫等撰，陈仲夫点校：《唐六典》，中华书局，1992年，第157页）。
3　马世长先生认为，当时唐朝在龟兹一地就有驻军三万人（马世长：《库木吐拉的汉风洞窟》，《中国石窟·库木吐喇石窟》，第219页）。

图8 库木吐喇石窟窟群区第16窟主室右侧券顶千佛

加之安西大都护府是唐前期中央政府管理西域的政治中心,当时管理安西四镇佛教事务的都僧统又驻锡龟兹,唐中央政府有关佛教的各项政令在这里能够很快得到贯彻。

这样,汉传佛教在龟兹地区很快得到了发展,许多汉传佛教寺院被建立起来,同时许多长安名寺的僧侣来到这里主持寺院、挂锡和游学。汉传佛教净土信仰的传播到这里,并与汉地保持着同步。[1]

二

根据目前龟兹地区出土汉文佛经和保存在石窟中的图像,龟兹地区的华严净土信仰在回鹘时期比较流行。图像材料则保存在库木吐喇石窟窟群区第9窟、13窟、38窟、45窟和65窟。[2]

库木吐喇石窟窟群区第13窟和38窟的主室正壁龛内原均塑卢舍那佛,两窟券顶均绘横列的一佛二

---

[1] 苗利辉:《从龟兹石窟和出土文书看唐朝对龟兹的治理》,《新疆师范大学学报》2016年第6期,第97页。

[2] 出土的华严经文本现可断定的有两件,均发现于大谷文书中,见《龙谷大学善本丛书一》"研究册",第72—73、75—76页。两件文书序号分别为第37、39号。第37号文书的发现地为库车,时代定为六朝,文书的文字是墨书竖写,现存15行,每行文字保存较完整,没有缺字,书法为隶书。经研究,此文书为《六十华严》第29卷心王菩萨问阿僧祇品的片段,可对应《大正藏》的第278册,第9卷586页下段第7行至24行。第39号文书的发现地点为克孜尔石窟。时代也定为六朝。文书的文字是墨书竖写,书法为隶书,现存15行。每行文字保存完整,没有缺字。经研究,此文书为《六十华严》第40卷离世间品的片段,可对应《大正藏》第278册,第9卷651页上段第27行至中段第13行。

图9　库木吐喇石窟窟群区第13窟主室券顶诸佛净土

菩萨图，其中佛与菩萨均坐于云气上，诸佛皆面向正壁主尊，佛头上方均有华盖和宝树，菩萨头上方有不鼓自鸣的乐器（图9）。第65窟主室券顶同第13窟和38窟。第45窟佛仅绘出了坐佛（图10）。

这些石窟塑绘结合共同表现了华严净土——莲华藏世界海。华严经记载，它是卢舍那佛经历无数菩萨行而成就的。最底层为十重无数风轮，它的上面是香水海，香水海中有大莲华，其中的世界为莲华藏世界，卢舍那佛居于其中。其中又有无数的佛国净土。华藏世界周围是金刚轮山。"此世界海大轮围山内所有大地，一切皆以金刚所成，坚固庄严，不可沮坏；清净平坦，无有高下；摩尼为轮，众宝为藏；一切众生，种种形状；诸摩尼宝，以为间错；散众宝末，布以莲华；香藏摩尼，分置其间；诸庄严具，充遍如云，三世一切诸佛国土所有庄严而为校饰；摩尼妙宝以为其网，普现如来所有境界，如天帝网于中布列。诸佛子！此世界海地，有如是等世界海微尘数庄严。"[1]

华严净土的教主卢舍那佛是法身佛，它是世界万物的起源，是卢舍那佛的自在力化现了无量的三界六道和万事万物。

"重观普贤一一身分、一一肢节、一一毛孔中，悉见三千大千世界风轮、水轮、火轮、地轮，大海宝山、须弥山王、金刚围山，一切舍宅，诸妙宫殿，众生等类，一切地狱、饿鬼、畜生，阎罗王处，诸天梵王，乃至人、非人等，欲界、色界，及无色界，一切劫数，诸佛菩萨，教化众生，如是等事，皆悉显现；

---

[1] 《大正藏》第10册，第40页。

图10　库木吐喇石窟窟群区第45窟券顶坐佛

十方一切世界，亦复如是。如此娑婆世界，卢舍那如来、应供、等正觉，所现自在力。"[1]

故所有佛土（有佛教化的净土，包括西方净土、东方净土、灵山净土、弥勒人间净土）都是一佛即卢舍那佛所化，因为佛是"依真而住非国土"[2]。"是以一佛入一切佛，以一切佛入一佛，而不坏其相者之所住处。"[3]佛是遍一切处，仅是根据众生不同根机而示现化身。"佛身无去亦无来，所有国土皆明现。显示菩萨所修行，无量趣地诸方便，及说难思真实理，令诸佛子入法界。出生化佛如尘数，普应群生心所欲，入深法界方便门，广大无边悉开演。"[4]因而没佛教化的天界净土、北俱卢洲人间净土亦为卢舍那佛化现。

也就是说，所有净土，包括西方净土、东方净土、灵山净土、弥勒人间净土等一切净土，都是卢舍那佛化现，都为华严净土的组成部分。

华严净土与法华灵山净土相比，它具有更大的融摄性，是佛教最高的理想净土，它强调如何发"菩提心"、行"菩萨行"，体征秽净不二的"当下净土"，实践"建设净土"的舍己为人之悲愿，并成就净土。

发菩提心是华严净土信仰的因地。《华严经》详细列述了发菩提心的十种因缘及所获清净。"佛子！菩萨摩诃萨有十种发菩提心因缘。……教化成熟一切众生，……除灭一切众生苦，……与一切众生种种快乐，……除灭一切众生愚暗，……与一切众生佛智，……恭敬供养一切诸佛，……随如来教，令佛欢喜，……见佛色身相好，……入一切佛智，……显现佛力无畏，……佛子！若菩萨摩诃萨发如是十种心，则得十种清净。……正直心清净，……色身清净，……音声圆满清净，……辩才清净，……智慧清净，……受生清净，……眷属清净，……果报清净，……诸愿清净，……诸行清净。"[5]

关于菩萨道，则有两个方面的内容，一方面提出了身口意三方面的日常生活规范。"菩萨在家，当愿众生，舍离家难，入空法中。孝事父母，当愿众生，一切护养，永得大安。……若上楼阁，当愿众生，升

1　《大正藏》第9册，第784页。
2　《大正藏》第10册，第33页。
3　《大正藏》第10册，第423页。
4　《大正藏》第10册，第21页。
5　《大正藏》第9册，第635页。

图11　库木吐喇石窟窟群区第45窟主室前壁弥勒说法图

佛法堂，得微妙法。……手执锡杖，当愿众生，设净施会，见道如实。……见山涧水，当愿众生，洗濯尘垢，意解清净。……若见满钵，当愿众生，具足成满，一切善法。……右绕塔庙，当愿众生，履行正路，究畅道意。……若洗足时，当愿众生，得四神足，究竟解脱。昏夜寝息，当愿众生，休息诸行，心净无秽。晨朝觉悟，当愿众生，一切智觉，不舍十方。"[1]

另一方面则在《十地品》描述了修行者如何通过菩萨道修行，层层达到世间凡人望尘莫及的菩萨阶位，最后臻于如来悲智圆满及应化无方的莫测神力，成就净土。[2]

这一时期，弥勒人间净土信仰在龟兹地区也有流传。反映这种净土信仰的壁画保存在库木吐喇石窟第45窟内（图11）。[3]

该壁画位于主室前壁半圈壁面上，画面正中为绘一倚坐（或交脚坐？）弥勒佛形象，其头部上方绘树冠，其两侧各绘三身闻法菩萨，菩萨头上方亦绘树冠。[4]

壁画表现的是弥勒在未来于婆娑世界成佛，龙华三会，度化众生。婆娑世界成为人间净土。

弥勒未来的人间净土内，"于未来世人寿八万岁时，此赡部洲，其地宽广，人民炽盛，安隐丰乐。村邑城廓，鸡鸣相接。女人年五百岁，尔乃行嫁。彼时诸人，身虽胜妙，然有三患：一者，大小便利；二者，寒热饥渴；三者，贪淫老病。有转轮王，名曰饷佉，威伏四方，如法化世。……极大海际，地平如掌，无

1　《大正藏》第10册，第430—432页。
2　《大正藏》第10册，第542—578页。
3　古代龟兹地区目前没有发现有弥勒上生信仰有关的汉文佛经文书。
4　该幅壁画已被德国探险队剥走。画面描述系根据他们发表的照片进行的。〔德〕阿尔伯特·冯·勒柯克、〔德〕恩斯特·瓦尔德施密特著，管平、巫新华译：《新疆佛教艺术》，新疆教育出版社，2006年，第661页。

有比（坎？）坑砂砾毒刺。人皆和睦，慈心相向。兵戈不用，以正自守。……时有佛出世，名曰慈氏……如我今者十号具足。……为有情宣说正法，开示初善中善后善，文义巧妙，纯一圆满，清白梵行。为诸人天正开梵行，令广修学"[1]。

即弥勒人间净土内转轮圣王以五戒、十善的德化来化导人民，人民过着长寿、繁荣、欢乐、和平的生活。与此同时，弥勒菩萨下生人间成佛度众生。理想的政治与完善的宗教，健康长寿的生活，是弥勒人间净土的典型特征。它与东西方净土不同，凸显了良好的社会秩序和优美的环境，实现了出世间和入世间的合理结合，是现实人间净土的最高理想。

此净土的形成，是弥勒过去世修菩萨行发愿而成，"使其作佛时，令我国中人民，无有诸垢瑕秽，于淫怒痴不大，殷懃奉行十善，我尔乃取无上正觉"[2]。同时也是弥勒"昼夜各三，正衣束礼，下膝着地，向于十方，说此偈言：我悔一切过，劝助众道德，归命礼诸佛，令得无上慧"[3]精进修行的结果。

往生弥勒人间净土的方法之一是往生兜率净土。若要实现往生，必须"精勤修诸功德，威仪不缺，扫塔涂地，以众名香、妙花供养，行众三昧、深入正受，读诵经典，如是等人，应当至心，虽不断结，如得六通。应当系念，念佛形像，称弥勒名。如是等辈，若一念顷，受八戒斋，修诸净业，发弘誓愿，命终之后，譬如壮士屈申臂顷，即得往生兜率陀天上，于莲花上结跏趺坐"[4]。"若有礼敬弥勒者，除却百亿劫生死之罪，设不生天，未来世中，龙华菩提树下，亦得值遇，发无上心。"[5]

回鹘时期是龟兹汉传佛教的另一个重要发展时期。

回鹘本为漠北高原兴起的游牧民族，开始被称为回纥，9世纪中期建立汗国，8世纪末9世纪初改名回鹘，9世纪中期回鹘政权瓦解，部众四散。其中一支进入古代龟兹，建立政权，但随后并入高昌回鹘。[6]高昌回鹘原来信仰摩尼教，进入西域百年后，改信当地流行的佛教。

回鹘文化受汉文化影响很深，早在漠北时期，就吸收了很多汉文化的内容，对其文化加以改造。进入西域地区后，其统治中心的高昌地区自魏晋以来就是汉文化地区，其疆域的另一个重要地区——龟兹地区也一直是中原王朝着力经营的地区，汉文化影响也很深，这样就使得高昌回鹘文化原有的汉文化得以延续并有某种程度的加强，这一点在佛教的信仰上尤其突出。[7]进入宋代以后，高昌回鹘王国一直与宋、辽、敦煌归义军政权乃至以后的西夏保持着密切的经济、文化和政治往来[8]，上述地区的佛教在这一时期的变化也几乎同步在高昌回鹘地区发生着。

---

[1]《大正藏》第27册，第893页。
[2]《大正藏》第12册，第188页。
[3]《大正藏》第12册，第188页。
[4]《大正藏》第14册，第419页。
[5]《大正藏》第74册，第611页。
[6] 田卫疆：《高昌回鹘史稿》，新疆人民出版社，2006年，第49—55页。
[7] 高士荣、杨富学：《汉传佛教对回鹘的影响》，《民族研究》2005年第1期，第71—76页。
[8] 荣新江：《归义军史研究——唐宋时代敦煌历史考索》，上海古籍出版社，2015年，第364—397页；陈溯洛：《论回鹘与五代宋辽金的关系》，《唐宋回鹘史论集》，人民出版社，1993年，第360—400页；杨富学：《回鹘文献与回鹘文化》，第469—486页。

图 12　莫高窟第 15 窟弥勒上生经变

宋代佛教发展的一个重要方面就是华严义学与禅宗和密宗的合流,尽管作为宗派的华严宗影响远不如唐代,但华严思想为中国佛教各派普遍接受,成为当时主要的佛教宗派,如禅宗和净土宗的义理基础。[1] 辽代尽管为北方游牧民族契丹建立的政权,但是受中原汉文化影响极深,佛教上则继承了唐末以来的特点,以五台山为中心的华严义学发达,同时与密宗互相融合。[2] 敦煌五代归义军时期,华严经变亦很盛行,据学者统计,仅莫高窟在这一时期绘制的华严经变就有24幅之多。[3] 随后统治敦煌地区的西夏政权与高昌回鹘在佛教文化上也有着密切的交往[4],西夏的华严宗也很兴盛,"该宗以《大方广佛华严经》为立宗的主要经典。该经宣说'顿入佛地'的思想,在社会动乱较多的西夏有比较大的影响"[5]。

受上述地区华严学发展的影响,这一时期的高昌回鹘辖下的龟兹地区的华严信仰也有了很大的发展,

1　方立天主编:《中国佛教简史》,宗教文化出版社,2001年,第242—267页。
2　方立天主编:《中国佛教简史》,第273—274页。
3　〔韩〕海住:《莫高窟华严经变相的考察》,敦煌研究院编:《2000年敦煌学国际学术讨论会文集——纪念敦煌藏经洞发现暨敦煌学百年(1900—2000)·石窟考古卷》,甘肃民族出版社,2000年,第133—134页。
4　杨富学:《论回鹘文化对西夏的影响》,《回鹘文献与回鹘文化》,第469—486页。
5　史金波:《西夏佛教史略》,宁夏人民出版社,1988年,第156页。

图 13　拜锡哈尔石窟第 3 窟弥勒下生经变（局部）

石窟中出现了许多表现华藏世界—华严净土的造像就是这一情况的反映。

这一时期在龟兹石窟中出现的弥勒人间净土信仰则是高昌回鹘统治地区受到敦煌地区影响的结果。弥勒人间净土作为一个政通人和、社会进步的人间乐园，受到人们崇拜和向往。这一信仰在中原地区北朝至隋唐时期非常流行，最典型的例证就是武则天改唐为周时对弥勒下生思想的宣扬、改造与利用。以后随着阿弥陀净土信仰的兴起，以及由于弥勒下生信仰被用于社会动乱的依据受到统治者的抑制，弥勒信仰渐趋衰微。与此形成对比的是敦煌地区弥勒人间净土信仰的流行，这一时期，敦煌绘制这类净土图像有几十幅（图12）。高昌回鹘地区也一直流行弥勒人间净土信仰，这种现象在这一时期在高昌回鹘地区出现的《弥勒会见记》以及有关的题记中可以看到。[1]此外，拜锡哈尔第3窟主室正壁龛上方也绘有弥勒下生经变（图13）。[2]这也反映出回鹘佛教与敦煌佛教信仰的联系。

---

[1] 李永宁、蔡伟堂：《敦煌壁画中的弥勒经变》，敦煌研究院编：《纪念敦煌莫高窟藏经洞发现一百年（1900—2000）敦煌研究文集·敦煌石窟经变篇》，甘肃民族出版社，2000年，第295—305页。

[2] 贾应逸、祁小山：《印度到中国新疆的佛教艺术》，甘肃教育出版社，2002年，第462—464页。

麦积山石窟西魏时期维摩诘图像研究*

孙晓峰

（麦积山石窟艺术研究所）

麦积山石窟是南北朝时陇右地区最重要的石窟寺之一，其所处的秦州又是当时连接中原、西域和巴蜀的咽喉要道，这一时期的佛教也得到前所未有的传播与发展。在整个北朝阶段，麦积山石窟也达到了开窟造像的顶峰，各种反映法华、弥勒、维摩等大乘佛教思想的雕塑和壁画精彩纷呈，为我们留下诸多宝贵的佛教文化遗产。其中，兴盛于西魏时期的维摩诘图像就是一个非常值得探讨的题材，本文拟就其所体现的时代背景、佛教思想、艺术风格、图像来源等问题做些粗浅分析和讨论，敬请指正。

一 北魏以来关陇地区维摩诘思想的传播与发展

《维摩诘经》又称《不可思议解脱法门经》，是大乘佛教的一部重要经典，带有较浓厚的净土思想。其最早的汉译本可追溯至东汉中平五年（188）严佛调在洛阳翻译的两卷本《古维摩诘经》，而后世最流行者当属后秦鸠摩罗什译本。两晋南北朝时，外来佛教已高度融入中国社会，其中《维摩诘经》所宣扬的"空"思想与中国传统老庄哲学倡导的"无"的思想息息相通，因而广泛受到当时中国知识分子阶层的认可和推崇，这在很大程度上促进了《维摩诘经》的传播，除不断再译外，关于该经义理的注疏、演讲等也非常普遍。当时的著名高僧如僧肇、慧远、竺道生、道辨、法安等都先后为其做过注或义疏，演讲过该经的僧人更是不计其数，这对推动《维摩诘经》从上层社会向普通民众传播起到很好作用。而基于该经形成的维摩诘思想对中国宗教、哲学、文学、艺术等诸多领域都产生了深远影响。经中主角维摩诘的仪度风范、谈吐举止成为两晋南北朝时期贵族、名士、名僧竞相摹仿的对象，这一形象也成为当时画家和佛教寺院、石窟寺中的常见题材。

以长安和秦州为中心的关陇一带也是佛教传入内陆最早的地区之一，由于鸠摩罗什僧团在长安的弘法和译经活动，使得法华、维摩、弥陀、弥勒、涅槃等各类大乘佛教思想十分盛行。其中素有"正法之常轨，大道之通途"之称的《维摩诘经》作为大乘诸经入门的佛教基础理论读物，深受广大佛教信徒喜爱，与之相关的史料及图像材料也屡有发现。但总的看来，相对于文人士族聚集和佛教义学发达的南朝而言，维摩诘思想在关陇地区的传播明显呈现出阶段性特征和地域性特色。

史料方面，陇右一带关于维摩诘思想的记述最早见于《高僧传》："释僧隐，姓李，秦州陇西人。家

---

* 基金项目：甘肃省文物局2016年度省级文物保护和科学研究课题"秦州北朝至隋唐时期胡人图像研究"（编号：GWJKT2016[18]）系列研究成果之一。

世正信，隐年八岁出家便能长斋。至十二蔬食，及受具戒，执操弥坚。常游心律苑，妙通十诵，诵法华、维摩。闻西凉州有玄高法师禅慧兼举，乃负笈从之，于是学尽禅门，深解律要。高公化后，复西游巴蜀，专任弘通。顷之东下，止江陵琵琶寺，谘业于慧彻。彻名重当时，道扇方外。隐研访少时，备穷经律，禅慧之风，被于荆楚。"[1]

这条史料透露出以下几条信息：（1）僧隐出身于陇西望族，其家族有世代信佛的传统，这也说明当地受佛教影响很早。（2）僧隐出家很早，弥志不渝，善于诵《法华经》和《维摩诘经》，说明这两部由鸠摩罗什重译的大乘佛教经典当时在陇西一带已十分流行。（3）当时自关中游历秦、凉的禅学高僧玄高在陇右颇具声望，僧隐不畏路途艰险，前往武威投奔玄高门下学禅，表明当时秦州一带佛教传播环境可能并不理想。

大致同时期的另一位陇西籍高僧释僧镜在《维摩诘经》的传播中也做出了重要贡献："释僧镜，姓焦，本陇西人，迁居吴地，至孝过人。……后入关陇寻师受法，累载方还。……频建法聚，德众云集，著法华、维摩、泥洹义疏并毘昙玄论。"[2]

从这条记述可知，同样出生于陇西的僧镜很早就去了南方，但后来又前往关陇寻师学法，表明当时活跃于长安的鸠摩罗什僧团影响巨大，僧镜晚年在江南注疏的《维摩诘经》等佛典很可能就是关陇游学的心得。

这两条事迹说明，当时秦陇境内维摩诘思想已经比较流行。

图像材料方面，甘肃永靖炳灵寺石窟西秦营建的169窟11号龛第三组壁画中绘有国内最早的维摩诘形象：画面中间为无量寿佛，东侧绘一方形扎束式帷帐，内绘二人，维摩诘斜卧于帐内，束发髻，面形圆润，颈饰项圈，身穿袒右式袈裟，扭身侧视，左手举至胸前，坐姿不详，下卧长榻，似在谈论。身后绘圆形头光，头上方绘饰垂幔的圆形华盖。左侧绘一扎束发髻，穿袍服的侍者，身后绘圆形头光，立于一侧，面向维摩诘。两人之间上方竖条榜题内墨书"维摩诘之像、侍者之像"[3]。显然，这与张彦远《历代名画记》中描述的顾恺之在建康瓦官寺所绘具有"清羸示病之容，隐几忘言之状"的维摩诘像，或稍后陆探微、袁倩所绘此类作品无论在形式上，还是内容上都有很大差异。

关于这种类似菩萨装束的维摩诘像，学界已多有论述，认为其与南朝地区传统样式的维摩像并非一个系统，带有明显的西域风格，是大乘菩萨像的一种表现方法，故可以称为单独的维摩像。[4] 邹清泉则根据"隐几"这种起源于汉代，盛行于六朝的家具在维摩诘图像中使用和变化的情况，指出两地维摩像彼此之间并没有直接承袭关系，并非源于同一种粉本脉络。[5] 笔者也同意这种看法，但它与中原地区传统文化之间的关系又显而易见：图中无论是维摩诘，还是侍者，

---

1 （梁）释慧皎撰，汤用彤校注，汤一玄整理：《高僧传》卷一一《释僧隐》，中华书局，1997年，第432页。
2 （梁）释慧皎撰，汤用彤校注，汤一玄整理：《高僧传》卷七《释僧镜》，第293页。
3 杜斗城、王亨通主编：《炳灵寺石窟内容总录》，兰州大学出版社，2006年，第188—190页；甘肃省文物工作队、炳灵寺文物保管所编：《中国石窟·永靖炳灵寺》，文物出版社，1989年，图版37、41。
4 常青：《炳灵寺169窟塑像与壁画的年代》，北京大学考古系编：《考古学研究》（一），文物出版社，1992年。第85页；〔日〕石松日奈子：《维摩和文殊造像的研究》，龙门石窟研究所编：《龙门石窟一千五百周年国际学术讨论文论文集》，文物出版社，1996年，第11页。
5 邹清泉：《维摩诘变相研究述评》，《文艺研究》2010年第5期，第128—129页。

都带有浓郁的线描人物特点,类似技法的作品在魏晋时期河西地区墓葬壁画里也十分常见。另外,维摩诘所居帷帐和床榻也是典型的中原家具陈设。这些特征表明,当时这幅壁画的创作者不仅深谙《维摩诘经》义理,并且深受汉文化传统熏陶,这种单体形式维摩诘的出现可能与鸠摩罗什僧团的译经与弘法活动有一定关系。

耐人寻味的是,自5世纪初以后,关陇地区有关反映维摩诘思想的图像或文献资料却迅速减少,鲜有所见。笔者认为出现这种情况主要与当时秦陇一带因战乱而引起的人口频繁流动和迁徙有密切关系。与普通民众祈盼平安、摆脱现世苦难、向往净土世界不同,维摩诘思想主要盛行于当时社会士族名流、王公贵族阶层,以最大限度满足其"驻世"又"出世"的现实精神需求。自5世纪中叶北魏政权控制长安以来的很长一段时间内,秦陇地区沦为北方胡族南下聚居的重要区域,原有世族阶层在频繁的民族征服战争中或凋零破落,或四散逃亡。而以北方胡族为主体的新兴统治者尚未完全接受以儒家思想为核心的中原传统文化,直到北魏晚期,随着孝文帝汉化改革的深入和影响,这种局面才得到根本性改变,随之维摩诘造像再次在关陇地区盛行起来。

由于北魏时期佛教界主流思想深受鸠摩罗什僧团影响,其代表性经典《法华经》和《维摩诘经》又充分体现出中观派诸法实相内涵,在教义上有相通性。根据统计,北朝高僧研习法华经者往往亦研习维摩诘经,这种现象在图像中主要表现为将维摩诘图像组织在法华图像中,进而形成以释迦、多宝佛和三佛为主尊的图像体系中,以共同宣扬大乘佛法。相关实例如

图1 麦积山石窟第133窟10号造像碑维摩文殊对坐

炳灵寺128窟造像:正壁为释迦、多宝,其上方小龛内分别雕文殊菩萨和维摩诘像。[1] 而北魏晚期镌刻的麦积山133窟10号造像碑中,中轴线上至下依次雕刻表示过去、未来和现在的三世佛,左下角一饰帷帐的屋形龛内,维摩、文殊对座辩法(图1)。开凿于北魏晚期的华亭石拱寺11窟前壁上方并列开三龛,正中龛内主尊为释迦牟尼,左、右各凿一帷幕形龛,左侧龛内雕文殊菩萨,右侧龛内雕维摩诘,龛外及帐前各有数身弟子侍立,系表现《维摩诘经·问疾品》中相关内容。[2] 甘肃省博物馆收藏的庄浪卜氏造像塔中,在B面第二层雕刻有文殊与维摩诘辩经场景。[3] 庄浪

---

1 杜斗城、王亨通主编:《炳灵寺石窟内容总录》,第123页。
2 魏文斌:《华亭石拱寺石窟调查简报》,《敦煌研究》2007年第3期,第6—7页,图9。
3 俄玉楠:《甘肃省博物馆藏卜氏石塔图像调查研究》,《敦煌学辑刊》2011年第4期,第67—78页。

图2　甘肃省博物馆藏庄浪卜氏造像塔维摩文殊对坐

县博物馆收藏的一件四面造像塔残件中，其中一面龛内浮雕维摩、文殊图像，由于风化残严重，大致可辨帷帐之下，维摩、文殊并列坐于条形坛台之上。文殊居左，维摩居右（图2）。

上述例证表明，北魏晚期维摩诘思想在秦陇一带再度盛行。西魏政权建立后，关陇地区成为重要的战略后方，统治集团对佛教也是鼎力支持，史载"时西魏文帝大统中，丞相宇文黑泰，兴隆释教，崇重大乘。虽摄总万机，而恒扬三宝。第内常供百法师，寻讨经论，讲摩诃衍。又令沙门昙显等，依大乘经……使从佛性，终尽融门。每日开讲，即恒宣述以代先旧，五时教迹，迄今流行。香火、梵音、礼拜、唱导，咸承其则，虽山东江表乃称学海，仪表有归，未能逾矣"[1]。宇文泰还鼓励儒士兼修佛理："太祖于行台省置学，取丞郎及府佑德行明敏者充生，悉令旦理公务，晚就讲习，先《六经》，后子史，又于众生中简德行淳懿者，侍太祖读书。慎与李璨，陇西李伯良、辛韶，武功苏衡，谯郡夏候裕，安定梁旷、梁礼，河南长孙璋，河东裴举、薛同，荥阳郑朝等十二人，竝应其选。又以慎为学师，以知诸生课业。太祖雅好谈论，并简名僧深识玄宗者一百人，于第内讲说。又命慎等十二人兼学佛义，使内外俱通，由是四方竞为大乘之学。"[2] 正是在这种背景下，带有强烈士族文化特征的维摩诘思想得到继承和发展，相关材料也十分丰富。在存世的敦煌文书中，就有不少西魏王公贵族及僧侣关于《维摩诘经》的写本或义疏。前者如瓜州刺史、东阳王元荣自北魏末年起就在敦煌造写有相当数量的《维摩经》，实例如英藏敦煌文献S.4415、上海博物馆藏8962等写本。后者如西魏大统三年（537）正月十九日许瓊瓊写《维摩经义记》（北京存辰032号），大统五年（539）四月十二日比丘慧能写《维摩诘经注》（S.2732），大统十四年（548）十月五日普济寺法鸞写《维摩诘经义记》（P.2273）等。

图像资料如西安博物院藏的西魏大统三年（537）造像碑上半部浮雕有一幅维摩变：歇山顶大殿之内，文殊、维摩左右对坐互视。文殊菩萨跪坐于覆莲台上，身后一身菩萨，立于覆莲台上。维摩头戴小冠，身穿交领宽袖袍服，倚坐于隐几之内，左手抚隐几，右手持扇，其下为覆莲台。身后立两身侍女。这组图像下方雕菩萨、弟子、力士、侍童等形象（图3）；陈哲敬藏西魏大统八年（542）佛三尊造像碑，碑阴上部正中开一尖拱形浅龛，内一结跏坐佛，两侧分

1　《大正藏》第50册，第429页。
2　（唐）令狐德棻：《周书》卷三五《薛善传附薛慎传》，中华书局，1997年，第624—625页。

图3 西安博物院藏西魏大统三年造像碑

别雕文殊和维摩诘。[1] 美国旧金山亚洲艺术博物馆藏西魏大统十三年（546）佛碑像，正面上方雕一殿宇，内文殊、维摩相向对坐，两人均结跏坐于束腰方形叠涩座上，身后各侍立一弟子。[2] 美国波士顿美术博物馆藏西魏恭帝元年（554）薛氏造佛像碑，碑上方残损部分从残存内容可知雕刻的是维摩、文殊说法论道。[3]

故大致可以看出，最迟在5世纪初，由于鸠摩罗什僧团在《维摩诘经》的翻译、注疏和弘扬过程中所发挥的特殊作用，使关陇地区维摩诘信仰具有一定的社会基础。但此后近百年时间里，关陇地区由于战乱等因素，其主要信众群体的衰落与迁徙使维摩诘经的影响趋于式微。这种局面自北魏孝文帝南迁洛阳，并大力推行汉化政策后才得到根本性扭转与改变，孝文帝本人不仅积极推进和重树世族门姓制度，而且十分推崇和鼓励佛教义理研究。史称他"雅好读书，手不释卷。五经之义，揽之便讲。学不师受，探其精妙。史传百家，无不该涉。善谈《老》、《庄》，尤精释义"[4]。据《广弘明集》载，孝文帝也非常提倡教讲说之风。[5] 正是在这种大环境下，到北魏晚期，北方地区维摩诘思想再度盛行起来，并且为此后的东、西魏政权所继承和发扬。

二 西魏时期麦积山石窟维摩诘图像综述

麦积山所属的秦州是西魏政权重要战略后方，历任刺史如赵贵、李弼、念贤、元戊、独孤信、宇文导等均为皇亲国戚或朝廷重臣。特别是西魏初年，文帝皇后乙弗氏被废，在麦积山出家为尼，极大促进了麦

---

1 觉风佛教艺术文化基金会：《中国古佛雕——哲敬堂珍藏选辑》，台北艺术家杂志社，1989年，图版20、21。
2 金申编著：《海外及港台藏历代佛像珍品纪年图鉴》，山西人民出版社，2007年，第96页。
3 刘兴珍、郑经文：《中国古代雕塑图典》，文物出版社，2006年，图版5—89。
4 （北齐）魏收撰：《魏书》卷七《高祖纪下》，中华书局，1974年，第187页。
5 《广弘明集》卷二四《帝令诸州众僧安居讲说诏》曰："门下。恁玄归妙，固资真风。餐慧习慈，实钟果智。故三炎检摄道之恒规，九夏温诠法之嘉猷。可敕诸州令此夏安居清众，大州三百人。中州二百人，小州一百人，任其数处讲说。皆僧祇粟供备。若粟尠徒寡不充此数者，可令昭玄量减还闻。其各钦旌贤匠，良推睿德，勿致滥浊惰兹后进。"

图4　麦积山石窟第102窟维摩诘坐像

积山石窟的开凿与营建。同时，也带来了国都长安盛行的造像题材和艺术风尚。

整体上看，西魏时期麦积山石窟造像依然继承了北魏以来形成的以法华思想为核心的三世佛题材，尽管北魏晚期出现少量表现维摩诘的图像，但真正意义上表现《维摩诘经》图像的窟龛却出现在西魏时期，主要有开凿于西上区的102窟和123窟，以及127窟和135窟内的彩绘壁画，现略加以介绍。

102窟西上区第二层，窟高2.90米、宽2.88米、进深2.75米。该窟北周时期曾被改造，现为平面方形角攒尖顶窟，窟内正中凿方形凹槽，四周设低坛基，窟内壁面泥皮除正壁略有保留外，其余全部脱落无存。窟内正壁塑释迦坐像，高1.52米。左壁塑维摩诘坐像（图4），高1.20米。右壁为文殊倚坐像（图5），高1.15米。各壁主尊两侧胁侍菩萨、弟子像其原位置已不详，现配置情况为正壁

图5　麦积山石窟第102窟文殊坐像

佛左侧一菩萨立像，右侧一弟子立像。左壁维摩诘像左侧置一半身菩萨残像。右壁文殊像右侧置一弟子像，头残毁。

123窟位于西上区顶层，窟高2.50米、宽2.36米、进深2.34米。窟龛形制为平面方形、平顶，窟门方形，窟内四壁凿低坛基，正、左、右三壁各开一个圆拱形浅龛，每龛内各塑一长方形佛座。正壁龛内塑释迦坐像，高1.15米，龛外左、右分别塑一身菩萨立像（图6）。左壁龛内塑维摩诘坐像，高0.98米，龛外左

图6 麦积山石窟第123窟正壁

图7 麦积山石窟第123窟左壁

图8 麦积山石窟第123窟右壁

侧塑一童男立像，右龛塑弟子阿难（图7）。右壁龛内塑文殊坐像，高1.00米，龛外左侧塑弟子迦叶，右侧塑童女立像（图8）；窟内壁画多已剥落无存，仅顶部有少许存留，依稀可辨绘莲花飞天图案。

除泥塑造像外，西魏初年开凿的127窟左壁上方还绘有一幅大型维摩诘经变。画面纵2.30米、横4.48

米，虽有部分残损，但内容基本清晰。画面上方正中绘吉祥天女，体态清秀，动感十足，她身后宝帐内维摩诘靠隐几倚坐，对面文殊菩萨倚坐于圆形华盖之下。画面四周绘有众多菩萨、弟子及听法信众（图9）。对于画面内容，张宝玺认为主要表现了问疾品、方便品和观众生品[1]，项一峰认为其包含问疾品、方便品、香积佛品和见阿閦佛品[2]。笔者经认真研究释读后，同意张宝玺先生的看法，并认为其还包含弟子品和不可思议品内容，因篇幅原因，容另文论述。

135窟开凿时间与127窟应相差无几，窟内壁画残损情况较为严重，但左壁壁画保存相对完整，尚可辨上方并列绘三组佛说法图。下方正中开一圆拱形敞口大龛，龛外左侧壁画基本残毁无存，右侧壁画虽大部分风化脱落严重，但依稀可辨通壁一方形帷帐，其上端四周等距饰莲瓣，下端帐楣饰三角形垂幔、流苏。帷帐底部置一方形床榻，前侧绘两株大树，右前方绘一身飞天，帐内隐约可辨绘一身坐姿人物，根据

---

1 张宝玺：《麦积山石窟壁画叙要》，麦积山石窟艺术研究所编：《中国石窟·天水麦积山》，文物出版社，1998年，第193页。
2 项一峰：《〈维摩诘经〉与维摩诘经变——麦积山127窟维摩诘经变壁画试探》，《敦煌学辑刊》1998年第2期，第97—101页。

北魏晚期以来的相关图像信息，基本可以认定帐内人物系维摩诘。对面残损画面内容当为文殊菩萨，共同构成北魏晚期以来北方地区常见的维摩、文殊对坐图像样式（图10）。

现从麦积山石窟西魏窟龛维摩诘图像资料的创作时间、风格特征、配置形式等方面略加阐述。

西魏在中国历史上是一个短暂王朝，但在麦积山石窟开凿与营建历史上却是一个重要阶段，据馆藏（宋）《秦州雄武军陇城县第六堡瑞应寺再葬舍利记》碑载："……昔西魏大统元年再修崖阁，重兴寺宇，到我宋乾德二年，计四百年……"，表明西魏时麦积山石窟的营建很受重视，这可能与前面提到的西魏文帝皇后乙弗氏在麦积山出家修行有密切关系，她于大统六年（540年）被赐死于麦积山，并凿龛为陵而葬，后迁柩至长安，与文帝合葬于永陵。根据笔者研究，规模宏大、内容丰富的麦积山127窟应该是她的儿子，时任秦州刺史的武都王元戊为她专门开凿的功德窟，故窟内右壁绘制的维摩诘变应该是当时长安上层社会人物精神生活世界的具体反映之一。而开窟位置较低的135窟，窟龛规模、洞窟形制、造像题材等方面与127窟都非常相近，推测其开凿时间略早于127窟，极有可能系乙弗氏本人主导，故这两个窟开凿时间当在西魏大统初年。

与127窟同层的123窟位于栈道东侧边缘地带，结合两窟之间分布的120、124、126窟的相关信息，以及123窟本身的造像特征等，可以肯定123窟开凿时间晚于127窟，大致应在大统后期。位于西上区第二层的102窟系利用崖面空隙开凿而成，其窟内造像具有典型的西魏特点，表明其开凿时间相对更晚一些。通过梳理，可以看出麦积山西魏时期表现有维摩诘题材的窟龛基本覆盖了整个西魏阶段，这表明此类信仰在当时非常盛行。

从风格特征方面分析，麦积山西魏时期的维摩诘图像也明显存在着一个发展、变化和成熟过程。如第123窟左壁维摩诘像体态俊朗挺拔，束覆钵形发髻，面容清秀中透着圆润，斜眉长挑，双目细长，直鼻小口，细颈削肩。左手举至胸前，掌心侧向，右手自然下垂抚膝。内穿圆领长襦，膝部系带，打结后下垂，外穿垂领式长袖大氅，结跏趺坐于长方形须弥座上。102窟左壁维摩诘头戴卷檐高冠巾，脸形方圆，面颊饱满，弧形眉，双目细长，平视前方，鼻梁高直，双唇紧闭，下颌圆润且明显留有一圈镶嵌胡须的微孔。短颈端肩，身躯颀长挺拔，腹部略鼓。左臂曲至胸前，手已残毁。右臂下垂微曲，右手抚右膝。内穿圆领对襟衫，中衣胸前衣带打结下垂，外罩宽袖大氅，半跏趺坐于长方形须弥座上，衣裾呈八字形覆于座前。虽然麦积山西魏时期的这两尊维摩诘塑像都是以菩萨尊格样式来加以展现，但如果仔细观察，我们可以看出其中的细微变化和不同：123窟的维摩诘像整体上依然没有摆脱北魏晚期以来盛行的秀骨清像样式，人物形象清秀，细长的双眼略下视，表情恬静含笑，是典型的超凡脱俗、充满睿智的南北朝时期世族名士形象。而102窟的维摩诘尽管头戴足以彰显其身份的冠巾，但面部宽额方颌，显得十分饱满，双眼由微睁下视改为睁开平视，颌下镶嵌的胡须使其更具有男性阳刚之气，突兀起伏的衣纹线使身躯更显魁梧挺拔，已完全转变为带有北方男性特征的长者形象。同时，这也标志着西魏造像艺术风格的真正形成。

从组合形式上看，麦积山西魏时期的维摩诘图像主要有三种，第一种是龛外两侧对称表现，如第135窟左壁龛外两侧原分别绘维摩与文殊。第二种是大场景表现，如第127窟左壁维摩诘变，以吉祥天女为中

图 9　麦积山石窟第 127 窟左壁维摩变

轴线，维摩、文殊左右对称配置，诸菩萨、弟子、信众等环侍周围，其包括的品序内容也相对丰富。第三种是同窟表现，全部为塑像，如第 102、123 窟。其中 102 窟胁侍配置由于后世扰动，原貌不详。值得注意的是，第 123 窟左、右壁外侧出现的童男、童女像充分反映出汉化后北方胡族接受维摩诘信仰的情况。

根据笔者仔细观察，123 窟左壁外侧童男头顶浓密厚重的齐耳短发，后脑垂一细长小辫。这是当时鲜卑等北方游牧民族男性常见发式之一，也被称为"索虏"或"索头"，胡三省在《资治通鉴》曹魏黄初二年条注曰："索虏者，以北人辫发，谓之索头也。"童男身穿的圆领窄袖裘皮袍也具有北方游牧民族特色。北朝时期，圆领窄袖袍主要是来华经商的西域胡人的标准装束，如大同雁北师院宋绍祖墓出土的胡人俑，头戴黑色圆形小帽，身穿圆领紧身窄袖对襟长袍，袍服两侧开衩。领、袖、前襟和下摆镶边，腰系带，足蹬靴。[1] 类似装束的胡人形象也见于太原娄叡墓和徐显秀墓壁画，以及河北磁县高润墓壁画等。从材质上看，童男所穿圆领袍为裘皮质地，采用左侧直裾开襟，在肩部和左腋下各扎束衣带，以固定皮袍，这与

1　山西省考古研究所、大同市考古研究所：《大同市北魏宋绍祖墓发掘简报》，《文物》2001 年第 7 期，第 19—39 页。

西域胡服传统的对襟或右侧直裾开襟圆领窄袖胡服也有所区别，但仍属胡服一系。童男下穿的裤褶和尖头靴也是北方游牧民族的日常装束，不再赘述。综上可知，123窟童男应是一位胡族少年（图11）；而右壁外侧的童女装束内涵也比较复杂（图12）。她梳的双鬟髻是北魏晚期以来北方少女常见的一种发式，如麦积山127窟发现的北魏影塑女童头像（图13）和洛阳永宁寺遗址出土的影塑女童像都表现出类似特征。她内穿的左衽直裾开襟圆领裘皮袍具有明显的北方少数民族特征，但上身外穿垂领式中袖短袍，下着齐胸长裙，又明显受到了汉族服饰影响。脚穿的圆头高履更具有汉文化服饰礼仪特色，履多指用麻、葛、皮、丝

图10　麦积山石窟第135窟维摩与文殊对坐

图11 麦积山石窟第123窟童男像

图12 麦积山石窟第123窟童女像

等材料做成的鞋子,有的在鞋底加木底,一般前部上翘,对穿履者性别没有限制。据《释名·释衣服》:"履,礼也。饰足,所以为礼也。亦曰屦,屦,拘也,所以拘足也。"[1] 穿履一般都在正式场合,如官员上朝、谒见长辈等,否则会被视为违背礼法或者不敬。履的款式主要体现在鞋头上,南北朝时期的鞋履以圆头、方头和笏头居多,从图像资料及墓葬出土陶俑情况看,穿圆头履多为女性,以示顺从。如《宋书·五行志》载:"昔初作履者,妇人圆头,男子方头。圆者,顺从之义,所以别男女也。"[2] 但到后来,这种规定也仅流于形式,并没有真正得到执行。总之,童女装束上体现出更多胡汉融合的特征。

同时,123窟内以供养人身份出现的童男、童女被置于和弟子等同的地位,来聆听佛讲《维摩诘经》,其内涵显而易见。一方面,表明居住在秦州的这一家族具有较高汉文化修养和认可程度。另一方面,也充分体现出内迁北方少数民族在接受和理解维摩诘信仰方面与汉族世家大族并无太大差异。这一情形在当时关陇地区比较普遍,如史料记载,北魏末年有一位取名康维摩的关中羌胡,他曾率部守锯谷,后被北魏大

---

[1] 王先谦撰集:《释名疏证补》卷五,上海古籍出版社,1984年,第260页。
[2] (梁)沈约撰:《宋书》卷三〇《五行志》(一),中华书局,1974年,第888页。

图 13　麦积山石窟第127窟影塑女童头像

将源子雍生擒。[1] 作为胡人，他取名维摩显然有希望借维摩诘不可思议神力来保佑自己的含义。

三　麦积山西魏时期维摩诘图像来源

如前所述，维摩诘图像在麦积山西魏窟龛中占有重要位置，表明这一时期维摩诘信仰在以秦州为中心的陇右一带十分盛行。那么，对其来源的梳理则非常有助于了解北朝时期中原北方地区维摩诘信仰发展、传播和变化情况，下面略加以分析和阐述。

结合前述关陇地区维摩诘思想的发展变化情况和西魏政权对秦陇地的经营，以及麦积山现存维摩诘图像配置和内容分析，毫无疑问，它主要受到了以长安为中心的关中地区的影响，而其源头则可以追溯到北魏分裂前以洛阳中心的中原一带。自北魏孝文帝执政以来，特别是南迁洛阳以后，其汉化进程不断加快，洛阳也很快重新成为世家大族聚居之地。如北魏末年，南朝名将陈庆之回到建康后，非常尊重北人，朱异觉得奇怪，便问他，陈庆之回答说："吾始以为大江以北皆戎狄之乡，比至洛阳，乃知衣冠人物尽在中原，非江东所及也，奈何轻之。"[2] 正是这种背景下，带有浓厚士族文化特征的维摩诘信仰也风行一时。根据统计，从太和中期到景明、正始年间，龙门石窟中维摩、文殊对坐图像共计有129铺，大多位于小龛主尊背光两侧或龛楣上方两侧，始于孝文帝迁洛前后，盛于宣武、孝明二世，东魏、北齐以后衰退。[3] 龙门石窟北魏晚期维摩诘图像的这种配置形式对包括关中、陇右在内的北方地区石窟寺、造像碑相关内容样式均产生了重要影响。

麦积山西魏窟龛内保存的四组有关维摩诘图像中，时间最早者当属135窟左壁大龛两侧彩绘维摩、文殊对坐像。这组图像从配置方式上分析，其对应的龛内为泥塑一坐佛二胁侍菩萨像，壁面上方又并列彩绘三组一佛二菩萨说法图，显然它处于从属地位。由于该窟系典型的三壁三佛组合，且龛内三佛样式、装束、大小基本一致，具体神格尊位难以确定。而同一时期，弥勒菩萨+维摩、文殊的图像样式在龙门6世纪初龛像中非常普遍，如古阳洞南北壁第二层的八大龛中，有七个龛采用类似题材，即龛内主尊为交脚弥

1　（北齐）魏收撰：《魏书》卷四一《源贺传》附子怀子《子雍传》载："时子雍新平黑城，遂率士马并夏州募义之民，携家席卷，鼓行南出。贼帅康维摩拥率羌胡守锯谷，断鹦棠桥。子雍与交战，大破之，生擒维摩。"（中华书局，1974年，第930页）
2　（宋）司马光编著，胡三省注：《资治通鉴》卷一五三《梁纪九》，中华书局，1976年，第4766页。
3　张乃翥：《龙门石窟维摩诘变造像及其意义》，《中原文物》1982年第3期，第40—45页。

图 14　河南荥阳大海寺北魏孝昌元年道晗造像碑维摩诘经变线描图

勒菩萨像，胁侍弟子上方分别浮雕有维摩、文殊对坐像，并且已成为一种标准样式。[1] 关于这种对称构图样式出现的时间，据石松日奈子研究，在5世纪后半叶到6世纪非常盛行，它首先出现在石窟寺中，如云冈第6窟前壁、第5A窟西壁，龙门古阳洞、宾阳中洞、莲花洞、魏字洞，巩县第1窟西壁，天龙山第3窟等，这种形式也影响到此后造像碑中维摩、文殊的配置样式。[2] 如荥阳大海寺北魏孝昌元年（524）比丘道晗正面龛内两侧胁侍像上方浮雕有维摩诘经变图，左侧维摩诘倚靠隐几，坐于方形帷帐之内。右侧文殊菩萨倚坐于屋宇之中，身后立有听法菩萨及弟子（图14）。[3] 类似图像也见于关中地区造像碑中，如西安碑林博物馆藏北魏晚期交脚弥勒造像碑：桥形盝顶天宫内对称浮雕4身伎乐飞天，龛楣扎束帐幔，正中为交脚弥勒菩萨，左、右两侧分别雕维摩、文殊对坐说法，其中维摩身穿交领大袖服，手持团扇，坐于方形台。文殊下着长裙，帔帛胸前十字交叉，倚坐于方形座，雕刻技法上带有浓郁的关中地方特色（图15）。西魏定都长安后，这种配置样式依然盛行，但在技法、风格上则逐步形成了自身时代之特点。135窟保存的这组维摩、文殊对坐图无论形式还是壁画相关内容配置上，都与洛阳、长安地区此类图像具有高度的相似性，如龛楣两侧画飞天，上方绘说法图等。至于龛内主尊，根据笔者对麦积山北魏以来三佛造像题材的研究，基本可以推定其为尊为佛装弥勒像，限于篇幅原因不再赘述。由此可知，它与洛阳、长安地

---

[1] 温玉成:《古阳洞研究》，龙门石窟研究所编:《龙门石窟研究论文选》，上海人民出版社，1993年，第154—156页。
[2] 〔日〕石松日奈子:《维摩和文殊造像的研究》，龙门石窟研究编:《龙门石窟一千五百周年国际学术讨论会论文集》，文物出版社，1996年，第9—22页。
[3] 王景荃主编:《河南佛教石刻造像》，大象出版社，2009年，第93—104页。

图15　西安碑林博物馆藏北魏交脚弥勒造像碑（局部）

区此类组合图像之间存在着一定的关联性。

127窟左壁绘制的维摩变在形式上与135窟有一定继承性，但其样式、内容、风格等方面均有了明显变化，堪称西魏壁画艺术的典范之作。样式方面，在保持原有弥勒+维摩、文殊图像样式的基础上，采用了大场景表现方式，无论是情景安排，还是品序内容，都重点突出了《维摩诘经》要义：将文殊问疾品这一经典核心摆在显著位置，为平衡画面，维摩、文殊之间的吉祥天女形象被有意突出，以表现天女散花的目的，以及她在与舍利弗对话过程中点化听法信众，令信徒领悟大乘菩萨道的真实所在，同时巧妙地表现出观众生品主题。这幅画面安排处处体现出这一原则，画师通过山石、树木、帷帐样式、人物排列等，将多种品序内容及其所蕴含的大乘佛教思想充分表达出来。类似的表现方式早在刘宋时期画家袁倩所绘作品中已有体现，张彦远在评述中写道："又维摩诘变一卷，百有余事。运思高妙，六法备呈，置位无差。若神灵感会，精光指顾，得瞻仰威容。前使顾、陆知惭，后得张、阎骇叹。"[1]但这种创作形式对北方地区的影响似乎要晚许多。

从实物资料看，中原地区北魏晚期造像碑中才出现图文并茂的维摩诘经变作品，如美国大都会博物馆

---

[1] （唐）张彦远著，范祥雍点校：《历代名画记》，人民美术出版社，2004年，第135、150页。

收藏的河南登封或淇县出土的北魏永熙二年（533）造像碑阳面就阴刻有维摩诘变相图，其内容涉及文殊师利问疾品、不可思议品、观众生品、佛道品、入不二法门品、香积佛品等品序。[1]在该图像下方阴刻两层供养人像，并附"维摩主轻车将军平州录事参事军资兰思远/维摩主张充/"等共12行题记。[2]而美国旧金山亚洲艺术博物馆收藏的北魏永熙二年（533）赵见憘等人造像碑额上部阴刻的维摩诘变相图中各个情节以方格形式对称布局，分上、下两排。上排正中帐内为释迦牟尼，左侧帷帐之内刻维摩诘，像前题记"此是维摩诘讬疾方丈室时"。其身后刻国王及侍臣听法，旁题记"此是诸大国王来听法时"。右侧刻上饰圆形华盖的文殊菩萨，像前题记"此是文殊师利问疾维摩诘时"。其后侧刻维摩诘与舍利弗相谈，旁边刻题记"此是维摩诘见舍利弗，我见释迦牟尼佛土清净时"。下排正中格内雕一地神双手举托一博山炉，左侧格内前侧刻一散花天女，她面前膝下一人正双手合十于胸前，执一莲蕾，呈跪拜状，旁刻题记"此是天女以花散菩萨大弟子时"。天女身后并排两身坐姿菩萨，旁刻"此是诸大菩萨坐狮子座时"。右侧格内正中刻一阙形楼阁建筑，前面刻舍利弗及两名弟子，旁刻题记"此是舍利弗请天女口花去时"。后面刻六身弟子，或跪拜，或执长茎莲花，旁刻题记"此是大弟子礼拜二狮子座时"，可谓图文并茂，也间接证明当时北方地区寺院壁画中场面复杂的维摩诘变图像已十分成熟，但其与南朝刘宋时期袁倩所绘维摩变之间没有比较分析的材料基础，故两者之间的关系尚难确定。

在关中地区，西魏时期寺院壁画情况也不清楚，造像碑中尚未发现品序内容比较复杂的维摩诘变作品，但已经出现这种端倪，如前述的西安博物院藏西魏大统三年造像碑，上方屋宇下维摩、文殊对坐于莲台之上，周围浮雕有众多菩萨、弟子及天女，应该包含有问疾品以外的其他品序内容。127窟这幅维摩变由于政治因素，虽然场面宏大，但表现的品序内容不是十分丰富，这种现象一方面说明它与南朝袁倩所创维摩诘变或者北魏晚期中原一带盛行的维摩诘变相图没有直接承袭关系。另一方面，也表明它似乎更多继承关中地区此类图像的特点。

此外，麦积山西魏127、135窟维摩诘图像中出现的帷帐也是这一传统的延续和发展，两者均为方形、平顶，帐楣装饰莲瓣、宝珠、蕉叶，四柱缀饰兽首玉佩流苏，显得极为华贵。不同之处在于127窟维摩诘所居帷帐为重层帐顶（图16），考虑到该窟内诸壁画中均出现有重层样式的宝盖或帷帐，故应是当时同一批画师在创作中的统一风格，这种做法也是受中原地区影响的结果，如龙门石窟莲花洞右壁第40龛龛楣右侧维摩诘所居帷帐既为重层，帐楣亦等距饰莲花、宝珠、蕉叶等（图17），两者之间呈现一定的相似性。

以空间形式整窟表现维摩诘变相的麦积山105、123窟是麦积山西魏时期新出现的造像题材，它与前述135、127窟内维摩诘图像相比，主题思想更加明确，图像特征也更加突出。以123窟为例，窟内正壁两侧转角出现有弟子阿难、迦叶，表明正壁龛内主尊身份为释迦佛，左、右壁维摩、文殊以对坐形式出现，其胁侍分别为胡汉杂陈装束的童男、童女，窟顶原绘为多身伎乐飞天。这样整个窟龛就以三维空间形式表现出佛说维摩诘经的场景，而倾心聆听佛法要义

---

1 庄申：《北魏石刻维摩变相图考》，《大陆杂志》第17卷第8期，第244—246页；第9期，第284—288页。
2 题记内容参见北京图书馆金石组编《北京图书馆藏中国历代石刻拓本汇编》第6册，中州古籍出版社，1989年，第96页。

图 16 麦积山石窟第127窟维摩诘所居帷帐

者为具有一定社会地位，世居秦州、高度汉化的北方胡族家庭。[1]

依据123窟图像表现形式的分析，可知其与释迦信仰有密切关系。类似现象也见于西魏—北周时期秦州周边地区发现的造像碑中，如甘肃省博物馆藏秦安出土的西魏禄文造像碑，下部以浅龛为中心，雕释迦说法图，上部分上下两层隔栏，下层隔栏分四组，分别表现佛说法、礼佛等内容。上层隔栏分左、右两组，装饰华丽的帷帐之下，分别以维摩、文殊为中心，以较复杂的场景表现维摩变中的问疾品和不可思议品。[2]

该馆收藏的秦安北周保定四年（564）王文超石造像碑中：释迦佛与二弟子位于方拱形龛内，龛左侧屋殿之下维摩诘侧身倚坐，右侧宝盖之下文殊菩萨亦侧身相对而坐（图18）。

上述样式与麦积山第135、127窟内从属于三佛造像体系的维摩诘图像有明显差异，应该是一种当时新出现的事物，或者说是社会上维摩诘信仰独立存在的具体表现。对于这种与释迦佛高度关联的图像组合形式，卢少珊经过研究后认为：它是北魏晚期关中地区造像碑出现的特殊结构的佛说维摩诘经构图，独立表现的倾向显著，而不是作为法华经图像的辅助形式出现，表明没有过多地受到平城图像构成模式的束缚。[3]这一结论也从某种程度上映证了麦积山西魏

---

1 曹小玲、孙晓峰：《麦积山第123窟造像服饰研究》，《天水师范学院学报》2015年第3期，第15—21页。
2 张宝玺：《甘肃佛教石刻造像》，甘肃人民美术出版社，2001年，图版168。
3 卢少珊：《北朝隋代维摩诘经图像的表现形式与表述思想分析》，《故宫博物院院刊》2013年第1期，第82页。

图17 龙门石窟莲花洞第40龛龛楣

图18 甘肃省博物馆藏北周保定四年王文超造像碑

102、123窟新出现的图像样式是受到长安地区影响的结果。而秦州周边一带西魏—北周造像碑上浮雕的佛说维摩诘经图像是受到麦积山的影响，还是直接来源于长安？由于缺乏相关实物材料，尚无法做出结论，有待于进一步探讨和研究。

结　语

麦积山石窟西魏时期出现的维摩诘图像是当时秦州地区维摩诘信仰流行状况的真实再现，也是关陇一带十六后秦以来维摩诘思想传播和发展的必然结果。它在图像样式来源、配置方式、思想内涵等方面较多地继承和吸取了长安，甚至洛阳地区此类图像的特征。同时，在造像风格和审美习俗等方面又充分展现出秦陇地区胡、汉交融的地域特色，从而形成了具有浓郁的民族化、世俗化和人性化标志的佛教艺术作品。

米罗：贵霜钱币所见的密特拉

张小贵　毛宝艳

（暨南大学历史系）

密特拉神（Mithra）是古代雅利安（Indo-Aryan）宗教史上比较重要的神祇，其跨越不同时空，影响深远。该神名最早见于米旦尼（Mitanni）与赫梯（Hittie）国王 Šuppiluliumaš 所订立的盟约，该盟约提到了五位神，分别是密特拉（Mitra）、伐罗拿（Varuna）、因陀罗（Indra）与双子神（Nāsatyas）。米旦尼王国在今叙利亚北部，由胡里特人（Hurrian）建立，他们原是印度－伊朗语民族（Indo-Iranian）中的一支，公元前两千年左右由中亚北部南下到达伊朗高原。在已知印伊部落分支印度雅利安人最早创作的《梨俱吠陀》（Rig Veda）中，也提到了这五位神。[1] 表明密特拉是原始印欧人已有的信仰。约成书于公元前5世纪下半叶的琐罗亚斯德教经典《密特拉颂》（Mihr Yašt），记录了有关这位伊朗神的特征、习俗、享祭器具、属神及仪式等内容，是关于密特拉最全面的文字记录。[2] 时至今日，密特拉在现存伊朗和印度的琐罗亚斯德教徒的宗教生活中仍占重要地位。[3] 密特拉也是古代中亚宗教史上重要的神祇。根据贵霜时期的巴克特里亚语铭文记载，密特拉是帮助贵霜帝国（Kushan Empire）的君主迦腻色迦（Kaniska I，约 127—150？年在位）获得王权的诸神之一，由于当时巴克特里亚语为官方语言，密特拉被写成米罗（Mirro）。[4] 贵霜帝国地处中亚，扼丝绸之路要冲，考察贵霜密特拉与伊朗密特拉的异同，无疑有助于我们深化对丝绸之路上宗教文化交流现象的认识。

一　前贵霜时期的中亚密特拉信仰

贵霜帝国兴起以前，中亚经历了古波斯阿契美尼王朝（Achaemenid Dynasty，前550—前330）、亚历山大帝国（Macedonia Antigonid，前336—前323）、塞琉古王国（Seleucid，前312—前64）、希腊－帕提亚（Pathian Empire，前247—前224）、希腊－巴克特里亚（Bactria，前256—前130）、印度－希腊（Indo-Greek Kingdom，前180—前10）诸政权的统治。因而当地宗教文化也不可避免地受到波斯、希腊和印度等多种文化的影响，密特拉信仰自不例外。

古伊朗神话中，密特拉与阿胡拉·马兹达（Ahura Mazda）、阿帕姆·纳帕特（Apam Napat，水

1　P. Thieme, "The 'Aryan' Gods of the Mitanni Treaties", *Journal of the American Oriental Society*, Vol. 80, No.4, 1960, pp.301-317.
2　Ilya Gershevitch, *The Avestan Hymn to Mithra*, Cambridge University Press, 1959.
3　Mary Boyce, "On Mithra's part in Zoroastrianism", *Bulletin of the School of Oriental and African Studies* (*BSOAS*), Vol. 32, Part I, 1969, pp.10-34.
4　Nicholas Sims-Williams and Joe Cribb, "A New Bactrian Inscription of Kanishka the Great", *Silk Road Art and Archaeology*, 4, 1995/1996, pp.75-142. Nicholas Sims-Williams, "The Bactrian Inscription of Rabatak: A New Reading", *Bulletin of the Asia Institute*, 18, 2004 [2008], pp.53-68.

神）同被尊为阿胡拉（Ahura，意为"主"）[1]，地位自然无比尊崇。不过随着社会的发展，古伊朗社会由多神崇拜逐渐向一神崇拜过渡，先知查拉图斯特拉（Zaratustra）顺应历史潮流，对琐罗亚斯德教（Zoroastrianism）进行改革[2]，独尊阿胡拉·马兹达，其他神祇则被称为阿姆沙·斯潘达（Aməša Spəntas），成为阿胡拉·马兹达的属神，密特拉的地位无疑亦受到影响。到阿契美尼王朝时期，大流士（Darius I，前558—前486）将琐罗亚斯德教定为国教，独尊阿胡拉·马兹达为至高神，如在贝希斯敦（Behistun）铭文里只提及阿胡拉·马兹达的名字，而其他所有神祇均只是简单地被称为"其他神"[3]。不过，在大流士统治时的波斯波利斯（Persepolis，两大王宫之一所在地）地区，密特拉在民众中广受欢迎，因为在当地考古遗址所发现的石板铭文中，多带有与密特拉相连的组合词，且在数量上多于阿胡拉·马兹达，这似乎表明尽管官方独尊阿胡拉·马兹达，但是在民间，密特拉神则更受欢迎，因其最初职掌与人们的生活息息相关。[4]到阿尔塔薛西斯二世（Artaxerxes II，前403—约前359）和阿尔塔薛西斯三世（Artaxerxes III，前358—前338）时，密特拉其名频频出现在国王的铭文中，表明其在国家宗教生活中的重要地位。阿尔塔薛西斯二世在修复要塞后的祈祷中这样说道："循阿胡拉·马兹达、阿娜希塔（Anahita）和密特拉旨意，我建造了这座宫殿，愿阿胡拉·马兹达、阿娜希塔和密特拉保佑我远离恶魔，保佑我的宫殿免遭任何危害。"[5]在阿契美尼王朝的诸王中，阿尔塔薛西斯二世首次打破铭文中只提及阿胡拉·马兹达的传统，而将密特拉、阿娜希塔置于与最高神阿胡拉·马兹达同尊的地位，可见密特拉地位尊崇。[6]阿尔塔薛西斯二世时，其弟弟小居鲁士曾发动叛乱。据说他行刺失败后，违背曾向母亲立下的誓言，一回到小亚细亚就立即造反，发兵伊朗，讨伐阿尔达希尔二世（即阿尔塔薛西斯二世）。这一行为显然触怒了密特拉这位主管契约之神。阿尔达希尔二世就把小居鲁士的失败和被杀视为密特拉对自己的佑助。[7]阿尔塔薛西斯二世的继承者阿尔塔薛西斯三世的铭文里同样出现了以上三尊神，国王时常祈求阿胡拉·马兹达、阿娜希塔、密特拉给予庇佑，守卫他的国家，保护其所建的宫殿。[8]

根据琐罗亚斯德教圣经《阿维斯陀经》（Avesta）的记载，位于古代东伊朗和中亚地区的粟特（Sughda, Sogdia）、木鹿（Moru, Magiana）、巴克特里亚（Bakhdhi, Bactria）、阿拉霍西亚（Harakhvaiti, Arachosia）、德兰吉安那（Haetumant, Drangiana）等地似乎是较早接受琐

---

1 Mary Boyce, *Zoroastrianism, Its Antiquity and Constant Vigour*, Costa Mesa, Calif., 1992, p.56 with n.15.

2 Jean Kellens, *Essays on Zarathustra and Zoroastrianism*, translated and edited by Prods Oktor Skjærvø, Mazda Publishers, Inc., 2000, pp.80-94.

3 Mary Boyce, *Zoroastrians, Their Religious Beliefs and Practices*, London, 1979, 1984, 2001, p.56.

4 Richard Frye, Mithra in Iranian History, in John R. Hinnells ed., *Mithraic Studies: Proceedings of The First International Congress of Mithraic Studies*, Vol. I, Manchester University Press, 1975, pp.62-63.

5 R. G. Kent, *Old Persian Grammar, Text, Lexicon*, New Haven, Connecticut, 1982, p.154.

6 Mary Boyce, *A History of Zoroastrianism*, Vol. II, Leiden: E. J. Brill, 1982, p.217. Pierre Briant, *From Cyrus to Alexander, A History of the Persian Empire*, translated by Peter T. Daniels, Eisenbrauns: Winona Lake, Indiana, 2002, p.614.

7 〔伊朗〕阿卜杜·侯赛因·扎林库伯著，张鸿年译：《波斯帝国史》，复旦大学出版社，2011年，第154页。关于小居鲁士的叛乱，可参阅李铁匠《伊朗古代历史与文化》，江西人民出版社，1993年，第119—120页。

8 Mary Boyce, *Zoroastrians, Their Religious Beliefs and Practices*, p.62.

罗亚斯德教的地区。[1]到了阿契美尼王朝时期，该教已作为国教，在波斯帝国境内风靡流行。而此时的中亚地区亦在波斯帝国版图之内。阿契美尼王朝的开国君主居鲁士（Cyrus，约前550—前530）就曾将巴克特里亚、粟特及花剌子模（Khwarezm）归入他的帝国统治之内。随后，中亚虽曾一度独立，但到了大流士王时期，这些地区重又归入波斯帝国。公元前6世纪波斯的"贝希斯敦"纪功碑已将火寻（花剌子模）和粟特两地，列入大流士王的23个辖区，居16和18位，成为"按照阿胡拉·马兹达的意旨"向阿契美尼朝纳贡的附属国。[2]以上历史表明，以花剌子模和粟特为中心的中亚地区，早就流行琐罗亚斯德教。[3]考虑到古代伊朗和中亚的政治文化姻缘，古伊朗密特拉备受尊崇的现象也一定会反映到中亚的宗教信仰生活当中。如阿姆河宝藏中所发现的头戴冠冕的裸身男子雕像，属于阿契美尼晚期，被认为是巴克特里亚地区的密特拉神像。[4]若然，说明中亚地区的密特拉信仰情况。此外，著名的巴米扬（Bamiyan）大佛所在石窟内绘有站在四马拉车上的太阳神形象，其时代虽晚在6—7世纪，但根据学者的研究这一太阳神形象正符合阿维斯陀经《密特拉颂》的描述，表明创作于公元前5世纪左右的《密特拉颂》的有关内容，早已在中亚地区流行（图1）。[5]

公元前4世纪下半叶，亚历山大（Alexander the Great，前336—前323）东征入侵波斯帝国，鉴于之前希波战争中波斯人给希腊人带来的巨大创伤，年轻气盛的亚历山大占领波斯波利斯之后，给这座城市带来毁灭性的打击，他洗劫该城财富，摧毁琐罗亚斯德教经院，火烧宫殿建筑、熄灭琐罗亚斯德教圣火，焚毁其经典。[6]特别是屠杀祭司一事对于琐罗亚斯德教的打击最为沉重，"缘因当时所有的宗教经典均依靠祭司口头传承，祭司们就是'活的经典'，由于祭司大量被屠戮，许多文献随之失传"[7]。亚历山大的这些行为对于琐罗亚斯德教无疑是重重一击。加之他在所占领的广大地区采取希腊化政策，给西亚、中亚、印度带去希腊文化，无疑稀释了琐罗亚斯德教在当地的影响力。当然，有关亚历山大"屠杀祭司""熄灭圣火"诸恶行的传说不乏后世伊朗人夸大其词的成分，

---

[1] Martin Haug, *Essays on the Sacred Language, Writings, and Religion of the Parsis*, London: Trübner& Co., Ludgate Hill, 1884; repr. London: Routledge, 2000, 2002, pp.227-230. Frantz Grenet, "Zarathustra's Time and Homeland: Geographical Perspectives, Zoroastrianism in Central Asia", in Michael Stausberg etc. eds., *The Wiley Blackwell Companion to Zoroastrianism*, John Wiley & Sons. Ltd., 2015, pp.21-29, 129-146.

[2] R. G. Kent, *Old Persian Gramma; Text, Lexicon*; 译文见余太山《塞种史研究》，中国社会科学出版社，1992年，第1—2页。北京师范大学历史系世界古代史教研室编：《世界古代及中古史资料选集》，北京师范大学出版社，1991年，第99页。J. Harmatta ed., *History of Civilizations of Central Asia II: The Development of Sedentary of Nomadic Civilizations: 700 B. C to A. D. 250*, UNESCO, 1994, p.40. 雅诺什·哈尔马塔主编，徐文堪、芮传明译：《中亚文明史》第二卷，中国对外翻译出版社，2002年，第17页。

[3] Mary Boyce, *A History of Zoroastrianism*, Vol.I, Leiden: E. J. Brill, 1975, pp.274-276; *Zoroastrians: Their Religious Beliefs and Practices*, pp.39-40. J. P. Moulton, *Early Zoroastrianism*, London: Constable & Company Ltd., 1926, pp.85-88.

[4] M. L. Carter, "A Silver Statuette from the Oxus Treasure: Aspects of Indo-Iranian Solar Symbolism", in A. Daneshvari and J. Gluck eds., *A Survey of Persian Art. From the Prehistoric Times to the Present*, Vol.17, Costa Mesa, 2005, pp.1-35.

[5] F. Grenet, Bāmiyān and the *Mihr Yašt, Bulletin of the Asia Institute. Iranian Studies in Honor of A. D. H. Bivar*; New Series/Volume 7, 1993, pp.87-94.

[6] W. B. Henning, "The Murder of the Magi", *Journal of the Royal Asiatic Society of Great Britain and Ireland*, No. 2, 1944, pp.133-144. Mary Boyce, *A History of Zoroastrianism*, Vol.II, pp.289-290.

[7] Mary Boyce, *Zoroastrians, Their Religious Beliefs and Practices*, p.79.

图1 巴米扬大佛佛龛背景壁画中的密特拉神像

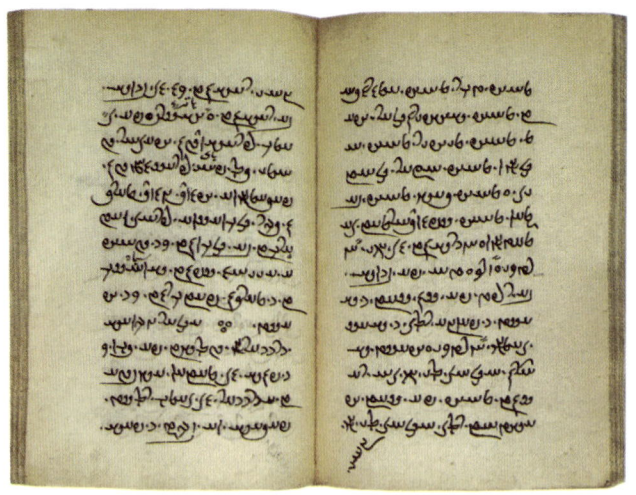

图2 大英图书馆藏17—18世纪帕拉维文《创世纪》抄本

希腊人并未长期统治伊朗,对伊朗的信仰并无敌意,也未曾试图以自身的信仰取而代之。一些重要经典如《伽萨》(Gātha)圣诗和少许礼赞词,因极其重要,被幸存的祭司们牢记于心,才不至于失传。[1]到萨珊波斯(Sassanid Empire,224—651)建立时,阿达希尔(Ardashir I,约226—240)才能命令祭司长坦萨尔(Tansar)搜集整理散佚的本教经典,编订《阿维斯陀经》定本(图2)。[2]

亚历山大所带来的另一个影响就是跟随他远征的大量希腊人[3],因为他的远征必然需要大量兵源补充,在其占领地区不断新建城市,"一方面保证调动希腊兵士的安全,另一方面,也可以控制周边不肯顺服的部族。按照普鲁塔克(Plutarch)的说法,他一共修建了70座新的城市,其中半数在帕提亚和印度之间。有些城市,在亚历山大之后,成了希腊文化的基地或希腊人的居住地"[4]。如此便为中亚接触到更多希腊文化奠定基础。希腊文化到来后,与东方(中亚和印度次大陆)文化融合,造就了崭新的犍陀罗(Gandhāra)艺术(图3),其影响十分深远,也为中亚地区流行的琐罗亚斯德教带来了新的表现形式。

亚历山大只在当地统治了七年,他英年早逝,其在东方的继任者塞琉古(Seleucus I,前305—前280)建立起新的希腊化王朝,虽然他们坚持自己传统的

---

1 Mary Boyce, *A History of Zoroastrianism*, Vol. II, pp.289-292.
2 Proaeds Oktor Skjærvø, *The Spirit of Zoroastrianism*, Yale University Press, 2011, pp.39-41. Mansour Shaki, "The Dēnkard Account of the History of the Zoroastrian Scriptures", *Archīv Orientālnī*, 49, 1981, pp.116, 118-119.
3 J. Harmatta ed., *History of Civilizations of Central Asia·II: The Development of Sedentary of Nomadic Civilizations: 700 B. C to A. D. 250*, p.87. 雅诺什·哈尔马塔主编,徐文堪、芮传明译:《中亚文明史》第二卷,第59页。
4 〔伊朗〕阿卜杜·侯赛因·扎林库伯著,张鸿年译:《波斯帝国史》,第203页。

图3 犍陀罗地区印章所见马车上的密特拉

多神信仰,但对其他宗教仍然采取十分宽容的政策。相较于亚历山大,塞琉古并未打压波斯人的宗教信仰。对于琐罗亚斯德教,希腊人往往将古伊朗神祇比定为本民族传说中的诸神和民族英雄。[1]如琐罗亚斯德教中的密特拉就被比定为希腊的太阳神阿波罗(Apollo),希腊人之所以将两者进行比对,必定由于二者具有某些相似的特征,这从考古发现的帕提亚钱币图案中可窥见一斑,苏萨(Susa)曾出土一枚钱币,属阿塔巴奴斯二世(Artabanus II,前124—前128)时期,钱币上绘有状似阿波罗的密特拉(裸体且手持弓箭)形象,帕提亚国王则跪在神前。[2]阿波罗的明显特征是手持弓箭,而在《密特拉颂》里,密特拉也是被描述为一名弓箭手,因为弓箭是他作战时用于消灭敌人的武器之一,这显然是两者的相似之处。[3]

塞琉古王朝后期,国势衰微,其东方的两省总督宣布自立,其中一个成立帕提亚王朝。帕提亚尚文化兼容,其考古遗迹中多处可见希腊文化、伊朗文化、巴比伦文化等相互融合影响的痕迹。帕提亚人崇拜的神祇很多,其中就包括密特拉神。20世纪20年代,考古学家在杜拉-欧罗巴斯(Dura-Europos,位于幼发拉底河畔)发现了一座密特拉神庙,庙中密特拉手持弓箭在马上追逐群兽,而琐罗亚斯德教中密特拉并无此形象,可能是帕提亚贵族习惯于骑马狩猎,以至其所信奉的密特拉呈此形象。[4]弗兰·库曼(Franz Cumont)曾发表专文《杜拉的太阳洞穴》,认为此地的密特拉为罗马帝国的神秘主义宗教——密特拉教的崇拜主神。此外,帕提亚王朝有四位统治者的名字叫密特拉达蒂(Mithridates,其中dates乃是"之子,所赐"之意),尽管单纯依靠这些名字所透露的信息很难得出他们是密特拉的信徒,但毫无疑问帕提亚与密特拉的关系密切。[5]

从以上论述可见,自亚历山大东征之后,古伊朗文化中常见希腊罗马文化的影响,如密特拉即多与希腊诸神相连。科马基尼(Commagene,今土耳其东南部)出土的一座安条克一世(Antiochus I,约前86—前38,前70—前38)时期的雕像上刻有一段希腊文铭文,写着"密特拉—赫利俄斯—阿波罗—赫尔墨斯"(Mithra-Helios-Apollo-Hermes),雕像上"密特拉身着伊朗服饰,头戴骑士帽(tiara,帽子竖长且顶尖微微向前弯曲,后来改为希腊—罗马密特拉的弗里吉

1　Mary Boyce and Franz Grenet, *A History of Zoroastrianism*, Vol. III, Leiden: E. J. Brill, 1991, p.62.
2　Franz Grenet, "Mithra ii: Iconography in Iran and Central Asia", http://www.iranicaonline.org/articles/mithra-2-iconography-in-iran-and-central-asia.
3　Yt. 10. 28. 112-113, 129-131. Ilya Gershevitch, *The Avesta Hymn to Mithra*, pp.128-131, 136-139.
4　龚方震、晏可佳:《祆教史》,上海社会科学院出版社,1998年,第144—145页。
5　Franz Cumont, "The Dura Mithaeum", in John R. Hinnells ed., *Mithraic Studies*, 1975, p.157.

图 4 安条克一世和 Apollo-Mithra-Helios-Hermes

亚帽），帽子周围发出射线"（图4）[1]，这四神中间的两位赫利俄斯、阿波罗是太阳神，而密特拉头上亦发出光芒射线，表明此时其已与太阳神关系密切。铭文中密特拉与其他希腊诸神共同出现，表明当时琐罗亚斯德教与希腊文化相互影响。[2]

二 贵霜钱币所见的密特拉

1世纪中叶，贵霜帝国兴起于中亚，成为当时与罗马、帕提亚、东汉齐名的大帝国。贵霜帝国自丘就却（Kujula Kadphises，约30—80年在位）建国，到阎膏珍（Vima Kadphises，约110—127年在位）继续开疆辟土，版图不断扩张，到迦腻色迦王时更是向四方征伐（除北伐失利），在其执政时期贵霜国势臻于鼎盛，到2世纪时贵霜帝国的疆域已包括中亚粟特、巴克特里亚、花剌子模、印度南部旁遮普、兴都库什山、恒河河谷等大片地区。此时贵霜雄踞于亚欧大陆的中心腹地，并向南深入印度次大陆。帝国领土的扩大伴随着多种民族、文化、宗教的汇聚与碰撞。

贵霜帝国前期，疆域辽阔、政治稳定、文化繁盛，为经济繁荣发展奠定了基础，在位君主为保证经济稳定发展，相应铸造了一大批钱币。开国君主丘就却仿造希腊、塞西亚和帕提亚钱币发行了铜币（图5）。其子威玛·塔克图（WimaTakhto，约80—110）同样仿制印度-希腊（Indo-Greek）和印度-塞西亚（Indo-Scythian）钱币，发行了一种新式铜币。到了阎膏珍统治时期，首次发行金币，用黄金打造高价值的通用货币，以代替传统的银币（图6）。[3]阎膏珍发行的金币质地优良，采用了标准罗马金币中纯金与合金的比例，取代了印度-帕提亚时期质量低劣的钱币。[4]金币的铸造满足了当时国际贸易的需求。钱币正面为国王头像，反面则是一位天神，采用双语制，即希腊文（Greek）和印度佉卢文（Kharosthi）。

到了迦腻色迦王统治时期，贵霜帝国越发强大。当时，中国与古罗马之间横贯欧亚大陆的丝绸贸易非常活跃。[5]地处中亚腹地且为丝绸之路要冲的贵霜，

---

1 Franz Grenet, Mithra ii: Iconography in Iran and Central Asia.
2 Mary Boyce and Franz Grenet, *A History of Zoroastrianism*, Vol. III, pp.61-68.
3 〔美〕马萨·卡特著，朱浒译：《贵霜钱币研究》，《中国美术研究》2014年第12期，第61页。
4 〔英〕加文·汉布里著，吴玉贵译：《中亚史纲要》，商务印书馆，1994年，第65页。
5 〔英〕加文·汉布里著，吴玉贵译：《中亚史纲要》，第66页。

图5 丘就却发行的铜币

图6 阎膏珍金币

其贸易活动自是异常频繁兴旺，贵霜的铜币通常不在境外流通，境外只流通金币，似乎表明其对外贸易收益远远高于国内商品交换。[1]丝路贸易的巨额利益，加之提升国际地位的需求，促使两位统治者也在国际贸易中扮演十分积极的角色。其实在争夺丝绸之路贸易垄断权的问题上，各方始终不遗余力地参与竞争，如帕提亚与贵霜两国因皆位于丝绸之路的重要地理位置，而为争取自己成为中间商不断竞争。根据文献记载，每当帕提亚帝国心怀敌意，对丝绸贸易横加干涉时，贵霜帝国就将商队向南转移，从巴尔赫通向印度河三角洲，商品由印度河三角洲通过海路，完成它的旅程。[2]贵霜故地大量金币的出土，无疑反映了当时贸易的繁荣，表明这曾是一个十分富强的国家。迦腻色迦王发行的钱币使用巴克特里亚文（Bactrian，它属于东伊朗语支，但用希腊字母书写），两面图案则与先辈发行的钱币无异。[3]钱币深受古希腊罗马文化影响，采用西方打压法制成，文字与图案并重，形状接近圆形或为椭圆形，图案以国王头像和诸神像为主要元素。在迦腻色迦和胡韦色迦时期的钱币上有超过三十多位神祇，其中包含希腊、伊朗、印度万神殿的诸多天神。钱币之所以包含这么多神祇，一方面是因为贵霜帝国对其他文化的接纳吸收，另一方面则是为了使钱币更方便流通，以促进国际贸易更为顺利地进行。钱币上的文字则采用双语制，前期是希腊文和印度佉卢文；到迦腻色迦时期，他弃用佉卢文，钱币正反两面均使用希腊文；后来则是以希腊字母为基础的巴克特里亚文[4]，且有固定的徽记（tamgha）。

关于钱币正面所刻的国王称谓，迦腻色迦使用伊

1　J. Harmatta ed., *History of Civilizations of Central Asia·II: The Development of Sedentary of Nomadic Civilizations: 700 B. C to A. D. 250*, p.273. 雅诺什·哈尔马塔主编，徐文堪、芮传明译：《中亚文明史》第二卷，第217页。

2　〔英〕加文·汉布里著，吴玉贵译：《中亚史纲要》，第66页。

3　Helen Wang, *Money on the Silk Road*, The British Museum Press, 2004, p.33.

4　John Rosenfield, *The Dynastic Arts of the Kushans*, University of California Press, 1967, p.54.

朗语"王中之王"（Shaonanoshao）代替"大王、王中之王"（Mahārāja rājātirāja）和"王"（BACIAEYC）徽记。¹ 胡韦色迦王（Huviska I，155—187？）使用的称谓也有许多，但是其钱币上只出现了伊朗语头衔"王中之王"（Shaonanoshao）。² 此外，两王钱币上的形象也颇为独特，迦腻色伽钱币正面的姿势是其全身像，他头戴皇冠，左手持矛，右手伸向祭坛作祭拜状（图7）。胡韦色迦和迦腻色伽王钱币上的一大不同是，前者放弃了迦腻色伽的图案类型——国王立于祭坛旁，他的图案更接近于威玛时期的样式，国王乃以半身像或坐或卧出现（图8）。³ 值得注意的是，迦腻色伽和胡韦色迦钱币上国王左脸均有一块很明显的肉赘（威玛时期的钱币图案上也有出现，但并不很突出），这很可能是他们遗传下来的缺陷，或是王朝的徽记、王位正统的标志，因为这种肉赘同样出现在帕提亚国王（始于戈塔尔泽斯一世Gotarzes I，前91—前78，其后也断断续续出现在其他王的钱币上）的前额。但是在其后继者瓦苏提婆和后来的国王钱币中却未见该肉赘。⁴

古代大部分钱币或以银铜，或以金银铜铸造，但是大贵霜王朝（包括迦腻色伽、胡韦色迦、瓦苏提婆⁵）钱币却只见金币和铜币。然而在贵霜帝国的中心阿尔潘什尔（Al Panshir）蕴藏有丰富的银矿，此处银矿是更早期的印度—希腊和后来中世纪夏希

图7　迦腻色伽金币

图8　胡韦色迦钱币正面

（Shāhis）银币的主要来源。贵霜帝国为何对银矿弃之不用，其原因可能是对银本位制的不信任，因为在阿泽斯二世（Azes II，？）统治后期银币严重贬值。⁶ 可能正是因为这一原因，考古所见的大贵霜王朝钱币中只见金币和铜币，而铜币仅限于境内流动，只有金币用于大宗国际贸易中。

关于贵霜货币单位，其铜币通常是德拉克马（drachm古希腊重量单位2.1克）币和标准币（重17克）⁷，金币则大部分为1第纳尔（dinar，8克）和1/4

1　John Rosenfield, *The Dynastic Arts of the Kushans*, p.54.
2　John Rosenfield, *The Dynastic Arts of the Kushans*, p.59.
3　John Rosenfield, *The Dynastic Arts of the Kushans*, pp.60-61.
4　John Rosenfield, *The Dynastic Arts of the Kushans*, p.62.
5　J. Harmatta ed., *History of Civilizations of Central Asia·II: The Development of Sedentary of Nomadic Civilizations: 700 B. C to A. D. 250*, pp.245-246. 雅诺什·哈尔马塔主编，徐文堪、芮传明译：《中亚文明史》第二卷，第193—194页。
6　David W. MacDowall, "The Role of Mithra among the Deities of the Kusana Coinage", in John R. Hinnells ed., *Mithraic Studies*, p.144.
7　李铁生编著：《古中亚币（前伊斯兰王朝）》，北京出版社，2008年，第157页。

第纳尔。英国学者麦克道威尔（David W. MacDowall）对胡韦色迦时期的铜币重量和花押（monogram）变化进行分析，认为这批钱币可能是在三个明显不同的历史时期铸造的，或者是来自于三个不同的铸币厂。[1]在两王当政期间，钱币主要由三个造币厂负责铸造，分别是：巴克特里亚/迦毕试（Bactria/Kapisene）、塔克西拉（Taxila）（位于犍陀罗地区）和喀什米尔（Kashmir）。[2]铜币上的人物一般采用三种基本姿势：骑象、半卧躺倚、盘腿。

胡韦色迦时期乃是贵霜帝国政治稳定和经济繁荣的一个阶段。始终保持标准重量和高纯度的胡韦色迦金币分布范围甚广，显示了政治稳定所带来的经济繁荣。[3]在漫长的历史发展过程中，贵霜表现出对其他文化强烈的兼容性。贵霜钱币上尽数呈现希腊神、伊朗神、印度神等众多天神，表明贵霜朝的文化视野和宗教融合的传统。[4]文献记载表明，贵霜国王迦腻色迦是佛教的支持者和赞助人，但是其留下的实物证据却显示，钱币中出现的佛教标识数量很少且远远少于其他神，其原因或许与康斯坦丁（Constantine，306—337）一样，迦腻色迦王为各类宗教所吸引，且出于政治目的和自身的精神需求，并非独尊佛教。[5]而且，马士拉和塔克西拉是非常重要的耆那教中心，钱币中也未曾出现耆那教的相关神；阿胡拉·马兹达的尊贵地位也未在钱币上体现

图9　迦腻色迦金币（国王与阿多克索）

图10　迦腻色迦铜币（国王与娜娜）

图11　胡韦色迦金币（国王与法罗）

出来，他仅仅出现在少量的金币中。[6]据罗森菲尔德统计，两王时期贵霜钱币中来自伊朗的神祇（17位）出现的次数最多，希腊神（6位）次之，印度神（5位）最少。[7]即便是钱币中出现的伊朗诸神，其等级

1　John Rosenfield, *The Dynastic Arts of the Kushans*, p.65.

2　David W. MacDowall, "The Role of Mithra among the Deities of the Kusana Coinage", in John R. Hinnells ed., *Mithraic Studies*, p.145.

3　J. Harmatta, *History of Civilizations of Central Asia·II: The Development of Sedentary of Nomadic Civilizations: 700 B. C to A. D. 250*, p.250. 雅诺什·哈尔马塔主编，徐文堪、芮传明译：《中亚文明史》第二卷，第197—198页。

4　John Rosenfield, *The Dynastic Arts of the Kushans*, p.69.

5　John Rosenfield, *The Dynastic Arts of the Kushans*, p.30.

6　David W. MacDowal, in John R. Hinnells ed., *Mithraic Studies*, p.142.

7　John Rosenfield, *The Dynastic Arts of the Kushans*, p.72.

也参差不齐。已发现的贵霜钱币中，刻有伊朗万神殿中密特拉（太阳神）、阿多克索（Ardoksho，丰产神，图9）[1]、娜娜（Nana，丰产神，图10）[2]、法罗（Pharro，财神，图11）[3]等神祇的数量最多，远超仅刻阿胡拉·马兹达者。究其原因，学者们认为一方面是此类神与人们的日常生活息息相关；另一方面，在伊朗万神殿里，自然神似乎比抽象道德神占据更重要的地位。[4]虽说伊朗神在众神之中占据的比例大，但是他们却很少出现在贵霜的其他艺术品上，毕竟佛教才是国家主流的宗教。[5]因而伊朗诸神有时亦融入佛教信仰之中，例如，风神奥多（Oado）在佛教雕像上只是一位随侍的形象，阿多克索则和印度女神哈拉提（Hāritī）相互关联。[6]总而言之，宗教都是服务于政治统治，在精神上对臣民加以控制，以便国家机器更好地运转。当然，钱币上各神的出现也与国王自己的喜好和兴趣有关，例如阎膏珍的钱币上就仅限于湿婆（Śiva）形象；除了钱币，在已发现的建筑上（大量的湿婆神庙）也可以看出他是一位湿婆的狂热崇拜者。

当然，钱币上的神祇不能完全解释贵霜万神殿的状况，一方面限于钱币的流通范围大，现今所发掘的钱币只是其中一部分；另一方面，钱币作为官方发行的交易媒介，其上所刻图像虽不失为一种宣传方式，所反映的更多是统治者的喜好和官方的推崇，也不能完全代表民间信仰。

在贵霜帝国钱币上，密特拉是出现最为频繁的神祇，形象通常是年轻的太阳神。[7]无名王——索特·美加斯（Soter Megas，约92/97—110）——钱币背面刻有一半身天神像，该像带有希腊人特征，面部无须，头戴王冠，面朝右，手持弓箭（图12）。有关此神像的身份，葛乐耐（F. Grenet）认为是密特拉神，且是贵霜朝最早出现的密特拉神。该神头戴王冠，附近环绕光线，显然乃受手持弓箭的阿波罗影响。[8]洪巴赫（H. Humbach）则认为"密特拉神仅出现在迦腻色迦和胡韦色迦王时期"，也就是说他认为最早的密特拉神出现在迦腻色迦王时期，显然不同意葛乐耐的观点。[9]森卡尔（M. Shenkar）也对此持保留态度，他认

图12　无名王钱币

1　John Rosenfield, *The Dynastic Arts of the Kushans*, p.74.
2　John Rosenfield, *The Dynastic Arts of the Kushans*, p.74.
3　John Rosenfield, *The Dynastic Arts of the Kushans*, p.96.
4　John Rosenfield, *The Dynastic Arts of the Kushans*, p.82.
5　John Rosenfield, *The Dynastic Arts of the Kushans*, p.72.
6　John Rosenfield, *The Dynastic Arts of the Kushans*, pp.72-73.
7　Franz Grenet, "Mithra ii: Iconography in Iran and Central Asia".
8　Franz Grenet, "Mithra ii: Iconography in Iran and Central Asia".
9　H. Humbach, "Mithra in the Kusāna Period", in John R. Hinnells ed., *Mithraic Studies*, p.135.

图 13　胡韦色迦钱币所见密特拉与月神面对而立

图 14　迦腻色伽圣骨匣上所见太阳神与月神立于国王两侧

图 15　迦腻色伽金币，国王与米罗

为该神形象应为希腊的太阳神——阿波罗[1]，而贵霜钱币上第一位确认的密特拉神形象应出现在迦腻色迦王时期。[2]

贵霜钱币上出现的密特拉图像主要有两种形式，一种是密特拉与月神玛奥（Mao）共同出现在单个钱币上，不过这种例子并不多见。其图像为"太阳神密特拉与月神玛奥面对而立，玛奥神有新月形装饰，手持利剑和短杖；密特拉则头戴象征太阳射线的光环，一手抚剑，一手伸出两指"（图13）[3]。这种组合是胡韦色迦早期钱币常见的样式。除此之外，在迦腻色迦王的圣骨匣上也绘有太阳神和月神立于该王两侧的图像（图14）。[4]另一种比较常见的图案是密特拉神单独出现。在迦腻色迦的钱币上，他头戴王冠站立，头顶光圈，身穿束腰外衣、斗篷和短靴，一手伸出两指，一手持短剑或圆头棒。据洪巴赫的观点，这一奇特手势乃受到印度文化的影响（图15）。[5]胡韦色迦王钱币上所见的密特拉形象要比迦腻色迦的丰富，例如其手持的武器就包括剑、棒、驯象棒、项圈；武器或放在手臂上悬在空中，或着地；光环也有区别，有的图案只顶着一轮光环，却

1　Michael Shenkar, *Intangible Spirits and Graven Images: The Iconography of Deities in the Pre-Islamic Iranian World*, Leiden · Boston: Brill, 2014, p.106.

2　Michael Shenkar, *Intangible Spirits and Graven Images: The Iconography of Deities in the Pre-Islamic Iranian World*, p.107.

3　John Rosenfield, *The Dynastic Arts of the Kushans*, p.81.

4　John Rosenfield, *The Dynastic Arts of the Kushans*, p.81.

5　H.Humbach, "Mithra in the Kusana Period", in John R. Hinnells ed., *Mithraic Studies*, p.136.

发出射线光芒（图16）。[1]

从迦毕试造币厂发行的钱币来看，密特拉的角色一直非常重要，甚至到了胡韦色迦后期货币体系崩溃时，密特拉仍然得以保留，但在犍陀罗和喀什米尔造币厂的铜币却没有显示出密特拉的重要地位。胡韦色迦时期，犍陀罗造币厂第一批发行的铜币上有密特拉和其他神，第二批也有出现，但是在第三批出现的时候则是奥索（OHÞO即湿婆）而非密特拉。在喀什米尔造币厂，密特拉图像出现在迦腻色迦六类大量发行的德拉克马铜币上，在胡韦色迦时期也是如此。不过在贵霜境内那些原为巴克特里亚辖区之地，密特拉是享有崇高地位的。[2]

相较于古代印度和西方世界的太阳神形象，贵霜帝国密特拉的太阳神特征并不突出，时常与太阳神一同出现的太阳战车和马并未出现，而这两者却是贵霜佛教雕像和前贵霜时期的钱币上普遍可见的。贵霜钱币反面也未出现该神骑马的图案，他仅仅是站立的姿势。[3]据黎北岚（Pénélope Riboud）分析："在中亚及东亚最为流行的形象中，位于太阳光环的中央，驾着四匹马拉的车，苏里耶神（Sūrya）从伊朗神那里借来了许多形象特征，而密特拉本身则是从阿波罗神那里继承了某些特点。"[4]在印度教和琐罗亚斯德教里，太阳神很鲜明的特征是其座驾——四马所拉的车子，此时在贵霜帝国钱币里却丝毫未见，可见其已发生变异。而且他发展成为太阳神应该更多受到希腊文化的影响。

图16　胡韦色迦贵霜钱币上的米罗

图17　钱币上四马二轮战车上的赫利俄斯

不容忽视的是，贵霜帝国的太阳神并不仅仅只限于密特拉，希腊太阳神赫利俄斯（Helios）也出现在贵霜钱币上，不过出现次数不多，他也是呈站立的姿势，头顶光圈，时常摆出两指手势，手置于短剑的剑柄上，头戴王冠，身着长款束腰外衣，短靴，斗篷为圆形钩子钩住。与密特拉相比，除了该神的希腊文名字外，二者形象并无多大的差别（图17）。[5]

1　John Rosenfield, *The Dynastic Arts of the Kushans*, p.82.
2　David W. MacDowall, "The Role of Mithra among the Deities of the Kusana Coinage", in John R. Hinnells ed., *Mithraic Studies*, pp.148-149.
3　John Rosenfield, *The Dynastic Arts of the Kushans*, 1967, p.82.
4　〔法〕黎北岚著，毕波、郑文彬译：《祆神崇拜：中国境内的中亚聚落信仰何种宗教？》，荣新江、华澜、张志清主编：《粟特人在中国——历史、考古、语言的新探索》，《法国汉学》第十辑，中华书局，2005年，第423页。
5　John Rosenfield, *The Dynastic Arts of the Kushans*, 1967, p.77.

图 18　Kankali Tila 雕刻所见太阳神

除钱币外,贵霜帝国的太阳神也见诸 2 世纪印度马士拉(Mathurā)的坎卡利提拉(Kankāiī Tīlā)雕刻:宽鼻厚唇且有胡髭,其服饰和长发是典型的印度—塞西亚人的特征,他蹲坐的姿势也见诸闫膏珍和胡韦色迦时期的钱币(图 18)。约翰·罗森菲尔德(John Rosenfield)认为这一形象并非为国王的肖像,而是太阳神,其决定性因素是位于两侧的一对小马、雕刻在浮雕基座上的用于献祭的祭坛及其他与太阳神相似的图像。[1] 不过,其深蹲的姿势和印度—塞克人的服饰显然与前两位太阳神相异。当然,尽管贵霜帝国的太阳神形象非常复杂,密特拉也呈现出与其他太阳神颇为不同的形象,但密特拉是太阳神,则毫无疑问。

三　太阳神：贵霜与伊朗密特拉的比较

根据学者的研究,贵霜时期考古发现所见密特拉形象,带有明显的古希腊罗马文化的特征,是希腊罗马文化与伊朗文化融合的产物。[2] 也就是说,特殊的地理位置使得贵霜密特拉呈现了与伊朗本土密特拉所不同的某些特征。其差异主要有,其一,贵霜时期出现大量的密特拉形象,而此时的伊朗本土,并无可确定的密特拉形象；其二,贵霜的密特拉是以太阳神的形象示人,而古波斯时期,密特拉尽管与太阳关系密切,但将密特拉与太阳勘同远远晚于贵霜时期。

正如前文所指出的,早在琐罗亚斯德教形成之前,古伊朗社会即有密特拉神存在。最初密特拉为契约之神,维持天则,其所掌管的契约领域甚广,分为不同的级别,小到人与人之间的关系,大到国家间和人与神灵间的契约关系。[3] 他必须保证契约执行,维持社会正常秩序,一旦遭到破坏,他将会严惩那些违约者,当然也会奖赏遵纪守法之人。根据《密特拉颂》记载,"领有广袤草原的密特拉神,赐予那些守约者以良驹"[4],"我们赞美密特拉,因为他为伊朗雅

---

[1] John Rosenfield, *The Dynastic Arts of the Kushans*, 1967, pp.189-190.
[2] 张小贵：《祆神密特拉形象及其源流考》,罗丰主编：《丝绸之路上的考古、宗教与历史》,文物出版社,2011 年,第 244—260 页,此据其著《祆教史考论与述评》,兰州大学出版社,2013 年,第 24 页。
[3] Wolfgang Lentz, "The 'Social Functions' of the Old Iranian Mithra", in Mary Boyce and Ilya Gershevitch eds., *W.B. Henning Memorial Volume*, London: Lund Humphries Publishers Limited, 1970, pp. 245-255.
[4] Yt. 10. 1. 3. Ilya Gershevitch, *The Avesta Hymn to Mithra*, p.75.

利安部落的人们带来安宁舒适的生活"[1],表明密特拉神对于那些守约者的恩赐。对于那些违约的个人与国家,他也毫不手软地予以惩罚,例如,"毁约者的坐骑都不愿载他,他想要奔驰,其骏马却静止不前"[2],"当你因违约之事恼羞成怒时,你会让违约者四肢瘫痪、手足乏力、丧失视觉和听力"[3]。由以上记载可知,作为契约之神的密特拉赏罚分明,确保契约、誓言的执行,维持社会的稳定。其次,他又是生命之神,《密特拉颂》记载,"天降甘霖、让万物生长茁壮成长"[4],"赐予牲畜、恩赐力量和子嗣、赋予生命和幸福"[5]。伊朗高原自古即为干旱地区,雨水无疑是生存与生产的重要保障,其重要性不言而喻。而"赐予子嗣"不仅可以为部族带来生产的劳动力,也事关人类繁衍发展,对于国家和社会的稳定至关重要。不过尽管波斯文献关于密特拉的形象多有介绍,但在萨珊波斯以前伊朗本土并无可确认的密特拉神像被发现。事实上,在帕提亚王朝时期,并无可确认的密特拉形象。第一个可确认的密特拉的形象来自于萨珊朝伊朗,在奥尔马兹达一世(Ōhrmazd I/Hormizd I,272—273)所发行的钱币上。钱币的背面刻有火坛,两侧各有一人物面对火坛而立。左侧人物具备了伊朗国王的所有标志,只是并未持有权杖,而是举起右手,作祈祷状。右侧男子头戴光束四射的王冠,其中一只手按住剑柄,这一人物即被比定为密特拉。该画面表达的是密特拉将王冠授予国王,国王则站立呈祈祷状。其创作灵感受Samostata发行的同时期罗马钱币影响(图19)。[6]众所周知,正统的琐罗亚斯德教并无尚神像崇拜,乃以火为唯一礼拜对象,作为信众与上神沟通的手段。这或许可作为伊朗和贵霜密特拉不同的一个原因。

根据古波斯文献记载,密特拉与太阳关系密切,不过两者并不能简单等同。在《密特拉颂》中,密特拉为光明之神,其司昼夜轮转及四季更替之职,其与太阳和火的关系日益密切:"密特拉神善于辞令,拥有千只耳;体形优美,有万只眼;他身材高大,视野广阔,体态强健、永不入眠,四处走动,抓寻违约者。"[7]他具备超乎寻常的智慧和洞察力,永远保持警

图19 Ohrmazd一世钱币上的密特拉

---

1 *Yt.* 10. 1. 4. Ilya Gershevitch, *The Avesta Hymn to Mithra*, p.75.
2 *Yt.* 10. 5. 20. Ilya Gershevitch, *The Avesta Hymn to Mithra*, p.83.
3 *Yt.* 10. 6. 23. Ilya Gershevitch, *The Avesta Hymn to Mithra*, p.85.
4 *Yt.* 10. 15. 61. Ilya Gershevitch, *The Avesta Hymn to Mithra*, p.103.
5 *Yt.* 10. 16. 65. Ilya Gershevitch, *The Avesta Hymn to Mithra*, p.105.
6 R. Gyselen, "Romans and Sasanians in the Third Century: Propaganda Warfare and Ambiguous Imagery", in H. Börm and J. Wiesehöfer eds., *Commutatio et Contentio, Studies in the Late Roman, Sasanian, and Early Islamic Near East in Memory of Zeev Rubin*, Düsseldorf, 2010, pp.71-89. Michael Shenkar, *Intangible Spirits and Graven Images: The Iconography of Deities in the Pre-Islamic Iranian World*, pp.102-103.
7 *Yt.* 10. 2. 7. Ilya Gershevitch, *The Avesta Hymn to Mithra*, p.77.

惕且不眠，无论白天还是夜晚都是如此，因此他是黎明破晓之光，永远先于太阳而出现。显然，密特拉并非太阳，"白马拉着密特拉的一轮金色战车，车上配备的是闪闪发光的石块。当他运输贡品之时，其战车会飞速前行"[1]。太阳被称为密特拉的"独轮战车"，而这一表述源于印度伊朗语，同样，在印度《梨俱吠陀》中，太阳神苏里耶的战车亦是独轮的。[2]要知道，最初一轮战车可是太阳神的专属特征。[3]但是，盖许维奇（Ilya Gershevitch）也指出"到了阿维斯陀时期，'一轮战车'已经不再适用于太阳"[4]。不过《阿维斯陀经》中有专门祭祀太阳的祈祷文，即《诸神颂》第六部《太阳颂》（*Khoršēd Yašt*）[5]，表明此时太阳和密特拉还未等同。类似的情况在《密特拉颂》的其他章节也有反映，如第十三节有云："他是第一位到达哈拉神山（Hara Mountains）的天神，先于永恒不朽的、策马疾驰的太阳。他首先登上了金碧辉煌的山顶，鸟瞰伊朗人所居住的大地。"[6]直到萨珊时期，密特拉才被等同为太阳，帕拉维文书将太阳直称为"密赫尔"[7]。这一观点也得到中亚宗教研究者的赞同。[8]不过后来到了萨珊时期，密特拉等同于太阳，因为在几位国王的钱币和浮雕上，密特拉神的王冠出现象征太阳的光圈。此时的密特拉成为太阳神，与贵霜帝国的密特拉之间有无关联，是一个值得深思的问题。他是自身逐渐发展而成，还是受到外界（特别是贵霜帝国的密特拉）的影响，尚待进一步考证。[9]

有关密特拉与太阳的关系，学界多有讨论。如盖许维奇在《至善的太阳》一文中认为密特拉即为太阳神，"必须具备太阳神的特征，否则不能简单地说他是太阳神。只有这些特征均具备，他才有资格被称为太阳神"[10]。表明盖氏认为密特拉确为太阳神无疑。不过盖许维奇也认为，若按以上标准，阿胡拉·马兹达亦可被称为太阳神，因为太阳是他的眼睛，"如果在《阿维斯陀》里，任何符合此两项条件者就可成为太阳神，那么将会出现大量的太阳神"，[11]显然，密特拉成为太阳神的条件并不充分。正如上引《密特拉颂》记载，密特拉与太阳的关系密切：密特拉需不断在地球上空巡逻，以抓寻违约者，因此他同黎明第一缕光关系密切，而且他白天的巡视轨迹与太阳完全一致。马兰德拉（William W. Malandra）又补充讨论了密特拉与太阳相关的其他特征，一是作为契约的维护者，密特拉善于管理，因而具有强大力量（即荣光、命运），该力量常常伴随着正统的权威：二是在伊朗，

1　*Yt.* 10. 32. 136. Ilya Gershevitch, *The Avesta Hymn to Mithra*, pp.141-142.

2　H. Humbach, "Mithra in the Kusana Period", in John R. Hinnells ed., *Mithraic Studies*, p.137.

3　Ilya Gershevitch, *The Avesta Hymn to Mithra*, 1959, p.36.

4　Ilya Gershevitch, *The Avesta Hymn to Mithra*, 1959, p.36.

5　*Yt.*6. J. Darmesteter transl., *The Zend-Avesta*, Part II, *SBE*, Vol.XXIII, pp.85-87.

6　*Yt.*10.4. 13. Ilya Gershevitch, *The Avestan Hymn to Mithra*, pp.78-79.

7　Ilya Gershevitch, *The Avestan Hymn to Mithra*, pp.40-41.

8　〔俄〕И.札巴罗夫、Т.德列斯维扬卡娅著，高永久、张宏丽译：《中亚宗教概述》（修订版），兰州大学出版社，2002年，第65页。

9　关于萨珊时期的密特拉形象，可参阅Michael Shenkar, *Intangible Spirits and Graven Images: The Iconography of Deities in the Pre-Islamic Iranian World*, pp.102-114。

10　Ilya Gershevitch, "Die Sonne das Beste", in John R. Hinnells ed., *Mithraic Studies*, p.75.

11　Ilya Gershevitch, "Die Sonne das Beste", in John R. Hinnells ed., *Mithraic Studies*, p.75.

誓言是面对着火进行的，在萨珊伊朗，有一处圣火称之为布尔真—密赫尔（burzēn-mihr），由于火与太阳的关系，密特拉很易被视作太阳。[1]大卫·瑟克（David H. Sick）在《密特拉与太阳神话》一文中，对古印度和希腊的相关文献记载进行考察，讨论了太阳的两大角色——契约与誓言的执行者、牛群的守护者，认为这两种角色在《密特拉颂》中皆有体现。因此，作者认为尽管在阿维斯陀时代后，伊朗密特拉在形式上不是太阳神，但是在某种意义上，这种转变已经开始或者早已有此趋势。[2]

伊朗的密特拉形象如前所述，最初为契约之神，掌管契约之职，维护社会上的秩序，由此职衍生出后来主管生命、光明之职和成为战神乃至太阳神，其形象更加丰富。而贵霜钱币上的密特拉多以太阳神的形象示人，较为单一。其原因是多方面的。"从公元前一千多年中期起，中亚各民族所有的精神文化，包括世界观，在与比它先进的伊朗阿赫美尼德（即阿契美尼）王朝和斯基泰—塞克—马撒该塔伊人的文化紧密结合的过程中，得到了高度的发展，混合的宗教观念也因此而产生。"[3]在丝绸之路开辟以后，各种经济文化交流较之前更加频繁，统治者也都顺应历史潮流，采取比较宽容开明的宗教政策，各种宗教的交流碰撞使得融合得以发生，密特拉神便是此例，是希腊和伊朗文化融合的产物。

结　语

值得注意的是贵霜钱币所见的密特拉形象也传到了粟特地区。在撒马尔罕以东约11.7公里处的卡非尔（Kafir-kala）城堡，发现了411枚印章，其中编号338号的印章上绘有一位面右站立的神祇，存其头部和四分之三的身体。他的头部饰有射线光轮。画面显示该神正在向他前面站立的一位男性礼拜者授予王冠，该男子手中持有长矛（图20）。这批印章的年代为8世纪早期。论者认为这一神祇形象正和贵霜时期的米罗相似。粟特地区的遗物其时代虽落后于贵霜时期数百年，但两者所见的密特拉形象显然有直接继承关系。[4]若然，则表明贵霜钱币所见的米罗形象数百年后进一步东传，直到粟特地区。

图20　Kafir-Kala发现的印章

1　William Malandra, *An Introduction to Ancient Iranian Religion*, University of Minnesota Press, 1983, p.58.
2　H. David Sick, Mit（h）ra（s）and the Myths of the Sun, *Numen*, 2004, p.461.
3　〔俄〕И.札巴罗夫、Т.德列斯维扬卡娅著，高永久、张宏丽译：《中亚宗教概述》（修订版），第83页。
4　有关Kafir-kala的考古发掘参阅：Simone Mantellini, Amruddin Berdimuradov, Archaeological Explorations in the Sogdian Fortress of Kafir Kala, *Ancient Civilizations from Scythia to Siberia*, 11, 1—2, 2005, pp.107-131. 有关Kafir-kala印章的发现参阅 S. Cazzoli and C. G. Cereti, Sealings from Kafir Kala: Preliminary Report, *Ancient Civilizations from Scythia to Siberia*, 11, 1-2, pp.133-165. 贵霜钱币所见相似的米罗形象，见R. Göbl, *System und Chronologie der Münzprägung des Kušanreiches*, Vienna, 1984, mirro 7. 综合研究参阅 Michael Shenkar, *Intangible Spirits and Graven Images: The Iconography of Deities in the Pre-Islamic Iranian World*, p.110。

祆教美术中的火坛

陈文彬

（兰州大学历史文化学院考古学及博物馆学研究所）

祆教是古代流行于波斯地区和中亚粟特地区一带的古老宗教。"从魏晋南北朝到隋唐五代，大量伊朗系的民众进入中国，其中以粟特人最多"，同时祆教文化也随着这些人的流动传入中原。[1]祆教文化的标志特征之一是圣火崇拜[2]，火坛则是圣火的主要载体。研究祆教美术中的火坛图像对于研究祆教的发展有很大的帮助。近年来，随着虞弘墓、安伽墓等入华粟特人墓葬的发掘，为研究祆教美术中的火坛图像提供了重要的实物资料，本文试就考古发现的火坛图像对其来源与演变做简要研究，恳请方家指正。

一

早期火坛图像大多发现于伊朗高原以及中亚地区。关于该区域的火坛图像，日本学者山本由美子（Yumiko Yamamoto）在其文章中有丰富且详细的阐述。[3]莫拉—库尔干出土的纳骨瓮上有祭司和火坛图像（图1），[4]火坛与史君墓火坛形制相同，阶梯状火盆和底座，束腰，整个火坛以直线为主要构成元素，没有弧度。火盆内有火焰，火焰从火盆而起，向上发散升腾，并且分散成七束。米底亚王国君主Cyaxares（前625—前585在位）的陵墓大门上方有火坛图像（图2）[5]，从年代来说这是更为早期的，但是其形制

图1 莫拉库尔干纳骨瓮上的火坛

---

* 本文得到兰州大学丝绸之路经济带研究中心"中央高校基本科研业务费专项资金资助"项目（Supported by the Fundamental Research Funds for the Central Universities）"一带一路"专项基金项目重点项目"北朝—唐时代丝绸之路陇东宁夏段胡人实物遗存基础数据整理与研究"（16LZUJBWZX0120）的资助。

1 见荣新江《中国的祆教研究（1923—2000）》，该文以英文发表于 *China Archaeology and Art Digest*, IV.1: Zoroastrianism in China, December 2000。

2 孙武军：《入华粟特人墓葬图像的丧葬与宗教文化》，中国社会科学出版社，2014年，第176页。

3 Yumiko Yamamoto, "The Zoroastrian Temple Cult Of Fire In Archaeology And Literature I", *Orient*, 1979. 该文章在会议期间蒙张小贵老师提点，但因内容较多，至截稿前笔者仍在学习中，留待以后解决并补齐，在此感谢张小贵老师。

4 〔日〕中野徹：《世界美术大全集·中亚》，小学馆，1998年。

5 见于孙武军《阿胡拉马兹达象征图像源流辨析》，《西域研究》2015年第2期，第99页。引自 John Boardman, *The Diffusion of Classical Art in Antiquity: Zoroastrian Heritage Monographs*, 2013, p.20.

图2　Cyaxares陵墓大门上的火坛

图3　大流士陵墓正面

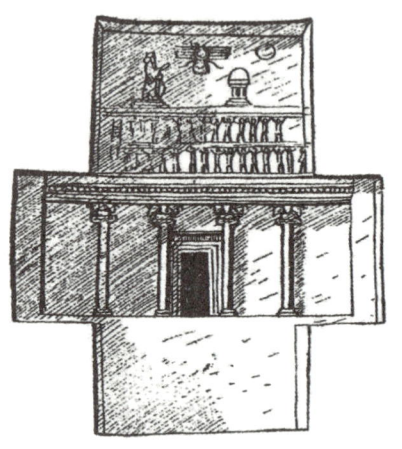

图4　大流士陵墓正面上的火坛

图5　波斯波利斯出土印章

图6　波斯波利斯出土印章

与莫拉—库尔干火坛相同,应该是有直接的继承关系。大流士陵墓大门上方(图3、图4)、波斯波利斯出土印章[1](图5、图6)和Pierre Briant在From Cyrus to Alexander一书中提到的三枚印章上都有相同的火坛图像(图7—图9)。此外,在吉尔吉斯Nawekat遗址、克拉斯诺列圣斯克墓地纳骨瓮也有这种形制的火坛(图10)。类似的火坛多见于波斯(下限晚于萨珊波斯),如波斯帝国阿契美尼德王朝阿尔塔薛西斯二世(Artaxerxes II)墓门上的火坛。要注意的是克拉斯诺列圣斯克火坛比其他火坛要宽,且旁边立有两个交腿支架的圜底盘,笔者认为其可能为盛装往火焰中添加祭祀用品的容器。

中亚粟特故地发现的火坛图像形制大致相同,主要出现于壁画和纳骨瓮上。片治肯特(Pyanjikent)的壁画中有许多的火坛图像出现(图11),这些火坛的形制大致相同,火盆下面的基座为梯形,上小下大。其上为火盆台座,饰以三角纹饰或垂穗。最上为火盆,火盆样式基本一致,如片治肯特Ⅲ-6和

1　见于孙武军《阿胡拉马兹达象征图像源流辨析》,《西域研究》2015年第2期,第106页。

图7 印章上的火坛

图8 印章上的火坛

图9 印章上的火坛

图10 纳威肯特遗址出土纳骨瓮上的火坛

图11 片治肯特壁画中的火坛

图12 瓦尔赫萨壁画中的火坛

Ⅲ-7号地点、I-10号地点、XXV-12号地点发现的火坛（图12）。此外，瓦尔赫萨（Varakhsha）6号点的壁画上也发现这种火坛。通过比对片治肯特和瓦尔赫萨壁画中的火坛图像，笔者发现中亚粟特火坛大体分为两个部分，上面的火盆和下面的台座，并且台座面一般较火盆大，而在中国境内发现的火坛这种形制的较少，只在少数如李诞墓中有所发现，后文详述。火坛旁跪坐或跪立者供养人，这些供养人的动作与集美、安伽供养人的动作也是一致的：一手伸向火焰，应该是侍奉圣火并且向火焰中添加祭祀用品。

出土于锡瓦兹遗址的7世纪的纳骨瓮上，发现一火坛（图13），该火坛似乎为片治肯特式火坛的局部，并且对比瓦萨赫萨火坛，锡瓦兹火坛几乎就是其上半部分。如果仅就这一案列就断言粟特火坛是可拆卸或者分离的，这未免过于绝对，但至少可以清楚地认识到锡瓦兹遗址和片治肯特以及瓦尔赫萨火坛的形制是大体相同的。

中原地区近年来也发现许多火坛图像，集中于北朝至隋唐时期。安阳北齐粟特贵族墓石阙的侧面（图14），各刻有一位祭司，祭司为胡人形象，戴口罩。祭司旁各有一火坛置于地，火坛上方还有一火坛，为方便描述，特将下方火坛表述为火坛A，上方为火坛B。火坛A为火盆样

图13 锡瓦兹遗址出土纳骨瓮上的火坛[1]

1　Frantz Grenet, "Mary Boyce's Legacy for the Archaeologists", Bulletin of the Asia Institute, *New Series*, Vol.22, *Zoroastrianism and Mary Boyce with Other Studies*, 2008, p. 34.

图14 安阳石阙上的火坛（A、B）

图15 安伽墓火坛（A）

图16 安伽墓火坛之一（B1）

图17 安伽墓火坛之二（B2）

式，无底座，直接置于地上，火盆内为火焰，似燃料为某种树叶。火坛A上方为一仰莲纹瓶，瓶上再放置火坛B。火坛B较小，带有底座，火盆样式为莲花座，饰以莲瓣。下方底座由两部分组成，最下为覆莲座，其上则是5道环纹，与虞弘墓所出实物相似。火盆内有火焰，呈上升状聚合，与锡瓦兹遗址出土纳骨瓮上火坛之火焰纹类似。

北周安伽墓墓室门额中心石刻彩绘一火坛，由火盆和底座组成，该火坛底座颇为特殊，"三头骆驼脚踏覆莲基座"[1]（图15）。这种样式在敦煌石窟、云冈石窟等佛教造像或者壁画中都有体现。三头骆驼腹身相接，一为正面形象，其余为左右向的侧面形象，皆背向火盆。三驼共同将火盆背负于背部。

火盆敞口，置于莲花座之上，火盆内燃烧火焰，呈上升状聚合，较北齐粟特贵族墓中火坛B火焰复杂。火盆内有长条状物品。对比旁边祭司高度，该火坛高度至少为一人高。

此外，安伽墓门额左下角与右下角各有一跪姿供养人（图16、图17），位于半人半鹰祭司之后，面向中央，面前各有一火坛。为方便叙述，将三驼座火坛称为火坛A，左侧与右侧小火坛称为火坛B1和火坛B2。火坛B1与B2形制大体相同，《西安北周安伽墓》认为其为熏炉，笔者认为其上无盖，且有内火焰燃烧，应为火坛，而非熏炉。火坛A1底座大于火盆，束腰，火盆饰以莲花花瓣，根据火坛B2以及其他墓中所见，应为仰莲。火盆内燃烧火焰，其旁供养人一

---

[1] 陕西省考古研究所：《西安北周安伽墓》，文物出版社，2003年，第16页。

图18 日本美秀博物馆藏围屏上的火坛

手伸向火焰,一手拿盒状物。火坛B2火盆较底座大,但基本形制与B1相同。其旁供养人跪坐,手呈拿捏状,似向火焰中添加祭祀用的物品。

隋代虞弘墓椁座前壁正中,刻有两个戴口罩的半人半鹰祭司,一手放于脸前方,一手伸向中央火坛。"……灯台形火坛,中心柱较细,底座和火盆较粗,火坛上部呈三层仰莲形,上有熊熊火焰。"[1] 火焰纹类似于安伽墓火坛B上的火焰纹,向上升腾聚合。火盆由三层仰莲构成,上面两层为双线刻莲瓣,最下一层与安伽墓火坛A基座形制相同。

日本美秀美术馆(Miho)藏围屏石榻中编号F[2]的石板上刻有一戴口罩祭司(图18),祭司身前一火坛置于地。火坛由火盆和底座组成,束腰。火盆内有火焰。火坛素面,同样的,旁边正在举行仪式的祭司的刻画也相对较为简单。该火坛应当是比较简易的,更加强调它的实用性,这和它在F石板其下侧所描绘的出殡的场景形成连续的画面。

纽约私人收藏的一个石榻底座,被认为与美秀围

---

1 张庆捷:《太原隋代虞弘墓清理简报》,《文物》2001年第1期,第27页。
2 荣新江编号为3,见《Miho美术馆粟特石棺屏风的图像及其组合》,《中古中国与粟特文明》,三联书店,2014年,第333—356页。

图19 纽约大都会博物馆展出底座

图20 安备墓出土底座上的火坛

屏石榻是一个系统（图19）。[1]石榻底座中间为半人半鹰祭司与火坛（为行文方便，后文皆称之为纽约火坛A）。火坛形制较为复杂，火坛下面为一神兽支撑火坛。火坛基座为覆莲状，基座上为支柱，两条狮形兽缠绕。[2]支柱上为梯形台基，饰双线联珠纹。梯形台基上置一火盆，饰以联珠纹，火盆为波斯风格的高足杯。火盆主体饰莲瓣纹，该件底座曾在纽约大都会博物馆展出。此外还有一件未展出的底座[3]，笔者称之为纽约火坛B，底座由五部分组成，两个壸门中间为两个半人半鹰的祭司与火坛，祭司站立于覆莲座上，火盆开口大，饰莲瓣纹，内有火焰。火坛前放置一个带交腿支架的盘，同样在克拉斯诺列圣斯克火坛和安伽墓中有体现。

安备墓也出土底座一件[4]，形制与纽约火坛B相同（图20）。该底座正中亦有祭司与火坛图像，火坛底座为覆盆式，饰以覆莲纹。底座上为双龙交缠，用以支撑上方火盆。火盆口沿外饰两圈联珠纹和一圈团花，火盆下方有垂穗。火盆内有火焰，火焰样式与安伽墓火坛A同。此外，火盆两边各有一飞天。

史君墓石堂南壁两侧下方，左右对称刻有祭司与火坛图像（图21、图22）。祭司为戴口罩的半人半鹰形象，肩后双翅。祭司前为火坛，火坛束腰，底座与火盆均为阶梯式，火盆内有火焰。史君墓火坛图像与古波斯银币上的火坛图像一致。

康业墓出土石榻围屏正面第5幅中心有一火坛（图23），火坛主体与片治肯特火坛风格一致，但其

---

1. Annette L.Judith A. Lerner, "The Miho Couch Revisited in Light of Recent Discoveries", *Orientations*, Oct.2001. 中译本见〔美〕安妮塔·朱利安诺、朱迪斯·勒内著，陈永耘译：《根据新近的发现对美穗（Miho）石榻的再认识》，载周伟洲主编《西北民族论丛》第1辑，中国社会科学出版社，2002年，第288—305页。
2. 孙武军认为此为两条龙，笔者认为是两只狮子。孙武军：《入华粟特人墓葬图像的丧葬与宗教文化》，中国社会科学出版社，2014年，第36页。
3. 张庆捷：《入华粟特人石葬具图像初探》，载张庆捷《民族汇聚与文明互动——北朝社会的考古学观察》，商务印书馆，2010年，第429—454页。
4. 葛承雍：《祆教圣火艺术的新发现——隋代安备墓文物初探》，《美术研究》2009年第3期，第14页。

图22 史君墓火坛

图21 史君墓火坛

底座却近似于美秀火坛，束腰，上似有弦纹，底部饰覆莲纹。火盆内无火焰，其旁也无祭司或供养人，仅有一对长尾鸟。从其他火坛对比及其位置来看，长尾鸟可能是半人半鹰祭司的简化表达。

李诞墓前挡板中有一火坛（图25），虽然在墓志中已明确李诞其人为罽宾人。但从其棺板线刻图案来看，显然是受到粟特因素影响的。李诞墓中火

坛形制与片治肯特火坛一致，火盆里不见火焰而是线条表现"烟"的形象，也在片治肯特壁画中有所体现。火盆与底座均饰以折线纹，底座带平台，有垂穗。底座下方沿两边向上伸出两朵荷花。

吉美博物馆藏有一件围屏石榻[1]（图26），石榻底座正中有供养人和火坛。供养人单腿跪拜，一手伸向火坛，手的动作与安伽墓火坛B1和B2旁的供养人动作如出一辙。孙武军认为火坛旁边单腿跪拜的为祭司[2]，但是对比安伽墓图像，笔者认为此应该为供养人，且从其跪姿以及未戴口罩来看，此二人应该身份低于祭司，如同安伽墓中所表现的，他们是祭司身后的供养人。该火坛底座为覆莲底座，支柱为两婴孩舞蹈图像，两小孩背向而立，一手上举，作跳舞状。火盆底座近似梯形，并有垂穗，这点与康业墓中火坛相同。火盆口沿饰弦纹，内有火焰，火焰自火盆向上发散，较为特殊。

中国国家博物馆藏北朝石堂[3]上刻画有3个火坛

---

1 哈丽娜：《解密建国以来我省最大的文物走私涉外案——天水罕见国宝这样"流"向法国》，《兰州晚报》2008年12月12日。
2 孙武军：《入华粟特人墓葬图像的丧葬与宗教文化》，第75页。
3 葛承雍：《北朝粟特人大会中祆教色彩的新图像——中国国家博物馆藏北朝石堂解析》，《文物》2016年第1期，第71页。

图23 康业墓围屏墓主像及火坛

图25 李诞墓石棺前挡上的火坛

图26 吉美博物馆藏底座上的火坛[1]

图24 康业墓石围屏上的火坛

图27 国家博物馆藏北朝石堂上的火坛图像

1　哈丽娜：《解密建国以来我省最大的文物走私涉外案——天水罕见国宝这样"流"向法国》，《兰州晚报》2008年12月12日。

图28　沙普尔一世银币　　　　　　图29　霍米兹德二世银币

（图27），均为豆形火坛，其形制与安伽墓火坛图像相同。石堂左侧立面骑马出行图中马队前有一胡人站立，作行走状，双手举于胸前，捧一火坛。该火坛豆形，由火盆和底座组成，束腰。火盆带盖，盖上饰博山炉式纹样，束腰中有圆形连接。另石堂背面祆教大会图中也有两个火坛。两胡人跪立于榻前，双手分别举起一个火坛。左侧胡人双手同举，火坛为豆形。右侧胡人左手举火坛，右手向火坛内火焰添加物品，火坛为豆形，火盆内有火焰。

河南沁阳北朝墓石棺床正面床沿与床腿纹饰中有3处火坛图像[1]，两处分别在正面床沿编号4和13，一处为正面床腿中腿上。这三处火坛图像相同，都是圆形底座加豆形火盆，无火焰。豆形火盆有盖，盖上方伸出莲花。盖上饰山形纹，口沿为一圈S形纹饰。豆形火盆饰仰莲纹，下面再加覆莲纹。底座为圆形，两旁向上伸出花草纹，如同李诞墓火坛。另外位于中腿的火坛图像下方有一"侏儒"托起火坛底座[2]，同样被托起的火坛图像还有纽约火坛A。该墓早期被盗，没有明确的纪年，从画中人物和神明来看，应该不是中原人，具体民族无法确认。

二

很多域外银币上有火坛形象，这种火坛形象比较固定。萨珊王朝沙普尔一世银币（图28）、萨珊王朝沙普尔二世银币、萨珊王朝霍米兹德二世银币（图29）、库思老一世银币、瓦赫兰二世银币等都在银币的背面刻有祭司与火坛形象，正面则为君王头像或者神祇头像，如阿胡拉·马自达的头像。火坛形制与莫拉—库尔干纳骨瓮上火坛相同。有的银币背面的火坛束腰上还有飘带。火坛旁有两祭司。波斯钱币上正面人像，背面火坛与祭司图像使得钱币成为宗教信仰的一种媒介，这体现在汉代以后粟特人的墓葬与窖藏中发现大量波斯银币和仿波斯银币。波斯钱币在中古时期的中国并不流通，它的其中一个作用就是祆教信徒的宗教寄托，并将之带到了墓葬中。

很多萨珊银币的背面有祭司和火坛图像，火坛

1　邓宏里、蔡全法：《沁阳县西向发现北朝墓及画像石棺床》，《中原文物》1983年第1期，第4页；施安昌：《河南沁阳北朝墓石床考——兼谈石床床座纹饰类比》，载《法国汉学》丛书编辑委员会编《法国汉学丛书》第十辑，《粟特人在中国：历史、考古、语言的新探索》，中华书局，2005年，第365—374页。

2　施安昌：《河南沁阳北朝墓石床考——兼谈石床床座纹饰类比》，载《法国汉学》丛书编辑委员会编《法国汉学丛书》第十辑，《粟特人在中国：历史、考古、语言的新探索》，第365—374页。

图30 瓦弗拉丹一世银币

样式与片治肯特等地壁画上的火坛一致，都是阶梯状束腰火坛。其中霍米兹德二世银币、库思老一世银币、瓦赫兰二世银币等背面火坛束腰上有明显的飘带，这是片治肯特等壁画中所没有的。中原地区，如李诞墓火坛上的莲花、纽约火坛A上的狮形兽、纽约火坛B上的婴孩、安备墓火坛上的龙形兽是否来源于这种飘带，或者说这些火坛的最终来源与片治肯特火坛不是直接的继承关系，暂时没有更多的实物资料来证明。需要重视的是银币上出现火坛图像，开始于瓦弗拉丹迪一世（Vadfradad I）银币（前247—前224）（图30）。

三

1. 火坛的分类

为了弄清祆教美术中火坛图像的演变，笔者将前文所提火坛图像以支架上平台的变化和支架的变化为标准大致做了一个分类。

第一类为波斯类（A型）。波斯类火坛中间小两头较大，主要以直线构成。底座上的支架没有粗细变化，火盆和底座为阶梯式。火坛几乎不见纹饰，少数仅在支架上添加披帛。波斯类火坛发现于Cyaxares墓门、大流士陵墓、阿契美尼德王朝阿尔塔薛西斯二世墓门、波斯波利斯出土的印章上的火坛、Briant所提3枚印章上的火坛、莫拉—库尔干纳骨瓮、Nawekat遗址、克拉斯诺列圣斯克墓地纳骨瓮以及诸多波斯银币上。

A型可分为4式。

1式为Cyaxares墓门火坛图像、阿尔塔薛西斯二世墓门火坛图像、大流士陵墓火坛图像。常与阿胡拉马兹达的图像组合，火盆和底座为向中收缩的三层阶梯式，火盆上有火焰。

2式为莫拉—库尔干纳骨瓮上的火坛图像波斯波利斯出土的印章上的火坛图像、Briant书中所提3枚印章上的火坛图像、吉尔吉斯Nawekat遗址纳骨瓮上的火坛图像。该式火坛较1式变化不大，火焰纹开始具象化、火苗分散，底座与火盆阶梯式结构有调整，开始出现纹饰。

3式为巴基斯坦格别特出土造像底座上的火坛、拉合尔博物馆藏三尊造像底部的火坛。

4式为史君墓火坛。

第二类为片治肯特类（B型）。片治肯特式火坛基座较长，有较大的台座，台座侧面一般成梯形，饰三角纹、折线纹或者垂穗。火盆置于台座之上，底座支柱上小下大。主要集中出现在片治肯特的壁画上，如片治肯特Ⅲ-6和Ⅲ-7号地点、Ⅰ-10号地点、XXV-12号地点。此外，还发现于锡瓦兹遗址、瓦尔赫萨6号壁画上、李诞墓、纽约大都会博物馆展出底座。

B型可分为4式。

1式为片治肯特壁画上的火坛、瓦尔赫萨壁画上的火坛、李诞墓棺画上的火坛。该式底座上的平台扁平，如同桌面，侧面一般为梯形，反映了古人对透视关系的理解。平台饰三角纹或垂穗，底座支柱上小下大。有的平台与支柱连接处还有圆形过渡。火盆较小，内有火焰。

2式为锡瓦兹遗址出土的火坛图像，底座以上与1式相同，只底座较短，近似球状。

3式为康业墓石榻围屏上的火坛图像，为B型到C型的过渡型。

4式为纽约大都会博物馆展出底座上的火坛。该火坛底座支柱饰动物纹饰，较前3式繁杂。

第三类为灯台类（C型）。灯台类火盆较大，底座与火盆有较多的纹饰，如覆莲纹和仰莲纹、联珠纹以及团花等。底座上的支架较短，且有粗细过渡变化，其中束腰较多。有些支架用动物或者人物纹饰代替，较前两类精细繁杂。支架上的平台缩小甚至消失，火盆与支架连为一体。此类发现于美秀藏石围屏、虞弘墓、安伽墓、安阳石阙、安备墓、纽约大都会博物馆藏未展出底座等。康业墓支架以上是明显的片治肯特类的特征，但底座和支架已属于灯台类，是介于B型与C型之间的过渡型。

C型可分为3式。

1式有安阳石榻双阙侧面的火坛B、虞弘墓火坛、纽约大都会未展出石榻底座上的火坛B。

2式为底座支柱饰动物、人物纹样，如安伽墓火坛A、吉美藏石榻底座。安备墓石榻底座火坛。

3式有美秀藏石围屏上的火坛，束腰，素面。

第四类为豆型火盆类（D型）。此类受佛教因素影响较大，与佛教图像程序相互融合。火盆为豆形，饰莲花纹样，或有盖，同时火焰减少。支架中间细两端较粗，与火盆相接处粗细过渡弱，与底座相接处过渡明显。同时支架变短，在一些例子中，出现类似于高脚杯的火坛。该类火坛见于安伽墓、沁阳北朝墓等。佛教造像碑、壁画、石窟中的火坛大多为此类。

D型可分为2式。

1式为安伽墓墓门门额上的火坛B1和B2以及国家博物馆藏北朝石堂上的三个火坛图像。

2式为沁阳北朝墓石棺床上的三组火坛形象、陕西出土北周造像碑底座上的火坛图像、苟景墓志志盖上的火坛图像、山西博物院藏造像碑上的火坛图像、西安博物院藏造像碑底座上的火坛图像、甘肃省博物馆藏灵台新开造像碑碑阳上的火坛图像等。该式广泛出现在南北朝至隋唐五代的佛教造像（碑）底座上。

2.起源与消失

祆教美术中的火坛图像是何时在何地起源的？A1型中的Cyaxares墓门火坛图像是米底亚王国时期的图像，有学者将米底亚的宗教称之为"前琐罗亚斯德教"（the pre-zoroastrian religion）[1]，虽然米底亚的这种宗教——更恰当的说法是一种民俗——还不是真正意义上的琐罗亚斯德教[2]，但从Cyaxares墓门火坛图像我们可以知道，祆教的产生至少是吸收了米底亚的民俗，祆教艺术中的火坛图像是直接吸收了米底亚的图像，这一时期大概是公元前7世纪到公元前5世纪。从米底亚王国时期起源，然后历经了波斯阿契美

---

[1] 见于 M.boyce，AhuraMazda，EncyclopaediaIranica，http://www.iranicaonline.org。
[2] 龚方震、晏可佳：《祆教史》，上海社会科学院出版社，1998年，第84页。

尼德王朝，这一时期的火坛图像依然延续之前的图像，然后与阿胡拉马兹达的图像相结合，形成祆教自己的图像。萨珊波斯时期的火坛图像已经成为一种宗教象征，出现在银币的背面，有三种主要的变体：火坛本身、火坛及其两侧的人物[1]。比较波斯阿契美尼德王朝和萨珊王朝的琐罗亚斯德教，粟特故地的祆教图像在继承中创新。粟特故地的火坛图像主要表现在壁画和纳骨瓮上，除了波斯式的火坛图像外，还出现了独特的片治肯特式的火坛，如B1和B2。这种火坛图像正是参考了粟特祆祠的形制发展而来的[2]。

B型随着入华的粟特人以及其他民族通过丝绸之路传播到中原地区，发展出了B3型，康业墓中的火坛图像就是代表。受到佛教因素的影响，火坛上的装饰纹样从三角形纹转变成莲瓣纹，并且开始流行。B4型的纹饰更为繁杂，支柱上用双狮形兽缠绕，火盆旁有飞天。

灯台型火坛C型火盆口径变大，支柱变短，有明显的束腰，火盆和底座饰莲瓣纹。C2型火坛支柱上装饰动物纹或者人物纹。安伽墓火坛A用三头骆驼代替底座、吉美底座火坛图像上的支柱为两婴孩背靠背，作舞蹈状。安备墓则是如同B4型一样，两条龙形兽缠绕支柱。C4型则是较为简单的一型，素面，没有纹饰，支柱差不多完全消失，底座与火盆对称，中间束腰。

D型火坛图像为豆形，似受博山炉的影响。D1型无盖，内有火焰，旁有供养人，可以看到火盆上有莲花瓣纹样，底座与火盆之间的支柱很短。D2型与佛教联系紧密。D2型和A3型是有明显的关联的，李凇在《长安艺术与宗教文明》一书中指出，"这种敞口的火盆仍能被称之为香炉的话，或许更加接近犍陀罗的原型"[3]。笔者认为，佛教造像（碑）底座上刻画火坛图像是来自现在伊朗、巴基斯坦地区的，A3型中的巴基斯塔格别特出土的弥勒像底部火坛图像以波斯类火坛（A型）特征为主，或许可以说明祆教和佛教的相互吸收早在这一时期就已经开始了，此后"对火的崇拜已经深深地融合进佛教艺术之中（如佛像的火焰背光）"[4]。D型火坛图像通过丝绸之路传到中原，在此期间，不断地吸收融合其他的因素，最终形成D2型火坛图像，并最终消失于博山炉。

要提出的是，北朝到隋唐时期的佛教造像碑等上可以看到一种固定的图像程序。陕西出土北周佛像碑[5]基座雕刻上可以看到如同纽约火坛A的图像（图31），火盆为豆形，"火坛"底座为圆形，火盆顶部向上伸出莲花，底座从两边向上伸出两束莲花，底座支柱上有飘带（纽约火坛A为两只狮形兽），底座饰折线纹和莲瓣纹。"火坛"下有畏兽（神兽）托举。"火坛"旁边并无祭司，左边为一跳胡旋舞的胡人，右边为一舞女，舞女应为中原人。该底座图像排列程序与前文所提几件粟特石榻底座上的图像程序相同，即从中央到两边：火坛→祭司（此为舞者）→狮子（此件增加乐师）→守护。下图为几处底座图像程序的对比图，可以发现以火坛为中心的图像设置是遵照一定的程序的，这种程序从火坛与祭司（供养人）、火坛

---

1 马小鹤译：《中亚文明史》第三卷，中国对外翻译出版公司，2003年，第15页。
2 姜伯勤：《中国祆教艺术史研究》，三联书店，2004年，第185页。
3 李凇：《香炉与火坛——六世纪祆教对中国艺术影响之一例》，《长安艺术与宗教文明》，中华书局，2002年，第511—519页。
4 李凇：《香炉与火坛——六世纪祆教对中国艺术影响之一例》，《长安艺术与宗教文明》，第511—519页。
5 北周佛像碑基座雕刻，陕西出土，王子云藏拓本，引自姜伯勤《中国祆教艺术史研究》，第81页。

图 31 陕西出土北周造像底座拓本

图 32 拉合尔博物馆藏犍陀罗造像

图 33 拉合尔博物馆藏犍陀罗造像

与守护神（如李诞墓）、火坛与乐舞者（如康业墓）发展而来，形成一套完整的程序。这种程序甚至还可以在一些墓葬壁画中看到，如韩休墓壁画。对比祆教风格的火坛，这种"火坛"在画面内容和形制上都体现了深度汉化的色彩，而且这种图像程序也是中亚风格与北朝本土风格的融合。我们在犍陀罗造像底座上可以看到这种图像风格的早期版本。巴基斯坦格别特出土的一尊弥勒像底座（2—3世纪）有"火坛"图像（图32），该火坛图像留有波斯地区发现的火坛图像的特征，但火盆和火盆中的火焰已经接近于片治肯特发现的火坛图像。火坛旁有四个供养人，供养人两边为双手合十的护法僧人，"火坛"与僧人中间用联珠纹装饰。巴基斯坦拉合尔博物馆的犍陀罗造像底座上也有"火坛"图像（图33）。笔者认为这种早期造像碑上的"火坛"应是受波斯风格的影响，并且完全融入其内容中。波斯风格影响的另一个地区即为粟特地区。后来随着佛教的东传，我们得以在中原地区的佛教石窟、造像碑等上看到。入华粟特人甚至是入华中亚人的墓葬中出现这样的图像程序，除了与其华化有关外，也与祆教有关。

"火坛→祭司→守护"的图像程序

	左←中→右						
巴基斯坦格别特弥勒佛像底座	僧人	联珠纹	供养人	火坛	供养人	联珠纹	僧人
陕西北周佛像碑底座	守护（胡僧）	乐者（胡人）	舞者（胡人）	火坛	舞者（汉服舞女）	乐者（汉服）	守护（剃发僧人）
纽约展出底座	守护神	神兽联珠纹 / 双狮	祭司	火坛	祭司	神兽联珠纹 / 双狮	守护神
纽约未展出底座	守护神	神兽联珠纹 / 狮形兽 / 狮子	祭司	火坛	祭司	神兽联珠纹 / 狮形兽 / 狮子	守护神
安阳底座	守护神	龛形乐舞者 / 双狮	祭司	火坛	祭司	龛形乐舞者 / 双狮	守护神
安阳底座	守护神	联珠纹乐者 / 两对单腿跪立的人（有头光）	祭司（有光头）	火坛	祭司（有光头）	联珠纹乐者 / 两对单腿跪立的人（有头光）	守护神
虞弘墓椁座	守护神	乐者、饮者	祭司	火坛	祭司	舞者	守护神

四

关于祆教火坛的实物，争议比较大。

徐显秀墓、娄叡墓、虞弘墓出土"灯"形器，纹饰和形制大致接近，施安昌认为其为祆教祭祀活动中所使用的火坛，"是点燃柽柳木片升起火焰的火坛"[1]。

徐显秀墓4件，高48厘米，瓷制。简报所说"分座、柄、盏三部分。灯座为八瓣覆莲图案，灯柄饰三圈联珠纹，数圈弦纹，灯盏直口内敛，盏底饰八瓣仰莲。通体施黄绿釉"。[2]

娄叡墓4件，高50厘米，瓷制。"覆莲座、宝装莲瓣，底座沿饰一周联珠纹；柄下部施忍冬图案，上端为仰莲，以承托灯盏；灯盏方唇略内敛，盏底饰仰莲一朵，腹饰忍冬、宝珠和月牙形组成的图案各四组，

---

1 施安昌：《北齐徐显秀、娄叡墓中的火坛和礼器》，载施安昌《火坛与祭祀鸟神》，紫禁城出版社，2004年，第118—128页。
2 山西省考古研究所等：《太原市北齐徐显秀墓发掘简报》，《文物》2013年第10期，第1页。

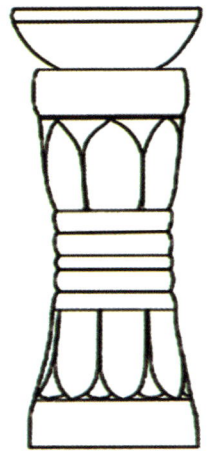
图 34-1
虞弘墓出土火坛

图 34-2
撒马尔罕出土"灯"形器

图 34-3
娄睿墓出土"灯"形器

图 34-4
新疆阿拉沟出土火坛

相间排列，盏沿饰平珠纹。通体施黄绿釉[1]。"

虞弘墓1件，高48厘米，汉白玉制，有彩绘痕迹。"灯台上雕绘花纹，灯盏已残。"[2]简报所说"灯台"为徐显秀墓和娄叡墓之座与柄。虞弘墓"石灯"之"柄"不显，其上饰有四道弦纹，将之分割成三部分环纹，当为徐显秀墓和娄叡墓所出"灯"之"柄"之简化。"柄"上部和下部为双层仰莲和覆莲。莲瓣残存彩绘痕迹。

此外，撒马尔罕出土1件，石制。

新疆阿拉沟墓地出土1件高32厘米，下部为喇叭状器座，上部为方盘的"方座承兽铜盘"（图34），"新疆地区过去未见，作用不明，也可能与宗教活动有关。各墓中有馍状泥团一块，上戳七八个小孔，内插松木，上端有燃烧痕迹。M18内的泥团上，还压了一块泥，揭开后，泥团上插的松材燃烧痕迹明显，似照明用"[3]。笔者认为其形制与片治肯特壁画上的获坛图像相似，其出土时的位置在头龛，且墓中发现插松木的泥团，有可能与祆教火坛联系起来。

这些疑似火坛的实物暂时没有足够的证据证明他们是涉及宗教祭祀的火坛还是日常生活所使用的灯，如施安昌所说，"灯盏部分太深"与通常所见的灯不同，或许是从其实用性来侧面证明，但还需更多的考古资料和进一步的研究才能证明。

---

[1] 山西省考古研究所等：《太原市北齐娄睿墓发掘简报》，《文物》1983年第10期，第1页。
[2] 张庆捷、畅红霞：《太原隋代虞弘墓清理简报》，《文物》2001年第1期，第27页。
[3] 新疆社会科学院考古研究所：《新疆阿拉沟竖穴木椁墓发掘简报》，《文物》1981年第1期，第18页。

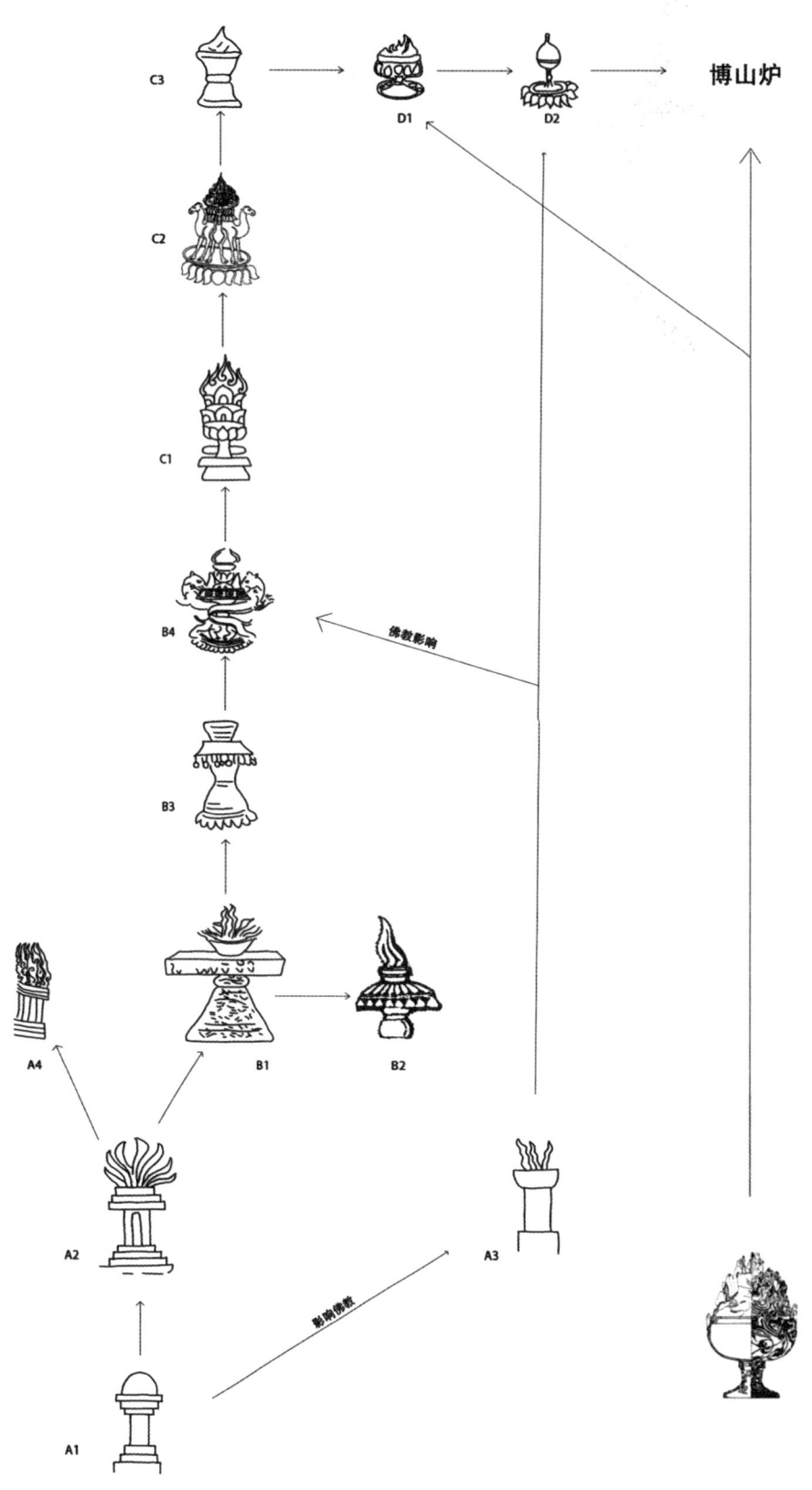

附图：祆教美术中的火坛形制变化图（陈文彬绘）

唐代官方写经及其传播*
——以《宝雨经》为线索

〔日〕大西磨希子 著
（日本佛教大学佛教学部）

祝世洁 译
（日本京都大学文学科）

导　言

众所周知，日本在奈良时代向中国派出遣唐使，积极地引进吸收唐朝文化。正仓院收藏的精美文物不仅反映出唐朝文明的精粹，还展现了丝绸之路的繁荣。其中，汉译佛典也属于在此过程中由唐传至日本文物中的一部分。

在原为奈良东大寺尊胜院经藏的圣语藏中，至今保存着包括中国隋唐时期经典以及日本自奈良至镰仓时代的古写经4960卷，其中包括菩提流支译《宝雨经》（卷二、卷五、卷八、卷一〇）。[1]圣语藏本《宝雨经》共计四卷，卷末有天平十二年（740）五月一日光明皇后发愿内容的跋语，因此属于所谓"五月一日经"的一部分。[2]另有卷九现藏于东京国立博物馆。也就是说属于五月一日经的《宝雨经》抄写于日本，而经文中却使用了则天文字，这点颇为引人注目，由此可以推断底本的抄写年代。另外，还有很重要的一点是，《宝雨经》在中国西陲的敦煌和吐鲁番也有发现，使比较二者的抄写年代成为可能。

因此，本文首先对《宝雨经》的译成年代及其在

---

* 本文为日本科学研究费补助金（JSPS科研费）25370141成果之一（This work was supported by JSPS KAKENHI Grant Number 25370141）。
1　圣语藏经卷传入东大寺尊胜院经藏（该经藏因此后被称为"圣语藏"），现属正仓院事务所管理。
2　关于光明皇后发愿的五月一日经移入东大寺的前后始末，日本学者堀池春峰《光明皇后御愿一切经与正仓院圣语藏》（《古代学》第3卷第3号，1954年；后又收入《南都佛教史的研究》上·东大寺篇，法藏馆，1980年）中有详细考述。另外，据皆川完一的研究成果，五月一日经传至圣语藏的有750卷，此外加上散佚民间的部分，共计159部907卷（〔日〕皆川完一：《关于光明皇后愿经五月一日经的抄写》，坂本太郎博士还历纪念会编：《日本古代史论集》上卷，吉川弘文馆，1962年；后又收入《日本古文书学论集》3，吉川弘文馆，1988年）。

关于五月一日经，还可以参照以下成果：〔日〕福山敏男：《关于奈良时代写经所的研究》（《史学杂志》第43卷第12号，1932年；后又收入《寺院建筑史的研究》中卷，中央公论美术出版，1982年）；〔日〕松本包夫：《圣语藏五月一日经的笔者与书写年代及其他1—3》（《书陵部纪要》15—17，1963—1965年）；〔日〕荣原永远男：《关于初期写经所的几个问题》（岸俊男教授退官纪念会编：《日本政治社会史研究》上卷，塙书房，1984年；后又收入荣原永远男《奈良时代的写经与内里》（塙书房，2000年）；〔日〕赤尾荣庆：《关于光明皇后御愿一切经五月一日经》（《古笔学丛林》第2卷《古笔与写经》，八木书店，1989年）；〔日〕大平聡：《天平圣宝六年的遣唐使与五月一日经》（笹山晴生先生还历纪念会编：《日本律令制论集》上卷，吉川弘文馆，1993年）；〔日〕山下有美：《皇后官职管辖下的写经机构》（《正仓院文书与写经所的研究》，吉川弘文馆，1999年）；〔日〕山下有美：《"创造出"五月一日经的历史意义》（《正仓院文书研究》6，1999年）；〔日〕宫﨑健司：《光明子发愿五月一日经的勘经》（《日本古代的写经与社会》，塙书房，2006年）；〔日〕山本幸男：《玄昉将来经典与"五月一日经"的抄写》（上、下）（《相爱大学研究论集》22、23，2006、2007年）。

武则天时期的重要性做一说明。在此基础上，将五月一日经《宝雨经》作为展示则天文字传入日本的资料，以则天文字的使用情况为基础，探讨其抄写底本的年代及传入日本的时间。同时，对敦煌、吐鲁番发现的《宝雨经》，也以则天文字的使用状况推断其抄写年代，并对官方主持的写经活动及传播加以阐述。

一 《宝雨经》与武则天

长寿二年（693）九月由菩提流支译成的《宝雨经》从佛教的角度赋予了武则天登基的合法性，其被视为与《（拟）大云经疏》（以下简称《大云经疏》）[1]同等重要的经典[2]。

除菩提流支十卷本《宝雨经》译本外，还有萧梁曼陀罗仙译《宝云经》七卷本，萧梁曼陀罗仙与僧伽婆罗共译《大乘宝云经》七卷本，刘宋法护译《除盖障菩萨所问经》二十卷本三个译本。但滋野井恬指出，菩提流支译本中包含其他三个译本完全没有的内容，即卷一中世尊向月光天子宣言的内容之处。此处月光天子被如是描述：[3]

①涅槃后第四五百年中佛法欲灭时，于赡部州东北方摩诃支那国现女身为自在主，经于多岁正法治化；

②得阿鞞跋致与转轮圣王位；

③受王位时国土中有山涌出；

④往诣睹史多天宫，供养慈氏（弥勒）菩萨，慈氏菩萨成佛时可得传授阿耨多罗三藐三菩提记。

正如滋野井在论文中指出的，①对应了菩提流支翻译《宝雨经》时，武则天作为女帝君临天下；③与武则天登基之前的垂拱二年（686）新丰县东南有山涌出这一祥瑞[4]相合；④与薛怀义等人广传武则天乃弥勒下生[5]相符。尤其引人注目的是②与历史吻

---

1 敦煌写本中存 S.2658、S.6502 二本。矢吹庆辉称 S.2658 为《武后登极谶书》，汤用彤和 Antonino Forte（富安敦）推测《东域传灯目录》中记载的《大云经神皇授记义疏》是其本来的篇名。〔日〕矢吹庆辉：《三阶教之研究》，岩波书店，1927年，第737—747页。汤用彤：《矢吹庆辉〈三阶教之研究〉跋》，《微妙声》1937年第3期。Antonino Forte, *Political Propaganda and Ideology in China at the End of the Seventh Century. Inquiry into the Nature, Authors and Functions of the Tunhuang Document S. 6502, Followed by an Annotated Translation*. Napoli: Instituto Universitario Orientale, 1976（Second Edition. Kyoto: Italian School of East Asian Studies（Monographs 1），2005）; Antonino Forte《关于〈大云经疏〉》（《讲座敦煌7·敦煌与中国佛教》，大东出版社，1984年）。

2 〔日〕矢吹庆辉：《三阶教之研究》，第748—760页。〔日〕滋野井恬：《围绕宝雨经的若干考察》，《印度学佛教学研究》第20卷第1号，1971年。

3 对应经文（《大正藏》第16册，第284b—C）如下（下划线及数字为笔者所加）。
我涅槃后最后时分，第四五百年中法欲灭时，①汝于此赡部州东北方摩诃支那国，位居阿鞞跋致。实是菩萨，故现女身，为自在主，经于多岁，正法治化。养育众生，犹如赤子。令修十善，能于我法，广大住持，建立塔寺。又以衣服、饮食、卧具、汤药供养沙门。于一切时，常修梵行。名曰月净光。天子，然一切女人，身有五障。何等为五。一者不得作转轮圣王，二者帝释，三者大梵天王，四者阿鞞跋致菩萨，五者如来。②天子，然汝于五位之中，当得二位。所谓阿鞞跋致及轮王位。天子，此为最初瑞相。③汝于是时，受王位已。彼国土中有山，涌出五色云现。当彼之时，于此伽耶山北，亦有山现。天子，汝复有无量百千异瑞。我今略说。而彼国土安隐丰乐，人民炽盛甚可爱乐。汝应正念，施诸无畏。天子，④汝于彼时，住寿无量。后当往诣睹史多天宫，供养承事慈氏菩萨。乃至慈氏成佛之时，复与汝授阿耨多罗三藐三菩提记。

4 《资治通鉴》卷二〇四；《旧唐书》卷三七《五行志》。武则天将涌出的新山命名为庆山，将新丰县改为庆山县。滋野井注意到，S.2278《宝雨经》译场列位人员中，"写梵本"一项中有署名鸿州庆山县的"叱于智藏"，认为"在宝雨经文中插入新山涌出这一内容的，可能就是此人做出的花样"（〔日〕滋野井恬：《围绕宝雨经的若干考察》，《印度学佛教学研究》第20卷第1号，1971年）。

5 《旧唐书》卷一八三《薛怀义传》。S.2658 以及 S.6502 的《大云经疏》中也有"按弥勒者即神皇帝应也"之记录。

合，据记载，恰好在《宝雨经》译成的同年同月，武则天依从武承嗣等五千人的上表，采用了"金轮圣神皇帝"的尊号，还制作了佛典中记载转轮圣王持有的七宝（金轮宝、象宝、女宝、马宝、珠宝、兵臣宝、藏臣宝），每次朝会都将之陈列在殿廷之上[1]。

因此，正如滋野井指出那样，菩提流支译《宝雨经》极为有意地将与武则天登基有关的事象收入经文。而五月一日经《宝雨经》（以下本文中只记作五月一日经时，若无其他特殊标注，则为五月一日经《宝雨经》之略）是菩提流支译本[2]，且经文中使用了武则天制定的则天文字。

二 五月一日经《宝雨经》

一直以来，正仓院所藏《王勃诗序》（庆云四年即707年抄写）以及高野山及其他地方所藏《文馆词林》（弘仁十四年〔823〕抄写）等被认为是展示了传入日本的则天文字的代表性资料，常常是研究探讨的焦点[3]。然而，五月一日经《宝雨经》也使用则天文字的事实却向来完全不为人所知[4]。尽管如此，如果就则天文字的使用情况看，五月一日经《宝雨经》比《王勃诗序》和《文馆词林》都要正确和彻底。

有关五月一日经的抄写情况，前人的研究大致已经整理清晰。五月一日经是光明皇后为追善其父藤原不比等以及其母县犬养三千代而发愿抄写，跋语中皆写作"天平十二年（740）五月一日"，但真正的抄写时间始于天平五年（733）。后又以遣唐留学僧玄昉的归朝为契机，写经的目的发生了变化。因玄昉将唐代智升撰《开元释教录》带回日本，因此，自天平八年（736）九月开始，写经就旨在将其所收典籍（1076部5048卷）抄写完备[5]。

担任抄写任务的是隶属皇后职司的写经所，其后来被编入东大寺写经所。后者留存的文书占正仓院文书的一半以上，从中可以准确地再现五月一日经抄写的情况。五月一日经主要以玄昉从唐朝带回的经典为底本，至天平十二年四月已写成3531卷，自五月九日起加上了日期为五月一日的愿文。其后抄写工作一度中断，第二年即天平十三年（741）闰三月重新开始，至天平十四年末已抄完4561卷，完成了原定计划的九成任务。自天平十五年五月起，未收录于《开元释教录》的章疏也成为抄写对象，最终于天平胜宝

---

1 《资治通鉴》卷二〇五。
2 遗憾的是，卷一包含与武则天登基有关的菩提流支译本特有的内容，却并不在五月一日经中。然而，从现存卷五、卷八、卷九、卷十可以看出，五月一日经《宝雨经》为菩提流支译本无疑。
3 关于《王勃诗序》，参考了〔日〕藏中进《古代则天文字考》（小岛宪之博士古稀纪念论文集：《古典学薮》，塙书房，1983年）；〔日〕长田夏树等：《正仓院本王勃诗序的研究I》（《神户市外国语大学·外国学研究》30，1995年）；〔日〕道坂昭广：《关于正仓院藏〈王勃诗序〉中的"秋火登洪府滕王阁饯别序"》（《敦煌写本研究年报》7，2013年）。关于《文馆词林》，参考了〔日〕阿部隆一《文馆词林考》（《影弘仁本·文馆词林》，古典研究会，1969年）；〔日〕藏中进：《奈良·平安初唐则天文字考》（《神户外大论丛》第34卷第3号，1983年）。《王勃诗序》中则天文字和通用字被混用，《文馆词林》中则天文字的使用仅限于现存约三十卷中的三卷（卷三四六、五〇七、六六二）。
4 管见所及，尚未有指出五月一日经的《宝雨经》中使用则天文字的论文。至于《大正藏》第16册所收《宝雨经》，虽使用圣语藏本进行校勘，但其中亦有疏漏，关于则天文字则完全未予提及。
5 玄昉是入唐留学僧，跟随养老年间被派遣的遣唐使一行入唐，居唐十八年后，与天平遣唐使一同回国。《续日本纪》中"天平十八年六月十八日"条目中，有"唐天子尊昉，准三品令着紫袈裟。天平七年，随大使多治比真人广成还归。赍经论五千余卷及诸佛像来"内容，记录他回国时带回了佛像以及经论五千余卷。

八岁（756）完工，抄写了共计约7000卷[1]。

其中我们要探讨的是作为五月一日经被抄写的《宝雨经》，开始只抄写了全十卷的一半：卷二、卷五、卷八、卷九、卷十，共计五卷，此根据正仓院文书得以确认——在天平十四年（742）七月二十四日"装潢本经充帐"里，作为"禅院本经充"而列出的经典类中有"宝雨经充建部广足用九十二枚"[2]一项。而其抄写详情在同年九月三十日"一切经经生手实"[3]中有如下记载。

建部广足请杂经十八卷既写了

受纸三百廿张　　「合」见用纸三百廿张此中愿文十三枚

宝雨经五卷、第二十八支一、第五十九支二、第八十八支一、第九十九支一、第十十八支二（中略）

"以上十八卷"天平十四年九月卅日"读道主勘人成"[4]

此包含建部广足手实文书的纸背文书写有"自天平十四年九月一日至廿九日一切经经生手实案文纸"[5]，可知此为九月一日至二十九日写经生的题记。因此，抄写五月一日经《宝雨经》始于天平十四年九月一日以后，完成于送至负责装潢的秦大床处的九月二十日之前。由此可知，五月一日经《宝雨经》在此期间依据从禅院借来的底本抄写而成。

此外，抄写五月一日经时欠缺的五卷（卷一、卷三、卷四、卷六、卷七），后来又被试图补充完整，终于在十二年后的天平胜宝六年（754）由归国的遣唐使带回，才得以补全底本之不足。此事在天平宝字五年（761）三月廿二日的"奉写一切经所解"中有如下记载：

宝雨经五卷第一、三、四、六、七（中略）以前经论，并是旧元来无本，去天平胜宝六年入唐回

1　参见以下论文：〔日〕福山敏男：《关于奈良时代写经所的研究》(《史学杂志》第43卷第12号，1932年；后又收入《寺院建筑史的研究》中卷，中央公论美术出版，1982年）；〔日〕皆川完一：《关于光明皇后愿经五月一日经的抄写》（坂本太郎博士还历纪念会编：《日本古代史论集》上卷，吉川弘文馆，1962年；后又收入《日本古文书学论集》3，吉川弘文馆，1988年）；〔日〕大平聪：《天平圣宝六年的遣唐使与五月一日经》（笹山晴生先生还历纪念会编：《日本律令制论集》上卷，吉川弘文馆，1993年）；〔日〕山下有美：《皇后官职管辖下的写经机构》（《正仓院文书与写经所的研究》，吉川弘文馆，1999年）；〔日〕山下有美：《"创造出"五月一日经的历史意义》（《正仓院文书研究》6，1999年）。

2　正仓院文书中续续修28帙3；《大日本古文书》编年8，第112页。其他记录还有：天平十八年（746）十一月十日"写经目录"（正集37纸背文书；《大日本古文书》2，第557页）中的"天平十八年十一月十日，堪纳第五樻经并卅九袄［之中，一袄纸袄，请南］……宝雨经十卷［欠五卷见五卷］袄"；天平十八年七月二日"写经目录"（正集15纸背文书；《大日本古文书》2，第556页）中的"宝雨经十卷怢［五卷，欠五卷］"；以及天平胜宝三年（751）九月二十日"写书布施勘定帐"（续续修13帙1；《大日本古文书》编年12，第107页）中的"宝雨经十卷［欠五］"（［　］中为夹注）。

3　"手实"是指写经活动中写经生关于纸墨使用等情况的汇报文书，用于记账或报告。

4　续续修1帙所收；《大日本古文书》编年8，第93页。此处所录的五卷详情，另与天平十五年三月三日"写一切经所请经帐"（续续修16帙4；《大日本古文书》编年8，第166页）中的"宝雨经五卷第二、五、八、九、十合五卷"相一致，并与现存的五月一日经的《宝雨经》五卷详情亦相吻合。另外，松本包夫还指出，此手实文书的各卷用纸合计数与本经充账用纸数相一致，与现存的五月一日经《宝雨经》各卷用纸数也相合。参照〔日〕松本包夫《圣语藏五月一日经的笔者与书写年代及其他1》（《书陵部纪要》15，1963年）以及拙稿《五月一日经〈宝雨经〉馀滴》（《敦煌写本研究年报》9，2015年）。

5　《正仓院文书》编年8，第86页。关于五月一日经的手实文书，另有以下详细论述：〔日〕大平聪：《写经所手实论序说——围绕五月一日经手实的格式》（〔日〕皆川完一编：《古代中世史科学研究》上卷，吉川弘文馆，1998年）；〔日〕石上英一：《集合文书与文书集合》（《古代中世史料学研究》上卷）；〔日〕三上喜孝、饭田刚彦：《正仓院文书写经机关关系文书编年目录——天平十四年与天平十五年》（《东京大学日本史学研究室纪要》4，2000年）。

使所请来，今从内堂请，奉写加如前，谨解。[1]

由以上可知，五月一日经抄写的《宝雨经》仅抄写了全十卷中的五卷（卷二、卷五、卷八、卷九、卷十），抄写时间为天平十四年九月一日至二十日，均收入东大寺的圣语藏中，后卷九藏入东京国立博物馆，幸运的是五卷都保存至今。

三 则天文字的使用情况及其抄写年代

（一）五月一日经《宝雨经》

关于则天文字的研究，学界已有众多研究成果[2]。虽然尚有部分见解存在分歧，但以下观点近乎一致：共计十七字十八形[3]，约分为五次制定（表1）[4]，中宗即位的神龙元年（705）正月予以正式废止。[5]

如前所述，五月一日经《宝雨经》全十卷中的卷二、卷五、卷八、卷十各卷现藏圣语藏，卷九藏于东京国立博物馆。[6]其中，除卷二、卷五、卷十缺开头数行外，经本保留完整[7]，经文自始至终使用了则天文字（图1）。现将五月一日经中使用的则天文字抽出，按各卷用例数整理为如下表格（表2）。

由此表可知，五月一日经《宝雨经》中，使用

---

1 续续修3帙4；《大日本古文书》编年4，第497、499页。参考〔日〕松本包夫《圣语藏五月一日经的笔者与书写年代及其他1》（《书陵部纪要》15，1963年）。

2 关于则天文字，主要参考了以下文献：〔日〕常盘大定：《武周新字的一些研究》（《东方学报·东京》6，1936年）；〔日〕内藤乾吉：《敦煌发现的唐职制户婚厩库律断简》（《中国法制史考证》，有斐阁，1963年）；董作宾、王恒余：《唐武后改字考》（《中央研究院语言研究所集刊》第34本下册，1963年）；施安昌：《从院藏拓本探讨武则天造字》（《故宫博物院院刊》1983年第4期）；施安昌：《关于武则天新字的误识与结构》（《故宫博物院院刊》1984年第4期）；Jean Paul DRÈGE, Les caractères de l'impératrice Wu Zetian dans les manuscrits de Dunhuang et Turfan, Bulletin de l'Ecole française d'Extrême-Orient. Tome 73, 1984；王三庆：《敦煌写卷中武后新字之调查研究》（《汉学研究》第4卷第2期，1986年）；何汉南：《武则天改制新字考》（《故宫博物院院刊》1987年第4期）；施安昌：《武周新字"国"制定的时间——兼谈新字通行时的例外》（《故宫博物院院刊》1991年第1期）；〔日〕藏中进：《则天文字的研究》，翰林书房，1995年；李静杰：《关于武则天"新字"的几点认识》（《故宫博物院院刊》1997年第4期）；王维坤：《武则天造字的分期》（《文博》1998年第4期）；董理：《关于武则天金简的几个问题》（《华夏考古》2001年第2期）；宋建华：《唐代墓志铭中武后新字之调查——以〈唐代墓志铭汇编附考〉为范畴》（《许锬辉教授七秩祝寿论文集》，万卷图书股份有限公司，2004年）。

3 "月"字分为前期型和后期型的两种字形，因此是十七字十八形。

4 关于第一期十二字的制定，《资治通鉴》卷二〇四中有记载："载初元年正月……凤阁侍郎河东宗秦客，改造天地等十二字以献。丁亥，行之。太后自名曌，改诏曰制。秦客，从父姊之子也"，由此可知载元初年（689）正月宗秦客等献上十二字，从丁亥（八日）开始使用。关于第四期的制定时期，参考施安昌《从院藏拓本探讨武则天造字》（《故宫博物院院刊》1983年第4期）。王维坤亦遵从施安昌见解（见王维坤《武则天造字的分期》，《文博》1998年第4期）。

5 然而，虽然则天文字的使用伴随着中宗即位（神龙元年正月二十五日）即予废止，但研究者指出："废止令并不彻底，因此一段时间里京畿之外的边远地方还在继续使用，但不久之后也停止了。反而是在汉字文化圈的周边诸国，特定的则天文字还得以幸存。"（〔日〕藏中进：《则天文字——由女帝的权力诞生出的十七字》，《月刊西尼卡》第8卷第6号，1997年）

6 则天文字的此类沿用参考李静杰《关于武则天"新字"的几点认识》（《故宫博物院院刊》1997年第4期），以及〔日〕西胁常记《德国传来的吐鲁番汉语文书》（京都大学学术出版会，2002年）。此外关于在日本的则天文字沿用例，参考以下文献：〔日〕高岛英之：《则天文字的导入》（《月刊文化财》362，1993年）；〔日〕东野治之：《书的古代史》第二章第一节《则天文字》，岩波书店，1994年，第61—68页；〔日〕田熊清彦：《则天文字》（《文字与古代日本5 文字表现之获得》，吉川弘文馆，2006年）；〔日〕住田明日香：《记录了则天文字的墨书土器》（《古代文化》第58卷第3号，2006年）等。

7 圣语藏本《宝雨经》的经文各卷残存情况，以及《大正藏》中的对应部分如下：卷二（阙首，《大正藏》第16册，第288c1行—292b）；卷五（阙首，《大正藏》第16册，第301c21行—306b）；卷八（首尾保存完整，《大正藏》第16册，315b—319c）；卷一〇（阙首，《大正藏》第16册，第324b9行—328c）。另外卷二现存情况为：脱"由是因缘生于恶处"至"是名下痴菩萨于彼"共计384字（《大正藏》第16册，第290c3行—第26行）。这一字数恰好对应16字×24行，因此推测是有一张纸整体脱落。

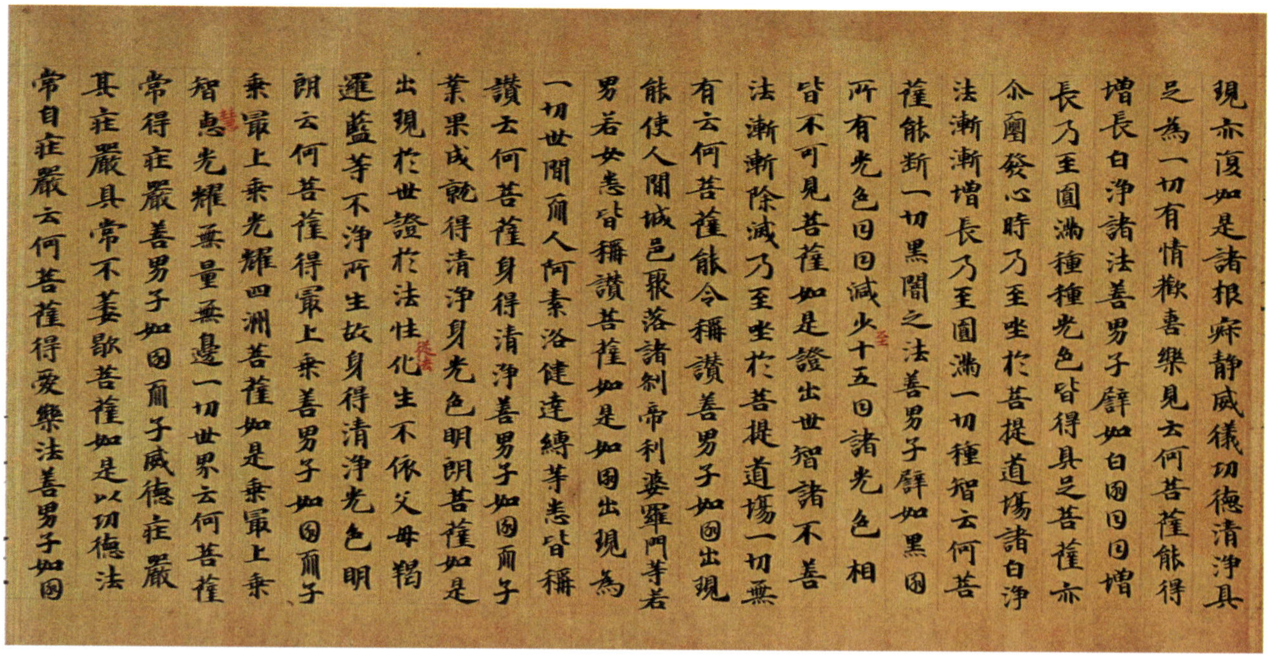

图1　五月一日经（圣语藏，《宝雨经》卷五，第十一纸部分，《大正藏》第16册，第304b第10行—304c第3行）

表1　则天文字的各个制定时期

分期	开始年月	则天文字
第一期	载初元年正月（689年12月）	囜 囻 〇 乑 埊 ⿱天卒 戛 廥 壓 𤯔 忠 𡔈 （计12字）
第二期	天授元年九月（690年10月）	𣅳 （增1字＝计13字）
第三期	证圣元年正月（694年）	𤺄 璧 （增2字＝计15字）
第四期	证圣元年四—五月之间（695年）	囚 （增1字＝计16字）
第五期	圣历元年正月（697年12月）	𡔈 囝 （增1字，改1字＝计17字18字形）

表2　五月一日经《宝雨经》中则天文字的使用情况

	第一期											第二期	第三期		第四期	第五期		"花"字
	囜	囻	〇	乑	埊	⿱天卒	戛	廥	壓	忠	𡔈	𣅳	𤺄	璧	囚	𡔈	囝	
	（日）	（月）	（星）	（天）	（地）	（年）	（正）	（载）	（初）	（君）	（臣）	（授）	（证）	（圣）	（国）	（人）	（月）	
圣语藏（卷二）		2		4	2	1	29		3		8	8	(21)	(3)	(12)	(1)		
圣语藏（卷五）	23	13		14	12	6		1				1	(10)	(4)		(22)		19
圣语藏（卷八）				6	6	1	12		1				(10)	(6)	(3)	(19)		1
东博本（卷九）	3	1		4	10	1	4		1			7	(30)	(4)	(6)	(5)		
圣语藏（卷十）	3	3		23	10	22	3						(4)			(13)		11

注释：1.括号内数字表示通用字数。

2.表2中数字表示该文字出现的次数，其中无括号的数字表示则天文字的出现次数，括号内的数字表示通用字的出现次数。

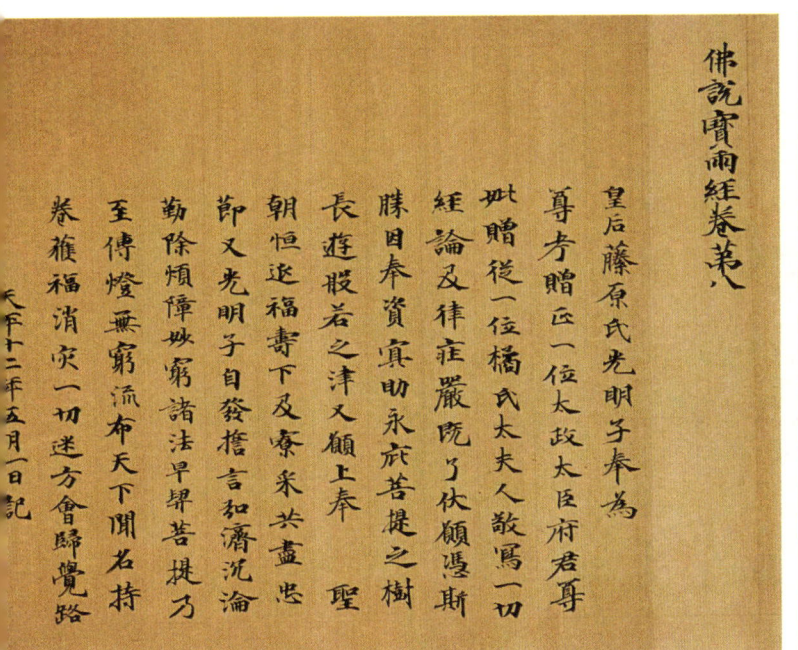
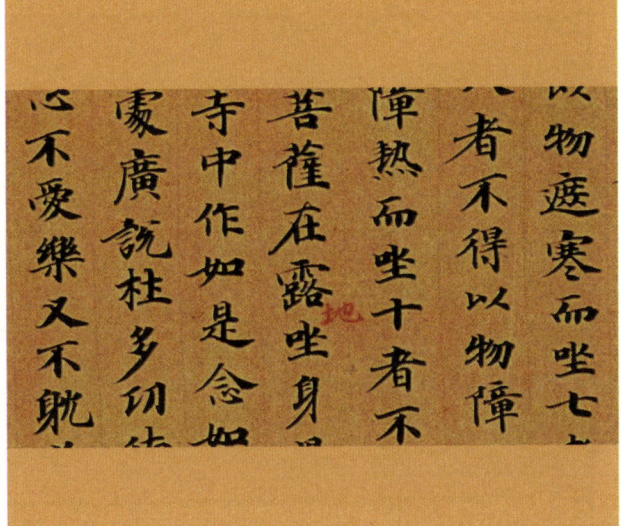

图2　五月一日经（圣语藏，《宝雨经》卷八，天平十二年跋语）

图3　五月一日经（圣语藏）《宝雨经》卷八　第十纸十三行目"地"字的补笔部分（《大正藏》第16册，第317c22行）

的则天文字仅限于第二期为止，第三期以后则使用通用字。另外，应该用则天文字处都毫无例外地都使用了则天文字，由此可以断定五月一日经《宝雨经》的底本[1]抄写于武周时期，且此底本为证圣元年正月——即延载元年十月（694年11月）以前所写。由此可知，五月一日经《宝雨经》的底本是在该经译成后的一年之内写成。

另外，还有一点需要关注的是，五月一日经《宝雨经》中对则天文字的使用仅限于照抄底本之处。经文中从头至尾都使用了到第二期为止的则天文字，但与此相对，记录了光明皇后发愿文的天平十二年五月一日跋语中虽包含"日""月""天""年""君""臣""人"各字，却都使用了通用字，完全未用则天文字（图2）。此外，校正时的朱笔批注中，卷八的第十纸第十三行"若诸菩萨在露地坐身"补入"地"字，但其为通用字（图3）[2]。

另外，在五月一日经《宝雨经》的用字中，值得注意的还有"花"字。现存三卷中，除卷五有两处杂用"华"字外[3]，其余皆用"花"字。内藤乾吉论及《大方广佛花严经》卷八时指出，武周时期为避武则天祖父讳，"华"用"花"字代替。[4]此与则天文字一样，也能证明五月一日经《宝雨经》的底本抄写于武周时期。

1　关于"底本"，既有可能是五月一日经《宝雨经》抄写时直接参照的底本，也有可能是作为其来源的写本，本稿此处且将两种情况并称为五月一日经的底本。
2　此处朱笔批注为校正所用，《宝雨经》写成（天平十四年九月一日至九月二十日之间）后，到十月二十八日为止补写入，这一点可从天平十四年十月廿八日"田边道主校经解"（续续修7帙4纸背文书，《大日本古文书》编年8，第130—131页）得以确认。参照拙稿《五月一日经《宝雨经》馀滴》（《敦煌写本研究年报》9，2015年）。
3　第十二纸第十七行，以及第十七纸第十七行。
4　〔日〕内藤乾吉：《大方广佛花严经卷第八（解说）》（《书道全集》第26卷，平凡社，1967年，第188页）。藏中进也持有相同见解（〔日〕藏中进：《则天文字资料四题——关于泾州大云寺舍利石函铭及其他》，《神户外大论丛》第39卷第6号，1988年；后又收入《则天文字的研究》翰林书房，1995年）。但已知武周时期"华"字有缺笔，然而五月一日经卷五中的两处"华"字并不见缺笔之处。这是五月一日经的误写还是沿用了底本本身的错误，尚不明确。

唐代官方写经及其传播　|　211

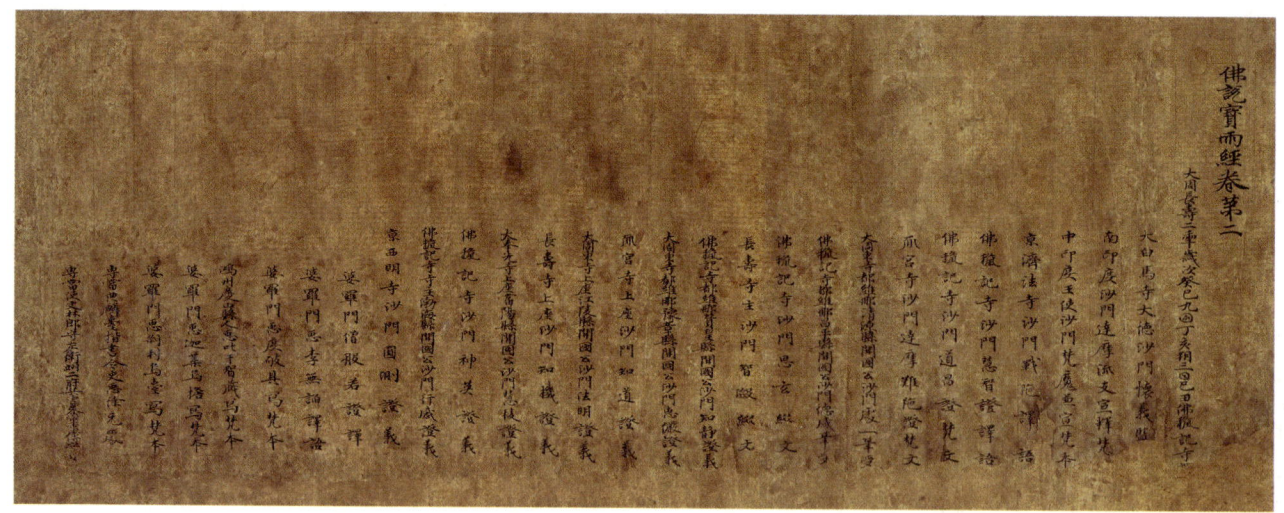

图4 吐鲁番MIK Ⅲ-113号 长寿二年（693）译场列位

（二）敦煌写本与吐鲁番写本

除五月一日经《宝雨经》外，在敦煌藏经洞及吐鲁番还发现其他《宝雨经》写本。其中，敦煌写本S.2278（卷九）和吐鲁番MIK Ⅲ-113号（卷二）首部残缺，但都保留长寿二年译场列位部分，弥足珍贵（图4）[1]。将S.2278及MIK Ⅲ-113号文书与《大正藏》全文对照，发现二者完全没有笔误，极为精准。另外，其也与五月一日经一样，使用的则天文字仅限于第二期为止[2]（表3）。由此可知，此二底本与五月一日经相同，也抄写于《宝雨经》译成后的一年之内。[3]

此外，敦煌、吐鲁番文书与五月一日经之间，除使用则天文字外，还有其他耐人寻味的相通之处：中日《宝雨经》写本原则上都以一行十六字书写。从南北朝时期至唐代，写经规格一直是一行十七字，而此三种《宝雨经》写本却都是一行十六字[4]。而五月一日经其他经卷都遵守了一行十七字的通例，这也说明五月一日经《宝雨经》的底本就是一行十六字。因此，虽然理由尚不明确，可以认为《宝雨经》在武周时期打破了一行十七字的惯例，以一行十六字书写而被颁布至各地。

---

1 其他《宝雨经》的敦煌写本还有：S.6325（卷九）、S.7418（卷三）、BD05626（李26；卷一）、BD05631（李31；卷一），但都没有使用则天文字。中国国家图书馆藏二本的卷上写有大大的"兑"字，是兑废稿，被认为是9至10世纪的归义军时期写本（《国家图书馆藏敦煌遗书》第74册，北京图书馆出版社，2007年，第17—18页）。S.6325和S.7418与上面两本书体酷似，应该也可以认为是相同时期的兑废稿。

2 不过，在S.2278末尾有长达三行的证圣元年（695）检校勘记行，这一部分中除第二期为止的则天文字之外，也使用了第三期制定的"鏊圣"二字。然而，这一处明显为经文以及译场列位部分之后另外书写，因此不作为本稿讨论的对象。

3 S.2278中随处可见在本应改行处不改行，直接连接下面文章的地方。除此之外，五月一日经与MIK Ⅲ-113号字形共通（如"损害""曾""作""盖""随""着""厌"等），而S.2278则不同。从这几点可以推测，S.2278并非中央向沙州颁布的原本，而是抄本。另一方面，MIK Ⅲ-113号笔致严谨，书写认真，但就译场列位处来说，脱落了五月一日经卷二以及S.2278中记载的"尚方监匠思李审恭装""敕检校翻经使典司宾寺府史赵思泰""敕检校翻经使司宾寺录事摄丞孙永辟"各行，因此应该同样并非中央送来的原本，而是转抄的抄本。

4 五月一日经中虽有间或有十四—十七字一行，但基本上是一行十六字。此外，每一纸的书写行数则三种写本各异，S.2278为一纸二十八行，MIK Ⅲ-113号为一纸二十二行，五月一日经为一纸二十四行。

表3 五月一日经《宝雨经》中则天文字的使用情况

	第一期											第二期	第三期			第四期		第五期	"花"字
	囝	囻	○	兊	埊	秊	壸	庫	廲	匡	悬	曌	𢛳	瑩	瑿	囶	𠅘	囝	
	(日)	(月)	(星)	(天)	(地)	(年)	(正)	(载)	(初)	(君)	(臣)	(照)	(授)	(证)	(圣)	(国)	(人)	(月)	
S.2278（卷九）	3	1		4	10	1	3		1			8		8	(32)	(4)	(7)	(4)	
MIK Ⅲ 113（卷二）	1	1		4	1	1	29		3			7		8	(21)	(3)	(7)	(2)	

注释：S.2278末尾的补写部分不含本表。

三 所谓"长安宫廷写经"与诸州官寺制度

在庞大的敦煌文献之中，存在着推测是唐代初期写于长安宫廷的经典，首先注意到这一点并将其命名为"长安宫廷写经"的是藤枝晃。[1] 他指出这些经典的特征，指出所写经文皆为《妙法莲华经》及《金刚般若波罗蜜经》，使用上等麻纸，笔迹优美，书写认真，末尾附有极长的识语，另从识语中可知这些经典皆抄写于高宗咸亨二年（671）至仪凤二年（677）之间[2]。从识语中还可以得知，抄写由宫廷写经组织完成，化度寺及西明寺等长安大寺的高僧负责校阅和校正。由此，藤枝晃认为这些在敦煌发现的"长安宫廷写经"属于"为了统一文本的混乱，政府将高僧校定的文本交给一流的抄写生抄写后颁布全国的一部分"，点明了此类经典的特征。

藤枝晃还指出，"当时印刷术尚未出现，各地官寺的经藏中自然收有这样的宫廷写经，或是以此为模板抄写的经卷"[3]。也就是说，藤枝晃的论述虽极为简略，但对于在长安完成的宫廷写本在敦煌被发现的事实，已设想其中有官寺的中介作用。但关于此问题，藤枝晃并未展开更多的论证。

然而，为了正确理解所谓"长安宫廷写经"这一写经群的存在，就需要勾勒出当时设立的诸州官寺制度。诸州官寺制度是自隋至唐前半期实施的佛教政策，于天下诸州设置官寺，其中众多官寺被冠以相同寺名，是一种统一色彩十分浓厚的制度。其滥觞于隋文帝，他在四十五州建起同一名称的官寺——纪念隋帝国兴起的大兴国寺。[4] 除此之外，文帝还于仁寿年间共分三次（仁寿元年［601］十月十五日、二年四月八日、四年四月八日）在全国一百一十一处建立了舍利塔，每次都令其在同一日同一时刻，以同一规格行同一仪式，完全是在实行巩固统一王朝形象的佛教政策。唐代亦然，高宗于乾封元年（666）在兖州设置道观三所（紫云观、仙鹤观、万岁观）以及佛寺三所（封峦寺、

---

1 〔日〕藤枝晃：《敦煌出土的长安宫廷写经》，塚本博士颂寿记念会编：《佛教史学论集》，塚本博士颂寿纪念会出版，1961年。
2 笔者认为，唐代宫廷写经不仅限于高宗时期，在设有诸州官寺制度的各个时期都有可能，还认为除《法华经》《金刚经》外，其他经典也有被抄写的可能（见拙稿《关于敦煌发现的宫廷写经》，《敦煌写本研究年报》6，2012年）。但关于这个问题，笔者目前仅停留在初步构想阶段，还需要作为今后的课题继续深入探讨。
3 〔日〕藤枝晃：《敦煌写经文字的姿态》，《墨美》97，1960年。
4 《辩正论》卷三《隋高祖文皇帝》中，记录有"始龙潜之日，所经行处四十五州，皆造大兴国寺"。

非烟寺、重轮寺），又在天下诸州分别设置佛寺和道观各一所。[1]此时设置的寺观名称不详，但无法否定同一名称的可能性。而明确设立相同名称诸州官寺的是武则天。她于载初元年（689）七月将《大云经疏》颁布天下，以此作为自身受命的符谶，翌年的天授元年（690）十月又在诸州置大云寺（也称大云经寺）[2]。后中宗于神龙元年（705）在诸州设置名为"大唐中兴"的寺观[3]（后改名"龙兴"[4]），玄宗也在开元二十六年（738）设开元寺和开元观[5]。

官寺并不是这一时期特有的现象，其他时期也能举出不少例子。然而，在天下诸州设置官寺的制度却仅限于隋至唐前期，十分特殊，因此虽然同为官寺，但还需将其与一般单设官寺分开考虑。也就是说，正如可以从寺名相同这一点明显看出，该制度是统一中央集权式的制度，而诸州官寺制度下置于各州的官寺不仅仅是各州的代表性寺院，亦扮演中央驻地方机构的角色，作为连接中央与地方正式的佛教网络而存在。敦煌莫高窟藏经洞发现的"长安宫廷写经"是证明此种正式佛教网络存在的遗物，其为通过诸州官寺制度从中央送至各州官寺的标准佛经文本。更进一步说，只有通过诸州官寺制度这个官方佛教网络的存在，才能完整理解在敦煌发现"长安宫廷写经"的历史意义。

行文至此，我们需要再次考虑上文已述的事实，即中日两国流传下来的《宝雨经》写本各自皆以该经译成之后一年内抄写之物为底本。此事实展示了如下可能性：《宝雨经》与之前的《大云经疏》一样，也有可能是由官方的写经生大量抄写后颁布于天下诸州。关于《大云经疏》，《旧唐书》中有"其伪大云经颁于天下，寺各藏一本，令升高座讲说"之记录，即配合大云寺的设置而颁布于天下诸州[6]。《宝雨经》虽无相关文献记载，但该经与《大云经疏》是对武周王朝同样重要的经典。此在圣历二年（699）《大方广

---

[1] 《旧唐书》卷五《高宗本纪下》中"乾封元年正月"条："兖州界置紫云、仙鹤、万岁观，封峦、非烟、重轮三寺。天下诸州置观寺一所。"

[2] 《旧唐书》卷六《则天皇后本纪》中"载初元年七月"条："有沙门十人伪撰大云经，表上之，盛言神皇受命之事。制颁于天下，令诸州各置大云寺，总度僧千人"，这里似乎需要将其理解为大云寺的设置同样是载初元年。然而，在《唐会要》卷四八"寺"条中有："天授元年十月二十九日，两京及天下诸州各置大云寺一所。开元二十六年六月一日，并改为开元寺"，将大云寺的设置时间记录为天授元年（690）。另在《资治通鉴》卷204"天授元年十月"条中，也同样有"壬申，敕两京诸州各置大云寺一区，藏大云经，使僧升高座讲解，其撰疏僧云宣等九人，皆赐爵县公，仍赐紫袈裟银龟袋"这样的记录。在天下诸州设置大云寺应是纪念武周王朝成立的大事，宜将其考虑为武周革命发生的天授元年以后。因此，此处认为《旧唐书》中记载的载初元年仅指《大云经》的伪撰，实际在诸州设置大云寺的年份为天授元年。

[3] 《旧唐书》卷七《中宗本纪》中"神龙元年二月"条："诸州各置寺、观一所，以中兴为名。"《册府元龟》卷五一"崇释氏一"条："中宗神龙元年二月制，天下诸州各置寺观一所，咸以大唐中兴为名。"

[4] 关于此事，《唐会要》卷四八"寺"条中有详细记载："至神龙元年二月，改为中兴寺。右补阙张景源上疏曰：'伏见天下诸州各置一大唐中兴寺观。……况唐运自崇，周亲抚政，母子成业，周替唐兴，虽绍三朝，而化侔一统，况承顾复，非谓中兴。夫言中兴者，中有阻间，不承统历。既奉成周之业，实扬先圣之资，君亲临之厚莫之重，中兴立号，未益前规。以臣愚见，所republic大唐中兴寺观及图史，并出制诰，咸请除中兴之字，直以唐龙兴为名。庶望前后君亲俱承正统，周唐实历，共叶神聪。'上纳之，因降敕曰：文叔之起春陵，少康之因陶正，中兴之号，理异于兹，思革前非，以归实事。自今已后，不得言中兴之号。其天下大唐中兴寺观，宜改为龙兴寺观，诸如此例，并即令改。"

[5] 《唐会要》卷五〇"杂记"条录："（开元）二十六年六月一日，敕每州各以郭下定形胜观寺，改以开元为额。"

[6] 《旧唐书》卷一八三《薛怀义传》，第4742页。

佛花严经》武则天御制序中也能体现："朕曩劫植因，叨承佛记。金仙降旨，大云之偈先彰，玉宸披祥，宝雨之文后及。"由此可知，《宝雨经》对武则天来说是足与《大云经疏》比肩的重要经典。因此，《宝雨经》也极有可能同样被颁布至天下诸州。

关于武周时期设州具体数目，中国留存的史书中并无记载。但在《旧唐书》卷三八《地理志》中记道："贞观元年，悉令并省。始终山河形便，分为十道。……至十三年定簿，凡州三百五十八，县一千五百五十一。至十四年平高昌，又增二州六县"，说明在贞观十三年（639）时共计358州，十四年共计360州之数。另一方面，在日本编成的淡海三船撰《唐大和上东征传》中有"昔光州道岸律师，命世挺生，天下四百余州，以为受戒之主"，记录了极受中宗看重的道岸律师[1]时代天下有400余州。此《唐大和上东征传》以随鉴真渡日的唐僧思托所编《大唐传戒师僧名记大和上鉴真传》（全三卷，散佚）为基础撰述，因此，其中记录的州数应该可以信赖。贞观十四年360州，中宗时期400余州，那么可以推定武周时期应大约为400州[2]。因此，可以推想《宝雨经》译成后被抄写的写本数目至少达到400部，这些《宝雨经》写本在短时间内由官方写经组织抄写后，颁行于天下诸州的大云寺。

敦煌、吐鲁番发现的《宝雨经》写本都与日本抄写的五月一日经一样，应该并非是武周时期的宫廷写经，而是抄写本。然而这几部写本以失传的宫廷写本为祖本，可以说不仅表现了经卷原本的面貌，还展现出包括武周时期在内的唐代前半期，中央向诸州广泛颁布宫廷写经的轨迹，是极有价值的遗物。那么，《宝雨经》官写的"中央"在何处？应当是洛阳无误。首先，《宝雨经》的译成地点在洛阳，且译场列位中记录的僧侣几乎都来自白马寺、天宫寺、佛授记寺等位于洛阳的寺院。再者，众所周知，武周时期的都城在神都洛阳。与此相对，除武周期以外的唐代前半期，官方写经都抄写于长安，此由上述"长安宫廷写经"可证明。

不管是从经典特点来看，还是从使用则天文字来看，《宝雨经》都明显是一部极为特殊的佛典。另外，佛典从汉译到传播至全国需要的时间长短，因经典及时代差别而有所不同。然而，《宝雨经》作为受当时统治者重视的经典，在短短一年之内就完成了抄写和全国传播的过程，其可作为一个弥足珍贵的具体事例。

结　语

五月一日经《宝雨经》（卷二、卷五、卷八、卷九、卷十）于日本奈良时代作为光明皇后发愿抄写一切经的一部分而完成。天平十二年（740）的跋语中完全没有使用则天文字，与此相对的是经文从头至尾始终采用了则天文字，其应在抄写时照抄了被提供的底本。此五月一日经《宝雨经》则天文字使用十分准确，并无与通用字的混用或笔误。关于这一点需要特书一笔的是，《王勃诗序》向来被看作是展示则天文字传入日本的代表性资料而备受关注，但其中却多有因抄写者粗心造成的失误，如本应使用则天文字之处写成通用字的情况随处可见，此与《宝雨经》形成鲜明对比。

1　《宋高僧传》，《大正藏》第50册，第793页中录有道岸律师传，其中有受中宗尊崇之内容。
2　参照拙稿《围绕缀织当麻曼荼罗图的一个探讨——与唐代诸州官寺制之间的关系》，《福原隆善先生古稀纪念论集：佛法僧论集》第1卷，山喜房佛书林，2013年。

五月一日经《宝雨经》中使用的则天文字都仅限于第二期（天授元年九月［690年10月］制定）为止，第三期（证圣元年正月［694年11月］制定）之后的文字则使用通用字。因此，五月一日经的底本抄写于武周时期，具体来说应是宝雨经译成的长寿二年九月（693年10月）至延载元年十月（694年11月）的约一年之间。

另一方面，关于该经底本的抄写年代，敦煌及吐鲁番《宝雨经》写本S.2278与MIK Ⅲ -113号也与五月一日经相同。因此，《宝雨经》与《大云经疏》一样，在译成后立即由官方写经组织进行了大量抄写，并通过诸州官寺制度颁布于天下诸州。如此产生的标准化佛经甚至超越了天下诸州的实际统治区域，影响远及周边诸国，连隔海相望的日本也留下了这一痕迹。包括武周在内的唐代前半期，既是丝绸之路连接中原和西域的东西方交流活动最为兴盛活跃的时期，亦是官方佛教文化通过联结中央与诸州的诸州官寺制度网络而广泛传播的时期。

声 明

本刊第一辑刊发杨富学《河西考古学文化与月氏乌孙之关系》（商务印书馆，2017年，第29—45页）文中图1、图2引自李水城《史前甘肃及周边地区的文化格局和相关问题》（《"早期丝绸之路暨早期秦文化国际学术研讨会"论文集》［兰州，2012年8月17—22日］）。排版校对工作中，因编辑工作不慎，误将该条注释删除，给作者造成不必要的误会，深表歉意。

特此声明。

《丝绸之路研究集刊》编辑部
2018年2月28日

敦煌莫高窟五百强盗成佛故事画再研究

顾淑彦

(兰州大学图书馆)

五百强盗成佛图是敦煌石窟中有名的佛教故事画题材之一,又被称为"得眼林",共存有两幅,分别位于莫高窟西魏第285窟南壁和北周第296窟南壁,具有很高的史料和艺术价值。

第285窟位于洞窟崖面南区中段第二层,规模中等,坐西向东,主室呈方形,覆斗形顶,是莫高窟最早有纪年的洞窟。五百强盗成佛图位于南壁偏上部分,从东向西,依次排开,画面恢宏,情节紧凑,是莫高窟西魏时期最大的一幅故事画,也是莫高窟最早的因缘故事画。

第296窟位于洞窟崖面南区中段第二层,规模中等,洞窟分为前后两室,前室大部分坍塌,主室为覆斗形,西壁开龛。五百强盗成佛图位于南壁偏下部分,故事情节从西至东依次展开,画面保存完整。

一 问题的提出

五百强盗成佛故事见于北凉昙无谶译《大般涅槃经·梵行品》《大方便佛报恩经·慈品》《经律异相》《法显传》和《大唐西域记》等佛教文献。主要讲述了在一个国家里有五百强盗,经常抢劫路人,危害颇重,于是国王派兵收捕,强盗被俘后,皆被施以酷刑,强盗们不堪酷刑向佛祖求救,佛听见后救赎了众强盗,最后,众强盗皈依佛门的故事。

对于第285窟和第296窟的这两幅因缘故事画的佛经依据,前人研究不算太多,共有三种观点。

第一种观点认为第285窟此故事画依据的是《涅槃经·梵行品》绘制而成,但是第296窟则是依据《报恩经》绘制,目前学界只有樊锦诗先生一人持此观点,在之后绝大多数的文章中,几乎都认为这两幅故事画依据的是《涅槃经·梵行品》绘制而成。樊先生通过分析对比《报恩经》和《涅槃经》两部佛经,指出两者的不同之处,初步认定莫高窟第296窟的五百强盗成佛图应是依据《报恩经》绘制而成。[1] 在樊锦诗、马世长两位先生的《莫高窟北朝洞窟本生、因缘故事画补考》一文后的附表中也标明第285窟的此故事画是依据《涅槃经》,而第296窟的是依据《报恩经》绘制。[2]

第二种观点认为这两窟此故事画皆依据《涅槃经》绘制而成,这是目前在学术界占主流的观点。蔡伟堂先生在《敦煌莫高窟〈五百强盗成佛图〉研究》一文中,通过佛经和画面的比较研究,认为莫高窟第285、296窟的《五百强盗成佛图》都是依据《涅槃经》绘成的,尽管《报恩经》在一些情节上与壁画有相符或部分相合之处,但不如《涅槃经》与

---

[1] 樊锦诗:《五百群贼成佛故事图版说明》,《主要展品图版说明》,《敦煌研究》试刊第二期,1982年,第33—35页。
[2] 樊锦诗、马世长:《莫高窟北朝洞窟本生、因缘故事画补考》,《敦煌研究》1986年第1期,第38页。

壁画画面更为贴切吻合。¹李永宁先生主编的《敦煌石窟全集3·本生因缘故事画卷》中，沿袭了这个观点，认为这两幅故事画皆是依据《涅槃经·梵行品》绘制。²马世长先生在《敦煌莫高窟北朝本生因缘故事画》中也提及这两幅故事画，但并未明确指出具体所依据的是哪部佛典，在其后引用的经典中提到的也是《大唐西域记》《涅槃经》和《经律异相》这三个经典。³贺世哲先生在《敦煌图像研究——十六国北朝卷》中也同意蔡伟堂先生的观点，认为这两幅故事画都是依据《涅槃经·梵行品》绘制而成。⁴

最后一种观点是梁尉英先生在《三教会通——北周第二九六窟的内容和艺术特色》一文中讲到南壁《五百强盗成佛图》的时候，提及《杂阿含经》卷四十五、《中阿含经》卷二、《七日经》《高僧法显传》和《大唐西域记》卷六皆记载有得眼林的故事，文中还专门引用了《大唐西域记》中的文字讲述了得眼林的缘由，认为这是佛教圣迹的传说故事。⁵但是这个洞窟的开凿年代在北周灭佛以后的578年至584年之间⁶，比《大唐西域记》时代早很多，所以排除此故事画依据《大唐西域记》绘制的可能性，本文也不再论证。

综观此故事画研究史我们可以发现，对于第285窟的《五百强盗成佛图》，学术界达成一致共识，认为其依据的是《涅槃经·梵行品》。而对于第296窟南壁的《五百强盗成佛图》，除了樊锦诗先生认为其是依据《报恩经·慈品》绘制外，几乎所有的学者都认为该画依据的还是《涅槃经·梵行品》。

笔者通过画面和佛经的详细对比发现，第296窟的《五百强盗成佛图》应该是依据《报恩经·慈品》而非《涅槃经·梵行品》，但是自从20世纪80年代初樊锦诗先生提出这个观点后，再无专文论述，而且目前学术界对此观点也再无关注。本文将对这两个故事画的画面和佛典进行详细对比，并重新依据榜题条对壁画画面进行分割，希望能理顺画面和佛典的对应关系，借以考证这两幅故事画的佛经依据，尤其是第296窟《五百强盗成佛图》的佛经依据。

在《大正藏》中，《涅槃经》和《报恩经》两经对此故事记载的字数不多，内容也大致类似，但是不同之处也显而易见，樊锦诗先生在她的文章中也已经做出了对比。为了方便画面考证，现把这两部经中关于此故事的记载摘录如下：

《涅槃经·梵行品》：

憍萨罗国有诸群贼，其数五百，群党抄劫为害滋甚。波斯匿王患其纵暴，遣兵伺捕，得已挑目，遂著黑闇丛林之下。是诸群贼已于先佛植众德本，既失目已受大苦恼，各作是言："南无佛陀！南无佛陀！我等今者无有救护"。啼哭号咷。我时住在祇洹

1　蔡伟堂：《敦煌莫高窟〈五百强盗成佛图〉研究》，敦煌研究院主编：《段文杰敦煌研究五十年纪念文集》，世界图书出版社，1996年，第109—118页。
2　李永宁：《敦煌石窟全集3·本生因缘故事画卷》，上海人民出版社，2001年，第102—103页。
3　马世长：《敦煌莫高窟北朝本生因缘故事画》，载氏著《中国佛教石窟考古文集》，觉风佛艺基金会，2001年，第281—282页。
4　贺世哲：《敦煌图像研究——十六国北朝卷》，甘肃教育出版社，2006年，第252页。
5　梁尉英：《三教会通——北周第二九六窟的内容和艺术特色》，《敦煌石窟艺术·莫高窟第二九六窟》，江苏美术出版社，1998年，第10页。
6　顾淑彦：《莫高窟第296窟须阇提本生故事画新考》，《石河子大学学报》2016年第6期，第40—48页。

精舍，闻其音声即生慈心，时有凉风吹香山中，种种香药满其眼眶，寻还得眼如本不异。诸贼开眼即见如来，住立其前而为说法。贼闻法已，发阿耨多罗三藐三菩提心。[1]

《报恩经·慈品》：

摩伽陀国有五百群贼，常断道劫人，枉滥无辜，王路断绝。

尔时摩伽陀王即起四兵而往收捕，送着深山悬崄之处。即取一一贼，挑其两目刵剔耳鼻。尔时五百群贼身体苦痛命在呼喻，尔时五百人中有一人，是佛弟子，告诸大众："我等今者命不云远，何不至心归命于佛"？尔时五百人寻共发声唱，如是言："南无释迦牟尼佛"。尔时如来在耆阇崛山，以慈悲力于游乾陀山，即大风起吹动树林，起栴檀尘满虚空中，风即吹往至彼深山诸群贼所，坌诸贼眼及诸身疮，平复如故。尔时诸贼还得两眼，身疮平复血变为乳，俱发是言："我等今者蒙佛重恩身体安乐，报佛恩者应当速发阿耨多罗三藐三菩提心"。作是唱已。一切大众异口同音而作是言。诸未安众生我当安之。诸未解脱众生我当解之。诸未度者我当度之。未得道者令得涅槃。复次如来慈悲方便神力不可思议。[2]

二 第285窟五百强盗成佛图考证

莫高窟第285窟南壁五百强盗成佛图共有八个榜题条，分为八个画面（图1），题记已不存，现从东至西，对此壁画画面内容释读如下：

画面一：

在整幅图的左下角，有五人手拿武器作打斗状，上身都穿圆领长袖的长袍，下身穿长裤，有腰带束腰。其中有一人持长枪，一个拿刀剑，把盾牌挡在身前；这两人右下方的山间还有一个人，蹲在地上，用盾牌遮住自己；此人下面还有两人手持弓箭，正在发射的样子。这两个人的画像在《五百强盗成佛图》的山峦自然分界线以外，位于第285窟南壁第一个禅窟龛楣的左上侧。经过笔者仔细考察，认为这两人不属于下面的故事画，应该是五百强盗成佛故事画中的人物，属于画面一中五个强盗的一部分，以前的画面解读没有涉及这两人。榜题条位于此五人的上部。

内容：众强盗常常劫持路人，危害颇多。

《涅槃经》：憍萨罗国有诸群贼，其数五百，群党抄劫为害滋甚。

《报恩经》：摩伽陀国有五百群贼，常断道劫人，枉滥无辜，王路断绝。

图中这五人和后面图中官兵的服饰和装备明显不同，却和下图中与官兵打斗的另一方的服饰是一样的，所以这幅图描述的肯定不是官兵和强盗之间的战争，应该是强盗们磨刀霍霍准备抢劫路人的场面。这里用五人代表五百，是壁画中常用的方法，下面的画面也类似，不再一一说明。画面内容两经皆有记载，都符合。

画面二：

画面一的正上方有四个骑着战马，身穿铠甲，全身武装的士兵。他们手拿武器，正在和对面的五

---

[1]《大般涅槃经·梵行品》，《大正藏》第12册，第458页。
[2]《大方便佛报恩经·慈品》，《大正藏》第3册，第150页。

图1 莫高窟第285窟南壁五百强盗成佛图

人打斗。这五人皆上身穿圆领长袖的袍子，下身穿长裤，头上有发髻，有的拿着弓箭，有的手持刀剑和盾牌。榜题条位于打斗场面的右上部。

内容：官兵正在抓捕五百强盗的场面。

《涅槃经》：波斯匿王患其纵暴，遣兵伺捕。

《报恩经》：尔时摩伽陀王即起四兵而往收捕。

可见，《涅槃经》里的"遣兵伺捕"，不光强调了"遣兵"，同时强调了"捕"，所以这里便有了官兵和强盗对峙的场面，符合《涅槃经》的内容。《报恩经》也有类似的记载，不过稍有不同，《报恩经》在收捕之外还强调了国王起兵去收捕的过程，"而往"这样的文字在《涅槃经》中是没有的，第285窟此壁画内容也直接从强盗磨刀霍霍状转到官兵抓捕的场面，没有画出"而往"的过程。

画面三：

画面二的右边有一队官兵，背朝画面二，皆肩扛武器，全副武装。有一人骑在马上头戴盔甲，站在队伍最前侧，举手作说话状。榜题条位于这一个人的左边。

内容：官兵战胜强盗，凯旋。

《涅槃经》：无此记载。

《报恩经》：无此记载。

这个画面描述的是官兵们凯旋的场面，经文中没有关于此画面的经文记载，显然是画师们的发挥。

画面四：

榜题条左下方，有五个上身着圆领的长袍，下身穿长裤，头束发髻，被捆绑在一起的人。另一边，有一座大型的院落，围墙内的大殿中央，端坐着一

个穿黑衣圆领长袖长袍的人,身后站立一位随从装扮之人。在大殿外的台阶旁,站有一位身穿黑衣圆领长袖长袍的人,手握一卷轴样的物品,举手说话状,身体向着大殿方向,但是面却朝右前方看去。而右前方此刻有一个穿长袍的人挽着袖子,把一个只穿犊鼻裤的人按在地上,手拿刀具正在挖眼,犯人的胸前画有一颗被挖的眼睛,眼睛处为两个黑洞。旁边有一被脱掉外衣的人躺在地上,双眼处同样是两个黑洞。另一人跪在地上,一手扶着地,一手捂着一只眼睛,没被捂住的另一个眼睛处也是个黑洞,外衣也已经没有了。不远处还站有两个已经被脱掉外衣,只穿犊鼻裤,双手被绑在身后的人,惊恐地注视着前方,有五件长袍散落在四周。榜题条位于被绑的两名强盗的背后。

内容:首先,一排被捆绑的五人,应该是强盗们被俘后,正在等待审讯的场面。接着,画出了国王及随从给强盗们挖眼的场面,脸上的黑洞表明眼睛已经被挖掉。其中一个跪地被另一人按住的画面,画的应该是其中一名强盗正在被挖目的场面,刚挖掉的一只眼睛恰好落至他的胸前,场面极其触目惊心。

《涅槃经》:得已挑目。

《报恩经》:即取一一贼,挑其两目刵劓耳鼻。

从画面上可以看出这几人的眼睛处都是大黑洞,但鼻子都还在,说明这里侧重在于表现强盗们都是被挖目的,而《报恩经》经文是"挑其两目刵劓耳鼻"。显然,这里更符合《涅槃经》的内容。

画面五:

在群山的包围中,有五个都只穿着犊鼻裤的人,皆蓬头垢面。有的举臂呐喊,有的席地而坐,有的跪地呼救。榜题条位于五人左上方的山头上。

内容：被残酷挖目后的众强盗接着又被送至丛林，向佛祖呼救的场面。

《涅槃经》：得已挑目，遂著黑闇丛林之下。是诸群贼已于先佛植众德本，既失目已受大苦恼，各作是言："南无佛陀！南无佛陀！我等今者无有救护"。啼哭号啕。

《报恩经》：尔时五百群贼身体苦痛命在呼喻，尔时五百人中有一人，是佛弟子告诸大众。我等今者命不云远，何不至心归命于佛？尔时五百人寻共发声唱，如是言："南无释迦牟尼佛"。

这个画面描述的是这五人除了姿势不同外，没有其他区别。《报恩经》文中说这五人当中有一人是佛弟子，是不同于其他四人的，而且也没有行刑完后强盗被送至山林的记载，所以这个画面是只符合《涅槃经》的。

画面六：

群山之间，有五个穿戴整齐的人，他们头束发髻，双手合十，单膝跪地，长跪佛前，有的左膝跪地，有的右膝跪地，五人脸上都有眼睛。佛身着袈裟，双脚并拢，脚踩莲花，右手半举，作说话状。佛身后站有一名弟子，身着袈裟，手执华盖，头部稍偏，目视前方的众强盗。榜题条位于佛头光的旁边。

内容：佛听见呼救声前来救赎众强盗。

《涅槃经》：我时住在祇洹精舍，闻其音声即生慈心，时有凉风吹香山中，种种香药满其眼眶，寻还得眼如本不异。

《报恩经》：尔时如来在耆阇崛山，以慈悲力于游乾陀山，即大风起吹动树林，起栴檀尘满虚空中，风即吹往至彼深山诸群贼所，坌诸贼眼及诸身疮，平复如故。

此画面表现的是佛听见众强盗呼救，前来救赎众人的场面。两经皆有此记载，都符合。

画面七：

静谧的山间，五名僧人都身着右袒式袈裟，长跪于佛前，统一左膝跪地。佛两脚前后分开，各踩一朵莲花，倾身举手，作说话状。佛身后的弟子，手执华盖，昂首挺胸，目视正前方。榜题条位于佛头光的旁边。

内容：佛为众强盗说法。

《涅槃经》：诸贼开眼即见如来，住立其前而为说法。

《报恩经》：无此记载。

此画面表现的是众强盗得救后佛为五百强盗说法的场面，《报恩经》中没有佛为众强盗说法的内容，所以此画面只符合《涅槃经》的记载。

画面八：

在山间树林里，环境幽静，周围有鹿出现，五名僧人于其间修行。其中有三人身着右袒式袈裟，有一人在全心诵读经书，有两人手持经书在互相交谈。另外两人皆结跏趺坐，正在坐禅静修，一人穿红色覆头袈裟，一人穿黑色覆头袈裟。榜题条位于五人旁边的树梢上部。

内容：众强盗听佛说法后皈依佛门并于深山修行的场面。

《涅槃经》：贼闻法已，发阿耨多罗三藐三菩提心。

《报恩经》：尔时诸贼还得两眼，身疮平复血变为乳，俱发是言："我等今者蒙佛重恩身体安乐，报佛恩者应当速发阿耨多罗三藐三菩提心"。

从壁画内容上看，此画面和第296窟最后一个画面有些类似，但是两经的经文在这里的表述是不一样的。《涅槃经》中是说"贼闻法已，发阿耨多罗三藐三菩提心"，而《报恩经》中说"我等今者蒙佛重恩身体安乐，报佛恩者应当速发阿耨多罗三藐三菩提心"。可见，强盗们皈依佛门的动机是不同的，《涅槃经》中强调的是众强盗听佛说法后才皈依佛门的，而《报恩经》是众强盗得救后因为希望报佛恩而皈依佛门。若论此画面只是画出了皈依佛门的结果，两部经都是符合的。

以上画面和经典对比考证的结果，简单列表如下：

画面	涅槃经	报恩经
画面1	√	√
画面2	√	⁄
画面3	×	×
画面4	√	×
画面5	√	×
画面6	√	√
画面7	√	×
画面8	√	√

√表示经文和画面内容相符合；
×表示经文和画面内容不符合；
⁄表示经文和画面内容有一部分相符。

综上可见，画面一、二、六和画面八，是既符合《涅槃经》也符合《报恩经》的，而画面四、五和画面七，只符合《涅槃经》的内容。所以，第285窟五百强盗成佛图是依据《涅槃经》绘制而成的。

三　第296窟五百强盗成佛故事画考证

莫高窟第296窟南壁五百强盗成佛故事画共有六个榜题条，六个画面（图2、图3），题记已不存，现从西至东，对此壁画内容释读如下：

画面一：

崇山峻岭间有一座宫殿，在宫殿的正中央，有一人盘腿而坐，两手举起，正在作说话状，旁边坐有一个小一些的人。对面站有五人，其中一人身材高大，身穿长袍大袖拱手而立，身后四人站立一排，作恭敬听话状。榜题条位于国王和大臣的中间。

内容：国王下令抓捕众强盗。

《涅槃经》：憍萨罗国有诸群贼，其数五百，群党抄劫为害滋甚。波斯匿王患其纵暴，遣兵伺捕。

《报恩经》：摩伽陀国有五百群贼，常断道劫人，枉滥无辜，王路断绝，尔时摩伽陀王即起四兵而往收捕。

画面描述了国王向属下发布施令，讨伐五百强盗的场景。此故事画省略了五百强盗劫道的场面，直接从国王下令收捕开始，和第285窟《五百强盗成佛图》故事不同。此画面两个佛经都有记载，两经都符合。

画面二：

连绵起伏的山中有一队正在前进的兵马，队伍前面有两人穿长袍，后面跟有四人身披盔甲，手执武器，骑着战马。榜题条位于军队前两人前侧。

内容：画面描述了官兵正在去抓捕五百强盗的路上。

图2 莫高窟第296窟南壁五百强盗成佛图（局部）

图3 莫高窟第296窟南壁五百强盗成佛图（局部）

声明 | 225

《涅槃经》：遣兵伺捕。

《报恩经》：尔时摩伽陀王即起四兵而往收捕。

从佛经上看，《报恩经》比《涅槃经》多了"起四兵而往收捕"的动作，经文上的这点不同在这个画面上也恰好反映了出来，而第285窟中并没有绘出官兵前去抓捕的场面，所以这个画面是符合《报恩经》而非《涅槃经》。

画面三：

在绵延起伏的山间，有一队官兵，身穿铠甲，手持武器，骑着戴着面廉的战马。对面是同样手拿武器，但是平民打扮，头束发髻的五人。双方正在浴血奋战，奋力厮杀。榜题条位于官兵和强盗的中间。

内容：官兵和五百强盗正在浴血奋战。

《涅槃经》：遣兵伺捕。

《报恩经》：而往收捕。

两个洞窟都有官兵和强盗厮杀的场面，而两部佛经中都只有简单的一个"捕"字，一笔带过了战争的场面，但是在壁画中都大肆渲染。此画面两个佛经都有记载，两经都符合。

画面四：

在郁郁葱葱的崇山峻岭间有一队人马，中间有五个只穿了犊鼻裤、手被绑于身后的人，五人前有两人骑在马上，没有穿战袍，正在回头张望，手上有根线拉着后面的犯人，五人身后也是一队骑兵队伍，都没有穿盔甲，前面两人打着旗帜，后面四人手握长矛。榜题条位于军队最后四人的上方。

内容：众强盗被捕获后，官兵们押送众强盗回去受审。

《涅槃经》：无此记载。

《报恩经》：送着深山悬崄之处。

《涅槃经》无此内容记载，而《报恩经》中明确有在强盗被收捕后"送着深山悬崄之处"的内容。在第285窟画面三中，也只画了胜利归来的官兵们，并没有画押送的犯人。可见，画面四是只符合《报恩经》的。

画面五：

山林间，画有一座颇有规模的院落，前面大殿中央端坐一位身着白衣的人，双手上扬作说话状。白衣人的左侧，有一个穿着黑衣的男子，他前面有五个趴在地上的人，其中最远处有一人身着白衣，而另外四人只穿犊鼻裤。在房屋后面的围墙外，画有五个人，其中有四人只是穿了犊鼻裤，他们中有的在仰天呼救，有的在张臂呐喊，有的昏倒在地，另外有一人身穿白色的衣服，作抬头举手状，脸上没有眼睛，有鼻子。榜题条位于靠近黑衣男子的一侧。

内容：众强盗正在被施酷刑和施刑后众强盗呼救的场面。

《涅槃经》：得已挑目，遂著黑闇丛林之下。是诸群贼已于先佛植众德本，既失目已受大苦恼，各作是言："南无佛陀！南无佛陀！我等今者无有救护"。啼哭号啕。

《报恩经》：即取一一贼，挑其两目耴剔耳鼻。尔时五百群贼身体苦痛命在呼嚪，尔时五百人中有一人，是佛弟子，告诸大众："我等今者命不云远，何不至心归命于佛"？尔时五百人寻共发声唱，如是言："南无释迦牟尼佛"。

画面描述了五百强盗被审判、受刑和之后强盗们呼救的场面。首先，可以清楚地看到在这个画面上，正在受刑和受刑后的五人，其中一人和其他四人明显不同，其他四人都只是穿了犊鼻裤，上身裸露在外，而这个人穿了白色衣服，而且并没有很夸张的动作。《报恩经》中刚好记有"尔时五百人中有一人，是佛弟子"，也恰好解释了此画面中这个人与众不同的原因。但是《涅槃经》中却没有这样的记载，也说明这个画面是符合《报恩经》的。

其次，《涅槃经》中载"得已挑目，遂著黑闇丛林之下"，而第285窟也有众强盗被施以酷刑后被放置丛林的画面。《报恩经》中并没有这样的文字，从第296窟画面五中也可以看到，众强盗在被施刑后不是被送到丛林里，而是被放置在院墙的后面。从这个细节上也可以看出，这里是符合《报恩经》而不是《涅槃经》的。

最后，还可以从壁画上看到被行完刑的犯人们脸上只是少了眼睛，但鼻子还在，而《报恩经》中明确记载"挑其两目刵劓耳鼻"，《涅槃经》中载"得已挑目"。可以看出，这个画面虽然是符合《报恩经》的，但是借鉴了《涅槃经》中只是挑目的画面。

画面六：

在山林间，有五人双膝跪地，俯首跪拜对面的佛祖，佛倚坐于山前，双手举起，似乎在说法。而另一边的山林间，五个人已经剃度皈依，全都身穿僧衣坐于树下修行。榜题条位于佛陀头部的上方。

内容：佛听见呼救后前来解救了众强盗，众强盗受佛恩惠希望可以报佛恩，最后皈依佛门并潜心修行。

《涅槃经》：我时住在祇洹精舍，闻其音声即生慈心，时有凉风吹香山中，种种香药满其眼眶，寻还得眼如本不异。诸贼开眼即见如来，住立其前而为说法。贼闻法已，发阿耨多罗三藐三菩提心。

《报恩经》：尔时如来在耆阇崛山，以慈悲力于游乾陀山，即大风起吹动树林，起栴檀尘满虚空中，风即吹往至彼深山诸群贼所，坌诸贼眼及诸身疮，平复如故。尔时诸贼还得两眼，身疮平复血变为乳，俱发是言：我等今者蒙佛重恩身体安乐，报佛恩者应当速发阿耨多罗三藐三菩提心。

在第285窟的画面七中表现了佛为五百强盗说法的场面，可以发现画面七所展示的佛说法场面在第296窟是没有的，而第285窟的画面七说法场面符合《涅槃经》中"诸贼开眼即见如来，住立其前而为说法"的记载。但是第296窟只是描述了佛前来救助众强盗和强盗们得到佛的恩惠后希望可以报佛恩所以皈依佛门静修的场面，并没有画出佛为众强盗说法的场面，而《报恩经》中也并没有佛为强盗们说法的字眼，只是说强盗们被佛救助后，为了报佛恩而皈依佛门，所以此画面和《报恩经》经文是互相契合的。

以上画面和佛经对比考证的结果，简单列表如下：

画面	涅槃经	报恩经
画面一	√	√
画面二	×	√
画面三	√	√
画面四	×	√
画面五	×	√
画面六	×	√

√ 表示经文和画面内容相符合；
× 表示经文和画面内容不符合。

综上所述，可以看出，在第296窟《五百强盗成佛图》的六个画面中，只有画面一和画面三是符合《涅槃经》的，而画面二、画面四、画面五和画面六都是完全符合《报恩经》而非《涅槃经》的。所以，第296窟的《五百强盗成佛图》应该是依据《报恩经》绘制而非《涅槃经》，但是个别画面吸收借鉴了依据《涅槃经》绘制的第285窟《五百强盗成佛图》。

四 壁画和佛经的不同之处

结合上面画面考证部分和两部佛经的内容，可以发现不论是佛经还是壁画，虽然各有侧重点，但是不同之处也颇多，现总结如下：

第一，第296窟五百强盗成佛故事画第二个画面描述的是官兵正在前往镇压强盗的路上，符合《报恩经》中"尔时摩伽陀王即起四兵而往收捕"的描述，画面画出了"而往收捕"的场面。而《涅槃经》只有"遣兵伺捕"，没有强调去的过程，依据此经绘制的第285窟的故事画也恰好没有这个场面。所以，第296窟的第二个画面更符合《报恩经》。

第二，第296窟的画面四描述了官兵押送战败的五百强盗回去受审的场面，是符合《报恩经》中抓到强盗后"送着深山悬崿之处"的经文描述的，而此内容的经文在《涅槃经》中是没有的，在第285窟此故事画中也没有画出押送众强盗的场面。所以，第296窟的画面四也是符合《报恩经》而非《涅槃经》的。

第三，两经对于施刑中和施刑后的表述是不同的，而对应的两个窟的画面也是不一样的。首先，第285窟画面五展示了行刑后众强盗被送于深山丛林的场面，符合《涅槃经》中"得已挑目，遂著黑闇丛林之下"的句子，所以第285窟此画面更符合《涅槃经》。但是《报恩经》中并没有这样的文字，

而从第296窟画面五中也可以看到，众强盗在被施刑后不是被送到丛林里，而是被放置在院墙的外面。从这个细节上也可以看出，此处画面是符合《报恩经》而不是《涅槃经》的。其次，第296窟画面五描述了五百强盗被审判、受刑和之后强盗们呼救的场面。可以清楚地看到正在受刑和受刑后的五人，其中一人和其他四人明显不同，其他四人都只是穿了犊鼻裤，身体裸露在外，而这个人身上穿了白色衣服，刚好符合《报恩经》中的"尔时五百人中有一人，是佛弟子"。但是《涅槃经》中却没有这样的记载，也说明这个画面是符合《报恩经》的。

另外，也可以发现第296窟对第285窟还是有借鉴的，从第296窟画面五中可以看到被行完刑的犯人们脸上只是少了眼睛，但鼻子还在，而《报恩经》中明确记载"挑其两目耵劓耳鼻"，《涅槃经》中载"得已挑目"，第285窟也只画了挖目。所以可以看出，这个画面虽然整体上是符合《报恩经》的，却也借鉴了《涅槃经》中只是挑目的情节。

可见，第296窟画面五中，不论是从行刑后众强盗被放的位置来看，还是从行刑过程中和之后五人的着装特征来看，这个画面都只符合《报恩经》而非《涅槃经》。

第四，在最后的故事环节中，也可以发现因为经文的不一样所以导致两个洞窟的画面表现内容的不一样。第285窟画面七表现的是佛在为五百强盗说法的场面，可以发现画面七所展示的佛说法的场面在第296窟是没有的，而此说法场面恰好符合《涅槃经》中"诸贼开眼即见如来，住立其前而为说法"的记载。所以第285窟画面七是符合《涅槃经》而非《报恩经》的。

第296窟的图像描述了佛前来救助众人和众强

盗受佛恩惠后希望可以报佛恩皈依佛门的场面，唯独没有画出佛为强盗们说法的场面，这不是因为位置受限制的省略，而是因为《报恩经》中"尔时诸贼还得两眼，身疮平复血变为乳，俱发是言：我等今者蒙佛重恩身体安乐，报佛恩者应当速发阿耨多罗三藐三菩提心"的这段文字就没有佛为众强盗说法的描述。所以，第296窟的画面六是只符合《报恩经》而非《涅槃经》的。

另外值得注意的是，虽然两经的结局都是众强盗皈依佛门，在山中静修，但是两经中他们皈依佛门的原因却是不一样的。《报恩经》中说："尔时诸贼还得两眼，身疮平复血变为乳，俱发是言：我等今者蒙佛重恩身体安乐，报佛恩者应当速发阿耨多罗三藐三菩提心。"可见众强盗皈依的原因是因为受了佛恩惠要去报佛恩的结果，而《涅槃经》中记载"贼闻法已，发阿耨多罗三藐三菩提心"，说明众强盗皈依是因为听了佛说法的原因。

结　论

综上所述，可以看出，第285窟中画面一、二、六和画面八，是既符合《涅槃经》也符合《报恩经》的，而画面四、五和画面七，只符合《涅槃经》的内容。所以，第285窟《五百强盗成佛图》是依据《涅槃经》绘制而成的。

第296窟的六个画面中，只有画面一和画面三是符合《涅槃经》但是同时也是符合《报恩经》的，而画面二、画面四、画面五和画面六都是只符合《报恩经》而非《涅槃经》的。所以，第296窟的《五百强盗成佛图》应该是依据《报恩经》绘制而非《涅槃经》，但是个别画面吸收借鉴了依据《涅槃经》绘制的第285窟《五百强盗成佛图》，和第296窟北壁上的依据《报恩经》绘制的须阇提本生故事遥相呼应。[1]

（本文图版由敦煌研究院提供）

---

[1] 顾淑彦：《莫高窟第296窟须阇提本生故事画新考》，第40—48页。

甘肃境内的元代墓葬

郭永利

（兰州大学历史文化学院考古学及博物馆学研究所）

随着全国各地元代纪年墓葬的不断发现，近年来元代墓葬的研究，受到关注。成果集中在墓葬的年代、形制、随葬品的特点等方面。甘肃境内也不断发现元代墓葬。但以往的发现因纪年墓的缺乏，一些元代墓葬的年代被定得过早，有些甚至定到宋代。笔者近三年因主持中央高校业务基本费重点项目"甘肃境内宋金元墓的调查与研究"，现已完成了甘肃省大部分市县地区宋金元代墓葬的调查，其中对元代墓葬，收获了新材料，也产生了新认识，以下就甘肃境内元代墓葬的年代及墓室图像的变化做初步的探讨。

一 甘肃元代墓葬的发现与年代

甘肃境内元代墓葬发现较早的是位于漳县漳河南2公里处的汪世显家族墓。1972年，由甘肃省博物馆和天水市各文化馆联合发掘了墓群南端的几座葬。之后又发掘了几座墓葬，到目前为止元代墓葬共有27座。[1]这批墓葬除出土的几件南宋官窑瓷器及几方墓志资料获得学界的关注外，墓葬及其他实物资料因未获得系统整理和发表，并未引起较多的关注。这批墓葬因M20、M8、M16均出土了墓志，有明确纪年，对其他墓葬的年代断定是极为可靠的依据。

M9出土汪惟纯墓志一合，可知墓主葬于至元二十九年九月（1292）。M20出土汪惟贤墓志一合，据墓志内容可知墓主死于大德十年（1305），同年下葬。M8出土汪懋昌墓志一合，可知其墓主于天历二年（1329）葬于祖茔。M16出土汪昌元墓志一合，但此墓其他情况未见报道。

另外，这批墓葬中的M13，出土有人物图像的木屋，应引起重视。M13未发现纪年材料，可依据纪年墓的资料对其年代进行推断。M9、M20、M13三座墓葬均出土一批形制独特的铜器，其中均出土了仿商代铜爵。[2]M9所出铜爵，有流和长尾，口部带柱，腹圆下垂，有三锥状足，下有方形委角铜盘。出土时，爵置于盘内，这应是一套组合。从图版可明显看出M9的铜爵胎壁较厚，器形规整。而M13的铜爵，口部增大，器腹变短，足变矮，器壁变得较薄，把手有曲折变化，不像M9的较为平直。盘呈圆形，显得粗糙。M20的铜爵，形制与M13较接近。故根据铜爵的变化，可知M13爵的形制与M20相似。M9与M20年代相距十三年，可见墓葬中随葬仿三代铜器，是其家族多年的一个做法。铜爵形制上有一定差异，由早年的厚重规整变得轻薄。M13与M20铜爵均属轻薄型，故二者年代应相当，即M13

---

1 甘肃省博物馆、漳县博物馆：《甘肃漳县元代汪世显家族墓葬》，《文物》1982年第2期，第1—12页。
2 甘肃省博物馆、漳县博物馆：《甘肃漳县元代汪世显家族墓葬》，第11页，图版三〇。

图1 （左）M9爵、（中）M13铜爵、（右）M20铜爵

年代应在元大德十年（1305）前后（图1）。

2000年在定西市安定区发现的4座元代墓葬，非常重要。[1]这四座墓葬其中一座即M1为元代皇庆元年（1312）。其他三座墓，均为模印砖墓。M2、3、4墓葬排列在一起，形制相近，应为家族墓葬。M1与M2相距半米，M1没有墓道，据这个遗迹现象，推测应是M2打破了M1的墓道，致两墓距离较近且M1无墓道，故年代上M2晚于M1，皇庆元年（1312）应为这四座墓的年代上限。M1虽然未出模印砖，但墓葬形制与其他三座墓完全相同，其年代应相距不远。在定西安定区博物馆还可以见到相类似的模印砖，其年代也应接近。

静宁县早年在威戎贾庄村发现了一处家族墓群，采集到一块元代买地券和一批模印砖，这是一处家族墓群，虽然买地券与模印砖的出土单位关系不明，但买地券有明确纪年，上有"大元岁次癸亥己未月辛酉朔"纪年，应为元至治三年（1323）六月。[2]这批模印砖与上文定西安定区元墓模印砖几近相同，年代也应相近，应为元代模印砖墓所出。同时可印证上述静宁元代家族墓的年代也在皇庆、至治之时。2013年在威戎发现了一座壁画墓，虽无纪年，但壁画人物服饰一望可知，应为元代墓葬。[3]

陇西县早年发现的元代画像砖，也未引起足够的重视。近年又陆续有所发现。但这些资料都未见系统的报道。从出土的模印砖来看，与定西安定区元墓、静宁贾庄元墓模印砖几近相同，其年代也应相近，即元代皇庆、至治之时。

华亭县博物馆藏有几件画像砖，内容为着长袍服人物，应为墓葬出土，但出土墓葬其他信息不详。这批画像砖，与静宁威戎通壁的大幅壁画不同，虽然为绘画形式，但仍是在砖面上绘画，为小幅壁画。人物多已漫漶不清，从残迹可见人物身着交领宽袖

---

1 张克仁：《定西元墓清理简报》，《陇右文博》2002年第2期，第24—31页。
2 王科社：《谈文说物话静宁》，《平凉日报》2005年7月26日。
3 李安乐：《华戎交融的灿烂文化——甘肃静宁元代墓画》，《中国书画报》2014年8月2日第5版。

长袍，人物表现精准，与宋金时期的雕砖图像差异较大，故这批画像砖年代可能在元末明初。

二 甘肃元代墓葬的特点

甘肃元代墓葬特点鲜明，主要表现在两个方面。

1.大多数的墓葬在形制上延续了宋金时期的仿木结构形式。

墓葬以单室砖墓为主，未见多室墓。在四壁砌出仿木结构的歇山顶山面。顶部为八角形攒尖顶。如1972年发掘的4座汪世显家族墓均为平面方形的单室砖墓，有竖井式墓道，墓室内四壁砌仿木结构的歇山顶山面，砌出楼阁廊柱等，将墓室模仿成生人的居住环境。同时在墓壁嵌画像砖，内容有人物、孝行故事等。墓葬形制与画像题材，都是甘肃境内宋金时期墓葬常见的形式，也形成了套式，墓葬无论规模大小，大多因循此传统（图2）。

2.墓葬图像以模印砖图像为主流，宋金以来长期流行的彩绘壁画及雕砖墓少见。

元代墓葬中的模印砖图像与宋金模印砖图像，存在着较大的差异。此类模印砖也具有自身的特点。砖面仍然保留金代以来的最为流行的边栏做法，但模印的物像与金代剔地成像，在砖面剔出物像轮廓，使物像表面呈平面式的特征不同，此类模印砖表现为类浮雕的做法，即图像凸浮于砖面，且圆润而高凸，无剔地感，为压印感。如定西市安定区4座墓，除M1没有嵌砌模印砖外，其他均为嵌模印砖墓葬，模印砖分层嵌于墓室四壁。模印砖的内容则千篇一律为动物、吉祥花卉、孝行故事等。

在静宁、通渭、陇西、漳县等地，图像相同形式的模印砖数量也不少，由此可知，此类模印砖墓的分布范围东到六盘山周边，西到临夏、兰州一带。北可到会宁一带，南则到甘南一地。六盘山以东区域如平凉及庆阳等地则极少见此种形式的模印砖墓。兰州以西完全不见。大致以陇中地区为主要分布地，可见其流行地域之广。又，以定西地区出土墓例较多，推测此类模印砖的生产中心地区应在现在的定西地区及其周边（图3）。

甘肃地区宋金时期多见的模印加雕刻形式的表现方式消退，尤其是雕刻形式的做法，出现的墓例较少，在天水一地大量流行的宋金时期高浮雕做法

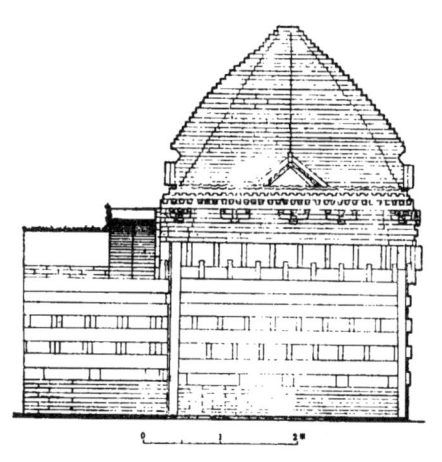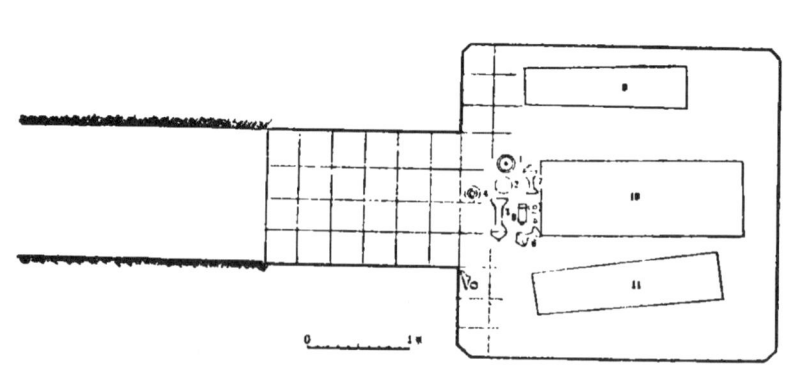

图2 汪世显M11平面、剖面图

图3 陇西县博物馆藏元代模印砖墓（郭永利摄）

完全绝迹。似乎变成了模印砖墓的为主流的状态。

墓葬使用模印砖的做法，在甘肃境内古代墓葬中渊源久远。自汉代开始在墓葬中就使用模印砖，到魏晋十六国时期多用于表现墓门神灵。至唐代墓葬尤其多用模印砖，表现出行、乐伎、胡人等题材。到宋元时期模印砖传统仍然保留。元代模印砖远承自汉魏传统，近源自宋金尤其是金代模印砖，但也有着自身的特点，与金代模印砖相比，完全不同雕刻修整，就是按印成形，故物像表现得饱满圆润。

三 新型壁画墓的登场

新的考古发现，可以让我们看到甘肃元代墓葬在延续宋金墓葬旧的传统之际，元代壁画墓的新式样也已登场。

静宁威戎壁画墓，即是具有代表性的一个墓例。这座墓葬于2013年发现，为一座长方形单室壁画墓。顶部仍为宋代以来的八角攒尖顶。壁画绘于墓壁，先在砖面上涂草泥，然后再上一层白灰，之后在壁面上绘画。

墓室的北壁为墓主夫妇图像。东、西壁内容为侍者在清扫内室。此墓的年代，通过壁画中的人物衣饰不难判断，如男墓主身旁侍立的侍者，髡发，身着蒙古服；东壁侍立于门侧的男侍者，均为蒙古式装扮，可知为元代墓葬。更精确的年代，则须通过一些其他墓葬出土物进行分析。

前述汪世显家族墓M13，出土了一件木屋。为歇山顶的窄长形木屋，檐下施以斗拱，共六开间，使用雕花隔扇门。这是难得的元代建筑模型材料。在木屋的前后面及侧面共有三幅人物图像。前后面为侍女抱物图，所抱之物为箱、书籍、包袱及卷轴画筒等。侍女样的人物均梳螺髻，着长裙，着小袖口衣，上半身着披巾。侧面人物像为一老年妇女，这应为女墓主人。老妇人面相较丰，头发盘起，坐于曲搭脑的交足椅上，椅上挂着椅披。脚下踩着足承。老妇人身着小袖口衣，披巾而坐，耳上缀大耳环。身后立着屏风，屏风绘一幅山水画（图4）。

将以上三幅图与威戎壁画墓中的女墓主、侍女相比较，可以发现有着较多的共同点。侍女人物面

图 4 汪世显家族 M13 木屋及其线描图（陈文彬绘）

与模印砖墓相比,威戎壁画墓可以看到较大的变化。墓葬平面呈长方形,墓室四壁不见长期以来流行的用砖雕砌筑出来的仿木歇山顶楼阁及院落。墓室内开二个小龛,这是之前的墓葬中完全不见的现象。在墓壁绘整壁壁画,这是之前完全看不到的形式。宋金时期的壁画,仍局限于砖的大小,在砖面上进行彩绘,或在墓壁进行局部彩绘。而静宁威戎壁画墓,是通壁式绘画,与砖面大小没有任何关系。

在壁画题材方面,这座墓葬的墓室以北壁为中心,绘男女墓主分坐于方桌之侧,旁立侍者,头身后悬帷帐等。男墓主位于东侧,女墓主位于西侧,二人中间置一方桌,上置瓶花及香炉

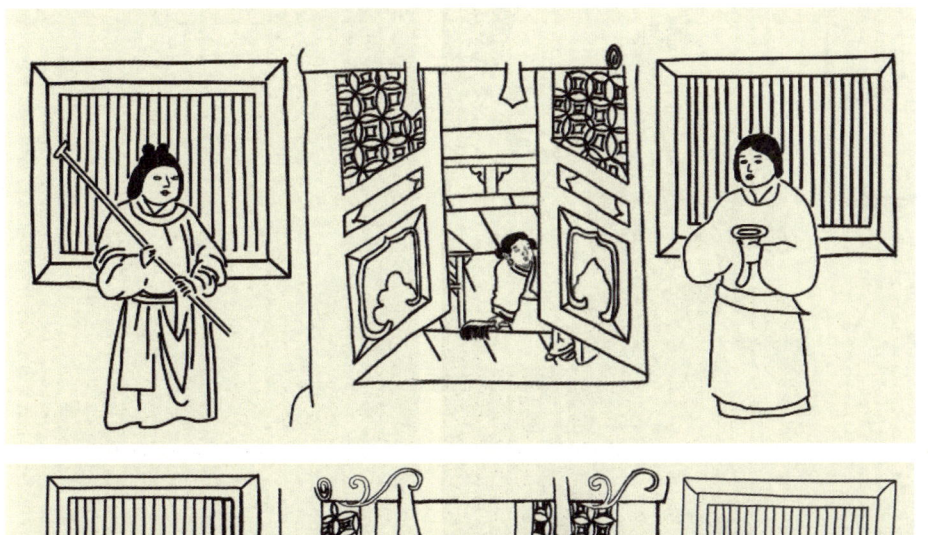

图5 静宁威戎壁画墓线描图(陈文彬绘)

相较丰,女侍梳螺髻,着小袖口衣人物眉型呈八字,身披巾,着长裙等。女墓主均表现为老年形象,身后立着屏风,也是身披巾,坐于曲搭脑交足椅上,脚下蹬足承。而在画法上,尤其是衣纹的画法,略着钉头鼠尾描的韵味。这些相同的特点,说明一个问题,即二座墓葬图像的年代具有共时性。因此可以确定,威戎壁画墓与汪世显家族墓M13年代大体相同,即元大德十年左右。

等物。西壁对应女侍及内寝,东壁则对应男侍等。即将墓室划分为东西两个区域,分属于男女墓主。这与甘肃元代模印砖墓中流行孝行故事与吉祥动物、花卉的做法完全不同。新型壁画墓中吉祥花卉和动物模印砖以及孝行故事则完全不见,仅见墓主人家居生活题材。这是一种完全新型的壁画墓,其祖型在甘肃境内的宋金墓中未见(图5)。

威戎通幅式壁画墓的题材,在元代早期壁画

甘肃境内的元代墓葬 | 235

图6 赤峰元宝山元代早期壁画墓

图7 华亭县博物馆藏元代人物画像砖
（华亭县博物馆）

墓，如内蒙古赤峰元宝山壁画墓中，已使用这种形式。[1]这幅壁画的墓主人形象是完全的蒙古人装扮，女墓主和侍者的装扮，与静宁威戎壁画中的墓主、侍者相近（图6）。该题材在甘肃地区出现则在元大德十年左右，出现时间较晚。而此时占据主流地位的仍是大量的延续宋金题材的模印砖墓。

华亭出土的元末明初墓葬画像砖呈现出另外一种面貌，也为新型壁画墓的样式。画像砖仍然用了砖面进行绘画。但画面中的人物，均身着宽袖大衣，长袍服，面相较丰，头作抬起状，五官表现极为精准，绘画线条均匀有力，但绘制衣纹不见使用丁头鼠尾描。人物也非家居样，似在行走或站立中。因所获图像太少，题材不明（图7）。

四 传统形式与新式样的图像并存

传统形式与新式样的并存，在甘肃元代墓葬图像中表现得非常典型。在部分模印砖墓中，还可看到新旧传统因素的共存现象。

1. 传统形式及其式微

延续宋金传统的元代模印砖，毫无疑问继承了宋金传统的形制和墓室图像题材。在这一时期的墓室中传统的孝行故事，仍然大行其道。在甘肃境内流行的孝行故事，有曹娥哭江、王祥卧冰、元觉还筲、丁兰刻木、伯瑜泣杖、啮指心痛、孟宗哭竹、田真哭树、闻雷泣墓、郭巨埋儿、杨香打虎、董永卖身葬父、鲍山背母、梁公望云、刿子种禄、成子留母、舜子耕田等。其中墓中最常出现的题材，是曹娥哭江、王祥卧冰、元觉还筲、丁兰刻木、孟宗哭竹、田真哭树、闻雷泣墓、郭巨埋儿、董永卖身葬父、刿子种禄等。虽然不能像山西侯马地区所出金墓中二十四孝用全，但用模印砖的形式，仍占据着墓室四壁的主要位置。

孝行故事模印砖在墓葬中的使用，已完全程式

---

1 董新林、张鹏：《中国墓室壁画全集·宋辽金元》，河北教育出版社，2011年，图版一六八。

图 8　陇西县博物馆藏元代宴乐图（上）、同模制模印砖（下）

化了，最典型的表现是目前出土有大量同模所制的模印砖（图8）。有些墓葬则使用多块同模所制同一题材的图像共嵌砌于墓壁之中。此类砖有个明显的特点，是在砖顶头处模印出榜题。这可能是供丧家选择方便所制。宋金以来的墓主人图像，在模印砖墓中则极少见到了。

元代的模印砖墓中，还可见宋代以来的宴乐图像，但数量较少。在陇西发现的元代模印砖中，有宴乐人物，均模印制成。用几块模印砖拼嵌于墓壁展示出表演场景。这曾经是宋金墓葬中最为重要的题材之一，但在出土了大量模印砖的陇中地区，仅在陇西县境发现宴乐题材的模印砖墓，而其他区域则几乎不见。

墓内仿木结构开始消退。宋金以来的复杂铺作、转角铺作、二层楼阁式门廊及廊柱等，在此时有变得简单的趋向。如四壁仅砌出简单的歇山顶山面，

图9 定西元代模印砖丁兰刻木（郭永利摄）

图10 汪氏家族墓M11男墓主

转角铺作少见，有的不再施歇山顶山面，也不见简单的斗拱。

长期流行于宋金时期的妇人启门图，这时近乎绝迹。宋金妇人启门图，研究者甚众，对其意义有诸多解读，但不可否认的是妇人启门形象，即妇人立于门间意味着其身前与身后有更多延伸的墓内建筑空间。宋金时期墓葬少见多室砖墓，以单室墓为主要墓型，妇人启门图的使用，可以在观者视觉和想象中拓展墓内空间，所以受到人们的喜爱，也因此长期流行。但甘肃元墓中已不见妇人启门图，可见宋金墓葬套式已不被丧家所重，丧葬风尚在转变。从前述元代墓葬年代的讨论可知，汪世显家族墓M13的木屋图像已显示出了这种转变，因此新风尚至迟已在元大德十年（1305）发生了。

2. 新式样的吸收

在新型壁画墓登场之时，遵循传统套式的墓葬，尤其是模印砖墓的图像题材，也在进行变革，这表现为对新式样的吸收。在陇中各地出土的元代模印砖图像，出现的新变化，主要表现在一些新型图像样式的模印化制作上。如静宁元代模印砖中的丁兰刻木题材，其构图元素有帷帐、立屏、长凳、足承、旁立侍者，丁兰父母并坐于一张凳上。男女并坐于一张凳上的表现形式，在元代早期蒙古人的壁画墓中常见。并肩同坐人物在宋金时代并不多见。而这种形式的图像，却在甘肃的元代模印砖墓葬中多见（图9）。

此时开始出现独立的墓主人形象，且墓主人形象与前述新型壁画墓的墓主人形象一致。汪世显家

图11　陕西蒲城县张按答不花夫妇墓室与陇西县元代模印砖

族墓中资料报道比较充分的M11，我们可知在墓室西壁正中嵌一砖雕人物坐像。观其图像，可见人物为男性，戴瓦楞帽，坐交足椅，此人物为老年形象，瓦楞帽是蒙古人常用的服饰之一。此应为男墓主图像。这种墓主人的标准像，与静宁威戎壁画墓中的一致，但还没有完全脱离雕刻砖的形式（图10）。

元代壁画墓中常见的桌椅、瓶花等图像，在模印砖墓葬中也有吸收。陇西县出土的模印砖图像，其中可见桌、椅及桌上瓶花的题材。桌旁还有侍者，女侍梳螺髻，身着长裙及披巾，仍可看出是元代新型壁画墓中的侍者形象，但图幅很小，仅是方砖的大小。在陕西蒲城县张按答不花夫妇墓室东北壁，可见到瓶花、桌椅等组成的元代蒙古人壁画墓特有图像[1]。这是一座元至元六年（1340）的墓，属元代晚期。因此，陇西县出土模印砖图像中的瓶花、桌椅的表现形式，这也可看作是对元代新型式样的吸收（图11）。

自宋代以来的人物像，如墓主夫妇均为对坐式，金代可见墓主夫妇单独像。在甘肃境内的宋墓中，常常表现为墓主缺席的形式，只用桌椅等物显示墓主人的位置。而金代墓葬中，较少表现墓主人，多见的是妇人启门图的妇人像。但在模印砖墓中，如陇西出土的模印砖中，墓主人夫妇为对坐式，采用了帷帐下对坐，墓主人身旁各立侍者，男墓主着蒙古式瓦棱帽，着左衽交领服。女墓主双手拱起。二人均踩足承。男侍者为蒙古人服饰。男女墓主均坐于直搭脑的靠背椅上。男墓主居左，女墓主居右。这种形式的墓主人像，在山西兴县红峪村武氏夫妇壁画墓的西壁可以看到。这座墓葬年代在元至大二年（1309），男墓主所戴就是蒙古人常戴的瓦楞帽。但陇西模印砖墓中的墓主人与这座墓中男墓主居右，女墓主居左不同。也与静宁威戎壁画墓中男墓主居右，女墓主居左不同。与赤峰元宝山元墓的居位相同，可能这种类型的新型墓主人像，在时间上早于大德十年的图像。由此，我们也应该认识到，新型式样的墓葬图像，在甘肃境内的

1　董新林、张鹏：《中国墓室壁画全集·宋辽金元》，图版一九七。

图12 陇西县博物馆藏元代蒙古人墓主对坐像（郭永利摄）

出现的时间应早于元大德十年，但至迟在元大德十年时已经在甘肃境内存在了（图12）。

以上仅是从图像样式出发，寻找其发展变化的脉络，对甘肃境内元代墓葬进行了分析。但研究仍没有完结。我们注意到，汪世显家族墓M11、M13，存在着这样的一个现象，即墓室本身，仍是宋金传统的延续，但M13中出土的木屋图像上，已经采用了从元代早期就已出现的图像形式，如老妇人形象、侍女形象等，且木屋图像与静宁威戎壁画墓极为相似，似乎为同一人所绘。M11中出现的墓主人，身着蒙古服，坐于交足椅上，这显然也是蒙古式形象。也就是说，其家族墓葬，采用了蒙古人图像和汉人墓葬结合的形式。我们还注意到，宴乐图像流行区域是在现在的陇西县境内，其他周边地区则几乎不见，而这里是汪氏势力所在。新型图像中，木屋图像和威戎壁画墓中的人物衣纹均使用了钉头鼠尾描，这也是元代壁画墓特有的特点。这种种迹象，似乎在说明甘肃境内的元代墓葬发展变化，尤其是新型图像的采用与流行，与这种大家族的关系应该不小。当然这还需要更进一步深入地研究。

新疆切木尔切克墓地出土双联器初步研究

鲁礼鹏

（新疆维吾尔自治区博物馆）

目前，在新疆出土的考古资料中，发现有一种很奇特的随葬器物"双联器"。这种器物均是在制作时用质地相同的材质整体加工或分别加工出两件形制相同的器物，再在腹部黏接，甚至有提梁，故称之为"双联器"。有些还在器物表面饰以彩绘图案，或刻划各种图案。从双联器的形制来看，有些可定为"双联罐"，有些可定为"双联杯"。本文尝试通过新疆阿勒泰切木尔切克墓地出土的这种"双联器"，以及新疆境内其他墓地出土的类似器物，结合中原出土的类似器物，对其内涵、功用及发展源流提出一些肤浅的看法，不当之处，敬请指正。

新疆切木尔切克墓地[1]位于阿勒泰山南麓的切木尔切克河谷沿岸。1963年下半年，新疆维吾尔自治区民族研究所考古组在阿勒泰专区所属的阿勒泰、布尔津、哈巴河、吉木乃、富蕴、青河六县调查石人、石棺墓葬的时候，顺便在此发掘了32座墓葬，并按墓区编号。墓葬分为三个区，出土双联石杯的M3就位于Ⅰ区。

由于该墓被盗掘，残存信息有限。除了墓葬形制和出土的个体头骨1个、石质器物2件外，就剩下墓葬东部的一通石人。而且整个墓地也就出土了这一件双联器，属于个例，没有普遍性，我们对于其蕴藏的历史文化内涵一无所知。因此，必须放眼全疆，乃至翻检中原内地的考古资料来进行综合考虑。

一 新疆境内同类器形发掘出土概况

目前，除了新疆阿勒泰地区切木尔切克墓地出土的这件双联石杯外，随之在20世纪80年代末、90年代末及21世纪初，先后在鄯善县洋海墓地、且末扎滚鲁克Ⅰ号墓地和托克逊县鱼儿沟墓地发现类似的器物出土。数量虽很少，但质地种类较丰富，有石质、木质和陶质等，为了便于叙述，下面将这4件器物分为三型分别加以介绍。

A型：1件（M49:2），双联陶罐，带有提梁。鄯善县洋海墓地出土。

洋海墓地位于火焰山南麓的荒漠戈壁滩上，2003年3至5月，新疆文物考古研究所与吐鲁番地区文物局联合对洋海墓地的一、二、三号墓地进行了抢救性发掘，共计发掘墓葬509座。其中一号墓地发掘216座墓葬，双联陶罐就出土于一号墓地M49中。[2]

其形制为敞口，矮领，圆腹，圆底，大小一样

---

1 新疆切木尔切克墓地的名称在简报中最初称之为"克尔木齐墓地"，后来随着研究的进展和用名的规范，大家逐渐开始统一使用"切木尔切克"这个名字。
2 新疆文物考古研究所、吐鲁番地区文物局：《吐鲁番考古新收获——鄯善县洋海墓地发掘简报》，《吐鲁番学研究》2004年第1期，第1—2、16页。

的两个罐用圆柱黏接为一体。一侧有提梁形耳，耳顶部有 5 颗小乳钉组成花朵形。通高 6.8 厘米，口径 6.4 厘米（图 1-7、图 2）。

B 型：1 件（M3:2），双联石杯，器型较大，新疆切木尔切克墓地出土。

新疆切木尔切克墓地 M3 为石人石棺墓，墓葬东侧石人面向东，墓室埋葬个体仅存 1 个体头骨，出土双联石杯和石容器各 1 件，发掘者认为该墓葬可能被盗掘。[1] 简报中在介绍出土石器类遗物时，提到了这件器物，且描述非常简单："一件双联石罐，圜底直口，两罐之间有一个狭长穿孔。"[2] 后经仔细观察实物，其形制为：用石质整体雕刻而成，口部平面近椭圆形，直口，直腹，近底部收缩，圜底，两杯体连接处的中下部有一个弧顶锥形穿孔。通高 8.5 厘米，口径 13-15 厘米（图 1-2、图 3）。从器物的形制来看，笔者认为称之为双联石杯更确切些。

C 型：2 件（96QZⅠM24:7、M1:6），双联杯，器型较小，分别出土于且末县扎滚鲁克Ⅰ号墓地和托克逊县鱼儿沟墓地。

（1）且末县扎滚鲁克Ⅰ号墓地

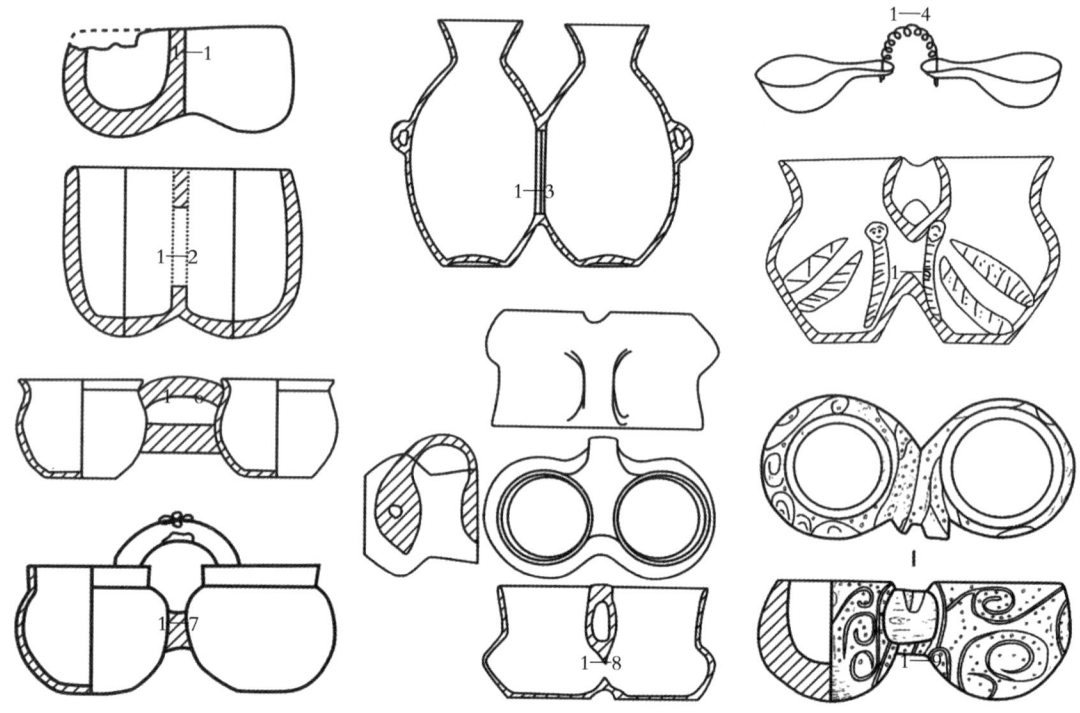

1-1. 新疆托克逊县鱼儿沟墓地出土
1-3. 郑州大河村遗址出土
1-5. 临洮县冯家坪墓地出土
1-7. 新疆鄯善县海洋墓地出土
1-9. 新疆且末扎滚鲁克墓地出土
1-2. 新疆切木尔切克墓地出土
1-4.《三礼图》描述之器物
1-6. 青海民和县征集
1-8. 宝鸡竹园沟一号墓地出土

图 1　考古出土双联罐

---

[1] 新疆社会科学院考古研究所：《新疆切木尔切克古墓群发掘简报》，《文物》1981 年第 1 期，第 29 页。
[2] 新疆社会科学院考古研究所：《新疆切木尔切克古墓群发掘简报》，《文物》1981 年第 1 期，第 25 页。

扎滚鲁克Ⅰ号墓地位于且末县托格拉勒克乡扎滚鲁克村西2公里绿洲边缘的戈壁地带，1996年10—11月，新疆博物馆、巴州文管所和且末县文管所联合对该墓地进行抢救性发掘，发掘墓葬102座，双联小木杯就出土于这次发掘的24号墓葬中。[1]

具体形制为用整木刮挖雕刻而成，一侧单柄缺失。杯口平面呈圆形，鼓腹，圜底。器表刻画锥刺点纹、涡旋纹组成的纹样。通高3.5厘米，口径2.3厘米，宽8.7厘米（图1-9、图4）。

（2）托克逊县鱼儿沟墓地

鱼儿沟墓地位于鱼儿沟火车站西南、阿拉沟面粉厂南约300米处，地处阿拉沟西岸的第三级台地上。2008年2—3月，为配合南疆铁路吐库二线改建工程，经国家文物局批准，新疆文物考古研究所会同乌鲁木齐市文物管理所、吐鲁番地区托克逊县文物管理所对工程涉及范围内的遗址及被盗墓地进行了考古发掘，双联陶杯就出土于1号墓葬中。[2]

其形制为夹砂灰陶，残损。手制，素面。敛口，鼓腹，圜底。制作较粗糙，捏制痕迹明显。通高4.2厘米，长8.5厘米（图1-1、图5）。

二 使用流传年代

上文对切木尔切克等四处墓地的发掘出土情况及器物形制进行了介绍，下面在讨论切木尔切克墓地双联石杯年代的基础上，继而讨论此类双联器在各墓地使用、流传的年代。

首先，关于切木尔切克墓地的年代，发掘者最初认为"……墓葬文化绵延的时间很长，如果不是

图2 洋海墓地出土双联罐（M49:2）

图3 切木尔切克墓地出土双联石杯（M3:2）

图4 扎滚鲁克1号墓地出土双联杯（96QZIM24:7）

---

[1] 新疆维吾尔自治区博物馆、巴音郭楞蒙古自治州文物管理所、且末县文物管理所：《新疆且末扎滚鲁克一号墓地发掘报告》，《考古学报》2003年第1期，第98—99页。
[2] 新疆文物考古研究所：《托克逊县鱼儿沟遗址、墓地考古发掘报告》，《新疆文物》2011年第2期，第114页。

图5　托克逊县鱼儿沟墓地出土双联小陶杯（M1:6）

更早到战国的话，至少要早起西汉，一直晚到隋唐这样的历史阶段"[1]。切木尔切克墓地可以说是准格尔盆地周缘发掘最早的一处墓地，填补了北方草原文化考古的空白，也是草原文化研究的开端。随着资料的积累，学术研究的不断深入，学者们，包括曾经参加过发掘工作的学者，对切木尔切克墓地的年代问题有了诸多不同的看法。王博先生通过对墓地非独立墓地石人的研究，提出切木尔切克墓地反映出的文化现象与南西伯利亚青铜时代文化是有联系的，其时间不会晚于公元前一千年[2]，与王炳华先生的观点一致。穆舜英、王明哲等先生认为以橄榄形陶器等为典型特征的切木尔切克文化，"与苏联南阿尔泰地区的卡拉苏克文化颇为相似。关于卡拉苏克文化的年代，苏联学者一般认为在公元前1200—前700年左右"。从而大体界定了切木尔切克文化的年代框架。[3]后有水涛[4]、吕恩国[5]等学者也发表了类似的观点。

另外，据发掘简报的墓葬登记表记录，M3的坟院范围为长30米，宽28米。墓葬东部有一石人面东，面向310°。[6]对石人进行过深入研究的王博先生强调："切木尔切克文化的典型特征为石人墓""墓地立石人是切木尔切克文化的典型特点。"[7]继而认为："根据考古发掘资料，初步可以推测新疆石人与亚欧草原其他地带石人出现的时间差不多，大约在公元前1000年左右。"[8]同时指出"墓地石人产生初期，即青铜时代（前1200—前700年），这一时期石人主要分布于阿勒泰地区。""切木尔切克石人的上限可以推至青铜时代的晚期（前1200年），而晚期则可到早期铁器时代。"[9]林梅村先生也认为"切木尔切克墓地最重要的发现莫过于那些青铜时代的墓地石人"[10]。前文提到，穆舜英、王明哲等先生认为切木尔切克墓地的陶器与卡拉苏克文化相似，后来王明哲先生又提出"以上资料都说明卡拉苏克时期确已经出现了以前没有的墓地石人"[11]。如是，则其与上文从陶器的角度讨论的年代一致。近来丛德新、贾伟明先生根据发掘简报进行分析，依据葬俗、葬

1　新疆社会科学院考古研究所：《新疆切木尔切克古墓群发掘简报》，《文物》1981年第1期，第27页。
2　王博：《对切木尔切克早期非独立墓地石人的认识》，《新疆艺术》1996年第5期，第19页。
3　穆舜英、王明哲：《论新疆古代民族考古文化》，新疆社会科学院考古研究所：《新疆古代民族文物》，文物出版社，1985年，第4页。
4　水涛：《新疆青铜时代诸文化的比较研究——附论早期中西文化交流的历史进程》，《国学研究》第一卷，北京大学出版社，1993年，第471—472页。
5　吕恩国、常喜恩、王炳华：《新疆青铜时代考古文化浅论》，宿白主编：《苏秉琦与当代中国考古学》，科学出版社，2001年，第191页。
6　新疆社会科学院考古研究所：《新疆切木尔切克古墓群发掘简报》，《文物》1981年第1期，第28页。
7　王博：《切木尔切克文化初探》，《考古文物研究》，三秦出版社，1996年，第275页。
8　王博：《新疆草原石人和鹿石》，新疆维吾尔自治区文物局等编：《新疆文物古迹大观》，新疆美术摄影出版社，1999年，第404页。
9　王博、祁小山：《丝绸之路草原石人研究》，新疆人民出版社，1995年，第206—207页。
10　林梅村：《吐火罗人的起源于迁徙》，《新疆文物》2002年第3—4期，第75页。
11　王明哲：《论切木尔切克文化和切木尔切克墓地的时代》，《西域研究》2013年第2期，第77页。

式和包含物的不同，将切木尔切克墓地的墓葬分为"青铜组"和"铁器组"两组。并将前者命名为切木尔切克一期文化，最后认为"切木尔切克一期文化的绝对年代范围便落在公元前三千纪（约前2700年）到公元前两千纪初（约前1800年）"[1]。可以说，二位先生将切木尔切克墓地的墓葬分为"青铜组"和"铁器组"是将研究又向前推进了一步，但是青铜组墓葬年代的下限还有商榷的余地。因此，笔者在此暂将出土B型双联石杯的M3号石人墓葬的年代推定为公元前1200—前700年之间。

鄯善县洋海墓地出土的A型双联陶罐在该地区是首次发现。M49号墓的形制属于该墓地的B型墓，即长方形竖穴二层台墓，但是报告中均没有详细的介绍，故不知二层台的具体情况。从墓葬形制来看，B型墓中出土有较多的骨马镳，且顶端多雕有动物纹样，被认为是欧亚草原上典型的前斯基泰器物，绝对年代为公元前10—前8世纪。[2]同时还出土有与中亚相同的双环式铜马衔，年代为公元前8世纪左右。结合B型墓葬碳十四测年，推测B型墓葬的年代为公元前12—前8世纪。[3]从M49号墓出土的随葬遗物来看，其中出土的木拐杖与扎滚鲁克I号墓地14号墓中出土的木拐杖形制相似，均为柽柳木棍稍作加工、修理而成。更为重要的是，扎滚鲁克I号墓地M14号墓中出土了2件竖箜篌，其年代推定为春秋早期。[4]因此，洋海墓地M49号墓的年代与扎滚鲁克I号墓地M14号墓的年代稍早，属于青铜时代的晚期。

C型木质双联小木杯在扎滚鲁克I号墓地也仅出土此1件。出土木质双联小木杯的墓葬为M24，该墓为单墓道长方形竖穴棚架墓，属于扎滚鲁克I号墓地第二期文化的墓葬，年代为公元前8—前3世纪。[5]从M24出土的随葬遗物看，B型木盒上雕刻的鸟兽纹与内蒙古毛庆沟的II式双鸟纹牌饰的纹样相似，发掘报告中推定其年代为春秋晚期（公元前665—前590年）。[6]另外，扎滚鲁克I号墓地出土的木器上有雕刻动物纹样的习俗，雕刻的动物主要有狼、羚羊、绵羊、鹿和骆驼等，这也是一个显著特征。在M24出土的一件木筒（M24:12）上就雕刻了两只半立状动物纹样，一为羊，另一只为鹿。动物纹样是亚欧草原居民非常喜欢的一种纹样，也是斯基泰式器物的三要素之一。在鄂尔多斯式[7]、南西伯利亚式青铜器以及中亚塞克文化中都可见到这种纹样。同时，M24测定了碳十四标本，取样胡杨木和柽柳枝，年代为距今2846±61年，即公元前896±61年[8]，从数据看应该有些偏高，结合器物推

---

1 丛德新、贾伟明：《切木尔切克墓地及其早期遗存的初步分析》，吉林大学边疆考古研究中心编：《庆祝张忠培先生八十岁论文集》，科学出版社，2014年，第299页。
2 新疆吐鲁番学研究院、新疆文物考古研究所：《新疆鄯善洋海墓地发掘报告》，《考古学报》2011年第1期，第145页。
3 新疆吐鲁番学研究院、新疆文物考古研究所：《新疆鄯善洋海墓地发掘报告》，《考古学报》2011年第1期，第145页。
4 新疆维吾尔自治区博物馆、巴音郭楞蒙古自治州文物管理所、且末县文物管理所：《新疆且末扎滚鲁克一号墓地发掘报告》，《考古学报》2003年第1期，第117页。
5 新疆维吾尔自治区博物馆、巴音郭楞蒙古自治州文物管理所、且末县文物管理所：《新疆且末扎滚鲁克一号墓地发掘报告》，《考古学报》2003年第1期，第132页。
6 田广金、郭素新：《鄂尔多斯式青铜器》，文物出版社，1986年，第300页。
7 田广金、郭素新：《鄂尔多斯式青铜器》，第159—162页。
8 新疆维吾尔自治区博物馆、巴音郭楞蒙古自治州文物管理所、且末县文物管理所：《新疆且末扎滚鲁克一号墓地发掘报告》，《考古学报》2003年第1期，第132页。

定的年代，M24的年代为春秋晚期比较合适。

从考古发掘报告来看，出土C型双联陶杯的鱼儿沟墓地的年代断定在春秋战国时期。[1]从M1出土的随葬遗物来看，其中一种单耳罐和且末县扎滚鲁克Ⅰ号墓地第二期文化墓葬M4中出土的A型单耳陶罐相似，同时该墓出土的纺轮上雕刻了春秋时期在鄂尔多斯文化中就出现了的反转式动物纹样，并且认为战国早期的纹样远比这一时期逼真和优美。[2]另外，扎滚鲁克Ⅰ号墓地M4取样木棍和柽柳枝的碳十四标本测定年代为距今2339±59年，即公元前389±59年，为战国时期，有些偏晚[3]；而鱼儿沟墓地M1也测定了碳十四数据，年代为距今2385±35年，即435±35年，为战国早期[4]。因此，将鱼儿沟墓地M1的年代定为春秋晚期至战国早期是可行的。

三　发展源流初探

上文通过对这4件器物所属墓葬的年代讨论，切木尔切克墓地出土B型双联石杯当为青铜时期至早期铁器时代，洋海墓地出土双联罐的年代大体与之相当，而和静县鱼儿沟墓地和且末县扎滚鲁克Ⅰ号墓地出土的双联陶杯和双联木杯的年代则稍晚一些，为春秋晚期或至战国早期。

那么，这种双联器从何而来呢？又有什么用途呢？

翻检考古资料，我们发现从新石器时代晚期开始，一直到秦汉时期，在中原大地出土了较多的这种双联器，及至魏晋时期仍未绝迹[5]，唐代还有出土[6]。而且在秦汉时期，这种双联器不仅在数量上，而且在分布地域上都有明显的扩大。

1972年，在河南郑州大河村遗址发掘出一排东西横列且互相连接的四座仰韶文化晚期房基遗存，即大河村三期遗存。在其中发掘的F1房址中发现一件彩绘双联杯，报告中原称"鼓腹平底双连壶，甚为别致"。"两壶并列，腹部相接处有一椭圆形口相通，两壶外侧各附一耳，通高20厘米（图3）。"其F2碳十四标本测定年代为5040±100年（前3075±100年）。[7]并根据房屋建筑结构和房基内出土的生活、生产用具，发掘者推测当时"很可能出现了私有制和一夫一妻制的新的婚姻关系"[8]。这件双联杯与切木尔切克墓地出土的B型双联石杯在形制上差别很大，说明其在时代和所代表的文化上有所不同，但是两者有一个共同点，那就是在两杯体相连处有一个椭圆形或弧顶锥形穿孔。

青海省民和县川口公社大源大队征集的一件素面泥质红陶双联罐，其形制为两小罐并列相连接，连接处没有穿孔，有一横柄和一个弓形提梁。器高约11厘米，宽约25厘米（图6）。年代为甘肃仰韶

1　新疆文物考古研究所：《托克逊县鱼儿沟遗址、墓地考古发掘报告》，《新疆文物》2011年第2期，第120页。
2　新疆维吾尔自治区博物馆、巴音郭楞蒙古自治州文物管理所、且末县文物管理所：《新疆且末扎滚鲁克一号墓地发掘报告》，《考古学报》2003年第1期，第132页。
3　新疆维吾尔自治区博物馆、巴音郭楞蒙古自治州文物管理所、且末县文物管理所：《新疆且末扎滚鲁克一号墓地发掘报告》，《考古学报》2003年第1期，第132页。
4　新疆文物考古研究所：《托克逊县鱼儿沟遗址、墓地考古发掘报告》，《新疆文物》2011年第2期，第120页。
5　湖南省博物馆：《长沙南郊的两晋南朝隋代墓葬》，《考古》1965年第5期，第227页。
6　泉州海外交通史博物馆、泉州市文物管理委员会：《福建泉州市西南郊唐墓清理简报》，《考古》1960年第12期，第687页。
7　郑州市博物馆：《郑州大河村仰韶文化的房基遗址》，《考古》1973年第6期，第336页。
8　郑州市博物馆：《郑州大河村遗址发掘报告》，《考古学报》1979年第3期，第372页。

文化"马厂类型",即公元前2000至前1000年。[1]这件双联罐和鄯善县洋海墓地出土的双联罐极其相似,年代也较之稍早。

甘肃临洮冯家坪出土的齐家文化(公元前2000至前1900年)的蚕纹双联罐,两罐连接处有一个孔径约1厘米的小孔相通,两器之间有一个十字交叉形把手,其上刻有"×"形符号,通高8.5厘米,口径12.5厘米(图5)。腹部刻画出两组蚕纹,每组三条。蚕有头、嘴、眼、尾,身上还有八九条平行线纹和折线纹表示蚕体的多节肢。[2]

宝鸡竹园沟一号墓地出土的西周时期的单鋬双联陶杯,高8.3厘米,口径7.1厘米,带鋬宽10.6厘米(图8)。由两个器形大小全同的罐相连,中间有孔连通。[3]

近期看到黑龙江省属于新石器时代的宝清县二道岭遗址在2007年出土了1件双联杯。"最大外径11.4厘米,最大底径7.8厘米,高9厘米;单杯口径6.9厘米、底径4.1厘米,壁厚0.5厘米;侈口,平底素面,表面略呈褐色,手工夹砂烧制,制作手法较粗糙,此器型器皿特殊,具体用途有待考证。"[4]这件双联杯从形制上看,与切木尔切克墓地M3出土的双联杯有些相似。

以上介绍了河南、陕西、甘肃和青海以及黑龙江等地出土的先秦时期的双联杯,有学者通过民族学材料的分析,认为"双联杯多使用于盟誓、婚娶、解决纠纷后订立协议等场合,两人共饮,以表示平等和友爱"[5],这很有道理。但是,根据文献记载,从墓葬中出土的这种双联杯,我们认为其主要寓意应该为墓主人成婚时使用或象征明器的"合卺杯"。

关于婚娶,我国古代规范礼仪行为的"三礼"之一的《仪礼·士昏礼》记载古时婚礼有"实四爵合卺"及"初酳""再酳""三酳用卺"的"合卺"仪式。另外,"三礼"中的《礼记·昏礼》云:"父亲醮子而命之迎,男先于女也。……妇至,婿揖妇以入,共牢而食,合卺而酳,所以合体同尊卑,以亲之也。""共牢而食""合卺而酳"含有夫妻亲爱、同心合体之意。卺,郑玄注:"破瓢为卮也。"东汉许慎《说文解字·己部·卺》:"谨身有所承也。从己、丞。读若《诗经》云'赤舄己己'。"郑玄、阮谌合著的《三礼图》载:"合卺,破匏为之,以线连柄端,其制一同匏爵。"(图4)唐孔颖达《礼记注疏》:"以一瓠分为二瓢谓之卺,婿之与妇各执一片以酳,故云合卺而酳。"这些描述应该就是双联杯最初的原始雏形,而古人把这种最常见的葫芦制作的双联杯用于结婚礼仪上,自有其深刻的寓意。

清同治福建巡抚张梦元撰《原起汇抄》卷十五考证:"婚礼合卺同用匏,谓之丞豆,今作卺。用卺有二义:匏苦不可食,用之以饮,喻夫妇当同辛苦也;'匏'八音之一,笙竽用之,喻音韵调和,即如琴瑟之好合也。"由此可见"合卺"之意义。"匏"既然"苦不可食",拿来盛酒,而酒也必会变成苦酒,确有暗示新婚夫妇要有同甘共苦的意思。

---

1 李仰松:《试谈我国新石器时代出土的"双连杯"和"三耳杯"及其有关问题》,《河南文博通讯》1980年第4期,第13页。
2 叶静:《甘肃省博物馆藏蚕纹双联杯》,《陇右文博》2013年第2期,第37页。
3 宝鸡市博物馆、渭滨区文化馆:《宝鸡竹园沟等地西周墓》,《考古》1978年第5期,第292页。
4 李笃:《黑龙江省宝清县二道岭遗址简介》,《文物鉴定与鉴赏》2016年第6期,第86页。
5 王子今:《秦汉时代的双边杯及其民俗学意义》,《考古与文物》1986年第5期,第103页。

因此,"夫妻合卺结良缘,连理交杯觞饮欢",就是对这种合卺用器的最好写照。而两杯连接处有孔洞相通,如杯内盛满液体,两杯内液体始终持平,我们可以认为是一盈俱盈,一空皆空,同劳逸,共荣辱,也有寓意婚姻和谐、美满、平等的意思。

切木尔切克墓地坟院制的埋葬形式,可以反映出当时的社会组织性质。从墓葬形制来看,推测可能是家庭墓地,是以家庭为单位的埋葬形式。而切木尔切克乡喀腊塔斯墓地双石人墓及李征先生在切木尔切克石人墓调查资料档案中记录的一座石棺墓前的AL.K.Ta10和AL.K.Ta11两尊石人,均为男、女石人各一。[1]此景是否说明出现了一夫一妻制的萌芽,尚难断定。但是,在墓葬前同时立男、女两尊石人,也说明妇女在当时已经有了较高的社会地位。

那么,切木尔切克墓地出土的这种合卺用器——双联石杯,又是如何传来的呢?

史前时期,阿尔泰山一直是游牧民族活动的重要区域,这座庞大的山系横亘于亚洲大陆中部,南与东部天山山系相望,是沟通漠南、漠北草原与西域绿洲、中亚草原的枢纽。作为古代内亚游牧人繁衍生息的核心区域和往来迁徙的重要通道,阿尔泰山地区一直不乏古代游牧人的历史活动。然而史缺有间,这些活动在文字史料中却没有得到应有的反映,即便是在汉文史料中也没有。造成这种状况的主要因素是"空间距离和地理位置"[2],由于地理位置十分遥远,彼此直接交流十分不易。虽然没有文字记录,但并不代表阿尔泰山地区没有游牧部族活动的历史轨迹,否则就是不符合历史事实。

实际情况是,著名的和布克赛尔县骆驼石旧石器时代遗址,不仅发现有尖状器和刮削器,还有欧洲旧石器时代晚期流行的勒瓦娄哇石片等,该遗址的年代推测为旧石器时代中晚期,距今约3万年前。[3] 2004年9月对阿勒泰地区进行的中外联合调查结果表明,在阿尔泰山丘陵地带发现了较多的旧石器时代晚期的遗存,距今1万—3万年。[4] 2005年年底在阿勒泰市举行的第一次滑雪起源地论证会结束后,在发布的《阿勒泰宣言》中的第三条已经"证实古阿勒泰人早在距今一万年左右就已经开始了滑雪活动"[5]。因此,可以说阿勒泰地区在旧石器时代的中晚期就已经有了居民活动。

但是,限于当时的地貌、气候和交通等条件,上述因素势必会影响不同地域相互之间的经济文化交流。也就是说,如果没有不同地域之间的相互沟通和民族间的交往,就不会有文化之间的相互传播和融合。事实证明,早在绿洲丝绸之路开通之前,这里已经是东西经济文化交流的大通道了。

在青铜时代和早期铁器时代,连接东西方贸易、文化交流的媒介是玉石和黄金。根据上文对新疆境内出土双联器的年代讨论,以及甘肃、青海、陕西、河南及黑龙江省等地出土的双联器,可见东部天山

---

[1] 李征:《阿勒泰地区石人墓调查简报》,《文物》1962年第7、8期合刊,第103—106页。

[2] 贾从江:《关于汉唐时期汉文文献所录阿尔泰山游牧人活动情况的几个问题》,《新疆文物》2011年第1期,第64页。

[3] 新疆维吾尔自治区文物考古研究所:《新疆考古十年间》,《中国文化遗产》2007年第1期,第99页。

[4] 此次调查是由中国科学院古脊椎动物与古人类研究所和新疆文物考古研究所、美国亚利桑那大学人类学系、俄罗斯远东学院等单位合作调查的,具体参见王博《阿勒泰是人类滑雪最早起源地探索》,单兆鉴、王博主编:《人类滑雪起源地——中国·新疆·阿勒泰》,人民体育出版社、新疆人民出版社,2011年,第61页。

[5] 单兆鉴、王博主编:《人类滑雪起源地——中国·新疆·阿勒泰》,第5页。

的鄯善县洋海墓地就像是一个集散中心，把这种使用合卺用器的习俗向西、向南分别传入阿尔泰山地区和焉耆盆地、且末国等地。但是从质地到形制均发生了很大的变化，切木尔切克墓地的双联杯取材于石质，具有实用性，而和静县鱼儿沟墓地和且末县扎滚鲁克墓地的双联杯分别取材于陶质和木质，器形很小，不具有实用性，只是作为明器使用。

结　语

以上通过对切木尔切克墓地出土双联杯的介绍，并扩大到新疆境内出土的双联器，结合河西走廊和中原地区出土的双联器，参照文献资料，我们认为新疆切木尔切克墓地及其他三处墓地出土的这种双联器可能就是古人婚娶时使用的"合卺杯"或"连理杯"，应该是从中原传播而来的。只是在传播的过程中，各地结合当时的生产条件，就地取材，制造出了具有自身地域风格特征的双联器。同时，随着社会历史的发展，这种合卺用器的功能在西域地区逐渐退化，最迟到了战国早期，已经退化为只具有象征意义的明器了。截至目前，在新疆地区还没有发现类似的、更晚的双联器出土。但是，随着考古发掘的不断深入开展，也许还会出现更多相类似的器物。果真如此，则能把研究更加推向深入，这也是我们所希望看到的结果。

延安宋金石窟工匠及其开窟造像活动考察

——以题记所见工匠题名为核心

石建刚
（陕西师范大学丝绸之路历史文化研究中心）

袁继民
（延安市文物研究所）

工匠及其流派的研究对厘清石窟造像的特点及艺术风格具有重要意义，而延安宋金石窟恰恰保留了大量有关工匠身份的信息，这为我们的研究提供了极为重要的资料。相关研究以李凇和李静杰二位先生为主。李凇先生在对延安宋金石窟调查过程中，最先注意到石窟工匠问题，在其专著《陕西古代佛教美术》中释录了富县大佛寺石窟、石泓寺石窟、阁子头石窟、黄陵万安禅院、子长钟山石窟、安塞招安石窟、石寺河石窟、真武洞大佛寺石窟、志丹城台石窟、何家洼石窟等10处石窟的12条有关石窟工匠的题记。[1]后又在黄陵万安禅院第1窟（又称双龙千佛洞石窟）的研究中，考证出以介端为首的介氏家族是主要活动于鄜州、坊州地区的一个地方性工匠派系，有署名的万安禅院石窟、招安石窟、志丹城台石窟、马渠寺罗汉堂石窟（又称马蹄寺石窟）、阁子头石窟和没有署名的石佛堂石窟（笔者注：后在第6窟发现工匠署名题记）、直罗镇柏山寺塔石雕均属介氏作品，并着重分析了介端等人对黄陵万安禅院石窟的营建及其作为"镌佛人"的特殊身份。[2]李静杰先生在《陕北宋金石窟题记内容分析》一文的第二部分"石窟的工匠班底"中，对以延安为主的陕北宋金石窟工匠班底进行了较为详细的分析，并着重对北宋早期以米延福为主的工匠班底、北宋晚期至金代早期的介氏家族工匠班底和以王志为首的工匠班底、钟山石窟开凿者王信工匠班底进行了考证，对各个派系工匠的组成、活动范围、造像情况等问题作了考证。并在实地调查的基础上补充了宜川贺家沟石窟、富县罗汉堂石窟、城台石窟、石寺河石窟4座洞窟的7条有关石窟工匠的题记。[3]我们通过对延安宋金石窟的全面调查，共在25座石窟中发现有关石窟工匠的题记37条，其中19条为首次公布。基于这些新资料的发现，我们欲在前辈学者研究的基础上，对延安宋金石窟的工匠及其开窟情况作进一步的补充说明，敬请方家指正。

---

1 李凇：《陕西古代佛教美术》，陕西人民教育出版社，2000年，第171—211页。
2 李凇：《黄陵双龙千佛洞的图像、作者与观念》，氏著《长安艺术与宗教文明》，中华书局，2002年，第84—92页。
3 李静杰先生《陕北宋金石窟题记内容分析》一文的第二部分"石窟的工匠班底"（《敦煌研究》2013年第3期，第103—115页），是唯一系统研究延安宋金石窟工匠班底的文章，乃是这一问题研究的基础之作，我们的论述仅仅是对李先生该文的补充和深化。本文所引李静杰先生观点，未注明出处者均出自《陕北宋金石窟题记内容分析》一文，特此说明。

一 北宋早期的工匠米延福

北宋早期有明确纪年的洞窟仅2座，分别是富县石泓寺第3窟和富县大佛寺第2窟，而两窟造像题记中均提及工匠米延福。石泓寺第3窟西壁南侧上方题记"□□开宝二年（969）（中略）石匠□温□□□，青石匠人米□章，青石匠人米延福，□□人孙□"。大佛寺第2窟后壁题记"开宝六年（973）岁次癸酉朔七月庚申朔，任廷广发心造石佛堂壹所（中略）行自人郭景亥，梗自人米延福，匠人米延福，造作人米延福并□同全"。另外，根据李凇先生的调查，在石泓寺第6窟亦有一条米延福题记，内容为"大宋开宝八年（975）……匠人米廷福"[1]。李凇先生在释读大佛寺第2窟题记时，将工匠"米延福"录作"米廷福"，据此，我们认为该题记中的"米廷福"应同样是"米延福"。根据石窟题记，石泓寺第3窟开凿于开宝二年到三年之间，大佛寺第2窟开凿于开宝六年前后。而石泓寺第6窟是一座隋代开始开凿的洞窟，唐景龙二年、北宋开宝八年和金代早期等时段均续刻了部分造像。三座洞窟题记中均提到工匠米延福，在石泓寺第3窟题记的工匠排序中米延福处在较靠后的位置，而大佛寺第2窟和石泓寺第6窟题记中仅列出米延福一人，可见这两窟的营建和续刻应是由其独立完成的。据此我们可以推断，在石泓寺第3窟开凿过程中，米延福尚属学习阶段，并非这一工匠班子的首要成员，而到了大佛寺第2窟开凿过程中，已经能独立承担开凿任务了。三处题记所见的这个工匠班子，应该是北宋初期，鄜州地区颇为重要的工匠班子。

石泓寺第3窟，是一座小型的屏柱式中央佛坛窟[2]（图1），窟内平面呈梯形，后宽前窄，洞窟中央设方形坛基，坛基北侧边缘有通顶石屏柱一方，东、西两侧边缘各有两方，石屏正面造像，窟门为方形，穹窿顶。而同样的洞窟形制在石泓寺隋唐时期的第6窟已经出现，可见北宋初期的石泓寺第3窟在洞窟形制上完全继承了石泓寺隋唐洞窟的样式。石泓寺第6窟所见的这种屏柱结合式的中央佛坛窟是目前所见这一形制的最早实例，而这种形制在延安地区

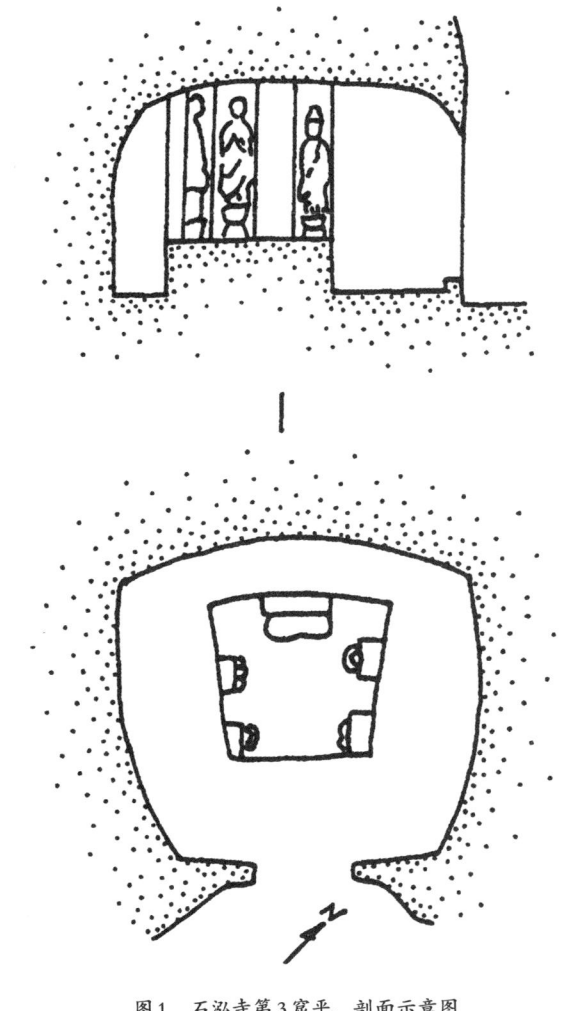

图1 石泓寺第3窟平、剖面示意图

---

1 李凇：《陕西古代佛教美术》，第208页。
2 该图采自何立群《延安地区宋金石窟分期研究》，北京大学硕士学位论文，2001年，图二：1。

的宋金石窟中得到了极大的发展，演化出许多不同的变式。

石泓寺第6窟是一座小型的屏板式中央佛坛窟，后壁已毁，现该窟与第7窟相通。中央坛基原有一佛二弟子二菩萨五尊像，近年被盗，仅存佛座底部，按其风格为唐早期造像。窟内所见唐景龙二年（708）造像题记，或对应的正是这组造像。左壁中央开一圭形龛，龛内高浮雕一铺四尊像，中央为主尊佛像，左侧侍立一身菩萨，右侧侍立一弟子一菩萨，佛座前雕刻二蹲踞状狮子，具有典型的隋代造像特征，这或与李淞先生提及的隋大业四年（608）题记对应。除以上造像外，左右壁还有自在坐观音、布袋和尚、坐佛等造像，风格一致，应为同时期作品。但从造像题材和风格判断，与第7窟的金代造像十分相似，应并非是开宝八年前后雕刻。现存造像没有发现开宝八年造像，一种可能就是，或许这批造像原雕刻于石窟后壁，现已被毁。

石泓寺第4窟，始凿于唐咸通三年（862）前后，北宋乾德六年（968）进行了续刻[1]。据调查，东壁的一佛二菩萨和自在坐观音造像雕刻于咸通年间，中央佛坛的一佛二弟子三菩萨和洞窟外壁的二天王造像时代略晚，当为乾德六年造像。该窟形制与相邻的第3窟完全一致，该窟宋代造像题材、风格与第3窟也非常一致，加之该窟续刻年代与第3窟的开凿年代相近，所以我们认为该窟宋代造像同样出自米延福等人之手。

大佛寺第2窟，就窟形而言，与石泓寺第3窟大体一致，均为屏板式中央佛坛窟。就造像题材而言，两窟也基本一致，石泓寺第3窟中央佛坛上的造像为一佛二弟子二菩萨五尊像组合，大佛寺第2窟佛坛造像被毁，但从题记和佛坛底座残留痕迹来看，应同样是一佛二弟子二菩萨五尊像。石泓寺第3窟四壁雕刻了两组十六罗汉造像，另在左壁前部还雕刻了一龛一佛二菩萨造像，窟外两侧雕刻天王像，布局较为杂乱，似乎没有提前规划。而大佛寺第2窟左右壁分上下两排各雕刻八尊罗汉组成十六罗汉，在前壁窟门两侧雕刻天王像，造像布局较为规整。大佛寺第2窟在洞窟形制的处理、造像布局和造像水平上均有了明显提高。从这两窟造像来看，佛像明显继承了唐代造像的特点，肉髻高大，面相圆润饱满，肩宽腰细，服饰较为厚重、贴体，可以说是对石泓寺唐代第4、5、6窟佛像样式的直接模仿。菩萨像，同样是在模仿唐代造像，但显得更为笨拙，面相方圆，双肩宽厚，线条略显僵硬，造像显得僵直呆板，没有曲线美。罗汉及弟子造像（图2），头较圆，脖颈较短，肩部圆润厚实，衣饰较厚重贴体，领口和袖口均以较粗的线条作为边饰，腰间系带，较为圆润、古朴，略显笨拙。

大佛寺第1窟，是一座方形小窟。穹窿顶，与前述石泓寺第3窟、大佛寺第2窟窟顶样式一致。正、左、右壁各雕刻两尊高僧像，均头毁，着右袒袈裟，跏趺坐，造像圆润、古朴，略显笨拙，与石泓寺第3窟和大佛寺第2窟的罗汉造像风格一致，因此我们认为该窟应和大佛寺第2窟同时期开凿，或同样出自米延福之手。

大佛寺第3窟为大佛窟。李淞先生认为"其凿造风格与米延福（笔者注：即米延福）的'石佛堂'相同，位置也紧邻，应为同期之作"[2]。该窟窟顶为

---

1 陕西省博物馆、陕西省文管会：《富县石泓寺、阁子头寺石窟调查简报》，《文物》1959年第12期，第19页。
2 李淞：《陕西古代佛教美术》，第176页。

图2　大佛寺第2窟左壁罗汉造像

穹窿顶，中央为圆形，周围呈放射状雕刻16条等分线，与石泓寺第3窟和大佛寺第1窟非常一致。大佛造像圆润饱满，明显具有唐代遗风，衣饰厚重、有质感，造像浑厚、古朴，造像风格与石泓寺第3窟和大佛寺第1、2窟相同，位置上与大佛寺第1、2窟紧邻，这些特点均进一步印证了李氏的观点，所以，我们同样认为该窟出自米延福之手。同时，就造像水平而言，该窟大佛及二胁侍菩萨明显较石泓寺第3窟、大佛寺第1、2窟为高，所以我们认为该窟可能开凿于大佛寺第1、2窟之后，是米延福成熟时期的作品，代表了他的最高水平。从石窟关系看，第3窟占据了最好的崖面，有理由认为这是工匠在整体开凿之前进行整体规划的结果，将大佛放置在最为重要的位置，这也应是米延福最为看重的造像。

通过上述分析，我们认为石泓寺第3窟、大佛寺1、2、3窟的开凿及石泓寺第4、6窟的续刻均出自米延福工匠班子。同时，我们还发现富县的雷家沟石窟在洞窟形制、造像风格等方面与米延福等人的手法颇为相似。雷家沟石窟，位于富县直罗镇药埠头行政村崖窑砭自然村，与石泓寺石窟和大佛寺石窟位置相近，且均位于小河子川沿岸。雷家沟石窟，共3窟，均坐南面北。第1窟为小型屏板式中央佛坛窟（图3），洞窟平面呈方形，坛基东、西、南三面外缘均设屏板，互不连接。平顶，方形窟口。中央佛坛高浮雕一佛二菩萨造像（图4），均雕刻于屏板内侧。左右壁，壁面前部各雕天王立像一尊，造像均圆润、古朴，略显笨拙。窟形和造像风格上均与石泓寺第3窟和大佛寺第2窟类似。第2窟为小型后壁设坛窟，洞窟平面呈方形，坛基呈"凹"字形。平顶，窟口为方形。该窟是一座未完工的洞窟。

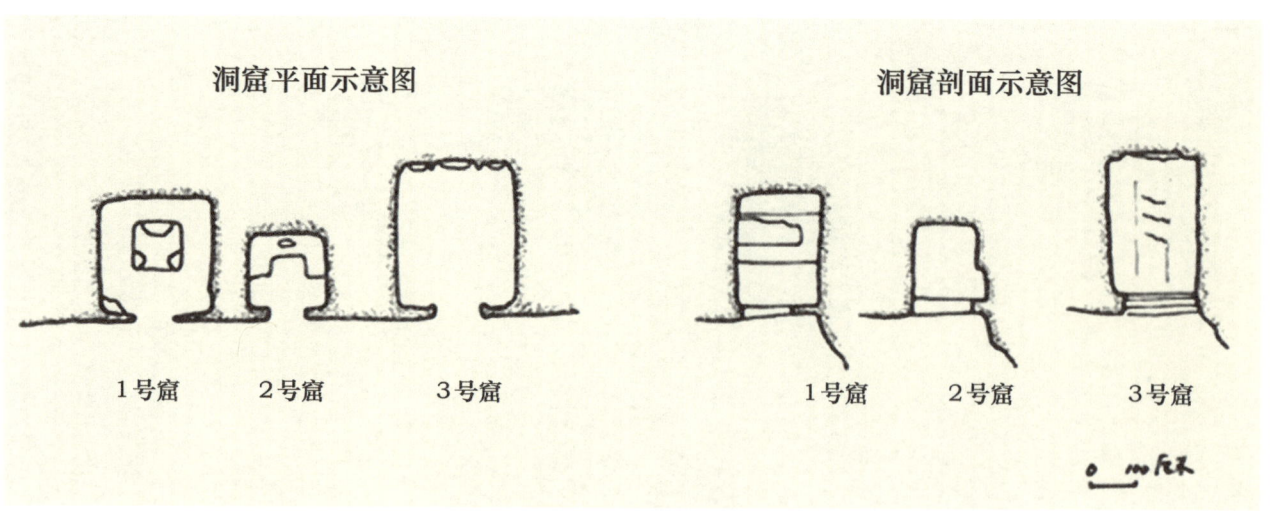

图 3　雷家沟石窟平、剖面示意图

后壁中央开一尖拱形龛，未完工。左壁北侧开一方形龛，未完工。窟外西侧有阴线刻半身人物像两个。第 3 窟为方形小窟，平顶，窟口为方形。后壁中央开一尖拱形大龛，内雕坐佛一尊（图5），佛像两侧各开一尖拱形龛，龛内各雕刻一尊罗汉。左右壁壁面中层各开一横长方形龛，分别雕 7 尊和 6 尊罗汉像。前壁窟口两侧各有一龛天王像，东侧天王左侧雕刻一尊罗汉像。该窟十六罗汉的造像样式和造像风格与石泓寺第3窟、大佛寺第2窟的罗汉如出一辙。总体来看，雷家沟石窟在洞窟形制、造像题材和造像风格等方面均与米延福等人的手法一致，且该窟与石泓寺、大佛寺位置相近，所以我们认为该窟极有可能同样出自这一工匠班子成员之手。相较于石泓寺第3窟，该窟造像较为规整，时间上应稍晚，造像上又不如大佛寺第2窟变化多样，故该窟大约开凿于石泓寺第3窟和大佛寺石窟之间的某一段时间内。

综上所述，我们认为以米延福为代表的这一工匠班子，在北宋初期主要活跃于鄜州西部地区。他们在洞窟形制、造像题材、造像风格等方面对当地唐代洞窟多有继承和模仿。洞窟形制以屏板式中央佛坛窟和方形窟为主，造像题材以一佛二弟子二菩萨、十六罗汉等为主要题材。造像风格质朴、浑厚。

图 4　雷家沟第 1 窟中央佛坛

图5 雷家沟第3窟正壁造像

二 北宋中期至金代早期的介氏工匠家族

介氏家族是延安地区影响最大的工匠家族，李凇和李静杰先生分别对介氏家族的情况做过专门研究。李凇先生在《黄陵双龙千佛洞的图像、作者与观念》一文中对介氏工匠家族的基本情况作了阐述。李静杰先生在黄陵万安禅院第1窟、宜川贺家沟石窟、富县阁子头第1窟、马渠寺第1窟（李文编为第3窟）和第2窟、安塞招安第4窟、志丹城台石窟第2窟等7座洞窟中发现了具有介氏工匠题名的题记11条。据调查，我们共在15座窟（龛）中发现了25条有关介氏工匠家族成员题名的题记，这是延安宋金石窟中留下题名最多的工匠家族，也是开窟最多的工匠家族。这一部分，我们将在李凇、李静杰等学者研究的基础上，对介氏家族工匠家族及其开窟情况作进一步的补充说明，以期能更加全面、系统地呈现这一工匠家族的成员组成和开窟造像情况。

（一）介氏家族主要成员及其开窟

1. 介守信

延安宋金石窟中，发现最早的介姓工匠题名是介守信，见于黄龙花石崖第1龛的造像题记中，题记内容为"维大宋天圣十年（1032）十月十八日毕，纠首修三圣弟子王文用（中略）石匠处士介守信"。该龛造像开凿于北宋天圣十年，比以往学者所考证的以介端为首的介氏家族工匠家族出现时间早了半个多世纪。有意思的是，与该龛相邻的花石崖第2

图6　花石崖第1龛"三圣像"

窟正是介端的儿子介子用参与开凿的，窟内有明确题记"造工（功）得（德）处士鄜州介子用"。在黄龙境内仅花石崖石窟发现有介姓工匠题名，虽相隔七十年之久，但我们认为介子用与介守信的名字出现在同一处石窟寺的相邻窟龛中绝非偶然，他们极有可能来自同一工匠家族，存在血缘关系。介守信与介端、介子用等人一样，在署名中均以"处士"自居的特点或也对这一问题有辅助性说明。介端的主要活动时间在1090年以后，大约比介守信的活动时间晚了半个世纪，据此我们推测介守信或是介端的祖父辈，很有可能正是其祖父。

与题记对应的花石崖第1龛（图6），为帐形龛，宽0.57米，高0.55米。龛内造像是由僧伽、宝志和万回组成的"三圣像"。中央主尊为僧伽，头戴披帽，外着右衽袈裟，结跏趺坐于高大的金刚座上，施禅定印。在僧伽的方形座底部升起两朵如意云，分别承托二弟子，二弟子头部均残，左侧弟子，着宽袖长袍，双手抱拳置于胸前；右侧弟子，着长袍系带，右肩搭巾状物，垂于腹下，两手均攀巾。左侧主尊为宝志，头戴披帽，着袈裟；右侧主尊为万回，光头僧人形象，眼睑肿大，口微启，腹略鼓，着通肩长领袈裟，左臂夹鼓，右手持鼓槌作打击状。根据题记，这铺造像雕刻于北宋天圣十年（1032），是延安地区目前所知雕刻最早的"三圣像"[1]。这铺

---

[1] 参见石建刚、高秀军、贾延财《延安地区宋金石窟僧伽造像考察》，《敦煌研究》2015年第6期，第35—36页。

图7 赵家沟观音洞石窟正壁造像

造像虽规模较小,但造像精致,线条流畅,显然介守信其人有着娴熟的雕刻技艺。

2. 介源

富县赵家沟观音洞石窟,有题记一则,"施主母亲杨氏、雷雨、弟雷震,清(青)石作处士介源,写文字人雷丰,元祐五年庚午岁(1090)"。根据题记,该窟造像工匠为介源,同为介姓工匠,是否与以介端为核心的介氏工匠家族存在关系?相关题记中没有留下任何线索,但从石窟造像来看,二者之间存在诸多共性。赵家沟观音洞石窟为方形窟,正壁主尊为自在坐观音(图7),左右壁及正壁左右两侧雕刻十六罗汉。自在坐观音和十六罗汉均是介端等人偏爱的题材,在介端等人参与开凿的洞窟中几乎均有这两类题材,且多处于重要位置。将介端和介子用开凿的富县十八罗汉洞第1窟与赵家沟观音洞石窟相较:形制上,二者均是方形窟;造像题材和组合上,二者均是以自在坐观音为后壁主尊,左右壁和后壁两侧雕刻十六罗汉;造像风格上,壁面均以减地竖刻的山石状图案为背景,树木均表现为蘑菇形,在人物造型和衣饰的雕刻上同样表现出极大的相似性。从这一实例中可以看出,介源的造像手法和介端等人如出一辙,所以我们有理由认为介源同样是介氏工匠家族成员,其和介端的活动时间大体相近,推测二者应是同辈兄弟。

3. 介端

介端的题名见于黄陵万安禅院第1窟、宜川贺家沟佛爷洞石窟、富县十八罗汉洞第1窟。万安禅院第1窟共发现有介氏工匠题名题记3条,其中时间最早者为绍圣二年(1095),内容为"乱首苑广、苑晟、李皋、明和共四人等,镌造石空寺佛殿后壁一面,五百罗汉并部从共六百仕(中略)绍圣二年九月八日,鄜州介端等镌并工",题记明确说明该年九月八日后壁造像雕刻完工,工匠为介端及其他不知名工匠。第二则题记为"绍圣三年(1096)二月五日,清心弟子周万,发心作菩萨一尊、弥勒佛一尊,自舍静(净)财壹佰贯(中略)镌佛人介端",该题记说明绍圣三年二月雕刻完成弥勒佛和一尊菩萨像，花费了一百贯钱。另有三条题记同样提及当时的造像工价，一则位于南壁中部三立佛大龛的右上侧，内容为"毗卢□□，周永舍钱二十贯，李玉舍钱一十贯，元符元年（1098）□月廿一日"。三尊立佛中，最右侧一身手结智拳印，符合毗卢遮那佛的身份；同时在右侧两尊立佛中间有题记"逯清舍欠（钱）三十贯足，作报身佛一尊记"，对应的当是中央一尊立佛；可见这三尊立佛正是法身佛、报身佛和化身佛，结智拳印者正是题记中所述的毗卢遮那佛。造毗卢遮那佛和报身佛各花费三十贯钱。另一则题记为"元符三年（1100）十月一日，鄜州界直罗县乾湫村弟子赵兴、男赵玉，造药师佛一尊，舍钱三十贯文（后略）"。从这两则题记来看，造药师佛、毗卢遮那佛和报身佛各费钱三十贯，而绍圣三年题记中的两尊造像则花费了一百贯钱，所以我们认为这尊弥勒佛和菩萨当是中央佛坛左屏壁内侧的主尊倚坐弥勒和胁侍菩萨。第三则题记为"施主王义、妻谢氏，同发愿造三类化身佛一尊、长生佛一尊，为亡过父母早生天界。政和五年（1115）六月一日并工记耳，作佛人鄜州介端、男介元、弟介子用、弟介政"，题记中提及"三类化身佛一尊"和"长生佛一尊"，李凇先生认为长生佛即是指北壁后部的那尊立佛，同时将"三类化身佛一尊"解释为"三种化身佛各一尊"[1]，我们比较赞同李先生的判断，但其关于"三类化身佛一尊"的解释略有不妥，我们认为当理解为"第三类化身佛一尊"，这尊化身佛对应的造像应正是南壁三尊立佛中最左侧一身，这恰与前两尊立像的毗卢遮那佛（即法身佛）、报身佛的身份对应。根据以上分析，我们大致可以确认绍圣二年完成了后壁造像，佛坛主尊造像大约在绍圣三年前后完工，而左右壁后部造像雕刻时间最晚，且左右壁后部和中央佛坛屏壁外侧有大量壁面闲置，并未造像。绍圣年间的工匠仅知介端一人，另有其他未知名工匠，未见介家其他成员署名，后期介端的三个儿子介元、介用、介政加入其中。

贺家沟佛爷洞石窟，题记有"（前略）长安青石介端、男介子用，同州金粉处□王琦。甲申（1104）九月十一□"；"长安青石作人介端、男介子用、小弟介政"；"崇宁三年二月十五（1104）日了，并青石匠介子用、侄儿介玉"；"……石匠介子用……维大王……尊……月十"。根据题记来看，该窟是由介端和儿子介子用、介政，孙子介玉等三代人共同开凿完成的。该窟中介端等人的籍贯由鄜州变更为长安，工匠名称也由"镌佛人""作佛人""石匠处士"变更为"青石作人""青石匠"，这是一个比较奇怪的现象。李静杰先生认为这"似乎暗示崇宁三年已经举家迁徙长安居住"，但是在他处更晚时期的题记中却仍然使用了鄜州这一籍贯，如富县庙沟罗汉堂石窟政和三年（1113）题记。可见，籍贯的变更并非是因为介氏家族举家迁徙。我们认为，介氏成员在贺家沟石窟中之所以称"长安"人士，或是为了提高知名度，获得宜川民众的认可，以求在宜川立足。

十八罗汉洞石窟第1窟，题记为"大宋国鄜□□罗县□□□信士（中略）匠人介端、男介用"。该窟为方形小窟，正壁主尊为自在坐观音，左右壁及后壁左右两侧雕刻十六罗汉造像。该窟题记风化严重，具体纪年无法释读，但工匠介端和介用的题名说明，

---

[1] 李凇：《黄陵双龙千佛洞的图像、作者与观念》，第78—81页。

该窟应开凿于介端活动的晚期，大约在1100年前后。这种以自在坐观音和十六罗汉为题材的方形小窟是介氏家族成员比较喜爱的造窟模式之一，介源、介端、介子用等人都曾采用这一模式，具有一定的典型性。

介端主持开凿的洞窟，有规模较大的屏柱式中央佛坛窟（黄陵万安禅院第1窟）、后壁佛坛窟，还有规模较小的方形窟。造像题材亦较为复杂，有三佛、涅槃图像（临终说法、入涅槃、启棺说法）、十六罗汉、五百罗汉、自在坐观音、千手观音、天藏与地藏、十方佛、十地菩萨、地狱十王、罗睺罗受记、阿育王施土等，其中以涅槃图像与五百罗汉、自在坐观音、十六罗汉最为流行。介端的雕刻技艺相当精湛，在大像的雕刻上继承了唐至宋初以来的风格，较为质朴、大气，但其擅长平面造像的处理，立体感略显不佳（图8）。对大幅图像的宏观把握较好，造像间的衔接较为自然，并擅长造像的细部刻画，线条流畅，富有动态。介端也是介氏家族成员中最富有创新精神的，他主持开凿的洞窟大多题材丰富多样，富有特色；他经常在传统造像题材中加入一些新的元素，使其富有个性。

4. 介处

介处的题名，见于富县阁子头第1窟和马渠寺罗汉堂第3窟（图9）。题记分别为"（前略）又打造石空一所，亦有释迦九士、五百罗汉。于政和壬辰二载（1112）二月初五日毕功（中略）本州介处造，□□介元，弟介子用"；"崇宁伍年（1106）八月二十伍日施主王松，自法（发）心造五百罗汉一堂（中略）本州人介处、宋处作"。从题记来看，介处和介端的两个儿子介元、介子用也参与开凿洞窟，同时介处排在介元和介子用之前，因此李静杰先生

图8　万安禅院第1窟左壁立佛造像

认为"介处与介端应辈分相同，似乎为弟兄关系"，这一推断较为合理。在马渠寺罗汉堂第3窟的开凿中还出现了合作者宋处。两座洞窟在造像题材和造像风格上非常一致：前者为方形窟，洞窟中央有四个通顶立柱；后者为中央佛坛窟；前者造像为三佛、涅槃与五百罗汉组合；后者佛坛造像无存，应是三佛或一佛二菩萨，四壁造像同样为涅槃与五百罗汉组合。介处对涅槃与五百罗汉造像组合尤为偏爱，所开洞窟四壁及柱面均以高浮雕的竖刻山石图案为背景，雕刻成排的罗汉。造像略具程式化，不似介

图9 罗汉堂第3窟右壁造像

端开凿的万安禅院第1窟后壁罗汉那样造型丰富，错落有致。

5. 介元

介元又称介元子、介子元，是介端的长子。安塞招安石窟第3、4窟之间的崖壁上和第4窟窟外左侧各有一方题记，均为楷书阴刻，竖排单行，前者为"鄜州介元子记"，后者为"鄜州介子元□"。前者字迹工整，刀法有力；后者字迹潦草，凿刻随意。我们认为前者是介元原作，后者是后人模仿前者所刻。招安石窟共7窟，第1、2窟为明清时期开凿。第3窟由前廊和后室组成，后室为立柱式中央佛坛窟，造像主要有三佛（已毁）、骑狮文殊与乘象普贤、自在坐观音、僧伽、观音救难、十六罗汉、千佛等，窟形和造像题材均是延安宋金石窟所流行的。

第4窟为中央佛坛窟，后壁中央为自在坐观音；观音两侧可见3尊倚坐像，该窟当地村民俗称为"十王殿"，这些倚坐像应正是十王造像；结合观音和十王造像，我们推测该窟佛坛主尊可能是地藏菩萨；左右壁和前壁可见成排的罗汉，应是五百罗汉。甬道两侧壁各有一尊高大的天王立像。李静杰先生认为该窟当为介元所开，我们赞成这一观点，该窟的窟形、题材、布局等均符合介氏开窟的特点。第5窟是一座小型的后壁佛坛窟，仅存左右壁上层造像，左壁可见坐佛和一座高大的佛塔造像，右壁可见雕刻于山石间的大罗汉像，造像精致，长于线条的处理。第6窟是一座小型的中央佛坛窟，佛坛造像无存，四壁造像风化严重，仅可见左右壁和前壁雕刻成排的罗汉，右壁有一座高大的佛塔和入涅槃图像

图10　花石崖第2窟东壁造像

痕迹，表现的应是涅槃与五百罗汉组合。该窟内容也极为符合介氏开窟的特点，可能同样出自介元之手。第7窟是一座方形小窟，窟内造像无存，窟口外上方有一龛自在坐观音像。总体来看，第4、6窟介氏开窟造像的特点明显，而第3、5、7窟也不排除出自介氏工匠家族成员之手的可能性。介元参与开凿的洞窟还有万安禅院第1窟、阁子头第1窟。

6. 介用

介用，又称介子用，是介端的次子。就现存题记所见，以介用为首的工匠班子，见于黄龙花石崖第2窟、志丹城台第2窟、富县庙沟罗汉堂第1窟、石佛堂第6窟、安塞建华寺第3窟、马渠寺罗汉堂第2窟。另外，介用还参与开凿了万安禅院第1窟、阁子头第1窟、十八罗汉洞第1窟、贺家沟佛爷洞石窟。

花石崖第2窟，题记为"造工（功）得（德）处士鄜州介子用"。该窟是一座小型的后壁设坛窟，佛坛造像无存。左右壁浮雕十六罗汉和阿弥陀佛造像，前壁窟口左右两侧各浮雕一尊菩萨像（图10）。该窟内有造像题记数条，但均无明确纪年。该窟外壁窟口右侧有一方题记，内容为"维那施主马二郎、施主□□、维那施主马二十郎、施主李元，紏首王捧、施主冯志成、施主任全、施主张福。时崇宁四年（1105）四月初五日"。我们推测这则题记应是该窟造像题记：首先，该题记虽同时与花石崖第1龛相邻，但第1龛造像题记比较明确（位于龛右），与该题记并无直接关系；其次，第2窟左壁后部佛像题记"弥陀佛一尊，施主任全"和该题记中均提及施主"任全"，说明该题记与第2窟存在直接关系；再次，第2窟造像题记中提及"造工（功）得（德）处士鄜州介子用"，而题记纪年崇宁四年前后恰是介子用比较活跃的时间。所以，我们认为该题记应是第2窟开窟题记，第2窟造像开凿于崇宁四年（1105）前后。

城台第2窟是一座超大型洞窟，由前廊和后室

图11 城台第2窟前廊北壁西侧罗汉造像

组成，后室为中央佛坛窟。该窟大观二年（1108）始刊记，金贞元三年（1155）前后竣工。窟内并未发现造像题记，前廊有纪年的造像题记集中在两个时间段，分别是北宋大观二年（1108）至政和二年（1112）、金皇统九年（1149）至天德二年（1150），该窟在修造过程中曾中断近40年。通过对前廊所有题记的系统调查，我们发现了两则大观年间的游人题记。第一则题记内容为"大观戊子年（1108）仲春十六日，张乐潜同行部张左臣、赵真，□人介用"。第二则题记内容为"同瞻佛像，大观庚寅（1110）十月，郭次公、刘子正、史致元、郭时中、贺机远、高及中、子冠□□同瞻"。这两则游人题记说明在大观二年窟内造像已具有相当规模。第一则题记为介用题刻，说明此时的造像工匠当是介子用，同时还说明此时正处在石窟开凿过程中。前廊所见有介用题名的题记共3条，分别是："大观戊子年（1108）仲春十六日，张乐潜同行部张左臣、赵真，□人介用"；"东南西北顺，生活曾经进，同人若不识，便是介子用"；"……保安军德靖寨……等廿人（中略）五月廿五日□景书，……作人介子用刊"。另有一方题记"清信男弟子周宸等……今舍净财造□……宾头卢罗汉一□，右伏愿，皇帝万岁，重臣千□，政和二年（1112）九月，男□……鄜州作人介……"，推测该题记所见"鄜州作人介"应同样是介用。从题记、造像风格等方面综合分析，我们认为窟内造像在大观二年已初具规模，大约在政和二年之前已全部完工。工匠在完成了窟内造像之后的政和二年，继续在前廊雕刻造像，前廊东壁北侧第1尊罗汉、北壁东侧壁面4尊罗汉、北壁西侧壁面东起第1、2尊罗汉（图11）、日月光菩萨均开凿于这一时期。通过相关题记及造像风格来看，前廊宋代造像均是由以介子用为首的工匠班底雕刻完成

图12 庙沟罗汉堂石窟前壁供养人造像

的。之后，由于某种原因，开窟活动被迫中断。一直到了金完全统治这一地区，社会稳定之后，又有功德主出资对其进行了续修，时间在皇统九年至天德二年间，前廊其他造像大约均开凿于这一时期。

庙沟罗汉堂第1窟，题记为："（前略）□有释迦并九士，□□罗汉在里头，□财舍了五千贯，□□□费二十秋（中略）延安府同处塑造罗汉人鄜州介子用、介广、冯瞻，政和三年（1113）十一月初六日记。"从题记来看，该窟开凿花费五千贯钱，耗时约20年，工程较大。题记中出现了合作者介广和冯瞻，介广在石佛堂第6窟题记中也有出现，应是介用的同辈兄弟。这是一座中型背屏式中央佛坛窟，佛坛造像无存，左右壁浮雕十六罗汉，前壁浮雕入涅槃和启棺说法图（图12）。

石佛堂第6窟，题记为："政和七年（1117）十二月初七日，打造五百罗汉了当（中略）打造罗汉人介子用、介百、介广。"题记中出现了合作者介百、介广，此二人疑是介用的同辈兄弟，或是介处的儿子。这是一座小型中央佛坛窟，佛坛造像无存，壁面浮雕涅槃与五百罗汉组合图像，与黄陵万安禅院第1窟后壁、阁子头第1窟、罗汉堂第3窟、招安第4窟等处的涅槃与五百罗汉组合图像一脉相承。

建华寺第3窟，题记为："东西南北顺，生活憎（曾）经进，同人若不识，便是介子用"；"……介子用造全，宣和六年（1125）四月初八日（后略）"。这是一座大型立柱式中央佛坛窟（佛坛后端左右两侧各有一立柱），左右壁浮雕自在坐观音等大像和千佛，前壁窟口左右两侧浮雕十六罗汉，造像均风化残损严重。

马渠寺罗汉堂第2窟，题记为"施主王□（松）、王十义等，各发心打造十六罗汉一堂（中略）阜昌五年（1135）六月二十五日，介用作"。这是一座小

图 13　五家庄石窟左壁造像

型的后壁设坛窟。佛坛造像无存,左右壁浮雕十六罗汉。该窟是有明确题记介氏家族成员开凿的最后一座洞窟,此后介氏家族成员不知所踪,或为了躲避战乱而举家迁徙至他处。

介用是介氏家族单独开窟最多的工匠,其活动范围遍及鄜延地区。介用全面继承了介端等人的造像特点,在造像题材上较为热衷于大型十六罗汉像、自在坐观音、涅槃与五百罗汉组合的雕刻。其造像相较于介端、介处等人更加精美,技艺更为娴熟。介用造像中尤以对大罗汉单体造像的刻画最见功底,罗汉表情多样,衣饰线条流畅,具有极强的现实表现力。

7. 介□与五家庄石窟

五家庄石窟,位于富县直罗镇,处在小河子川支流石渣河沿岸。这是一座方形小窟。正壁高浮雕一佛二弟子。左右壁内侧浮雕文殊与普贤菩萨,其余为十六罗汉,分上下两层,采用了近乎圆雕的高浮雕手法(图13)。题记为"大宋宣和二年(1120)□□二十日了毕(中略)造像人介□"。从题记所述"造像人介□"和该窟所处位置来看,该窟当同样是鄜州介氏家族成员开凿的。该窟完成于宣和二年,就这一时间来看,应是介元、介用一辈的成员开凿。就北宋末期到金代初期有关介氏成员的题记内容来看,具有独立开窟能力者似乎仅介元和介用二人。但从罗汉造像台座的样式、龙虎的造型、造像风格等细节来看,该窟造像似乎又并非出自此二人之手,或另有其人。

综合以上分析,可以看出介氏家族是一个长期以开窟造像为职业的造像家族,他们在延安地区的

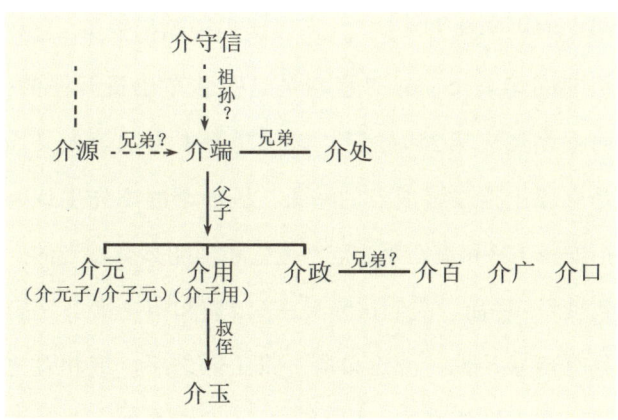

图14 介氏工匠家族成员关系示意图

图15 石宫寺第5窟后壁造像

开窟造像活动至少持续了100年之久,不少于5代人(图14)。介氏家族工匠班底是延安宋金石窟中最为重要的工匠班子,尤其是北宋晚期到金代初期,介家开窟遍布延安地区,对这一时期延安及周边地区石窟的开凿均产生了极为重要的影响。

(二)介氏家族造像的流布

通过对介氏工匠家族成员及具有明确题名的介氏成员开窟的分析,可以清晰地看到经过介氏家族几代人的不断继承和创新,介氏工匠家族在北宋晚期已经形成了自己独有的造像风格和特点。介氏成员凭借着精湛的技艺活跃于延安乃至周边地区,对这一地区的开窟造像产生了重要影响。通过调查,我们还发现部分洞窟虽没有介氏成员题名,但在窟龛形制、造像题材和造像手法上和介氏开窟极为相似,或出自介氏工匠家族成员之手,或受到他们开窟的直接影响。

从万安禅院第1窟造像来看,这一时期介端等人较为喜欢大体量佛像的雕刻,该窟佛坛和左右壁造像均以大像为主,且有唐及宋初以来的造像遗风,造像比较方圆饱满。同时,介端等人似乎比较擅长平面造像的雕刻,大像多欠缺立体感,这或正是介家造像风格转型时期的特点。甘泉的石宫寺第5窟同样具有类似特点。这是一座中型立柱式中央佛坛窟,中央佛坛圆雕三佛二弟子二菩萨二天王九尊像(均经重塑或妆彩,原貌不详),四根立柱上各浮雕一条盘龙。后壁浮雕7佛坐像(图15)。左右壁各开三个大龛,后部龛内各浮雕两尊大坐佛;中部和前部龛内雕自在坐观音等造像,经现代补塑和妆彩,原貌不详。前壁窟口左右两侧为日光和月光菩萨立像。该窟与黄陵万安禅院第1窟存在诸多共性:两窟均是中央佛坛窟,共同的造像题材有三佛、七佛、自在坐观音、日光与月光菩萨;两窟均偏爱于采用高大的舟形龛;两窟的造像风格非常一致,大佛形象极为类似,似出自同一工匠之手,均有唐至宋初的造像遗风,头有髻珠,面相方圆饱满,衣纹线条流畅;两窟均有类似于"工"字形的山石座,雕刻手法一致。综合以上特点,我们认为石宫寺第5窟和介端等人的造像风格颇为一致,其开凿年代与万安禅院第1窟相近。

从前文所述实例来看,介氏家族成员对涅槃图像(包含临终说法、入涅槃、启棺说法、起塔供养等情节)和五百罗汉造像均十分喜爱,正是由于对两者共同的喜好,才将其融合在一起形成了这种带有固定模式的涅槃与五百罗汉图像组合。正如李静杰先生所言，"介氏家族工匠班底的一大贡献，即在黄陵万佛寺石窟（笔者注：即万安禅院第1窟）创造出规整的程式化涅槃图像（临终说法、入涅槃、金棺说法）与五百罗汉组合的图像模式，构成了陕北石窟的重要内涵。尔后，直接影响到上述富县阁子头第1窟、富县马渠寺第2窟（笔者注：即马渠寺罗汉堂第3窟），以及富县石佛堂北宋晚期第4窟（笔者注：现编号为第6窟）、合水安定寺齐阜昌二年（1132）——金大定十八年（1178）石窟，这种影响大体由南而北呈直线型传播，金代早期又波及西部的合水"。我们认为，北宋晚期到金代早期，延安石窟中出现的这类涅槃图像、五百罗汉图像及二者的组合图像应均是受到介氏造像模式的影响。在此，有必要对安塞樊庄第2窟的情况作一专门说明，这是一座中央佛坛窟，开凿于北宋元祐八年（1093）至政和三年（1113），后壁为临终说法，左壁为入涅槃和启棺说法，右壁为起塔供养。水野さゃ和李静杰二位先生均认为，涅槃与五百罗汉的组合图像最早出现于该窟，并认为这是万安禅院第1窟那种程式化的涅槃与五百罗汉组合图像的初始形态。[1] 从造像内容来看，招安第4、6窟均有五百罗汉造像及涅槃造像的内容，在图像组合上同样没有形成固定的模式。同时，招安石窟和樊庄石窟同在杏子川及其支流长尾河沿岸，相距较近。根据招安第3窟所见题记来看，该窟是招安警戒点的驻军出资开凿的。招安是延安府西北部阻止西夏军队入侵的军事重镇，"招安一地驻扎着兖州武卫三十四指挥为中间力量的四支中央和地方军队"，所以我们推测招安第3窟和相邻的第4、5、6、7窟均是这些驻军出资开凿的；而根据樊庄第2窟题记，该窟功德主孟宗等人又均是隶属于招安警戒点的军人，因而李静杰先生认为招安第3窟和樊庄第2窟"施主和功能具有相当的一致性"。进而，我们认为樊庄第2窟和招安第4、6窟具有诸多共性，或出自同一批工匠之手，或相互之间存在直接的影响。招安第4、6窟没有留下具体的开窟时间，我们无法从中得知其与樊庄第2窟何者开凿较早。但是，我们认为介元去模仿其他工匠的可能性极小：首先，介氏工匠家族已经形成了自己的开窟造像特色，突然之间去模仿其他工匠不太现实；其次，介氏家族成员在此之前主要活动于今富县、甘泉、黄龙等地，介元等人不可能刚到一个新的地方就去模仿当地工匠的开窟；再次，即使介元确实模仿了其他工匠的开窟，但如涅槃与五百罗汉组合这样的造像组合也不可能一下子被介端等其他介氏成员所接受、熟练运用并形成自己的固定模式。所以我们怀疑樊庄第2窟和招安石窟一样，也有可能是介元或介氏其他成员开凿的。因为没有明确题记，这仅仅是我们的一种推测。

正如李静杰先生所注意到的那样，自在坐观音同样是介氏家族成员比较偏爱的造像题材之一，介氏家族成员开凿的赵家沟观音洞石窟、贺家沟石窟、十八罗汉洞第1窟、招安第4窟等洞窟中均在后壁中央雕刻了自在坐观音，而与之组合的洞窟左右壁一般均有十六罗汉或五百罗汉造像。其中元祐五年（1090）由介源开凿的赵家沟观音洞石窟是延安地区

---

[1] 〔日〕水野さゃ：《中国陕西省延安市安塞县樊庄石窟について——陕北地方における北宋の石窟造营とその背景に関するてがかりとして》，《密教图像》第27号，密教图像学会，2008年，第69—86页。

图16　庆阳北石窟寺165窟明窗右侧壁造像

最早以自在坐观音作为石窟后壁主尊的。这一图像模式也在延安宋金石窟造像中产生了一定程度的影响，绍圣二年（1095）的黄龙月坪石窟、宣和年间的石寺河第1窟、宣和五年（1123）的富县梨树窑子观音洞石窟后壁主尊均是自在坐观音，且月坪石窟和梨树窑子观音洞石窟的左右壁亦均有十六罗汉造像，显然是受到介氏造像模式的影响。

十六罗汉造像是延安宋金石窟众最为流行的造像题材之一，介氏工匠家族成员也颇为喜欢这一题材，介氏成员所开凿的洞窟中几乎均有表现，其中以介用作品中的十六罗汉最具代表性。介氏工匠家族成员所雕十六罗汉主要有两种，一种是在方形小窟及个别中型后壁设坛窟左右壁的全部或者主要部位分别雕刻八尊罗汉组成十六罗汉，如花石崖第2窟、庙沟罗汉堂第1窟、马渠寺罗汉堂第2窟等；一种是以近于圆雕的高浮雕手法雕刻十六罗汉，这类罗汉形体大多接近真人大小，多见于一些大型或超大型洞窟中，如城台第2窟。其中，以第一种类型的十六罗汉最为普遍。以介用为代表的介氏家族成员的十六罗汉造像有几点显著特征：第一，壁面一

图17 富县南沟门佛爷洞第2窟所见块垒状山石浮雕

般以竖线刻山石图案为背景，罗汉造像罗列于山石间；第二，罗汉多坐于山石座上，这些山石座亦多是以竖线所刻山石状；第三，雕刻手法上注重线条的运用，线条、生动；第四，介家十六罗汉中的龙和虎造型固定，颇具代表性。我们发现甘肃庆阳北石窟寺第165窟前壁窟口上方明窗两侧壁分别浮雕了八尊罗汉[1]（图16），组成十六罗汉造像。这组造像和介氏家族的十六罗汉颇为相似，壁面以竖刻山石图案为背景，造像均雕刻于圆拱形龛内，罗汉大多坐于阴线竖刻山石座上，同样有介家典型的龙、虎造型。这组十六罗汉极有可能出自介氏家族成员之手，其雕刻手法成熟，当为北宋晚期至宋金更替之际（与介子用的活动时间大致相当），可见介氏工匠家族的活动范围并不仅仅限于鄜延地区。

三 其他工匠

除了米延福工匠班子和介氏工匠家族，在延安宋金石窟中还留下一些其他工匠的题名信息，同样具有极为重要的研究价值，分别介绍如下。

其中开凿最早的是富县南沟门佛爷洞第2窟，题记为"（前略）延州甘泉县柳家务石匠□□"。该窟题记残损严重，纪年难于辨识，但从对延安宋金石窟的对比分期来看，该窟当在北宋中期或早期偏晚的一段时间里。这是一座小型的中央佛坛窟，佛

---

[1] 图版采自甘肃北石窟寺文物保护研究所《庆阳北石窟寺内容总录》（上），文物出版社，2013年，第24页，图15。

坛造像无存，后壁上层有两排小坐佛，左右壁前部以横向线条浮雕的块垒状山石为背景，期间有罗汉、自在坐观音等造像。该窟左右壁前部的这种块垒状山石浮雕颇具特色（图17），在富县的石咀沟石窟、廖家庄石窟、四十亩地第3窟和甘泉的柳洛峪第1窟等石窟中均有表现。

钟山第10窟的治平四年（1067）题记记述该窟工匠为王信、薛成、冯义、孙友、孙玉五人。该窟造像被公认为是陕北宋金石窟的最高水平。正如李静杰先生所注意到的"题记没有言及工匠籍贯，从其高超技艺推测，不似子长当地工匠所为，应是从他处请来的一流石匠"。从造像的水平来看，该窟造像，特别是佛坛上的圆雕像，技艺极为精湛，在陕北地区宋金石窟中独一无二。就造像题材来看，该窟有不少造像题材在陕北石窟中乃是首次出现，如自在坐观音造像中的王者形象，金地藏与闵公、道明、金毛狮子及十王的组合，观音与善财、龙女、鸽子的组合[1]，涅槃图像中出现的升天内容[2]，万菩萨造像等。特别是前三类造像内容，就目前所见在全国范围内也是最早的。以上种种迹象表明该窟造像不同于陕北地区固有的造像内容，所以我们完全同意李静杰先生的说法，认为这一工匠班底并非出自陕北当地，极有可能是来自长安、汴京或其他宗教文化中心地区，不仅带来了精湛的雕刻技艺，还带来了一些最新的造像样式。正是由于该窟新颖的造像样式和精湛的造像技艺，使得其对之后的延安宋金石窟产生了广泛的影响。

黄龙月坪石窟，题记为"（前略）绍圣二年（1095）二月八日，石匠处士赵后（后略）"。这是一座小型的中央佛坛窟，佛坛造像无存，后壁中央为自在坐观音，观音两侧各有一尊略小的佛像，左右壁浮雕十六罗汉和二菩萨像（西壁菩萨为骑狮文殊，东壁菩萨身份尚不确定）。该窟以自在坐观音为后壁主尊、左右壁浮雕十六罗汉的构图模式和介氏家族的风格非常类似，同时该窟十六罗汉的雕刻手法也和介氏家族的风格颇有类似之处，可能是受到了介氏家族的造像模式和雕刻风格影响。甚至李静杰先生在没有看到题记的情况下误以为该窟定然也是介氏家族的作品。但若仔细辨识，其实二者之间是存在一定差异的：首先，以自在坐观音为后壁主尊、左右壁浮雕十六罗汉的图像配置，介氏一般情况并不在中央佛坛窟中应用，而是在方形小窟中才会采用；其次，该窟四壁造像均位于壁面上半部，下半部无造像，壁面造像比较疏朗，这些均不同于介氏的处理手法；再次，介氏的十六罗汉大多雕刻出山石座，而该窟的十六罗汉大多没有台座；最后，介氏造像中骑狮文殊均与乘象普贤造像对应，而该窟右壁前部为骑狮文殊，左壁前部则是一身结跏趺坐于束腰仰莲座上的不知名菩萨像。

李静杰先生所揭示的还有安塞石寺河第1窟（李文中编为第3窟）的工匠王志，并注意到这和齐阜昌二年（1132）至金大定十八年（1178）开凿的甘肃合水县安定寺石窟题记中提到的延长工匠王志是同一人。正如李氏所说，"以王志为首的工匠班底主要贡献在于传播既有的石窟文化，比较缺乏自身的创新"。石寺河第1窟，就窟形而言，与延安清凉山第11窟基本一致，均是屏柱式中央佛坛窟。其中后壁的日光与月光菩萨、左屏壁外侧的涅槃图像、右

---

1 参见林锺妏《陕北石窟与北宋佛教艺术世俗化的表现》，台湾大学硕士学位论文，2006年，第42—50页。
2 参见李静杰《中原北方宋辽金时期涅槃图像考察》，《故宫博物院院刊》2008年第3期，第35—36页。

屏壁内侧下部的罗睺罗受记图像、左右壁下部并列雕刻的十六罗汉像均是介氏工匠家族成员偏爱的题材；安定寺石窟的涅槃与五百罗汉、日光与月光菩萨等亦均是受到介氏家族造像特点的影响，可见介氏家族对王志工匠班子具有重要影响。除了对既有造像的模仿，从石寺河第1窟来看王志工匠班子也有一定的创新，该窟雕刻的白衣观音、化鹊菩萨、后壁以自在坐观音和僧伽为并列主尊的构思等又为该窟所仅见。另外，该窟前壁窟口两侧成对雕刻高大的布袋和尚像的特点，同样见于安塞龙眼寺第4窟，二者的造像布局和风格均极为相似。[1] 同时，该窟在造像风格上，尤其是服饰的处理，与安塞黑泉驿石窟、龙眼寺石窟第4窟均较为类似，因三窟的开凿年代相近，均处于北宋末期，且地理位置相近，不排除为同一工匠班子开凿的可能性。

志丹何家洼石窟题记"石匠弋达，女夫赵真并供养"，李凇、李静杰先生均有揭示。从其内容和题刻位置来看，工匠弋达为自己和女婿赵真共同雕刻了某尊罗汉造像，并进行供养，这里独提到女婿赵真，而没有提到弋达的其他亲人，或说明赵真也是参与该窟造像的工匠。该窟造像精美，以弋达为首的工匠班子技艺高超。

洛川榆林河摩崖造像，有题记"元祐八年（1093）八月二十五日（中略）写文字人吴林，石匠人赵陵、赵平、赵福"。目前此处仅留下一组规模较小的造像和这方题记，但据当地文物工作者和附近村民介绍，在摩崖造像的右侧曾有数座窟龛（现均已毁）。目前在摩崖造像右侧发现一座瘗窟，或与石窟寺有关。现存摩崖造像规模较小，就正常情况而言，无须赵陵、赵平、赵福三人共同开凿，这或说明他们同时还在附近开凿了其他窟龛造像。

安塞真武洞大佛寺第2窟题记"大金泰和柒年（1207）柒月贰拾叁日重修工毕（中略）镌造石匠母逸"，该题记最早为李凇先生揭示[2]，2013年陕西省考古研究院、延安市考古所、安塞县文物旅游局联合发表的《陕西安塞县大佛寺石窟调查简报》再次作了释读，录作"大公大（或'太'）和柒年柒月贰拾三日……公法师口佛事当本院……兼寨忠显……"，对题记年代及两尊天王造像的年代均未给出明确判断。[3] 真武洞大佛寺第2窟是一座北朝开凿的大像窟，从这则题记内容来看，金泰和七年石匠母逸曾有过续刻造像，据李凇先生考证，两尊天王像和窟檐装饰图案正是母逸的作品。[4] 两尊天王造像均风化严重，大致可见，其高发髻，身着铠甲战袍，衣袖飞扬，气宇轩昂。

小　结

综上所述，北宋早期多为小型洞窟，造像题材较为匮乏，技艺也略显低端，仅富县石泓寺和大佛寺石窟留下了米延福工匠班子的题名，而其余大量的石窟造像并没有留下造像工匠的信息。北宋中期同样以中小型窟为主，造像题材逐渐丰富起来，但

1　安塞石佛子第3窟，是一座中央佛坛窟，窟内造像均毁，仅见台座，从遗存情况来看，该窟后壁和左右壁造像同样为三佛和十二圆觉菩萨，前壁窟口左右两侧各有一圆拱形龛，龛内束腰台座，应同样是成对雕刻的布袋和尚。
2　李凇：《陕西古代佛教美术》，第12页。
3　陕西省考古研究院、延安市考古所、安塞县文物旅游局：《陕西安塞县大佛寺石窟调查简报》，《考古》2013年第12期，第7—8页。
4　李凇：《陕西古代佛教美术》，第12页。

留下工匠题名的窟龛也是极少数，仅富县南沟门佛爷洞第2窟的"甘泉县柳家务石匠□□"和黄龙花石崖第1龛的石匠介守信，对延安宋金石窟产生重要影响的介氏工匠家族成员已经登上了开窟造像的历史舞台。北宋晚期是延安石窟蓬勃发展的阶段，开凿了不少规模庞大、造像精美的洞窟。这一时期较为重要的工匠班底有以鄜州介端、介用为代表的介氏工匠家族，以延川王志为首的工匠班子，也有如王信这样外来的一流工匠班子，同时还有黄龙月坪石窟的赵后、何家洼石窟的弋达、榆林河摩崖造像的赵陵等工匠。北宋灭亡以后，延安地区的开窟造像活动迅速萎缩，以对前代洞窟的重修和妆彩活动为主。留下的工匠题名极少，目前仅知齐阜昌五年开凿马渠寺罗汉堂第2窟的介用和泰和七年重修真武洞大佛寺第2窟的母逸，马渠寺罗汉堂第2窟完工之后介氏工匠家族成员不知所踪。

附表1：延安宋金石窟所见介氏工匠家族成员题记汇总表

所属县区	所属窟龛	题记位置	题记时间	题记形态	题记内容	备注
黄龙	花石崖第1龛	龛外右侧	天圣十年（1032）	楷书阴刻，竖排，共7行，满行36字。题记高0.73米，宽0.19米。	曾闻人之贵贱者阴注阳寿也，命之贫富者因修种也。善若不作，望福以难随；/恶若不亡，堕饥寒之有分。夫如三圣者，名容各异，一身分形，是观音之现身，乃应讥（机）之多变。危临启/念，苦难皆除；灾逼称扬，病忧尽显。今有施主王文用、陈志诚，英雄荡荡，礼乐跄跄。慕方朔之高长，/习郑玄之逸气。又乃心归佛法，想浊世以何坚；意仰金仁，念光阴之非久。是以同心构善，共结良缘，舍有限/之珍财，修多生之福利。观莲宫之石壁，圣迹勘修；见梵宇之岩崖，幽玄可造。安排三圣，万古长存。/刊/真仪，千生福住，特就斯晨，斋僧庆赞。维大宋天圣十年十月十八日毕。/糺首修三圣弟子王文用，同修三圣……石匠处士**介守信**。	*
	花石崖第2窟	左壁上层前部两尊罗汉之间	崇宁四年（1105）左右	阴刻楷书，竖排，2行，每行5字。	造工（功）得（德）处士/鄜州**介子用**。	*
富县	赵家沟观音洞石窟	东壁南侧上部	元祐五年（1090）	圆首碑形题记，碑座为双层仰莲座，宽0.5米，通高0.85米，碑高0.5米；题记为竖排10行，满行10字。	大宋国鄜州直罗县黑水/乡雷雨、弟雷震，自法（发）乾（虔）心，/打造石空，观音菩萨、十六/罗汉并部从，永为供养。愿/皇帝万岁，重臣千秋，然愿/四方无事，国界安宁，风调/雨顺，国泰民安。施主母亲/杨氏、雷雨、弟雷震，清（青）石作处士**介源**，写文字人雷丰，/元祐五年庚午岁。	*
	十八罗汉洞第1窟	前壁窟口西侧壁面	北宋中期	如意云承托的圆首碑形题记，碑为仰莲座；题记为阴刻楷书，竖行，整体风化严重，可辨10行，满行15字。	大宋国鄜□（州）□（直）罗县□□□信士□□/……发□□……岩石□□……尊，并十六……了毕。/□□□千秋，风调雨顺，国泰/□□□……书字人□□□/……月二十四日□/□□□薛□，施主薛玉、薛永/□□□……冯达、冯宗、张演/□□□□□……薛万、郑仙/□□□匠人**介端**，男**介用**。	
	阁子头第1窟	前壁窟口上方	政和二年（1112）	不详。	元符三年□□□日，施主/平泉村皇甫吉、男皇甫晟，劝/发虔□，□圣佛殿，内有释迦/九□、十方佛、十地菩萨、泗洲，并及/四面采画已毕。又打造石空一所，/亦有释迦九士、五百罗汉。于政/和壬辰二载二月初五日毕功，虔/心已俊（竣）。愿帝王万岁，臣载（宰）千/秋，国泰民安，风调雨顺，合家安/乐，大小无灾，愿常保护于夕，为/记之耳。政和二年二月日。/施主皇甫吉、妻许氏、男皇甫晟、皇甫宪，/孙继住、二汉。/得价□三千贯。本州**介处**/造，□□**介元**，弟**介子用**。[1]	

---

[1] 该题记转录自负安志《陕西富县石窟寺勘察报告》，《文博》1986年第6期，第12—13页。

（续表）

所属县区	所属窟龛	题记位置	题记时间	题记形态	题记内容	备注
富县	庙沟罗汉堂第1窟	前壁窟口上方	政和三年（1113）	阴刻楷书竖排，共16行，满行11字。题记高0.37米，宽0.7米。	……□□法（发）愿在心头/……□□善缘不肯休/……有释迦并九士/……在里头，财赦了伍仟贯/……费二十秋/……有子孙护持者/……是累劫修/，皇帝万岁，重臣千秋/……萧隐，愿子孙/……善业长存世/……菩提坚固/……妻惠氏、萧隐、曹氏/助缘人萧唤，男萧道，延安府同处塑/造罗汉人鄜州**介子用、介广、冯瞻**/政和三年十一月初六日记。	*
	石佛堂第6窟	北壁前部上方	政和七年（1117）	圆首碑形题记。题记为阴刻楷书，竖排行，共6行，满行12字。题记宽0.33米，高0.48米。	政和七年十二月初七日，打/造五百罗汉了当，施主下项：/刘晏、刘□、□王、刘毕/住持僧元智，伏愿/皇帝万岁，重臣千秋。打造/罗汉人**介子用、介百、介广**。	
	马渠寺罗汉堂第3窟	前壁窟口上方	崇宁五年（1106）	阴刻楷书，竖排行，共8行，满行10字。题记为方形，宽0.55米，高0.47米。	崇宁五年八月二十五日，/施主王松，自法（发）心造五百/罗汉一堂，粧化了并，施主/王松、妻似氏、男王阜千/亡光（过）母亲刘氏、亡光（过）父王端/同法（发）心王恭、王贵、杨处、□女施主张□。本州人**介处、宋处**作。	
	马渠寺罗汉堂第2窟	前壁窟口上方	阜昌五年（1135）	阴刻楷书，竖排行，共10行，满行10字。题记为方形，宽0.4米，高0.35米。	施主王□（松）、王十义等，各发/心打造十六罗汉一堂，今具/占人姓名下项：李六/潘海、孙氏、郭氏、郭进/王保、冯源、蒋平、张开、张二/郭□、雷客、王俊、王坚/蒙三、蒙甫、田氏、杨氏/杜七、王氏、郭晟/右各人家春安乐。/阜昌五年六月二十五日，**介用**作。	*
	五家庄石窟	前壁窟口上方	宣和二年（1120）	阴刻楷书，竖排行，共9行，满行6字。题记为长方形，宽0.34米，高0.26米。	大宋宣和二年□□/二十日了毕，伏愿皇帝万岁，□□/千秋，万民□□。/施主李佺/男李仲。/造像人**介□**。	*
黄陵	万安禅院第1窟	左屏壁正面	绍圣二年（1095）	阴刻楷书，竖排行，共10行，满行8字。题记为横长方形。	紀首苑广、苑晟、李皋/明和共四人等，镌造/石空寺佛殿后壁一/面，五百罗汉并部从/共六百仕，伏愿皇帝万岁，臣左千秋/禄位常居，国泰民安/四恩三有，同成佛果。/绍圣二年九月八日/鄜州**介端**等镌并工。	
		左屏壁正面	绍圣三年（1096）	阴刻楷书，竖排行，共6行，满行11字。题记为竖长方形。	绍圣三年（1096）二月五日，清信/弟子周万，发心作菩萨一尊/弥勒佛一尊，自捨（舍）静（净）财一百贯，省伏乞/合家平善，早成/佛道者谨记。镌佛人**介端**。	
		左屏壁正面	政和五年（1115）	阴刻楷书，竖排行，共5行，满行17字。题记为竖长方形。	施主王义、妻谢氏，同发愿/造三类化身佛一尊、长生/佛一尊，为亡过父母早生/天界。政和五年六月一日并工记耳。/作佛人鄜州**介端、男介元、弟介子用、弟介政**。	

（续表）

所属县区	所属窟龛	题记位置	题记时间	题记形态	题记内容	备注
宜川	贺家沟佛爷洞石窟	前壁东侧壁面	崇宁三年（1104）	题记残高0.26米，宽0.13米。	……□□□□定空施主/五人等，狄文顺以施主吕义/延安府郝怀、张诚、男张用和。/长安青石**介端**、男**介子用**，同州金粉处□王琦。甲申（1104）九月十一□。	
		不详		不详	长安青石作人**介端**、男**介子用**、小弟**介政**。[1]	
		不详	崇宁三年（1104）	不详	崇宁三年二月十五日了，并青石匠**介子用**、侄儿**介玉**。[2]	
		东壁十王地狱图像上方中部	崇宁二、三年左右	楷书阴刻，竖排，共4行，残损严重。	……石匠**介子用**/……维大王/……尊/……月十。	*
安塞	招安第4窟	第3、4窟之间的崖壁上	北宋晚期	楷书阴刻，竖排，单行。题记高1.27米，宽0.23米。	鄜州**介元子**记。	*
	招安第4窟	窟口外左侧	北宋晚期	楷书阴刻，竖排，单行。题记高1.3米，宽0.28米。	鄜州**介子元**□。[3]	
	建华寺第3窟	前壁北侧中部	北宋晚期	楷书阴刻，竖排，左读，4行，满行5字。题记宽0.31米，高0.36米。	东西南北顺/生活憎（曾）经进/同人若不识/便是**介子用**。	*
		前壁南侧中部	宣和六年（1125）	楷书阴刻，竖排，左读，现存5行，满行7字。题记高0.23米，宽0.2米。	……**介子用**造/全，宣和六年四月初/八日，施堂陈音、妻刘□/施男陈渊、妻孟□。	*

1 李淞先生最早提及这一题记，录为"鄜州介元，子□□记"，将题记位置记录为第4窟门楣处，当误。该题记字迹潦草，疑为后代游人所刻。
2 该题记李淞先生已经注意到，但仅录出"……作人介子川川"，并将"介子用刊"误录为"介子川川"。参见李淞《陕西古代佛教美术》，第198页。
3 该题记转录自李静杰《陕北宋金石窟题记内容分析》，第111页。

（续表）

所属县区	所属窟龛	题记位置	题记时间	题记形态	题记内容	备注
志丹	城台第2窟	前廊北壁东侧第二尊天王左侧中部壁面	大观二年（1108）	碑形题记，题记宽0.15米，通高0.45米，碑高0.38米。题记为阴刻楷书，竖排行，共3行，满行9字。	大观戊子年仲春十六日/张乐潜同行部/张左臣、赵真，□人介用。	*
		前廊北壁东侧天王左侧壁面	北宋晚期金代早期	阴刻行楷书，竖排行，共4行，每行5字。题记为方形，宽0.26米，高0.26米。	东南西北顺/生活曾经进/同人若不识/便是介子用。	*
		前廊东侧立柱西向面月光菩萨造像龛（已毁）上方	北宋晚期金代早期	阴刻楷书，竖排，共14行，满行9字。题记为方形，宽0.78米，高0.37米。	……保安军德靖寨/……等廿人，各/……到日□□/……工施主下项：/……雷□、王昭/……王雄、杨成、刘/……王义、郭青/王宗、□□骆立□□□/张安、韩□、刘进、王□/□□□……皇帝万岁，重臣千秋，及/……民安乐□记/□□□□五月廿五日□景书/……作人介子用刊。²	*
志丹	城台第2窟	前廊北壁东端罗汉造像左上侧	政和二年（1112）	阴刻楷书，竖排行，共10行，满行10字。题记为方形，宽0.5米，高0.42米。	清信男弟子周宸等……/今舍净财造□……/宾头卢罗汉一□/右伏愿：皇帝万岁，重臣千□/政和二年九月，男□……/……/……/鄜州作人介……/……¹	

注：*表示该题记为首次公布。

---

1 该题记李淞先生已经注意到，但仅录出"……作人介子川川"，并将"介子用刊"误录为"介子川川"。参见李淞《陕西古代佛教美术》，第198页。
2 李静杰先生对此题记有录文（参见李静杰《陕北宋金石窟题记内容分析》，第112页），但李氏未能释读出"政和二年"纪年，将该题记认定为金皇统九年。

附表2：延安宋金石窟所见石窟工匠（介氏工匠除外）题记汇总表

所属县区	所属窟龛	题记位置	题记时间	题记形态	题记内容	备注
富县	石泓寺第3窟	右壁前部上方	开宝二年（969）	阴刻楷书，左起竖排，共15行，满行14字，风化严重，题记为方形，宽0.59米，高0.4米。	□□开宝二年□……邦□焉，□□曰□……壹尊□……三景……盖□岭□……愿□□天□□见□□尊设斋而□……合家平善，大小□……弟子一心□……眷修造十□……修造人景□，同修造人□……女弟子□氏、□……氏、孙□……保□……氏、□……氏、进二□……景□……施……魏元真，**石匠□温□□□，青石匠人米□章，青石匠人米延福**，□□人孙□。	*
	石泓寺第6窟	开宝八年题记（975）	不详	不详	大宋开宝八年……**匠人米延福**（笔者注：当为米延福）。[1]	
	大佛寺第2窟	后壁	开宝六年（973）	南侧题记：阴刻楷书，竖排，共19行，满行14字，宽0.7米，高0.37米。北侧题记：位于2号窟东壁北侧，宽0.98米，高0.39米，阴刻楷书，竖排，共17行，满行12字。	右侧题记："开宝六年岁次癸酉朔七月庚申朔/任廷广发心造石佛堂一所，造释/加（迦）牟尼佛一尊，一心供养。/同修造人任彦温，又弟子任彦崇，/又弟子任彦□，男任廷进、任廷顺、任/廷贵，小姊息哥/仲哥小息，/女弟子雷氏，又女弟子张氏，女/弟[子]韩氏，又女弟[子]王氏，女弟子彭氏，女弟[子]/王氏，一心供养。/杨政温造二尊，一心供养/女弟子雷氏造菩萨一尊/刘行温造罗汉一尊/张忠钝造罗汉一尊/高廷晖造罗汉一尊/王彦忠造罗汉一尊/东怀福造罗汉一尊/令胡彦思造罗汉一尊。"左侧题记："地主崔中□今造阿难/一尊，一心[供]养/贺彦思造罗汉一尊/陈彦思造罗汉一尊/张仁义造罗汉一尊/姬思德造罗汉一尊/张延福造罗汉一尊/向殿造罗汉一尊/殿思饶造罗汉一尊/亡过张思宋造罗汉一尊/呈敬庠造罗汉一尊/陈彦温造□老一对，一心供养/刘启思造门神一尊/丰彦宋造门神一尊。/**行自人郭景亥，梗自人米延福/匠人米延福/造作人米延福并□同全**。"	
	南沟门佛爷洞石窟	位于第2窟与第3窟之间的崖壁上		长方形，宽1.29米，高0.9米，阴刻楷书，竖排行，共16行，满行10字。	……/六年□□□……/月一日……/末堂一……/释迦九……/打造工……/四……/赞讫愿以此……/皆共成佛道……/地主李□年八……/觉□……化□行……/施主……/打造弥……/圣佛……/打造一……/施主……/打造……/李真年二十二岁。/**延州甘泉县柳家务石匠□□**。	*
子长县	钟山第10窟	佛坛前窟顶中央	治平四年（1067）	现已风化无存。	治平四年六月二十六日/□州界安定堡百姓张行/者，发心打万菩萨堂/□人百姓等五人：**王信、薛成、冯义、孙友、孙玉**。打堂以后，皇帝万岁，重臣千秋，国泰民安，合家安乐/□□神虎书人雷泽，**刊字人李温**立记。[2]	
洛川县	榆林河摩崖造像	造像下方	元祐八年（1093）	宽0.37米，高0.23米，竖行排列，共10行，满行6字。	元祐八年八月/二十五日，榆林/村施主王愤，石/佛毕工，妻阿窦/男王昌、妻阿张/孙儿、外家儿□/昌，地主朱顺/写文字人吴林，**石匠人赵陵/赵平、赵福**。	*

---

1 该题记依据李凇、何立群先生录文。

(续表)

所属县区	所属窟龛	题记时间	题记位置	题记形态	题记内容	备注
黄龙县	月坪石窟	绍圣二年（1095）	右壁前部上层	宽0.21米，高0.36米，竖行排列，共6行，满行12字。	南瞻部洲大宋国修罗界丹州/宜川县永宁乡永宁村客户杨顺，□/发心备办，修释迦佛空子并功德□/绍圣二年二月八日，**石匠处士赵后**/都施主杨顺、妻阿剌、女夫赵郎/女杨氏、女孙张保，写毕，记人刘永吉。	*
志丹县	何家洼石窟	该窟建于元祐八年至绍圣二年	前壁（北壁）窟口西侧壁面	楷书阴刻竖排3行，满行5字。	石匠/**弋达**，女夫/赵真并供养。[1]	
安塞县	石寺河第1窟	宣和二年（1120）	右屏柱内侧后端白衣观音造像旁	莲花形碑座，尖形碑帽，通高0.53米，碑左侧略残，楷书阴刻竖排左读6行，满行10字。	延安府安□堡百姓/□□锡乃贺青/右谨发信心打造粧画/白衣观音一尊，愿龙花三/会，共结佛缘。宣和二年/匠人**王志**。	
		宣和三年（1121）	左屏柱正面化鹊菩萨造像旁	高0.25米，宽0.15米，楷书阴刻竖排左读6行，满行8字。	塞门寨百姓贺忠，自发虔心修释迦佛、化鹊菩萨一尊，伏愿皇帝万岁，合家安乐，宣和三年十二月十日，匠人**王志**。	*
		宣和四年（1122）	左屏柱外侧面涅槃造像下方	高0.4米，宽0.47米，蔓草边栏，正文楷书阴刻竖排左读11行，满行10字。	安塞堡/糺首人何青、白贵等/修释迦佛入涅槃一所/伏以皇帝万岁，重臣千秋。/察那川施主白友等共修一半/塌子掌合社施主张进/贺青、任子等共修一半/各人合家安乐，千灾/速去，万福常崇，宣和四年三月二十四日，白政，/石匠王志，画匠丁永。	
	真武洞大佛寺第2窟	泰和柒年（1207）	右侧天王旁壁面帷幔浮雕上	高0.82米，宽0.2米，共5行，满行16字，楷书阴刻竖排左读。	大金泰和七年七月二十三日重修工毕。化主善友李/□……等命……公法师佛事当日本院僧琼师/请镌寨忠显□虎仲□会齐题石记/镌造石匠**母逸**。[2]	

---

[1] 这方题记李凇和李静杰先生均已经有过揭示，前者录为"石匠戈达女夫赵真并□真"（见李凇《陕西古代佛教美术》，第202页）；后者录为"石匠□□，女夫赵真并□□"。

[2] 李凇先生录文为"大金泰和七年（1207）十月二十三日重修功毕。化主善友李道澄……镌造石匠母逸"（李凇：《陕西古代佛教美术》，第12页）；《陕西安塞县大佛寺石窟调查简报》录作"大公大（或'太'）和七年七月二十三日……公法师□佛事当本院……兼寨忠显……"（陕西省考古研究院、延安市考古所、安塞县文物旅游局：《陕西安塞县大佛寺石窟调查简报》，《考古》2013年第12期，第7—8页。）

附表3：介氏工匠家族成员所开石窟主要特点汇总表

工匠	窟龛	时代	形制	规模	造像与布局	主要特点
介守信	花石崖第1龛	天圣十年（1032）	帐形龛	中型龛，宽0.57米，高0.55米	"三圣像"。	造像略显修长，雕刻上较为注重线条，注重细部的处理。
介源	赵家沟观音洞石窟	元祐五年（1090）	方形窟	小型窟	正壁主尊为自在坐观音，左右壁及后壁两侧为十六罗汉。	壁面以竖刻的山石状图案为背景，蘑菇形的树冠。
介端、介元、介子用、介政及其他不知名工匠	万安禅院第1窟	绍圣二年（1095）始刊记，政和五年（1115）竣工	由前廊后室组成，后室为围屏式中央佛坛窟	大型窟	主尊为三佛，主要造像有涅槃与五百罗汉组合、罗睺罗受记、阿育王施土、立佛、千手观音、自在坐观音、十地菩萨、十方佛、日光与月光菩萨、十六罗汉等。	大像较为简括、浑厚，立体感略差；小造像注重宏观布局，以线条的处理见长，雕刻精细。
介端、介子用、介政、介玉	贺家沟佛爷洞石窟	崇宁二年始刊记，崇宁三年（1104）竣工	后壁设坛窟	小型窟	佛坛主尊无存，后壁中央为自在坐观音，主要造像另有十六罗汉、文殊、普贤、天藏与地藏、地狱十王等。	图卷式的地狱十王图像雕刻最具特色，具有二维图像的特点。
介端、介用	十八罗汉洞第1窟	北宋晚期	方形窟	小型窟	正壁主尊为自在坐观音，左右壁及正壁左右两侧为十六罗汉。	壁面以竖刻的山石状图案为背景，蘑菇形的树冠。
介处、宋处	马渠寺罗汉堂第3窟	崇宁五年（1106）	中央佛坛窟	中型窟	佛坛造像无存。四壁为涅槃与五百罗汉组合。	壁面以竖刻的山石状图案为背景，雕刻成排的罗汉，比较规整，造像注重线条。
介处、介元、介子用	阁子头第1窟	政和二年（1112）	后壁设坛窟	中型窟	佛坛造像为三佛。四壁为涅槃与五百罗汉组合。	同上
介元子	招安第4窟	北宋晚期	中央佛坛窟	小型窟	佛坛造像无存。后壁中央为自在坐观音，左右壁为涅槃与五百罗汉组合。	雕刻成排的罗汉，比较规整。
介子用	花石崖第2窟	崇宁四年（1105）	后壁设坛窟	小型窟	佛坛造像无存。左右壁为十六罗汉。	造像精美，注重线条的处理，以降龙罗汉旁的云龙最具特色。
介子用	城台第2窟	大观二年（1108）始刊记，金贞元三年（1155）前后竣工	由前廊后室组成，后室为中央佛坛窟	超大型窟	佛坛造像无存。主要造像有三佛、文殊与普贤、自在坐观音、十六罗汉、十方佛、十地菩萨、大肚弥勒等。	注重线条的处理，以前廊的宋代罗汉最具代表性。

(续表)

工匠	窟龛	时代	形制	规模	造像与布局	主要特点
介子用、介广、冯瞻	庙沟罗汉堂第1窟	政和三年（1113）	背屏式中央佛坛窟	中型窟	佛坛造像无存。左右壁为十六罗汉，前壁为入涅槃和启棺说法。	以竖线刻山石为壁面造像背景、山石座、蘑菇形树冠、云龙等均具有明显的介家造像特点。
介子用、介百、介广	石佛堂第6窟	政和七年（1117）	中央佛坛窟	小型窟	佛坛造像无存。四壁为涅槃与五百罗汉组合。	以竖线刻山石为壁面背景，蘑菇形树冠。
介子用	建华寺第3窟	北宋晚期	立柱式中央佛坛窟	大型窟	佛坛造像无存。现可见自在坐观音、十六罗汉、千佛等。	山石座。
介用	马渠寺罗汉堂第2窟	阜昌五年（1135）	后壁佛坛窟	小型窟	佛坛造像无存。左右壁为十六罗汉。	壁面以线刻山石为背景、蘑菇形树冠、山石座、云龙等均为其典型代表。
介囗	五家庄石窟	宣和二年（1120）	方形窟	小型窟	主尊为一佛二弟子。左右壁为文殊与普贤、十六罗汉。	左右壁分上下两层高浮雕十六罗汉。造像注重线条的运用。

注：

1. *表示该题记为首次公布。

2. 李静杰先生依据石窟面阔（含前廊）尺寸，将陕北宋金石窟分为小型窟（1—4米）、中型窟（4—6米）、大型窟（6—10米）、超大型窟（10米以上）四类（李静杰：《陕北宋金石窟佛教图像的类型与组合分析》，《故宫学刊》2014年第1期，第94页）。

青海海西新发现彩绘木棺板画初步观察与研究

孙 杰
（西宁市文物管理所）

索南吉
（青海藏医药文化博物馆）

高 斐
（西北师范大学）

一 研究现状及概况

2002年青海省文物考古研究所对德令哈市郭里木乡夏塔图草场山根被盗掘两座墓葬进行了清理发掘，两座墓葬均为竖穴土坑形制，长方形单室。其中一座为夫妇合葬的木椁墓（夏塔图1号墓），另一座系土坑墓（夏塔图2号墓），柏木棚顶。引人注目的是这两座墓葬中发现了一批木棺板画，这批木棺板画上面彩绘宏大的场景和众多人物形象，被认为是学术史上吐蕃时期美术考古遗存一次最为集中、最为丰富的发现。关于这批彩绘木棺板画，许新国[1]、罗世平[2]、仝涛[3]、霍巍[4]、周伟洲[5]等学者都做了很多有益的研究，主要观点如下：

第一，这批木棺板画属于吐蕃时期，就其所反映的文化特征而言，显然应将其归入吐蕃文化。

第二，彩绘木棺板画其源头很有可能来自中世纪北魏鲜卑系统的吐谷浑人，其族属当为吐谷浑人。

第三，从木棺板画的内容和题材看，深受中原地区和中亚、西亚地区的影响。

但关于这批木棺板画的学术争论远未结束，而且随着新材料的发现和研究的深入，争论仍会持续。日前笔者有幸在青海省藏医药文化博物馆见到一批新发现的彩绘木棺板画，据介绍这批木棺板画来自青海省海西州，因之前已流散于民间，其确切出土位置不得而知。从木棺板画的内容题材以及构图方式看，这批木棺板画无疑与2002年郭里木出土吐蕃时期木棺板画属同一时期，反映了共同的文化特征。这批木棺板画包括两个完整的盖板，四个完整的挡板，一个完整的侧板和四个残缺程度不同的侧板共11组，从保留有两个完整的盖板和四个挡板观察，这11组木棺板画至少来自两具头大尾小的梯形棺。

二 初步观察研究

由于大部分画面已漫漶不清，所以下面仅就画面较为清晰的两个挡板和两个侧板做简单介绍和初步研究。具体如下：

---

[1] 许新国：《郭里木吐蕃墓葬木棺板画研究》，《中国藏学》2005年第1期，第56—69页。
[2] 罗世平：《天堂喜宴——青海海西州郭里木吐蕃木棺板画笺证》，《文物》2006年第7期，第68—82页。
[3] 仝涛：《木棺装饰传统——中世纪早期鲜卑文化的一个要素》，载四川大学中国藏学研究所编《藏学学刊》第3辑，四川大学出版社，2007年，第165—170页。
[4] 霍巍：《青海出土吐蕃木木棺板画的初步观察与研究》，《西藏研究》2007年第2期，第48—61页；霍巍：《吐蕃时代考古新发现及其研究》，科学出版社，2012年，第107—161页。
[5] 周伟洲：《青海都兰暨柴达木盆地东南沿墓葬主民族系属研究》，《史学集刊》2013年第6期，第3—24页。

图1 "仪卫图"中的武士形象

图2 "仪卫图"中的武士形象线描图(高斐绘)

挡板

A挡板 完整,由三块木板拼合而成。上端略呈半圆形,画面分上下两部分,上半部分依稀可以辨识为一"朱雀"形象,下半部分似可称其为"仪卫图",红色粗线勾画出的长方形方框左右两边各画一名武士形象的男子侧向对立。郭里木出土彩绘棺板两个挡板中也见有玄武和朱雀形象,但不见下方"仪卫图"。

B挡板 完整,由四块木板拼合而成,上端略呈半圆形。画面内容可分上下两部分,上半部分隐约可见"玄武"形象,左右两边辅以折枝花草;下半部分同样为"仪卫图",红色粗线勾画出的长方形方框左右两边各画一名武士形象的男子侧向对立(图1)。左边武士已漫漶不清,右边武士身穿铠甲,腰挎长刀,左手扶刀柄,赭色涂面,头戴兜鍪,脚蹬黑色长靴。铠甲为用圆角长方形编缀而成的"札甲",值得注意的是这种铠甲与南北朝至隋唐时期所流行的两当铠和明光铠皆有所不同,更像是唐代的"步兵甲"[1],身甲和垂至膝盖的膝裙连为一体,腰间束带。与唐昭陵长乐公主墓壁画"甲胄仪卫图"中仪卫武士所着铠甲十分相像[2],只是少了保护两肩和上臂的披膊(图2)。

实际上关于吐蕃武士所用甲胄,这一时期的木棺板画也为我们留下了珍贵的图画资料。2015年笔者在海西州都兰县博物馆见到一张当地文物工作者在清理一座墓葬时拍摄的照片,从木棺板画中人物形象和服饰看,无疑具有浓厚的吐蕃文化特征。画面中至少可清晰地看到三名骑兵,皆赭色涂面,头戴兜鍪,兜鍪顶竖长缨、左右护耳下垂之肩,身穿铠甲,与唐昭陵

---

1. 事实上这种长筒状的膝裙也确实不适宜骑兵使用,不方便骑马,似乎从另一方面也说明这种铠甲确实为步兵所用之"步兵甲"。
2. 参见昭陵博物馆编《昭陵唐墓壁画》,文物出版社,2006年,第38—39页。

图3　吐蕃武士甲胄　　　　　　　　　　　图4　吐蕃武士甲胄

长乐公主墓壁画"甲胄仪卫图"中仪卫武士所着甲胄几无差别[1]，唯膝裙不似圆筒状，而是分为左右两片罩于两腿之上，披膊亦清晰可见（图3、图4）。

止贡赞普时期吐蕃已出现了箭、刀、铠甲等兵器[2]，关于吐蕃兵器的来源，从新疆出土的木简中，我们似乎可以发现一些线索：

123条：唐人矛十支。

124条：唐人中等大小铠甲（有九眼的）三套。[3]

这里的"唐人矛""唐人铠"或可作两种解释。1.这两种武器出自唐朝工匠之手；2.这两种武器直接来自于唐朝军队，是双方交战时的战利品。但无论作何种解释，这两种武器与唐朝有联系则是确定无疑的，上述吐蕃时期木棺板画上的仪卫武士和骑兵所着甲胄也充分说明这一点。看来吐蕃武器确有一部分出自唐朝工匠之手或直接来源于唐朝军队。

从绘画内容和尺寸大小看，A挡板与B挡板应为同一木棺的前挡和后挡，相比于上方的朱雀玄武和两侧的武士，画面中的红色方框的绘制显得较为粗糙并无任何细部描绘，但从整个画面来看，两块挡板上的红色方框皆处于画面"视觉焦点"的位置，上方的朱雀玄武及两侧的武士都是围绕中间的红色方框分布的。那么在如此重要的位置绘制的红色方框有何寓意，要解释清楚这一点，就必须了解吐蕃时期的丧葬观念和由此而产生的丧葬仪轨。中国古人并不认为死亡是生命的完结，而相信死亡是由身体与灵魂分离引起的，灵魂不灭。这种对肉体与精神两重性的认识，使得人们相信人之所以具有生命是因为肉体与精神的结合，而死亡也是由肉体与精神的分离引起的。这一观念也导致古人认为，如果让肉体和灵魂重新结合，一个"死人"便可以变成

1　参见昭陵博物馆编《昭陵唐墓壁画》，第38—39页。
2　次旦扎西、杨永红：《吐蕃军队兵器简论》，《西藏大学学报》2010年第1期，第63页。
3　王尧、陈践：《吐蕃简牍综录》，文物出版社，1986年，第47页。

具有生命的个体而继续存在[1]，同样的"灵魂"观念也见于吐蕃苯教丧葬仪轨中。

伦敦印度事务部图书馆所藏编号为S.I.O.562的敦煌古藏文写卷涉及"降魂仪式"，其中第10页背面第4行译文如下："所谓人死，就是灵魂与肉体二者相分离……"[2]明确说明死亡是由灵魂与肉体的分离引起的，所以在另一份敦煌古藏文写卷P.T.1042第8节（第28—48行）中便为我们留下了所谓"尸魂相合"仪式的记录。其中第42—44行写道："此后尸、魂相合：将尸体的供食和给灵魂的供食、尸像和魂像互相碰撞三次（表示尸、魂相合），献上一瓢'相合酒'。此后尸主留于此地，魂主向左转着走来，一共转三圈，在这期间每转一圈都要致礼（phyag-tab）并供上一瓢酒。"[3]

通过祭师象征主义的操作（即将尸体、灵魂的象征物相互碰撞三次）来祈求灵魂回归死者的尸体。显然这种"降魂仪式"最初的意义是要达到起死回生的目的，但无数的事实表明这只是人们一厢情愿的徒劳罢了，起死回生的事并未发生。于是死亡便不再被看作是生命的完结，而是充满希望的另一世界的开端，丧葬仪轨的核心目的随之也从使死者起死回生转移到如何能使死者安全顺利地从此世界到达彼世界。敦煌古藏文写卷P.T.1134中的一句话就充分反映了吐蕃人对于"死亡"观念的这种转变，译文如下："殡葬祭司玛达那和辛饶米沃两人妥善地处理了四方墓室之事（即丧葬仪式），大王便权位更高（mto<mtho），气色也重新焕发出来，至今仍活在天神之地，这便是永生不死的方法（tabs<thabs）。"[4]

既然死亡被视为充满希望的另一世界的开端，那么其丧葬仪轨的核心便是如何才能把死者的灵魂从死人的世界中赎出，帮助死者通过死人世界中的种种艰难险阻，从而最终到达九重天之上的"天神世界"享乐。所以笔者以为前后挡板上的红色方框应是死者灵魂通往"天神世界"的通道，两侧的武士则是用以"仪卫"墓主灵魂。经由此通道开始的旅程，其最终的目的地是九重之上的"天神世界"，但这个九重之上的"天神世界"似乎并不十分具体，只是对"现实家园"的模拟和美化而并未超越"现实家园"。P.T.1042第102—105行关于墓穴贡品的记载就充分地说明了这一点，译文如下："102行 消除魔罗。供于墓穴的物品有：衣服、糕饼、各种武器、出行物品、莴苣、炊具等；103行 由降魂师（thugs-rog-po）献上的物品有：棋子、乐器、各种须臾不可缺少的；104行 物品、饮食睡卧用品、神馐制作用具、食物饮料；105行 其他各种用具全部（ril）置于墓穴中。大王分定权势，记有两册。"[5]

将现实生活中所有的日常生活用品几乎一件不落都置于墓穴中，足见在吐蕃人看来死后的"天神世界"不过是"现实家园"中现实生活的延续，现实生活中的一切用具，在"天神世界"中同样不可或缺。所以P.T.1134中写到经过殡葬祭司玛达那和辛饶米沃两人妥善地处理了四方墓室之事（即丧葬仪式）之后，到达"天神世界"的大王不过是权位更高（mto<mtho），气色重新焕发出来，做到了永生不死而已。这种生死

---

1 赵盼超：《从丧葬礼仪看汉代人对死亡的干预——兼论肉体与灵魂的两重性》，《文博》2007年第1期，第60—65页。
2 褚俊杰：《吐蕃苯教丧葬仪轨研究（续）——敦煌古藏文写卷P.T.1042解读》，《中国藏学》1989年第4期，第119页。
3 褚俊杰：《吐蕃苯教丧葬仪轨研究——敦煌古藏文写卷P.T.1042解读》，《中国藏学》1989年第3期，第23页。
4 褚俊杰：《吐蕃苯教丧葬仪轨研究（续）——敦煌古藏文写卷P.T.1042解读》，《中国藏学》1989年第4期，第118页。
5 褚俊杰：《吐蕃苯教丧葬仪轨研究——敦煌古藏文写卷P.T.1042解读》，《中国藏学》1989年第3期，第26页。

观同样反映在了彩绘木棺葬具上，2002年至今青海海西发现的彩绘木棺其左右侧板上丰富的画面内容无一不是表现现实生活的场景，或是对现实生活场景的模仿，并未出现超越现实生活的场景。

2. 侧板

A 侧板 由三块木板拼合而成，整个画面布局和题材内容同郭里木一号棺A板（以下简称郭A板）几无差别，分为上、中、下三层，上层用一窄行画面绘出起伏的山丘，山丘间生长着高大的树木。中层与下层交错绘制不同的情节和场景。画面以左边矮帮为起首，逐渐向右边高帮展开推进，大体可分为五组画面。

第一组：画面上半部分保存较好，下半部分已漫漶不清，上半部分画面同郭A板一样，表现的是四名武士策马引弓追赶牦牛的场景，人物头上皆缠有低平的头巾，身穿窄袖紧腰长袍，赭色涂面。

第二组：第二组和第三组画面所在的位置，郭板A分别表现的是"驼运赴盟"和"拂庐宴饮"的场景，但在A侧板中已漫漶不清，不能辨识。考虑到A侧板和郭A板在整体布局和题材上的相似性，A侧板第二组、第三组画面所表现的应是类似场景。

第四组：四名男子一前三后，前面一人已模糊不清，后面三名男子中左右两边男子均头缠较为低平的头巾，身穿直领交叉长袍，赭色涂面。中间一人头巾较为细高，身穿圆领长袍，下颚处留有胡须，从其细高的头饰看身份似较左右两人尊贵。四人面前是一头已经中箭的牦牛，比对郭A板同一位置的画面，画面所表现的应是"客射牦牛"的场景（图5）。

第五组：与郭A板相同，表现的是男女合欢图。

同样的题材内容既出现在A侧板上，也出现在郭里木1号棺A侧板上，不仅如此，就连每一相同题材在整个画面中出现的位置都完全一样。这说明当时或已存在成套的"样本"或画稿，虽然每一墓主对具体题材的选择略有不同，但选择的范围总是围绕着某几类基本主题，所以任何特殊的选择仍然具有一般象征意义及礼仪功能。

B 侧板 这是一块失群的侧板，画面以右边为起首，从右至左先用白色颜料为底色漆出五个呈半圆形的壶门[1]，每个壶门内分别用不同的颜色画出五个首尾相连的大象。每头大象的造型和装饰都基本相同，作奔走状，象鼻前伸，象尾上扬[2]，脖颈处类似攀胸和尾部类似鞦带的绶带上皆缀以圆铃，攀胸与鞦带相交于象背鞍鞯之下，鞍鞯下垂至腹部用带扣固定。但最为引人注目的画面是每头象的象背上皆驮负一束腰覆仰莲座，座内托一圆球形宝珠（图6、图7）。

象的形象早在殷商青铜器上即已出现，是这一时期以常见动物为饰的"时尚"反映。[3]由于生态、文化原因以象形象作为装饰纹样，在西周中期以后几乎不见。[4]两汉时期象形象再次出现，多见于画像石上，但仅作为一种方外贡物，汉文化本身并不把象作为传统看待，东汉晚期象的形象出现一些新的造型，表明象已不仅仅以方外贡物入画。敦煌佛爷

---

1. 类似的壶门装饰纹样在1999年发掘的都兰吐蕃三号墓彩绘木箱状木器上也有出现，但更多的则是见于入华粟特人墓葬中的石棺床上，多在棺床底座上，几乎是一种必不可少的装饰纹样。
2. 郭里木木棺板画中出现的动物形象，绝大多数也是这样的造型。参见宋耀春《青海郭里木出土木棺板画数据统计与分析》，《藏学学刊》第9辑，中国藏学出版社，2014年，第67页。
3. 戴春阳：《敦煌西晋画像砖中白象内涵辨析》，《敦煌研究》2011年第2期，第61页。
4. 梁彦民：《商人服象与商周青铜器中的象装饰》，《文博》2001年第4期，第54页。

图 5 "客射牦牛"场景线描图(高斐绘)

庙湾西晋画像砖墓中的"白象"画像砖即属此类,戴春阳先生认为这座墓葬中出土的7块"白象"画像砖上的白象(图8),"透露了意识形态方面一些新的文化信息,是带有佛教色彩的瑞兽"[1]。至于B侧板象背上为何会出现束腰覆仰莲座及圆球形宝珠,笔者不敢强加解释,下面仅结合一些考古发现,谈谈自己的一些看法。

保存至今的唐代帝陵仪卫石雕中的石柱,"总体看来,从永康陵石柱到乾陵石柱,除了献陵石柱外,石柱样式已然是八棱宝珠状,仅柱顶宝珠的莲座造型还不稳定。其中顺陵石柱顶部雕刻十分精美,其联珠束腰覆仰莲座类同于北朝以来石窟中佛陀和菩萨的莲座。桥陵(睿宗李旦)和泰陵(玄宗李隆基)石柱柱顶均与顺陵的形式相同,仅宝珠增大,后世关中唐陵石柱均遵循此式"[2]。北齐娄叡墓(图9)和唐安元寿墓石门门额上亦见有这种以莲花座承以球形宝珠的装饰纹样,尤其是安元寿墓石门门额正中的纹样与B侧板象背上的纹样十分相似,覆莲座内承以圆球形的宝珠。同样,这种覆莲纹柱础、八棱柱身、覆莲座和宝珠构成的宝珠柱,在石窟壁画中也时常见到。无论唐陵神道上的石柱抑或是石窟壁画中的宝珠柱,细察之其柱头造型虽略有不同,但莲座和球形宝珠却是其不可或缺的两个最为重要的构成要素,无疑也是这种石柱的核心所在,而这种装饰纹样的出现一般都被认为是受佛教影响而形成的。以此观之,笔者以为侧板画面中大象及其背上束腰覆仰莲座承以宝珠的装饰纹样,或许同样透露了意识形态方面一些新的变化信息,带有某些佛教文化色彩。

根据文献记载,结合近年来的考古发现,已经基本可以肯定地处柴达木盆地东沿的青海海西地区正是吐谷浑人活动的中心地带。考古发现中虽未见吐谷浑佛教信仰的直接证据,但《梁书》《南史》《高僧传》《宋高僧传》中皆有关于吐谷浑佛教信仰的明确记载,所以吐谷浑的佛教信仰当是可信的。继吐谷浑之后统

---

[1] 戴春阳:《敦煌佛爷庙湾西晋画像砖墓》,文物出版社,1998年,第108页。
[2] 李星明:《佛法与皇权的象征——论唐代帝陵神道石柱》,《复旦学报》2011年第1期,第25页。

图6　木棺侧板上绘制的大象

图7　木棺侧板上绘制的大象线描示意图（高斐绘）

治这一地区的吐蕃王朝，赞普赤松德赞（755—797）兴建了吐蕃史上第一座真正意义上的寺院桑耶寺，前后两次发布兴佛诏书，颁布"三户养僧制"，扶持佛教势力发展。赤德松赞继位（798—815）后更是在吐蕃大兴佛教，兴建噶迥多吉英寺，同时向全体臣工属民颁布不准毁坏佛教及坚守三宝之诏令，命令全体臣工发誓"世世代代永不放弃佛法"[1]，佛教势力在吐蕃迅速发展和壮大，并因此在政治领域形成由"僧相"主导政局的局面[2]。随之吐蕃佛教徒将他们在政治领域的成功逐渐扩展至意识形态领域，开始改造苯

1　巴卧祖拉陈哇著，黄灏译注：《〈贤者喜宴〉摘译》，《西藏民族学院学报》1983年第4期，第45—16页。
2　林冠群：《唐代吐蕃僧相官衔考》，《中国藏学》2014年第3期，第61页。

图 8　敦煌佛爷湾西晋墓白象画像砖（采自戴春阳《敦煌西晋画像砖中白象内涵辨析》）

教（种种非佛教信仰）占统治地位时期旧的社会意识形态，这其中就包括原有苯教丧葬仪轨的佛教化运动，这场运动开始于8世纪下半叶（赤松德赞时代），于11世纪大体上宣告完成，其结果则是吐蕃苯教丧葬仪轨大体上佛教化。[1] 或许B侧板上带有某些佛教文化因素装饰纹样的出现正是这一时代背景的产物。因为虽然这批木棺板画制作的具体年代无法准确判定，但就其构图方式和画面内容与郭里木木棺板画的相似性而言，无疑郭里木墓葬年代对于判定青海藏医药文化博物馆这批木棺板画的制作年代具有很强的参考性[2]，这一时期佛教势力在吐蕃迅速发展，吐蕃原有苯教丧葬仪轨也开始了其佛教化的过程。

图 9　采自山西省考古研究所、太原市考古研究所《北齐东安王娄叡墓》

1　褚俊杰：《论苯教丧葬仪轨的佛教化——敦煌古藏文写卷 P.T.1042 解读》，《西藏研究》1990年第1期，第49—50页。
2　郭里木1号和2号两座墓葬年代分别为757、756年。参见王树芝、邵雪梅、许新国等《跨度为2332年的考古树轮年表的建立与夏塔图墓葬定年》，《考古》2008年第2期，第84页。

图10 茶卡出土彩绘木棺盖板上的人物形象

三 彩绘木棺墓主族属推测

自2002年郭里木彩绘木棺出土，关于这些彩绘木棺墓主族属的争论一直以来就未曾停止过，墓主族属之争也成为当前亟待解决的核心问题。关于墓主族属，大致有苏毗说、吐蕃说、吐谷浑说几种，就目前发现的资料来看，吐谷浑说似乎更有说服力。笔者在硕士论文《青海海西地区5—8世纪墓葬文化因素研究》一文中，通过对海西地区这一时期墓葬文化因素的系统分析，同样认为某些具有典型吐蕃文化因素的墓葬应是吐蕃统治下的吐谷浑邦国的遗存，墓主族属当是吐谷浑人。[1]近日承蒙海西州民族博物馆辛峰先生美意，示以2008年3月当地文物工作者在该州乌兰县茶卡镇茶卡乡冬季牧场一座被盗墓葬旁边采集到的一块彩绘木棺盖板，通过对这块盖板画的观察研究，更使笔者坚定了之前关于墓主族属为吐谷浑说的观点。

盖板前宽后窄，顶端有一凸起的直楞，断面呈三角形，前端完整，后端残断，上有彩绘图案，以白色打底，黑线勾勒，用绿、灰、红色彩绘。关于盖板彩绘画面的内容，许新国先生已在《茶卡出土的彩绘木棺盖板》一文中详细描述[2]，此不赘述。虽然棺盖早在2008年即已被发现，但就其价值似乎并未引起重视，图片资料也未公布过。盖板彩绘画面最大的特征在于画面中的主体人物一改以往多赭色涂面、朝霞缠头、身穿翻领左衽联珠纹长袍等典型的吐蕃文化特征，男性皆头戴红色圆形小帽，女性则头戴一横冠，四周有饰物垂下（图10）。许新国先生通过对比认为画面中妇女的发式与酒泉果园乡丁家闸5号墓壁画中妇女的发式相同，而红色圆形小帽则与嘉峪关新城1号墓出土的一块榜题为"耕种"的画像砖上三名男子所戴圆形小帽相同（图11），从而判定画面中男女冠饰具有浓厚的鲜卑色彩，对此笔者以为有待进一步论证。

以嘉峪关新城1号墓为例，"耕种"画像砖中三名男子所戴圆形小帽虽与盖板画面中男子的冠饰十分相似，但其所着服饰则显然与墓主段清更为接近，而段氏"世为西土著姓"[3]，其所穿服饰显然为汉服。

---

1 孙杰：《青海海西地区5—8世纪墓葬文化因素研究》，西北师范大学硕士学位论文，2015年，第70页。
2 许新国：《茶卡出土的彩绘木棺盖板》，《青海民族大学学报》2011年第1期，第88页。
3 （唐）房玄龄：《晋书·段灼传》，中华书局，1974年，第1336页。

图11　嘉峪关新城1号墓出土耕作画像砖（采自曹宇《河西走廊魏晋十六国壁画墓题榜研究》）

类似的圆形小帽在河西地区魏晋时期画像砖墓中也并不鲜见，墓主段清身旁的侍者即是一例。另外该墓镇墓瓶上有"甘露二年"朱书镇墓文，这里的"甘露"应是曹魏时期曹髦的年号，即257年，此时鲜卑不过初入河西[1]，其服饰习俗能否对"世为西土著姓"的墓主段清产生如此深远的影响，以至其墓中壁画上出现如此之多头戴鲜卑圆形小帽的侍者，这是很令人怀疑的。所以仅从盖板画面中男性人物所着圆形小帽与嘉峪关新城1号墓"耕种"画像砖中三名男子所戴圆形小帽虽有相似之处，就判定盖板画面中人物冠饰具有浓厚的鲜卑色彩，显然是缺乏说服力的。但笔者对许新国先生"初步断定棺盖板上所绘人物的族属应为吐谷浑人"的结论则是十分赞同的。

西迁后的吐谷浑虽也曾经历了慕璝主政时期"招集秦凉亡业之人，及羌戎杂夷至五六百落，南通蜀汉、北交凉州、赫连，部众转盛"[2]的兴盛时期，但紧随而来的北魏西进，则迫使吐谷浑政治中心不得不西移至青海湖近南、近西南的地方，时间大约始自拾寅而终于吐谷浑政权为吐蕃所灭[3]，即大约始于452年，终于663年。"木棺以漆画或彩绘装饰其表，最早出现在汉文化地域，而自魏晋南北朝起，受汉文化影响，北方鲜卑高级统治者阶层开始采用，并吸收为其丧葬习俗之一部分"[4]，使用头大尾小的梯形木棺作为葬具则更是典型的鲜卑丧葬习俗。盖板画的绘制时间当是在6世纪或6世纪下半叶[5]，而这一时期活动于这一地区的鲜卑系统的民族则只能是吐谷浑人。

1　赵向群：《五凉史探》，甘肃人民出版社，2007年，第33页。
2　（北齐）魏收：《魏书·吐谷浑传》，中华书局，1974年，第2236页。
3　李文学：《吐谷浑研究》，兰州大学博士学位论文，2007年，第48—49页。
4　仝涛：《木棺装饰传统——中世纪早起鲜卑文化的一个要素》，第165—170页。
5　许新国：《茶卡出土的彩绘木棺盖板》，《青海民族大学学报》2011年第1期，第90页。

无疑茶卡吐谷浑梯形彩绘木棺与郭里木发现梯形彩绘木棺两种葬具之间是有前后继承关系的，虽然彩绘画面前后所表现的文化特征差异较大，但这应被理解为文化因素的变迁而非族属的改变，尤其在吐蕃占领吐谷浑后对其实行所谓"吐蕃化"的政策，这种文化因素的变迁显得更为剧烈更为彻底。与郭里木出土吐蕃时期木棺板画相比，茶卡乡木棺板画所表现的文化因素则显得相对单一，不见典型吐蕃文化因素，纹饰也较为简单，即是很好的说明。但吐谷浑在文化因素变迁中并未完全丢掉其本民族的丧葬习俗，其核心即是以梯形彩绘木棺作为葬具[1]，以至于吐延为昂城羌酋姜聪所刺，剑尤在身的危急时刻仍不忘嘱托后人在其死后要将自己以"棺殓讫"。由此可见，使用木棺葬具殓尸在吐谷浑人丧葬习俗中的重要性是不可替代的。

因此，笔者以为包括郭里木墓葬在内的青海海西地区以彩绘木棺为葬具，具有典型吐蕃文化因素的墓葬，其墓主族属当是源于鲜卑系统的吐谷浑。这种彩绘木棺装饰传统正如仝涛所言属中世纪早期鲜卑文化的一个要素，这一传统随着吐谷浑的西迁被带到了海西地区，在这里延续了数百年，直到吐谷浑政权灭亡后仍在延续。

结　语

青海藏医药文化博物馆收藏的这批木棺板画是继郭里木木棺板画之后吐蕃时期美术考古遗存的又一重要发现，无论是画面布局还是题材内容都与郭里木木棺板画有许多共同之处。就其时代而言应属吐蕃时期，就其所反映的文化特征而言显然应将其归属于吐蕃文化，而其族属则是源于鲜卑系统的吐谷浑。但A挡板、B挡板上的红色方框和两侧的武士以及B侧板上的装饰纹样则是之前不见的，尤其是B侧板上的装饰纹样似乎透露了意识形态方面一些新的变化，带有某些佛教文化因素，更是值得我们深入探讨的问题。

1　德令哈闹哈图、巴格西热图、水泥厂北等处发现的墓葬，无一例外都以梯形木棺作为葬具，其中水泥厂北墓内残留的官板上仍见有彩绘的痕迹，可辨图案有马、鹿、牦牛、羊等动物，这些墓葬经树木年轮定年时间皆处于吐谷浑时期（663年以前）。参见肖永明《树木年轮在青海西部地区吐谷浑与吐蕃墓葬研究中的应用》，《青海民族研究》2008年第3期，第60页。

从长安到原州

——丝路东段北线初唐、盛唐佛教遗迹考察札记

于 春

（西北大学文化遗产学院）

前 言

长安城位于关中平原的核心地带，从汉长安城到唐长安城，跨越了中国最强盛的历史时期。长安在佛教史上功不可没，至迟在西晋十六国时期，长安就成为中国北方佛教传播中心之一。作为唐朝政治文化的中心，长安是中国乃至东亚地区佛教发展的风向标，唐代长安造像具有举足轻重的作用。历史上的"三武一宗"法难中，北魏武帝、北周武帝和唐武宗的灭佛行动都肇始于长安，从侧面反映出长安佛教在古代佛教发展史上的重要地位。

长安不具备开凿石窟的地理条件。根据陕西历史博物馆、西安碑林博物馆、西安博物院、社科院考古研究所西安唐城考古队、陕西省考古研究院、西安市考古研究所、铜川药王山管理局七家单位的藏品来看，能确定时代的造像中，北朝造像占大多数，还有一部分造像的真伪值得商榷；国内部分私人藏家和终南山脚下的寺院中，有一些唐代石刻佛像藏品；另外，唐长安最重要的佛教艺术作品——武周、开元时期的七宝台佛教石刻32件流落海外[1]，其余还有数百件唐代造像被海外博物馆和私人收藏。

以往长安地区初唐、盛唐时期的佛教造像研究中，日本学者冈田健较早提出初唐长安地区造像出现了一种新风气[2]，常青亦在调查彬县大佛寺后提出了唐代长安造像样式的重要性[3]，注意到长安造像在许多问题上还未得到深入的研究和阐释，进而对长安造像与龙门造像之间的关系进行了专题性论述[4]。罗世平曾经将四川等地某些类型的造像的风格划归于受到长安样式的影响或是来自于长安的样式，但由于缺乏对比材料，未能具体阐述。[5] 王建新对唐贞观后期到高宗时期出现的以扭曲身体的菩萨像为代表的造像风格进行了初步梳理，并与各地唐代初唐、盛唐时期造像进行了简单的对比研究[6]。

本文在各位先生研究基础之上，拟以固原须弥

---

1 〔日〕肥田路美：《初唐佛教美术の研究》，中央公论美术出版社，2012年，第241页。
2 〔日〕冈田健：《长安初唐造像の展望》，《佛教艺术》177号，1988年，第61—74页。
3 常青：《彬县大佛寺造像艺术》，现代出版社，1998年，第268页。
4 常青：《略论唐代长安佛教造像艺术样式》，《98法门寺唐文化国际学术讨论会论文集》，陕西人民出版社，2000年，第210—219页。
5 罗世平：《四川唐代佛教造像与长安样式》，《文物》2000年4期，第46—57页。
6 王建新：《试论佛教造像的长安模式与盛唐风格》，《慈善寺与麟溪桥》，科学出版社，2002年，第142—152页。

山石窟、庆阳北石窟寺等遗迹为例，对丝绸之路东段北线沿线——从长安到原州（今固原）沿线各地历史沿革和现存的初唐、盛唐时期的佛教造像遗迹进行对比，以丰富对长安唐代造像的认识。

一 长安到原州的历史地理、道路变迁概况

原州即今固原，至迟在战国秦惠王时期就被纳入县级建制，如"乌氏县""朝那县"等。始皇统一后，在固原置高平县，隶属北地郡。西汉文帝十四年，14万匈奴铁骑攻破"朝那塞"（也称萧关），杀死北地郡都尉孙卬，兵锋直指长安。[1]西汉武帝为加强西北边地的军事防御，于元鼎三年（前114）置安定郡，治高平城，安定郡成为护卫长安的西北要塞。由长安经漆县（今彬县）到达高平城"萧关道"作为汉代丝路东段北线亦基本上开通了。[2]居延汉简编号74EPT59:582木简记载了从长安到高平的道路和驿站名称，依次为：长安—茂林（茂陵）—置州（获置）—好止（好畤）—义置—月氏—乌氏—泾阳—平林置—高平，共十程，合计495里。[3]

东汉初年刘秀率军亲征高平城，并设置了"牧师苑"，专管官马牧养。十六国时期固原因其重要的军事地位不断变换隶属关系，直到北魏短暂的统一。北魏孝明帝正光五年（524）在固原置原州。经营原州的权臣宇文泰，与原州蔡祐、李贤、田弘等家族组成的关陇集团胁持北魏孝武帝入关，在长安建立了西魏政权。宇文泰与李贤家族关系密切，其子北周高祖宇文邕及齐王兄弟二人自小寄居原州李贤府邸，宇文泰亦多次从长安出发回访原州。李贤墓[4]、田弘墓[5]发掘出土的珍贵器物，也暗示着他们与长安之间的密切联系。

作为关中统治者抵抗西北民族武装入侵的门户，固原的经营和道路修筑都有非常重要的军事意义。随着隋的统一，从长安通往原州的驿道开始大规模建设。原州还是隋代军马监牧的中枢。马匹是冷兵器时代最重要的战备之一，中央王朝在原州的苑监马牧一直持续到唐代。从唐代墓葬出土的材料中，不难看出唐人对马匹的独特喜好，如昭陵六骏、三彩马、马球壁画等。

马匹作为唐代驿道制度中最主要的交通工具，承担着非常重要的任务。唐代长安城到原州的驿道是"乌兰路"的东段驿道，现在被我们定义为唐代丝绸之路东段北线。这条路出长安，西北行经咸阳渡过渭水，沿礼泉—奉天—永寿—邠州—宜禄—泾州—潘原—平凉—瓦亭关—六盘关—萧关，最后到达原州。[6]初唐、盛唐时期，原州作为丝绸之路上的军事和经济重镇之一，与长安保持着密切的交流。安史之乱发生后原州陷于吐蕃，自此原州与长安的交流基本中断，这两个城市在中国古代史上最辉煌的篇章亦结束了。

---

1 （汉）司马迁：《史记·孝文本纪》卷一〇，中华书局，1959年，第298页。
2 王开主编：《陕西古代道路交通史》，人民交通出版社，1989年，第133页。
3 甘肃省文物考古研究所等：《居延新简·甲渠侯官》（上册），中华书局，1994年，第174页。转引自罗丰主编《丝绸之路上的考古、宗教与历史》，文物出版社，2011年，第37页。
4 韩兆民：《宁夏固原北周李贤夫妇墓发掘简报》，《文物》1985年11期，第1—20页。
5 原州联合考古队：《北周田弘墓》，文物出版社，2009年。
6 根据谭其骧主编《中国历史地图集·唐》"京畿道"地图编制。

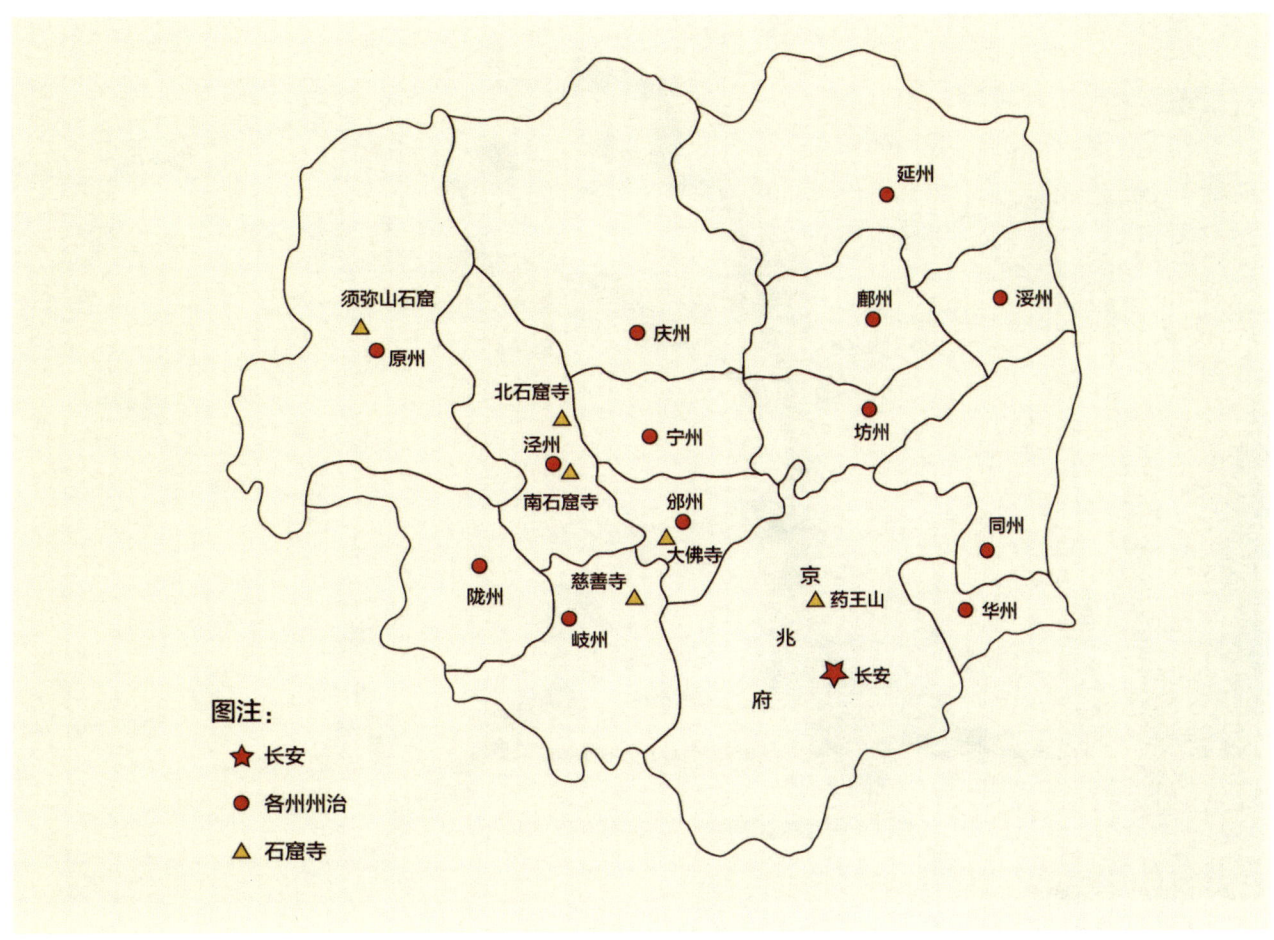

图1 唐代长安附近州府、石窟示意图（根据《中国历史地图集·唐》"京畿道"改编绘制）

从长安到原州的"乌兰路"沿途，北周时已置新平郡（治豳州）、安定郡（治泾州）、平高郡（治原州）等郡县。至唐代贞观元年（627）道府制颁布，上述地域范围被纳入"关内道"，在以长安城为中心的京兆府西北方向，沿途依次置邠州，治新平县（今彬县）、辖宜禄县（今长武县）；宁州，定安县；泾州，治安定县（今泾川县）；原州，治平高县（今固原）、辖平凉县（今平凉县）（图1）。[1]

综上所述，至迟从北魏时期开始，固原与长安之间的关系就异常密切，将固原比作长安统治者的后花园可能也不过分。而这段时期正是佛教在中国兴盛发展的阶段，佛教艺术作为一种文化交流的传播载体，也许更能反映出两地之间密切的往来。

二 丝绸之路东段北线初唐、盛唐佛教造像遗迹

从上述历史概况我们可知：唐代邠州、宁州、泾州、原州因地理位置具有重要的军事意义，一直被中央王朝所重视；随着丝路东段北线的经济交往逐渐繁荣，这些地区的经济文化发展亦迈入了新的发展阶段。

除此之外，佛教艺术成为此条道路沿线各地文

---

[1]（唐）李吉甫：《元和郡县图志》卷一一四，中华书局，1983年，第55—64页。

图2　须弥山62窟正壁（采自《中国石窟雕塑全集5陕西 宁夏》第189页，图版二〇二）

化交流发展的重要内容。目前此道沿线发现的佛教造像遗迹数量众多，特别是在各州治范围内，造像集中分布，仅泾川县境内就有512个龛窟。[1] 规模较大的佛教造像遗迹有麟游县的慈善寺、麟溪桥造像、彬县大佛寺、长武县直谷村出土石造像群、泾川南石窟寺、王母宫大佛寺、庆阳北石窟寺、固原须弥山石窟等。

已有学者对固原须弥山石窟北周时期造像与长安的关系进行了讨论，如陈悦新、王敏庆等，他们均认为须弥山北周时期造像受到了长安北周造像样式的影响。[2] 须弥山石窟以唐代开窟最多，主要洞窟有第1、5、54、62、69、72、79、80、81、82、89、105窟等。[3]

须弥山62窟三壁开三龛，龛内造像分布紧密。正壁大龛内一倚坐佛二比丘二菩萨立像的头身高度比例让人吃惊，菩萨身高接近9个头（下颌到头顶骨，不包括发髻或肉髻，下同）高度（图2）。在中国古代人物画的思想中，人物的高度按照"立七、

---

[1] 张怀群：《泾川百里石窟长廊初探》，载泾川县大云寺编《泾川大云寺史籍资料选辑》（内部刊行），2009年，第142页。

[2] 陈悦新：《甘宁地区北朝石窟寺分期研究》，北京大学博士学位论文，2004年，第48页；王敏庆：《北周长安造像与须弥山石窟》，《西夏研究》2012年第4期，第86—95页。

[3] 宁夏回族自治区文物管理委员会、中央美术学院美术史系：《须弥山石窟》，文物出版社，1988年，第9—16页。

图3 七宝台长安三年铭菩萨像（笔者拍摄）

图4 惠陵第一天井西壁侍女（采自《壁上丹青——陕西出土壁画集下》第344页）

图5 莫高窟第328窟西壁龛内北侧的迦叶立像（采自《中国石窟·敦煌莫高窟三》第117页）

坐五、盘三半"的思想构建，即站立的人身高应为7个头长。如果我们对碑林藏西安出土的北周五佛进行测量，除去佛头顶肉髻的高度，其身高大约与7个头高相符，但由于造像的身体宽幅较大，所以给人"短"的错觉。如果对武周时期七宝台造像头身比例进行测量，可能毫无例外的身长与头的比例都大于"7"，长安三年铭的菩萨像身高达到接近9个头的高度（图3）。这种身头比例大于8的作品不是中国的先创，在古代埃及、希腊、罗马的雕塑中比比皆是。达·芬奇曾经总结过："从下巴底到天灵盖顶部为身高的八分之一。"[1]

从唐代长安出土的人物像资料来看，墓葬壁画中大部分人物像是符合"立七"的高度的，如新城长公主墓。[2] 但有几个墓葬中的人物壁画却大于这个高度比例，如初唐时期的房陵大长公主（619—673）墓前室西壁的仕女[3]，身高大约相当于8个半头高；盛唐时期的让皇帝惠陵（742）壁画人物亦接近这个比例（图4）。除了长安之外，远在河西的敦煌莫

---

1 戴勉编译：《芬奇论绘画》第五篇"比例与解剖"，人民美术出版社，1979年，第135页。
2 陕西省考古研究院等：《唐新城长公主墓》，科学出版社，2004年，第74—108页。
3 安峥地等：《唐房陵大长公主墓清理简报》，《文博》1990年1期，第2—6页。

图6 须弥山105窟中心柱正面（采自《中国石窟雕塑全集5陕西 宁夏》第197页，图版二一〇）

图7 须弥山105窟侧壁（采自《中国石窟雕塑全集5陕西 宁夏》第204页，图版二一七）

高窟盛唐时期的328窟、45窟中，身高超过8头长的造像比比皆是，如328窟西壁龛内北侧的迦叶立像（图5）。[1]须弥山62窟左右两壁的天王像样式同样亦能在长安、固原初唐墓葬的陪葬天王俑、敦煌盛唐大窟中找到相似的作品，可见须弥山62窟与长安和敦煌都有不可分割的联系。

须弥山105窟俗称桃花洞，规模大，分前后二室，后室有四面开龛的中心柱，三壁均开大龛。此窟的建成年代一般认为是在吐蕃陷原州之前，即763年之前。[2]仔细观察各像特征，中心柱四龛内菩萨造像表情严肃，嘴角下吊，体态基本匀称（图6），推测其时代应在武周时期前后，7世纪末至8世纪初。窟内三壁造像风格则稍晚，头部明显臃肿，失去了武周时期的写实美感（图7），可能中心柱和三壁造像之间有时间的早晚差。105窟需要关注的地方还很多，值得进行进一步的深入研究。

关于彬县大佛寺，常青等学者在对其进行调查后编著的《彬县大佛寺造像艺术》一书对大佛寺的造像时代、风格进行了详细、科学的考证和推论，认为大佛寺第一阶段的造像表现了贞观盛世的风貌；第二阶段贞观后期到高宗中期的造像是受到了"长安城中无比辉煌的造像艺术"的影响而形成的；第三阶段武周朝的造像则是造像重心东移洛阳后长安本地造像发展的写照；第四阶段是盛唐至会昌灭佛阶段的造像为研究"长安一带玄宗执政以后佛教艺术的发展情况提供了珍贵的资料"[3]。

---

1 敦煌文物研究所：《中国石窟·敦煌莫高窟》（三），文物出版社，2011年，第117页。
2 韩有成：《须弥山桃花洞石窟初探》，《固原师专学报》2001年第4期，第65页。
3 常青：《彬县大佛寺造像艺术》，现代出版社，1998年，第216—241页。

图 8-1　庆阳北石窟寺 222 窟正壁主尊头部（宋文玉拍摄）

图 8-2　彬县大佛寺大佛头部（笔者拍摄）

西北大学、陕西省考古研究院和日本相关学者对麟游慈善寺、麟溪桥造像进行了科学调查和测绘，并细致对其进行了分组、分期研究，认为上述两处造像对了解长安地区北朝晚期、隋、唐时期的造像均有十分重要的作用。[1]

三　以庆阳北石窟寺为例

北石窟寺位于今甘肃庆阳市西南 25 公里处，蒲河和茹河交汇之东岸的覆锺山下，其始建年代一般认为是北魏永平二年，与泾川南石窟寺南北相望。北石窟寺造像以唐代为最多，但其中大部分风化严重，具体时代判断上有难度。其中保存较好的唐代窟有 032、222、263 窟等。[2]

1. 222 窟

222 窟正壁高浮雕一倚坐佛像、二比丘立像，二菩萨立像，原报告判断为盛唐时期所造。[3] 主尊倚坐像头部与身体比例尚可，其余四身头部明显比例偏大，躯干粗短。从面部特征来看，五尊像面部呈椭

---

[1]　西北大学考古专业等：《慈善寺与麟溪桥》，科学出版社，2002 年，第 85—103 页。
[2]　甘肃省文物工作队等：《庆阳北石窟寺》，文物出版社，1985 年，第 29—35 页。
[3]　甘肃省文物工作队等：《庆阳北石窟寺》，第 33 页。

图9 绵阳碧水寺第19龛2号菩萨像（采自《绵阳龛窟——四川绵阳地区古代造像调查研究报告》第12页，图一三）

圆形，眼和鼻根部均略内凹、眼角下吊。

如果把正壁主尊佛倚坐像的面部与彬县大佛寺主尊佛结跏趺坐像的面部做一个比较，会发现二者之间虽然尺寸差别很大，但面部却有奇妙的神似之处：椭圆的脸型、眉眼的距离和比例、上嘴唇的曲线、短而略微上翘的嘴角等（图8—1、图8—2）。

正壁两侧菩萨的头部均束高发髻，并没有戴宝冠，高耸的发髻向两侧下垂半圆形的束发。胸前未戴璎珞，未穿斜披帔帛，而是着交领的内衣，下着长裙，手臂长短适中。令人注目的是双腿间裙边缘呈现连续S形的衣纹，与绵阳碧水寺第19龛2、3号菩萨（贞观时期）造像相似（图9）。[1]如果将此菩萨面部与麟游慈善寺2号窟主尊佛的面部相比，眼部和鼻根处同样略微内凹，眼角下吊；慈善寺9号窟左尊菩萨亦具有相似的特征。[2]

与之相比，窟内侧壁小龛内的菩萨像身体比例适中，均束高发髻未戴冠、未戴璎珞，手臂长短适中，且菩萨均赤裸上身，斜披帔帛或仅肩披天衣，下着长裙，两腿间不见连续S形衣纹。与七宝台武周长安三年（703）十一面观音像相比，相似之处为赤裸上身，斜披帔帛，双腿间不见连续S形衣纹，不同之处为七宝台观音戴有较复杂的项圈，手臂长至膝侧（图3）。

由此可见，222号窟正壁五尊造像的开凿时代可能略早于盛唐，应该在7世纪前半叶—7世纪中叶时期的初唐，两侧壁的时代略晚，但大部分应于盛唐前期开凿。

2. 032窟

032窟后壁的大龛内，有武周时期"大周如意元年"（692）造像一铺7尊，除主尊外其余6尊头部均残失。

主尊佛跏趺坐像身体比例适当，头顶螺髻略残，但可推测其较高；面部方圆，五官位置、比例完美；身体健硕，衣纹略显厚，结跏趺坐的双腿朝腹部内收，并未与座边缘平行；左手置腹前腿上，手掌朝上，右手抚右膝，施触地印（图10）。上述特征与七宝台施触地印的佛坐像（图11）相比有较大的差

---

1 四川省文物考古研究院等：《绵阳龛窟——四川绵阳地区古代造像调查研究报告》，文物出版社，2010年，第12—13页。
2 西北大学考古专业等：《慈善寺与麟溪桥》彩版五、十三。报告认为9号窟时代与2号窟侧壁小龛时代为武周时期（第101页），笔者认为值得商榷，2号窟侧壁小龛时代可能早至贞观年间，9号窟亦接近这个时期。

图10　庆阳北石窟寺032窟主尊（宋文玉拍摄）

图11　长安七宝台石刻（笔者拍摄）

别，后者发纹明显呈波浪或漩涡形，有的还戴宝冠；上身袒右肩，右臂大多戴臂钏；衣纹轻薄，悬裳未覆座。后者被认为是从武周长安年向玄宗开元年间过渡的代表作品。[1]

相反，炳灵寺第54号龛施触地印的主尊佛跏趺坐像（图12），永隆二年（681）造[2]，头顶无明显发纹，身披袈裟覆双肩，衣纹厚重，双脚内收，悬裳覆座。这些特征与032龛如意元年主尊佛特征接近。与龙门二莲花南洞主尊触地印佛坐像相比，共同性似乎更加明显（图13）。[3]

如果把上述造像在龛内所占空间的比例做一个比较，可以看到：炳灵寺54号龛造像占据龛内绝大部分空间，造像间距离较近，关系较紧；北石窟寺032龛造像仅占龛内中下部空间，造像间距离明显增大，关系变疏；七宝台的触地印造像虽不是严格意义上的龛像，但明显造像位置亦偏中下，造像间关系较疏。这种情况可能不是偶然。

3. 263窟

263窟虽然侧壁塌毁风化严重，万幸的是正壁5尊造像保存基本完好。主尊佛坐像结跏趺坐，与032窟如意元年龛的主尊造像相差无几。值得注意的是主尊右侧保存完好的比丘和菩萨立像。

菩萨像身体比例适中，肩圆而宽，胸肌发达，腰细，胯窄，男性特征较明显，加之严肃而俊美的五官，堪称完美（图14）。与032窟如意龛菩萨像相比，后者体态明显显得纤细、呆板。与七宝台长安年间十面菩萨立像相比，二者相似之处是项圈、帔帛、裙、天衣的穿戴方式及体态，最突出的差别是

---

[1] 〔日〕松原三郎：《中国佛教雕刻史论》，吉川弘文馆，平成七年，第660、661页。
[2] 甘肃省文物工作队等：《中国石窟·永靖炳灵寺》，文物出版社、平凡社，1989年，图版154。
[3] 龙门石窟研究所：《龙门石窟雕刻萃编·佛》，文物出版社，1995年，彩版18。

图12 炳灵寺第54龛（采自《中国石窟·永靖炳灵寺》）

图13 龙门二莲花南洞主佛（采自《中国石窟·龙门石窟》图版449）

七宝台菩萨像的面部和身体更为柔美，更具女性化特征，特别是丰腴的面部、柔和的五官和变宽的胯部。值得注意的是：263窟正壁菩萨立像的体态，头部略朝左歪、胯部略朝右突，不如炳灵寺62龛菩萨像夸张，亦不如敦煌莫高窟第45窟西龛北侧菩萨像洒脱（图15），在体态把握上似乎受到了限制。

主尊两侧的比丘像的写实程度和比例完美亦值得关注。左侧比丘面上部残失，下部可见明显的二道法令纹；肩部略瘦削，颈部筋骨及锁骨凸出，胸部隐约表现出肋骨。右侧比丘面部、头部丰满，表情严肃，肩宽，体格健壮。此二比丘像与222窟正壁二比丘像、032窟如意龛二比丘像相比，雕刻的写实性和比例的完美性跨上了新的台阶，堪称盛唐风格的典型代表作。

263窟正壁主尊、右侧比丘、右侧菩萨保存完好的鼻部（图16），鼻梁笔直、鼻尖呈三角，这与七宝台任何一尊佛像、菩萨像写实的鼻部都显得格格不入。但如果将这样的鼻部特征与陇东地区其他石窟的造像相比，也就不足为奇了。

结 论

如今，我们通过高速公路从西安出发到固原，西北方向出西安，途经咸阳、礼泉县、乾县、永寿县、彬县、长武县、泾川县、平凉市，最后穿越六

图14 北石窟寺263窟正壁菩萨和比丘（宋文玉拍摄）

图 15 莫高窟第 45 窟西壁北侧菩萨（采自《中国石窟·敦煌莫高窟三》第 128 页）

图 16 北石窟寺 263 窟正壁主尊头部（笔者拍摄）

盘山隧道到达固原，共计 406 公里，驾车约 5.5 小时。与之相比，西安到洛阳有 374 公里，驾车约 5 小时；西安到麦积山石窟约 327 公里，驾车约 5.5 小时；西安到成都约 712 公里，驾车约 10.5 小时；西安到大同云冈石窟约 911 公里，驾车约 11 小时。由此可见，从长安到龙门、麦积山和长安到须弥山石窟的空间距离差别不大。龙门石窟与长安造像的关系已经被学者们关注，同样，从长安到固原沿途的唐代石窟与长安造像之间的关系亦应进行更加深入的考察和研究。

上文以庆阳北石窟寺、固原须弥山为例的分析中，笔者认为：长安到原州丝路沿线初唐、盛唐时期的造像虽然有本地造像传统的元素，但总体直接反映了长安造像样式特点，是研究长安造像不可或缺的重要材料。还可以推测：上述地点可能作为中转站，将初唐、盛唐长安造像样式向河西地区传播。如果下一步我们继续考察长安至原州北朝时期造像特点，可能会发现：传播方向反之抑或成立。

（附记：本文在写作过程中得到宁夏文物考古研究所马晓玲、王宇的帮助，得到固原须弥山韩有诚先生、庆阳北石窟寺宋文玉先生慷慨赐教，文中部分照片由宋文玉先生提供，谨表谢意。）

何正璜、王子云1941—1943年莫高窟考察成果校勘与评述*
——莫高窟考察历史文献解读

张宝洲

（西安美术学院）

引　论

1941年何正璜（1914—1994）、王子云（1897—1990）率领经教育部批准组成的"西北艺术文物考察团"（后简称"西北考察团"）开始对莫高窟展开调查，其成果《敦煌莫高窟现存佛窟概况之调查》（后简称《调查》）于1943年在《说文月刊》第三卷第十期发表。这是中国首次刊印莫高窟的全面调查报告，被学界称为"我国第一份'莫高窟内容总录'"[1]。至今已经七十多年过去，由于课题的需要，笔者对何、王二先生的考察经历，以及他们具有影响力的考察成果所含的历史意义及学术价值作了综合性的梳理。

一　关于何正璜、王子云莫高窟的考察过程

何正璜、王子云对莫高窟进行考察的日程基本记录在《从长安到雅典》一书的《第五章·甘肃千佛洞的调查》（后简称《甘肃千佛洞的调查》）中：

考察团的首批人员于1941年10月到达千佛洞后，一方面调查佛洞现有情况，一方面即准备作摹绘壁画的工作。在我们来千佛洞不久，四川名画家张大千也带这几个助手来临摹壁画，据说他来敦煌是得到当地驻军马家军的支持，是有很强大的政治背景的。千佛洞的对面平地上有上、下寺两个僧寺（实为住所），我们住了上寺，张大千住在下寺。……从1941年冬到1943年春，考察团断断续续在千佛洞住了两年半的时期中，有时有四个人工作，经常不少于二人，我个人除绘全景写生图外，也临摹了十多幅魏唐壁画。[2]

文中记载了"西北考察团"在莫高窟的考察与张大千、谢稚柳的考察时间完全重合的史实。其中亦有含混之处：张大千来莫高窟的时间是1941年6月，待王子云先生一行到来之时，他已经基本完成了莫高窟的"C"编号工作。这里所记张大千其后到

---

* 本文为"2010年度教育部哲学社会科学研究后期资助项目·10JHQ033（教科司函[2010]286）"阶段性成果。课题名称："莫高窟诸家编号对照表校勘与内容叙录"。
1　林家平、宁强、罗华庆：《中国敦煌学史》，北京语言学院出版社，1992年，第154页。
2　王子云：《从长安到雅典——中外美术考古游记》，陕西人民美术出版社，1992年，第43页。

达莫高窟应为失实记录[1]（此问题可参见《莫高窟考察历史文献解读（七）》，关于张大千、谢稚柳考察部分[2]）。"西北考察团"由莫高窟返回的日期王子云本人记为1943年春，而李永翘的记述则与此不同：

（1942年12月）天气愈寒，西北文物考察团王子云一行结束在敦煌临摹工作，返回重庆。行前，先生（张大千）在莫高窟上寺设宴为王等人饯行。[3]

石璋如对"西北考察团"当时到达莫高窟的活动也有零星记载：1942年6月18日石璋如初到莫高窟，对当时的情景做了如下记载：

……到了千佛洞，第一步工作是看洞。由教育部西北艺文考察团，西北史地考察团和张大千先生三个团体组成一个参观大队，这个大队共有六人。张大千先生在前面作向导，艺文考察团的王子云、雷震、邹道龙二先生及西北史地考察团的劳贞一和我，跟在后边看。[4]

"西北艺文考察团"所指为王子云考察团、"西北史地考察团"成员即石璋如与劳榦二人。由此可见1942年莫高窟云集了三方面的学术力量，石窟考察进入了高潮时期（随后向达亦于10月9日到达莫高窟）。

从石璋如所记分析仍有存疑之处：此为初来乍到莫高窟的参观，如果"西北考察团"前一年已到达，并且已经工作半年之久，王子云先生是否有必要再加入"参观大队"进行参观？

关于居住问题，王子云文中所记："千佛洞的对面平地上有上、下寺两个僧寺（实为住所），我们住了上寺，张大千住在下寺。"在张心智的回忆文章中则是另一回事，1941年张大千初到莫高窟住在下寺，三天的石窟巡览过后感到石窟数量众多，需要潜心工作。"父亲听说下寺经常来人，为了不影响工作，便搬到窟群南头的上寺住下。这里距离下寺大约两华里，比较安静。"[5]这一说法非常具体，并且为多数研究者引用。

在随后的记录中，似乎未见张大千改变居住地。石璋如记录：他1942年6月19日到达莫高窟后"与艺文考察团同仁，同住中寺，张大千先生住上寺，仅一墙之隔"[6]，此说同时证明王子云也曾经住过中寺。

在第二手资料的记录中，李永翘先生提及张大千1942年12月在上寺为将离开莫高窟的西北考察团饯行。甚至1943年在上寺邀请初来莫高窟的常书鸿吃饭。[7]

---

1 这一资料在王芃的文章中记载得更加具体："王子云先生率领的考察团到达莫高窟约一星期后，四川名画家张大千也带着几个助手来到敦煌临摹壁画。"王芃还有一处错记：于右任于"1939年去过莫高窟"，实则于右任到敦煌的日期是1941年10月5日。参见王芃《1941年王子云率团考察敦煌石窟》，《敦煌研究》2001年第1期，第173、174页。
2 该文在"2016敦煌论坛：交融与创新——纪念莫高窟创建1650周年国际学术研讨会"论文集中刊印。
3 李永翘：《张大千全传》，第211—212页。
4 石璋如：《莫高窟形·附录二》（三），台湾"中央研究院"历史语言研究所，1996年，第247页。
5 张心智：《张大千敦煌行》，《宁夏艺术》1985年第4期，第16页。
6 石璋如：《莫高窟形·自序》（一），第2页。在"口述历史"中亦有同样记载，参见陈存恭、陈仲玉、任友德访问，任育德记录《石璋如先生口述历史》，九州出版社，2013年，第215页。
7 李永翘：《张大千全传》，第219页。

以上有关时间与住宿记载虽属"不大"的问题，但是均出自当事者第一手资料，反映出在莫高窟考察历史的研究中的随意现象，或许因为《甘肃千佛洞的调查》完成于20世纪80年代，时隔三十多年记忆产生了误差。作为历史研究，关于时间与地点的记录是不应该作为小事视而不见的。

二 对何正璜、王子云二先生考察成果的梳理

有关何正璜、王子云二先生的生活经历及学术生平，李廷华在《王子云评传》及文章《敦煌轶事——被忽略的王子云》有详尽的论述。[1] 王子云先生在中国考古历史的成就在罗宏才《西部美术考古史》中亦有详细记录[2]，本文不再赘述。以下仅就何、王二先生具体的莫高窟考察内容以及与石窟编号、诸家编号对照关系的文献做一校勘梳理。

有关莫高窟的考察经历及成果，何、王二先生均未做专文介绍，甚至何正璜的《考察日记》只记录至1941年4月20日，到陕西耀县药王山考察结束的日期为止，随后戛然而止。[3] 王子云先生仅在《甘肃千佛洞的调查》中对莫高窟考察成果做了概括性的统计：

> 我们考查团是一个经费不足的穷团体，在千佛洞的工作也因受到经费的限制而难以充分开展。仅就摹绘壁画说，由于人员不多，材料缺乏，只能就力所能及者摹绘很少的一部分较有代表性的作品，现统计成果如下：
>
> 1. 北朝大型壁画摹本　　　　　　　　　　8幅
>   （其中有长达6米的五百强盗得眼图，三幅连环的萨埵王子饲虎图和长达8米的伎乐飞舞图等）
> 2. 北朝佛故事和单身像摹本　　　　　　　20幅
> 3. 隋代佛故事和供养人画像摹本　　　　　14幅
> 4. 唐代大型经变图摹本　　　　　　　　　12幅
> 5. 唐代单身菩萨像摹本　　　　　　　　　8幅
> 6. 魏唐各代佛洞藻井图案摹本　　　　　　30幅
> 7. 五代供养人像和出行图摹本　　　　　　6幅
> 8. 宋代五台山图壁画摹本　　　　　　　　1幅
> 9. 元代佛教故事人物摹本　　　　　　　　3幅
> 10. 千佛洞全景写生图卷　　　　1幅（长5.50米）
> 11. 对于千佛洞现状的文字记录　　　　　　一册
> 12. 元代"莫高窟"题名碑拓片　　　　　　5份
> 13. 千佛洞泥塑像速写图　　　　　　　　　30张
> 14. 千佛洞各洞拍摄照片　　　　　　　　　120张
> 15. 千佛洞各洞积沙中捡得残经碎片　　　约50片
>
> 附注：关于敦煌千佛洞（莫高窟）现状调查文字曾刊登在1942年《说文月刊》第三卷第十期（重庆出版），文中对306个佛窟都作了概论记述。[4]

综述以上材料，何、王二先生的成果可归纳为四部分：第一为莫高窟艺术临摹品[5]（包括铭文碑

---

[1] 李廷华：《王子云评传》，太白文艺出版社，2005年；李廷华：《敦煌轶事——王子云、张大千、常书鸿》，《书屋》2004年第7期，第34—41页。
[2] 罗宏才：《西部美术考古史》，上海大学出版社，2015年。
[3] 参见何正璜《1940年11月至1941年4月考察日记》，《长安学丛书·何正璜卷》，三秦出版社，2014年，第3—73页。
[4] 王子云：《从长安到雅典——中外美术考古游记》，陕西人民美术出版社，1992年，第44页。
[5] 在《从长安到雅典——中外美术考古游记》中首次发表。遗憾的是，在"图版目录"与"图版"中均无所临摹的作品出自于那个窟号的记录。

拓）；第二为石窟考察的成文记录《调查》，这部分又可分为石窟内容记录，张大千"C"编号与伯希和"P"编号、敦煌研究所"D"编号对照关系两部分内容；第三为水彩绘制的立面图《千佛洞全景写生图卷》；第四部分为洞窟内容的120幅照片。本文从专题研究需要，仅对其中的文献记录《调查》、水彩立面图两部分成果做一归纳整理与分析。

三 《调查》中石窟记录内容的历史意义及问题

1.《调查》产生及出版的历史意义。1943年《调查》刊载的署名为何正璜，实际上应该为何、王二先生共同考察、共同完成的。此文1943年发表后，王子云先生在80年代又做了修订、增补，随后在《从长安到雅典——中外美术考古记》《中国敦煌学百年文库·综述卷》（一）、《长安学丛书·何正璜卷》[1]三部书中分别刊载。三部书的出版均在王子云先生去世之后，先生生前未能亲眼看见实为憾事。其中最初《从长安到雅典》中所刊版本最为完善。需要指出的是，《中国敦煌学百年文库·综述卷》的刊本错误之处极多，以致无法作为研究或校勘版本使用。

《调查》的记录与完成应该在1942年，是临摹壁画之后的一项工作。《调查》按张大千"C"编号排序，分窟进行内容记录。反观1943年《说文月刊》所载状况，印刷粗糙，文字多处模糊不清，难以辨认（图1）。

王子云先生在《甘肃千佛洞的调查》中曾对《调查》做过说明："……关于千佛洞情况的考察，是在居住千佛洞一年之后，从有选择地临摹壁画的过程中认识到的。但这也只是一个大概的举例。因为在为数三百多个佛洞的复杂情况下，要想作出全面介绍，是在短促时间内难以做到的。"[2]从这份材料中可窥见当时中国国力的衰微和治学之艰难。

2.《调查》中石窟内容记录及问题。王子云先生在《甘肃千佛洞的调查》中对《调查》做了概述性的介绍，可作为该文的"绪论"看待。文中根据莫高窟的形成历史、洞窟的内容以及艺术风格发展

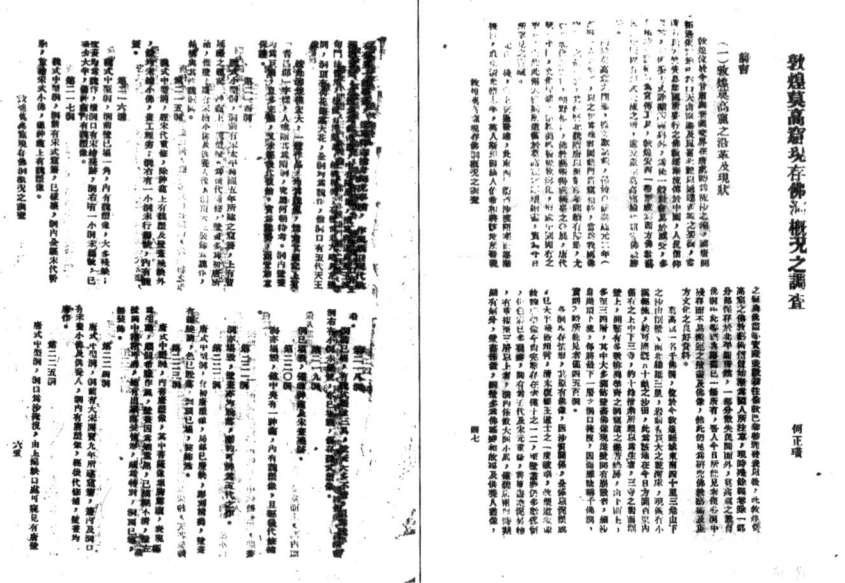

图1 1943年《说文月刊》第三卷第十期所刊载《调查》之第47、65页。印刷效果漫漶难辨

---

1 后两部书为：冯志文、杨际平主编《中国敦煌学百年文库·综述卷》（一），甘肃文化出版社，1999年；王蒙主编：《长安学丛书·何正璜卷》，三秦出版社，2014年。
2 王子云：《从长安到雅典——中外美术考古游记》，陕西人民美术出版社，1992年，第43页。

演变的过程，对其中具有典型意义的石窟做了研究性的论述。在"图像志"的解题方面，王子云先生释读出了C248（D254）窟的"释迦降魔和萨埵王子舍身饲虎图"与"尸毗王割肉贸鸽的本生故事"等因缘故事题材。对C292（D172）窟的"净土变"以及"未生怨"的内容也进行了初步的分析。

《调查》在莫高窟历史中，最重要的意义应该是"其中首次公布了第156窟（敦煌研究院编号，C编号为300）前室北壁的《莫高窟记》"[1]。王子云先生在《调查》本窟的记录中写道："此题已模糊，人多未加注意。"现在这一题记已漫漶不清，完全无法释读。

深入而论，这一墨书题记早已引起考察者们的关注。最早抄录者应属伯希和，现存于《敦煌石窟笔记》"第17（乙）"窟记录中。当时与王子云先生同在莫高窟进行考察的谢稚柳先生，也在他的《敦煌艺术叙录》中将这一墨书题记做了用心的抄录，并且随后又将王重民发表在1954年第2期《历史研究》中、抄录于巴黎的被伯希和从藏经洞携走的"P.3720"文书内容全部做了辑录。[2] 谢稚柳当时的抄录讹误现象要少于王子云先生。两家抄录对照列表如下：

王子云《漠高窟记》抄录	谢稚柳《漠高窟记》抄录
莫高窟记古瓜州东南二十五里三危山幽□……有沙门乐樽杖锡西游，至此遍逊礼其山，见金光如千佛之状，遂于窟□大造龛像，次有法良……涉诸神□□于尊师龛□又□□……二僧晋司空索靖题壁号仙岩……可有五百□龛，又空……执虚悬与……□僧房一百二，及开元年三十年，僧造大像，高百丈，□□四年造大像，高百尺，**开皇**五年中，僧□喜造大窟，造二十丈……四十九十□□□……日记 （笔者按：录文为《说文月刊》内容，《从长安到雅典》中稍有不同，明显区别在于后录文将"开皇"录为"天皇"。）	莫高窟记共十一行，行自左至右。 右在州东南廿五里三危山西，秦建元之世，有沙门乐傅杖锡西游至此，遍逊礼其山，见金光如千佛之状，遂□窟□岩，大□龛□，次有法良……多诸□□，复于傅师窟侧，又造一龛……二僧，晋司空索靖题壁号仙岩……可有五百□龛，又……灵□与……大象高一百卅尺，又开元年中□处……造大象高一百廿尺，开皇中，僧□喜建……四百九十……日记 （按《历史研究》一九五四年第二期，载有王重民先生自"伯"三七二零号卷子中所抄《莫高窟记》，与北壁上所书者相同，且完整无缺。兹附录于后。） **莫高窟记** 右在州东南二十五里三危山上。秦建元中，有沙门乐傅仗锡西游至此，遥礼其山，见金光如千佛之状，遂架空镌岩，大造龛像。次有法良禅师东来，多诸神异，复于传师龛侧，又造一龛，伽蓝之建，肇于二僧。晋司空索靖题壁号仙岩寺。自兹以后，镌造不绝。可有五百余龛，又至延载二年，禅师灵隐共居士阴祖等造此大像，高一百四十尺。又开元年中，僧处谚与乡人马思忠等造南大像，高一百二十尺。开皇中，僧善喜造讲堂。从初□窟至大历三年戊申，即四百有四年。又至今大唐庚午，即四百九十六年。时咸通六年正月十五日记。

1　卢秀文：《敦煌编年（二）》，《敦煌研究》1989年第1期，第118页。
2　参见谢稚柳《敦煌艺术叙录》，上海古籍出版社，1996年，第402页。

两家录文中所见，重要的年代均模糊不清，谢稚柳先生为有心之人，在1954年《敦煌艺术叙录》出版之前由于转载了王重民的录文，使其内容更具完整性。

关于《调查》的另一成就，林家平、宁强、罗华庆从两个方面做了学术评价：一为佛洞的格式及布置；二为莫高窟的艺术的风格分类。[1] 这一评述作为重要的定论已被研究者加以引用。[2]

由于历史与时代局限性的原因，石窟考察记录中出现错录问题是难免的。但是文中出现的一些"硬伤"应做尝试性校勘。首先列举《甘肃千佛洞的调查》中两例：

① C194洞（D397）指向有误：提及洞中供养人像旁有"西魏大统四年"的题记。并且介绍洞中壁画为"五百强盗成佛"的长幅故事。

实际上作者所记为"C83"（D285）内容。但是在《调查》正文中，"C83"窟仅记录有"大代大魏大同四年"（"大同"原文如此），壁画内容没有提及，说明作者并未将这两份资料看作同一窟内容。并且对照关系有误："C83/P120m-D284"，实则对照关系为"C83/P120n-D285"。[3] 如果"按图索骥"，在其文献的两个窟号中均无法查到这一内容。

② 156号洞中有"当时开凿洞窟的河西归义军节度使张议潮夫妇的供养像和出行图"，这里作者混淆了"C"与"D"编号的关系。张议潮出行在"D156"窟，因作者采用"C"编号作为记录本号，作者不应违背最初原则，这里应该采用"C300/D156窟"编号模式。

在《调查》正文中，记录简单、内容空泛通见于全文，此处仅对其中一些内容失实的事例进行分析（本号为"C"编号，后列对照号分别为"P""D"）：

第四十窟（伯氏66）（D100，五代），唐式大型窟。前建横廊，内亦黑暗，壁画大致完整，后壁神龛二侧绘文殊、普贤，左右二壁有报恩经等变相图八巨幅。窟门内二侧分绘维摩变相，四周下部则绘有出巡图。窟顶为龙纹装饰，四周绘小佛像。就全窟壁画观察，以出巡图为最佳，结构则与后来之第三百窟（D156）相类，且为同时代之作品。（笔者按：作者记录过于简单。此曹议金家窟"天公主窟"。当时张大千、谢稚柳已解读出曹议金及夫人"出行图"，情况并不为王子云先生所知。）

第四十七窟（伯氏81）（D231，晚唐），唐式中型窟。壁画大半完整，惟无甚精彩者。（笔者按：本窟为中唐敦煌豪族阴氏家窟。[4] 无论绘画题材或题记内容，均属重要石窟。当时张大千记录道："维摩经变东壁左凡维摩经变，维摩居士座下侍从、各国王子等，其画吐蕃赞普居前者，唐代宗大历十一年后，吐蕃陷沙州后之作也。其画派并可于此证别之。"作者记录过于简单、失实。）

第六十窟（伯氏92）（D85，唐），唐式大型窟。原有的塑像和壁画面貌已难以辨识，因窟壁多有塌

---

[1] 林家平、宁强、罗华庆：《中国敦煌学史》，北京语言学院出版社，1992年，第154页。
[2] 参见李凇《前言·长明的曙光》，载王蒙主编《长安学丛书·何正璜卷》，三秦出版社，2014年，第1页；罗宏才：《西部美术考古史》，第110页。
[3] 参见王子云《从长安到雅典》，第39、69页。
[4] 罗华庆先生有专题研究，参见《莫高窟第231窟的内容与艺术特色》，《敦煌石窟鉴赏丛书·1·第7分册》，甘肃人民美术出版社，1990年。

毁者。（笔者按：经变壁画集中之重要石窟，遗憾的是作者记录简单、无任何重要信息记录。《总录》注：据P.4640《翟家碑》，该窟为法荣开于862—867年。）

第一〇五窟（伯氏126F）（D46，盛唐）中型窟。窟内塑像仍存唐代作风，壁画多为小千佛，中央佛龛及两侧画有菩萨像，窟顶装饰亦完整，当系唐代作品。（笔者按：伯编号应为"P120f"。本窟塑像阵容丰富：正龛一佛、二弟子、二菩萨、二天王；南壁为涅槃变；北壁为七佛。作者将其内容忽略不计实属失误。）

第一五九窟（伯氏170号）（D4窟，五代）大型窟，全窟满塑道教像，庸俗不堪，壁画已被粉刷净尽。（笔者按：实则窟内仍存有较完整的供养人像与部分大型壁画。记录失实。）

第一六〇窟（伯氏171A号）（D3窟，元）小型窟，窟内塑像新修，壁画多尚保存。（笔者按：本窟为元代代表性石窟，奥登堡考察团评价极高，作者视而不见。）

第一六一窟（伯氏171B号）（D2窟，室内清代改修）小型窟，内塑像已毁，壁画为五代改绘，无可取。（笔者按：本窟现存马蹄形佛坛，坛上有塑像十九身。当时的张大千、谢稚柳对此情况已做记录，说明作者记录不实。）

一部文献在学术历史中所留下的意义固然重要，在首肯《调查》上述历史定位之余，研究者还应关注当时的文献能否真正为后世所用，如果其中的记载起到的是误导作用，就一定要加以校勘，去误取正。上述分析基于当时所存在的历史局限，从佐证方面而言，笔者以当时与王子云先生同时工作的张大千、谢稚柳成果为参照。这种方法既凸显了当时石窟研究的实际水平，同时在参照中看到了王子云先生研究的不足之处。下面将分析另一个也很重要的编号问题。

3.《调查》中的编号问题。《调查》最初发表在《说文月刊》时，编号为305窟。1985年再版时增补到309个窟号，增补的四个窟号（C306—C309）均为莫高窟北区内容。

《调查》以张大千"C"编号为主号，但是张大千编号中有一重要的附窟号"耳洞"，这些附窟号连同内容则全部被《调查》忽略未记。按石璋如的统计，"C"编号主洞窟号编为309窟、附洞为147窟，共计456窟。[1] 由此可见《调查》记录少录了147个石窟内容，总量上约有三分之一的洞窟失录。

"C"编号因无序所引发的编号对照关系混乱，主要反映在"耳洞"编号中。后来的史岩先生对此做了专门研究（本课题对史岩研究部分已做专门论述）。《调查》隐去了"耳洞"，等于"避免"了所有的编号"麻烦"。但是这种做法同时使其文献失去了应有的部分学术价值。

作者忽略"耳洞"的真正原因不得而知，这一现象王子云先生并非完全忽略，在《调查》的记录中，在主号内容记录中也常常捎带"小窟"记录，但用语均为"窟左"或"窟右"，无法明了所指具体位置在主窟南、北的哪个方位。笔者统计《调查》列出"小窟"有二十九个，这些窟均列在以下表格之中。

4.《调查》中诸家编号对照关系问题。20世纪80年代王子云先生在《调查》中增补了"P"与"D"

---

[1] 石璋如：《莫高窟形·编辑说明》（一），第12页。

编号的对照关系，形成了以三家编号对照关系为检索的文献资料。对照号的增补扩展了《调查》在资料利用领域的空间。

亦是由于历史的局限性，《调查》对照关系出现诸多讹误现象，其中以伯希和的"P"编号为最甚。伯希和石窟编号问题乱局丛生，这是学界有所共知的（问题原因在本课题"伯希和1908年对敦煌莫高窟的考察与编号"中已做了详尽分析）。伯希和《敦煌石窟笔记》法文版1982年刊行，中译本的发表已到了1993年，王子云先生未见到《笔记》，仅凭当时流行的"立面图"作编号对照，并不知伯希和其"立面图"与《笔记》之间存在的差异。关于《调查》中存在的编号讹误现象，笔者作了统计，其中包括"小窟"的统计，并列表如下：

《敦煌莫高窟现存佛窟概况之调查》编号对照表勘误

勘误表说明：

① 本表张大千编号"C"为本号（包括"耳洞"，即"小龛""小窟"内容，例如"3小龛1"表示在C3窟内容中所记录的"耳洞"之一）；伯希和编号"P"与敦煌研究院编号"D"为对照关系号。

② 对照关系表以1985年出版的《从长安到雅典——中外美术考古游记》为底本。[1]

③ "P"编号以耿昇译《伯希和敦煌石窟笔记》，甘肃人民出版社2007年版为准；立面图以伯希和《敦煌石窟》（1卷）附图为准。"D"编号以敦煌研究院编《敦煌石窟内容总录》，文物出版社1996年版为准；立面图孙儒僩绘制图为准。

④ 错编窟号之下划线提示。

张C	伯P	敦D	勘误与说明
3小龛1		南135	
3小龛2		北134	
4左龛		北137	
18左窟		北153	
18右窟		南154	
33	40A	116	伯希和无"P40A"编号，本窟对照号为"P40"。
34	40	115	应为"P42"。
38	50Bia	109	文中为"Bia"，应为"Bis"。
48	82B	232	应为"P82a"。
52	82B	236	出现两个"C82B"对照号，本窟对照关系无误。

---

[1] 参见《说文月刊》1943年第3卷第10期，第49页；王子云：《从长安到雅典——中外美术考古游记》，第62页。

(续表)

张C	伯P	敦D	勘误与说明
57	26	283	对照关系误，应为：C57/P86a—D89。
68	103	75	应为"P104a"。
72	112B	68	应为"P113"。
83	120m	284	应为：C83/P120n—D285。
101	137	313	应为"P137k"。
105	126F	46	应为"P120f"。
106	100G	45	应为"P120g"。
114	135G	32	应为"P135b"。
122	138	22	应为"P138b"。
134	146	322	出现两个"D322"对照号，上一个为"C127／D322"。本窟对照关系应为"D332"，怀疑为抄录或印刷错误。
166	165A	363	本窟伯希和立面图无号，《笔记》为"P165b"。
167	165B	361	本窟伯希和立面图无号，《笔记》为"P165c"。
168	166A	360	本窟伯希和立面图无号，《笔记》为"P165d"。
169	166B	359	本窟伯希和立面图无号，《笔记》为"P165e"。
170	160D	358	本窟伯希和立面图无号，《笔记》为"P166a"。
178	160E	375	本窟伯希和立面图编号为"P160d"，《笔记》为"P160e"。
179	160D	376	应为"P160c"。
181	158C	379	应为"P158e"。
198	142J	402	应为"P142f"。
198小窟		403	
199小窟		405？	
200	141	407	应为"P141b"。
200小窟		408	
201	139B	409	应为"P140a"。
202	139C	411	应为"P139e"。
204	136L	413	伯希和《立面图》对照关系"P136F"，《笔记》对照关系"P136l"。
206小窟		416	
215小窟		433	
216小窟		436	
218	120B	438	应为"P120v"。

(续表)

张C	伯P	敦D	勘误与说明
218小窟		439	
219	120F	440	应为"P120t"。
221	120W	448	应为"P120x"。
222	120X	447	伯希和《立面图》对照关系"P120Y",《笔记》对照关系"P120g";"D"对照号应为"D446"。
223	120Y	445	伯希和《立面图》对照关系"P120x",《笔记》对照关系"P120z"。
224	120Z	444	应为"P120A"。
227	120	425	本窟伯希和未编号。
228	—	454	本窟伯希和编号"P119"。
229	118O	456	伯希和《立面图》无编号,《笔记》对照关系"P118m和n"。
231	118G	459	应为"P118q"。
232	118H	460	伯希和《立面图》对照关系"P118l",《笔记》对照关系"P118P"。
233	118M	275	伯希和《立面图》对照关系"P1118M",《笔记》对照关系"P118l"。
234	118J	272	伯希和《立面图》对照关系"P1118j",《笔记》对照关系"P118l"。
235	120L	268	伯希和《立面图》对照关系"P1118h",《笔记》对照关系"P118i"。（对照关系为"P120"系列，差距太大。）
236	120R	266	伯希和《立面图》对照关系"P1118g",《笔记》对照关系"P118h"。（对照关系为"P120"系列，差距太大。）
237	118	265	伯希和《立面图》未编号,《笔记》对照关系"P118g"。
239		262	对照号"D262"误，应为"D264"。
240	111A	260	伯希和《立面图》未编号,《笔记》对照关系"P111a"。
242	111	259	伯希和《立面图》未编号,《笔记》对照关系"P111"。
245	197	256	应为"P107"。
246	—	269	对照关系应为C246/P108—D70
247	103A	252	对照关系应为C247/P108a—D71。
252	97A	247	对照关系应为C252/P97—D246。
252小窟		245	
252小窟		247	
257	—	239	对照关系应为：C257/P87—D238。
260小窟		210	
262	75E	211	伯希和《立面图》对照关系"P75e",《笔记》对照关系"P75g"。

(续表)

张C	伯P	敦D	勘误与说明
263	75F	212	伯希和《立面图》未编号,《笔记》对照关系"P75f"。
264	75A	207	应为"P75b"。
266	66B	219	对照关系应为:C266/P—D206。 按:《调查》原始编号为"C266",内容记录均与"D206窟"相吻合,但是对照总表中漏失"D206"窟号。本窟位于D219窟之上层北侧方向,与D219窟毫无关系。对照关系"P66B"亦误,伯希和无此编号。
269	66A	218	伯希和《立面图》未编号,《笔记》对照关系"P68"。
270	264	220	应为"P64"。
270小窟		221? 222?	
271小窟		222? 224?	
272左小窟		226	
272右小窟		227	
277	58	201	应为"P59"。
279	53B	199	应为"P58d"。
279小窟		198	参见下"C284"窟及对照关系"D198"的注释。
280	53A	197	伯希和《立面图》对照关系"P53b",《笔记》对照关系"P51d"。
281	51	188	伯希和《立面图》对照关系"P51b",《笔记》对照关系"P51a"。
282左小窟		193	
282右小窟		195	
283	51C	193	应为"D192"。
284		198	对照关系为"C284/P54—D103"。 按:本编号中所录为"D103窟"内容。作者在《调查》第二七九窟有注:"窟左有一小窟,未编号",所指为"D198"窟。可以看出当时资料有限,作者无法做出正确的对照关系。(参见笔者《敦煌莫高窟诸家编号对照表校勘与内容叙录》"第103窟"与"D199窟"分析。)
285	51A	189	对照关系为:C285/P—D107。 按:本窟伯希和立面图未编号,《笔记》为"P50b"。
286	51	186	本窟伯希和立面图为"P51a",《笔记》为"P51b"。
287	42	185	应为"P49"。
288	45	181	主窟为"D182"。
290小窟		177(南)	

(续表)

张C	伯P	敦D	勘误与说明
290小窟		178（北）	
291小窟		174	
296小窟		167（南）	
296小窟		168（北）	
298小窟		163	
302小窟		160	
305			王子云记："敦煌研究院编号不详。"实则对照关系为"C305/P63—D196"。
306		465	应为"D461"。

由于资料掌握不全，王子云先生不知"P"所存在的问题，其中有四个段位在当时是不可解决的：一为"P51—P53"窟之间；二为"P118"及"附窟"之间；三为"P120"及"附窟"之间；四为"P166"及"附窟"之间（参见本文附"立面对照图"）。混乱原因比较复杂，有崖面窟位无序、石窟当时被埋于积沙之中，亦有伯希和自身编号"立面图"与《笔记》无法对应等问题。这些问题均在2007年之后，随着伯希和《笔记》第二版的刊布之后，王子云先生所关注的莫高窟考察资料全部公之于世，编号对照实情才得以揭晓。

四 王子云水彩绘制《千佛洞全景写生图》分析

王子云先生以水彩工具绘制的《千佛洞全景写生图卷》，实际上是一幅当时莫高窟外景状况的立面图。王子云先生采取写实画法如实地记录了1942年莫高窟的外景面貌，这是继1914年奥登堡考察队如实写生莫高窟外景现状之后的又一重大举动。两图进行对照，可发现莫高窟在28年之间的外貌变化，其中改变最大者为D96窟（P78、C44），内有大佛的楼阁为莫高窟标志性建筑，此期间内已由五层改建为九层。王子云先生为水彩画《千佛洞全景写生图》倾注了巨大的精力，当我们面对莫高窟现状，可以切实感受到其工作态度的认真与作品完成的不易。这种写实性的全面记录当时只能通过绘制方式完成，1914年奥登堡考察队既绘制了平面图，同时又以摄影的方式进行了全程拍摄。拍摄过程困难重重，窟前的沙丘、树木遮挡严重，窟位若隐若现，无法对全貌进行完整的展示。[1]

与奥登堡考察队绘制的立面图相比，奥图更注意测量的准确性，在比例准确的基础上以线描的方法对现状进行了准确的表现，绘制采用考古学的"投影透视法"。关于奥图本文前述已做了详细的分析，学界认为奥登堡考察队石窟现场测绘图"具有两大特点：其一是测绘的科学性和准确性，其二是

---

[1] 奥登堡拍摄石窟外貌图片，参见敦煌研究院编《敦煌旧影晚晴民国老照片》，上海古籍出版社，2011年。

具有绘画专业的艺术性，特别是外立面图的描绘可称为具有很高艺术价值的风景素描"[1]。与之相比，王子云先生立面图更注重感受性和水彩材料特点的发挥，所有石窟均加以再现，无一遗漏。

王子云先生在立面图的下方认真做了相应的窟号标识，窟号数量为305个，与《调查》文字记录相吻合。但是"C"编号的"耳洞"无一标注，按石璋如统计，所失窟数仍为147个。笔者将奥登堡、石璋如与王子云三幅立面图的作了对照关系，合并一图附录文后以作参考。

结　论

王子云先生1937年3月从法国留学归国，随即投身于中国的艺术考古事业，但是内忧外患的客观处境，使他一生命运多舛、生活动荡。

在中国的"敦煌学"研究领域，1943年《调查》的刊布作为时间起点，说明其中的"石窟研究"已经受到重视并且正式起步。但是受经费、人手的限制，《调查》中显示出的考察工作结果却过于匆忙。20世纪40年代，中国的莫高窟石窟研究实际上已经步入了一个"黄金时期"，诸家研究者在各方面都做出了斐然的成就。与当时何、王二先生同在莫高窟进行考察的张大千、谢稚柳相比，后者在石窟编号、内容记录方面的成就显得更胜一筹。今天看来，"C"编号虽然存在不足之处，但是这一编号却初步构架了石窟研究的框架。其编号至今仍是石窟研究者们作为参照的重要资料。谢稚柳在《敦煌艺术叙录》中所采取的石窟内容记录模式，在学术方面又起到了重要的支撑作用，并且成为以后石窟科学记录的滥觞。

1942年随后而至的石璋如、劳榦继续沿用"C"编号进行考察工作，他们采用科学的仪器对所有洞窟进行了全面的测量，绘制出了具有科学依据的平、剖面图，这些成果又增添了"C"编号的科学考察意义，使其更加完善。遗憾的是这些成果延至五十四年之后，1996年才得以刊布发表。成果内容在此之前一直鲜为人知。

张大千、谢稚柳、石璋如当时非常注意用规范性、科学性的方法进行考察。在既定的记录框架模式下，又极为注重对石窟内容局部、细节的信息收集。相比之下，《调查》的石窟记录则缺乏框架规范，内容记录也显得随意，并且忽略了具体石窟特点以及具有重要意义信息的收集。许多重要的石窟内容采用概念性语言一带而过，经常出现"无甚可取""粗俗不足观"等用语进行定论，现在看来事情并非如此简单。这也是《调查》出版之后很少被研究者参照、引用的原因。

笔者列举张、谢与石、劳考察事例进行对比，目的在于尽量还原那个时期石窟研究的实际水准，在那一水准的视角中反观何正璜、王子云先生的成果，找出他们的成果在学术领域中实际存在的差距。

何正璜、王子云的敦煌石窟研究应该属于未竟的事业，随之他们都转向了对陕西历史文化遗存领域的研究，并且取得了杰出的成就。

1　参见本文前述"俄国奥登堡1914年对敦煌莫高窟的考察与编号"。

附录 《千佛洞水彩全景写生图》

关于奥登堡、石璋如与王子云《千佛洞全景写生图卷》对照关系图的说明

王子云先生以水彩工具绘制的《千佛洞全景写生图卷》（简称《写生图卷》）完成于1942年。1992年作为附图首次刊布在《从长安到雅典——中外美术考古记》的《图版·中国编》中。此时王子云先生已经去世两年，未能亲自见到本书及《写生图卷》的发表。因此此书的出版也留下了王子云先生也不可能知道的遗憾：《写生图卷》不仅是一幅普通的美术作品，更重要的是本图应为当时考察的严谨的莫高窟外景立面图。本书编辑不明其中含义，仅以普通美术作品进行刊载。

《写生图卷》除了具备美术作品的意义外，更重要的是图卷真实、科学地（尽管科学测量研究程度不如奥登堡所绘之图）展现了当时莫高窟外景的遗存面貌，并且在图的下方严谨、工整地用铅笔写出了石窟编号，在不影响画面效果的情况下，用直线将窟号指向归属之窟。由于当时的印刷水平有限，《写生图卷》效果模糊可以理解，但是编辑者将图下的标号一律做了删减处理，则是一大遗憾。这种处理方式肯定是王子云先生生前所不愿看到的。

笔者所引《写生图卷》基本参照《从长安到雅典》书中的附图，有幸的是笔者曾经亲眼见过这一图卷，2006年陕西美术博物馆曾组织举办过"西北文物考察团"的成果展览，《写生图卷》在展柜中展出，笔者当时做过图中的编号记录，在此同时参照奥登堡立面图将原窟号在图下加以标注。

图中附加了奥登堡、石璋如的立面图作为对照，目的是通过对照还原当时三家石窟编号的历史状况。奥登堡立面图引自《俄藏敦煌艺术品》第五卷；石璋如立面图引自《莫高窟形》（二）所附《莫高窟总图》。奥登堡立面图因窟号标识不清，笔者按原号进行了重新标识；石璋如图保持原有的窟号标识。奥、石二图均有敦煌研究院的编号对照关系，奥图为"D"、石图为"T"。

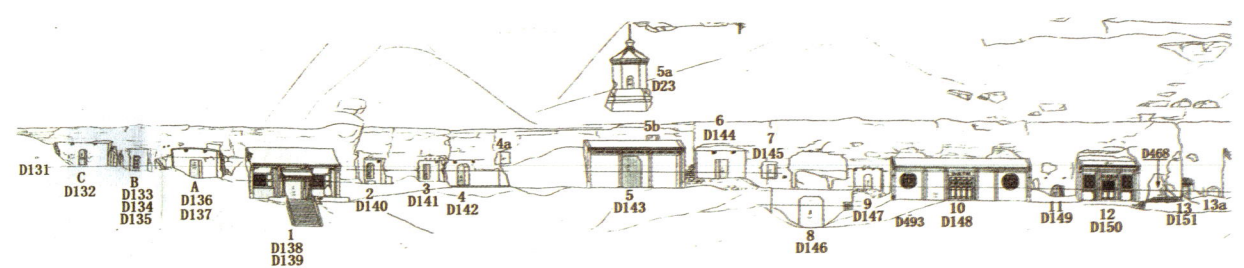

奥登堡绘立面图-9（1914年，2002年敦研院附"D"编号）

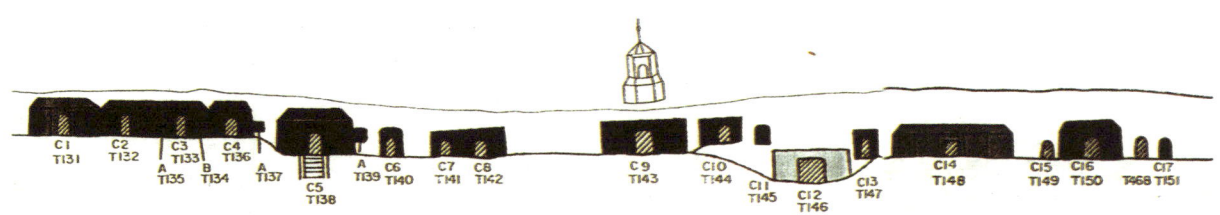

石璋如绘立面图-9（1914年）

王子云绘立面图（1942年）

奥登堡、石璋如、王子云立面对照图1

何正璜、王子云1941—1943年莫高窟考察成果校勘与评述 | 317

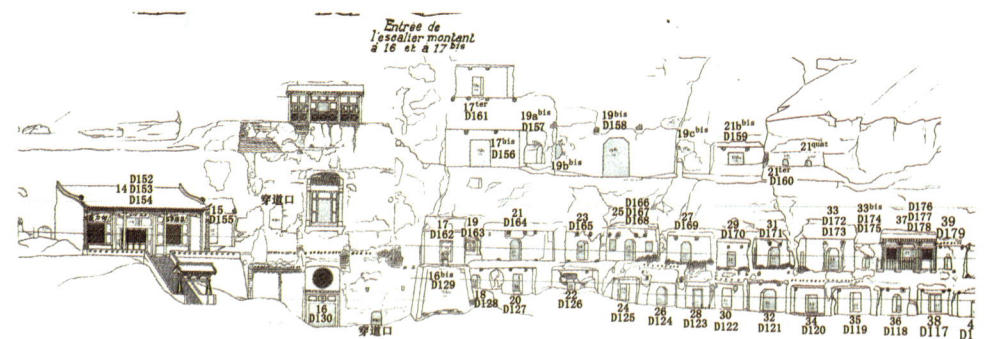

奥登堡绘立面图-8（1914年，敦研院2002年附"D"编号）

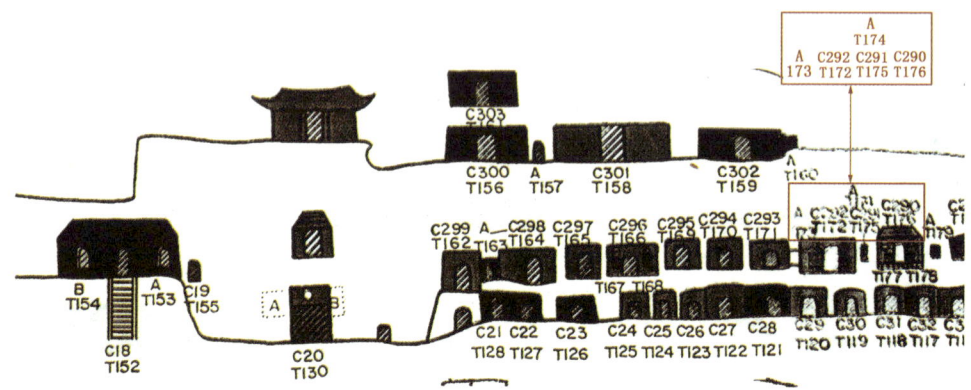

石璋如绘立面图-8（1942年）

王子云绘立面图（1942年）

奥登堡、石璋如、王子云立面对照图2

奥登堡绘立面图-7（1914年，2002年敦研院附"D"编号）

石璋如绘立面图-7（1942年）

王子云绘立面图（1942年）

奥登堡、石璋如、王子云立面对照图3

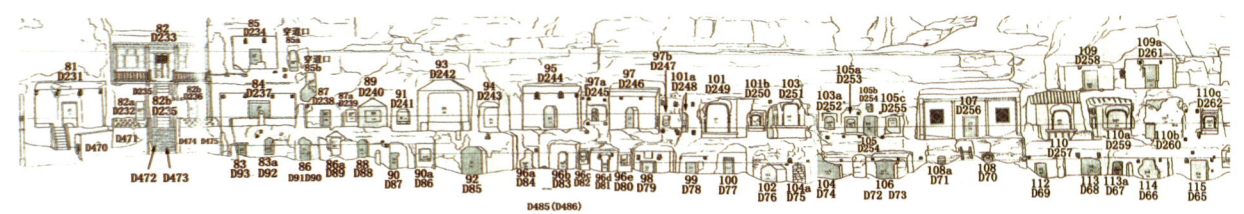

奥登堡绘立面图-6（2002年敦研院附"D"编号）

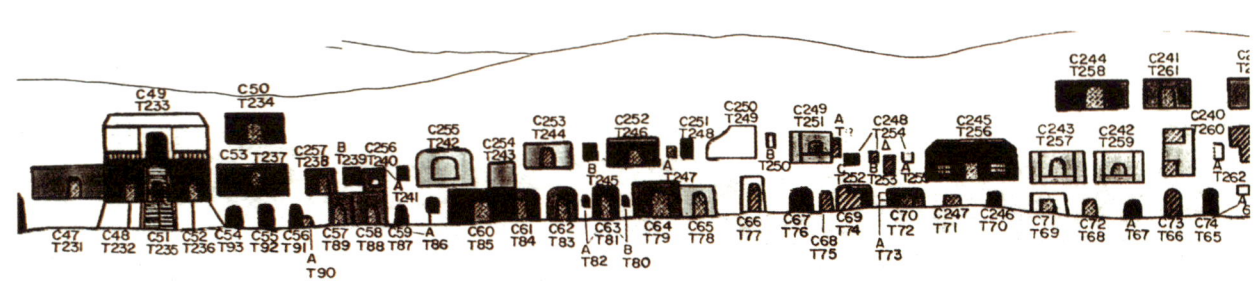

石璋如绘立面图-7（1942年）

王子云绘立面图（1942年）

奥登堡、石璋如、王子云立面对照图4

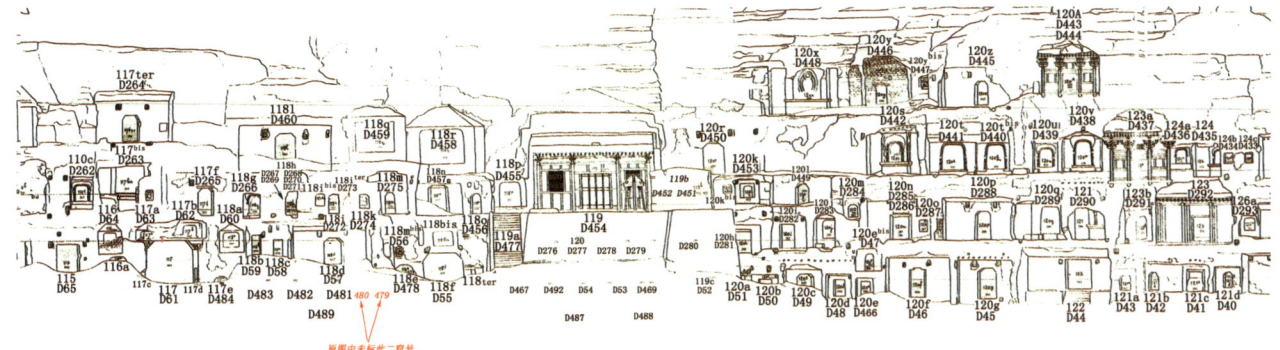

奥登堡绘立面图-5（1914年，2002年敦研院附"D"编号）

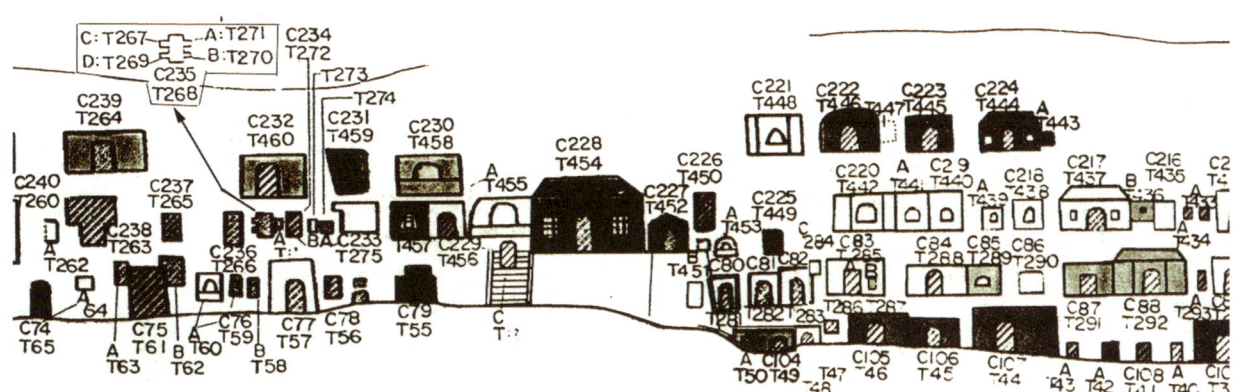

石璋如绘立面图-5（1942年）

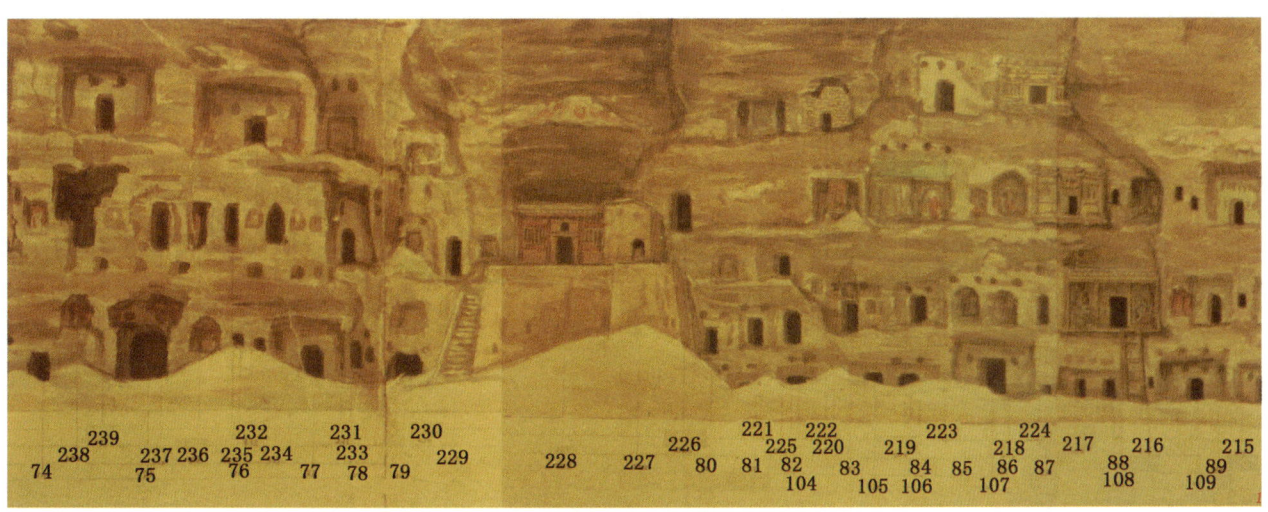

王子云绘立面图（1942年）

奥登堡、石璋如、王子云立面对照图5

何正璜、王子云 1941—1943 年莫高窟考察成果校勘与评述 | 321

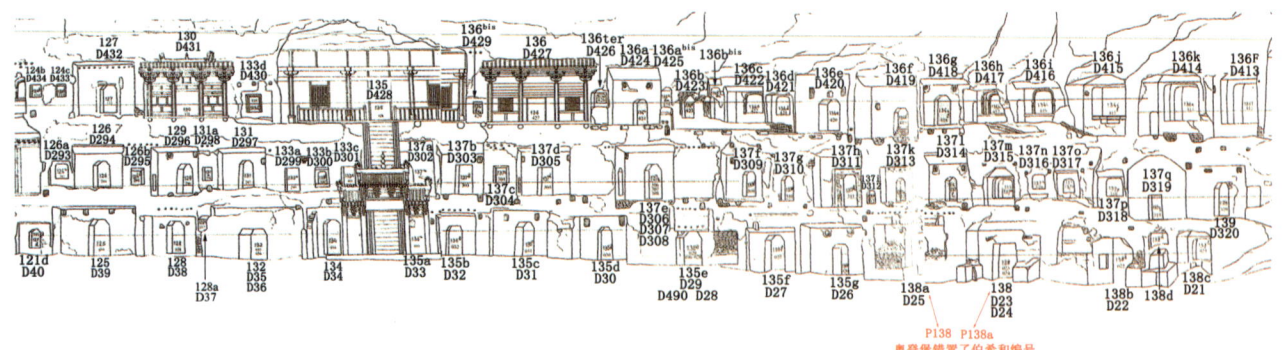

奥登堡绘立面图-4（1914年，2002年敦研院附"D"编号）

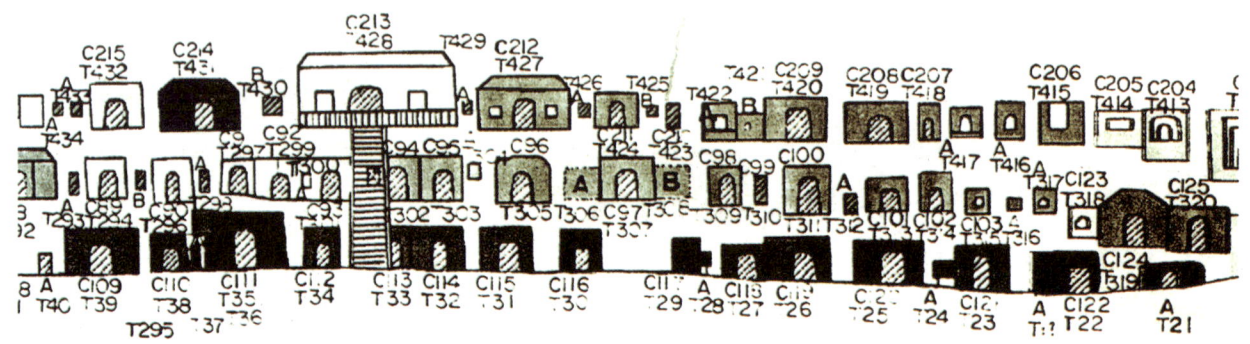

石璋如绘立面图-4（1942年）

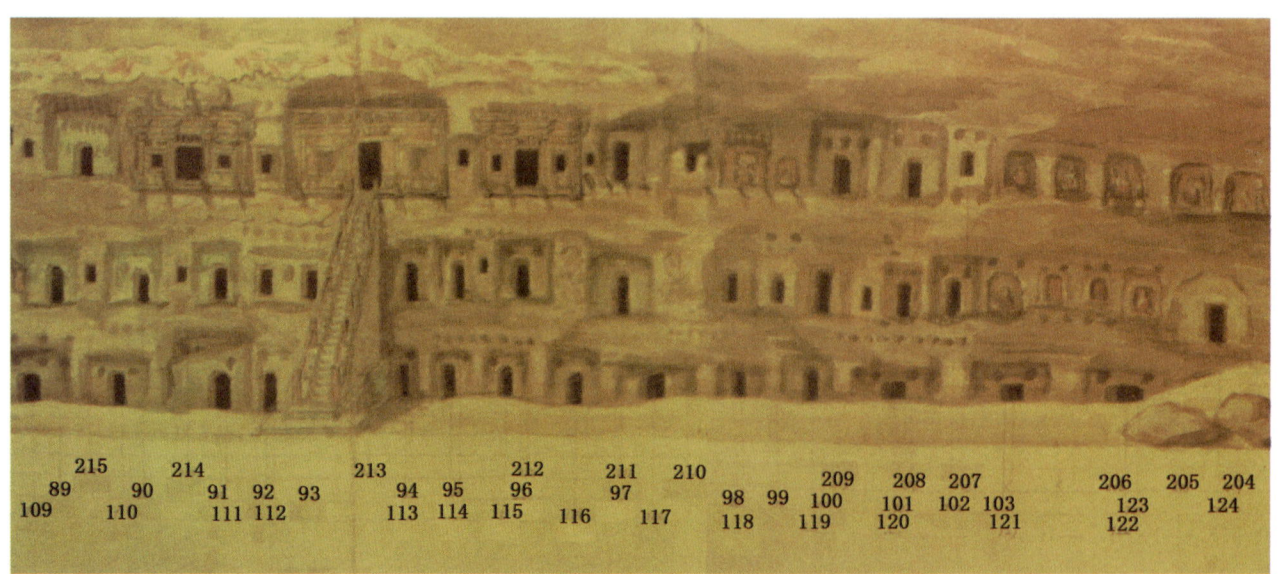

王子云绘立面图（1942年）

奥登堡、石璋如、王子云立面对照图6

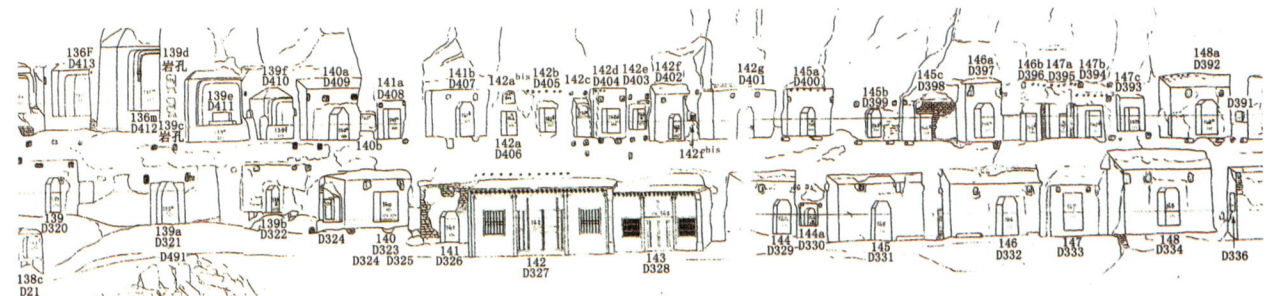

奥登堡绘立面图-3（1914年，2002年敦研院附"D"编号）

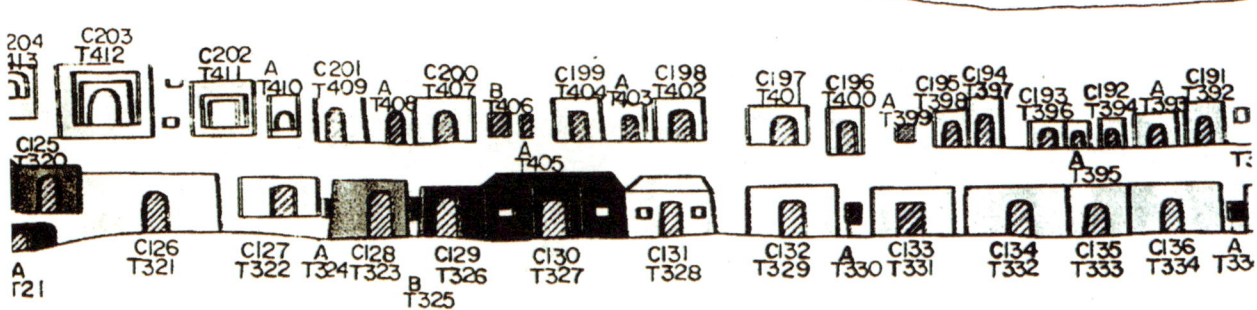

石璋如绘立面图-5（1942年）

王子云绘立面图（1942年）

奥登堡、石璋如、王子云立面对照图7

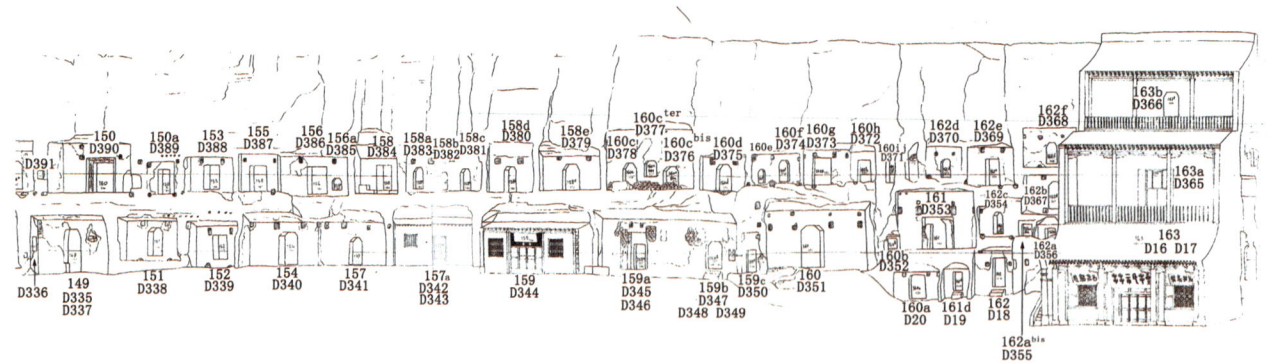

奥登堡绘立面图-2（1914年，2002年敦研院附"D"编号）

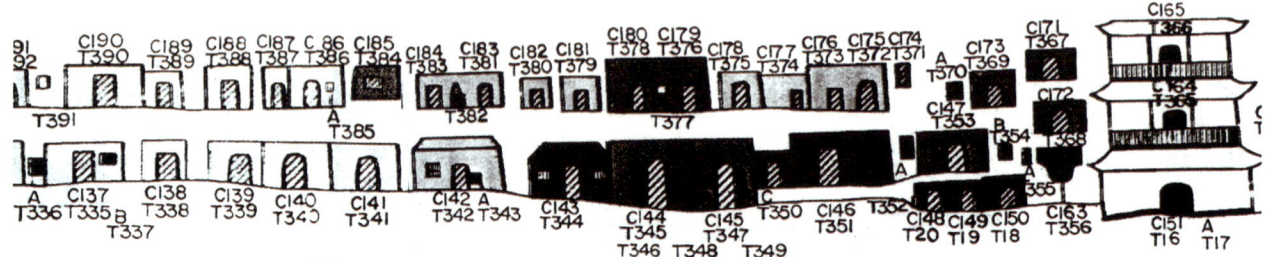

石璋如绘立面图-2（1942年）

王子云绘立面图（1942年）

奥登堡、石璋如、王子云立面对照图8

奥登堡绘立面图-1（1914年，2002年敦研院附"D"编号）

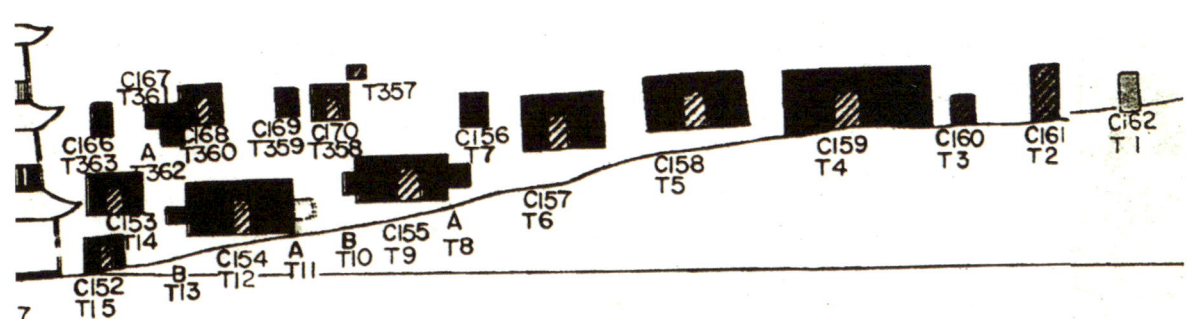

石璋如绘立面图-1（1942年）

王子云绘立面图（1942年）

奥登堡、石璋如、王子云立面对照图9

丽象开图 三光不掩*

——从西安地区出土文物看魏晋南北朝的长安乐象

贾 嫚

（陕西师范大学音乐学院）

一

3至6世纪，中国经历了一个长达三百多年动荡不堪，戎马战祸，政局纷变的历史时期，在中华民族"分和周期"和世界性多民族大规模迁徙的浪潮作用下，黄河流域的关中文化进行了一次涤荡改造、吐旧纳新的过程。在这一时期中，由于全球气候的恶劣变化引发游牧民族向农耕世界发动了长期、频繁的征服与迁徙，位居西北中央枢纽的关中地区自然不可避免地受到最剧烈的冲击，氐族首领苻洪创立前秦；羌人姚苌建立大秦，史称后秦；匈奴人赫连勃勃建立大夏；鲜卑族慕容氏建立西燕；孝武帝之西魏和宇文氏的北周均相继在陕西境内建立国都，羯人之后赵、拓跋鲜卑之北魏王朝及东晋、南朝也曾控制着陕西或陕西的部分地区，此外，賨人建立的成汉等一些短暂王朝也角逐于陕西的部分地区，这种政权的频繁更迭、疆土的异族进退，必将伴随着激烈的战争掠夺，"晋初乱势，西北最烈"[1]，此言诚是，陕西在此时期所遭受的重创前所未有，也在其他地区所罕见，正是在此特殊时期，各族乐舞艺术伴随着战争进退，频繁交替，呈现出丽象开图，三光不掩之势。

在此三百六十年期间，多民族的碰撞，疆土的纷争以及贸易的往来推进了不同文化的交融，佛教的传入，波斯、希腊文化的潺入，乐舞艺术经历了一个结构更新、相融并蓄的充实过程，大量文化表象凸显了乐舞艺术的变化轨迹，打破了自秦汉以来形成的汉族传统，终结了中原一脉之堡垒，形成南北分明之态势，尤以陕西极具代表，杂糅广聚，使外来之胡族与本土之汉族两种文化从对立、隔阂、冲突渐进至兼容融合，造就千姿百态之乐舞艺术。中华民族传统文化一方面向边远地区以及域外传播，另一方面域外民族的文化也顺着同一条传播渠道东传中原，为多民族文化的进一步融合奠定基础。南方与北方、汉族与少数民族乐舞艺术相互碰撞，呈现出风格迥异的个性特征，汉人好胡俗，胡人渐儒雅，致使中西方乐舞艺术交流更为频繁。

时乐舞之况，自经魏晋之乱，咸、洛陈墟，礼崩乐坏，残散失缺，给域外乐入提供新机。自吕光平龟兹，得龟兹乐，又北周帝聘突厥后，使"西域

---

* 本文为2015年国家社会科学基金项目（项目号：15BMZ031）、陕西省社会科学基金项目（项目号：2014I06）、陕西师范大学教师教育研究项目（项目号：JSJY2015J12）阶段性研究成果。

1 吕思勉：《两晋南北朝史》（上），中国友谊出版公司，2009年，第15页。

诸国来媵，于是龟兹、疏勒、安国、康国之乐，大聚长安"[1]。中国传统乐舞在延续中原汉族传统中固有的清商乐基础上，更多融入域外各族的优秀文化，一方面促进汉族乐舞艺术发展，另一方面形成各种新的艺术形式。东晋初，天竺乐传入中原，《隋书》载："天竺者，起自张重华（汉人在河西所建之前凉政权，346—353年在位）据有凉州，重四译来贡男伎，天竺即其乐也。"[2]秦建元二十年（384）又有前秦苻坚遣吕光征西域，"灭龟兹，因得其声"[3]。北魏建立后，灭北燕冯氏、北凉沮渠氏，通高丽、西域，又得疏勒乐、安国乐和高丽乐，域外之乐呈随风潜入之态，遍布长安城。由此可见，域外乐进入中原当在东汉时期，不过范围却比较有限。《后汉书》载汉灵帝喜爱胡人乐舞，说明此时皇家宫廷已出现域外乐舞艺术，但并未流传广远，播及闾间。1972年在甘肃嘉峪关西晋3号墓出土一方形画像砖，上绘两个相对奏乐的伎人，手持源自西亚两河流域的竖箜篌[4]。这是迄今为止，早期竖箜篌传入中原的考古图像资料。文献资料与考古图像资料互相印证，至少在西晋时，印度、中国新疆地区的胡乐已大规模传入河西地区，经河西传入长安，后遍及中原各地。

二

在魏晋南北朝三百余年间，由于社会动荡、政权不稳以及其他诸多因素的共同作用，造就了中国南北方少数民族与汉族文化上的深层交融，乐舞艺术正是在这种时代背景下得以空前繁荣和发展，呈现出炫目的绮丽之象。在西安地区出土的魏晋南北朝考古资料中，留存许多乐舞图像资料，这些图像资料以形象、直观的乐姿舞态，反映了魏晋南北朝不同时期的精神风貌，也为今日研究胡乐入华提供了非常珍贵的考察资料。在这些留存的考古文物资料中，有关乐舞内容的主要有胡乐、女乐以及马上鼓吹，这些类型构成魏晋南北朝主要的乐舞类型，对隋唐七部乐、九部乐、十部乐的形成有着极为深远的意义。

（一）胡乐

魏晋南北朝是众多文明相互融合的阶段，不同民族、不同地域、不同宗教信仰带来的不同文化相互碰撞、相互杂糅，与中国固有的儒教、道教相互作用，呈现出瑰丽的色彩。在此时期，佛教、祆教、景教、摩尼教等一些外来宗教在丝绸之路沿线得以空前发展，与此相携而来的音乐舞蹈也随波而起，成为主流。自北魏宣武帝（500—515）后，琵琶、箜篌等胡乐和胡腾、胡旋等"胡舞铿锵镗鞳，洪心骇耳"[5]，在中原地区逐渐形成繁花似锦的局面，自北周、北齐以来，尤为兴盛。正如《旧唐书·音乐志二》所载北周武帝聘房女为后，"西域诸国来媵，于是龟兹、疏勒、安国、康国之乐，大聚长安"[6]。兴盛中的西域胡乐在不同宗教信仰的教义覆盖下，

---

1 （后晋）刘昫：《旧唐书》卷二九，中华书局，1975年，第1069页。
2 （唐）魏徵等：《隋书》卷一五《音乐志下》，中华书局，1973年，第379页。
3 《隋书》卷一五《音乐志下》，第378页。
4 郑汝中、董玉祥：《中国音乐文物大系·甘肃卷》，大象出版社，1998年，第242页。
5 （唐）杜佑撰：《通典·乐二》卷一四二，中华书局，1988年，第3614页。
6 《旧唐书·音乐志》，第1069页。

图1　茂陵出土佛座东面线刻乐舞供养图（采自周伟洲主编《西北民族论丛》第1辑，中国社会科学出版社，2003年，第286页图4）

更为风行炙热，"琵琶及挡路，琴瑟殆绝音"[1]。文史典籍的记载与出土文物资料的相互印证，说明胡乐的兴盛与宗教信仰有着密切的关系。

"佛教主张形象地描述神圣和凡俗的生活，包括用音乐描述。"[2]佛陀教义凭借乐舞的形式得以广泛传播，而乐舞也因为佛教的广泛传播而得以快速发展，两者相得益彰，推动了佛教自西向东进入中原的脚步。据此，史书典籍多有记载，近些年来发现的考古文物中的图像资料也印证了这一点，很明显，佛教在彰显释家教义的同时，也留下了丰富的乐舞图像资料。

在陕西兴平县茂陵东处发现一件北魏时期石质佛座。[3]佛座底层东面正中以石刻线条雕饰一乐舞表演的画面，以博山香炉为中心，左右两边有乐舞伎人及释家弟子，左边一汉人女子广袖凌空飞动，婀娜多姿，这正是中国传统汉族"长袖舞"的形象。右边一胡人男子双手高举头顶，扭腰伸胯腾飞跳跃，西风胡俗甚浓，这种姿态是胡舞进入中原后极有代表性的舞蹈动作，有明显的外来因素。画面包含浓郁的异域胡族风情和鲜明的中原汉族传统，一胡一汉，左右对称。此胡舞与中国汉族传统的"长袖舞"的形象同处于一个整体画面中，一左一右，对称呼应，显示出北朝时胡乐初入长安时的萌态，也是胡汉乐融合前之一瞬，更是北朝长安地区乐舞流行情况的一些真实反映（图1）。

西亚三大宗教（祆教、景教、摩尼教）在魏晋中期进入内地，其中祆教传入较早，当在三国时期[4]。"祆教沿丝绸之路到长安，然后到中原，南北朝时已深入到江南的建康、宣城、安城、豫章等地了。"[5]但北方胡气最盛。《宣武灵皇后胡氏》载胡皇后与肃宗在宴集群臣时所赋"化光造物含气贞"，据陈垣先生考证，正是歌颂阿胡拉·玛兹达"化光造

1　《通典·乐二》卷一四二，第3615页。
2　贾嫚：《唐代长安乐舞研究——以西安地区出土文物乐舞图像为中心》，中国社会科学出版社，2014年，第206页。
3　单庆麟：《茂陵古佛座》，《文物》1957年第3期，第46—48页。
4　（南梁）慧皎撰《高僧传》载有印度高僧维祇难原为祆教徒，后被佛法降服，皈依佛教。在孙吴黄武三年（224），与印度僧人竺律炎一起从洛阳到武昌逃避战乱。从这条史料来看，祆教进入中土长安的时间可能在三国时期，或者更早。
5　彭树智：《唐代长安与祆教文化的交往》，《人文杂志》1999年第1期，第98页。

图2 史君墓乐伎图（采自国家文物局主编《2003中国重要考古发现》，文物出版社，2004年）

图3 安伽墓墓门门额火坛上乐舞图（采自陕西省考古研究所编著《西安北周安伽墓》，文物出版社，2003年，图版十五）

物"的功德。[1] 北周、北齐多位君王，乐此不疲"至于躬自鼓舞，以示胡天"[2]，后赵创建者石勒是信奉祆教的羯胡人，更是北方胡族政权华化的奠基性人物，其祖上源自西域石国。由于祆教的兴盛和祆教徒的增多，北魏设置专门的职官——萨保，掌管一个地区的祆教祭祀和商旅贸易，近些年来发现越来越多的出土资料，反映了自北魏、北周、北齐以及隋唐祆教东渐中国的过程中，伴随而来的乐舞活动在弘扬宗教信仰的同时，也加快了胡乐瀿入中原的脚步。

20世纪80年代以来，在中国陕西、甘肃、山西、山东等地发掘了一批6至7世纪（北朝、隋、唐初期）与粟特人相关的墓葬，出土了大批极为珍贵的文物，其中有关音乐舞蹈的图像资料令人瞩目。粟特人作为中国中古时期丝绸之路的主要经营者，对胡乐进入中原的主导作用是毋庸置疑的，正如姜伯勤先生所言："由于粟特商队的强大财力，由于他们往来于丝绸之路商道，他们无论作为艺术赞助人，还是作为外来艺术纹样的推荐者，在中国艺术史上都有重要地位。"[3] 粟特人在往来于丝绸之路商道的同时，将故乡的乐器、伎人一同带往东土长安，这些乐舞伎人一部分留于自己享乐；一部分随物品一样贸易；还有一部分用于通使朝贡，这些情况从文史典籍和西安地区出土文物中的图像资料中可以一窥端倪。

2003年在西安未央区井上村东发现北周大象元年（579）凉州萨保史君墓[4]，出土浮雕彩绘贴金的乐舞图四幅，图中绘演奏排箫、横笛、琵琶、箜篌乐器的形象（图2），还有演奏曲项琵琶、腰鼓、奇特琴、笙篪的欢乐场面，这些乐器基本为胡人乐器，此外，图中还有一位身着长袖的胡人舞伎在翩翩起舞。

2000年在距史君墓2.2公里处发现北周大象元年（579）萨保安伽墓[5]，墓内同样以浮雕彩绘贴金的手法绘有乐舞图。乐舞图共五幅，在门额火坛上亦刻

---

1. 陈垣：《陈垣史学论著选》，上海人民出版社，1981年，第112页。载：宣武灵皇后所赋："化光造物含气贞。帝诗曰：恭己无为赖慈英。玩太后诗，虽仅一句，然吉光片羽，已与火祆教光明清净之旨有合，何其巧也。"
2. 《隋书·志第二》卷七，第149页。
3. 姜伯勤：《中国祆教艺术史研究》，三联书店，2004年，第7页。
4. 杨军凯、孙武等：《西安北周凉州萨保史君墓发掘简报》，《文物》2005年第3期，第4页。
5. 陕西省考古研究所：《西安北郊北周安伽墓发掘简报》，《考古与文物》2000年第6期，第28页。

图 4　安伽墓胡舞图一　　　　　图 5　安伽墓胡舞图二　　　　　图 6　安伽墓长袖舞图

（图 4、图 5、图 6 采自山西省考古研究所编著《西安北周安伽墓》，图版三十八、图版六十三、图版七十）

有两身乐舞天人形象，一人怀抱曲项琵琶，一人手持胡筚篥（图3），此两件乐器皆为胡人器物。屏风绘有胡舞图三幅（图4、图5、图6），此三幅乐舞图并存有两种不同类型的胡舞，此两种舞姿可能是在盛行于唐代"胡旋舞""柘枝舞"之雏形。另外，在山西、山东、甘肃、河南等地出土文物中也相继发现诸如此类的胡人乐舞图像资料，这种乐舞画面的大量出现，表明域外乐舞艺术已深入中原腹地，遍及长安，不仅得到皇室宫廷、达官显贵的尚慕，并且更深层融入间间百姓生活中，成为魏晋南北朝时期最为显著的艺术形式。一方面反映了胡乐在中国的流传情况，另一方面也反映了当时社会发展的重大变革以及变革中东西方文化交流的情况。

（二）女乐

社会政权的动荡和朝代的频繁迭变并未改变统治者的精神文化追求，更没有改变对乐舞艺术的追求。动荡的五胡十六国以更快更好的政权交替集结了诸多西北少数民族乐舞艺术，在中国秦汉传统文化乐舞艺术基础上，盛纳八方之乐，在长安发展尤为引人注目。女乐作为充盈宫室的最佳人选，在夏商时期已呈现出万舞翼翼之势，在之后的历朝历代更迭中，皇亲贵戚、达官贵人争相豢养女乐之风愈演愈烈。魏晋南北朝时女乐的数量和乐舞技艺成为权贵间日常生活中的重要内容，也成为他们权力、财富、文化品位的象征，更成为富豪间炫耀的资本，据此，女乐在这一时期以令人惊奇的方式迅速发展。

建安时期，曹氏父子皆喜乐舞，至曹操死后，每初一、十五，女乐皆在铜雀台上表演歌舞音乐；西晋时人石崇拥有的财富不仅"富可敌国"，更以豢养的女乐绿珠才色俱佳而名留史册。[1] 刘宋亡时，后堂杂技，不在其数，陈朝章昭达"每饮会，必盛设女伎杂乐，备尽羌胡之声，音律、姿容并一时之妙"[2]。宫廷贵族、达官豪门又以抚琴弄乐为能事，诸多因素促使了女乐的快速发展，众多的六朝辞赋记载了此时的真实情况。

在西安出土文物资料中再现了当时女乐发展的一些情况。如在咸阳北塬发现西晋时期伎乐女俑[3]，俑头戴十字形扁平发冠，着开领交衽外衣，跪坐于地，双手上举，作吹奏状，这是西安地区出现较早的魏晋时期乐舞图像，至东晋十六国时期，女乐形象表现更多，以西安南郊草厂坡出土的3件乐俑具有代表性；以咸阳平陵出土的4件女乐陶俑最为完

图7 草厂坡出土女乐俑（采自于明主编《中国美术全集·雕塑卷》上卷，青海人民出版社，2003年，第181页）

整和精美，俑身涂抹色泽艳丽之彩，丰富的形象代表着此时的女乐发展水平。

1953年西安南郊草厂坡出土3件跪坐女乐俑，陶塑彩绘，头梳叠式十字平髻，面露稚气之色。第一件俑人高24厘米，嘴巴圆张，双手平举于胸前，简报云其为"拍手高歌女坐俑"[4]，从女俑的姿态和口型观察，似为排箫俑。两件琴俑高22.5厘米，两女子分别置琴于膝上，神情淡然，双手作抚琴状（图7）。2001年咸阳市秦都区发现4件陶制彩绘女坐乐俑，各俑形状、大小基本相同，均头戴十字形扁

---

1 （唐）房玄龄等撰《晋书》卷三三载："崇有伎曰绿珠，美而艳，善吹笛。孙秀使人求之，崇时在金谷别馆，方登凉台，临清流，妇人侍侧。使者以告，崇尽出其婢妾数十人以示之，皆蕴兰麝，被罗縠，曰：在所择。使者曰：君侯服御丽则丽矣，然本受命索绿珠，不识孰是。崇勃然曰：绿珠吾所爱，不可得也！使者曰：君侯博古通今，察远照迩，愿加三思。崇曰：不然。使者出而又返，崇竟不许。秀怒，乃劝伦诛崇。……诏收崇及潘岳欧阳建等。崇正宴于楼上，介士到门，崇谓绿珠曰：我今为尔得罪。绿珠泣曰：当效死于官前。因自投于楼下而死。"为了与孙秀争夺这个姿色美艳、能歌善舞的女乐伎，石崇亦终倾家丧命。
2 （唐）姚思廉撰：《陈书》卷一一，吉林人民出版社，1995年，第104页。
3 刘卫鹏：《咸阳师专西晋北朝墓清理简报》，《泾渭稽古》1996年第4期，第9页。
4 陕西省文物管理委员会：《西安南郊草厂坡村北朝墓的发掘》，《考古》1959年第6期，第285页。

图8 平陵十六国女乐俑（采自咸阳市文物考古研究所编著《咸阳十六国墓》，文物出版社，2006年，图十七、图十八、图十九、图二十）

平叠冠，面涂妆饰，上身穿窄袖交领衣，下着红、褐色相间竖纹裙，跽坐奏乐。第一位俑人为鼓伎。她左手持一红色小圆鼓置于膝上，右手执鼓槌作敲击状；第二位俑人为阮伎。怀抱一圆形小阮，左手按弦，右手持木拨弹奏；第三位俑人为筝伎。双手抚弄一长方形乐器置于膝上，报告云其"筝"[1]，红色，张八弦；第四位俑人为管伎。双手作握持状，置于嘴边，从手形和口型观察，在吹奏竖管类乐器[2]（图8）。

另外，在西安长安县贾里村十六国墓也发现有女吹奏俑[3]，西安北郊亦发现北朝墓中有4件女坐乐俑分别持拿横笛、竖笛、琴、排箫在演奏[4]；陕西历史博物馆收藏的一组3件女乐俑，一人吹箫、一人抚琴，最中一人持竖管演奏（图9）。这些女乐服饰、妆容、神态大同小异，尤其是女乐手中所持拿的乐器多为琴、筝、笛、箫等中国传统乐器，乐器形状、演奏姿容十分相似，反映了魏晋南北朝时期女乐艺术是在中国传

图9 陕西省博物馆藏女乐俑（采自陕西省博物馆编《汉唐丝绸之路文物精华》，香港龙出版有限公司，1990年）

统音乐基础上而形成的一种新的艺术形式，这种艺术形式进而成为魏晋南北朝的一种突出的艺术表现，在当时社会政治文化、日常生活中起着重要的作用。

（三）马上鼓吹

鼓吹乐是以打击乐器和吹奏乐器结合演奏为主，后期加入了歌唱的一种音乐表演形式，溯其源流，

---

1 咸阳市文物考古研究所编著：《咸阳十六国墓》，文物出版社，2006年，第94页。
2 咸阳市文物考古研究所编著：《咸阳十六国墓》，第87页。
3 国家文物局主编：《中国文物地图集·陕西分册》（下册），西安地图出版社，1998年，第106页。
4 陕西省考古研究所：《西安北郊北朝墓清理简报》，《考古与文物》2005年第1期，第9页。

与北方少数民族"北狄乐"紧密相连，与军旅征战更有着密不可分的关系。《新唐书》载："北狄乐皆马上之声，自汉后以为鼓吹，亦军中乐，马上奏之。"[1]北狄乐是北方民族的马上之乐，初期作为军旅之乐，自汉代传入后逐渐汉化，用途亦多种多样。有应用于仪仗、道路上的鼓吹；也有应用于戎武军旅之乐，更有应用于战事凯旋的庆祝。这些马上鼓吹之乐时分时合，变化发展，初时所用之"鼓吹"名称，则一直冠名至今，鼓吹作为朝会、道行、军旅礼乐制度的主要内容，在魏晋时期得以集中展现。

在西安地区出土资料中发现大量骑马鼓吹俑，俑人的排列、姿容、服饰反映了魏晋南北朝时期的社会风貌，俑人所持乐器不仅成为这一时期中农耕文化与草原文化融合的典型代表，同时反映了北方多种政权武力角逐中原长安的历史，更成为今日研究魏晋南北朝时期乐舞艺术极为重要的图像资料。

1984年在咸阳胡家沟发现西魏侯义墓存有21件骑马乐俑[2]，10件胡角乐俑，其中胡角占其近半（图10）；2001年5月在咸阳市秦都区平陵墓出土十六国时期骑马乐俑16件，其中胡角俑8件，击鼓俑7件，排箫俑1件（图11）[3]；1996年在西安北郊发现北朝墓葬5座，有10件骑马乐俑，俑人手中乐器大多为鼓和管类乐器[4]；1953年在西安市南郊草厂坡村发现北朝骑马鼓吹俑4件，其中胡角俑2件（图12），鼓俑2件（图13）[5]，1995年至2001年间，咸阳北塬一带又陆续发现一批古墓，其中有大批甲骑重装俑出

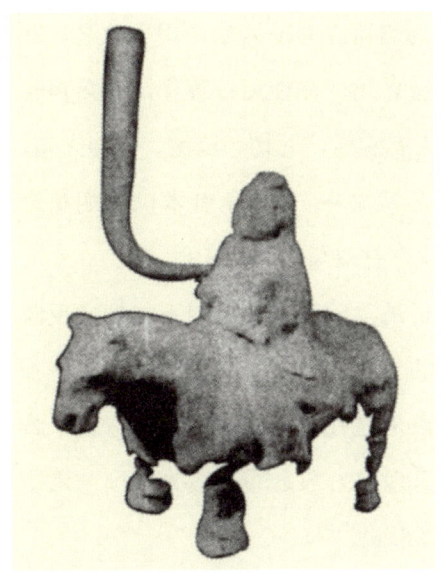

图10　西魏侯义墓胡角俑

（采自咸阳市文管会、咸阳博物馆《咸阳市胡家沟西魏侯义墓清理简报》，载《文物》1987年12期，第67页图三一）

图11　咸阳平陵十六国墓鼓吹俑

（采自咸阳市文物考古研究所编著《咸阳十六国墓》，图八）

1　（宋）欧阳修、宋祁撰：《新唐书》卷二二，中华书局，1975年，第479页。
2　咸阳市文管会、咸阳博物馆：《咸阳市胡家沟西魏侯义墓清理简报》，《文物》1987年第12期，第60页。
3　咸阳市文物考古研究所编著：《咸阳十六国墓》，第91页。
4　陕西省考古研究所：《西安北郊北朝墓清理简报》，《考古与文物》2005年第1期，第9页。
5　陕西省文物管理委员会：《西安南郊草厂坡村北朝墓地的发掘》，《考古》1959年第6期，第285页。

图12 咸阳秦都区平陵墓骑马吹角俑（采自冀东山主编《神韵与辉煌·陕西历史博物馆国宝鉴赏·陶俑卷》，三秦出版社，2006年，第59页）

图13 西安草场坡北朝墓骑马击鼓俑（采自冀东山主编《神韵与辉煌·陕西历史博物馆国宝鉴赏·陶俑卷》，第57页）

现，最为突出的仍然是骑马胡角俑[1]；在西安长安县贾里村十六国墓也发现有骑马乐俑[2]，1993年在咸阳市底张镇陈马村发现北周武帝与皇后阿史那氏的合葬墓，出土两件骑马鼓吹俑[3]。这些骑马鼓吹俑中"胡角"数量最为多见，其次为"鼓"，由此可见，北方少数民族向中原农耕世界发动的征服斗争，致使名不见经传的一件乐器也成为一时宠儿，占据了艺术史中重要的一页。

"胡角者，本以应胡笳之声，后渐用之横吹，有双角，即胡乐也，张博望入西域传其法于西京。惟得《摩诃兜勒》一曲，李延年因胡曲更造新声二十八解，乘舆以为武乐。"[4]可见，胡角是北狄乐中最为重要的乐器，更是武乐中必不可少之成员。角在使用初期仅为响器，并不入乐，用于惊马，或作军中报时及报警之用，在使用过程中，其角声传播广远，闻之使人有婉转、悲切、沧桑、幽怨之情，因此逐渐应用于乐声之中。"胡角者本以应胡笳之声，后渐用于横吹，有双角，即胡乐也。"[5]

骑马鼓吹俑正是以乐舞艺术表现形式如实反映了魏晋各种政权的更替、疆土的变异，以及战争掠夺的社会现象，正是这种特殊的社会现象造就了特殊的艺术形式，呈现出万象之彩，成为中国艺术史上最为特殊的乐舞形式。

1　1995年，在咸阳师专操场东南方向发现十座十六国时期家族墓葬；1998年至2000年间，在咸阳文林路以南的中铁一局家属院发现4座十六国时期墓葬；1999年3月，在建设文林小区时，发现9座先秦墓；2001年5月，在修建过塘至双照的公路中，发现一座十六国时期的墓葬。
2　国家文物局主编：《中国文物地图集·陕西分册》（下册），西安地图出版社，1998年，第106页。
3　陕西省考古研究所、咸阳市考古研究所：《北周武帝孝陵发掘简报》，《考古与文物》1997年第2期。骑马乐俑出土2件，一件吹笛俑，一件吹埙俑（或哨），通高19.2厘米，通长17.2厘米。
4　（唐）房玄龄等撰，吴士鉴、刘承幹注：《晋书·斠注》（上）卷二三《志十三》，中华书局，2008年，第498页。
5　《晋书》卷二三《志第十三·乐下》，第403页。

三

魏晋南北朝时期，乐舞艺术虽然保留了秦汉两朝的一些基本形式，但大量胡乐的潆入已成为此时期最为突出的文化现象。从汉"灵帝好胡服、胡帐、胡床、胡坐、胡饭、胡箜篌、胡笛、胡舞"[1]，到北朝伶人"曹妙达、安末弱、安马驹之徒，至有封王、开府者"[2]，以及北周帝聘突厥后的胡乐大聚长安，胡乐成为魏晋南北朝时期极为炫目的霞光，映照着东土长安。隋唐七部乐、九部乐、十部乐中，西域胡乐占相当大的比重，乐器、乐律、舞种的输入也达到了高潮，文史典籍与文物资料的相互印证，仅十六国时期，"关中之人百余万口，率其多少，戎狄居半"[3]。胡人的大量涌入打破了中国文化一脉之壁垒，乐象更迭不休。从西安地区出土文物中图像资料观察，胡乐、女乐、马上鼓吹三种表现形式反映了乐舞艺术在魏晋南北朝发展的显著特点，其中主要表现为以下两个方面。

（一）马上鼓吹乐的迅速崛起

鼓吹是中国古乐的一种，源自北狄乐，是由北方边地鲜卑、吐谷浑、部落稽等少数游牧民族传入内地。这种马上奏之的鼓吹乐，在先秦时期已进入中原[4]，起初仅作为军旅之乐，边塞军士将校习用，战事、凯歌奏乐助威，后逐渐分流发展，因其所用不同分为数种。至汉代，有天子宴乐群臣的"黄门鼓吹"[5]；有军旅战伐凯旋后的"短箫铙歌"[6]；有车驾从行道路的"骑吹"[7]；也有用于军旅战事时骑于马上的"横吹"[8]等。

不仅如此，"横吹"又有鼓吹、横吹之分，如郭茂倩所言："横吹曲，其始亦谓之鼓吹，马上奏之，盖军中之乐也，北狄诸国，皆马上作乐，故自汉已来，北狄乐总归鼓吹署。其后分为二部，有箫笳者为鼓吹，用之朝会、道路，亦以给赐。汉武帝时，南越七郡，皆给鼓吹是也。有鼓角者为横吹，用之军中，马上所奏者是也。"[9]然而，无论是"黄门鼓吹""短箫铙歌""骑吹""横吹"，还是"横吹"所包含的"鼓吹""横吹"二部，虽"所用异尔"，却均得通名"鼓吹"。魏晋以来，略有损益，但基本上沿用了汉代鼓吹。"魏晋之世，给鼓吹甚轻，牙门督将五校悉有鼓吹。宋、齐已后，则甚重矣。"[10]如果说汉代鼓吹仅仅"施于时事，不常用"的话，那么魏晋时期的鼓吹不仅作为军旅礼乐制度的重要内容，

---

1 《后汉书·志第十三》五行志一，中华书局，1979年，第3272页。
2 《隋书·志第九》卷一四，第331页。
3 《晋书》卷五六，第1533页。
4 《山海经·大荒西经》载："有北狄之国，黄帝之孙曰始均，始均生北狄"，说明北狄的历史较为久远。马兴《北狄渊源考》云北狄是先秦时期重要的一支部族，其族源可上溯至殷商。
5 郭茂倩在《乐府诗集》将"燕射歌"分为三种，首为"燕飨乐"，即汉明帝所谓的"黄门鼓吹"，说明汉代鼓吹乐已经可以应用于燕乐，也可用于雅乐，更可施于殿庭，置于官署。
6 短箫铙歌是汉代的军乐，也是"鼓吹"之一种，蔡邕《礼乐志》曰："汉乐四品，其四曰短箫铙歌，军乐也。"
7 骑吹，用于卤簿，帝王、皇亲贵戚等车驾出行，以箫、笳、鼓等乐器为主于马上奏乐而得名。
8 《晋书·乐志》载："横吹有双角，即胡乐也。"
9 （宋）郭茂倩：《乐府诗集·横吹曲辞一》卷二一，第311页。
10 《乐府诗集·鼓吹曲辞一》卷一六，第224页。

更与田地、珍宝并重，成为赏赐、笼络群臣的重要手段，其在魏晋南北朝的发展令人瞩目。

从西安地区出土文物中的鼓吹俑人持乐情况来看，组成这类军乐队的乐器，主要是角和鼓。角，源自西北草原的游牧民族，因此又称之为胡角，因胡角横吹，在以角为主的军乐中便以此为名。鼓吹与横吹均属军乐，因此，横吹也被概称为鼓吹，此两者在汉魏六朝的使用随着时间的推移区别愈发明显。由于鼓吹的乐器构成及表现形式利于宣扬浩大的威仪，因此成为朝会及卤簿之仪，而横吹则一直用于军乐，拥有它的均是与战事相关的将校。

西晋以后，王权衰落，匈奴、鲜卑、羌胡等胡族大举进入中原，这些草原民族凭借战马的铁骑，角逐中原，在这些战马铁骑的军队中，使用的军乐主要是以角乐器为主的横吹。咸阳出土的西魏侯义墓中的胡角乐俑，骑于马背上的俑身体态肥硕壮实，眉目粗犷，胡人特征较为明显。其俑手中所持的角大而长，器身粗笨呈曲尺形，这是西安地区出土文物中反映魏晋早期横吹的胡角图像。此外，墓中还出土有胡人武士俑、骑马胡俑以及驮丝骆驼等，说明角与胡人、丝绸之路的密切关系。

咸阳平陵十六国墓出土有骑马乐俑16件，胡角俑就占其一半，此胡角俑所执器型与西魏侯义墓出土的胡角形状相同，均为曲尺形，只不过胡角形状秀美了很多；1995至2001年间在咸阳北塬一带陆续发现一批古墓，胡角俑也占其很大部分；西安市南郊草厂坡村发现北朝骑马鼓吹俑4件，其中2骑胡角，2骑击鼓，俑人为胡人装束；咸阳市底张镇陈马村发现北周武帝与皇后阿史那氏的合葬墓，以及1992年12月在西安北郊发现的北朝的5座墓葬，均出土多骑具装甲士的胡角骑俑及鼓俑。这些马上鼓吹的配置，从施于军中的战事、凯歌奏乐助威，到尊贵身份的夸耀体现，均与战事息息相关。

魏晋时期，配有鼓吹乐是一件极为荣耀的事情。三国初，孙权拜东吴诸葛恪为抚越将军，"拜毕，命恪备威仪、作鼓吹，导引归家"[1]，以示荣耀。东晋初期，此风尤甚。安西将军庾翼和江夏太守谢尚一起射箭，其竟以鼓吹相赌。晋书云："尝与翼共射，翼曰：'卿若破的，当以鼓吹相赏。'尚应声中之，翼即以其副鼓吹给之。"[2] 鼓吹不仅作为军旅之乐，亦为仪仗之器，皆备威仪之势，广泛用于军中。这一时期，以胡角为主要乐器的横吹在北方极为盛行，在南方也有不少表现。这种以吹奏乐器组成的乐队，以胡角为主，增添了笳、鼓、排箫乐器，使此时期横吹乐最具特点，在随后的发展中，又有笛、筚篥、桃皮筚篥等一些吹奏乐器的加入，这种胡风甚浓的马上鼓吹为隋唐时期的卤簿之仪、鼓吹仪仗形成奠定了坚实的基础。

（二）胡乐潺入后与中国传统文化的对立兼容

历史文献上关于"胡乐"的概念相当广泛，其主要包括中国北方的西域若干国家（中国、中亚、西亚以及南亚一些国家）少数民族的音乐。从"汉末天下大乱，乐工散亡，器法湮灭"[3]，到西晋末年"永嘉之乱"以后相当长的时间内，海内分崩，"已无雅乐

---

[1] （晋）陈寿撰，（宋）裴松之注：《三国志·吴志》卷一九，中华书局，2006年，第845页。

[2] 《晋书》卷七九，第2070页。

[3] 《晋书》卷一六，第474页。

器及伶人"¹，此为域外乐进入中原提供了良好时机。

在此时期雅乐的式微不可逆转，胡乐的影响则日趋普遍。鲜卑族建立的北魏政权对胡汉乐采取了兼容并蓄"乐操土风，未移其俗"²的政策，在晓知旧乐基础上，与"太武帝平河西，得沮渠蒙逊之伎"³相杂，用于"宾嘉大礼"。此乐后与吕光平西域得"胡戎之乐"相互交融，形成"杂以秦声"的新乐种，所谓"秦汉乐"也。这种包含了胡汉民族相互交融的音乐成为隋唐乐舞艺术高度发展的基石，对七部乐、九部乐、十部乐的影响至深至远。

魏晋时期，胡乐在中原形成繁花似锦的壮丽局面，这与少数民族掌握政权后的爱好和推行关系重大，这一点，在北周、北齐以降尤为明显。鲜卑族建立的北周政权促成了西域乐大量东入中土，尤其在天和三年（568），"周武帝聘虏女为后，西域诸国来媵，于是龟兹、疏勒、安国、康国之乐，大聚长安"⁴。这些来媵的胡族乐伎除了有表演艺人外，还有对中国音乐影响甚为深远的音乐理论家苏祗婆。2000至2003年间，在西安北郊发现北周大象元年（579）萨保安伽墓和北周大象元年（579）史君墓，墓中发现的大量乐舞图像说明了胡乐入华后在中原的弥漫程度，这些来自于中亚诸国的音乐舞蹈胡风正劲，粟特人、突厥人成为这些画面的主角，其乐器也以胡箜篌、曲项琵琶、胡笛等为主，又有翘首弄姿的舞伎旋转腾跳，这些画面相互拼合，真实反映了此时期长安胡乐的盛行。此外，安伽墓门额处雕刻的胡箜篌、琵琶与祆教主题的镶嵌，说明了宗教在传播过程中与音乐的密切关系。这种包含胡乐的主题在北方多个墓葬中均有表现，其主要集中在陕西、山西、宁夏、甘肃、山东等北方一带，这种保存有乐舞画面的墓葬证实了胡乐在北周时期的炽热程度。

北齐是鲜卑化汉人建立的政权，其对西域胡乐的痴迷不亚于北周，历代君主皆好胡乐，后主高纬"亦自能度曲，亲执乐器……使胡儿阉官之辈，齐唱和之"⁵。其子幼主高恒也能"自弹琵琶而唱之"⁶，以至于"封王开府者，逐服簪缨而为伶人之事"⁷。在河南、山东等北方一些地区保存的北齐墓葬中保留有许多胡乐舞图像资料，这些图像表现形式和内容与西安地区出土文物中的乐舞图像极为相近，均以胡乐为主。上述文史资料与考古图像资料的相互契合，说明在魏晋南北朝时期，政权的频繁更迭和疆土的异主进退是胡乐进入中原的主要原因，统治者的爱好及推广，使胡乐以极快的速度得以普及和发展。那么，承载中国汉族传统的女乐在咸、洛陈墟，礼崩乐坏后，如何存活且发展演变？

---

1 《晋书·乐志下》云："永嘉之乱，海内分崩，伶官乐器皆没于刘（刘聪，匈奴后裔）、石（石勒，羯胡族人）。"《魏书·临怀王列传》记载在鲜卑族政权北魏孝庄帝时，尔朱兆带领的契胡族"大军入洛，戎马交驰，所有乐器，亡失垂尽"。不仅如此，"军人焚烧乐署，钟石管弦，略无存者"。
2 《隋书·志第九》卷一四，第313页。
3 《隋书·志第九》卷一四，第313页。
4 《旧唐书·乐二》卷二九，第1069页。
5 《隋书·志第九》卷一四，第331页。
6 钟仕伦：《〈南北朝诗话〉校释》，中华书局，2007年，第456页。
7 《隋书》卷一四载："后主唯赏胡戎乐，耽爱无已。于是繁手淫声，争新哀怨。故曹妙达、安未弱、安马驹之徒至有封王开府者，遂服簪缨而为伶人之事"，来自中亚的曹妙达一族长期旅居中土，以胡琵琶为业达三代之久，并得北齐后主高纬的宠遇，开府为王。

魏晋南北朝是以匈奴、鲜卑、羯、氐、羌等少数民族主要掌握政权的时期，政权的频繁更替导致汉族雅乐伎人散亡，器法湮灭，但寄存于皇亲贵戚、达官贵人府邸中的女乐似乎并未受到太大影响，在西晋奢靡之风影响下，伎乐的繁盛有增无减，权贵富豪们对女乐的享受追求乐此不疲。在咸阳北塬发现西晋伎乐女俑、西安南郊草厂坡出土的北朝3件乐俑、咸阳平陵出土的4件十六国女乐俑以及西安长安县贾里村出土的十六国女吹奏俑等，这些女乐俑手中所持乐器均为中国传统乐器，其中琴最为多见，其次为笛、箫、阮、鼓，这种以汉族传统乐器为主的女乐组合，在胡风甚浓的五胡十六国时期也未曾改变。西安地区出土的女乐俑人组合，服饰、发型、面部特点基本相同，女伎面部眉心、两颊、下颊处的丹饰最具特点，有汉代"以丹注面"[1]的鲜明特点。女乐组合多为4人一部，也有3人、6人一部，伎人均跪坐或叠腿坐地，弹打奏乐。

这些女乐俑在陕西关中地区最为多见，此外，在甘肃、山西、新疆等一些北方地区也有零星出现，这些地方基本涵盖了中国北方地区的分布情况，此与魏晋时期胡乐炽热的风气有所不同，犹如胡族腥膻中的一股清风。魏晋时期的少数民族虽然靠武力夺取了政权，但礼乐文化与传统深厚的汉文化相比是明显落后的，他们对汉文化有着慕尚之心，正如吕思勉所言："五胡受中华文化之涵育深……其立法行政，亦未尝不效法中国。"[2]加之王公贵族对豢养女乐的热捧，致使魏晋时期女乐得以高度发展，为隋唐时期的宫廷女乐奠定基础。西安地区出土文物资料说明，拥有这些鼓吹、女乐的不仅是掌握政权的显贵之人，更是掌握兵权的一方要员。

胡乐在魏晋时期潺入中原腹地，与社会的巨大变革息息相关。中原腹地，汉室式微，群雄并起，群雄割据，五胡乐才可乘虚而入，获得难得的发展机遇。此外，拓跋鲜卑进取中原后，采取一系列措施，尤其在音乐文化的建构中采取"华戎兼采"的策略，使域外乐在中原取得了极好的发展机会，至北周时期，兼采南北，融通华夷方面显得尤为突出。文化的交流向来都是相互往来的，胡乐在进入中原后，经由中原华夏民族文化的洗礼，转为汉族风雅后又沿着同一条道路，远传域外，为中西文化艺术均增添了无限色彩。

总之，魏晋南北朝时期是中国古代艺术史上独特的一次乐权思想的崩塌与重建的交替时期，由此决定了魏晋南北朝的音乐艺术在中国艺术史上的特殊历史地位，活跃在这个时代的胡汉乐从对立、隔阂、冲突渐进至兼容融合，呈现出多姿多彩的景象，在万景丽象的交替中，折射出社会变革的方方面面。

---

1 刘熙《释名·释首饰》云："以丹注面曰的。的，灼也。古天子诸侯腰妾以次进御，有月事者，难以口说，故注此于面以为识。"
2 吕思勉：《两晋南北朝史》（上），第5页。

吐鲁番柏孜克里克石窟新发现汉文写本《大藏经》残卷探析*

彭 杰

（新疆社会科学院《西域研究》编辑部）

大藏经，又称一切经，契经、藏经或三藏。汉文大藏经，通常定义为："基本网罗历代汉译佛典并以之为核心的，按照一定的结构范围组织，并具有一定外在标志的汉文佛教典籍及相关文献的丛书。"[1]概言之，它是大小乘佛教典籍兼收的丛书[2]。此前，中外学者已对新疆出土文书中的《大藏经》残卷的版本做了卓有成效的甄别，但所涉及者均为印本。[3]1980年10月至1981年7月，吐鲁番地区文管所在柏孜克里克石窟清理出土了一批佛教文书残卷（图1）。其中的汉文文书，内容涉及佛教的经、律、论多个领域[4]；就版本而言，既有写本，也有印本。其大致年代范围，上至西晋，下迄北宋，具有较高的学术价值。本文的研究对象是其中新发现的汉文写本《大藏经》残卷，旨在对当地首次发现的写本藏经残卷做有益的探讨。

一 以往西域汉文写本《大藏经》的发现

（一）文献记载

在传世文献中，对西域出现汉文大藏经其实已有记载。北宋太平兴国六年（981），高昌回鹘王国向宋廷遣使朝贡，宋太宗派供奉官王延德及殿前奉旨白勋两人为使回访高昌。雍熙二年（985），返回开封。王延德后撰有《西州使程记》记述了出使的

---

* 本文为国家社科基金西部项目"新疆出土汉文佛教文书相关问题研究"（编号11XZS004）的阶段性成果。

1 方广锠：《中国写本大藏经研究》，上海古籍出版社，2006年，第10页。

2 中国大百科全书总编辑委员会编：《中国大百科全书·宗教卷》，"大藏经"条目，中国大百科全书出版社，2002年，第154页。

3 〔日〕藤枝晃：《高昌残影——出口常顺藏吐鲁番出土佛典断片图录》（非卖品），大阪，1978年；新疆吐鲁番地区文管所：《柏孜克里克千佛洞清理简记》，《文物》1985年第8期，第43—65页；〔日〕中村菊之进：《トウルファン出土の大藏经》，《密教文化》172，1990年，第39—69页，以及《中央アジア、ムルトク及カラホ出土の刊本佛典》，《密教文化》181，1992年，第81—105页；党宝海：《吐鲁番出土金藏考——兼论一组吐鲁番出土佛经残片的年代》，《敦煌吐鲁番研究》（第四卷），1999年，北京大学出版社，1999年，第103—126页；李际宁：《关于旅顺博物馆藏吐鲁番出土木刻本佛经残片的考察》，〔日〕竺沙雅章：《西域出土の印刷佛典》，两文分别见旅顺博物馆、龙谷大学共编《旅顺博物馆藏新疆出土汉文佛经研究论文集》，京都，2006年，第230—244、118—134页；王丁：《初论开宝藏向西域的流传——西域出土印本汉文佛典研究》，日本国际佛教学大学院大学、京都大学人文科学研究所、中国台湾南华大学主编：《佛教文献と文学》，东京，2008年，第67—96页。

4 武汉大学中国三至九世纪研究所、新疆维吾尔自治区吐鲁番学研究院编著：《吐鲁番柏孜克里克石窟出土汉文佛教典籍》，文物出版社，2007年。

图1　吐鲁番柏孜克里克石窟外景

经历见闻。在抵达高昌后，书中记载："佛寺五十余区，皆唐朝所赐额，寺中有《大藏经》《唐韵》《玉篇》《经音》等。"[1] 荣新江先生认为，"这段文字反映了高昌回鹘王国佛寺藏书的情况，表明高昌当地汉文佛教典籍的流行"。他进一步推测，"高昌回鹘的佛寺应当是继承了唐朝西州时期的寺院"[2]。至于文中所记载的大藏经的版本，我们已知，我国第一部刻本大藏经《开宝藏》大约初刻完成于太平兴国八年，此时已是王延德奉命在外出使的第三年了，所以，他在高昌回鹘所见的大藏经只可能是一部抄本大藏经。

此外，金兴定三年（1219），应成吉思汗召请，全真教长春真人丘处机前去谒见。在西域鳖思马大城，受到回纥王部族的热情接待。当地人特别向他介绍说："此大唐时北庭端府。景龙三年，杨公何为大都护，有德政，诸夷心服，惠及后人，于今赖之。有龙兴西寺二石刻在，功德焕然可观。寺有佛书一藏。唐之边城，往往尚存。"[3] 由这段记载可知，唐代北庭都护府所处庭州城内的龙兴西寺也藏有一部大藏经。唐代的龙兴寺都是中央政府下令兴建的。神龙元年（705）武则天退位，中宗复位，令"诸州置寺、观一所，以'中兴'为名……三年二月庚寅，改中兴寺、观为龙兴……"[4] 对于在西域筹建大云寺、龙兴寺等官寺，唐朝是极力支持的。据《慧超往五

---

[1]（宋）王延德：《西州使程记》，《古西行记选注》，宁夏人民出版社，1987年，第160页。
[2] 荣新江：《王延德所见高昌回鹘大藏经及其他》，《庆祝邓广铭教授九十华诞论文集》，河北教育出版社，1997年，第267—272页。
[3]（元）李志常：《长春真人西游记》，《古西行记选注》，宁夏人民出版社，1987年，第202页。
[4]（后晋）刘昫：《旧唐书·中宗本纪》卷七，中华书局，1975年，第135—150页。

《天竺国传》的记载，这些官司中的高级僧官，如寺主、都维那、上座等，许多都由来自长安的僧人担任。¹所以，北庭龙兴寺内所藏大藏经极可能是由中央政府颁赐的一部写本大藏经。

（二）考古发现

出土文物方面也有类似的情况。开元二十六年（738）六月，玄宗敕每州建立开元寺。据研究，藏文《于阗国授记》中就明确记载了当年在位的唐安西都护护盖嘉运和于阗国王尉迟散跋婆一起在于阗建造了开元寺。在敦煌写本 P.2899 汉文《须摩提长者经》卷端题"于阗开元寺一切经"，可知这个卷子本来为于阗人所有，正面的汉文佛经应当也出自于阗，原是于阗开元寺的藏经。于阗开元寺的大藏经也极可能是朝廷颁赐的。²

吐鲁番曾出土有《武周康居士写经功德记碑》。碑文前半部分分列记多种佛经目录，后半部分述抄经人康居士出身、写经缘起及功德。旅顺博物馆现收藏有日本大谷探险队在吐鲁番吐峪沟石窟所获一件写经题记文书。经文内容虽已不存，但"康家一切经"的题记依然清晰可见。³有研究者联系此件写经题笺上题记内容，推测康居士的抄经目的"是为西州某寺补充大藏所缺，而这个寺院很可能是西州官寺——大云寺"⁴。

此外，吐鲁番当地还出土了多种汉文佛教经目，非常引人注目。自东晋至隋唐间数百年，汉代佛教著录译经的目录一直绵延不绝，从最初简单的译经所出时代来著录"经录"，直到后来逐渐形成考校缜密、分类严谨的汉文佛教大藏经目录"入藏录"。研究表明，"南北朝时，北齐、北周官方，已经修造大藏经"⁵。由敦煌遗书可知，早在5世纪下半叶，我国北方已经出现个人修造大藏经的风气。至隋代，已出现多部官修大藏经。唐代，皇家对佛藏编撰的干预影响逐渐增大⁶，可以说，佛教经目的编撰为大藏经的最终形成奠定了基础。由于有了为书写大藏经而提供依据的大藏目录，并形成了大乘经、律、论，小乘经、律、论及圣贤集传为基本类目的分类论；其书记有纸数的限定；其装订排架又有"帙"的规定，应该说，以"入藏录"为依据的写本大藏经的基本形态业已形成。⁷五代至北宋初年，官修藏经依然兴盛，宋太祖时候甚至先后造了多部金银字大藏经用以颁赐邻国及藩属。开宝四年（971），北宋政府开雕《开宝藏》，正式开启了刻本大藏经流传的时代。

对吐鲁番出土佛教文书的核稽，可以发现："吐鲁番地区存在《出三藏记集》⁸、《众经目

1　（唐）慧超：《往五天竺国传》，《古西行记选注》，第116—117页。
2　荣新江：《唐代西域的汉化佛寺系统》，《龟兹文化研究》（第一辑），天马出版有限公司，2005年，第130—137页。
3　郭富纯、王振芬：《旅顺博物馆藏西域文书研究》，万卷出版公司，2007年，第237页图版十六。
4　荣新江：《吐鲁番出土〈武周康居士写经功德记碑〉校考——兼谈胡人对武周政权之态度》，《民大史学》1996年第1期，第6—18页。
5　方广锠：《中国写本大藏经研究》，上海古籍出版社，2006年，第17页。
6　方广锠：《中国写本大藏经研究》，第18、105—110页。
7　李富华、何梅：《汉文佛教大藏经研究》，宗教文化出版社，2003年，第64页。
8　《出三藏记集》，作者为生活在齐、梁间的僧祐。他凭借定林寺丰富的经藏，在道安所著《综注众经目录》的基础上编撰了此著作。作为我国现存最早的佛经文献目录，《出三藏记集》共分为十五卷，主要包括四部分内容。（1）卷一为撰缘记，主要介绍佛经结集的缘起、经过及八藏的名称，次论胡汉译经音义的异同，最后列举新旧译重要名相的不同。此卷相当于图书目录的辑略或总

录》[1]、《历代三宝记》[2]、《大唐内典录》[3]、《大周刊定众经目录》[4]五种佛典目录,其中《大唐内典录》最多"[5],反映出当地也如汉地一样在有意识地集结三藏。吐鲁番出土的多种佛经目录,说明当地对汉文佛经的分类、管理及保存方面一直深受汉地佛教的影响,这种情况一直从佛经抄本时期延续至印本时期,前后达数百年之久。

在上述经目之中,对写本大藏经产生了重要影响的是《大唐内典录》。唐代是我国写本藏经形成的重要阶段,至此内典录编出后,佛经的抄写已经逐渐有纸数的限定,即每纸28行,每行17字的规范已成立,此外,数千部佛经的装订排架又有了专门的"帙"的规定,通常以十卷合为一帙。

中唐时期,中国佛教界又诞生了一部重要的经目,这就是由智升在开元十八年(730)完成的《开元释教录》。[6]《开元释教录》对晚唐、五代至宋初中原内地抄本藏经及后来印本大藏经的构成影响极大,但是,在吐鲁番出土的佛典残卷中却不见其踪

序。(2)卷二至卷五为诠名录。搜罗归纳自汉至梁六代四百余年间汉译和撰集的所有佛经,包括译者姓名已佚失的,分为十五录。每录前加小序,略述本录源流。十五录即新集撰出经律论录、新集条解异出经录、新集表序四部律录、新集安公古异经录、新集安公失译录、新集安公凉土异经录、新集安公关中异经录、新集律分为五部记录、新集律分为十八部记录、新集律来汉地四部记录、新集续撰失译杂经录、新集抄经录、新集安公疑经录、新集疑经伪撰杂录及新集安公注经及杂经志录。十五录共收佛典二千一百六十二种,四千三百二十八卷。(3)卷六至卷十二为总经序。卷六至卷十一辑录了部分佛典的前序和后记。卷十二为"杂录",收录了僧佑的《释迦谱》等当时一些著作的序文和篇目。(4)卷十三至卷十五为述列传,介绍了历代译家和义解僧人的生平事略,可谓是现存最早的僧传。

1 《众经目录》,隋代法经等撰。本著作收录东汉至隋代所翻译的佛教典籍,共七卷,又立九录,分类录出译经之目。前六卷为别录,第七卷为总录,初附上表,其次列出本录之总目次。其中的九录即大乘修多罗藏录、小乘修多罗藏录、大乘毗尼藏录、小乘毗尼藏录、大乘阿毗昙藏录、小乘阿毗昙藏录、佛灭度后抄集录、佛灭度后传记录、佛灭度后著述录。九录合计佛典二千二百五十七部,五千三百一十卷。

2 《历代三宝纪》,隋代费长房于开皇十七年(597)撰成。本著作共十五卷,内容分为四部分,记述了自东汉至隋代佛典的译传情况。前三卷是"帝年",以周庄王十年(前687)为佛祖释迦牟尼诞生之年,由此年始到隋开皇十七年止,分上、下排列,上列各代帝王、年号和干支,下记对应时期佛教的流布、佛典的传译,旁及当时史事。其中,第一卷是周秦,第二卷是前汉、后汉,第三卷是魏、晋、宋、齐、梁、周、隋,而附列吴、苻秦、姚秦、乞伏秦、北凉、后魏、北齐、陈诸代。第四卷到十二卷是代录,以五朝为线索,统一阐释了不同历史时期的佛教译著。第十三、十四两卷是入藏目录。前者是大乘录,后者是小乘录,都分为经、律、论三类,每类又分有译人名和失译人名,以卷数的多寡作为先后次第。第十五卷是总目,主要是奉进本著作的表文、本书总序及全书目录。

3 《大唐内典录》,唐道宣于麟德元年(664)撰成。本著作共十卷,收录东汉至唐初所译的佛教典籍。内容分为十部分。第一部分为历代佛教三藏目录,包括卷一至卷五。第二部分为历代翻本单重人代存亡录,包括卷六至卷七。前者为大乘三藏,后者为小乘三藏。第三部分为历代众经总摄藏录,即卷八。第四部分为历代众经举要转读录,即卷九。其余六部分,包括历代众经有目阙本录、历代道俗述作注解录、历代诸经支流陈化录、历代所出疑伪经论录、历代众经录目始终序、历代众经应感兴敬录,都在卷十。共计收录佛典两千四百八十七部,八千四百七十六卷。

4 《大周刊定众经目录》,明佺等撰于武周天册万岁元年(695),共十五卷,分为两部分。第一部分为众经目录,卷一至卷十二收录大乘单译经、大乘重译经、大乘律、大乘论、小乘单译经、小乘重译经、小乘律、小乘论、贤圣集、大小乘失译经和大小乘阙本经。第十三、十四卷为见定入藏流行目。第二部分为伪经目录,即第十五卷。本著作收录自东汉至武周时期的翻译佛典,共计三千六百一十六部,八千六百四十一卷。

5 郭富纯、王振芬:《旅顺博物馆藏西域文书研究》,第73页。

6 《开元释教录》,智升在开元十八年(730)完成。本著作共二十卷,分为《总括群经录》和《别分乘藏录》二部。前者包括东汉到唐中期的译人译经。后者包括:一、有译有本录;二、有译无本录;三、支派别行录;四、删略繁重录;五、补阙拾遗录;六、疑惑再详录;七、伪妄乱真录。每录下再分子目,末为大小乘入藏录。此录体例完备,条理清晰,且分类细致,考证精详,勘正前人的误处不少,可谓是经录中集大成的著作。

迹，这种现象令人费解，具体原因拟在后文分析。

二 本次新出土文书的概况

本次的发现共计两个抄经残片，同属80TBI：013一个编号（图2）。一个尺寸为11.3×13厘米，另一个尺寸为15.4×14厘米。两个残片可以缀合。缀合后可以看出，残片上尚保留有右侧的部分题头及天头地脚，残存九行墨书文字，每行17字，行间还可见到乌丝栏。文字内容为：

（前缺）

1 □□□□□荒
2 □□□□法师玄奘奉诏译
3 善现十遍□□□□清静四静处清
4 净故一切智智清□□□故若十遍处清净
5 若四静处清净□□□智智清净无二无二
6 分无别无断故十□□清净故四无量四无
7 色定清净四无□□□□□清净故一切智
8 智清净何以故若十遍处清净若四无量四
9 无色定清净若一切智智清静□□□

（后缺）

三 出土文书相关信息的探析

经与《大正藏》核对，上述文书的文字内容已被确定为属于《大般若波罗蜜多经》卷二百二十八的"初分难信解品"第三四之四七的局部。

《大般若波罗蜜多经》简称《大般若经》，是由玄奘法师于龙朔三年（663）译成。本经共六百卷，内容实际是宣说诸法皆空之义的大乘般若类经典的汇编。全经分为四处十六会，全面系统地对般若教义进行了叙述。尤其是宣称大乘即是般若，般若即是大乘，大乘般若无二。般若作为大乘佛教的基础理论，被称为诸佛之智母，菩萨之慧文。无论从卷数，还是实际内容来看，《大般若经》可称得上是大藏经中部头最大的单部佛典。

上述的残片右侧残失了一大片。从文字内容推断，可知第一、二行应为经卷题头部分残存的文字，第三至第九行为佛经的正文。参稽现存完整的佛经，

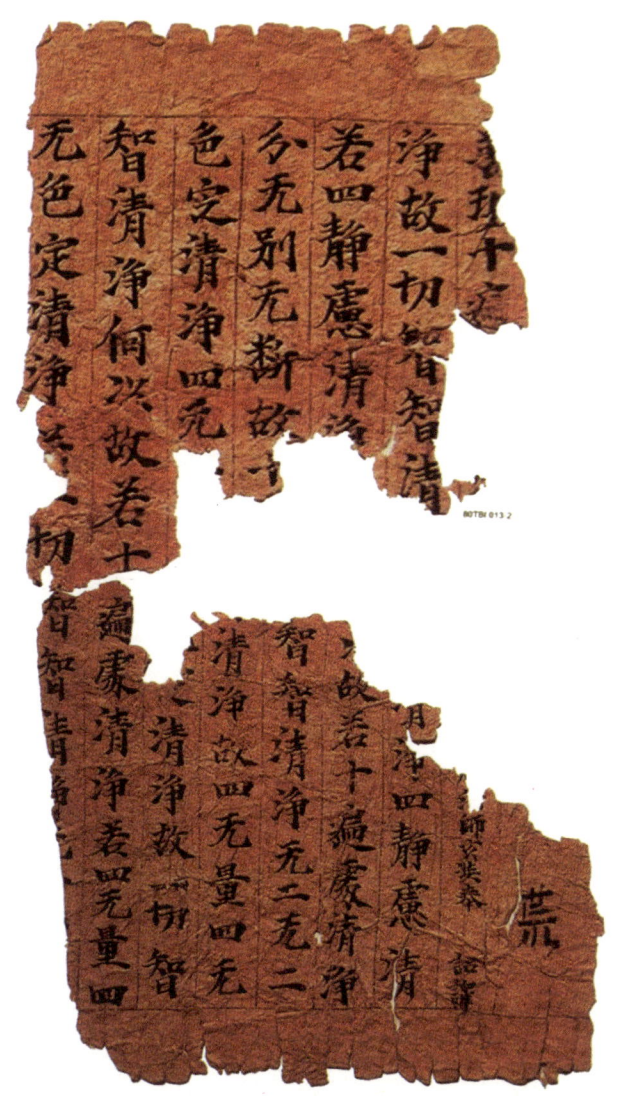

图2 柏孜克里克石窟出土的80TBI：013残卷（采自武汉大学中国三至九世纪研究所、新疆维吾尔自治区吐鲁番学研究院编著《吐鲁番柏孜克里克石窟出土汉文佛教典籍》，文物出版社，2007年）

从目前情况看，第一行残失了经名、卷数及品名等文字内容，第二行残失了"大唐大慈恩寺三藏法师"等文字内容。在题头位置靠下的第一行所存的单独一个"荒"字格外引人注目。因为此字与经文正文无涉，又与经名、卷数及品名等文字内容拉开了一定距离，且其字号明显大于经文字体，书体也与后者有异，显然是书手抄经时有意为之，以示两者的区别。考虑到北宋时早期印本藏经在版式上深受前代写本藏经影响的事实，这里，受后代印本藏经的版式启发，笔者认为这个"荒"字应该是相关写本大藏经的千字文帙号。

千字文是南北朝时梁朝的周兴嗣编纂的由一千个不重复的汉字组成的韵文。全文为四字句，对仗工整，条理清晰，易诵易记，是我国古代影响很大的儿童启蒙读物。因流传广泛，故后世商人的账册、科考的试卷及店铺的门牌等常常也以其中的文字为序。据研究，唐武宗在位时，曾于会昌二年至五年（842—845）发起大规模的毁佛活动，史称"会昌法难"。此次法难后，佛寺所藏典籍受到极大破坏，为了重新补齐佛典，全国范围内的藏经恢复逐渐开始以以往并不太受重视的《开元释教录·入藏录》为标准了，而与此相伴随的是，千字文帙号开始附加在这部入藏录上。研究表明，"千字文帙号约产生于晚唐，到五代时已在全国流行"[1]。使用千字文来做帙号，最终将数千卷佛教典籍组织为一个有机整体，检字、查阅、整理、上架藏经都非常方便，故它一出现后，就受到普遍欢迎，迅速流传开来。

虽然，《大般若经》被译出后不久就已被收入经目中，就连前述的吐鲁番出土的《武周康居士写经功德记碑》中也赫然在目，然而，在80TBI：013残片出土前，在吐鲁番已面世的数万件佛典写本残卷中，包括高昌回鹘时期的出品，还尚未发现一件抄经上带千字文帙号的。这种奇怪的现象，我认为可能与《开元释教录》未在当地流传有关。

成书于730年的《开元释教录》初始实则是智升私撰的经目，早期并无太大影响力。790年，由于吐蕃隔断河西走廊，西州与内地联系中断，遑论佛教方面的交流。会昌法难后，吐蕃与回鹘又在此争斗，直至唐末。虽然吐鲁番也出土有不少的《千字文》习字残片，但在五代时已在全国流行的在《开元释教录·入藏卷》上附加千字文帙号的先进藏经管理法并未在当地出现。据研究考证，"某些高昌回鹘佛寺大藏经是按照《大唐内典录》的《入藏录》摆放的"[2]。试想，如果有千字文帙号这种更为便利的方法，当地僧众又岂会弃之不用？基于这样的考虑，换句话说，80TBI：013所属的《大般若经》应当是五代至宋初由外地流入的。

外部流入的地点，第一点容易想到的就是东边的敦煌，但是那里的情况却很不乐观。研究表明，直到9世纪中叶张议潮控制敦煌时，"敦煌的藏经都是以《内典录·入藏录》为基础组织的"[3]。此外，一些敦煌遗书中多次提及检勘当地龙兴寺的藏经，发现《大般若经》卷数欠缺不全之事，如P.2727号，S.5046号，特别是S.2142号遗书中特别提到，直至乾德二年（964），"点检《大般若经》两部，欠数教（较）多，未得成就"[4]。考虑《大般若经》有六百卷之巨，除非是官方，否则以私人之力很难完成赠经

---

[1] 方广锠：《中国写本大藏经研究》，第512页。
[2] 荣新江：《王延德所见高昌回鹘大藏经及其他》，第267—272页。
[3] 方广锠：《中国写本大藏经研究》，第157页。
[4] 方广锠：《中国写本大藏经研究》，第136页。

之举。所以，80TBI：013所属《大般若经》由敦煌流入的概率微乎其微。第二个地点就是北宋。经过五代，至北宋初年，以《开元释教录·入藏卷》附加千字文帙号的写本藏经已基本统一了，但80TBI：013所属《大般若经》直到太平兴国六年（981）王延德出使高昌时仍然未被提及，看来此时该经卷还未从北宋流入高昌回鹘。否则，作为北宋派出的使臣，王延德在记述高昌回鹘当地佛教情况时，对前代唐朝的佛教文化影响都能记述甚详，如果涉关本朝《大藏经》传入这样重要的事宜一定不会忘记大书一笔的。这个情况提示我们，这部《大般若经》极可能由北宋传入，不过其传入时间应该晚于王延德出使高昌的时间。

北宋自太宗一朝始，由国家兴办的佛经译场再度设立，随即掀起了新一轮的汉地僧人西行求法的热潮。那么，本文所涉及的《大般若经》有无可能由某些西去的汉僧路经高昌回鹘所留呢？我们认为这种概率应当是微乎其微。且不说《大般若经》部头巨大，远途携带，跋山涉水多有不便，就说西行求法的僧人是旨在去天竺寻求佛经梵本原典，也无必要专门携带汉译佛典路经西域。这里，80TBI：013残卷上的千字文帙号"荒"再次给了我们启发。按照《开元释教录·入藏卷》所记，藏经中第一部佛经即是"般若部"的《大般若经》。由于此经有600卷，通常按每十卷合为一帙，全经共六十帙。这样的合帙方式在后见的经目中也全都如此，已成惯例。相应的千字文帙号是从"天"字至"奈"字，共六十个字，每个字号对应十卷。这样，按通常《大般若经》的帙号来推算，80TBI：013属卷二二八，就应该对应千字文第二十三个字"冬"，但残卷上实际却标成了"荒"字，即千字文的第八个字。若依这样来推算，80TBI：013所属的《大般若经》只有按每三十卷合为一帙，才能保证它的千字文帙号为"荒"字。这样看来，这部《大般若经》的分帙与通常本经的分帙有较大不同。事实上，尽管抄经在合帙时会有一些微小差异，但如此大的差异还是很罕见的。由于严重打乱了原来常用的十卷每帙的组织，致使检索查阅这部六百卷的佛典将变得很不方便。这种奇特的现象，我认为与藏经所担负的不同功能有关。

学界一般认为，藏经就功用而言，"有两个方面，一是供人阅读，从中学习佛教义理，以求解脱；一是供人供养，从而积聚功德，以求解脱。前者属于义理性佛教的范畴，属于佛教中教导的层次；后者属于信仰性佛教的范畴，属于佛教中较低的层次"[1]。显然，80TBI：013所属的《大般若经》属于后者，即供人们做功德用的藏经形态。由于不太关注如何供人方便的阅读，因此，不必过于考虑如何组织其结构。即便以三十卷为一帙来组织，此部《大般若经》也就二十帙，同样可以排列得整齐有序供人供养。由这个思路考虑，我们认为80TBI：013所属《大般若经》流入高昌回鹘，极可能与北宋初年朝廷修造金、银字大藏经并对外颁赐的史实有关。

据史籍记载，乾德四年（966），"上初诏四川转运使沈义伦，于益州以金字写《金刚经》进上"[2]；开宝四年（971），"诏成都造金、银字佛经各一藏"，同年，"敕再造金字经一藏"[3]。又记载："帝自用兵

---

[1] 方广锠：《中国写本大藏经研究》，第534页。
[2] 《佛祖统纪·法运通塞志》，《大正藏》第49册，第395页。
[3] 《佛祖历代通载》，《大正藏》第49册，第656页。

图3 柏孜克里克石窟第16窟的回鹘王族供养像（采自《中国新疆壁画艺术》第六卷《柏孜克里克石窟》，新疆美术摄影出版社，2009年）

平列国，前后凡造金银字佛经数藏。"[1] 宋廷所造的此类藏经，一方面用于宫廷转经，另一方面用于颁赐邻国及藩属。北宋真宗在位期间，曾经先后应敦煌统治者曹延禄、曹贤顺之乞请，以益州所写金、银字藏经赐之。[2] 显然，这些金、银字藏经主要也是用来供养的。

自王延德出使高昌后，高昌回鹘与北宋的关系逐渐紧密。大约是了解到河西敦煌的这些情况，熙宁元年（1068），回鹘可汗遣使宋廷来贡方物，"求买金字《大般若经》，以墨本赐之"[3]。回鹘可汗来买金字《大般若经》当然也是用来供养的，尽管未能完全如愿，但宋廷所赐墨本《大般若经》仍然考虑是用来供回鹘可汗供养所用，所以合帙的方式不同于正常供人阅读的经典，这也是可以接受的。简言之，80TBI:013残片极可能来自熙宁元年宋廷所赐回鹘的墨书《大般若经》中的一页，而这部《大般

---

[1] 《释氏稽古略》，《大正藏》第49册，第860页。
[2] 《宋会要辑稿》卷五〇四记载："至道元年（995），沙州曹延禄乞赐新译经，给之。"同书卷四九三记载景德四年（1007）五月："沙州僧正会请诣阙，以延禄表乞赐金字经一藏，诏益州写金银字经一藏赐之。"
[3] （元）脱脱、阿鲁图：《宋史·回鹘传》卷四九〇，中华书局，1985年，第14114—14118页。

图 4　柏孜克里克石窟第 20 窟的回鹘国王供养像（采自《中国新疆壁画艺术》第六卷《柏孜克里克石窟》，新疆美术摄影出版社，2009 年）

考辨的。"[1] 结合前面的论述，我认为 80TBI：013 残卷就存在类似的问题。如果不是仅凭书法，而是综合考虑多方面的情况，将其定为宋初的作品似乎更为稳妥。

上述残卷的出土地点柏孜克里克石窟，至迟在麹氏高昌国时期就已兴建，历唐西州时期，至高昌回鹘时期更是被视为王家寺院所在地。在第 16、20、32、34、45、47、52 等窟的壁画里，均发现有回鹘王族的供养人画像（图 3），不少供养人像都配有回鹘文榜题标明画中人物的姓名和身份，其中不乏国王、王后及公主（图 4）。所以，宋廷颁赐的《大般若经》被回鹘可汗迎回后供养在柏孜克里克石窟，确乎应当是自然之举了。

若经》原属于一部以《开元释教录·入藏卷》来组织的写本大藏经。当然，这部《大般若经》所存部分肯定不止这一片残页，只是其他残页目前还因缺乏证据而不易辨识而已。

这里还有一点也必须说明。80TBI：013 残卷，最初整理者据其抄经书法特征将其定为唐代文书。但是，我们认为不能一概而论，因为写经体具有一定的继承性。有研究者已经指出："有相当数量的五代或宋初的佛教写经，因为'写经体'和'经生书'字体的传承而比较稳定，仍呈现出较多唐代的风貌，故往往被目为唐人写经。这些都是需要加以

结　语

要之，吐鲁番柏孜克里克石窟新发现的 80TBI：013《大般若经》残卷，作为目前当地仅见的带有千字文帙号的写经正是某部写本藏经的重要组成部分。由于《开元释教录·入藏卷》未在当地流行，故此《大般若经》极可能是从外地输入。输入地点应当就是北宋。80TBI:013 文书虽为残卷，但作为写本《大藏经》的重要实物，对我们研究高昌回鹘时期的佛教文化仍有重要参考价值。

---

[1]　张永强：《唐末五代宋初写经书迹考察》，《中国书法》2014 年第 17 期，第 112—113 页。

莫高窟第 217 窟壁画中的唐长安因素[*]

朱生云

(陕西师范大学 敦煌研究院)

《历代名画记》《寺塔记》等画史文献记载了唐代寺观壁画的鼎盛繁荣，然而这些作品今人已无从知晓。敦煌石窟保存了大量唐代时期的壁画，其中的丰富内容和信息反映了当时社会的各个方面，为我们了解唐代的社会文化生活提供了鲜活的图像资料，莫高窟第 217 窟便是典型的例子。该窟出现的观音经变、佛顶尊胜陀罗尼经变以及金刚经变均为该经变在敦煌石窟首次出现，壁画中的人物服饰、建筑、舞蹈等元素与长安艺术有一定的联系。本文尝试通过探讨 217 窟壁画中的长安因素，以了解唐代长安艺术对敦煌的影响情况。

一 阴氏家族与第 217 窟的营建

阴氏家族是隋唐时期敦煌兴起的大家族之一，该家族 6 至 10 世纪在莫高窟的崖面上开凿了诸多石窟，如第 285、96、321 窟及第 217、231、138 等窟，是敦煌大族中在莫高窟崖面上留下洞窟数量最多、规模最大的家族。P.2625《敦煌名族志》完整地保留了阴氏家族阴稠、阴祖两支的资料，显示阴家在敦煌比较兴旺。莫高窟第 285 窟北壁题记显示，早在西魏时期，阴氏家族就已经参与了第 285 窟的营建。[1]武周时期，阴氏家族颇为活跃。天授二年（691），阴氏家族阴嗣鉴、阴守忠分别发现无色鸟、白狼祥瑞，P.2005《沙州都督府图经》记载：

五色鸟，右大周天授二年一月，百姓阴嗣鉴于平康乡武孝通园内见五色鸟，头上有冠，翅尾五色，丹嘴赤足。合州官人、百姓并往看，见群鸟随之，青、黄、赤、白、黑五色具备，头上有冠，性甚驯善。刺史李无亏表奏称："谨检《瑞应图》曰：'代乐鸟者，天下有则见也。'止于武孝通园内，又阴嗣鉴得之。阴者，母道；鉴者，明也，天显。"

白狼，右大周天授二年得百姓阴守忠称："白狼频到守忠庄边，见小儿畜生不伤，其色如雪者。"刺史李无亏表奏："谨检《瑞应图》云：'王者仁智明恣即至，动准法度则见。'又云：'周宣王时白狼见，犬戎服者。'天显陛下仁智明哲，动准法度，四夷宾服

---

[*] 本文为陕西师范大学中央高校基本科研业务费专项资金资助（Supported by Fundamental Research Funds For the Central Universities）项目"敦煌石窟唐代壁画中的长安影响研究"（项目编号：2016CSZ017）阶段性成果。

[1] 该窟主室北壁上部西起第二铺一佛二菩萨下方有"佛弟子比丘辩化仰为七世父母所生母父敬造迦叶佛一区并二菩萨"的发愿文榜题，榜题侧有辩化、阴安归、阴苟生、阴无忌、阴胡仁、阴普仁等阴氏家族僧俗成员的供养像。见敦煌研究院编《敦煌莫高窟供养人题记》，文物出版社，1986 年，第 115 页。

之征也。又见于阴守忠庄边者，阴者，臣道，天告臣子并守忠于陛下也。"[1]

695年，阴氏家族参与了莫高窟北大像的营建。P.3720《莫高窟记》记载："延载二年灵隐禅师共居士阴祖等造北大像，高一百卅尺。"[2]

据马德先生研究，唐代阴氏家族是"风派"家族，极其善于在政治舞台上表演，其正是靠给武则天献祥瑞、歌功颂德等手段发迹的。阴嗣监因向武则天献"五色鸟"而官至正义大夫、北庭副大都护、瀚海军使、兼营田支度等使、上柱国。阴守忠也因"白狼"任壮武将军、行西州岸头府折冲兼豆卢军副使，又改授忠武将军、行左领军卫、凉州丽水府折冲都尉、摄本卫郎将、金鱼袋、仍充墨离军副使、上柱国。可以说，唐代敦煌阴氏家族是靠天授二年向武则天献祥瑞等手段制造舆论，迎奉武则天称帝，进而发迹成为敦煌望族。[3]

第217窟是敦煌阴氏家族开凿的功德窟，对于此窟开凿年代，学界一直有不同意见，有神龙（705）至景云二年（711）、[4]神龙年间（705—706）之前[5]、景云年间[6]、神龙年间[7]、8世纪初等不同说法。[8]张景峰最新研究认为该窟由阴稠家族的阴仁果、阴仁希开凿于武周天册万岁元年（695）之后至圣历三年（700）之间。[9]

政治嗅觉向来敏感的阴家在营建第217窟时自然也会体现出其"风派"作风，S.217《观世音经》题记："天册万岁二年（696）□月十五日清信佛弟子阴嗣□为见存父母，七世父母，并及己身，以及法界苍生，写观世音经一卷。"[10]S.87《金刚般若波罗蜜经》题记："圣历三年五月廿三日，大斗拔谷副使上柱国南阳县开国公阴仁协写经，为金轮圣皇帝及七世父母、合家大小，得六品，发愿月别许写一卷……"[11]张景峰认为，第217窟南壁绘制佛顶尊胜陀罗尼经变就是为了迎合武则天称帝。[12]

结合阴氏家族的背景和传统，以及第217窟出现的全新样式的经变画，我们有理由认为，武周时期，政治嗅觉敏感的阴氏家族同样是为了迎合武则天称帝，在其家族"风派"作风的导向下，积极地选择了流行于长安并传播至敦煌的新的粉本，绘制在自己家族的功德窟中，实际上也是一种"献祥瑞"

---

1 《法藏敦煌西域文献》（1），上海古籍出版社，1995年，第43—64页。
2 《法藏敦煌西域文献》（27），第116页。
3 相关论述见马德：《敦煌阴氏与莫高窟阴家窟》，《敦煌研究》1997年第1期，第90—95页；王忠旭：《阴嘉政窟——礼俗、法事与家窟艺术》，中央美术学院博士学位论文，2009年，第4—5页；张景峰：《莫高窟祥瑞白狼塑像考察》，《敦煌研究》2013年第5期，第31—39页；张景峰：《敦煌莫高窟第217窟主室供养人调查新发现》，《敦煌研究》2016年第2期，第32—39页。
4 史苇湘：《世族与石窟》，敦煌文物研究所编：《敦煌研究文集》，甘肃人民出版社，1982年，第153页。
5 贺世哲：《从供养人题记看莫高窟部分洞窟的营建年代》，敦煌研究院编：《敦煌莫高窟供养人题记》，文物出版社，1986年，第204页。
6 敦煌研究院编：《敦煌石窟内容总录》，文物出版社，1996年，第85—86页。
7 段文杰：《唐代前期的莫高窟艺术》，敦煌研究院编：《中国石窟·敦煌莫高窟》（三），文物出版社，1987年，第161—176页。
8 马德：《敦煌阴氏与莫高窟阴家窟》，《敦煌研究》1997年第1期，第90—95页。
9 张景峰：《敦煌莫高窟第217窟主室供养人调查新发现》，第39页。
10 商务印书馆编：《敦煌艺术总目索引》，中华书局，1983年，第113页。
11 商务印书馆编：《敦煌艺术总目索引》，第111页。
12 张景峰：《敦煌莫高窟第217窟主室供养人调查新发现》，第38页。

的表现。阴家的这种选择使得全新的绘画风格进入莫高窟，这些新的经变中的全新样式又影响了之后的石窟绘画。

二 唐代敦煌与长安的交流

唐代敦煌与长安之间往来于官方和民间的交流活动十分频繁，敦煌和京师佛教界的来往也很密切。贞观十四年（640），李世民派侯君集平高昌，打通了丝绸之路，不久，第220窟开始营建，"当地画工接受了中原新的艺术风格而创造了一个划时代的洞窟，它把敦煌佛教艺术推到一个新阶段"[1]。第220窟是有确切纪年的初唐洞窟，题记显示该窟营建于贞观十六年（642），该窟维摩诘经变下方的帝王图以及北壁药师经变中的乐舞图显示在初唐时期长安的画样已经传到敦煌。[2]

俄藏敦煌文献《开元廿九年（741）授戒牒》载：开元二十九年二月九日，长安大安国寺的授戒师道建来到沙州，作为传授菩萨戒和尚，在沙州大云寺主持了一次菩萨戒授戒仪式。道建用了14天时间，为大云寺僧众宣讲了《御注金刚经》《法华经》《梵网经》三部经典。大安国寺是皇家供养的寺院，作为皇家寺院代言人的道建来到沙州主持授戒仪式，显然是一种官方意义上的交流活动。

敦煌与长安的这种密切联系促进了两地之间的交流，也促进了敦煌对来自长安的新的文化艺术的吸收。通过彼此的联系，长安与敦煌之间搭建起一座桥梁，"长安的新佛样、画样、艺文等都传入敦煌，给敦煌佛教文化增添了光彩"[3]。

三 第217窟新出现经变画及粉本来源

敦煌石窟发端于十六国时期，其壁画艺术在一千多年的发展、演变中表现出强烈的延续性，往往是一种全新的题材样式出现之后，会在相同的时期内，在不同的洞窟中以相同或相似的形式流行开来，形成敦煌绘画同一时期的风格特征。因此，一旦在一个窟中出现完全不同的题材与样式，即表明新的样式或风格的传入，这正是我们在研究过程中最应当关注的历史现象。莫高窟第217窟作为唐前期的"原创性"洞窟，在这方面有重要的图像可供考察。

从以往的研究可知，莫高窟第217窟南壁的佛顶尊胜陀罗尼经变、东壁的观音经变和窟顶的金刚经变均为该类题材在敦煌的首次出现，这些经变的粉本来源以及如何在敦煌石窟中出现值得探讨。

（一）佛顶尊胜陀罗尼经变

日本学者下野玲子将莫高窟第217窟南壁壁画考释为佛顶尊胜陀罗尼经变。[4] 该发现将此经变在敦煌出现的时间提前到了盛唐初期，使第217窟的佛顶尊胜陀罗尼经变成为莫高窟最早出现的"尊胜"经变。

《佛顶尊胜陀罗尼经》序言记载，仪凤三年（679）罽宾国沙门佛陀波利来五台山朝觐，遇一老

---

1 贺世哲：《从供养人题记看莫高窟部分洞窟的营建年代》，敦煌研究院编：《敦煌莫高窟供养人题记》，第201页。
2 沙武田：《一幅珍贵的长安夜间乐舞图——以莫高窟第220窟药师经变乐舞图中灯为中心的解读》，《敦煌研究》2015年第5期，第34—44页。
3 荣新江：《盛唐长安与敦煌——从俄藏〈开元廿九年（741）授戒牒〉谈起》，《浙江大学学报》（哲学社会科学版）2007年第3期，第15页。
4 〔日〕下野玲子：《莫高窟第217窟经变的新解释》，《美术史》第157期；又见〔日〕下野玲子著，牛源译《莫高窟第217窟南壁经变新解》，《敦煌研究》2011年第2期，第21—34页。

人，告诉他只有西国《佛顶尊胜陀罗尼经》才能救众生于苦难，于是波利返回西国，于永淳二年（683）携此经返回长安，觐见唐朝皇帝，后在西明寺翻译该经的经过。佛陀波利于683年译出了《佛顶尊胜陀罗尼经》，不久之后，莫高窟第217窟就首次出现了该经经变画，可见该经的盛行和流传是十分迅速的。

（二）观音经变

《妙法莲华经》是大乘佛教的重要经典，以鸠摩罗什的译本最为流行。敦煌北朝洞窟中就已经出现了《法华经》中的双佛并坐图像，隋代的419、420、303窟已经出现了情节较多的法华经变。莫高窟第303窟窟顶两披出现了最早的观世音普门品。《观音经》实际上是《妙法莲华经》之《观世音菩萨普门品》，北凉时该品从《妙法莲华经》中独立出来，形成了独立的一部佛经。

第217窟东壁观音经变，其内容、构图均与前代观音题材的经变不同，被认为是莫高窟最早的观音经变。[1]真正完整意义上的观音经变的出现，对之后该经变的发展产生了重要影响，具有特殊的意义。[2]与早期同题材的经变（如莫高窟第420、303窟）相比，第217窟观音经变在图像样式上风格迥异，没有必然的传承关系，并且在情节表现、艺术表达，尤其是构图形式方面和前者大相异趣，是全新的样式风格。

（三）金刚经变

《金刚经》是大乘佛教最为重要的一部经典，唐玄宗曾亲自注释该经并颁行天下，可见《金刚经》之重要。第217窟西壁佛龛顶部壁画是新考证的金刚经变，台湾的赖鹏举先生在其著作中最早提及西壁佛龛顶部壁画为莫高窟第一铺金刚经变。[3]赖先生认为："盛唐以后中印度南传佛教一秘法'佛顶尊胜经变'为首进入敦煌后，连带地引入中印胎、金两界密法与相关的唯识、真常'有系'经典的思想及造像。敦煌传统以北传为主的佛教则选择'空系'的'金刚经变'及'思益经变'等作为响应。"[4]随着黄韵如将217窟窟顶壁画考释确定为金刚金变[5]，该经变出现的最早时间被提前到了盛唐初期，也就是说早在属于中印"有系"的密典佛顶尊胜陀罗尼经变在进入莫高窟之初，敦煌佛教就已经选择了代表着北传佛教"空系"的金刚经变作为回应。

一个洞窟中同时出现三幅全新题材和风格的经变画，这是一个十分有意思的现象。绘制新题材的壁画必然要依据新的画样，然而以敦煌的地理位置以及政治、经济、文化地位，创作全新的经变画样式是不太可能的。历史规律告诉我们，一切文化和艺术都是由各个时期的文化中心（都城）向周围地区扩散和传播的，敦煌也不例外。值得注意的是，第217窟几幅经变画画面当中的人物服饰、舞蹈、建筑等元素又有着

---

1 张景峰：《敦煌石窟最早观音经变考》，《敦煌学辑刊》2015年第1期，第68—81页。
2 张景峰：《图像角色的转换与形成——以敦煌石窟观音经变为中心》，《石河子大学学报》2016年第5期，第12—20页。
3 赖鹏举：《盛唐以后莫高窟引入的中印密教及唯识系经变》，参见《敦煌石窟造像思想研究》，文物出版社，2009年，第217页。
4 赖鹏举：《盛唐以后莫高窟引入中印密教及唯识系经变思想关系研究》，《敦煌学辑刊》2007年第1期，第40—44页，又见《敦煌石窟造像思想研究》，第217页。
5 黄韵如：《莫高窟217窟的早期金刚经变——兼论敦煌文献与图像结合之研究》，载《敦煌吐蕃文化学术研讨会论文集》，甘肃民族出版社，2009年，第210页。

图 1　第 217 窟东壁胡装人物（李其琼临摹）

图 2　第 217 窟东壁倒地胡装人物

很多与长安相关联的内容，这就使人联想这些元素的来源必然与长安这个当时的政治、经济、文化中心有着或多或少的关联。换句话说，第217窟经变的粉本很可能是从长安传到敦煌的。

四　第217窟壁画世俗人物服饰与长安风气

第217窟壁画中同时出现了胡服和汉装，该窟东壁观音经变门北上方"离瞋恚"场景中，立有一人，身着大翻领红色长袍，敞胸露怀（图1），脚蹬翘脚尖靴。该场景左下方"离淫欲"场景中，一人躺倒在地，同样身着红色翻领长袍，敞胸露怀，脚蹬尖靴（图2）。仔细观察，我们发现两位人物形象虽然姿势、动态各不相同，但是他们所着衣物均为翻领长袍，脚穿尖角皮靴，是典型的胡人装束，与周围着汉装人物形成了鲜明的对比。

唐朝时期，在都城长安生活居住着大量的胡人，其中有战争俘虏的胡族将领，有从遥远的波斯和大秦来传教的摩尼教、景教传教士，还有沿丝绸之路随贸易来到长安的中亚粟特商人，当时长安周围的胡人群体"不计其数"[1]，有些胡人甚至还"入朝为官"。大量的胡人来到长安居住并生活，他们文化

1　杨瑾：《唐墓壁画中的胡人形象》，《文博》2011年第3期，第35页。

图3 李贤墓墓道西壁客使图

图4 李贤墓墓道西壁马毬图

图5 李贤墓墓道东壁侍卫图

图6 李凤墓第2过洞西壁牵驼胡人

中的方方面面也被自然地带到这里，并开始传播和流行。唐代长安的生活某种意义上深深地受到了胡人风俗习惯的影响，而胡人的音乐、舞蹈、服饰等为统治者喜爱，在宫廷中受到极大的欢迎，十分流行。文献、图像和考古资料都显示胡人风气曾在长安风靡一时。

唐墓壁画中有很多穿翻领胡装的人物形象，可与第217着翻领胡服人物相比较。章怀太子李贤墓西壁客使图中左起第一位人物（图3）"体型高大、高鼻深目、络腮胡须，身穿大翻领灰色长袍，内着窄袖红色衬衣，腰束带，脚蹬翘尖靴子"[1]，是典型的胡人胡装。该墓墓道西壁马球图（图4）、墓道东壁的侍卫图（图5）也是同样衣着，与莫高窟第217窟人物所着胡装一模一样。李凤墓第二过洞西壁的牵驼胡人、韦贵妃墓备马图中的胡人（图6）、薛氏墓室东壁的胡人男侍等，均穿着与第217窟东壁人物一模一样的胡装翻领长袍，同样的例子还有很多，不一一列举。

---

[1] 杨瑾：《唐墓壁画中的胡人形象》，《文博》2011年第3期，第36页。

图7　房龄公主墓托盘提壶男装仕女图　　图8　房龄公主墓执花男装侍女图　　图9　李凤墓甬道东壁执团扇仕女图　　图10　薛氏墓墓道东壁执盆侍女图

女性穿胡服的例子在唐墓壁画中也不少见，房龄公主（673年卒）墓中有几身着男装的仕女图（图7、图8），身上穿的正是大翻领长袍，与第217窟一模一样。李凤墓（674年卒）甬道东壁的执扇仕女同着翻领长袍（图9），薛氏墓墓室东壁持盆侍女图（图10）亦是同样服饰。胡服的流行影响到了艺术创作，唐代的墓室壁画、出土的各类俑以及各种唐三彩中都有胡服的出现，足见胡服在当时受欢迎的程度。

汉装人物的情况同样反映了长安流行的样式及其对敦煌的影响。该窟东壁门北上方观音经变"离淫欲"场景中，立有两身少女（图2），梳回鹘髻，窄袖上襦，后者外罩半臂，上襦的两袖接有红色的长袂，两人下着小花裙，前者穿重台高墙履，体态十分优美。

唐墓壁画中也可以看到很多与第217窟东壁人物相同的窄袖长裙。唐懿德太子李重润墓前室各壁的宫女图（图11）人物众多，个个头梳椎髻，身穿窄袖长裙，姿态十分优美。新城公主墓第五过洞西壁壁画（图12）和墓室东壁的仕女图（图13）中的人物均着竖条纹窄袖间裙。李震墓中的"二女嬉戏图"和"托盘提壶仕女图"（图14）也是同样的服饰，尤其是"二女嬉戏图"中的服饰、人物的表情、动态都与217窟中的形象高度相似。

第217窟出现的窄袖长裙表明这一时期这种在长安流行的服饰样式"已经传到了河西以及敦煌"[1]。大量的墓室壁画反映，窄袖长裙是初唐时期长安流行的女性服饰，到了盛唐时期，女性服饰的样式和风格变化很大，变得十分宽松。这种服饰在初盛唐之交的8世纪初出现在莫高窟，反映出地处偏远的敦煌接受新画样的滞后性，但是这并不影响其表现

1　段文杰：《唐前期的莫高窟艺术》，敦煌研究院编：《中国石窟·敦煌莫高窟》（三），第170页。

图11　李重润墓前室宫女图

图12　新城公主墓第五过洞西壁壁画

和反映这种服饰在当时长安的流行情况。

谭蝉雪先生在论及唐前期服饰时说："唐代前期，由于丝绸之路的畅通，敦煌成为重要的国际商贸集散地，时有'天下诸富庶者，无如陇右'之说。来自东西方的文化在此汇聚。唐朝实施兼收并蓄的方针，服饰也无不显现出东西融汇与吸纳的特点。尤其妇女装饰之盛，更加突出了时代特征，达到了前所未有的高度。这一时期敦煌壁画中的服饰体现了继承传统，胡汉融汇，中外交流，开拓创新的大唐风貌。"[1]

敦煌壁画中出现初唐时期流行于长安的胡、汉风格的服饰，显然是受到了长安风气的影响。这些新的画样正是通过丝绸之路流传到敦煌，画在了莫高窟的壁面上。其中的服饰元素也正好反映了长安生活的一个方面，十分珍贵。

五　第217窟经变建筑画中的长安影像

隋唐时期，随着动乱时代结束、国家的统一，加上丝路畅通、贸易繁荣，中国进入了一个空前的盛世，政治经济文化发展快速，建筑艺术也因之进入了历史上又一个高潮时期。这一时期的建筑就"艺术品格而言，它正是中国建筑艺术史发展的高峰"[2]。长安是唐朝的国都，自然成为建筑艺术发展最为重要的城市。唐代的长安建筑繁多、宫殿林立，

1　敦煌研究院主编：《敦煌石窟全集·服饰画卷》，香港商务印书馆，2005年，第82页。
2　萧默主编：《中国建筑艺术史》，文物出版社，1999年，第306页。

图13 新城公主墓墓室东壁侍女图

图14 李震墓第三过洞二女嬉戏、托盘提壶侍女图

大明宫、太极宫气势恢宏，里面的含元殿、麟德殿更是当时中国"最伟大的建筑作品"[1]。当时长安城内遍地佛寺，最多时达到九十多座，寺院建筑也很兴盛。可惜这些宫殿和佛寺建筑都没能保存下来，我们无从知晓其具体的规模、形式、风格等。庆幸的是，敦煌石窟现存的几百个洞窟内，保存了数量众多的经变画，这些经变画中有许多以完整群组形式出现的建筑群。这些壁画建筑是当时长安"近于真实的反映，给我们提供了许多宝贵的资料"[2]。

第217窟南壁《佛顶尊胜陀罗尼经变》画面中部绘有一座城池建筑，尤为引人注目。画面上部绘制有一座带角楼的城池，高墙耸立。左侧中门外有三人，其中一人为比丘，表现的是序言所述永淳二年佛陀波利自西国返回来至长安城的场景。右侧城中右上方一组人物，表现的是序言中佛陀波利"具以上事奏闻大帝，大帝遂将其本入内"[3]，婆罗门手中所持之物即是佛陀波利携来梵文本《佛顶尊胜陀罗尼经》。左上方画面中三比丘端坐，桌上放一经卷，表现的是皇帝请日照三藏法师、及敕司宾寺典客杜行颚等共译此经的场景。右下方一组人物，一比丘立于皇帝前，后面一婆罗门，一行官员侍立于后，比丘前面地上放有三捆东西，表现的是"施僧绢三十匹"[4]的场景。画面中的城池非常完整，有城门、城墙、角楼、宫殿，出现的人物中有僧侣、大

---

1 萧默主编：《中国建筑艺术史》，第308页。
2 萧默：《敦煌建筑研究》，文物出版社，1989年。
3 《大正藏》第9册，第349页。
3 《大正藏》第9册，第349页。

图15　莫高窟第217窟南壁局部（敦煌研究院提供）

臣以及帝王的形象，很可能是长安城内某处建筑实景的一种真实再现。

该壁画面中城墙周围画有一排树，新叶初长，稀稀疏疏（图15），表现的是天气回暖、树木发芽、万物复苏的早春季节。树干蜿蜒曲折、苍劲有力，画得非常有味道。而在初唐的墓室壁画中也可以看到相同画法的树，章怀太子墓墓道东壁的狩猎图（图16）、墓室西壁的马毬图（图17）以及燕妃墓树下人物图（图18）中的树，不仅枝干表现手法相同，甚至表现的都是同样的春天景象，说明同类的图式在长安与敦煌均有流行。

《佛顶尊胜陀罗尼经》序言记述的故事全部发生在唐长安城。作为最早出现的该经经变画，其画样很可能是在长安创作的。该经内容和长安息息相关，因此，新创作的画样里面必然会融入很多长安城的内容，这又使我们不得不联想壁画中的这些场景描绘的实际上就是盛唐时期长安城内种种景象。唐代长安的寺观壁画早已不存，我们无法知晓细节。然而长安的墓室壁画和稍后的敦煌石窟壁画中出现了相同画法的树的元素，也从侧面反映了长安对敦煌的影响。

该窟北壁的观无量寿经变中间的说法图中有一组规模宏大的建筑群，有回廊、角楼、大殿，最靠

图 16　李贤墓墓道东壁狩猎图

图 17　李贤墓墓道西壁马毬图

图 18　燕妃墓树下人物图

上方左右两侧的两个角楼很特别，下部角台包砖。仔细观察，左边角楼（图19）上部亭中挂一大钟，旁有一比丘手持一物，似在敲钟，是为"钟楼"，与之相对右侧的那一个为"经藏"（图20）[1]，整幅画面中的建筑群实际上表现的是一座佛寺。唐代经变画中多有表现佛寺的建筑群，典型的有莫高窟第205、361、85等窟（图21、图22）。根据萧默先生的研究，这些建筑是唐代佛寺建筑的真实表现。萧默先生在谈及唐代佛寺建筑的特点时说道："在规模上，佛寺大都没有超过代表政权的建筑；在都城没有超过宫殿，在郡县很少超过王府。它在城市规划上的地位总是作为宫殿、王府或衙署的陪衬。"[2]《入唐求法巡礼行记》记载："长安城里，一个佛堂敌外州大寺。"而唐代经变画中的佛寺建筑群大多规模庞大、结构繁杂、气势恢宏，其规模是敦煌当地的佛寺或衙署建筑规模远不能及的，因此，壁画中的这些建筑很可能或者说实际上表现的就是唐代长安城的佛教寺院。

1　关于"钟楼"和"经藏"，参见萧默《敦煌建筑研究》，第92页；又见萧默主编《中国建筑艺术史》，第328页。
2　萧默主编：《中国建筑艺术史》，第328页。

图19 敦煌壁画第217窟钟楼(敦煌研究院提供)

图20 敦煌壁画第217窟经藏(敦煌研究院提供)

莫高窟第217窟壁画中的唐长安因素 | 359

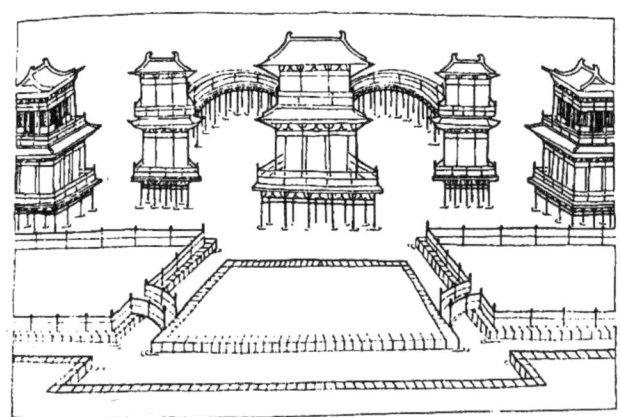

图 21　初唐第 205 窟佛寺（线描图，采自《中国建筑艺术史》）

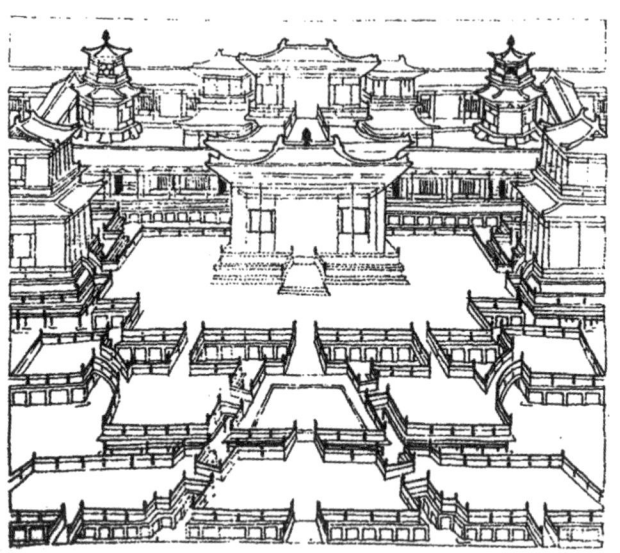

图 22　晚唐第 85 窟佛寺（线描图，采自《中国建筑艺术史》）

该经变左侧下方有一画面（图23），表现的是阿阇世王囚禁自己父亲的场景。画面中有一城，城外画有两排士兵对阵，表现的是两军作战的场景，城内角楼、城墙、城门俱全，人物中也出现了帝王形象，再看画面中的树，和我们前面讨论的南壁佛顶尊胜陀罗尼经变以及唐墓壁画中的树的表现方式是相同的，因此这里面表现的实际上很可能也是当时长安城某处的景象。

六　第217窟观经变中的乐舞图

敦煌壁画中包含有大量的乐舞图像，其中的舞蹈种类丰富、造型多样、华丽而逼真，这些舞蹈形象是唐代社会中真实舞蹈场景的"直接或折光的反映"，"真实地反映了唐代舞蹈艺术的繁荣兴盛"[1]，是研究唐代舞蹈形象和唐代乐舞流行、发展的宝贵资料。

第217窟北壁观无量寿经变中佛说法图（图24）下方舞池中两身伎乐脚踩莲花，身形为S型，手舞足蹈，飘带在身体周围呈螺旋形环绕，表现的是舞蹈的场景。

唐代长安胡风盛行，胡旋舞、拓枝舞、胡腾舞等来自西域的舞蹈在长安十分流行，并受到喜爱。这些外来舞蹈甚至会参与到宫廷宴席等娱乐活动中，例如莫高窟初唐第220窟药师经变中的大型乐舞图就真实地再现了唐初宫廷宴会的场景，而绘制该经变的图像粉本就是来自于长安。[2]

217窟的营建时间比220窟晚半个多世纪。考虑到初唐220窟壁画中出现的"贞观新样"图像，以及其中的乐舞反映出的当时唐朝宫廷的宴会场景，再联系217窟几幅新出现的经变画，以及这些全新的经变画的画稿可能来源于长安，使我们有理由认为该乐舞图像的画稿也是来源于长安。虽然217窟乐舞的布局和场面不如220窟那样气势宏大，但是它表现的舞蹈场景和反映的当时长安风行胡舞的真实情况是不容置疑的。

此外，唐代墓室壁画中的舞蹈人物和唐墓出土的

1　敦煌研究院主编：《敦煌石窟全集·舞蹈画卷》，香港商务印书馆，2001年，第66页。
2　沙武田：《一幅珍贵的长安夜间乐舞图——以莫高窟第220窟药师经变乐舞图中的灯为中心的解读》，《敦煌研究》2015年第5期，第34—44页。

图23　第217窟北壁壁画（局部，敦煌研究院提供）

图 24　莫高窟 217 窟北壁舞蹈图（敦煌研究院提供）

乐舞陶俑也反映了唐代舞蹈流行的风气，与莫高窟唐代壁画中的舞蹈图可以相互关联，这些材料从另一个方面佐证了敦煌壁画乐舞的真实性以及其来源。

小　结

盛唐初期，在丝绸之路畅通，敦煌和长安的交流活动频繁的背景下，长安的新文化风貌也很快传到了敦煌并影响到敦煌艺术。这一时期反映长安流行的舞蹈、服饰以及长安城内建筑景象的新画样被敦煌阴氏这个"风派"家族接受和选择，并且被融入其家窟全新出现的经变画中，给敦煌壁画带来了全新的样式和风气。第 217 窟经变画中的服饰、建筑、舞蹈等元素体现了敦煌石窟受到长安风气影响所表现出的全新面貌，并不同程度地反映了初盛唐时期长安城的风貌，对研究唐代长安的文化、艺术有着十分重要的作用和意义。

敦煌建筑画卷中的大唐长安影像*
——以慈恩寺大雁塔为例

王 雨

（新疆维吾尔自治区博物馆）

一　大雁塔历史沿革

大雁塔即慈恩寺塔，位于唐长安城东南隅晋昌坊大慈恩寺之西院。《唐会要》记载：大慈恩寺原为隋代无漏寺，于唐高祖武德初年被废弃[1]。贞观二十二年（648），太子李治为报母恩，重建大慈恩寺。对此，《大慈恩寺三藏法师传》中有详细记载：

> 寡人不造，咎谴所锺。年在未识，慈颜弃背。终身之忧，贯心滋甚。风树之切，刻骨冥深。每以龙忌在辰，岁时兴感。空怀陆屺之望，益疚寒泉之心。既而笙歌遂远，瞻奉无隶。徒思昊天之报，阒寄鸟鸟之情。窃以觉道洪慈，实资冥福。冀申孺慕，是用阪依。宜令所司，于京城内旧废寺，妙选一所，奉为文德圣皇后，即营僧寺。寺成之日，当别度僧。仍令挟带林泉，务尽形胜，仰规切利之果，副此阁极之怀。[2]

此事宋敏求在《长安志》中亦有记载：

> 贞观二十二年高宗在春宫为文德皇后立为寺，故以慈恩为名。仍选森泉形胜之所。寺成，高宗亲幸，佛像幡华，并从宫中所出，太常九部乐，送额至寺。寺南临黄渠，水竹森邃，为京都之最。[3]

贞观十八年（644），玄奘自天竺取经归来，次年于长安弘福寺主持译经。后慈恩寺于贞观二十二年（648）建成，遂迁至慈恩寺继续主持译经工作。《旧唐书·玄奘传》记载：

> 高宗在春宫为文德太后追福，造慈恩寺及翻经院。内出大幡，敕九部乐，及京城诸寺幡盖众伎，送玄奘及所翻经像、诸高僧等入住慈恩寺。[4]

段成式在《寺塔记》中也有记载：

---

* 本文为陕西师范大学丝绸之路历史文化研究中心课题"丝绸之路上的敦煌与长安"研究阶段性成果。
1 （宋）王溥：《唐会要》卷四八，中华书局，1955年，第845页。
2 （唐）慧立、彦悰著，孙毓堂、谢方点校：《大慈恩寺三藏法师传》卷七，中华书局，2000年，第149页。
3 （宋）宋敏求撰，阎奇等点校：《长安志》卷八，《西安经典旧志稽注》，三秦出版社，1985年，第155页。
4 （后晋）刘昫等撰：《旧唐书》卷一九一《玄奘传》，中华书局，1975年，第5109页。

初三藏自西域回，诏太常卿江夏王道宗设九部乐，迎经像入寺。彩车凡千余辆，上御安福门观之。[1]

永徽三年（652），玄奘上表高宗李治提议于慈恩寺建造一座佛塔。《大慈恩寺三藏法师传》记载：

> （永徽）三年春三月，法师欲于寺端门之阳造石浮图，安置西域所将经像。其意恐人代不常经本散失，兼防火难。浮图量高三十丈，拟显大国之崇基。为释迦之故迹。将欲营筑附表闻奏，敕使中书舍人李义府。报法师云：师所营塔功大恐难卒成，宜用砖造。亦不愿师辛苦，今已敕大内东宫掖庭等七宫亡人衣物助师，足得成办。于是用砖，仍改就西院，其塔基面各一百四十尺，仿西域制度，不循此旧式也。塔有五级，并相轮、露盘，凡高一百八十尺。层层中心皆有舍利，或一千二千，凡一万余粒，上层以石为室。[2]

根据上述史料记载可获得以下信息：其一，玄奘建塔目的有三：1.妥善安置和供奉从西域带回的经像，避免年久遗失。2.借此塔彰显大唐国威。3.纪念释迦牟尼佛，供世人瞻仰；其二，塔的材质，最初设计为石塔，后改为砖塔；其三，塔高，最初设计为三十丈（三百尺），后改为五层，一百八十尺；其四，塔的位置，初定于寺院正门的前方，后改为佛寺的西院；其五，塔的形制，为仿西域制度。

大雁塔建成仅半个世纪，就于武则天长安年间（701—704）进行了重建改修。《长安志》卷八对此事原由有详细记载：

> （慈恩）寺西院浮图六级，崇三百尺，永徽三年沙门玄奘所立，初唯五层，崇一百九十尺，砖表土心，仿西域窣堵波制度，以置西域经像。后浮图心内卉木错出，渐以颓毁，长安中（701—704）更拆改造，依东夏刹表旧式，特崇于前，有辟支佛牙大如升，光采焕烂，东有翻经院。[3]

张礼在《游城南记》中对此事有不同记载：

> 永徽三年沙门玄奘起塔，初唯五层，砖表土心，效西域窣堵波，即袁宏《汉记》所谓浮图祠也。长安中（701—704）摧倒。天后及王公施钱，重加营建至十层……塔自兵火之余，止存七层，长兴中（930—933），西京留守安重霸再修之，判官王仁裕为之记。[4]

两则史料虽略有不同，但仍可得出以下结论：此次修建改变了塔的形制，由西域制度变为中国本土化的阁楼式佛塔，这表明重建改修后的大雁塔可以逐级攀登，为此后的"雁塔题名"提供了条件。另外，还可看出此次重建改修对塔体进行了加高。关于此次大雁塔重建改修后的级数问题，学界主要有六层、七层、十层三种观点，此问题将在后文进行详细探讨。

大雁塔于五代时期后唐长兴年间（930—933），又有过修缮，此后历代亦有修缮，但塔身一直保持七层的级数。现存塔身表层，系明代万历甲辰年间

---

1 （唐）段成式：《寺塔记》卷下，人民美术出版社，2003年，第31页。
2 《大慈恩寺三藏法师传》卷七，第160页。
3 《长安志》卷八，第156页。
4 （宋）张礼著，史念海、曹尔琴校注：《〈游城南记〉校注》卷四，三秦出版社，2006年，第23页。

（1604）包砖大修，这在近年对塔的维修工程中，已得到证实，所以现存大雁塔塔身，略显臃肿[1]。

二 初创时期大雁塔在敦煌壁画中的影像

慈恩寺大雁塔之所以为历朝历代所重视，与玄奘在中国佛教史中的影响力密不可分。贞观十八年（644）玄奘自天竺取经归来，次年于长安弘福寺主持译经，此时的弘福寺已成为长安城的佛教中心。但其地位很快就被另一所寺院取代，贞观二十二年（648）慈恩寺建成，唐太宗为迎玄奘入座慈恩寺，举行了一场盛大隆重的仪式。《大慈恩寺三藏法师传》对此做了详细的记载：

> 敕太常卿江夏王道宗将九部乐，万年令宋行质、长安令裴方彦各率县内音声及诸寺幢帐，并使务极庄严，己巳旦集安福门街，迎像送僧入大慈恩寺。至是陈列于通衢，其锦彩轩槛鱼龙幢戏，凡千五百余乘，帐盖五百余事。先是，内出绣画等像二百余区、金银像两区、金缕绫罗幡五百口，宿于弘福寺，并法师西国所将（来）经像佛舍利等，爰自弘福（寺）引出，安置于帐座及诸车上，处中而进。又于像前两边各严大车，车上竖长竿悬幡，幡后即有狮子神王等为前引仪。又装宝车五十乘，坐诸大德；次京城僧众执持香花，呗赞随后；次文武百官，各将侍卫部列陪同；太常九部乐挟两边，二县音声继其后。而幢幡钟鼓訇磕缤纷，眩目浮空，震曜都邑，望之极目，不知其前后。皇太子遣率尉迟绍宗、副率王文训练东宫千余人充手力，敕遣御史大夫李乾祐为大使，与武侯相知检校。帝将皇太子、后宫等，于安福门楼手执香炉，目而送之，甚悦。衢路观者数亿万人。经像至寺门，敕赵公、英公、中书褚令执香炉引入安置殿内，奏九部乐、《破阵舞》及诸戏于庭前，讫而还。[2]

另《大慈恩寺三藏法师传》中记载，慈恩寺的规模十分宏大且极尽奢华。

> 瞻星揆地，像天阙，放给园，穷班倕巧艺，尽衡霍良木，文石梓桂楠樟栟桐充其林，珠玉丹青赭垩金翠备其饰，而重楼复殿，云阁洞房，凡十余院，总一千八百九十七间，床褥器物，备皆盈满。[3]

从这场迎像送僧的盛大仪式及慈恩寺的宏大规模，可以看出太宗、高宗（时为太子）对玄奘的重视程度。弘福寺位于长安修德坊西北隅，贞观八年（634），太宗为其母穆皇后追福所立，是当时（645—648）长安城的译经中心。慈恩寺，作为这场迎像送僧的目的地，其中被转移的不仅是玄奘西行带回的经像、佛舍利，也意味着长安城佛教及译经中心的迁移，玄奘于此开始了长达十余年（648—658）的佛典翻译工作，在此期间共翻译了33部佛经（玄奘在645至664年的19年时间共翻译佛经75部），慈恩寺由此成为长安城内重要的皇家寺院。[4]

慈恩寺由于玄奘的原因，在一段时间里成为长

---

1 保全：《大雁塔级数考》，《文博》1985年第12期，第36页。
2 《大慈恩寺三藏法师传》卷七，第156页。
3 《大慈恩寺三藏法师传》卷七，第149页。
4 于薇：《唐长安慈恩寺大雁塔研究——唐代皇家寺院景观的视觉分析》，中央美术学院，硕士学位论文，2011年，第14—16页。

图1　榆林窟第3窟《普贤变》（局部）——玄奘取经图（采自敦煌研究院编：《安西榆林窟》）

安城乃至整个大唐王朝的佛教及译经中心，而玄奘亲自设计营造的慈恩寺大雁塔则地位更加重要。"如果说，大慈恩寺是玄奘在长安译经弘法的基地，那么大雁塔则是基地的中心，它不仅仅是一座宗教意义上的佛塔，更是玄奘宗教理想的物质形式。"[1]永徽三年（652），玄奘上表唐高宗李治提议于慈恩寺建造一座佛塔，主要用于保存从天竺带回的经像，佛塔虽未按照玄奘最初的设想，建于寺院"端门之阳"，但高宗以"改就西院"的方式批准了。此外，贞观二十二年（648），太宗为玄奘译经撰写了《三藏圣教序》，同年当时身为太子的高宗李治又撰写了《述圣记》，二文合称为《三藏圣教序并记》，之后又刻石入碑，永徽四年（652），由尚书右仆射河南公褚遂良书写的"二皇御书石碑"立于大雁塔南门两侧。[2]由此可见，太宗、高宗父子对玄奘十分看重，因此玄奘设计建造的大雁塔的地位也随之提高，变得与众不同，成为长安城中融合了皇权与神权，且代表玄奘和长安译经的一座标志性建筑。

玄奘对中国佛教的影响，在空间上不仅仅局限在长安地区，在时间上亦不仅仅局限在唐代。瓜州榆林窟第2窟、第3窟、第29窟、东千佛洞第2窟共发现6幅"玄奘取经图"（图1），这些石窟开凿于西夏，元、清有过部分重修，"玄奘取经图"绘制的时间是西夏时期，而唐玄奘西行取经的故事在瓜州地区的流传应当是西夏或者更早。[3]此后各种形式的"玄奘取经图""西游记壁画"相继出现在各地寺院及石窟寺，至明代亦有吴承恩撰写的《西游记》小说，也普遍流行开来。由此可见，玄奘在僧俗两界具有很高的地位，在中国佛教史上的影响力更是空前绝后的。

既然玄奘西行取经的故事能出现在敦煌石窟的壁画中，那么慈恩寺大雁塔作为玄奘亲自设计营造，用来存放自天竺带回的经像及佛舍利，且具有西域形制特点的一座长安城的标志性建筑，也极有可能会出现在敦煌壁画中。

1　于薇：《唐长安慈恩寺大雁塔研究——唐代皇家寺院景观的视觉分析》，第16页。
2　《大慈恩寺三藏法师传》卷七，2000年，第146页。
3　段文杰：《玄奘取经图研究》，敦煌研究院：《1990敦煌学国际研讨会文集·石窟艺术编》，辽宁美术出版社，1995年，第1—19页。另见敦煌研究院编：《敦煌石窟内容总录》，文物出版社，1996年，第204、215、222页；郑怡楠：《瓜州石窟群唐玄奘取经图研究》，《敦煌学辑刊》2009年第4期，第96页。

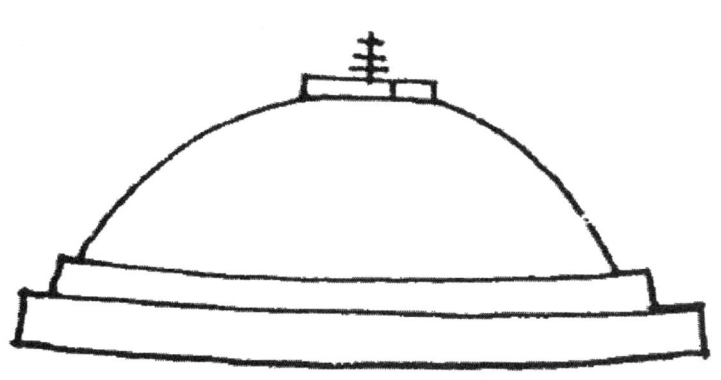

图 2　印度山奇大塔（采自 孙儒僩：
《敦煌壁画中塔的形象》）

图 3　佛陀迦耶精舍（采自 杨鸿勋：
《唐长安慈恩寺大雁塔原状探讨》）

如要在敦煌壁画中找到初创时期大雁塔的影像，抑或是找到受其影响而产生的形制类似的佛塔，就必须要了解大雁塔初建时的原貌。对此，李玉珉先生对大雁塔的建筑形制及形制来源做出说明，其认为初创时期大雁塔的形制应与犍陀罗风格的印度窣堵波相同[1]。龚国强先生认为初创时期大雁塔的选址是受到其西行中所见那烂陀寺空间的影响，此寺礼佛寺塔群位于佛寺西侧[2]。特别值得注意的是，杨鸿勋先生对各时期的慈恩寺大雁塔作了相对应的复原研究，见解十分独到，基本解决了长期困扰学界的这一难题。现将其对初创时期大雁塔的复原研究成果转述如下[3]：玄奘建大雁塔，所本的印度石造窣堵波高塔，并不是普通常见的印度佛塔，一般的印度佛塔多为犍陀罗的覆钵形单层窣堵波（图2），而玄奘唯一可以模拟的高塔蓝本就是当时印度最著名的，也是唯一的礼佛高塔——佛陀伽耶（布达伽雅）精舍，汉文意译为"正觉塔"或"大觉塔"。此塔位于佛陀（释迦牟尼）得道的圣地——摩揭陀的佛陀伽耶，初建于印度笈多王朝时期（5世纪），现存佛陀伽耶精舍是经过19世纪重修改造过的，并非原状。杨鸿勋先生根据印度巴特纳近郊库木拉哈尔出土的佛陀伽耶精舍浮雕形象（图3），参考玄奘在《大唐西域记》中对此塔的描述及数据记载，考证推测出原状的基本情况，同时通过与玄奘所建大雁塔的建筑形制对比，发现了一些共同点，从而确定两者之间的模仿关系。进而通过两塔数据记载的互补，复原出大雁塔的初创形制，"慈恩寺塔初建时，一如佛陀伽耶精舍，塔顶为平台，中央设置一个较为高大的覆钵塔，四角各设一个小型的覆钵塔，形成仿佛'金刚宝座'的构图"[4]（图4）。由此，已基本确定初创时期大雁塔原貌。

初创时期大雁塔的原状已经十分清楚，那么它在敦煌壁画中又会以何种形式出现？有趣的是，在敦煌石窟壁画中也发现了塔顶呈"金刚宝座"构图

1　李玉珉：《中国早期佛塔溯源》，《故宫学术季刊》第6卷，1989年第3期，第75—104。
2　龚国强：《隋唐长安城佛寺研究》，文物出版社，2006年，第217页。
3　杨鸿勋：《唐长安慈恩寺大雁塔原状探讨》，《文物建筑》2007年第1辑，第53—58页。
4　杨鸿勋：《唐长安慈恩寺大雁塔原状探讨》，第56页。

图4 大雁塔初创形制（采自杨鸿勋：《唐长安慈恩寺大雁塔原状探讨》）

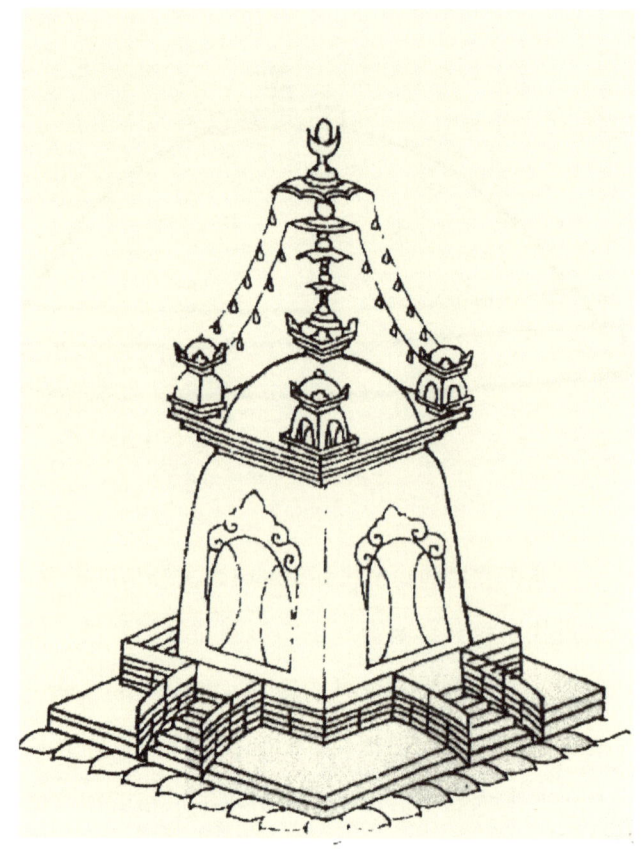

图5 莫高窟第340窟五代单层砖石塔（采自孙儒僩：《敦煌壁画中塔的形象》）

的佛塔，敦煌莫高窟第340窟（五代）甬道顶有一座四门单层塔，"方塔用轴侧透视技法表现了塔的两个面，台基下是覆莲，台基每面有台阶，周边用栏杆围绕。塔身有显著收分呈弧形。四层叠涩塔檐的四角各置一座小窣堵波，组成五塔形式。塔顶置一大覆钵，相轮由下小上大的伞盖组成"[1]（图5）。瓜州榆林窟第3窟（西夏）东壁也有塔顶呈"金刚宝座"构图的花塔，"花塔塔身呈多重"亚"字形平面的须弥座式，塔顶四隅各有一座小塔。中心塔刹是四层莲花瓣，层层莲瓣上又有一小塔，花蕾中间的大屋顶单层塔上，以宝珠状塔刹结束，形成四塔拱卫，五塔并峙的造型。这是敦煌壁画中仅有的花塔形象。"[2]（图6）。这两座塔的塔顶形制基本相同。

有趣的是，除初创时期大雁塔外，五代以前，似乎没有发现塔顶呈"金刚宝座"构图的佛塔，所以，这两座塔所据蓝本只能是初创时期大雁塔，画师在此基础上又结合时代和地域特点进行创造性的改动，但还是能从中看出唐长安慈恩寺大雁塔初建时期的影子。巧合的是，"玄奘取经图"出现的时间与这两座塔顶呈"金刚宝座"构图的佛塔在敦煌石窟中出现的时间几乎在同一时代，这一现象并非偶然，而是在五代、西夏时期，玄奘西行取经的故事

---

1 孙毅华、孙儒僩：《解读敦煌——中世纪建筑画》，华东师范大学出版社，2010年，第72页。
2 孙毅华、孙儒僩：《解读敦煌——中世纪建筑画》，第73页。

在敦煌地区普遍流行的背景下,"玄奘取经图"及以初创时期大雁塔为蓝本的佛塔才开始出现在敦煌石窟壁画中。"玄奘取经图"表示玄奘西行求法带回的经像,而以初创时期大雁塔为蓝本的佛塔,则表示自天竺带回经像的存放地点,两者正是玄奘西行求法和长安译经的一种诠释。同时也可看出这一时期的敦煌,西行求法及译经的热潮开始兴起。

十分有趣的是,玄奘于永徽三年(652)创建慈恩寺大雁塔,而到了五代时期敦煌壁画中才出现了以初创时期大雁塔为蓝本的佛塔,以玄奘在僧俗两界中的地位,以大雁塔的重要性,实在不应如此。此外,大雁塔初建于652年,于长安中(701—704)更拆改造,按常理来讲,大雁塔历经半个世纪有所损坏,对其修缮也应该是不改变其建筑原貌,但此时却将大雁塔由砖表土心、西域窣堵波形制改为木结构阁楼式佛塔,这实际上已经是在原址重建了一座中国式佛塔。那么,为什么没有对原塔进行修缮或原址复建?原因是玄奘所建的大雁塔是仿制印度窣堵波形制,并不符合唐代人的审美,未被主流文化所认同,所以在原塔损坏或倒塌之后,在原址重建了一座符合唐代人审美标准的木结构阁楼式佛塔。

三 武则天时期大雁塔"十层说"新证

关于大雁塔改建的相关问题中,学术界最为关注的是武则天时期改建后的大雁塔为几层。关于这

图6 榆林窟第3窟西夏花塔(采自孙毅华、孙儒僩《解读敦煌——中世纪建筑画》)

个问题主要有六层、七层、十层三种说法:

六层说,主要依据材料为宋敏求在《长安志》中的记载:

(慈恩)寺西院浮图六级,崇三百尺,永徽三年沙门玄奘所立,初唯五层,崇一百九十尺,砖表土心,仿西域窣堵波制度,以置西域经像。后浮图心内卉木错出,渐以颓毁,长安中更拆改造,依东夏刹表旧式,特崇于前,有辟支佛牙大如升,光采焕烂,东

有翻经院。[1]

七层说，主要依据材料唐玄宗开元为天宝十一年（753）岑参所写的《与高适薛据登慈恩寺浮图》诗句"四角碍白日，七层摩苍穹"。

十层说，主要依据材料为张礼在《游城南记》中的记载：

> 永徽三年沙门玄奘起塔，初唯五层，砖表土心，效西域窣堵波，即袁宏《汉记》所谓浮图祠也。长安中（701—704）摧倒。天后及王公施钱，重加营建至十层……塔自兵火之余，止存七层，长兴中（930—933），西京留守安重霸再修之，判官王仁裕为之记。[2]

另唐代宗大历六年（771）登进士的章八元在《题慈恩寺塔》诗中写道："十层突兀在虚空，四十门开面面风。"

有学者提出六层说是宋敏求将塔的初层约略不计所致，实际六层说反而证明了七层说的正确性[3]。所以学界的关注点主要集中在七层说与十层说。

持七层说的学者主要有保全[4]、王逸[5]、辛玉璞[6]，现将三位学者的主要观点阐述如下：

其一，佛教崇尚奇数，不尚偶数。作为佛教重要标志的佛塔的级数，特别是名塔的级数必然是奇数。我国宋、金以前，汉族地区明确断代的四十六座名塔的级数都是奇数。《魏书·释老志》记载："凡宫塔制度，犹依天竺旧状而重构之，从一级至三、五、七、九，一世人相承，谓之浮图。"

其二，有学者认为章诗中"十"为约数非实数，有夸张之意。此外，也有学者认为"七"与"十"书写极相近，后人抄写的时候将"七"误写成"十"。"十层突兀在虚空，四十门开面面风"应是"七层突兀在虚空，四七门开面面风"，每级四个门，四七正好二十八，既不矛盾又实写了塔的级数和门数。另，宋人宋敏求的《长安志》引韦述的《两京新记》说"寺西院浮图六级，崇三百尺"。《两京新记》的作者韦述和诗人岑参都是唐玄宗开元天宝之际的名人，他们距重修塔的武则天长安年间，时间相对最短，不会把十层高的塔错记成六层或七层。

其三，列举从长安年间到唐亡，大雁塔未遭兵火，未遭损毁。《新唐书》《旧唐书》和《资治通鉴》中亦无相关记载。

持十层说的学者主要有阎文儒[7]、杨鸿勋[8]、武伯纶[9]，但阎文儒先生并无相关论述，只是说大雁塔级数变迁，以张礼在《游城南记》中最后的记载为标准；杨鸿勋先生有少量论述，但证据又不够充分；

---

[1] 《长安志》卷八，1985年，第156页。
[2] （宋）张礼著，史念海、曹尔琴校注：《〈游城南记〉校注》卷四，第23页。
[3] 保全：《大雁塔级数考》，第35页。
[4] 保全：《大雁塔级数考》，第34—36页。
[5] 王逸：《大雁塔"十层"说辨析》，《东南文化》1987年第2期，第88—89页。
[6] 辛玉璞：《关于大雁塔的几个问题》，《华夏文化》1999年第3期，第54—56页。
[7] 阎文儒：《西安大雁塔考》，《史学月刊》1981年第2期，第14—17页。
[8] 杨鸿勋：《唐长安慈恩寺大雁塔原状探讨》，第52—58页。
[9] 武伯纶：《唐代长安东南隅（上）》，《文博》1984年第1期，第33—38页。

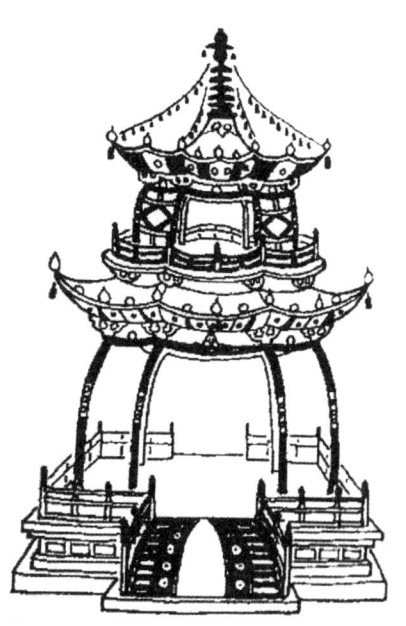 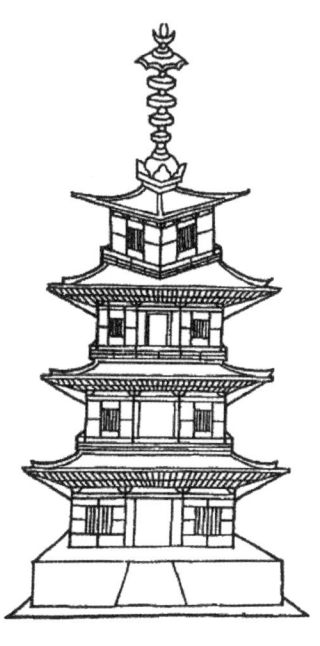 

图7 莫高窟第361窟中唐两层密宗塔（采自萧默：《敦煌建筑研究》）　　图8 莫高窟第340窟五代四层木塔（采自孙儒僴：《敦煌壁画中塔的形象》）　　图9 莫高窟第61窟五代五台山图中两层密宗塔（采自萧默：《敦煌建筑研究》）

武伯纶先生从大雁塔的层数与高度的关系来证明武则天时期的大雁塔为十层，论证角度虽好，却选错了参照物，后文将详细探讨。笔者比较赞同十层说，七层说看似合理实则漏洞很多，下文将对其一一进行反驳：

其一，七层说，认为佛教崇尚奇数，佛塔也应为奇数。杨鸿勋先生认为："唐朝佛塔已形成阳性的奇数层高的惯例，而武则天采取弘扬阴性的偶数十层，在当时是一个打破常规的举措。她的叛逆性格有诸多方面的表现。在宫城中轴线前方兴建的大朝前殿，就是本着'自我自作古'的原则，采用特异的高楼式明堂——万象神宫。其顶冠九龙拱卫梳金宝凤，显然也在张扬她篡夺了男性皇帝的至尊地位。"[1] 此外，高宗时期初建慈恩寺大雁塔为五层，武则天时期将其重建至十层，是否也有展示其能力倍于高宗之意。另，敦煌壁画中发现了大量级数为偶数的佛塔，如：敦煌莫高窟第361窟（中唐）的两层密宗塔（图7）、敦煌莫高窟第340窟（五代）甬道顶绘制了一座四层阁楼式木塔（图8）、敦煌莫高窟（五代）第61窟中更是出现多座两层、四层的木塔和砖石塔（图9—图11）、敦煌莫高窟（西夏）第306窟前室的两层密宗塔（图12）。显然这些佛塔应来源于现实，画师不可能突然违背佛教常理，随意改变佛塔层数，所以武则天改建的大雁塔为偶数十层是有可能的。敦煌壁画中出现的偶数层数的佛塔，应是受到武则天时期十层大雁塔的影响。

有趣的是，从常理来看一种新事物的出现，尤其是统治阶级所推行的新事物，理所应当会盛行一时，但敦煌石窟盛唐壁画中却没出现这种偶数层的佛塔。从资料可以看出大雁塔改建时间为长安中

---

[1] 杨鸿勋：《唐长安慈恩寺大雁塔原状探讨》，第57页。

图10 莫高窟第61窟五代五台山图中四层砖石塔
（采自孙儒僴：《敦煌壁画中塔的形象》）

图11 莫高窟第61窟五代五台山图中四层阁楼式木塔
（采自萧默：《敦煌建筑研究》）

（701—704），但大雁塔刚改建完成，705年武则天退位，并于同年病死。随后统治者变为男性，所以这种崇尚偶数层佛塔的风气也就戛然而止，大雁塔成为独一无二的存在。中唐莫高窟第361窟出现的两层密宗塔，从偶数层数上看似乎是受武则天时期大雁塔的影响，但从建筑形式上看，其主体为开敞性结构，没有围墙，似塔非塔，似亭非亭，似乎又是受到凉亭建筑形式或密宗思想的影响。五代时期敦煌壁画中出现了大量四层佛塔，此时期唐朝已经灭亡，五代十国分裂割据，敦煌地区也脱离了中央政府的控制，这为偶数层佛塔的出现提供了政治基础。加之，此时玄奘西行取经的故事在敦煌地区广为流传，随之"玄奘取经图"也开始进入敦煌石窟，由此不免想起玄奘所创建的慈恩寺大雁塔，初建时大雁塔早已不复存在，只遗留下改建后的大雁塔，却也残破不堪，这些四层佛塔似乎正是改建后的大雁塔表现在敦煌壁画中的影像。更为有趣的是，莫高窟第340窟（五代）甬道顶，绘制了一座代表初创时期大雁塔，塔顶呈"金刚宝座"构图的四门单层塔，又绘制了一座代表武则天时期改建后大雁塔的四层阁楼式木塔（图5、图8），这就完整地展现了慈恩寺大雁塔的历史变迁，这其中既有着对玄奘西行取经及长安译经功绩的赞扬，又有着乱世之下敦煌百姓对大唐盛世的留恋，对沧海桑田、物是人非的无奈。

其二，既然后人抄写的时候有可能将章八元诗中的"七"误写成"十"，那么也可能将岑参诗中的"十"误写成"七"，"四角碍白日，七层摩苍穹"应写成"四角碍白日，十层摩苍穹"，读起来亦无不妥之处。其中武伯纶先生认为：玄奘初建大雁塔时，"五层高一百八十尺，武则天重建后增至三百尺，如果仅仅加多一层或两层，都不可能达到三百尺的高度，因而韦述与岑参的'六级'和'七层'疑均为

图12　武则天时大雁塔原图
（采自杨鸿勋：《唐长安慈恩寺大雁塔原状探讨》）

'十层'之误；三百尺应为十层塔的高度"[1]。此论证角度十分合理，但却选错了参照物，前文已说明武则天时期的大雁塔是在原址推倒重建的一座新的中国式大雁塔，所以其与玄奘初建的窣堵波形制的大雁塔完全没有可参考比较的价值。唯一可作为参考的就是现今的大雁塔，它是在武则天时期的大雁塔的基础上经过后代不断修缮的，而不是重建的，所以其现存的每一层的高度是基本不会变的。宋敏求在《长安志》中引韦述的《两京新记》说"寺西院浮图六级，崇三百尺"。而现存的大雁塔共七层，高64米[2]，合唐尺205尺。七层也只有205唐尺，其所记载的六层就更达不到300唐尺了，可见这则史料是有问题的。据《大慈恩寺三藏法师传》记载：

（永徽）三年春三月，法师欲于寺端门之阳造石浮图，安置西域所将经像。其意恐人代不常经本散失，兼防火难。浮图量高三十丈，拟显大国之崇基。[3]

可见当初玄奘建大雁塔的最初设计也是三十丈（300唐尺），只是建成后只有180唐尺。武则天改建大雁塔将其增高至300唐尺，以达到玄奘当初"显大国之崇基"的本意。"塔改为十层后，顶部已经很窄小，不可能再按照原来的样子安置五座覆钵塔，应是采取已经中国化了的金属塔刹或宝顶作为结束。按武氏当时把塔增至十层的膨胀、张扬的思想，塔顶似乎应该按照原来覆钵塔刹的意义树立富有表现力的高高树起的金属相轮刹杆"[5]（图13）。塔身十层再加上一个高高竖起的塔刹，就差不多可以达到300唐尺了，所以这则史料中的"崇三百尺"是没有问题的，有问题的是"寺西院浮图六级"，"六级"应改为"十级"。唐代韦述所著的《两京新记》现仅存残本，且关于大雁塔的记述已散佚，只有他人的引述，所以此处应是宋代人宋敏求在《长安志》中引述时，出现了错误。

其三，张礼在《游城南记》中的记载：

天后及王公施钱，重加营建至十层……塔自兵火之余，止存七层，长兴中（930-933），西京留守安重霸再修之，判官王仁裕为之记。[5]

1　武伯纶：《唐代长安东南隅（上）》，第38页。
2　大雁塔保管所：《大雁塔》，《文物》1978年第5期，第90页。
3　《大慈恩寺三藏法师传》卷七，第160页。
4　《大慈恩寺三藏法师传》卷七，第160页。
5　杨鸿勋：《唐长安慈恩寺大雁塔原状探讨》，第57页。

图13 武则天时期大雁塔复原图

图14 五代长兴年间修缮后的大雁塔复原图
（采自杨鸿勋：《唐长安慈恩寺大雁塔原状探讨》）

上述材料中的"兵火"应是指战争、战火。杨鸿勋先生推测十层大雁塔应损毁于安史之乱期间（755—763）。笔者认为不然，唐代宗大历六年（771）登进士的章八元在《题慈恩寺塔》诗中还提到此时的大雁塔为十层。况且，安史之乱后，唐朝还有一百多年的国祚，大雁塔作为唐都城长安的著名建筑及皇家寺院，即使当时国力大不如前，也不会放任大雁塔残破而不修缮，直至五代后唐长兴年间（930—933）。从上述史料来看大雁塔损毁余七层至长兴年间修缮（图14），此期间再无其他修缮大雁塔的记载。由此看来，大雁塔"自兵火之余，止存七层"的时间，应距离长兴年间的修缮的时间不会太远。

武伯纶先生在《唐代长安东南隅》一文中认为：天佑元年（904），朱温强迫唐昭宗迁都洛阳时，长安才遭受到毁灭性的破坏。自此，长安成为一片废墟，慈恩寺无疑也是这时遭到严重破坏的。[1] 笔者认为这一时间太过绝对且缺乏证据，十层大雁塔应是损毁于唐僖宗至昭宗时期（873—904），长安发生的数次战乱之中。此期间的战乱对大明宫乃至都城造成了严重的破坏，而慈恩寺作为一座著名的皇家寺院，自然香火鼎盛，寺院中亦有大量财物，必然会成为官兵盗贼重点劫掠之地，当李唐对长安城失去

1　武伯纶：《唐代长安东南隅（上）》，第38页。

有效控制时，就是慈恩寺被劫掠，大雁塔损毁之时，但没有确切史料记载，所以这一时间只是相对而不是绝对的，也许是黄巢起义军占领长安时；又或许是朱温强迫唐昭宗迁都洛阳时；抑或是这一时间段的连续性劫掠破坏才造成大雁塔"止存七层"。总之"天佑元年（904）韩建筑新城，慈恩远弃南郊，寺院荒芜。"[1]《长安图志》卷上《新城》记载：

> 唐天祐元年，匡国节度使韩建筑。时朱全忠迁昭宗于洛，毁长安宫室、百司及民庐舍，长安遂墟。建遂去宫城，又去外郭城，重修子城。即皇城也。南闭朱雀门，又闭延喜、安福门，北开元武门，是为新城。即今奉元路府治也。城之制，内外二重。四门，门各三重，今存者惟二重，内重其址尚在。东、西又有小城二，以为长安、咸宁县治所。[2]

据学者考证韩建新城的面积仅为原唐长安城的十六分之一[3]，可见这一时期（873—904）长安城破坏之严重，大雁塔亦不能幸免于难，"自兵火之余，止存七层"。五代后唐长兴年间（930—933）对大雁塔进行修缮后，后代也多有修缮，但塔身一直保持七层的级数，直至今日。

结　语

敦煌地处边鄙，画师不可能经常看见规模宏大的佛寺，亦更不能见过塔顶呈"金刚宝座"构图的佛塔和层数为偶数的佛塔，所以有理由相信敦煌壁画中这两种佛塔建筑的粉本画稿当是来自中原地区，抑或是直接来源于长安，其所据蓝本极有可能是玄奘初创时期的慈恩寺大雁塔和武则天时期重建的慈恩寺大雁塔。通过敦煌壁画中佛塔建筑的历史影像，使我们看到唐长安城的地标性建筑——慈恩寺大雁塔，也曾对敦煌壁画产生了不可忽视的影响，可见唐都长安城的影响力之大，跨越时间之长、空间之广，由此引发我们对敦煌与长安关系的新思考。对于武则天时期改建后的大雁塔级数这一问题，将敦煌图像资料、大雁塔复原图与史料相结合，再次论证了"十层说"的合理性，反驳了"七层说"的观点，同时提出十层大雁塔应于唐僖宗至昭宗时期（873—904）毁于战火，"止存七层"。

1　宿白：《试论唐代长安佛教寺院的等级问题》，《文物》2009年第1期，第30—31页。
2　《长安图志》卷上《新城》，第416页。
3　吴宏岐：《论唐末五代长安城的形制和布局特点》，《中国历史地理论丛》1999年第2期，第157页。

向达先生给"罗、顾二先生"信札释实

何 鸿

（中国美术学院）

庐江草堂[1]藏有一封向达先生写给"罗、顾二先生"的信，内容如下：

罗、顾二先生：

弟等今日下午四时宿破城子杨家。

饭后曾往南面破城子一游。

就所见城垣建筑方式及拾得残瓦片花纹观之，

颇似汉代故城。

城中龙王庙铺地一方砖花纹又与千佛洞唐砖同。

疑此为汉代所筑，用以扼西羌出路。

唐以后始废。

公等如亦宿此，无妨往观，并摄数影，何如？

匆匆，即颂！

旅祺不一，

弟，向达上！

十二日！（图1）

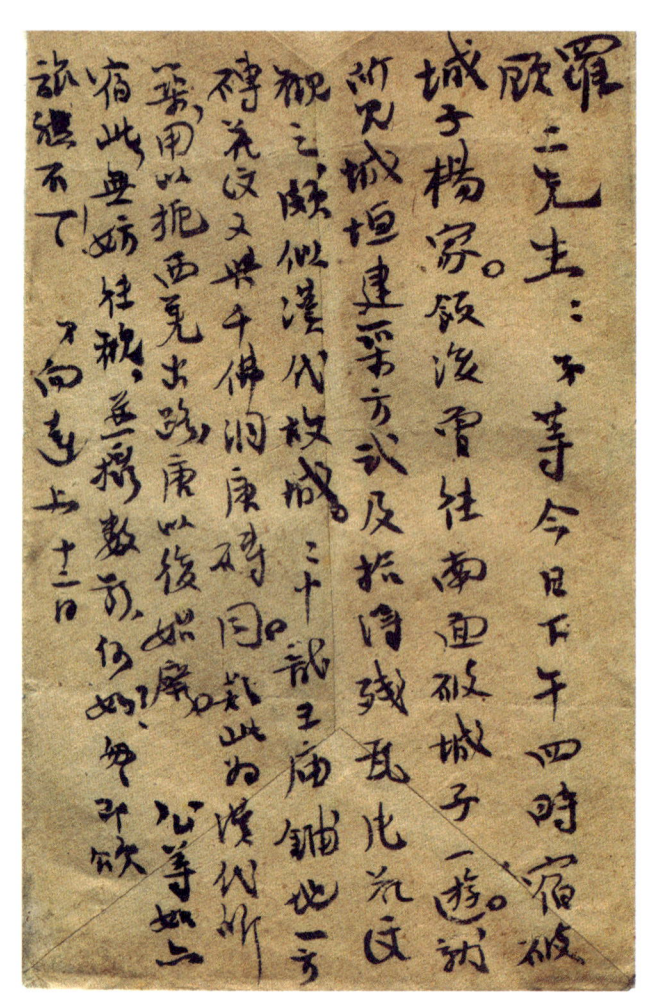

图1 向达先生写给罗、顾先生的信（庐江草堂藏）

---

1 庐江草堂为何鸿先生斋号，二十多年来庐江草堂致力于丝绸之路文献的收藏与整理，含敦煌莫高窟、麦积山石窟、酒泉文殊山石窟、武威天梯山石窟、大足石窟、巴蜀石窟、山西诸多寺院佛教造像、各地文化古迹等原版旧影近万幅；敦煌莫高窟壁画画稿、敦煌莫高窟拓片、藏经洞文献、手稿、信札等若干。目前已有《穿越敦煌——莫高窟旧影》《穿越敦煌——美丽的粉本》《庐江草堂藏砖瓦拓片》《重走梁思成之路——西湖石窟佛影今昔》等文献出版。

信封上写：

敬烦沿途探交，罗、顾先生，台鉴！

破城子向托！

五月十三日！（图2）

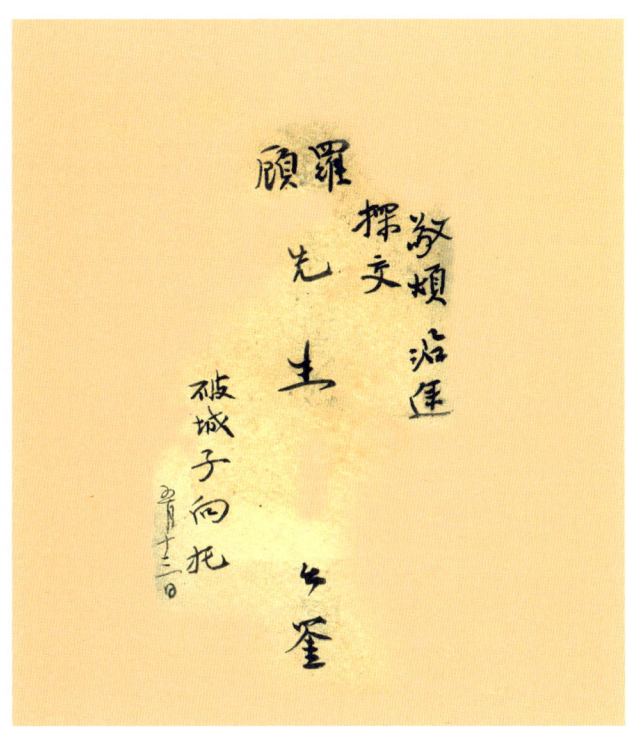

图2　向达先生写给罗、顾先生的信，封面（庐江草堂藏）

在移动电话稀缺罕见的年代，沟通的最好方式是信札和便条。这封未署年只署月日的信札便条，或是向达先生在考察"丝绸之路"经过破城子时写给"罗、顾二先生"的。

一　此封信札的年代背景

1900年随着敦煌"藏经洞"不经意的开启，凿开了中国西北沙漠深处孤冷沉寂学术的大门，敦煌学作为"显学"的身份被世人渐渐知晓，这是中国学界的伤心，却是世界学界的荣光。

随着1907年以后敦煌"藏经洞"巨量文物流失海外，尤其是斯坦因、伯希和等大张旗鼓将"藏经洞"4世纪以来的重要文献不断高调运往欧洲等地时，触动了中国政府和知识分子的神经，于是，西北丝绸之路上的文化艺术、文物考察团应运而生，如"中瑞联合科学考察团"[1]（1927—1933）、"教育部艺术文物考察团"[2]（1940—1945）、"中央研究院西北史地考察团"[3]（1941—1943）、"西北科学考察团"[4]（1944—1945）等。

1　"中国西北科学考察团"（也称"中瑞科学考察团"）是中国近代首次由中外学者联合组建、规模大、学科多的学术考察团体。考察团的野外工作结束之后，中瑞双方各自进行了资料的整理与研究。考察队的成员包括地质学家、人种测量学家、考古学家、气象学家、摄影师等。西北科学考察团是中亚科学考察史上规模最大、设备最先进、学科种类最多的一次现代化的科学考察。1927年5月9日，考察团由北平出发，正式投入科学考察。1949年中国科学院接收了"中国西北科学考察团"。

2　"教育部艺术文物考察团"指1940年由国民政府成立的艺术文物考察团，因该团考察区域基本集中在西北，也有将该团称为"西北艺术文物考察团"。考察团从1940年6月成立到1945年8月正式结束，五年时间里参与考察团除团长王子云外还有十六人，他们多数毕业于杭州国立艺专，都受过专业的美术训练。该团的考察足迹遍及川、陕、豫、甘、青，行程数万公里，对我国的艺术文物进行了抢救式的保护研究，取得了丰硕成果.

3　1941年，国立中央研究院组织西北史地考察团，向达代表北京大学于1942—1943年考察了莫高窟千佛洞、万佛峡等地。返重庆后，发表了《论敦煌千佛洞的管理、研究及其连带的几个问题》。

4　1944—1945年，中央研究院历史语言研究所、中央博物院筹备处、中国地理研究所、北京大学文科研究所四家单位，也曾组建西北科学考察团，在甘肃、新疆两地考察。历史考古组参加者有向达、夏鼐、阎文儒。考察项目主要有：临洮寺洼山、广河阳洼湾的史前遗址和墓葬，汉代的玉门关和长城遗址，敦煌附近的六朝和唐代墓葬，武威附近的唐代吐谷浑墓葬群。向达除对敦煌地区诸石窟留下了重要记述外，写成多篇有关敦煌和西域考古方面的论文，如《敦煌藏经过眼录》《西征小记》《莫高榆林杂考》《两关杂考》《唐代俗讲考》等。

图3 1924年10月24日舒新城摄于上海寓所的向达先生

向达[1]正是中央研究院西北史地考察团和西北科学考察团的重要成员之一（图3）。

二 向达先生考察敦煌的时间问题

从目前披露的文献可知，向达先生考察敦煌共有两次，时间似乎没有异议。一是1942—1943年；一是1944—1945年。

敦煌研究院樊锦诗先生在《缅怀前贤，激励来者——向达先生对敦煌学研究的贡献》一文中写道："他（向达）于1942年10月9日到达敦煌，10日考察了千佛洞（莫高窟），11日即在给友人曾昭燏的信中描述了他第一次见到敦煌石窟艺术时的激动和因石窟遭受自然破坏时的忧心，及萌生的保护念头。"[2]

刘进宝先生在《向达考察敦煌的身份问题研究平议》一文中介绍比较详细：'向达参加的敦煌考察共有两次，第一次是1942年7月至1943年7月，考察团的名称是"西北史地考察团'。第二次是1944年3月至1945年2月，考察团的名称是'西北科学考察团'，组织单位是中央研究院历史语言研究所、中央博物院筹备处、中国地理研究所和北京大学文科研究所。北京大学文科研究所派向达及阎文儒参加，史语所派夏鼐参加，由向达任组长。"[3]

张广达先生亦称："先生（向达）得以在1942年9月至1943年7月及1944年到河西走廊及敦煌。"[4]

向达先生自己的记述是这样，他在《唐代长安与西域文明》一书的"作者致辞"中说："1942年至1944年得有机会去巡礼敦煌千佛洞，考察汉代的玉门关和阳关的遗址。" 1943年他在《西征小记》中写道："三十一年（1942）春，国立中央研究院有西北史地考察团之组织。……余应研究院之约，奉校命参加考察。以滇西变起仓卒，交通阻艰，迟至八月方克入川。九月下旬自渝抵兰，十月初西行，经

---

[1] 向达(1900—1966)，字觉明，笔名方回，历史学家。湖南溆浦人，土家族。1924年毕业于东南高等师范学校（今东南大学）文史部，遂入商务印书馆编译所任编辑。1930年任北平图书馆编纂委员会委员；抗战期间历任浙江大学史地系、西南联大历史系及北京大学文科研究所教授。向达于1942—1943年参加前中央研究院组织的西北史地考察团，并任考古组组长，去敦煌一带进行实地考察。1949年后任北京大学历史系教授、北京大学图书馆馆长、中国科学院历史第二所副所长兼学部委员等职。1957年受到不公正待遇，1966年"文革"含冤病重辞世。
[2] 樊锦诗等主编：《敦煌文献、考古、艺术综合研究——纪念向达先生诞辰110周年国际学术研讨会论文集》，中华书局，2011年，第2页。
[3] 刘进宝：《向达考察敦煌的身份问题研究平议》，《中华文史论丛》2016年第2期，上海古籍出版社，第342页。
[4] 樊锦诗等主编：《敦煌文献、考古、艺术综合研究——纪念向达先生诞辰110周年国际学术研讨会论文集》，第22页。

武威、张掖、酒泉，出嘉峪关以抵敦煌。"《西征小记》还写道："三十二年（1943）三月旬往游大方盘、小方盘……其年四月复自敦煌至南湖……再访玉关……五月至安西，礼万佛峡诸窟，历时一周，复返千佛洞。"[1] 向达《莫高、榆林二窟杂考》一文中也写道："三十一年十月至三十二年五月，余居莫高窟凡七阅月，朝夕徘徊于诸窟之间，纵观魏、隋、李唐以及五代、宋、元之迹。三十二年五月初，复往游榆林窟，摩挲残迹，几逾旬日。"（图4）

从庐江草堂所藏向达写给"罗、顾二先生"信札的时间看，是"五月十二日"，也就是说向达有两个时间可能抵达破城子，一是1943年5月12日，一是1944年5月12日，那究竟是哪一年？

三 向达先生两次考察敦煌的路线

向达先生两次考察敦煌的路线，都是从兰州经河西走廊到敦煌，从东往西行。这也是西行敦煌考察的必经路线，兰州为中转站。第一次是从重庆飞兰州，第二次是从昆明飞兰州（图5）。

金维诺先生在《光辉的一生：敦煌学的先行者向达先生》一文中写道："向达代表北京大学1942年春经过河西走廊抵达敦煌，考察了莫高窟、千佛峡等。返重庆后，发表了《论敦煌千佛洞的管理》。"[2]

徐文堪先生在《关于〈向达文集〉的编辑与出版》一文中写道："1941年，向达先生参加由中央研究院组织的西北史地考察团，任考古组组长，于1942—1944年两次经河西走廊到达敦煌，考察莫高窟、榆林窟等。"[3]

图4　1944年莫高窟对面戈壁滩上塔群（采自何如珍、何鸿主编《穿越敦煌—莫高窟旧影》，西泠印社出版社，2015年）

美国西北大学美术史系胡素馨在《从历史语言研究所藏向达手稿论其对敦煌学的影响》一文中写道："中央研究院有关文件列表中写到：13）李38—4—3，夏鼐函傅斯年、李济，1944年4月1日，夏（鼐）、向（达）在兰州准备往西走到敦煌考察。15）李38—4—5，夏鼐电报傅斯年、李济，1944年5月19日：夏鼐、向达、阎文儒三位到了敦煌。"

"当前中央研究院组织西北史地考察团的时候，本所也参加合作。8月向达先生由昆明起身，9月到兰州，10月抵达敦煌。在敦煌停留九个月，先后考察阳关、玉门关遗址，敦煌近郊的古城古墓，和千佛洞、莫高窟、榆林窟等地的古迹。……1944年5月西北史地考察团（注：此时应是"西北科学考察团"）开始发掘敦煌、民勤、张掖、武威等处古墓，本所研究生阎文儒前往参加，一直工作到1945年10

1　向达：《西征小记》，原载《国学季刊》第7卷第1期，1950年。此据向达《唐代长安与西域文明》，三联书店，1987年，第338页。
2　金维诺：《光辉的一生：敦煌学的先行者向达先生》，《美术研究》2011年第1期，第11页。
3　樊锦诗等主编：《敦煌文献、考古、艺术综合研究——纪念向达先生诞辰110周年国际学术研讨会论文集》。

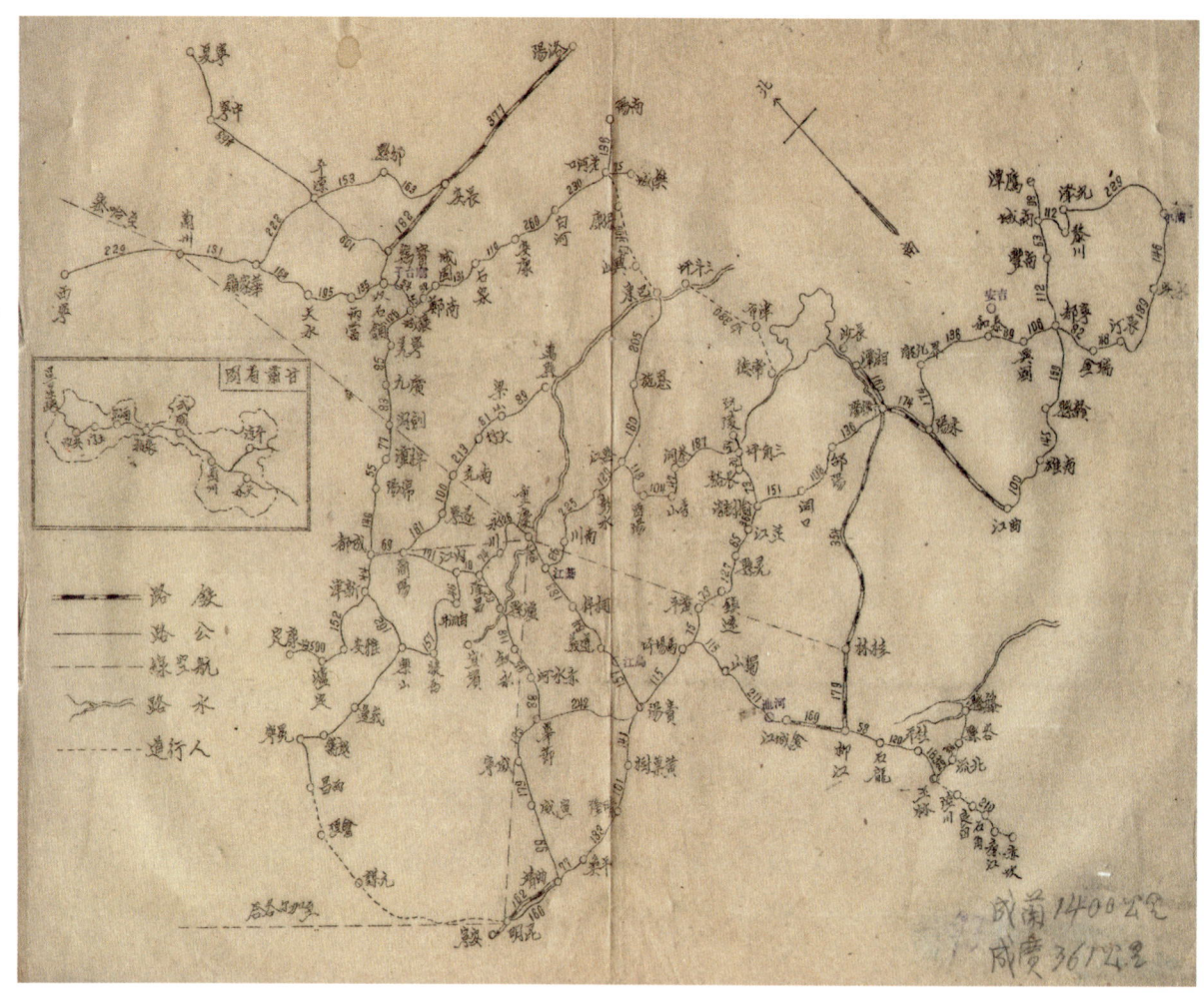

图5 庐江草堂藏解放前甘肃省部分地图

月停止。这两次所作的考察和发掘,有很多崭新的发现,他们另有专篇记载。"[1]

李怀顺先生在《再论抗战时期的西北科学考察团》一文中,谈及向达在1944年5月前后考察的基本情况:"1944年3月21日和4月4日,向达、夏鼐先后从重庆乘飞机抵达兰州,住宿在甘肃科学教育馆。随后几天,他们拜见军政要人,踏访名胜古迹。4月13日,夏鼐、何乐夫调查十里店附近遗址。4月14日,向达、夏鼐调查西果园附近遗址。在兰州期间,向达应邀在国立西北师范学院、甘肃学院等高校讲演。4月17日,由兰州乘车启程西行。途中,夏鼐于武威文庙考察吐谷浑慕容氏墓志。20日至酒泉,考察钟楼寺、文殊山等。4月26日,离开酒泉前往金塔。27日到金塔,游览金塔寺。5月1日到三墩,考察汉代烽燧,7日返回金塔。5月12日,阎文儒从陕西宝鸡赶到酒泉,加入考察队伍。1944年5月14日,考察团离开酒泉西行考察嘉峪关,经玉门、安西至敦煌,与常书鸿、张民权、史岩等晤谈。

---

[1] 参见《国立北京大学周刊》第7卷第1号,1950年。王学珍、郭建荣编:《北京大学史料:第三卷(1937—1945)》,北京大学出版社,2000年,第340页。

5月至8月，向达、夏鼐、阎文儒发掘敦煌佛爷庙等墓地，清理墓葬十余座，并考察莫高窟。……考察团原计划赴新疆考察，由于此时新疆形势突变，兵荒马乱，致使计划落空。10月19日向达离开敦煌东归。"[1]

荣新江先生在所编《向达先生敦煌遗墨》中写到1943年5月和1944年5月向达先生的活动："5月1日至7日，由金塔县城北行考察汉代烽燧遗址……因风沙太大未能成行。8至9日，由金塔回到酒泉。12日，考察团另一成员阎文儒赶到，加入考察。14日，由酒泉乘军车西行，经玉门，15日到安西。""向达著《安西榆林窟记录》：这是向达1943年5月18日至20日考察榆林窟时所作的记录，逐日记录张大千编号第1至12窟的壁画、画记、雕塑、供养人题记，有些还绘制了壁画位置图。"[2]（图6）

四 罗、顾二先生为何人？何时与向达先生有交集

经过考证，罗、顾二先生身份已经明晰，罗即罗寄梅[3]，顾即顾廷鹏[4]。关于罗、顾二先生的资料比较鲜见，从以下只言片语中或可找到向达先生与罗顾二先生的时空交集！初步断定：罗寄梅在榆林窟和莫高窟的时间是1943年4月—1944年6月间。

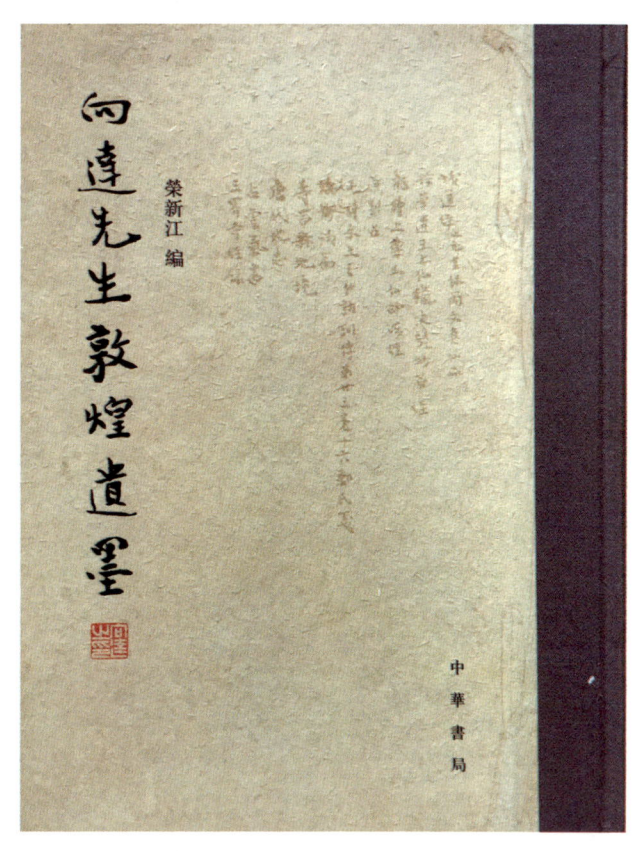

图6 荣新江编《向达先生敦煌遗墨》书影（中华书局，2010年）

1943年，罗寄梅夫妇到敦煌莫高窟和安西榆林窟从事摄影工作，拍摄了近三千张石窟照片，这些照片现藏于美国普林斯顿大学唐氏研究中心。据敦煌研究院范华先生回忆，他1944年初到莫高窟时，罗寄梅、刘先夫妇已经来莫高窟工作半年多，当时罗寄梅还带有一个助手叫顾廷鹏，此人是中央通讯社摄影部

---

1. 李怀顺：《再论抗战时期的西北科学考察团》，《敦煌研究》2013年第6期，第82—83页。
2. 荣新江：《向达先生敦煌遗墨》，中华书局，2010年。
3. 罗寄梅，湖南长沙人，1902年生，1926年参加北伐，为黄埔军校第六期学员。罗寄梅在文学艺术方面涉猎广，是我国早期摄影家。1929年北伐结束后，罗寄梅在国民党中央党部宣传部文艺处任干事。1930年7月，与王平陵、左恭、钟天心、缪崇群、傅述文、程方、聂绀弩等四十余人在南京成立了中国文艺社，这是当时国内规模最大的文艺社团。由此机缘，与张大千、张善子、徐悲鸿、齐白石、蒋碧薇、傅抱石、李可染、吴作人、黄苗子、郁风、潘玉良、叶浅予、郑振铎等名流结交。1938年，罗寄梅到《中央日报》社任摄影部主任，同年加入美术界抗敌协会，并在武昌参加成立大会和美术展览。1943年，国民政府决定成立敦煌艺术研究所，对敦煌石窟进行有效保管和研究。画家常书鸿先生作为筹备组的负责人，为筹备研究所做了很多准备工作，其中之一就是要对敦煌石窟进行全面拍摄，作为石窟研究工作的档案，罗寄梅先生承担了这项拍摄任务。1943年，罗寄梅受聘为敦煌艺术研究所研究员，偕夫人到敦煌，他们对莫高窟和榆林窟进行了全面系统的拍摄。
4. 顾廷鹏资料鲜见，他毕业于上海美术专科学校，与沈逸千、俞创硕等组成"战时摄影服务团"，曾在《新生画报》《良友画报》工作，并参与组织"上海国难宣传团"，抗战时为中央通讯社摄影记者。

的记者，也随罗寄梅来莫高窟协助拍摄洞窟。

赵声良先生在《罗寄梅拍摄敦煌石窟照片的意义》一文中写道："关于罗寄梅夫妇到敦煌拍摄的时间，或云1942年，如罗寄梅《安西榆林窟的壁画》一文的编者说明为1942年春天。罗寄梅受当时的教育部派遣，为筹备成立敦煌艺术研究所而拍摄敦煌石窟，而常书鸿则是筹备委员会的直接负责人，常书鸿最初到敦煌的时间是1943年3月24日。罗寄梅去敦煌的时间应与常书鸿达到敦煌的时间相差不远。又据新近出版《向达先生敦煌遗墨》中刊布了向达于1943年5月15日致曾昭燏的信中云：'在安西遇到中央社摄影部主任罗寄梅（长沙人）夫妇及摄影记者顾廷鹏二君，受敦煌艺术研究所之托，拟遍摄千佛洞各窟壁画，携带材料甚多，计划工作半年，今日亦抵万佛峡。大约于6月3日班车赴敦煌。如能为千佛洞、万佛峡留一详细记录，诚盛事矣。'"[1]从向达的此信看，首先向达先生在给罗寄梅、顾廷鹏留信札的"五月十二日"（庐江草堂藏"向达先生给罗、顾二先生信"）是知道罗、顾二先生会来此地，且三天后就遇见。其次，向达先生留此信前或遇见过或知情罗、顾二先生，"公等如亦宿此，无妨往观，并摄数影，何如？"这是事先熟知的口吻。

罗寄梅、顾廷鹏是何时到敦煌的？梁红、沙武田先生在《关于罗寄梅拍摄敦煌石窟图像资料》一文中提到罗寄梅拍摄敦煌石窟的两个时间点："1943年3月，常书鸿先生肩负着筹备'国立敦煌艺术研究所'的重任，经过几个月艰苦的长途跋涉，到达了敦煌莫高窟。而主动随常先生来到敦煌担任洞窟摄影工作的罗寄梅先生和他的太太刘先女士，晚于常先生到达敦煌，具体时间不详。但应不会太晚，大概应该是1943年4、5月间。""罗寄梅夫妇和助手顾廷鹏自1943年4、5月到敦煌后，在常先生的安排下，分别对莫高窟和榆林窟进行了较为详细的拍摄，大约到次年即1944年6月所有的拍摄工作结束。"[2]（图7）

日本秋山光和先生在《敦煌壁画研究新资料——罗寄梅氏拍摄的照片及福格、赫尔米达什两美术馆所藏壁画残片探讨》一文中写道："第二次世界大战中，从1942年春开始，罗氏在敦煌居住了一年半之久，这些照片就是在这期间苦心拍摄的。""罗寄梅夫妇照片的拍摄是与这次调查在同一时间内进行的。虽然是一直到1944年的早春，但是，在物资缺乏的战争年代，并且是于边疆地区进行如此规模的拍摄，其困难是可想而知的。"秋山光和提到罗寄梅在敦煌的时间似乎与赵声良、沙武田等有较大的出入，相差一年。

美国普林斯顿大学经崇仪先生在《照片档案遗产：敦煌、探险摄影与罗氏档案》一文中谈到罗寄梅拍摄敦煌石窟照片的时间，"20世纪早中期的莫高窟历史图片，使我们可以感受到遗址的变化，特别是1943—1944年罗寄梅（1902—1987）拍摄，并以罗寄梅及其夫人刘先（1920— ）之名命名的遗址照片集，即罗氏档案，对了解敦煌有重要作用"。"在1943年晚冬至早春之际，就职于中央新闻社的职业新闻摄影师罗寄梅、担任助理摄影师的罗寄梅夫人刘先和同事顾廷鹏（活跃于20世纪上半叶）一起从重庆到敦煌休假旅游。他们先乘军用飞机从陆路至兰州，并于3月下旬到达敦煌，然后立即由敦煌前往安西（瓜州），与他们的朋友兼艺术家张

---

[1] 赵声良：《罗寄梅拍摄敦煌石窟照片的意义》，《敦煌研究》2014年第3期，第80页。
[2] 梁红、沙武田：《关于罗寄梅拍摄敦煌石窟图像资料》，《文物世界》2010年第6期，第30—31页。

图7 1943年5月张大千和他的弟子们在甘肃安西榆林窟观看临摹的粉本线稿（罗寄梅摄）
（采自2012中国嘉德《忆梅庵长物·罗寄梅夫妇70年珍藏》）

大千（1899—1983）会合。当时张大千正在榆林窟研究并临摹壁画。""1945年回到重庆后，刘先编辑整理了这些底片，在其工作笔记本中清楚标注了不同底片的尺寸。"[1] 美国普林斯顿大学收藏有罗寄梅的敦煌石窟照片，有2600帧以上，经崇仪先生的研究占尽天时、地利，资料来源应是第一手的。

2013年3月6日《三联生活周刊》发表了李晶晶《罗寄梅夫妇与众大师往事》，文中写道："1943年的4月2日，罗寄梅夫妇即将西行的前夕，他们再次和一班艺术家好友聚会于金刚坡司徒乔的画室'双羽轩'，除罗寄梅夫妇外，还有傅抱石、李可染、高龙生、张文元，以及司徒乔和他的妻子冯伊梅。在座的艺术家们专门合作了一幅《爱梅如痴》——梅妻鹤子的北宋隐士林和靖，含蓄地表达了众人对于罗寄梅的敬重之意。傅抱石书写题记：'民国三十二年四月二日，集重庆西郊金刚坡麓双羽轩，主人司徒乔为娱寄梅贤夫妇来游，乃有合作雅事，此第二帧也。……追晚灯下属抱石题之。'""罗寄梅夫妇带着众多好友的祝福，于1943年4月踏上了西行远赴敦煌拍摄的征途。他们没有想到的是，此生便与敦煌结下了一世的缘分，直至终老。在榆林，罗寄梅一行和张大千、谢稚柳会

---

[1] 〔美〕经崇仪：《照片档案遗产：敦煌、探险摄影与罗氏档案》，《敦煌研究》2017年第2期，第48、49页。

图8 甘肃瓜州破城子今貌（瓜州摄影家吴俊瑞2012年5月拍摄）

合，此时的张大千已经在准备东归了。罗氏夫妇一行便在榆林石窟开始了拍摄工作。罗寄梅夫妇在榆林工作了近一个月后，于5月中旬离开榆林前往莫高窟。"综合以上各种记述，日本秋山光和写到1942年春天罗寄梅在敦煌的时间应是错误的，应是1943年春天。

五 破城子在何处？

破城子，在新疆天山有，甘肃瓜州有，河北秦皇岛也有。那向达先生和罗、顾二先生交汇的破城子究竟在哪里？最大的可能性是在甘肃瓜州县踏实乡（图8）。按向达先生信中所言："就所见城垣建筑方式及拾得残瓦片花纹观之，颇似汉代故城。城中龙王庙铺地一方砖花纹又与千佛洞唐砖同。疑此为汉代所筑，用以扼西羌出路。唐以后始废。"这破城子有汉唐气象古物。

向达先生在《唐代长安与西域文明》一书中写到"踏实堡"："汉之广至，唐之常乐。"[1]李并成先生认为"唐代瓜州常乐县的治所即今瓜州县南岔乡六工破城。该城还是汉代昆仑障、曹魏宜禾县、北魏常乐郡、隋常乐镇的治所。"[2]

向达先生在《西征小记》中写道："安西之万佛峡古名榆林窟，位于安西南一百四十里之山中，适当踏实河两岸。出安西南门，西南行逾十工山（即三危山）七十里破城子，南行过戈壁四十里水峡口。"向达在《莫高、榆林二窟杂考》三《榆林窟小记》中又记："榆林窟俗名万佛峡，在今安西南一四○里，一九四三年五月往游榆林窟，出安西南门，西南行逾十工山（即三危山之俗名），七○里至水峡口。"这是向达先生明确提出抵达"破城子"，在安西附近。1943年5月，向达先生自莫高往游榆林，历时一周，记录近10万言。"文化大革命"期间毁佚过半。向达先生的此封给罗、顾二先生的信，让我们重温了那个年代发生的人和事之间的关联。

1943年，在向达写给曾昭燏先生的信中，明

---

1 向达：《唐代长安与西域文明》，河北教育出版社，2001年，第376页。
2 李并成：《唐代瓜州（晋昌郡）治所及其有关城址的调查与考证——与孙修身先生商榷》，《敦煌研究》1990年第3期，第24—31页。

图9 1943年5月《中央日报》摄影部主任罗寄梅夫人刘先女士摄于甘肃安西榆林窟（采自2012年中国嘉德拍卖图录《忆梅庵长物·罗寄梅夫妇70年珍藏》）

图10 1943年5月罗寄梅夫人刘先女士拍摄完甘肃安西榆林窟，辞行张大千和谢稚柳，前往敦煌莫高窟（采自2012年中国嘉德拍卖图录《忆梅庵长物·罗寄梅夫妇70年珍藏》）

确了向达写给罗、顾二先生信的时间和破城子的方位。"曾昭燏先生左右：九日一函，于十日发自安西。……十一日在安西略购什物，并借锅碗等用具。团长田某并允假驴以为乘坐驮物之用。十二日晨九时发安西西门。（此行教部艺文考察团之卢君亦同往，并带敦煌警察一人作勤务……）十一时十工尖。自此经南入十工山，山不甚高，岩石颜色与三危同，盖即三危一脉也。……在十工山上遥望南面平原，绿树数丛，点缀其间，是为破城子。下山后沼泽纵横，泥泞遍途，地上白如霜雪，俱是盐质。下午四时，抵破城子，宿一杨姓家。（此描述与向达给罗、顾二先生信描述一致：弟等今日下午四时宿破城子杨家。）破城子为安西桥蹈乡（桥资、蹈实）第十甲，有十余户，以其南三里，有一破城，故名。六时饭后，与卢君往游破城。（此描述与向达给罗、顾二先生信描述一致：饭后曾往南面破城子一游。）城约150公尺见方，正南向，城东北隅一碉楼，又形似烽墩，外有短墙一道，高可及肩，以为围护。有狭径可以拾级而上。……拾得破陶片其花纹形制亦与小方盘一带所得者类似，颇疑为汉代故城。（此描述与向达给罗、顾二先生信描述一致：就所见城垣建筑方式及拾得残瓦片花纹观之，颇似汉代故城。）城中现有一龙王庙及一狐仙庙，龙王庙内住道士数人……在龙王庙中见一铺地方砖，花纹与莫高窟所有之唐砖同。城北一破屋，瓦砾堆中亦有破砖，花纹与在龙王庙中所见者无异，则此当是汉代旧城。（此描述与向达给罗、顾二先生信描述一致：城中龙王庙铺地一方砖花纹又与千佛洞唐砖同。疑此为汉代所筑，用以扼西羌出路。）……向达再拜上自榆林窟，五月十五夜。"这是向达在破城子给罗、顾二先生留信后的第三日在榆林窟写给曾昭燏的信，内容有大部分相同。向达写此信的时间是五月十二日，第二天写好信封文字，托转给罗、顾二先生。"十三日晨七时半发破城子，引路警士有公事，至蹋实辞去。遂别催一孙姓老人引路，直南行戈壁中。……十四日泛览各窟一遍。"即5月14日，向达已经抵达榆林窟，并遇见了罗、顾二先生（图9、图10）。

1943年5月，罗寄梅夫妇等在安西榆林窟与向达先生遇见，1944年5月，他们则是在敦煌遇见。"他们（罗寄梅夫妇）是1944年6月11日之后离开敦煌返回重庆的，说是要到重庆冲洗照片。1944年5月，向达再次到敦煌时见到了罗寄梅。"[1] 沙武田先生进一步推断，罗寄梅夫妇在敦煌的时间大致是1943年4月至1944年6月之间[2]。这个时间与李昌玉在《罗寄梅，常书鸿不应骂的人》一文中谈到邵芳[3]信的时间相吻合：（邵芳，1944年5月25日信）"所（注：国立敦煌艺术研究所）中诸人及中央（社）摄影主任罗氏夫妇等对我此番独自来此的勇气，有如进香的香客的虔诚情形，深加赞赏。"（邵芳，6月8日信）"可惜中央社主任罗寄梅夫妇和顾廷鹏先生明日要回重庆了。"（邵芳，6月11日信）"此番来千佛洞，多承罗寄梅先生、夫人及顾廷鹏先生多方照料与指教，使芳得益匪浅。相处虽日不多而甚投契。"

从以上分析推断，向达先生写给罗、顾二先生的信时间应是1943年5月12日，第二日（即13日）早晨写好信封离开破城子前往榆林窟。

1　沙武田：《榆林窟第25窟八大菩萨曼荼罗图像补遗》，《敦煌研究》2009年第5期，第19页。相关记载见于向达抄录敦煌文献而辑成的《敦煌余录》一书中，但该书尚未公开出版，此转引自荣新江《惊沙撼大漠——向达的敦煌考察及其学术意义》一文（北京理工大学：《国际敦煌学学术史研讨会论文集》，2002年，第75页）

2　沙武田：《榆林窟第25窟八大菩萨曼荼罗图像补遗》，《敦煌研究》2009年第5期，第24页。

3　邵芳，1918年生，祖籍江苏常州，一位早期到敦煌临摹壁画的画家，是陈少梅先生的入室弟子，后移居美国，涉及建筑、陶艺、绘画等领域，在建筑界享有盛誉。1944—1945年，邵芳跟随丈夫工作调动，来到大西北，她被莫高窟艺术吸引，在敦煌莫高窟临摹壁画一年。李昌玉《奔向千佛洞》一书中多记载邵芳事迹。

阿克·贝希姆遗址考古学的研究历史

〔俄〕Г. Л. 谢苗诺夫 著　　　　　　　　张宝洲 译
（俄罗斯艾尔米塔什博物馆）　　　　　（西安美术学院）

1996年圣彼得堡的考古学、历史学与东方学家以自己的论著作为签约的条件，与吉尔吉斯斯坦科学院历史研究所签订了合作协议，决定吉尔吉斯斯坦与圣彼得堡学术中心仍延续以往的合作关系。

呈现在读者面前的文集刊载了1996—1998年阿克·贝希姆古城遗址（Ак-Бешм）的发掘成果。[1] 在相对短暂的三年间发掘了两个独具特点的10世纪初至11世纪的遗址。其中之一是核心城堡（цитадель）[2]的发掘，建筑布局为中心院落，四周建造"阿伊旺"（айван）[3]的格局。这是著名的宫殿样式的设计，其功能应该是穆斯林的学校。[4] 第二座建筑物位于"沙赫利斯坦"（шахристан）[5]的东南角，属于基督教堂遗址[6]。这次所获无疑是城市防御与民居建筑方面的重要发现，对于了解吉尔吉斯斯坦地区最重要的古代碎叶城的规模与发展历史而言，提供了新的资料。

1　городища Ак-Бешм，大约经纬为75°30′E, 42°50′N。关于阿克·贝希姆遗址张广达先生1979年撰有专文《碎叶城今地考》，初载《北京大学学报》1997年第5期，第70—82页。后收入张广达著《西域史地丛稿初编》，上海古籍出版社，1995年。随后又载张广达《文书　典籍与西域史地》，广西师范大学出版社，2008年，第1—22页，同书还载《阿克·贝希姆古城》一文。本译文中张广达的引文均出广西师范大学出版社版本。——译者注

2　资料解释：цитадель（от итал.cittadella, букв.—маленький город），наиб.укреплённая центр.часть города или крепости, приспособленная к самостоят.обороне.последнее убежище защитников при штурме.Перен.—твердыня, оплот.　译文：核心城堡（意大利语：cittadella，直译为"小城市"）。城市中最坚固的部分，或者具有独立防御功能的要塞，在敌方强攻时守卫者最后的掩蔽之地。转义词：要塞（твердыня）、堡垒（оплот）。苏联百科词典出版社：《苏联百科词典》，1980年。
本文译为"核心城堡"，简称为"核堡"，即城市或要塞中能够独立防御的最坚固的中心部分。——译者注

3　资料解释：айван.эйван（перс.），иван, ливан, 1) в ср.-азиат.жилищах, мечетях и др.-терраса с плоским пкрытием на колоннах или столбах.2) Сводчатый зал, открытый со стороны внутр.двора (приёмные залы во дворцах Парфии и сасанидского Ирана, в мечетях и дворцах ср.-век Ср.Азии, Ирана. Афганистана.и др.).译文：阿伊旺（波斯语），又称艾伊旺、伊旺、利旺。1) 中亚民居与清真寺建筑，古代带有平顶露台的圆柱或柱廊的建筑样式，平顶凉台、带顶盖的廊柱。2) 拱形的大厅，内部面向庭院呈开放状安帕提亚古国和伊朗萨珊时期宫廷中的接待大厅，中世纪中亚的伊朗、阿富汗等国的清真寺中的接待大厅也是如此。《苏联百科词典》——译者注

4　медресе为阿拉伯语音译。近、中东等国家培养宗教人士、初级穆斯林学校教师以及国家机关工作人员的中、高级穆斯林学校。——译者注

5　资料解释：шахристан（иран.）осн.ядро феод.города в Ср.Азии, Иране, Афганистане, включающее часто цитадель и обнесённое стеной.
译文：沙赫利斯坦（伊朗语）。中亚地区、伊朗、阿富汗封建时期所创建城市的中心部分，包括核堡与围墙，见《苏联百科词典》。关于"沙赫里斯坦"可参见张锡厚、张广达翻译巴托尔德《蒙古入侵时期的突厥斯坦》（上）"1963年俄文本第二版序言"，上海古籍出版社，2007年，第8页。——译者注

6　作者用"христианская церковь"，词义为"基督教堂"，与史砚忻商榷，应该是景教教堂。文中遵守原义，在此做一提及。——译者注

在发掘过程中出土了众所关注的10—11世纪初期整套的军备与兵器，А.В.别赫捷尔（А.В.Бехтер）的文章对这些文物做了分析。

文集的第二部分汇集了粟特、中国和突厥历史与文化地域的史料。Е.И.鲁勃－列斯尼钦科（Е.И.Лубо-Лесниченко）引用中国的文献资料撰写了关于碎叶城历史的文章，并且将已熟知的和以后几年收获的文献重新翻译成俄文。В.А.利夫希茨（В.А.Лившиц）刊布了新出土的粟特题铭报告。С.Г.克利亚什托尔内（С.Г.Кляшторный）的文章发表了在七河流域[1]新发现的突厥鲁尼文题铭的内容与诠释。А.М.卡梅舍夫（А.М.Камышев）对阿克·贝希姆古城出土的古钱币资料进行了详细的分析研究。

阿克·贝希姆（古碎叶城）不仅是吉尔吉斯斯坦，而且是整个中亚地区最重要的古代遗址之一（图1）。城址位于比什凯克市之东60公里处，是以距离最近的村庄命名。

城市的建立大约源于6世纪粟特人的移居。这是粟特文化在七河地区高度集中与发展的时期，也是中国和突厥文化交往的重要地区之一。中国的文献中保存着大量关于这个城市的史料，它被认为是唐代大诗人李白（Ли Во）[2]的诞生地。按中国编年史记载，7世纪中期碎叶城已经被划为"四镇"的保护范围之内，与之相应的还有库车（Куча）、喀什噶尔（Кашгар）与和阗（Хотан）[3]，"这个城市方圆6—7里之内杂居着各国云集的商人与胡人（хусцы，即粟特人）"。748年城市被将军王正见所毁。[4] 9—10世纪碎叶城归属突厥政权[5]，11世纪彻底废弃。

1　"Семиречье"为"七河"（地区）。参见〔俄〕巴透尔德著，赵俪生译《七河史》，中国国际广播出版社，2013年；〔俄〕巴托尔德著，张丽译：《中亚历史——巴托尔德文集第2卷第1册第1部分》（上册），兰州大学出版社，2013年。名词参阅张锡彤、张广达译《蒙古入侵时期的突厥斯坦》，下册"索引"部分，第809页。——译者注

2　史砚忻认为按古语，发音为"Ли Во"——译者注

3　关于"四镇"的研究，参见张广达《碎叶城今地考》，第2—3页；余太山：《西域通史》，中州古籍出版社，1996年，第156页。"库车、喀什噶尔与和田"三词史砚忻建议用"龟兹、疏勒与于阗"，由于原文为"Куча，Кашгар и Хотан"，文中仍保持原义。——译者注

4　原文误为"王正"（Ван Чже）。关于王正见毁碎叶城的史实，重要材料有三条。首见于杜佑《通典》所引《杜环经行记》："天宝七载，北庭节度使王正见薄伐，城壁摧毁，邑居零落。昔交河公主所居止之处。建大云寺犹存。"（（唐）杜佑：《通典·边防下·石国》卷一九三，中华书局，1996年，第5275页；张一纯：《〈杜环经行记〉笺注》，中华书局，2000年，第37—39页。）

《新唐书》记载："西有碎叶城，天宝七载（748），北庭节度使王正见伐安西，毁之。"《新唐书·西域下》第20册卷二二一，中华书局，1987年，第6246页。

《旧唐书》对王正见的卒年作了记载："（天宝）十载（751），仙芝改河西节度使，奏常青为判官。王正见为安西节度，奏常青为四镇支度营田副使、行军司马。十一载（752），正见死，乃以常青为安西副大都护、摄御史中丞，持节充安西四镇节度、经略、支度、营田副大使，知节度事。"（《旧唐书·封常青》第10册卷一〇四，中华书局，1987年，第3208—3209页。）

诸家引文存疑之处：

沙畹言："……中国偶亦有时参入，七四八年北庭节度使王正见曾取碎叶并建大云寺于其地……注一：见旧唐书西突厥传注七六引杜环经行记。"《旧唐书》中未载杜环史料，沙畹"旧唐书西突厥传注七六"不明出自何版本。〔法〕沙畹著，冯承钧译：《西突厥史料》，中华书局，2004年，第261—263页。）

余太山主编《西域通史》关于王正见毁碎叶城，文献注释为："《通典》卷一九三《石国》引《杜环经行记》，参见《新唐书·石国传》。"其中"《新唐书·石国传》"有误（余太山主编：《西域通史》，第186页）。——译者注

5　史砚忻建议"突厥政权"应改为"葛逻禄政权"，因原文为：власть тюрских династий，仍从之。——译者注

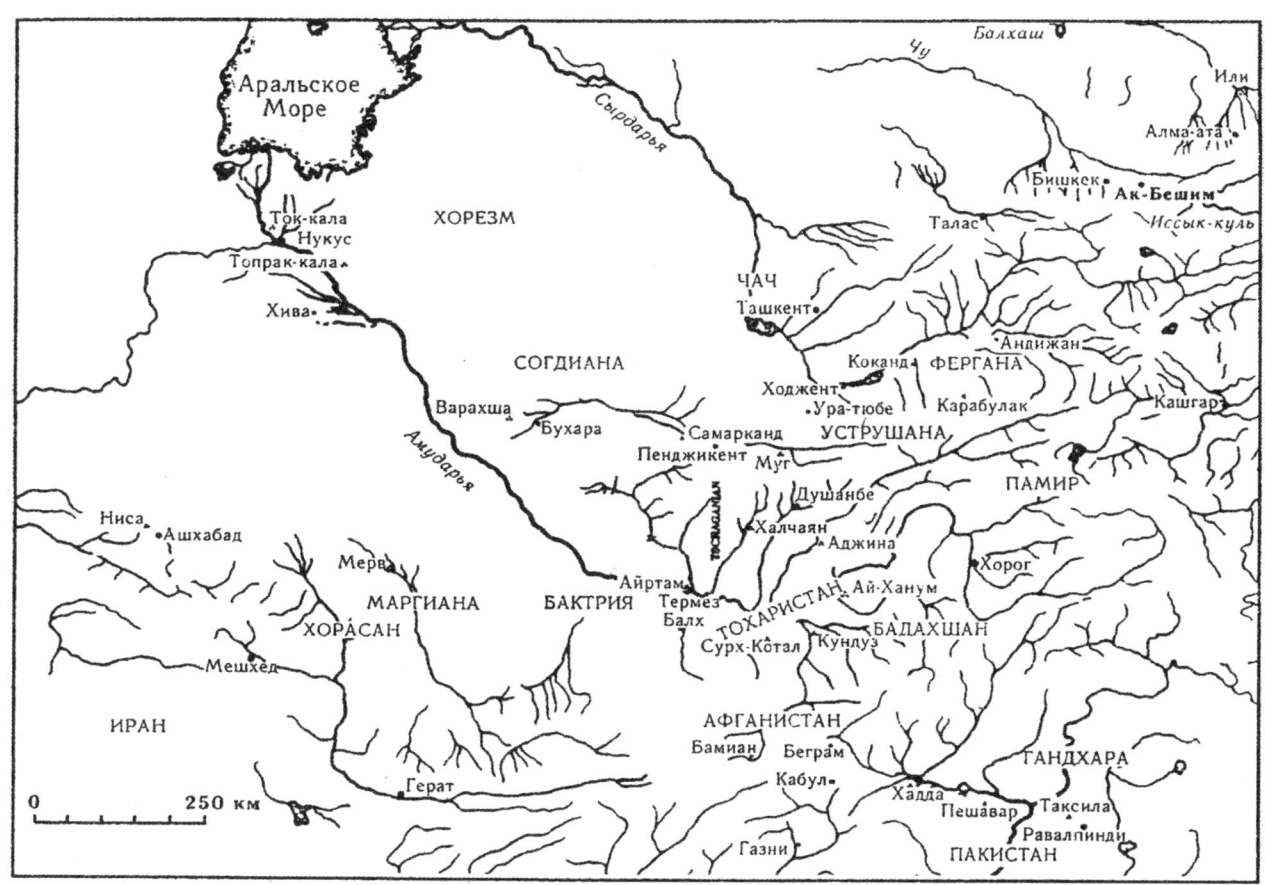

Рис. 1. Карта Средней Азии

图1 中亚地图

说明：汉译地名依据商务印书馆1991年出版《苏联地名译名手册》译出，以俄文字母为序。下画线者为本手册未收录地名，其中包括前苏联域外地名，这些地名基本根据约定俗成称谓，例如"阿富汗斯坦"。

Аджна-阿吉纳；Айртам-艾尔达姆；Ай-Ханум-阿伊－哈努姆；Ак-Бешим-阿克－贝希姆；Алма-ата-阿拉木图；Амударъя-阿姆河；Андижа-安集延；Аральское Море-咸海；Ашхабад-阿什哈巴德；АФГАНИСТАН-阿富汗斯坦；БАДАХШАН-巴达赫尚；Балхаш-巴尔喀什；Бамиан-巴米扬；Барх-巴尔赫；Беграм-别格拉姆；Бишкек-比什凯克；БАКТРИЯ-巴克特里亚；Бухара-布哈拉；Варахша-瓦拉赫沙；Газни-卡兹尼；ГАНДХАРА-坎大哈；Герат-盖拉特；Душанбе-杜尚别；Или-伊犁；Иссык-куль-伊塞克湖；ИРАН-伊朗；Кабул-喀布尔；Карабулак-卡拉布拉克；Кашгар-喀什噶尔；Коканд-浩罕；Кундуз-昆都士；МАРГИАНА-玛尔基亚纳；Мерв-（？）；Муг-穆格（山）；Ниса-尼撒；ПАКИСТАН-巴基斯坦；ПАМИР-帕米尔；Пенджикент-彭吉肯特（片治肯特）；Пешавар-白沙瓦；Равалпинди-拉瓦尔品第；Самарканд-撒马尔罕；СОГДИАНА-索格底亚纳（粟特）；Сурх-Котал-苏尔霍－科达尔；Сырдаръя-锡尔河；Таксила-塔克西拉；Талас-塔拉斯；Ташкент-塔什干；Термез-铁尔梅兹；Ток-кала-托克－卡拉；Топрак-кала-托普拉克－卡拉；ТОХАРИСТАН-吐火罗斯坦；Ура-тюбе-乌拉秋别；УСТРУШАНА-乌斯特鲁沙纳；ФЕРГАНА-费尔干纳；Хадда-哈达；Халчаян-哈尔奇杨；Хива-希瓦；Ходжент-苦盖（列宁纳巴德）；ХОРАСАН-呼罗珊；ХОРЕЗМ-花刺子模；Хорог-霍罗格；Чач-恰其（河）；Чу-楚河。

穆斯林地理学家们对碎叶古城的论述很少，塔巴里（II，1594）[1]在记载可汗阿布·穆扎希姆（即突骑施苏禄）[2]军队最初远征地时，提到了纳瓦卡特（Навекат）[3]与圣山等一系列驻地，顺便提及了碎叶地。加尔迪齐[4]曾叙述，碎叶之地包括两个村落：库帕尔与沙衮尔·库帕尔（Кубал и Сагур-Кубал）[5]。В.Ф.米诺尔斯基（В.Ф.Минорский）将沙衮尔与沙衮（Сагур с Сагун）进行了对照，认为就是巴剌沙衮（Бала Сагун）。胡杜特·阿尔·阿拉姆（Худуд ал-Алам）记述碎叶是一个巨大的城市，其宽松的面积可驻军两万人。[6]

从楚河沿岸的考古分布来看，П.Н.科热缅科（П.Н.Кожемяко）统计：总共记载了18个带有围墙的城池。这些城池互相之间的分布距离在10—14公里，有些仅3公里之距。阿克·贝希姆位于这些城池的最东段，与道路施工图比较，阿拉伯地理学家所做的从碎叶到七河沿途各村落点，与当今仍引起讨论的著名古城遗址的距离是完全一致的（图2）。[7]

阿克·贝希姆考古学研究的历史

最早对古城展开研究的是В.В.巴托尔德（В.В.Бартольд），1894年他造访了阿克·贝希姆古城。他谨慎地推测判定，这座古城应该与文献记载的喀喇汗王朝（840—1212，据魏良弢《喀喇汗王朝史稿》所记。——译者）著名的国都巴剌沙衮（Баласагун）相契合。[8]

第一张古城测绘图是М.Е.马松（М.Е.Массон）在阿克·贝希姆参加考察后于1927年完成的[9]。两年后А.И.捷列诺日金（А.И.Треножкин）完成了"图尔特库尔"[10]（方形城堡）的测绘图并发表[11]。从1933年起А.Н.伯恩施塔姆（А.Н.Бернштам）开始

1　Табари, Мухаммед б. Джерир（Tabarī Muhammad b. Jarīr）塔巴里，穆罕默德·本·杰里尔，838/839-923年，阿拉伯历史学家。俄国东方学家巴托尔德对塔巴里及著作有所论述。本文中有"（II，1594）"，为作者引用塔巴里著作《年代记》（全名为《诸先知与诸王的历史》）第II卷、第1594页的内容。巴托尔德书内容参见张锡彤、张广达译《蒙古入侵时期的突厥斯坦》上册，汉译本第218页注③；再参见张广达《碎叶城今地考》注释9，第4页。——译者注
2　原文为：каган Абу-Музахим（т.е.тюргеша Сулу），关于可汗阿布·穆扎希姆的记述，详见张锡彤、张广达译《蒙古入侵时期的突厥斯坦》上册，汉译本第217—218页；巴托尔德著，张丽译：《中亚历史》上册，汉译本第29—30页——译者注
3　参见张广达《碎叶城今地考》，第9页。——译者注
4　Гардизи（Gardīzī），加尔迪齐，生活在9—10世纪的历史学家，著作有《原文史料选辑》，巴托尔德对他的历史著作有所介绍。参见张锡彤、张广达译《蒙古入侵时期的突厥斯坦》下册，汉译本第726页索引"Gardīzī"条目所列页码检索。——译者注
5　张广达译为："科帕勒与萨衮科帕勒"，参见《碎叶城今地考》，第7页。——译者注
6　阿拉伯—波斯作家关于碎叶城的记录汇编，其基础材料来源于В.Ф.米诺尔斯基（В.Ф.Мнорский）对胡杜特·阿尔·阿拉姆的翻译注释（Hndud al-Alam.The Regions of the World.A Persian Geography 372 A.H. 982A.D.Tr.and Exp.by V.Minorsky.Oxford,1937.p.291.303.）。他将楚河沿岸到碎叶城以南做了测算，认为不能将中国史料中的碎叶（Су）与此混为一谈（原文注释1）。
　　关于"Су"（Shu）的问题，参阅张广达《碎叶城今地考》，第15页。——译者注
7　П.Н.柯热缅科：《楚河沿岸的古代中世纪早期城市与乡镇》，伏龙芝，1959年，第20—21页（原文注释2）。
8　В.В.巴托尔德《中亚考察综述》，《巴托尔德全集》第IV卷，第54—57页（原文注释3）。
9　Известия Средкомстариса, вып.3.Ташкент.1928, с.271（原文注释4）。
10　Турткуль，肯加哈买提转写为"Turtkil"，解释为正方形建筑。碎叶古城外墙西北方向的一座方形城堡，被定名为"小阿克贝希姆"。肯加哈买提对这一名词作了解释："Turtkil，突厥语义为'方形或长方形'，哈萨克斯坦及中亚有许多长方形古代基址，当地人称Turtkil，专指古代城堡或戍堡。"参见努尔兰·肯加哈买提《碎叶》，上海古籍出版社，2017年，第73、89页。——译者注
11　捷列诺日金А.И.：《1929年楚河流域的考古发掘》，《资本主义以前的社会历史问题》，1935年，第5—6号，第148—149页，插图20（原文注释5）。

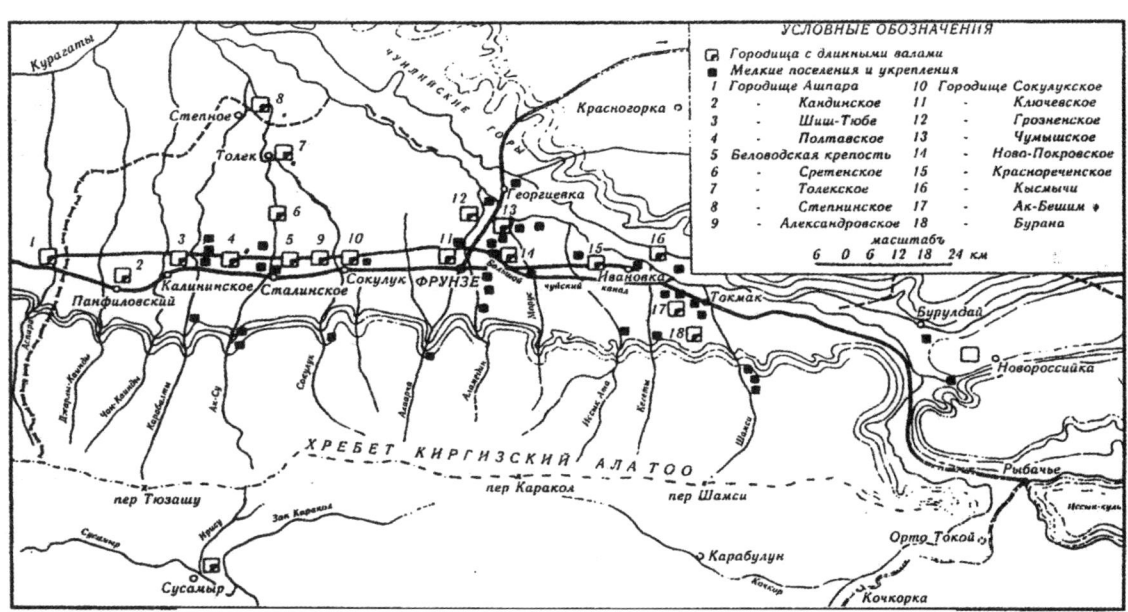

Рис. 2. Археологическая карта раннесредневековых поселений Чуйской долины VI–XII вв. (по П.Н. Кожемяко)

图2 中世纪早期楚河流域6—12世纪居落考古地图（П.Н.科热缅科绘制）

◨ Городища с длиннми валами 带围墙古城；■ Мелкие поселения и уклепления 小型居落与防御工事

1.Городище Ашпара 阿什巴拉古城；2.—Кандин 卡金斯古城；3.—Шиш-Тюбе 希什－秋别古城；4.—Полтавское 波尔塔夫古城；5.Беловодская крепость 别洛沃茨要塞；6.—Сретенское 斯列捷夫古城；7.—Талекское 托列科古城；8.—Степнинское 斯捷普尼古城；9.—Александровское 亚历山大罗夫古城；10.—Сокулукское 索库鲁克古城；11.—Ключевкое 克柳切夫古城；12.—Грозненское 格罗兹涅古城；13.—Чумышское 秋梅施古城；14.—Ново-Покровское 诺沃（新）波克洛夫古城；15.—Краснореченское 克拉斯诺切（红河）古城；16.—Кысмычи 基斯梅契古城；17.—Ак-Бешим 阿克－贝希姆古城；18.—Бураны 布拉纳古城（地名汉译均为译者暂时译定）。

下图引自肯加哈买提《碎叶》中地名翻译，第6页。

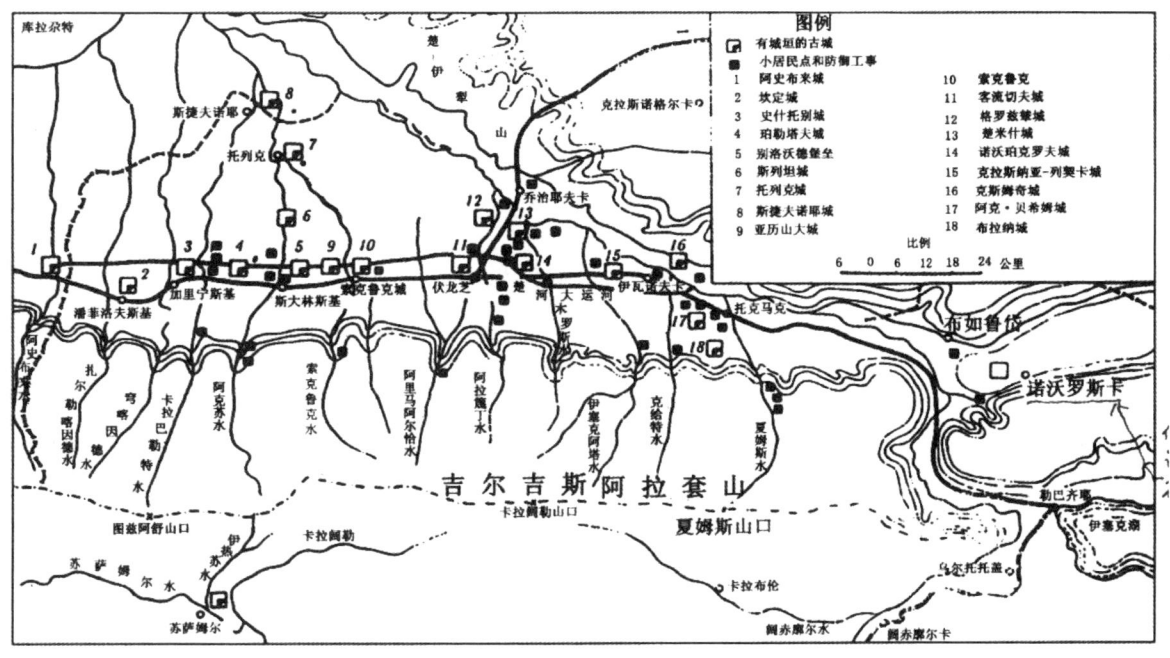

图3 楚河流域古代城镇分布图（据科热穆亚克绘制的地图［Kožemyako, P. N. 1959］翻译）

对楚河流域进行调查与研究，1938年他率领的苏联科学院物质文明史研究所的七河地区考古队开始了对古城的考古发掘。城市的基本面貌被清理出来，在对建筑垃圾进行清理后，"沙赫利斯坦"区域被埋在核堡（цитадель）台地旁的两个浅井（шурф）显露出来。还有一个浅井出现在"沙赫利斯坦"围墙南面的岗丘上。基本工作集中在"沙赫利斯坦"东面附属建筑，即被称为"契丹街区"（киданьский квартал）的区域内[1]。А.Н.伯恩施塔姆很坚定地表达着自己的观点：阿克·贝希姆与巴刺沙衮（Баласагун）是同地异名的关系，并且首次提出关于城市规模发展变迁的假说。除阿克·贝希姆遗址的发掘外，他以红河（Красная речка）地区的资料为图景（схема），作了如下的推论：

在5—7世纪，城市所处之地是一些由粟特移民所建带有防御功能、独立的城堡（усадьба [кешки]），移民几乎是这些城堡的唯一主人。7世纪之后由于居民所居住城市格局的发展，这些城堡成为空城。到了9—10世纪契丹时期，城市又出现了繁荣，并且呈现出东方的建筑样式。

1953年苏联科学院与吉尔吉斯联邦科学院联合组建了吉尔吉斯民族学综合考古考察队，其中的楚河地区考古队由Л.Р.科兹拉索夫（Л.Р.Кызласов）担任队长。如果科兹拉索夫最初工作是将阿克·贝希姆与巴刺沙衮作为同一遗址对待的话[2]，此后在较晚的时候，当他接受了古城的存在终止于10世纪的资料所得出的结论后，显然这座城市就不可能是11—12世纪喀喇汗王朝的首都巴刺沙衮，况且按文献记载这一城市延续到了14世纪。同时他也排除了将古城视为其他某城市的观点。[3] 同在考察队工作的П.Н.科热缅科（П.Н.Кожемяко）采用目测法对古城实地做了后来成为古城布局依据的测绘图。城市的中西部分为"沙赫里斯坦"，连同西南角的核堡面积为35公顷。"沙赫里斯坦"东面毗邻被墙垣包围的区域，占地面积有60公顷之多，这是被А.Н.伯恩施塔姆称为"契丹街区"（киданьский квартал）之地，Л.Р.科兹拉索夫则认为这里是城外商业区（рабад）[5]无法进行建筑的空地。城市的这些部分被超过1.5公里的墙垣所筑围[5]，科兹拉索夫断定：这片空余的区域是作为城市周边的宅旁耕地或用于墓葬的用地。[6] 工作一共进行了五个点的发掘（图3）。

1　史砚忻对此处用词提出疑义。俄语词汇"契丹"（кидань）与"中国"（китай）发音相同，仅以浊、清辅音 д、т 加以区别，此处用词为"契丹"因此从之。——译者注

2　Л.Р.科兹拉索夫：《古代巴拉沙衮遗址的发掘》，《莫斯科大学学报·社会科学卷》1953年第11期，第159—160页。参见张广达《碎叶城今地考》，第12页（原文注释6）。——译者注

3　Л.Р.科兹拉索夫：《1953—1954年阿克·贝希姆古城考古学研究》，载《Труды КАЭЭ》第2卷，莫斯科，1959年，第235—236页（原文注释7）。

4　资料解释：рабад（араб.），пригород,ремесл. слободы,расположенные за пределами шахристана（резиденции правителя и знати）,в феод. городах Ср. Азии,Ирана,Афганистана. 译文：拉巴特（阿拉伯语），封建社会中亚、伊朗、阿富汗的城市，位于沙赫里斯坦（政府、贵族官邸）周边的从手工业活动的大集镇，参见《苏联百科词典》。——译者注

5　其描述与考古数据无法对应，按吉尔吉斯坦《申请世界文化遗产报告书》对阿克·贝希姆城所记，应该是半径的距离：Городская округа—рабад—располагалась вокруг вышеписанного центра в радиусесвше 1.5км и была обнесена с трех сторон длинными стенами······ 译文：城市的周围——商业区（拉巴特）——被安置在半径超过1.5公里范围之内，三面用城垣加以围筑······——译者注

6　〔俄〕科兹拉索夫：《1953—1954年阿克·贝希姆古城考古学研究》，第155—156页（原文注释8）。

图4　1953—1954年发掘阿克·贝希姆古城平面图，1–8号发掘点（Л.Р.科兹拉索夫绘制）

第一发掘点：佛寺遗址

从"核堡"西南起，至"商业区"（рабад）的城墙为止，其南面是一排岗丘，发掘位置即处在这排岗丘最西端的土岗。考古学家断定，土岗的地形与当时已熟悉的片治肯特（пенджикент）很接近，所以发掘位置的选择就以其为参照。两个野外工作季挖掘土方超过五千立方米。挖掘工作的成果是佛寺遗址的区域首次被呈现出来。佛寺建筑分三个部分：门厅建筑、庭院与寺院正殿。Л.Р.科兹拉索夫认为建筑时间为7世纪末到8世纪初。作为寺院功能的时间并不长久，近乎五六十年。8世纪后半期建筑曾遭火焚，并且8世纪末至9世纪初又屡遭突厥葛逻禄部的攻打，致使城市大部分被摧毁，人们利用寺院场地及围墙作为居所。9—10世纪是建筑物作为人居场所的最后时期，当高处门厅的剩余部分被铲平时，庭院中所建的居所也同时被填平。战争进攻所毁的建筑在11世纪之后大部分没有得到恢复，仅仅在庭院一地有填埋的草木炭灰垃圾和哈拉汗王朝时期的陶器。在其中发现了一个皮制钱袋，内装76枚喀剌汗王朝时期的铜币。[1]

---

[1] 建筑学与建筑资料曾经作为考古勘察的研究内容，参见С.Г.赫梅利尼茨基《阿克·贝希姆古城佛寺的修复经验》。载《Труды КАЭЭ》第2卷，莫斯科，1959年，第243—265页（原文注释9）。

第二发掘点：沙赫里斯坦中心的发掘

为了探明城市的历史，在"沙赫里斯坦"中心台地划分了14×6米的发掘地层面积，探掘了厚度达7.5米的文化层。发现了四个建筑结构层位，最下层发掘出的陶器年代不明，最终按刊布的资料被定为5—6世纪。在最上层的陶器和钱币是9—10世纪的遗物。在高台东部边缘1号发掘地一个不大的浅井（3×3米）的铭文日期[1]，可确切证明其是9—10世纪的遗物。

第三发掘点：墓葬区

距"沙赫里斯坦"西围墙400米处是岗丘群。发掘点位于岗丘群的中心，为7—8世纪的墓葬区。这是用烧制半成品的砖铺成的平台，周围的一小坑中清理出了10个放置尸骨的中亚大陶罐（хум），坑中的一些葬骨事先做了清理。平台的东南方向（侧）露出墓室的拱顶（свод），里面葬有8具人骨。平台东南侧的墓葬中，人骨架的脊柱呈拉展开的姿态，墓中未发现钱币。Л.Р.科兹拉索夫推测：这应该是摩尼教教徒（манихей）的墓地。

第四发掘点：基督教堂[2]与墓地

教堂遗址位于"沙赫里斯坦"围墙东面165米处，"商业区"（рабад）的区域内。建筑物中心包含中心方形空间南面附属性的房屋，被矩形的墙所围，可能是浸礼堂。Л.Р.科兹拉索夫看出这是个带遮阳台设施的庭院。在教堂四周被围墙所围，在庭院内同样发掘出数量众多的基督教墓葬。在发掘的上层发现了一些方向异同的墓葬。墓葬中发现带有斑纹的珠串（глазчатые бусы）成为标注教堂建于8世纪的依据。

第五发掘点：城堡（замок）[3]

遗址坐落在距"商业区"（рабад）城墙西南不远的岗丘上。考古发掘时遗址的大半已被垦耕所毁，实际上所剩只有矩形阶式台基（15×10米，高2.5米）。在遗址的基座旁堆积的残砖堆中发现了被火烧过的带有十字架图形的圆形砖和倒写字母"У"形状的砖[4]，从建筑的雉堞形状可以判断建筑物的用途。台基最上层被毁的时间应在7世纪之后。按发掘者判断：其建筑物是琐罗亚斯德教徒安葬死者尸骨的"纳骨器"（оссуарий）[5]所建的处所[6]。

Л.Р.科兹拉索夫率领的考古队在当时采取的方法已经达到了最高的水平，作为符合事实的再现历史原貌的方法不仅适用于阿克·贝希姆古城，并且运用到了整个地区。遗憾的是他仅限于对自己的

---

1 肯加哈买提所记，在遗址的第三层发现有"大历元宝"，参见肯加哈买提《碎叶》，第96页。——译者注
2 作者用"христианская церковь"，词义为"基督教堂"，与史砚忻教权，应该是景教堂。文中遵守原义，在此做一提及。——译者注
3 肯加哈买提译为"寂静之塔"，参见肯加哈买提《碎叶》，第134页。——译者注
4 砖的样品图参见肯加哈买提《碎叶》附图3-62，第134页。——译者注
5 资料解释：оссуарий,（от лат.os.род. п. ossis.-кость）. сосуд из глины,камня или алебастра для хранения костей умершего у зороастрийцев Ср. Азии,Ирана 5-8 вв.Бынают фигурными,украшенными рельефами и росписью。 译文：纳骨器（出自拉丁语os的生成格 ossis-骨头），用黏土、石头或石膏制成的容器，中亚、伊朗5—8世纪琐罗亚斯德教徒用其进行死者尸骨的保存。容器上常常用图案、浮雕或绘画进行装饰。参见《苏联百科词典》。——译者注
6 Л.Р.科兹拉索夫：《阿克·贝希姆古城中5—7世纪城堡的残迹》，《苏联考古》，1958年第3期（原文注释10）。

"关于遗址的初步研究资料"[1]计划的刊登，并没有兑现将发掘资料全部公开发表的诺言。对发掘资料的分析唯一的成果是对陶器资料的研究。[2]

1955—1958年Л.П.兹亚布林（Л.П.Зяблин）率领的阿克·贝希姆考古队发掘了2号佛寺遗址。佛寺位于第1个佛寺遗址东面250米、"沙赫利斯坦"城墙之南100米处。建筑物由二重走廊环绕的佛殿构成，前面为小庭院。从残留的塑像、壁画残片可以证实这是祭祀活动的场所。发掘者认为第2号佛寺的建筑应早于第1号佛寺，遭毁时间当在7世纪末与8世纪初。按Л.Р.科兹拉索夫的判断，这应该是所建的第一座寺院。寺院遭毁之后被用于人之居所。[3]Л.П.兹亚布林同一年除了佛寺的发掘外，在"沙赫利斯坦"的中心位置又增加了两项不大的发掘，证实了城址最上层的时期为9—10世纪。

П.Н.柯热缅科在1959年出版的关于楚河流域古城的书中，对有关阿克·贝西姆地形测量的解释，最引起他们关注并加以描绘的是环绕古城周围城墙的剩余部分。他对А.Н.伯恩施塔姆的地形测量的解释提出了批评，А.Н.伯恩施塔姆当时负责城墙为建设水利工程所剩余部分的发掘，在东面所发现的附属性建筑的年代被他定为12世纪。П.Н.柯热缅科同时认为Л.Р.科兹拉索夫将东面的房屋稀少的附属性建筑断定为"商业区"（рабад）是靠不住的。他认为这个城市的居民自身就具有乡村经济的手工业特性。П.Н.柯热缅科的观点应该得到认同，这不是"商业区"（市郊居民的商业区[4]）。他同样认为А.Н.伯恩施塔姆关于最初的城堡（замок）荒芜于7世纪的假说需要更加明确的推论。因为在早期建筑的遗址要仔细考察区分居民移居后的遗址与"沙赫里斯坦"的界限。

阿克·贝希姆的发掘资料引起了学术界极大的关注。古钱方面的资料成为О.Н.斯米尔诺娃（О.Н.Смирнова）和А.М.谢尔巴科（А.М.Щербак）的研究课题，随后Е.А.达维多维奇（Е.А.Давидович）继之。[5]Л.韩百诗（Hambis.L）发表法语文章对这些研究成果作了介绍[6]。Г.克劳森用英语撰文，他首次将古城与中国和阿拉伯史料中著名的碎叶城进行了对照研究，这种推测在1982年得到了证实，这一年地方水官（местный мираб）交给布拉纳博物馆一件石残碑，很可能是雕像的底座，上面镌刻11列中文题铭。题铭部分内容被Г.П.苏普鲁年科（Г.П.Супруненко）释读，其中提及驻防军之地"碎叶"（Суе）与中国驻守西域的长官杜怀（Ду Хуа）的名字。[7]

1　Л.Р.科兹拉索夫：《1953—1954年阿克·贝希姆古城考古学研究》，《Труды КАЭЭ》第2卷，莫斯科，1959年，第155—237页。《关于楚河考古队1953—1954年的工作》，《民族志研究所简报》第26卷，莫斯科，1956年（原文注释11）。

2　В.И.拉斯波波娃：《楚河流域陶器制造》，《Труды КАЭЭ》第4卷，莫斯科，1960年，第138—163页（原文注释12）。

3　Л.П.兹亚布林：《阿克·贝希姆古城的2号佛寺》，伏龙芝，1961年，第3—72页（原文注释13）。

4　原文为：торгово-ремесленное предместье，这是作者对"рабад"的解释。——译者注
　　П.Н.柯热缅科：《楚河流域中世纪早期的城市与乡村》，第72—78页（原文注释14）。

5　Л.Р.科兹拉索夫、О.Н.斯米尔诺娃、А.М.谢尔巴科：《1953年—1954年阿克-贝希姆古城发掘出土的古钱币》，载《苏联科学院东方研究所学术简报》第16卷，莫斯科，1958年；Е.А.达维多维奇：《阿克-贝希姆古城埋藏的11世纪喀喇汗王朝的钱币》，载《Труды КАЭЭ》第2卷，莫斯科，1959年，第242页（原文注释15）。

6　Hambis L, AK-Besim et ses sanctuaries.Compies rendus de l'Academie des inscriptions et belleslettes，1962; Clauson G, AK-Bsshim—Suyab.JRAS，1961（April），pp.1—13（原文注释16）。

7　В.Д.高良切夫（В.Д.Горячев）与С.Я.别列古多夫（С.Я.Перегудов）1996年首先释读并发表此碑铭，参见《古代史通报》1996年第2期，第185—186页（原文注释17）。

图5　碎叶城今貌（沙武田拍摄于2017年4月）

随后对阿克·贝希姆的研究大部分集中在对佛寺与基督教建筑方面。[1]

1996—1997年的发掘

1996年艾尔米塔国家什博物馆与吉尔吉斯斯坦科学院历史研究所签约共同发掘阿克·贝希姆古城遗址。工作包括三个发掘点：核心城堡（цитадель）、"沙赫利斯坦"（шахристан）中心地带与其东北角（应该是东南角，参见肯加哈买提《碎叶》第99、204页——译者）。工作成果为古代碎叶城的构成及历史发展特征提供了新的文献资料（图5）[2]。

---

[1] Forte A. An Ancient Chinese Monastery excavated in Kirgizia. CAJ, 1994, Vol.38；В.Д.格梁切娃、С.Я.别列古多娃：《吉尔吉斯的佛教遗址》，第169—170、184—187页；附有Б.Я.斯塔文斯基的书评《中亚佛教新资料（关于В.Д.格梁切娃与С.Я.别列古多娃的论文）》，载《古代史通报》1996年第2期，第193—195页；Б.А.李特文斯基：《再论七河地区的佛教遗址》，《古代史通报》1996年第2期，第190—193页（原文注释18）。

[2] 在本论文集中汇编了三项工程中的两项工作成果。1997年由Л.М.维杜多夫领导，但未亲临现场。"沙赫利斯坦"中心区发掘工程，最早发表的有关阿克·贝希姆发掘的文章，参见Г.Л.谢苗诺夫、К.И.塔什巴耶娃《1996年阿克·贝希姆的发掘》，《埃尔米塔什国家博物馆1997年考古工作总结综述》，圣彼得堡，1997年，第48—51页；Г.Л.谢苗诺夫、К.И.塔什巴耶娃、И.К.马尔基耶尔、Л.М.维杜多娃：《1997年阿克·贝希姆遗址的发掘》，《埃尔米塔什国家博物馆1997年考古工作总结综述》，第29—31页；Г.Л.谢苗诺夫、Т.И.泽伊马尔、К.И.塔什巴耶娃、Л.М.维杜多娃：《1998年碎叶城的发掘》，《埃尔米塔什国家博物馆1997年考古工作总结综述》，第30—33页（原文注释19）。

译后记

陕西考古研究院张建林先生送给我一本论文集复印件，这是俄罗斯国立埃尔米塔什博物馆与吉尔吉斯国家科学院历史研究所联合编辑、2002年在圣彼得堡出版的《碎叶·阿克·贝希姆》（*Суяб Ак-Бешм*）。其中刊载8篇文章，均为1996—1998年俄罗斯与吉尔吉斯联合考古发掘碎叶古城的考古报告与研究文章。张建林先生鼓励我将全书译成中文，以便了解其中的内容。我虽然能力有限，但还是欣然答应，并进行尝试性翻译。本文是文集中的第一篇文章，其中概括介绍了全书的内容。为了让读者对文集有总体的了解，我在此对文集中所刊文章题目作一译录：

Г.Л.谢苗诺夫：阿克·贝西姆遗址考古学研究的历史；

Г.Л.谢苗诺夫：1996—1998年（阿克·贝希姆）的发掘；

Е.И.鲁勃·列斯尼钦科：中国遗书文献中关于碎叶（阿克·贝希姆）的记载；

В.А.利夫施茨：阿克·贝希姆出土陶罐沿口的粟特文题铭；

С.Г.柯良施托尔内：天山中部的古突厥鲁尼文题铭；

А.В.别赫捷尔：8世纪铁器制造综述；

А.М.卡梅舍夫：从阿克·贝希姆古城的出土看古钱币材料的发展；

В.А.利夫施茨：阿克·贝希姆古城遗址的钱币文字研究。

译者水平有限，本文"译者注"中所引文献均为译者检索资料的记录，不代表其研究领域中的文献全貌，仅此作一说明。如果条件允许，后续部分将依次翻译刊布。

在译文完成之际，我看到努尔兰·肯加哈买提先生的著作《碎叶》由上海古籍出版社出版。《碎叶》一书系统地将阿克·贝希姆百年考古历史作了梳理，本文参照肯加哈买提的著作对一些关键性的考古现场的方位做了修改，其修改内容均在注释中加以引录。其中需要解释的是肯加哈买提著作中对三个重要的考古专业名词翻译与本文存在出入，以下做一对照，以供有关专家鉴定：

沙赫利斯坦（шахристан），词条解释见本文第387页注5。张广达翻译为"主城"（《碎叶今地考》第18页）；肯加哈买提翻译为"子城"。

核心城堡（цитадель）词条解释见本文第387页注2。张广达翻译为"宫堡"（《碎叶今地考》第18页）；肯加哈买提翻译为"宫城"。

商业区（рабад拉巴特）：词条解释见本文第392页注4。张广达翻译为"东城"（《碎叶今地考》第18页）；肯加哈买提翻译为"罗城"。

肯加哈买提先生的依据是："笔者据《资治通鉴》卷二一四元和十四年二月条胡三省注：'凡大城谓之罗城，小城谓之子城'，分别称之为子城（šahristan）、宫城（citadei）和罗城（rabad）。"（肯加哈买提：《碎叶》，第84页）

对中亚历史的研究，其中名称的翻译是一个极为麻烦和需要商榷的工作，译稿完成之后交给大唐西安博物馆史砚忻先生过目，他提出了很多重要的意见，随后在文中做了修改，商榷之处均在注释中做了说明，在此表达致谢。

为了使读者在本文的阅读过程中对碎叶城考古的历史、断代以及发掘方位具有完整的印象，本文最后附录了肯加哈买提《碎叶》中的两表两图。译者对肯加哈买提先生学识及用功深表敬意，在此致谢。

译者附图表

表1　苏联学者对碎叶考古文化的年代序列排定

年代	学者	发掘地点	分期			
1950	伯恩施塔姆	罗城	早期：7—8世纪		晚期：喀喇汗时代	
		佛寺（罗城内）	9—10世纪③			
1959	克兹拉索夫	Ⅰ号发掘点（第一佛寺）	早期：公元7—8世纪		晚期：公元8—9世纪	
		Ⅱ号发掘点（子城中心）	第一期：5世纪	第二期：6—7世纪	第三期：7—8世纪	第四期：9—10世纪
		Ⅲ号发掘点（墓葬群）	7—8世纪			
		Ⅳ号发掘点（第一景教堂、墓地）	8世纪			
		Ⅴ号发掘点（"寂静之塔"）	早期：6世纪		晚期：7世纪末	
1961	兹亚布林	Ⅵ号发掘点（第二佛寺）	早期：7世纪		晚期：7世纪末至8世纪初	
2002	谢苗诺夫	Ⅶ号发掘点（宫城）	第一期：]7世纪下半叶至8世纪	第二期：8—9世纪	第三期：9世纪	第四期：10世纪初至11世纪
		Ⅷ号发掘点（第二景教堂）	10—11世纪			

表2　碎叶遗址分布区

分期	时代	一	二	三	四
早期	粟特—西突厥时期（5—7世纪）	子城	"寂静之塔"	摩尼教徒墓地	
中期	安西四镇时期（7—8世纪）	伯恩施塔姆佛寺	第一佛寺（大云寺）	第二佛寺	王方翼衙署
晚期	突骑施—葛逻禄—喀喇汗时期（8—11世纪）	宫城	罗城	第一景教堂	第二景教堂

译者附表：两表均引自肯加哈买提《碎叶》，表1引自第140页，表2引自第141页。

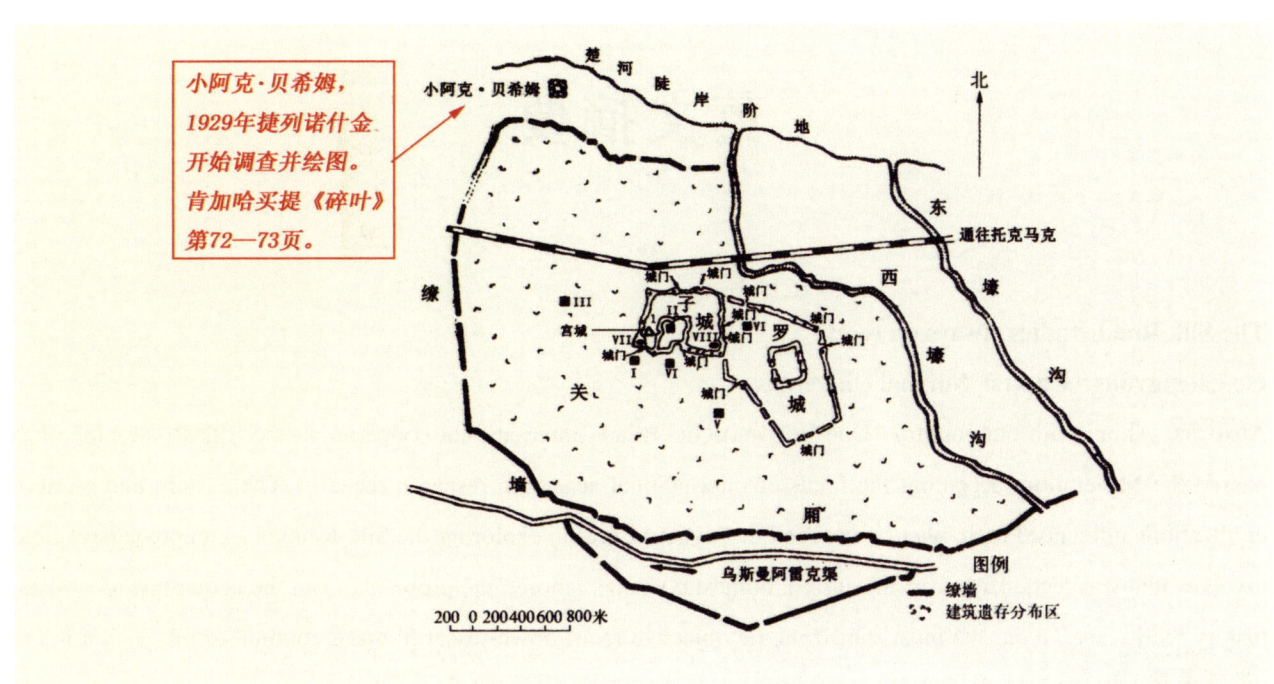

图1　碎叶古城全图（参考 Koževmyako, P. N. 1959, C.72, Ris.2 改绘）

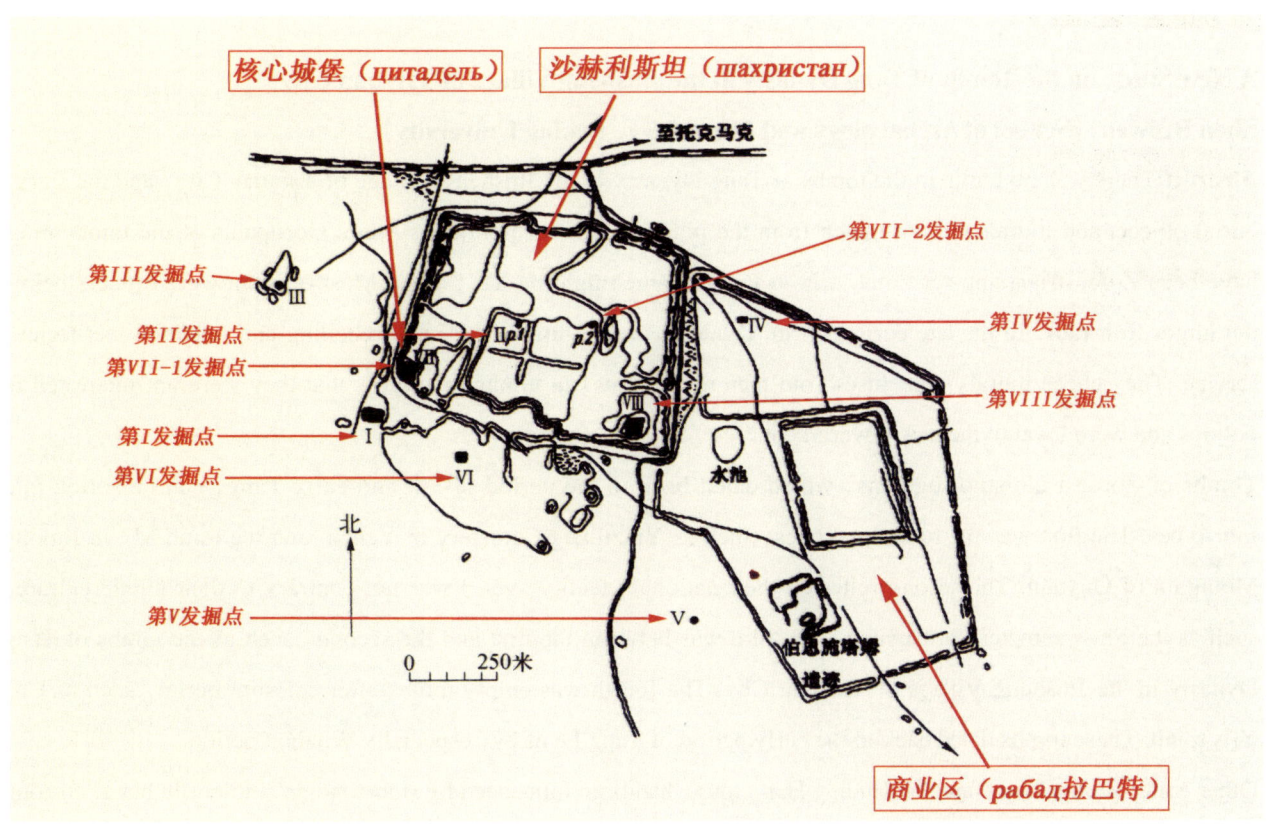

图2　碎叶古城发掘点分布图（参考 Kyzlasov, L. R. 1959, C.160, Ris.3 改绘）

译者附图：两图均引自肯加哈买提《碎叶》，图1科热缅科（П.Н.Кожемяко）绘制于1959年，图2科兹拉索夫（Л.Р.Кызласов）绘制于1959年。斜体字为译者加。

阿克·贝希姆遗址考古学的研究历史 | 399

英文摘要

The Silk Road studies always on road

Ge Chengyong（Capital Normal University）

Abstract: Along with our country "One Belt and One Road" international cooperation, the Silk Road which has passed the Millennium becoming the focus of international academic research recently. The eastern and western civilizations influenced each other by the road throughout Eurasia, exploring the Silk Road is a comprehensive field involves many aspects. However, the current domestic studies ignored the problems from the actual historical data, history reality and so on. We must start from the objective facts, down-to-earth, make continuous innovation in the international research on the Silk Road for national academic diligence.

Keywords: the Silk Road; problems in the studies; research innovation

A New Study on the Tombs of Tang Dynasty in the Jinsheng Village of Taiyuan City

Shen Ruiwen（School of Archaeology and Museology, Peking University）

Abstract: There was no coffin in the tombs of Tang Dynasty in the Jinsheng Village of Taiyuan City, and the sizes, burial objects and murals did not match from the point of view of political system. Occupants of the tombs must have been Zoroastrian sino-sogdians, whose family name might be Yu（虞）. Most of them were officers below the junior fifth rank. In the late period of Sui Dynasty, they followed Li Yuan rebelling and rendered meritorious service. They chose murals of recluses（old men under trees）in tombs to express that they were not interested in politics and were loyal to the new government.

Tombs of Zoroastrian sino-sogdians, which dated back to the period of Sui and early Tang, can be sorted into four types. The first was the traditional ones, such as Yinziliang Cemetery in Yanchi and the tomb M3 in Jiulong Mountain of Guyuan. The second reflected their national identity, yet it was not contrary to their ethnic culture, such as the Shi's cemetery in Guyuan. The third was between the first and the second, such as the tombs of Tang Dynasty in the Jinsheng Village of Taiyuan City. The fourth was empty tombs after celestial burial, such as Cao Yi's tomb. These tombs dated back to the early period of Tang Dynasty, especially Wuzhou period.

Other ethnic groups in the area, including Han group, had been influenced by sino-sogdian's no-coffin burial custom. The custom can be seen in their burial ceremony. At the same time, this custom was spread by the immigrants.

Keywords: No-coffin Burial Custom; Sogdian; the Early Followers in Taiyuan

Senmurv: Trajectory of Dissemination, Migration and Integration of A Winged Divinely Bird-Beast and Its Cultural Connotation

Yang Jin (Shaanxi Normal University)

Abstract: As one of the divinities in the Zoroastrian deity repository, the terms and descriptions of Senmurv could be found in early literature. Its original shape and meanings were rooted into the earlier local traditions, which were believed to combine multi-cultural identities and had variety of variants. As a motif, Senmurv and its variants geographically crossed the cultural and ethnically boundaries, and penetrated into Western Asian and Central Asian regions, as far as China, from the remote age to the Sui and Tang dynasties. The author briefly outlined its dissemination, migration and integration throughout a very long period, and observed a trajectory of its changing of appearance and function. When it was introduced into China, people used its main elements with some changes and created a new form to express the exoticness, or some mysteriousness of religion. For an example, the popular image of local God of the Wind was reconstructed with Senmurv motif to satisfy the mentality of Sogdians or Persians who hold the belief of Zoroastrianism.

Keywords: Senmurv; Winged Bird-Beast; Dissemination; Trajectory; Cultural Connotation

Restudy on the sculpture " The Buddha Sakyamuni's victory over heresy" collected in the Beilin museum

Zhai Zhansheng (Shaanxi History Museum)

Abstract: The sculpture collected in xi'anBeilin museum with inscription "the Buddha Sakyamuni's victory over heresy" might be sculptured in Beizhou dynasty, the inscription had been added in Tang dynasty. Compared with the similar images of Mogao Caves, this sculpture is a king of sacred images (瑞像) "image shown pointing the sun and moon".

Keywords: "the Buddha Sakyamuni's victory over heresy"; "image shown pointing the sun and moon"; Surya; Candra

On the Image of the Bird-man in the Sinolized Sogdian' Tomb

Sun Wujun (College of Liberal Art, Xi'an University of Architecture and Technology)

Abstract: Research on the image of the bird-man in the Sinolized Sogdian'tomb has been carried out deeply, and has some different opinions. It is worthy to be further analyzed. The present paper overviews closely scholars' study, and arranges the bird-man of Zoroastrianism in ancient China, Central Asia and Western Asia from 1st to 7th century A.C.. It is now the most desirable idea which views the bird-man in the Sinolized Sogdian' Tomb as the God Srōsh.

Keywords: Sinolized Sogdian; Zoroastrianism; Srōsh; Kinnara

The Usage and Circulation of Silver Coins in Xizhou Prefecture, Tang Dynasty

Pei Chengguo (Northwest University)

Abstract: As a prefecture in border area, until late seven century, Xizhou had continued using silver coins which had been used as dominant currency in previous Gaochang kingdom. The reason is partly because copper coins circulation was insufficient in Tang empire. On the other hand, as the tax statute stipulated the silver coins levy on the minorities on the border areas, silver coins had also been circulated throughout northern border, central plain, Hexi corridor and western region. As silver coins had only one denomination and were insufficient in use because of its high currency value, new measurement unit "fen" and "li" had been invented, while converted to other commodity money, for example, grain in economical activities. Although silk, copper coins and grain had been used as currency in some cases, silver coins had still played an important role as dominant currency and base currency.Grain had always been a convenient choice in smaller deals, where silver coins and silk couldn't fulfill their role as currency.

Keywords: Xizhou Prefecture; Silver Coins; Silk; Grain

A Cultural Transmission and Immigration of the Northwest Area in the Wu-hu Period:An Essay by Excavated Materials

Sekio Shiro（Niigata University，Japan）

Abstract: The purpose of this article is to make an essay on a transmission of buried customs and immigration of the Northwest Area in the Wu-hu（五胡）period by analyzing burial things excavated from tombs.

In the Wu-hu period many people immigrated from the He-xi（河西）area to the Turfan area．Many tombstones made by descendants of them teach us that a large majority ofemigrants moved from Dun-huang（敦煌）and especially the Zhang（张）families of Dun-huang left much tombstones. However they did not transmit their burial customs of Dun-huang to the Turfan society. In Dun-huang people made many burial jars called Zhan-mu-ping（镇墓瓶）, but those jars were not excavated from tombs of Turfan at all．A list of articles buried in tombs which were excavated from tombs of Turfan, were also traditional things of Jiu-quan（酒泉）and Wu-wei（武威）. Also a motive of wall painting drawn in tombs of Turfan have a resemblance to it of Jiu-quan. How can we understand this fact?

Zhang family's tombstone excavated from Turfan described that they were descendant of Zhang-Gong（张恭）who had contributed to the local society of Dun-huang at the close of the Eastern Han dynasty. He and his son Zhang-Jiu（张就）were continuously appointed to the post of Wi-yu-wu-ji-xiao-wei（西域戊己校尉）by the Wei dynasty and left for Turfan called Gao-chang-bi（高昌壁）. I suppose that some members of their families immigrate from Dun-huang to Turfan with this parent and child．At that time burial things had not diffused in the He-xi area. After the close of the Wei dynasty, various burial things diffused in each places of the He-xi area. In the Wu-hu period people brought their own burial customs to Turfan.

Except the Zhang families, immigrants from Dun-huang to Turfan were not so many, they immigrated into rather Kucha or Khotan than Turfan. Because buried things excavated from Kucha and Khotan closely resemble which excavated from Dun-huang.

Keywords: excavated materials; Wu-hu period; Dunhuang; Turfan

On xiang（乡）and li（里）of Jingzhao fu（京兆府）in the Tang Dynasty
Chen Xiaojie（Tongchuan Institute of Archaeology）

Abstract: Jingzhaofu（京兆府）have 23 counties in Tang Dynasty. For the research results of xiang（乡）and li（里）on the county, Chang'an county and Wannian county are abundant, and other counties are relatively small. On the basis of inscriptions, I compile xiang（乡）and li（里）of the rest counties, and do a preliminary research on their positions.

Keywords: the Tang Dynasty; Jingzhaofu（京兆府）; xiang（乡）and li（里）

A Study of the Relationship between Kingdom of Dali and Xi-Xia Regime Based on the Inscription in Yulin Grottoes of GuazhouCounty
Chen Wei（College of History and Civilization, Shaanxi Normal University）

Abstract: the inscription with the reign title of Pingding of Kingdom of Dali, which was written inside the 19th Yulin Grotto of Guazhou County, recorded the event that four monks and laymen made a pilgrimage to Yulin Grottoes in Guazhou State in the late period of Xi-Xia. In the inscription, the word "大礼" should the homophone of "大理", which should as well be considered as the writing expression of orthodox ideas among people of Dali. Inscribed with date of "Lunar April 8th", the inscription mirrored the tradition that people of Dali paid respect for Buddha on the day of Buddha's Birthday. Four monks and laymen recorded in the inscription were Sogdians and Hans, symbolizing that there were various ethnic groups under the ruling of Dali. Based on the foreign relations with other regimes and surrounding situation at that period, the Sogdians and Hans should travel northward to the Southern Song Dynasty and West Shu（West Sichuan）Regime, then go westward after passing the Qinzhou State ruling by Jin Dynasty, and finally reach Guazhou State in He-xi Corridor after traveling through many places e.g. Linyao and Lanzhou.

Keywords: Yulin Grottoes in Guazhou County；Kingdom of Dali；Xi-Xia；Sogdians

Kucha Buddhism Pure Land Art
—Based on Kucha Caves
Miao Lihui（School of Chinese Classics of Renmin University of China; Xinjiang Kucha Academy）

Abstract: After the Protectorate General to Pacify the West had set up in Tang dynasty, Chinese Buddhism was introduced into Kucha. The types included west pure land, east pure land and Flower Adornment pure land, which style was in line with contemporary Chinese one and affected Kucha Buddhism art at that time. Since 10th century, the Uighurs, embraced Buddhism consist of the Pure land belief, after establishing the rule to Kucha. Its types, produced in Uyghur style, included Flower Adornment pure land and Human pure land after Maitreya descent.

Keywords: Chinese Buddhism；Pure Land Art；Kucha；Kucha Caves

The study of the Vimalakirti images of Maiji Mountain Grottoes in the West Wei Dynasty

Sun Xiaofeng（The Tianshui Maijishan Grottoes Art Research Institute）

Abstract: In the Northern and Southern Dynasties, the Vimalakirti images generating from Vimalakirti-nirdesa-sutra is one of the specific performance in the combination of foreign Buddhist Thought and Chinese traditional culture. Maiji Mountain Grottoes in Tianshui, standing as one of the most complete Clay statues of the North Dynasties owners, offer a great deal of Vimalakirti images. Morever, the Vimalakirti images of the West Wei Dynasty, which show Distinctive features of the times, reflect the relationship between the development and inheritance of such images in Changan, Luoyang etc. and remain the Buddhist art characteristics of Gansu and Shaanxi provinces. Therefore these images play an important role in the development, spreading and transforming of the Vimalakirti thought in Gansu and Shaanxi provinces.

Keywords: Vimalakirti; Maiji Mountain Grottoes; West Wei Dynasty

Mirro: the Image of Mithra on the Kusana Coinage

Zhang Xiaogui, Mao Baoyan（Department of History, Jinan University）

Abstract: The Kushan Empire, located on a pivotal part of the Silk Road bestriding across Europe and Asia, controlled the economic and cultural exchange route between the west and the east, thus making various religions and civilizations converged on this territory. This picture is obviously reflected on the Kusana coinage in that there are Greek, Roman, Indian and Iranian cultural symbols, the image of Mithra is undoubtedly included. Considering temporal and spatial variation, Mithra was addressed as Mirro（written in Bactrian）and molded into solar divinity. In the Zoroastrian pantheon, although possessed of some certain features associated with the sun, Mithra was essentially not the solar deity in the Yašt. The paper, based on the previous research results related, elaborates the image of Mirro appearing on the coins available to us. Meanwhile, it expounds the differences between Mirro and its Iranian counterpart as well as the reasons giving rise to them.

Keywords: Kusana coinage; the image of Mirro; the differences between Mirro and its Iranian counterpart

The Fire Altar in the Silk Roads from Central Asia to China

Chen Wenbin（History and Culture School, Lanzhou University）

Abstract: With some Soghdian Funerals being found in china recent years, researchers put more attention on study of Zoroastrianism, sogdiana and the Silk Roads. The fire altar is one of most important material carrier to Zoroastrianism and it's found in these funerals also. How does it come about and how it spread? When does the fire altar appear in image of Zoroastrianism and Buddhism? We try to understand the reason by studying archaeological Materials from China and Central Asia.

Keywords: Soghdian; Zoroastrianism; fire altar; Buddhism

Transcription and Distribution of Tang Court Sūtras: Copies of Treasure Rain Sūtra found in Japan, Dunhuang and Turafan

Makiko ONISHI (School of Buddhism, Bukkyo University)

Abstract: Japan absorbed Tang culture including Chinese Buddhist Sūtras through envoys in the Nara period. The copies of Baoyujing (Treasure Rain Sūtra 宝雨经) were also written based by those imported texts as part of Tripitaka so-called Gogat sutsuitachi kyō (五月一日经) executed by the Empress Komyō (光明皇后). Baoyujing had been regarded to be an important Buddhist authority proclaiming the justice of Empress Wu. Interestingly enough, those Japanese copies include Chinese modified characters of Empress Wu (则天文字), though this fact has hitherto received no scholarly attention. It is important enough that Baoyu jing copies were also found in Dunhuang and Turfan. As Empress Wu characters were submitted five times, by examining their usage, we can found out that the original of these copies were transcribed just in one year after its translation. This fact provides the possibility that the Imperial Court had produced those copies as standardized texts and distributed them throughout the land.

Keywords: Treasure Rain Sūtra, Chinese modified characters of Empress Wu, Shōsōin Repository, Shōgozō, Gogatsutsuitachikyō, Dayun-si, Tang Court Sūtras

The Further Study on the Mural Painting of Depiction of the Avadana Story of Five Hundred Robbers in Mogao Grottoes

Gu Shuyan (Lanzhou University Library)

Abstract: At present, Depiction of the avadana story of Five Hundred Robbers is a famous Buddhist Karma Story paintings in the caves of Dunhuang Grottoes in the existing two. They are located in the south wall of Cave 285 and Cave 296 respectively. The image is clear and well-preserved. This study tries to analyze the paintings according to Buddhist classics. It has been concluded that the painting in Cave 296 is created based on The Gratitude Sutra rather than the Maharinirvana Scripture.

Keywords: DunHuang Grottoes; Story painting; Depiction of the avadana story of Five Hundred Robbers; The Gratitude Sutra; Cave 296

Tombs of Yuan Dynasty in Gansu Province

Guo Yongli (History and Culture School, Lanzhou University)

Abstract: Many tombs of Yuan Dynasty have been found in Gansu Province. They are mainly distributed in Dingxi, Pingliang and so on. Some of these tombs have a clear chronology and most of them are mural tombs. This thesis analyzes the time of tombs and images in the tombs. As far as this thesis is concerned, the shape of tombs of Yuan Dynasty in Gansu Province is a continuation of the traditional structure of Song and Jin Dynasties, which is a kind of wood-imitation construction in Gansu Province. The images in the tombs had been changed around AD1305 and we called them new mural tombs in this paper. The new images were first found in Wang Shixiang family's tombs in Middle Gansu Province. So its prevalence is probably related to the family's power and influence.

Keywords: Gansu Province; Yuan Dynasty; tombs; new mural tombs

Preliminary Study on Twin wares Unearthed in the Chemurchek Cemetery, Xinjiang

Lu Lipeng（Xinjiang Uygur Autonomous Region Museum）

Abstract: By comparing the twin stone cup of Chemurchek with other twin wares found in other cemeteries both in Xinjiang and in central China, this article try to discuss the connotation, function, origin and development of twin ware.

Keywords: Xinjiang; Chemurchek cemetery; Twin ware

Research on the Artisan Teams of the Song and Jin Dynasty Caves in Yan'an and Their Activity of Constructing Caves and Creating Statues
——Based on the Artisan's Autographs Appeared in Cave inscriptions

Shi Jiangang（Shaanxi Normal University）

Yuan Jimin（Yanan Municipal Institute of cultural relics）

Abstract: Among the Song and Jin dynasty caves in Yan'an, there are 25 Caves, which have inscriptions include autographs of the artisans. The number of such inscription are 37, and 19 inscriptions of them are the first time be published. Since the early Northern Song, the artisan team led by Mi Yanfu mainly activated in Fu county area, caves constructed by them include cave 3 and cave 6 of the Shihong Temple, and cave 2 of the Big Buddha Temple, which have definite autographs; as well as cave 1 and cave 3 of the Big Buddha Temple and Leijiagou Grotto, which don't have autographs. From the mid Northern Song dynasty to the early Jindynasty, artisans of Jie clan mainly constructed caves and created statues in yanan region, which had lasted more than 100 years, gone through no less than 5 generations, there are 15 caves（niches）constructed by them have definite autographs, and also some caves（niches）don't have definite autographs, had a big influence on the whole region of Northern Shaanxi, even on the neighboring Longdong area. whatsmore, there are also some Artisans and Artisans teams, like Wang xin appeared in cave 10 of Zhongshan temple and Zhao Hou in Yuepin Grotto, Wang Zhi in cave 1 of Shihe Temple, Yi Da in HejiawaTemple, Mu Yi in cave 2 of the Zhenwudong Big Buddha Temple etc. all of them had high techniques of Constructing Caves, occupied an important position in the history of the Construct of the Song and Jin Dynasty caves in Yan'an.

Keywords: the Song and Jin Dynasty caves in Yan'an; Artisan's Autographs; Artisan Team of Jie clan

Initial Observation and Research on Newfound Coffin Paintings in Haixi Regions in Qinghai Province

Sun Jie（Cultural Relic Management Institute of Xi'ning）

Suonanji（Tibetan Medicine Culture Museum of Qinghai）

Gao Fei（Northwest Normal University）

Abstract: The earliest wooden coffin decorated with paintings appeared in central China. Since the period of Wei,

Jin and Southern and Northern dynasties, by communication between Xianbei and central China, the dominance hierarchy of Xianbei begun to use this kind of decoration and regarded it as one part of funeral custom. The minority, Tuyuhun, born of Xianbei, when they moved to west regions the funeral custom introduced to Haixi region in Qinghai province where the Tuyuhun long staying at the same time. In 2002, in Guolimu village in Delingha city, the coffin paintings were found which is the continuation of the funeral custom. For the time, the coffin paintings belongs to the period of Tubo, for the cultural characteristic it belongs to Tubo culture, however, its ethnicity belongs to Tuyuhun, born of Xianbei minority. Judging from the content and the mode of composition in coffin, newly discovered in Haixi regions in Qinghai province. The coffin paintings found in Haixi regions and Guolimu regions belongs to the same time. They both reflect the common cultural characteristic. Some decorative patterns in coffin paintings get the Buddhist elements, affected by the Buddhism developed in Tubo.

Keywords: Coffin Paintings; Tubo; Funeral Ceremonies; Ethnicity

From Chang'an to Yuanzhou
——Investigation of Buddhist Remains in Early and Glorious Age of Tang Dynasty along Northern Route of the Eastern Silk Road
Yu Chun (School of Cultural Heritage, Northwest University)

Abstract: The road from Chang'an to Yuanzhou is the north route of eastern Silk Road in Tang Dynasty. A large number of stone Buddhist remains have been founded along this road, such as Dafo cave in Binxian, North cave in Qingyang, Xumishan cave in Guyuan, etc..In these caves, some statues' head to body ratio is 1:8, which is close to the figure painting of tomb murals in Chang'anarea,Tang Dynasty. And the face of Buddha in Qingyang North cave is similar to the face of Dafo cave's Buddha in Binxian, Zhenguan period. To the Wuzhou period, an unified artistic style have been showed by these statues. So it can be conclued that along the road from Chang'an to Yuanzhou, stone Buddhist statues belong to the Tang Dynasty although have their local style, but overall, directly reflected the characteristics of Chang'an style. They are indispensable materials for the study of Chang'an Buddhist statues and possiblly play the transit station's role of spreading the Chang'an style in early and glorious age of Tang Dynasty from Chang'an to Hexi area.

Keywords: Chang'an style; Buddhist art; spread

Collation and review of He Zhenghuang and Wang Ziyun' investigation of Mogao Caves in 1941-1943
Zhang Baozhou (The Department of Art History, Xi'an Academy of Fine Arts)

Abstract: The investigation into the Mogao caves known as launched by the 'northwest art cultural delegation' which was led by He Zhenghuang and Wang Ziyun in 1941, whose achievement the investigation of Existing Dambulla Cave Temples in Dunhuang Mogao caves was published in the 10th issue of Journal Shuowen in 1943. It's the first comprehensive published investigation into Mogao caves and was named the first General Catalogue of Mogao caves, which was an milestone event in the archaeological history of Dunhuang caves. This paper gives a collation and integrated review on achievements and significance of He Zhenghuang and Wang Ziyun' investigation of Mogao caves in 1941-1943.

Keywords: Zhenghuang He; Ziyun Wang; the investigation of the survey of Existing Dambulla Cave Temples in DunhuangMogao Grottoes; Grottoes number Oldenburg; Zhangru Shi

Research on the introduction of Hu Music in Wei Jin Southern and Northern Dynasties Based on the Relics Excavated in Xi'an Area
Jia Man（Institute of Music, Shaanxi Normal University）

Abstract: From third century AD to sixth century AD, China went through a history period full of political anarchy and social disorder. Due to the "cycle of separation and union", the global multiracial migration and the expansion of nomadic people, the Guanzhong area located in the middle of Northwest hub became the main battle field of the constant war. This area suffered unprecedented defeat and was greatly impacted by all those changes. In the background of frequent war and political chaos, the frequent regime transfer and change of governors created the most suitable circumstances for multicultural interchange. The introduction of Buddhism and Persia Greece culture brought new Music and Dance Art into ChangAn from the west, breaking the old music traditions established since Qin and Han dynasty. From separation and confrontation to merging and integration, the conditions of the area built solid foundation for the development of music and dance in Sui and Tang dynasty.

Keywords: Wei Jin Southern and Northern Dynasties; Hu Music; female musicians wind and percussion music

On the Fragment of Chinese Scripture of Tripitaka that Newly Unearthed from the Bezeklik Grottoes, Turpan
Peng Jie（Xinjiang Academy of Social Sciences）

Abstract: In October 1980 to July 1981, the archeologists unearthed many fragments of Buddhist scriptures in the Bezeklik Grottoes. Among them, the fragment of Chinese scripture of Mahāpraj āpāramitā-sūtra（《大般若经》）was noticeable. It belongs to the part of coped Tripitaka because of reel number with One Thousand Character Primer（《千字文》）in heading. Until now, the Catalogues of Kai Yuan Buddhist books（《开元释教录》）has never been found in Turpan, hence, the fragment mentioned above probably brought from a site out of Turpan, the Northern Song Dynasty.

Keywords: the Bezeklik Grottoes；Chinese scripture of Tripitaka；the fragments of coped Buddhist scripture

The Chang'an Factors in the Murals of Mogao Cave 217
Zhu Shengyun （Shaanxi Normal University；Dunhuang Academy）

Abstract: Though discussion of the murals in cave No.217, we think that under the background of the communication between Chang'an and Dunhuang in Tang dynasty, the Yin family chose the new painting texts from Chang'an and painted those new factors in their family cave, this caused the new style sutra illustration appeared in cave No.217. the new factor of costumes, architectures and dances in these sutra illustrations reflect the influences from Chang'an art.

Keywords: Mogao Cave No.217; The Yin Family; Chang'an Factor

Impressions of Changan in the Tang Dynasty Preserved in the Architectural Scroll of Dunhuang caves
—Taking the Big Wild Goose Pagoda of Great Mercy Temple as an Example
Wang Yu（Xinjiang Uygur Autonomous Region Museum）

Abstract: By using the method of graphics and on the basis of previous studies of the restoration of the Big Wild Goose Pagoda, we find some images in Dunhuang caves about pagoda architectures of the Tang Dynasty, which took the Big Wild Goose Pagoda as model when built and rebuilt during the reign of Wu Zetian. Through which were affected deeply the pagoda architectures in Dunhuang caves. Meanwhile, we think the Pagoda had ten floors rather than seven floors when rebuilt. The reason to the misunderstanding was the Pagoda was destroyed and reduced to seven floors by the wars at the end of the Tang Dynasty.

Keywords: the Big Wild Goose Pagoda of Great Mercy Temple; the Dunhuang caves; ten floors of the Pagoda; Wu Zetian

The Analysis of The Letter Written By Mr. Xiang Da To "Mr. Luo And Mr. Gu"
He Hong（China Academy of Art）

Abstract: This article attempts to restore the historical facts of The Letter Written By Mr. Xiang Da To "Mr. Lu And Mr. Gu", collected by Lu Jiang Cao Tang（庐江草堂）. It explores historical characters and events that involved be hind the letter, from the historical background of the letter, the time of Mr. Xiang Da's visit to Dunhuang, his route t o Dunhuang, who are Mr. Luo and Mr. Gu, when the three men met together, the location of their meeting place Po Cheng Zi（破城子）. And therefore, the article infers the precise writing time and other relevant issues of this letter.

Keywords: Xiang Da, Mr. Luo and Mr. Gu, Po Cheng Zi

History of archaeological studies of Ak-Beshim Ruin（Suiye Town, Tang Dynasty）
Semenov（Hermitage Museum）

Abstract: The new book Suiye · Ak-Beshim Ruin in Russian is an archaeological work for the ruin of Kyrgyzstan, which been made archaeological excavations by Russian and Kyrgyzstan in 1996-1998.The archaeological team of the two countries unearthed a large number of new materials from the core castle, the Shahlistan central zone and its northeast corner, and provided many new literature and materials for the studies in its shape and history of the ruin.

Keywords: Ak-Beshim Ruin; Suiye Town; archaeology; history of studies

英文目录

The Silk Road studies always on road

                                                    Ge Chengyong   1

A New Study on the Tombs of Tang Dynasty in the Jinsheng Village of Taiyuan City

                                                    Shen Ruiwen   7

Senmurv: Trajectory of Dissemination, Migration and Integration of A Winged Divinely Bird-Beast
   and Its Cultural Connotation

                                                        Yang Jin 33

Restudy on the Sculpture " The Buddha Sakyamuni's Victory over heresy" Collected in the Beilin Museum

                                                  Zhai Zhansheng 52

On the Image of the Bird-man in the Sinolized Sogdian' Tomb

                                                    Sun Wujun 63

The Usage and Circulation of Silver Coins in Xizhou Prefecture, Tang Dynasty

                                                   Pei Chengguo 72

A Cultural Transmission and Immigration of the Northwest Area in the Wu-hu Period: An Essay by
   Excavated Materials

                                                   Sekio Shiro 81

On xiang (乡) and li (里) of Jingzhao fu (京兆府) in the Tang Dynasty

                                                   Chen Xiaojie 93

A Study of the Relationship between Kingdom of Dali and Xi-Xia Regime Based on the Inscription
   in Yulin Grottoes of Guazhou County

                                                   Chen Wei 127

Kucha Buddhism Pure Land Art—Based on Kucha Caves

                                                   Miao Lihui 140

The study of the Vimalakirti Images of Maiji Mountain Grottoes in the West Wei Dynasty

                                                 Sun Xiaofeng 156

Mirro: the Image of Mithra on the Kusana Coinage

                                    Zhang Xiaogui; Mao Baoyan 173

The Fire Altar in the Silk Roads from Central Asia to China

Chen Wenbin　189

Transcription and Distribution of Tang Court Sūtras: Copies of Treasure Rain Sūtra Found in Japan, Dunhuang and Turafan

Makiko ONISHI　205

The Further Study on the Mural Painting of Depiction of the Avadana Story of Five Hundred Robbers in Mogao Grottoes

Gu Shuyan　217

Tombs of Yuan Dynasty in Gansu Province

Guo Yongli　230

Preliminary Study on Twin Warrs Unearthed in the Chemurchek Cemetery, Xinjiang

Lu Lipeng　241

Research on the Artisan Teams of the Song and Jin Dynasty Caves in Yan'an and Their Activity of Constructing Caves and Creating Statues—Based on the Artisan's Autographs Appeared in Cave inscriptions

Shi Jiangang; Yuan Jimin　250

Initial Observation and Research on Newfound Coffin Paintings in Haixi Regions in Qinghai Province

Sun Jie; Suonanji; Gao Fei　280

From Chang'an to Yuanzhou—Investigation of Buddhist Remains in Early and Glorious Age of Tang Dynasty along Northern Route of the Eastern Silk Road

Yu Chun　291

Collation and Review of He Zhenghuang and Wang Ziyun' Investigation of Mogao Caves in 1941-1943

Zhang Baozhou　303

Research on the Introduction of Hu Music in Wei Jin Southern and Northern Dynasties Based on the Relics Excavated in Xi'an Area

Jia Man　326

On the Fragment of Chinese Scripture of Tripitaka that Newly Unearthed from the Bezeklik Grottoes, Turpan

Peng Jie　339

The Chang'an Factors in the Murals of Mogao Cave 217

Zhu Shengyun　348

Impressions of Changan in the Tang Dynasty Preserved in the Architectural Scroll of Dunhuang caves —Taking the Big Wild Goose Pagoda of Great Mercy Temple as an Example

Wang Yu　363

The Analysis of The Letter Written By Mr. Xiang Da To "Mr. Luo And Mr. Gu"

He Hong　376

History of archaeological studies of Ak-Beshim Ruin (Suiye Town, Tang Dynasty)

Semenov　387

《丝绸之路研究集刊》征稿启事

为促进丝路之路历史文化的学术交流，不断提高本刊办刊质量，《丝绸之路研究集刊》热忱欢迎学术界同行的支持。本刊由陕西师范大学历史文化学院、陕西历史博物馆联合主办，任务是借同道之力，深入挖掘丝路历史、地理、民族、宗教、语言、文字、考古、艺术等问题的新材料，尤其关注丝绸之路有关的美术考古、艺术考古等图像的相关研究，倡导"图像证史"的研究方法，试图透过历史文物，探索丝路上"人"的历史。

稿件请采用电子文本投稿；若以打印稿投稿，请同时提供电子文本。稿件字数一般不超过2万字（优秀稿件不限制字数）。作者单位及联系方式请置于文末。本刊编辑部有权对稿件进行修改，如不同意请在投稿时注明。本刊收到稿件后，采取专家匿名评审制度，在三个月内视质量做出录用与否的通知，若没有收到用稿通知，可自行处理。因本刊人手有限，来稿恕不退还，请作者自留底稿。来稿文档或信封请注明"稿件"二字。本刊出版后，即致稿酬、出版刊物（2本）及作者文章抽印本（20份）。

本刊已加入"中国学术期刊全文数据库"（CNKI）及CNKI系列数据库，凡在我刊发表论文者（特别声明者除外），均视为同意授权编入相关数据库，我刊所付稿酬已包括此项费用。

凡转载、引用本刊文章及信息者，敬请注明出处。

来稿地址：陕西省西安市长安区西长安街620号，陕西师范大学历史文化学院
邮编：710119
收件人：沙武田 教授
电话：18292870965
投稿邮箱：987475512@qq.com

敬祈　惠赐大作以为本刊增色，不胜感激。

《丝绸之路研究集刊》编辑部
2017年12月1日

《丝绸之路研究集刊》稿件格式规范

一、稿件格式

（一）文稿内容

1. 标题（小二号，宋体，加粗）；

2. 作者（小四号，楷体）及作者单位（五号，楷体）；

3. 正文（五号，宋体）；

4. 题目、作者、单位的英文翻译和英文摘要（200—300字）。

文本采用WPS或WORD编辑，1.25倍行距，页边距普通格式（上下25.4mm，左右31.75mm）

（二）正文注释采用脚注，正文中的注释序号和脚注序号均用1、2、3……按序标识，每页单独排序。正文中的注释序号统一置于包含引文的句子（有时候也可能是词或词组）。如果引用文本过长（超过100字），请单独另起一段落，楷体（字号不变），引用符号置于标点符号之后右上角。

（三）文中采用新式标点符号，破折号（——）、省略号（……）占两格，其余符号占一格，古代朝代名称用圆括号（ ）；国籍用六角括号〔 〕。另外，正文也可采用少量夹注。涉及古代帝王的年号应标注公元纪年（公元前可省略为"前"，公元后省略"公元"），如唐贞观元年（627）。国外的地名、人名首次出现时标注外文名字，如尼罗河（Nile）、阿尔卑斯山（Alps）、斯坦因（M. Aurel Stein）。

二、文内数字使用

（一）使用汉字情况

1. 古籍文献中的数字和卷数

《晋书》卷一一《天文志上》："古旧浑象以二分为一度，凡周七尺三寸半分。"

2. 中国朝代的年号及干支纪年使用的数字

元鼎七年（前110），雍正十一年（1733）

3. 数字的惯用语

十之八九，四分五裂

4. 带有"几"字的数字

几千年来

（二）使用阿拉伯数字情况

1. 公历世纪、年代、年、月、日。

2. 公制的度量衡单位计数与计量，包括正负数、分数、小数、约数和百分比，各种物理量值。

3. 表的顺序号、数据及计量单位均用阿拉伯数字。

4. 引用敦煌写本，用S.、P.、Ф、Дx、千字文、大谷等缩略语加阿拉伯数字形式。

三、脚注标注格式

（一）书籍：作者姓名＋责任方式：书名，出版者，出版时间，起止页码。（责任方式为著时，"著"可省略，其他责任方式不可省略。如果引用翻译书籍、点校古籍时，将译者、点校或校注者作为第二责任者置于文章或书名前面；外国国籍和朝代，请分别用〔 〕和（ ）在作者姓名前注明。）第二次及以上引用同一古籍文献时，只需注明书名、卷数、篇名、页码；专著只注明作者、书名、页码，期刊只注明作者、文章名、页码。

1. 唐长孺：《魏晋南北朝史论丛》，三联书店，1995年，第158页。

2〔法〕戴密微著，耿昇译：《吐蕃僧诤记》，甘肃人民出版社，1984年，第20页。

3.（唐）玄奘、辩机撰，季羡林校注：《〈大唐西域记〉校注》，中华书局，1985年，第200页。

4.（汉）司马迁：《史记》卷七《项羽本纪》，中华书局，1982年，第10页。

（二）期刊：作者姓名：篇名，刊名并发表年份及卷（期），起止页码。

1. 姜伯勤：《唐敦煌"书仪"写本中所见的沙州玉关驿户起义》，《中华文史论丛》1981年第1辑，第157页。

2. 王尧、陈践：《敦煌藏文写本PT1083、1085号研究》，《历史研究》1984年第5期，第45页。

（三）论文集：析出文献作者姓名：析出文献篇名，原文献题名，出版者，出版年，析出文献起止页码。

1. 荣新江：《萨保与萨薄：北朝隋唐胡人聚落首领问题的争论与辨析》，载《粟特人在中国——历史、考古、语言的新探索》，中华书局，2005年，第49—71页。

2. 施萍婷、贺世哲：《敦煌壁画中的法华经变初探》，载敦煌文物研究所编《中国石窟·敦煌莫高窟》3，文物出版社、平凡社，1987年，第177—191页。

3.〔日〕京户慈光：《关于尊胜陀罗尼经变》，敦煌研究院编：《2004年石窟研究国际学术会议论文集》（上），上海古籍出版社，2006年，第88页。

（四）电子文献：作者姓名：电子文献名，电子文献的出处或可获得地址，发表或更新日期。

1. 张俊民：《〈敦煌悬泉汉简释粹〉校读》，简帛网http://www.jianbo.org/admin3/2007zhangjunmin001.htm

（五）未出版文献

1. 学位或会议论文：作者姓名：文献篇名，获取学位学校及类型，文献形成时间，起止页码页码。

（1）张元林：《北朝——隋时期敦煌法华艺术》，兰州大学博士学位论文，2009年，第1页。

（2）〔日〕滨田瑞美：《唐代敦煌与日本的维摩诘经变》，提交中国敦煌吐鲁番学会、陕西师范大学历史文化学院主办"丝绸之路上的敦煌与长安国际学术研讨会",陕西西安,2017年7月13日-15日,第157-164页。

2.手稿、档案文献:文献标题,文献形成时间,卷宗号或其他编号,藏所。

《傅良佐致国务院电》,1917年9月15日,北洋档案1011-5961,中国第二历史档案馆藏。

(六)外文论著(书刊名用斜体,论文不用斜体)

1.Wu Hung, *The Double Screen:Medium and Representation in Chinese Painting*, University of Chicago Press, 1997, p.1.

2.Lawrence Stone,"The Revival of Narrative:Reflections on a New old History", Past and Present, Vol.3, 1979, pp.22-32.

四、关于图表

本刊欢迎作者随文配附相应的能够说明文字内容的各类图表,在文中标示清楚图表序号(图1、图2、图3或者表1、表2)。表格标题为叙述式,简洁明了,小四宋体加粗居中。图版质量在300dpi以上,图注要求注明图版版权,小五楷体。图表须与文本内容保持一致,按照文中序号标注后单独发送。

如:图1　陕西历史博物馆藏唐韩休墓出土《乐舞图》(采自《文博》2015年第6期)

　　图2　敦煌莫高窟西魏第285窟主室南壁五百强盗成佛图(敦煌研究院版权所有)

　　表1　武周新字表(大西磨希子制)

五、课题基金项目标注

若是课题研究项目,请在文中标明:课题来源、课题名称、课题编号等。题名右上角加注星号(*),内容标注在脚注1前面。